LA PRATIQUE UNIVERSELLE,

POUR LA RÉNOVATION

DES TERRIERS.

TOME TROISIEME.

LA PRATIQUE UNIVERSELLE,

POUR LA RÉNOVATION DES TERRIERS ET DES DROITS SEIGNEURIAUX,

CONTENANT LES QUESTIONS LES PLUS importantes sur cette Matiere, & leurs Décisions, tant pour les Pays Coûtumiers, que ceux régis par le Droit-Ecrit.

OUVRAGE UTILE A TOUS LES SEIGNEURS, tant Laïcs qu'Ecclésiastiques, à leurs Intendans, Gens d'Affaires, Receveurs & Régisseurs, de même qu'aux Notaires & Commissaires à Terriers & autres Officiers,

DANS LEQUEL ON TROUVERA TOUT CE QUI EST nécessaire de sçavoir concernant les Bois, Pâturages & Pacages, pour les Officiers des Maîtrises des Eaux & Forêts, ceux des Domaines du Roi & des Seigneurs Laïques & Ecclésiastiques; ce qui doit être pratiqué sur ces objets par les Apanagistes, Engagistes, Douairiers, Usufruitiers, Bénéficiers, Commandeurs de Malthe, Communautés Ecclésiastiques & Laïques, & tous gen de main-morte, Seigneurs Laïques & Particuliers; le tout accompagné des modéles & styles de Procès-verbaux de délits, saisies, & reconnoissances à Terrier.

Par Mr. EDME DE LA POIX DE FREMINVILLE, Bailly des Ville & Marquisat de la Palisse, Commissaire aux Droits Seigneuriaux.

TOME TROISIÉME.

Le prix est de neuf livres relié.

A PARIS,

Chez GISSEY, rue de la vieille Bouclerie, à l'Arbre de Jessé.

M. DCC. LIII.

AVEC APPROBATION ET PRIVILÉGE DU ROI.

SOMMAIRE

DE CE QUI EST CONTENU EN CE VOLUME.

CE seroit borner l'utilité des Seigneurs & des Vassaux que de se restraindre aux Instructions que nous avons données dans les deux premiers Volumes de cet Ouvrage ; quelqu'ample que soit le premier, principalement dans la seconde édition, il a néanmoins fallu s'en tenir aux principes & à la maniere de faire reconnoître les Droits Seigneuriaux, tant réels que personnels ; & le second n'a pû traiter que des Droits Honorifiques, les plus éminens comme les plus lucratifs, afin de mettre les Seigneurs en état de se les faire rendre, s'en faire passer des reconnoissances, & de se faire des Titres nouveaux de tous ceux qui leur sont acquis à juste titre.

Nous avons donc cru, que pour ne rien laisser à désirer sur la matiere que nous avons embrassée, il seroit très-utile de donner une explication de celles qui sont comprises dans l'Ordonnance de 1669. *concernant* les Eaux & Forêts, *dont l'importance a toujours été* l'ame des Seigneuries, *par leur essence, leur production & leur utilité, dont les principales sont les* Bois, *qui sont le plus grand, le plus riche,* & *le plus utile ornement d'une Seigneurie ;*

& c'est la principale partie de ce que contient l'instruction qui se trouve en ce Volume.

Comme M. de Sainctyon, *Maître des Requêtes ordinaire de l'Hôtel du Roi, a recueilli dans les Oeuvres qu'il a données au Public en 1610. tous les Edits, Ordonnances & Coûtumes, tant sur les Bois, Eaux & Forêts, que ce qui regarde le* Rural *de la* Campagne, *nous avons cru ne pouvoir mieux réussir dans cette Instruction, que de le suivre dans les différens objets de son Traité, & d'y joindre (afin de ne rien omettre de ce qui peut être utile) la Jurisprudence établie jusqu'ici par les Ordonnances, Réglemens & Arrêts postérieurs à ce premier Ouvrage; c'est ce qu'on trouvera en celui-ci.*

Dans la premiere Partie, l'on y apprendra ce que c'est que les Bois, comme ils s'élevent, se conservent, se multiplient, & dans quel tems ils se coupent; la propriété de chacune des différentes espéces, soit en Taillis, soit en Futaie, & en toutes sortes de Bois, dont nous avons fait connoître l'utilité que l'on peut tirer de chaque nature, afin d'indiquer aux Seigneurs & propriétaires les moyens de les faire fructifier par leurs soins, & en empêcher le dépérissement & la destruction par leurs attentions.

Nous avons passé ensuite à la Jurisdiction des *Officiers de la Maîtrise* des Eaux & Forêts; l'on y verra son étendue, & leurs priviléges, ainsi que le pouvoir des Juges des Seigneurs en cette Partie; des Offices d'*Arpenteurs*, & de leurs devoirs; de l'Inſtruction des *Gardes*, du choix que les Seigneurs en doivent faire, de ce qui leur eſt preſcrit, ordonné & *défendu* dans leurs Exercices, avec une ample *Inſtruction* ſur les devoirs généraux & particuliers de ces Gardes; ce que nous avons accompagné de tous les *Modéles* de Procès-verbaux de Délits, Saiſies, Captures, & autres Actes néceſſaires & rigides pour les *formalités*, ſuivant les Ordonnances.

Nous avons enſeigné comment doivent ſe faire les Arpentages généraux & particuliers, & donné des Tables pour la multiplication & réduction de perches & pieds en *arpens* & journaux, ſuivant l'Ordonnance, avec une Inſtruction ſur l'Arpentage des *Bois en montagnes*; s'ils doivent ſe meſurer en *pente*, ou ſur le niveau de la *baſe horiſontale*, queſtion controverſée & peu entendue; l'on trouvera l'explication des *Bornes*, de leurs effets, comment elles ſe reconnoiſſent, & la maniere de les placer.

Le Chapitre troiſiéme & la ſuite concerne les Bois du *Domaine du Roi* tant de ceux qui ſont tenus à titre d'Apanages, Engagemens, Douaires, Uſufruits, *Tiers & Dangers*, *Gruries & Grairies*, de leurs gouvernemens, exploitations & conſervations.

Nous avons enſuite traité des Bois & Héritages des Propriétaires *Riverains*, des Forêts Royales, des obligations de ces particuliers, ſoit pour les *Bornes*, *Limites & Séparations*, & autres devoirs preſcrits par les

Ordonnances, ainsi que pour les Aveux & Dénombremens de ces Héritages, Rénovations de Terriers, Saisies-réelles, Decrets & Procédures forcées, afin d'instruire les Seigneurs de Fiefs, Vassaux & autres Propriétaires, ainsi que les Créanciers hypothéquaires sur ces biens, Commissaires à Terriers, Arpenteurs, Praticiens, & autres Officiers, de ce qu'ils doivent pratiquer dans leurs fonctions pour ces sortes d'héritages qui sont, à cause du voisinage des Forêts du Roi, sujets à des conditions différentes de ceux qui en sont plus éloignés.

Nous avons aussi parlé des Bois des Prélats, Bénéficiers, Communautés séculieres & régulieres, Commandeurs de Malthe (*qui n'occupent pas peu d'espaces dans ce Royaume*) ainsi que ceux des Seigneurs & Communautés laïques ; de sorte que les Propriétaires & Usufruitiers y apprendront dans un ample détail, comment ils doivent les exploiter, économer & conserver.

Nous sommes entrés dans tout le détail des droits de *Triages* pour les Bois des Communautés d'Habitans des Paroisses, Places & Communaux, prétendus par les Seigneurs, & différencié ce *Triage* des Bois & Communaux, de *celui* des *Usages* qu'ont ces Communautés dans les Bois du Roi, & ceux des Seigneurs, avec les distinctions des *Usages personnels*, de ceux des *réels* ; & nous avons démontré les cas où ces droits de *Triages* peuvent avoir lieu, & où ils ne peuvent être admis, ſuivant les principes de la Juriſprudence, & les Titres qui en aſſûrent les droits aux Seigneurs, ou qui leur ſont inſuffiſans ſuivant l'eſprit des Ordonnances; objets entiérement confus, & peu éclaircis juſqu'ici, ce qui mettra les Seigneurs au fait de ce qui leur appartient, & en même tems les Habitans & Communautés de ce qui leur eſt légitimement acquis, ce qui leur évitera de mauvaiſes conteſtations.

Le Chapitre des *Peines*, *Amendes* & *Reſtitutions* des différens *Délits* & *Méſus* qui peuvent arriver par les contraventions de ceux qui dégradent les Bois, apprendra aux *Propriétaires* qui en abuſent, ce qu'il faut faire pour les éviter dans tous les cas ſinguliers qui peuvent naître ſur cette partie, particulierement ſur les *défrichemens* des Bois, Communes & Communaux, à quoi doivent veiller ſoigneuſement les *Seigneurs* ſous les peines de 1000 liv. d'amende.

Et comme les *Communaux* qui ſervent aux pâturages des Beſtiaux ſont des objets précieux pour les Communautés & Particuliers, nous en avons traité d'une façon qui ne laiſſe rien à déſirer, ainſi que du droit de *Parcours* que nombre de Paroiſſes & de Juſtices ont les unes ſur les autres, & y avons joint la Juriſprudence des Arrêts, Ordonnances & Coûtumes qui la fixent, ainſi que ſur les *vaines Pâtures* des champs, & de l'exercice des *Meſſiers*, Gardes, Sergens & Gazetiers prépoſés à la garde des fruits de la terre, avec toutes les inſtructions néceſſaires ſur les *priſes* des beſtiaux en différens méſus.

Nous avons fini ce volume par différentes *questions Rurales*, également intéressantes, auxquelles nous avons ajoûté en forme de Dissertation, comment se doit faire *l'estimation* des héritages, maisons, châteaux & bâtimens, droits Seigneuriaux, bois, prés, terres & autres biens par *ventilation*; matiere qu'aucun Auteur n'a jusqu'ici traitée, quoique très-essentielle, non-seulement pour les lods & ventes, quint & requint, mais encore pour les licitations, partages, divisions, péréguement, rescision de contrats, retrait lignager, censuel & féodal, & autres estimations, où l'on apprendra à distinguer ce qui est meubles effectifs ou fictifs, & réputés meubles ou immeubles, où les Experts trouveront tout ce qui leur est nécessaire de sçavoir pour les différentes opérations qu'ils ont à faire en pareils cas, ce qui leur servira d'une instruction suffisante pour ces sortes d'exercices.

Nous avons donc ramassé dans un seul corps d'ouvrage toutes les Ordonnances, Coûtumes & Réglemens qui prescrivent & forment les Loix sur ces différentes *matieres*, & les Arrêts qui en fixent la Jurisprudence, d'autant plus utiles qu'étant rassemblés & divisés par questions sur chaque objet particulier, elles se trouvent dégagées de la confusion qui se rencontre souvent dans un mêlange, d'où bien des personnes ont peine à en déterminer la solution.

Cet ouvrage se trouve donc infiniment *utile* aux *Officiers des Maîtrises*, qui ont la police des Bois &

de ces ſortes de matieres, enſemble aux *Arpenteurs* & Gardes des Forêts du Roi, où chacun d'eux trouvera ſes fonctions telles qu'elles leur ſont preſcrites par les Ordonnances.

Les Officiers des *Seigneurs* y trouveront établi leur *compétence* ſur les *Bois*, & de ce qui eſt de leur Juriſdiction, comment s'éxécutent leurs Sentences & où s'en relévent les Appels.

Les Seigneurs Apanagiſtes, Engagiſtes, Douairiers, & Uſufruitiers, leurs Fermiers, Regiſſeurs & Gens d'Affaires apprendront comment ils doivent uſer, exploiter & couper les Bois de leurs Seigneuries, & les peines que chacun d'eux encoure en y contrevenant.

Les Prélats, Bénéficiers Eccléſiaſtiques, Commandeurs de Malthe, Communautés ſéculieres & réguliéres, & tous gens de main-mortes y reconnoîtront que n'étant que des Uſufruitiers, ils ne peuvent détruire, & ſont chargés au contraire de conſerver avec ſoin les *Bois* dont ils n'ont que l'adminiſtration, & les peines qu'ils encourent, ainſi que leurs Fermiers, Economes, Regiſſeurs, & Gens d'Affaires quand ils les *dégradent* & en *abuſent*.

Les Seigneurs Laïcs, enſemble les Communautés d'Habitans & Particuliers apprendront la conduite qu'ils doivent tenir pour l'exploitation, coupe & conſervation de leurs Bois, les obligations étroites où ils ſont tant à l'égard de ces ſortes d'héritages, que pour ceux qui leur appartiennent ſur le rivage & voiſinage des Forêts du Roi.

Enfin les Communautés des Paroiſſes, Habitans & Particuliers trouveront ici tout ce qui leur eſt néceſſaire de ſçavoir, ſoit ſur les *Triages* prétendus par leurs Seigneurs, ainſi que ce qu'ils doivent pratiquer pour leurs *uſages* dans les Bois du Roi, dans ceux des Seigneurs, & même dans leurs Bois Communaux, *Parcours*, Pâturages, & Pacages communs; enſemble ce qui leur eſt preſcrit, pour empêcher leurs beſtiaux de gâter & détruire les *fruits* de la terre de tout genre, & les peines prononcées par les Loix s'ils y contreviennent; enſorte que chacun d'eux y trouvera même des déciſions ſur nombre de faits & queſtions intéreſſantes pour le commerce de la ſociété civile.

LA PRATIQUE UNIVERSELLE DES DROITS SEIGNEURIAUX.

CHAPITRE PREMIER.

SECTION PREMIERE.

DES BOIS, ET EN QUOI CONSISTE leur utilité.

DE tous les Biens qui composent le Royaume, il n'en est aucuns dans le commerce de la vie, plus noble, plus précieux & plus universellement nécessaire que les Bois; c'est un bien également utile pour les Bâtimens, les Edifices, les Maisons des Villes & des Champs, le chauffage de la Cuisine, les ornemens, embellissemens, meubles & ustensiles, Vaisseaux de toutes espéces sur la Mer ; Bateaux grands & petits, sur les Rivieres, & Canaux pour le commerce : pour la nourriture des Bestiaux ; le Bois entre dans les moindres nécessités ; c'est l'ame du Commerce & de la Société, avec les Pays les plus éloignés, c'est donc un riche trésor que le Bois ; aussi une Seigneurie sans Bois, est un corps sans ame ; par conséquent tout doit concourir à sa production.

C'est par ces considérations que dans tous les Etats du monde, le Gouvernement de cet objet n'a été confié qu'aux gens dignes d'occuper les premieres Charges & Dignités : chez les Romains, les Consuls avoient la direction des Forêts ; Jules César en avoit le Gouvernement étant Consul (a) ; & nos Rois aussi attentifs à la chose publique que les Romains, en ont toujours confié le soin aux grands Seigneurs du Royaume, dont la noblesse des sentimens, par leurs attentions, a toujours prouvé combien le Roi & l'Etat étoient intéressés à l'éxécution des sages, prudentes & rigoureuses Ordonnances, faites pour la conservation, aggrandissement & propagation des Bois : à en empêcher la dégradation & le dépérissement, comme de la chose qui remplit la plus grande partie des commodités de la vie privée, soit pour la nécessité de la Guerre, & l'ornement de la Paix, que pour l'accroissement du Commerce & des Voyages de long-cours dans toutes les parties du Monde.

(a) *Suetonius Tranq. in Cæsar.*

C'est donc avec une grande sagesse que nos Rois se sont attachés à faire des Reglemens pour l'œconomie d'un bien si précieux, qui fait souvent &

presque toujours l'ornement & la richesse d'une Seigneurie; & comme la multiplicité des Ordonnances, Reglemens & Arrêts sur cette matiere, sont en si grand nombre, & épars en tant de Livres, que les Seigneurs & leurs Gens d'affaires n'en peuvent être instruits dans leur entier; nous avons ramassé en cet Ouvrage toutes les Ordonnances, Coûtumes, Arrêts, & Reglemens concernant cette Partie sur chaque objet particulier, qui peut former une question; ensorte que toutes ces questions étant sans mêlange, chaque Seigneur, Intendant, Homme d'affaires, Communautés Ecclésiastiques & Laïques y trouveront la solution de tout ce qu'ils sont interressés de sçavoir.

QUESTION I. *N'est-il pas utile à un Seigneur qui a beaucoup de Bois dans sa Seigneurie, de sçavoir la propriété de chaque espéce & quelles sont ces différentes proprietés?*

Rien n'est plus essentiel à un Seigneur qui a des Bois d'en sçavoir l'usage, & à quoi chaque espéce est propre, afin d'en tirer tout le profit & l'utilité qu'il convient à ses intérêts, ce qui fait que nous traiterons ici leurs différentes propriétés, comme une instruction qui peut lui être avantageuse.

Le Bois Chêne est de toutes les espéces, la plus estimée selon Pline (*a*), il y en a de plusieurs sortes, Saint Yon, les explique à la page 418. de son Livre où je renvoye le Lecteur. — Du Bois de Chêne. (*a*) Liv. 16. ch. 6.

Ce Bois est celui qui tient le premier rang parmi les autres; nous ne détaillerons point ses diffé- — Il croît mieux dans les lieux humides & dans les bonnes terres qu'ailleurs.

rentes propriétés, parce qu'elles ſont preſque générales : il croît extrêmement bien dans les lieux humides, & en de bonnes terres, il ne faut cependant pas laiſſer vieillir cet arbre ſur pied trop long-tems, ni le laiſſer mourir ſur ſon tronc, il feroit pour lors préjudice en trois façons.

1°. Parce qu'ayant paſſé 200 ans, il dégénere & n'eſt pas de ſi longue durée, étant mis en œuvre, que s'il étoit coupé plus jeune.

2°. C'eſt que le laiſſant paſſer 200 ans, l'on perd la recrue d'un Bois de bien des années, que la terre produiroit, & qui par cet endroit devient inutile au Propriétaire.

3°. C'eſt que ce Bois qui languit ſur pied, & qui a de la peine à ſe conſerver, n'a plus autant de ſéve pour ſe répandre en toutes ſes parties, qu'il en a eu dans les premiers cent ans de ſa pleine vigueur, ce qui occaſionne ſon déperiſſement.

Il faut auſſi obſerver la nature du terrein, y en ayant où cette ſorte de Bois eſt verd & vigoureux à deux & trois cens ans, & d'autre où il commence à dépérir à quatre-vingts, & en moins de tems, la raiſon de cette différence vient de ce que le Chêne croiſſant autant dedans que hors de terre, il trouve à certaine diſtance un mauvais tuf de pierre blanche, tendre & argilleuſe qui ne peut percer, il rampe pour-lors, & ne trouvant plus de nourriture, il ſéche par le ſommet ; pour-lors le Propriétaire en voyant ces Bois ſur le retour doit en tirer parti en le faiſant couper & ouvrager.

C'eſt ſans doute, par ces ſages conſidérations, que le Roi François Premier, par ſon Ordonnance de l'année 1544. (a) à son exemple Charles IX. en Août 1573. (b) & Henri III. en Mai 1587. (c), ont réglé la coupe des futayes à l'âge de cent ans, comme plus convenable pour l'usage des Bois mis en œuvre qui en est meilleur pour le service, pour l'utilité particuliére du Propriétaire, qui peut en deux cens ans faire deux coupes au lieu d'une.

(a) Art. 10.

(b) S. Yon p. 293.

(c) S. Yon p. 524.

Le Bois de chêne, selon un bon Auteur, depuis cinquante ans, jusqu'à sept & huit vingts ans, même jusqu'à deux cens, est très-bon à bâtir, & il faut observer que depuis cinquante jusqu'à cent, six sept & huit vingts ans il est meilleur qu'en tout autre âge, parce qu'il se trouve dans sa plus grande force, ce qui fait qu'il dure cinq & six cens ans sans dégénérer, pourvu qu'il soit d'une bonne nature, & coupé dans les tems convenables : ceux qui ont écrit sur cette matiére, conviennent qu'étant de cette qualité, & employé en pilottis il durera plus de quinze cens ans sans se gâter.

Quoique les Ordonnances que nous venons de citer aient permis de couper la futaye-chêne à l'âge de cent ans, ce n'est pas qu'il ne soit très-nécessaire de la laisser croître jusqu'aux environs des âges de cent soixante, cent quatre-vingts, & même jusqu'à deux cens ans, pour avoir des piéces assez considérables, pour servir à la construction des Vaisseaux & autres Bâtimens, auxquels il faut des longueurs & grosseurs extraordinaires.

Il n'en est pas de même de ceux qui peuvent avoir plus de deux cens ans, parce qu'il est certain qu'après cet âge ils dépérissent dans les bâtimens, comme ils ſont ſur pied, & même plus promptement, parce qu'ils ſont renfermés dans des matériaux, l'expérience fait voir tous les jours que l'on eſt obligé de retirer des bois de cette ſorte hors des bâtimens, qui n'ont ſervi que peu d'années, à cauſe qu'étant de cette nature, ils ſont ſujets à *heurder* (en terme de Charpente) ou s'échauffer, ne pouvant durer long-tems, parce que quand on les a coupés ils commençoient à travailler à leur deſtruction, ce qu'ils font inſenſiblement étant même mis en œuvre.

Châtaignier. Le *Châtaignier* vient dans la terre légere, dans les montagnes & mauvais terreins ſecs, à la différence du chêne qui veut de l'humide, il eſt ainſi que le chêne, propre à la charpente des bâtimens, nous voyons en beaucoup de pays, que les Egliſes & les Châteaux en ſont conſtruits, que ces anciennes charpentes ſe ſont parfaitement conſervées, & bien des perſonnes aſſurent qu'il ne ſe met jamais d'araignées, punaiſes ni aucunes mal-propretés autour du Châtaignier, comme il arrive dans le Chêne; il eſt vrai que toutes celles que j'ai vues étoient d'une propreté ſans pareille, quoique très-anciennes, & ſans aucun ſoin, & nous croyons qu'il ne faut pas dire comme ont fait quelques-uns, que c'eſt depuis que l'on a reconnu la bonté du Chêne que l'on a abandonné dans les conſtructions le Châtaignier pour ces édifices, & que l'on a négligé de rétablir & réédifier cet arbre, ce qui fait qu'à peine en reſte-il aujourd'hui de l'eſpéce, pour en manger du fruit, dans bien des Provinces; preuve de cette négligence, d'autant plus impardonnable que le Châtaignier est non-seulement utile & profitable au menu-peuple, mais sert encore à nourrir & engraisser les bestiaux, & que d'ailleurs cet arbre vient plus promptement que le Chêne.

L'on se sert du jeune Châtaignier de six à sept ans pour faire des cercles de cuves & de futailles qui sont d'un très-bon usage, l'on s'en sert pour les perches nécessaires à accommoder les treilles, les espaliers des jardins, & autres pareils ouvrages.

Je ne m'occupe point ici du *Maronier*, ni de ses différentes espéces, parce que ses propriétés sont assez semblables à celle du Châtaignier.

Le *Maronnier des Indes*, est de peu d'utilité; on en fait cependant des planches très-utiles pour conserver les fruits, son fruit est bon pour les bêtes fauves. Maronier d'Inde.

Le *Hêtre*, *faux ou fotteau*, qui est même chose, croît & vient en toutes sortes de terreins secs, il ne creuse pas la terre par ses racines comme le Chêne; il les écarte, & elles rampent souvent sous un ou deux pieds de terre; ensorte qu'il est aisé d'en élever, il aime & vient mieux dans la terre argileuse que dans la sabloneuse, il sert à plusieurs ouvrages, pour meubles, l'on en fait des planches, poteaux & membrures; mais il ne faut pas l'employer en planches exposées au soleil, parce que la chaleur les fait courber, & si on les retourne d'un autre côté, elles se recourbent du sens contraire; c'est ce qui a fait nommer cet arbre en plusieurs endroits *bois-fol ou fosteau*, parce qu'il est toujours en mouvement quand il est exposé à l'air; l'on en fait des tables de cuisines & des étaux de Boucher; l'on en fait plu- Le Hêtre.

ſieurs ouvrages de Layetier, comme coffres, caſſettes; il ſert aux Boiſſelliers, Selliers & Bourliers, pour les ſerches, eſcliſſes, pelles, cuilleres, ſabots, arſons & autres menus ouvrages; l'on en fait auſſi des avirons de Vaiſſeaux. Cet arbre vient bien plus promptement que le Chêne & le Châtaignier.

Sapin. *Le Sapin.* eſt comme le Châtaignier, il vient aiſément dans les terres légeres, ſabloneuſes, & dans les montagnes: ce Bois eſt fort en uſage par ſa légereté, il ſert à la Marine pour les mats des Vaiſſeaux; l'on en fait des ſolives pour les planchers, des planches qui ſervent à faire des meubles communs, des portes, des volets, du lambris, des tables & autres ouvrages de menuiſerie.

Cormier. Le *Cormier*, *le Neflier* & l'*Aliſier*, ſont bois durs, propres à faire des chevilles & fuſeaux, des roüets & lanternes, des outils de Menuiſiers, on les débite en potteaux & en membrures.

Orme. L'*Orme* croît dans toutes ſortes de terreins, mais il préfere le ſec à tout autre; c'eſt ce qu'il y a de meilleur en bois pour le Charonnage, il ſert à faire les poupes & pluſieurs choſes dans des Vaiſſeaux, les affuts de Canons, & trains d'Artillerie, des aiſſieux, fléches, empanons, gentes, armons, liſoirs, moutons, timons, brancars & autres ouvrages de ce métier; les gros Ormes font des tables de quatre à ſix pouces d'épaiſſeur, qui ſervent à faire des roüets & tourtes de lanternes de moulins.

Peuplier. Le *Peuplier*, que l'on appelle auſſi *Auberelle*, vient le long des ruiſſeaux, il aime l'humide, & prend de bouture en en plantant les branches, qui forment

forment dans la ſuite leurs racines; c'eſt un bois tendre & léger, l'on en fait des planches qui ſervent à faire des portes, chaſſis & volets de fenêtres, bieres & autres ouvrages; il ſert aux Sculpteurs, pour faire des figures & autres ornemens d'Egliſe, & de décorations.

Le *Tilleul* ou *Tillot* & le *Tremble*, lorſqu'ils ſont gros, ſont bons pour faire des tables, de deux juſqu'à cinq pouces d'épaiſſeur, qui ſervent aux Selliers, Bourliers, Cordonniers, & faiſeurs de Baudriers, pour couper leurs cuirs; les Religieux s'en ſervent pour faire des ſandales, à cauſe de la légéreté de ce bois, l'on en fait auſſi des ſabots & talons de ſouliers; les Sculpteurs ſe ſervent du Tilleul pour leurs ouvrages, l'écorce du Tilleul ſert à faire des cordes pour les puits. Tilleul; Tremble.

L'*Aune* que l'on appelle Verne en quelques lieux, vient dans des marais, le long des eaux, & dans les endroits les plus humides; il y a des lieux & places qui ne ſont propres qu'à la production de cette eſpéce de bois, que l'on appelle Aunaie *Alnetum*, & en d'autres lieux, Vernieres. Ce Bois ſert à faire des tuyaux pour la conduite des eaux de fontaines à la campagne, lorſqu'il eſt bien droit & de belle groſſeur; il ſert auſſi en pilotis, à faire des batardeaux, chauſſées d'Etangs & autres ouvrages dans l'eau; les Tourneurs s'en ſervent pour des meubles à vernir, des échelles, chaiſes & autres ouvrages, l'écorce de l'Aune ſert aux Teinturiers. Aune ou Verne.

L'*Erable* eſt un Bois dur, il ſert en planches aux Armuriers pour la monture des Fuſils & Piſtolets; aux Facteurs d'Inſtrumens, aux Menuiſiers qui Erable.

en font aussi de belles armoires.

Fresne. Le *Fresne*, est bon pour le Charronage, excepté pour les moyeux & gentes qu'il faut nécessairement qui soient d'Ormes ; les Armuriers s'en servent aussi pour monter leurs Armes, & les Ebénistes en font de beaux ouvrages ; il croît promptement, & devient très-gros quand il est en bon terrein ; il a bien des propriétés pour la Médecine : *Voyez le Dictionnaire Economique de Chomel.*

Charme. Le *Charme* sert beaucoup aux Charrons pour leurs ouvrages, il est fort bon pour les aissieux, & doit être employé entre verd & sec.

Buis. Le *Buis* ou *Bouis*, lorsqu'il est passablement gros, se vend fort bien aux Tourneurs & Faiseurs de Peignes, qui s'en servent pour nombre de petits ouvrages.

Noyer. Le *Noyer* demande un terrein sec, franc & peu humide, pour-lors il vient extrêmement gros, on en plante dans toutes sortes d'héritages, à cause de son fruit qui est des plus utiles ; mais il demande du soin : c'est un Arbre qui rampe à terre par ses branches qui s'écartent jusqu'à trois à quatre toises de sa tige, ensorte que si l'on n'a pas le soin de faire couper les branches rampantes les plus basses, son ombrage nuit au terrein qu'il occupe, & les grains qui sont sous son occupation ne viennent point à maturité ; mais lorsque l'on a soin de couper les branches les plus basses, & d'élever les plus hautes, ensorte qu'elles ne rampent pas ; pour-lors cet Arbre s'en porte beaucoup mieux, il en rapporte plus de fruits, & ne fait aucun dommage au terrein, au contraire, les feuilles dont il est chargé font un fumier excellent à la terre ; suivant quelques Médecins, étant féches, elles guériffent de l'Hydropifie, en en fumant tous les matins.

Le bois de cet Arbre, eft ce que nous avons de mieux pour les Meubles en menuiferie, il fert auffi à faire des panneaux aux Carroffes, à monter des Armes & aux Ebéniftes pour leurs ouvrages; il fe débite en poteaux, planches & membrures; l'on en forme des allées & avenües, qui font plus utiles que celles du Maronnier d'Inde, elles deviennent fort belles & durent long-tems, fi l'on prend foin de les élever comme nous venons de l'enfeigner.

Le *Poirier* fe débite pareillement en poteaux, planches & membrures, & s'employe à quelques ouvrages de Menuiferie à la campagne. Poirier.

Le *Saule* vient dans les lieux humides, comme l'Aune ou Verne, le long des rivieres & ruiffeaux, & dans les prairies, auxquelles il ne nuit aucunement; c'eft un Arbre dont l'on peut tirer bien de l'utile & du profit, il vient & reprend de bouture comme le Peuplier; enforte qu'on tond & coupe toutes fes branches tous les trois à quatre ans, fi on les replante elles prennent racines; l'on en garni les bords des prairies, des foffés, des ruiffeaux, & on les plante fort près l'un de l'autre, enforte que ce bois peut former des allées & des bordures utiles & agréables; il fert à faire des perches, des paiffeaux & échalats pour les vignes; il y a des Seigneurs qui ont de grands pays de Marais près des rivieres, qui en font un revenu confidérable & annuel; il fert encore à faire des talons de fouliers, des chevilles de Cordonniers, & quelques petits meubles; il eft mis au nombre des neuf efpéces qui compofent le mort-bois. Le Saule.

Ecorce. L'*Ecorce du Bois-chêne*, ſert aux Tanneurs pour leurs Cuirs ; mais pour écorcer ce Bois, ainſi que les Tilleuls, les Aunes & autres, il faut obſerver de le faire dans le mois de Mai, qui eſt la vraie ſaiſon, parce qu'en ce tems la ſéve fait ſéparer le bois d'avec l'écorce, & que ce tems paſſé l'on ne peut en venir à bout, ce qui ne ſe fait que dans les taillis que l'on veut couper, parce que l'écorce ôtée fait mourir l'arbre.

L'on doit faire grande attention que toutes ſortes de Bois, particuliérement le Chêne, ſe doivent couper en décours de Lune ; en obſervant cette maxime, il en ſera meilleur, & ſe conſervera beaucoup mieux que s'il l'étoit depuis la nouvelle Lune juſqu'à ſon plein. *Laubier* (*a*) en étant plus ferme.

Pour ce qui regarde le tems de la coupe, la véritable ſaiſon, eſt depuis la Saint Martin juſqu'à la fin de Février.

Si on veut ſçavoir quel âge peut avoir un Bois, ſoit taillis ou futaye, on n'a qu'à le faire couper, &

(*a*) *Laubier ou Aubour* eſt le bois qui tient à l'écorce, & que la ſéve de chaque année produit, lequel fait corps avec le vif de l'arbre ; cette ſéve ſe joignant chaque année à la précédente, ſe tourne de même qualité ; chaque Bois a ſon Aubier, mais plus ou moins l'un que l'autre ; celui du Chêne paſſe rarement un pouce ou un pouce & demi d'épaiſſeur autour de l'arbre, cela dépend cependant de la ſituation des arbres & de leur aſpect au Soleil, en ce que, s'ils ſont expoſés au Soleil ils ont bien moins d'Aubier, que s'ils ne voyoient le Soleil que rarement, la qualité de l'Aubier eſt très-mauvaiſe, puiſqu'il ſe pourrit étant dans les lieux humides, ou ſe réduit en pouſſiére dans les lieux ſecs, à moins qu'il ne ſoit coupé dans le tems du déclin de la Lune comme nous venons de le dire.

l'on verra par le pied combien il y a de cercles ou de différentes circonférences qui ſont autant de croiſſances que chaque année a produit.

La connoiſſance qu'un Seigneur aura de l'uſage de chaque eſpéce de Bois, le conduira néceſſairement à en tirer l'utilité de celles qui ſe trouveront dans ſa Seigneurie, & en y portant les attentions qui conviennent, il augmentera les revenus de ſa Terre : j'en ai vû un exemple ſingulier ; un Seigneur dans la Coûtume de Paris, qui avoit deux fils, & deux Terres, l'une de 10 à 11000 liv. de rente que l'aîné eut par la force de la Coûtume ; le cadet eut l'autre Terre, qui étoit aſſez rurale, ſituée du côté de Fontainebleau, & qui n'étoit aſfermée que 1500. livres, elle étoit ſpacieuſe, mais en ſi mauvais terrein qu'il n'y croiſſoit que des Bouleaux à travers des Bruyeres, dont l'écorce eſt blanche ; (on en fait des ballets à Paris, pour nettoyer les Cuiſines, Ecuries & les rues, & que l'on appelle ballets de bouillot) : Ce Cadet n'ayant que ce modique revenu, ſe retourna de tous côtés pour ſe procurer de l'augmentation dans ſon héritage ; de bons Payſans d'expérience lui dirent, que s'il faiſoit bien il ſemeroit & édifieroit des Boulats, & qu'il les vendroit bien à Paris, dont l'éloignement n'étoit point trop conſidérable, il les crut, il en eſſaya ; cela fructifia en peu de tems ; quelques Habitans lui demanderent des Cantons de ces Bruyeres à bail à cens qu'il donna, ils ſemerent de la graine de ce Bois, & à l'envi l'un de l'autre il ne reſta aucun terrein vaque & inculte dans toute ſa Terre ; enſorte que d'un revenu de 1500. livres de rente, il a fait une Seigneurie dont il tire réellement plus de 12. à 14000. livres, avec cela il a enrichi ses Habitans qui se sont fait des revenus considérables, par la vente qu'ils font de ces Ballets à Paris, c'est ce qui vérifie bien le proverbe vulgaire, *tant vaut l'homme, tant vaut sa terre.* Cet exemple doit porter tous les Seigneurs du Royaume à ne rien oublier pour édifier & conserver des Bois qui deviennent de jour à autre plus rare & plus précieux, en observant néanmoins de faire porter à la Terre la qualité de Bois qui y croît plus volontiers.

Il est vrai qu'il falloit que cette Terre fût à portée de la Ville de Paris, pour tirer un profit aussi considérable d'un Bois si peu recommandable; mais il n'y a Province, lieux ni endroits où l'on ne puisse trouver quelques débouchés pour le commerce de quelques espéces de Bois, tout ainsi qu'il n'y a aucun terrein qui n'en puisse rapporter d'utile, soit bois fruitiers ou autres, dont on peut tirer profit.

Dans cette idée de production, & pour conserver cette partie de son bien, souvent la plus utile & celle qui ne demande aucune culture qui entraîne à dépense, comme les autres biens & héritages; un Seigneur doit en premier lieu choisir un habile Géométre ou Arpenteur, pour lever les Plans Géométriques de tous ses Bois, ce qu'il fera faire avec la précision que nous détaillerons ci-après, à la Question du devoir de l'Arpenteur.

Il portera ses vûes à mettre le plus beau Canton & la plus grande quantité de ses futayes en réserve, pour former du bois à bâtir, afin d'avoir dans tous les tems une ressource pour ses bâtimens; &

d'un autre côté, pour dans le besoin en tirer par la vente un profit considérable, & se conformer en tout, soit pour les coupes des fûtaies soit pour celles des taillis, aux Ordonnances, ainsi qu'il sera enseigné ci-aprés ; à cet effet, il s'instruira des régles prescrites.

Il visitera ses Bois lui-même, surtout les futaies, dans lesquels il y a souvent des épines & de mauvais arbres qui nuisent & empêchent de croître de jeunes chênes qui étant gênés & obscurcis par de mauvais arbres, ne peuvent profiter, il fera donc nettoyer & couper ces arbres nuisibles, & par cet endroit fera fructifier son Bois.

S'il y a des places vuides & des Chaumes dans les Bois, il les fera repeupler, comme il est ordonné pour les Bois du Roi.

Il mettra de bons & fidéles Gardes capables des attentions que cette fonction demande, & les fera conformer à l'Instruction que nous en donnons à la Question...... ci-après, qu'il fera éxécuter avec vigueur & sans complaisance pour aucun particulier.

S'il a des Usagers dans ses Bois, il s'instruira & se mettra au fait de la consistance de leurs droits, se fera représenter leurs Titres pour connoître s'ils sont juridiques ; quelle nature d'Usage ils on droit d'avoir, s'ils en usent, s'ils en sont en possession, & si cette possession est conforme aux Titres ; si elle n'a point été interrompue, si ces Titres sont sans possession, si ces particuliers lui payent une redevance ou cens, pour cet Usage, ou ne lui payent rien ; enfin il s'instruira de l'état auquel ces Usages doivent être, vis-à-vis de ſes droits,ſuivant l'Inſtruction que nous en avons donnée aux Queſtions *ci-après.* Il fera veiller à ce que le Commiſſaire rénovateur de ſes Terriers ne reçoive ces Uſagers à reconnoître de nouveau ces ſortes de droits devant lui,qu'après l'éxamen requis.

Il éxaminera & ſera éxaminer s'il eſt de ſon intérêt de demander à ſon profit le triage ou cantonnement des Bois, dans leſquels ces Uſagers ont droit afin de n'avoir aucun mélange avec eux ; il trouvera à cet effet la maniere de s'y prendre, & les modéles de la Procédure à faire ; il fera conformer éxactement les Uſagers à ce que leur preſcrivent les Ordonnances & Réglemens que nous rapporterons à leurs places.

Comme les Corneilles ſont des oiſeaux extrêmement nuiſibles pour les Bois, qu'ils détruiſent en coupant & mangeant les ſommités des futaies avec tous les boutons & les glands dans leur naiſſance, enſorte que cela fait par la ſuite ſécher & mourir les arbres ; les Seigneurs Propriétaires de ces Bois peuvent aiſément détruire ces animaux à peu de frais, & conſerver par cet endroit leurs Bois & les fruits.

Ces Oiſeaux aiment extrêmement les Féves de Marais ; ils en feront prendre & larderont à chaque Féve intérieurement des pointes & morceaux d'aiguilles ; on en peut faire autant avec du Gland, ces animaux les mangeront & périront bientôt, ce qui conſervera les Bois.

On peut voir la Chaſſe aux Corneilles dans le *Dictionnaire Oeconomique* ; elle eſt récréative, & utile.

QUEST. II.

QUEST. II. *Tous les Bois viennent-ils naturellement ſans les planter, ſemer, ni édifier?*

La terre a produit ſeule les Bois comme toutes les autres Plantes, pour le ſervice & l'uſage de l'homme; chaque eſpéce produit des fruits ou de la graine pour ſe perpétuer & ſe régénérer, & comme les Bois viennent naturellement, ils ſe détruiſent de même, ſoit par vétuſté, ſoit par le dommage qui leur eſt cauſé par les beſtiaux, ſoit par la coupe que l'on en fait dans les tems de ſéve, ſoit par la ſcie, ce qui les fait mourir, & autres accidens; enfin par le peu de ſoin & d'attention des humains les Bois deviennent journellement très-rares en France, ſurtout ſur les bords des grandes Riviéres, où l'on en détruit une grande quantité pour poinçons, tonneaux, & les bateaux néceſſaires pour le tranſport des vins, grains & denrées, ſans que perſonne ſe mette en peine ni en devoir d'en réédifier

QUEST. III. *Comment édifie-t-on un Bois, eſt-ce en le plantant ou en le ſemant?*

Le Bois comme nous l'avons dit eſt l'ame d'une Terre & Seigneurie, rien de plus important, de plus utile & de plus lucratif par ſon produit, & de moins à charge, ce qui doit porter les Seigneurs, & même les particuliers à en édifier, & choiſir celui de l'eſpéce la plus convenable à la nature du terrein où on le deſtine.

Le Chêne tient le premier rang par ſa force &

l'usage presque général que l'on en fait.

Le Châtaignier est excellent, tant parce que le fruit en est meilleur, que parce qu'il est plus léger, qu'il vient aisément en de mauvais terrein, & qu'il croît beaucoup plus promptement que le Chêne.

L'Orme tient le second rang, & vient aisément dans toutes sortes de terroirs.

Le Fresne, le Hêtre ou Fouteau, le Sapin, le Cormier, le Charme, l'Erable & le Tilleul tiennent le troisiéme rang.

(a) Tome 2. Entret. 16. p. 438.

M. Pluche dans le Spectacle de la Nature (a), dit que pour édifier un Bois, le premier ouvrage est d'environner, tout le terrein qu'on y destine, d'un fossé profond, & dont on jette la terre en dedans du côté du Bois, pour éviter que les bestiaux ne le gâtent.

Il prouve que l'on peut faire venir du Bois en deux manieres, par graine ou avec du jeune plan, qu'il viendra plus promptement avec le plan, mais que la dépense en sera plus grande.

Cet Auteur ajoûte, que pour planter un arpent de Bois contenant cent perches ou verges de vingt-deux pieds chacune, il faut environ quatorze mille plantes, qui se vendent communément dix à douze sols le millier qui se prennent dans les Bois des Particuliers, parce qu'il est défendu d'en arracher dans les Forêts du Roi, & celles des Communautés.

Je crois que cela seroit bon en quelques Provinces, où il y a des Particuliers qui ont des Bois, mais il y en a beaucoup où il seroit impossible de trouver de ce plan, qui se forme sous les Chênes-futayes, où il reste toûjours du gland enfoui par les cochons, qui germant en terre produit une quantité de petits Chênes, qu'il seroit aisé de lever pour en faire des Plans utiles; cette production néanmoins se perd, parce que se trouvant dans des Bois-futayes, où les bestiaux ont la liberté d'aller pacager, elle est foulée aux pieds ou broutée.

Il s'en trouve d'ailleurs souvent une si grande quantité, que quelquefois il y en aura jusqu'à trois ou quatre cens & plus sous un seul arbre, ensorte qu'il n'est pas possible que tout vienne à bien, la multitude est détruite par elle-même, l'ombrage des grands chênes l'étouffe, ensorte que ce sont des plans perdus; s'ils étoient levés & plantés avec racines, ils viendroient aisément, & feroient une production admirable, capable de rétablir des Forêts entieres; on peut se convaincre de ce que j'avance ici, l'année d'ensuite d'une glandée abondante aux mois de Juillet & d'Août; mais c'est à quoi peu de personnes font attention.

M. Pluche enseigne que ce plan doit être un peu fort, bien garni de racines, & tout nouvellement arraché, deux jours d'intervalle étant capables d'en faire périr une bonne partie.

Que la maniére la plus aisée de mettre en terre ce jeune plan, est d'y employer la charrue en ouvrant un sillon, le long duquel l'on posera ce plan, & que le sillon qui sera fait auprès, le couvrira aussitôt, en y jettant la terre du nouveau sillon qu'elle trace.

Qu'à l'égard de la fêne du Hêtre, & de la graine de l'Orme, pour en espérer du succès, la terre ne sçauroit être trop bien pulvérisée, parce que le germe en est extrêmement délicat, & ne pousse pas avec tant de vigueur que le gland, qu'il faut six boisseaux de feine pour un arpent, & qu'il en faut seize de gland pour le semer.

Pour que ces graines viennent plus promptement, ce Naturaliste ajoûte qu'il faut les mettre germer en sable dans un lieu humide, parce que l'on sera sûr de ne mettre en terre que des semences éprouvées & qui leveront: c'est ce qui se pratique par tout.

Ceux qui voudront édifier des Bois & Forêts, pourront voir M. Pluche, au lieu cité; ils consulteront encore M. Liger dans sa nouvelle Maison Rustique, imprimée chez la Veuve Prudhomme en 1743. qui ne leur laissera rien à désirer sur ce qu'ils doivent pratiquer pour chaque espéce de bois, selon leur terrein, ce qui se fera par semence, plans enracinés ou par boutures.

Nous dirons seulement sur le Chêne, comme plus intéressant à établir, que l'on choisit le gland mâle (*a*) autant que l'on peut, qui est le plus gros; il vient au bout d'une longue queue à fruit séparé, au lieu que le gland femelle plus petit (*b*) sans queuë vient par bouquet; le Chêne mâle vient plus droit & plus gros que le chêne femelle; les uns le sement en rase avec allignemens; d'autres le sement en plein champ, comme on fait le bled, & d'autres font des trous en quarré de la largeur d'une béche, ou de sept à huit pouces, éloignés les uns des autres de quatre pieds, où ils mettent quatre à cinq glands dans chaque trou, ce qui fait des sepées ou bouquets de bois, qui ne peuvent manquer; enfin,

(*a*) Pline l. 16. ch. 6. distingue 14. sortes de glands.

(*b*) Pline au même lieu, dit que les Chênes femelles rapportent plus de glands que les mâles.

ſoit pour cette eſpéce de bois, ſoit pour les autres, on peut avoir recours à la nouvelle Maiſon Ruſtique, comme nous l'avons dit, & on parviendra aiſément à avoir des Bois, n'y ayant point d'endroits où l'on ne puiſſe en édifier, en y donnant l'attention néceſſaire, & choiſiſſant l'eſpéce de bois propre à la terre.

Chauffour dans ſon *Inſtruction ſur les Eaux & Forêts, pag.* 195. dit une ſingularité qu'il convient de rapporter; il aſſûre qu'il y a des Forêts (& il cite Beleſme) où il n'eſt aucunement néceſſaire pour le repeuplement des Ventes d'y laiſſer des balliveaux, qui y ſont même préjudiciables, le fonds étant tellement bon & fructueux, qu'il rend naturellement du plan ſuffiſamment, même de toute autre eſpéce que les balliveaux que l'on y laiſſe par les coupes; enſorte que l'on voit ordinairement qu'aux Ventes de haute Futaie, plantées totalement en Bois de Chêne, auxquelles on ne pourroit laiſſer autres baliveaux que de cette eſpéce, il ne revient aucun Chêne, mais tout Hêtre; & qu'il en eſt de même ſi la vente & balliveaux ſont de Hêtre, il n'y revient que des Chênes; choſe, dit cet Auteur, aſſez remarquable.

QUEST. IV. *Dans quel tems ce Bois ainſi planté, ſemé & édifié eſt-il hors de défenſes des dégats des Beſtiaux?*

Une des premieres Ordonnances que nous ayons qui fixe l'âge auquel le Bois taillis eſt défenſable pour les Beſtiaux, eſt celle de Saint Louis, dans ſes Etabliſſemens chap. 150. par laquelle il eſt défendu, ſous peine d'amende de 60. ſols, de mener Bœufs ou Vaches ès Bois qui n'ont pas trois ans : la Coûtume d'Anjou, (*a*) explique cet âge, en diſant, qu'il faut que le Taillis ait trois ans & un mois, à quoi ſont conformes les Coûtumes de Bourbonnois (*e*), d'Amiens (*f*), de Berry (*g*), de Saint Paul (*h*), Saint Paul en Artois (*i*), Artois (*l*), Auvergne, (*m*), Menat (*n*), Combrailles (*o*), la Marche (*p*), Tours (*q*), Lodunois (*r*), le Maine (*ſ*), Vaſtang (*t*), & autres. Il eſt vrai qu'il y a des lieux & terreins où les Bois croiſſent beaucoup plus vîte les uns que les autres; y en ayant auſſi qui à peine à cinq ans ſont auſſi avancés que d'autres à trois ; c'eſt ce qui eſt prévu en la Coûtume de Bar (*b*) où il eſt ſpécifié qu'à cauſe de cette inégalité, le Juge du lieu ſur l'avis de deux ou trois perſonnes non ſuſpectes, déclarera quand ledit Bois ſera défenſable *, ce qui eſt conforme à la Coûtume de Sens (*c*) & à celle d'Auxerre (*d*) qui ont même diſpoſition; d'autres Coûtumes ont porté juſqu'à cinq ans l'âge défenſable des Taillis, ſans doute, par la raiſon de l'inégalité du produit ; telles ſont les Coûtumes de Montreuil (*u*), Moulins en Berry (*x*), Bourgogne Duché (*y*), Saint Agnant (*z*), Xaintonge (*&*), Poitou (*aa*), Meaux (*bb*), Troyes, (*cc*) Chaumont (*dd*), Vitry, (*ee*) Lorraine (*ff*).

* Voyez Taizand ſur Bourgogne, titre des Forêts & Pâturages. (*a*)

(*a*) Le Parlement de Dijon l'a ainſi jugé par Arrêt d'Audience publique du 14. Juillet 1744. pour Madame de Preſſigny, contre ſes Habitans.

(*a*) art. 182. (*e*) art. 524. (*f*) art. 200. & 202. (*g*) tit. 10. art. 12. & 13. (*h*) tit. 2. art 20. (*i*) tit. 1. art. 5. & 6. (*l*) tit. 1 art. 55. (*m*) chap. 28. art. 23. (*n*) art. 3. (*o*) art. 2. (*p*) chap. 29. art. 355. 356. (*q*) art. 373. (*r*) chap. 19. art. 7. & chap. 37. art. 12. (*ſ*) art. 200. (*t*) chap. 8. art. 18. (*b*) art. 205. (*c*) art. 148. (*d*) art. 262. (*u*) art. 7. (*x*) chap. 2. art. 2. (*y*) chap. 13. art. 3. (*z*) chap. 1. art. 4. (*&*) tit. 4. art. 14. (*aa*) tit. 1. art. 196. (*bb*) chap. 22. art. 75. (*cc*) tit. 10. art. 178. (*dd*) tit. 9. art. 109. (*ee*) tit. 11. art. 118. (*ff*) tit. 15. art. 7.

Les Priviléges accordés aux Habitans de la Ville de Levigne (2) par Marguerite Reine de Jérusalem, Comtesse de Tonnerre, au mois de Novembre 1293.* confirmés par Charles V. au mois d'Août 1372. permettent à ces Habitans de faire pâturer leur Bestiaux dans ses Bois, après la cinquiéme feuille, & défend de les y mener plutôt, à peine d'amende.

La Coûtume de Saint Mihel (gg) a étendu les défenses du Bois Taillis, jusqu'à sept ans après la coupe, ès lieux de montagnes & moins fertiles; les Ordonnances de Philippe le Long de 1318. article 25. de Charles VI. de 1402. article 55. & de François Premier en Mars 1515. art. 72. prescrivent que nulle bête n'ira en taillis jusques au tems que les Bois puissent se défendre des bêtes, parce que (disent ces Ordonnances) une bête qui ne vaut que 60. sols ou 4. livres, peut faire dommage de cent sols & plus en une année : voilà les régles & les conséquences établies, dans lesquelles il faut se renfermer, soit à l'égard de ceux qui ont droit d'Usage dans les Bois, soit par ceux qui sont eux-mêmes Propriétaires des Bois; parce que cette partie est si précieuse, qu'il n'est pas permis au Propriétaire de contribuer à sa destruction, la conservation en étant de droit public.

(2) Ce n'est point Levigne, c'est Lésigne, qui est un Bourg à deux lieues de Tonnerre, & à une lieue d'Ancy-le-Franc, dépendant du Comté de Tonnerre, sur le grand chemin de Tonnerre à Montbart & à Sainte Reine.

(*) Ordonnances du Louvre, tom. 5. p. 514. n. 2.

(gg) tit. 15. art. 10.

QUEST. V. *A quel âge peut-on couper le Bois qu'on appelle* Taillis ?

Le mot de *Taillis* vient de *Tailler*, parce qu'il faut effectivement tailler le bois semé ou planté, pour le faire croître & épaissir, quand il est parvenu assez haut pour être coupé.

Nos Rois ont toujours fixé la coupe des Taillis, à dix ans, soit pour les Bois du Domaine de la Couronne, soit pour ceux de tous Particuliers, en ces termes : „ Défendons à tous nos Sujets de quelque „ qualité qu'ils soient, de faire couper leurs Taillis, „ sinon de dix ans en dix ans, sur peine de confisca- „ tion du Bois & d'amende arbitraire (*a*). Saint Yon sur quelqu'unes des Ordonnances, rapporte deux Arrêts, l'un du 21. Février 1542. contre les Doyen, Chanoines & Chapitre de Noyon, & les Habitans de Pont-l'Evêque ; & l'autre du 6. Septembre 1578. pour la Dame Comtesse de Nanteuil, contre les Habitans de Noyon & Grisy, lesquels font défenses auxdits du Chapitre, & aux susdits Habitans de couper leurs Taillis qu'ils n'eussent l'âge de 10. ans.

Quelques Coûtumes & Ordonnances ont réglé ces coupes à sept & huit, (*b*) même à 15. années (*c*), ce qui provient de la diversité du terrein des Provinces, & souvent aussi de la natu-

(*a*) Ces Ordonnances sont de Charles V. de 1376. de François I. en 1515. 1518. d'Henry II. en 1554. Charles IX. en Septembre 1564. art. 4. & Août 1573. d'Henry III. en Mai 1587. & Avril 1588. de Louis XIII. en Juin 1611. de Louis XIV. 1669. tit. 24. art. 3. tit. 26. art. 1.

(*b*) Grandperche tit. 2. art. 74. Ordonnance de Mai 1580. art. 10.

(*c*) Nivernois chap. 37. art. 20.

re

re des Bois qu'elles produisent; ainsi que le rapporte Saint Yon (a), qui dit, qu'il est certain que le Châtaignier, & le Bois blanc viennent plus promptement que les autres Bois : „ parce qu'ils „ sont moëlleux, & ont plus de suc, par con-„ séquent poussent avec plus de force & de véhé-„ mence que ne font le Chêne & le Hêtre " ; ce qui est prouvé par l'Ordonnance du mois de Mai 1580. art. 10. qui défend la coupe des Bois Taillis, dans la Grurie de Sénard, qu'ils n'aient huit ans de coupe, à l'exception du Châtaignier : „ *N'entendons toutefois* (porte l'art.) *en ces présentes défenses compren-„ dre les Bois de Châtaignier pour faire cercles, lesquels se „ pourront couper à la direction des Propriétaires en la „ saison des coupes.*

La nouvelle Ordonnance de 1669. titre 26. article 1. enjoint à tous les Sujets du Roi, sans exception ni différence, de régler les coupes de leurs Bois Taillis au moins à dix ans; & par Arrêt du Conseil d'Etat du 19. Juillet 1723. Sa Majesté a renouvellé les défenses à tous Particuliers de quelque qualité & condition qu'ils soient, de couper à l'avenir aucuns Bois Taillis qu'ils n'aient au moins l'âge requis par cette Ordonnance; ensorte que c'est la loi que l'on doit suivre, loi dont l'éxécution a encore été réitérée par deux autres Arrêts du Conseil des 13. Septembre 1727. & 2. Décembre 1738.

(a) pag. 435.

QUEST. VI. *Un Gardien & Bailliste, peut-il de son autorité changer les coupes des Bois de ses Mineurs?*

Les sages Ordonnances qui ont pourvu à la conservation des Bois, ont fixé les tems où doivent être coupés les Taillis; plusieurs de nos Coûtumes en ont aussi limité les saisons & les âges, ensorte qu'il n'y a qui que ce soit dans le Royaume qui puisse se soustraire à ce qui est prescrit à ce sujet; un Gardien ou un Bailliste ne peuvent intervertir les coupes des Taillis réglées de longues années avant, ce seroit détruire & dessaisonner les coupes, ce qui feroit un tort considérable à la Seigneurie, pour lequel détriment ils perdroient la garde & le bail, c'est la disposition textuelle des Coûtumes de Melun (*a*) & de la Marche, (*b*).

(a) ch. 20. art. 293.
(b) ch. 12. art. 74. & 75.

SECTION SECONDE.

DES BOIS TAILLIS.

QUESTION I. *Dans quelle saison doit se faire la coupe des Bois Taillis.*

Par l'article 40. du titre 15. de la nouvelle Ordonnance de 1669. les Bois Taillis doivent être coupés dans le quinze Avril, par la raison qu'après cette coupe, il faut le tems de vuider ce Bois & le nettoyer; ensorte que le tout soit débarrassé avant le tems de la séve, pendant lequel il est expressément défendu de couper & d'abbatre aucun bois, depuis la mi-Mai jusqu'à la mi-Septembre, qui est le tems de la séve, suivant le Réglement général de la Table de Marbre du Palais à Paris du 4. Septembre 1601. article 24 & un Arrêt en dernier ressort du 18. Septembre 1634. (*a*), à peine de confiscation. Il y a un Arrêt du Conseil d'Etat du 26. Février 1689. à l'occasion de l'Exploitation des Bois destinés pour les Salines de Moyenvic, par lequel il est dit, que les Bois pourront être coupés & abbatus, jusqu'au 15. Mai de chaque année, passé lequel tems Sa Majesté fait défenses d'en couper.

(*a*) Durand, p. 55. des Réglemens.

La raison pour laquelle l'on défend de couper du bois dans le tems de la séve, est parce qu'il arrive souvent que les bois en meurent entiérement, & s'ils n'en meurent pas, les troncs des arbres restans découverts & essuyans les chaleurs, la séve qui fait croître & boutonner les arbres s'en retire ; ensorte qu'elle demeure presque sans force, & ne pousse que de petits rejettons qui dégénerent de beaucoup de ceux d'une coupe faite hors de la séve ; nous voyons même dans Vitruve, traduit par Perault d'Ablancourt (*b*), que le tems propre à couper du bois à bâtir, est depuis le commencement de l'Automne jusqu'au Printems, avant que le *Favonius* commence à souffler ; l'expérience ayant convaincu, qu'outre le tort que la coupe du bois en tems de séve fait à la souche, il se trouve bien moins propre aux ouvrages & constructions, en ce qu'il pousse, s'échauffe & se déjette, & qu'il s'en faut du tout au tout, qu'il n'ait la même qualité & bonté que celui qui est coupé en Hyver & au déclin de la Lune. *Filleau* sur la Coûtume de *Poitou*, dit que c'est faire mourir les Bois que de les couper en tems de séve. *Coquille* est de même sentiment (*c*).

(*b*) L. 2. ch. 9.

(*c*) Ch. 17. art. 1.

On doit auſſi remarquer que la ſéve du Bois n'eſt point égale dans tout le Royaume, Coquille, *loco citato*, dit qu'il eſt depuis la mi-Mai, à la mi-Août, en *Angoumois* : En *Xaintonge* depuis le premier Mai juſqu'à la fin de Septembre. Par les Réglemens pour *Chizé* & *Aunay* des 14. & 25. Juin 1602. art. 19. & 20. le tems de la ſéve eſt de même, depuis le premier Mai juſqu'a la fin de Septembre, la raiſon de cela eſt qu'il y a des Provinces plus hâtives les unes que les autres, ſuivant le climat, plus ou moins chaud ; la ſeconde ſéve ne monte que vers le quinze d'Août juſqu'à la fin du mois de Septembre ; ainſi depuis le quinze Avril, ou premier Mai juſqu'au dernier Septembre les Forêts doivent être fermées ; même *aux Propriétaires*, parce que l'on n'y peut couper aucun bois ſans l'endommager & le faire mourir ; d'où l'on doit conclure que la coupe des Bois ne doit commencer que le premier Octobre, juſqu'au quinze d'Avril, qui ſont ſept mois de l'année, pendant leſquels on peut exploiter tous Bois. C'eſt ce qui eſt préciſément porté par l'article 40. du titre 15. de l'Ordonnance, qui veut que les Bois, tant fûtaie que taillis, ſoient coupés & abbatus dans le quinze d'Avril, & le tems des vuidanges réglé par le Grand-Maître, ſuivant la poſſibilité des Forêts, à peine d'amende arbitraire, & de confiſcation des marchandiſes contre les Adjudicataires, ſans que les Officiers puiſſent accorder aucune prorogation pour coupes & vuidanges ſous pareille peine d'amende arbitraire, & de privation de leurs Charges.

Il n'y a point de Bois Taillis en Sapins, & cet

arbre ne vient que de graine & de semence (*).

Il y a des Forêts de Châtaigniers, ce bois vient promptement; on peut aisément en faire des coupes à sept ans; il y a beaucoup de ces Bois vers Beaumont sur Oyse.

QUEST. II. *Comment s'en doivent faire les Coupes pour l'abbatis, & peut-on couper la totalité d'un Taillis?*

Cette Question a deux parties, la premiere consiste à sçavoir, comment se doit faire la coupe & l'abbatis d'un Bois Taillis; & la seconde, si l'on peut couper le Taillis dans son entier sans aucune réserve.

Sur la premiere, nous dirons que l'article 42. du titre 15. de la nouvelle Ordonnance de 1669. veut que les Taillis soient coupés & abbatus à la coignée à fleur de terre, sans les écuisser ni éclatter; ensorte que *les brins des cepées (a) n'excédent la superficie de la terre, s'il est possible, & que tous les anciens nœuds recouverts, par les précédentes coupes, ne paroissent aucunement*; ce sont les propres termes de l'Ordonnance, qui s'expliquent assez clairement, pour entendre que tout le Bois Taillis doit être coupé au niveau de la terre ou sol du bois, ensorte qu'un tronc d'arbre ne paroisse au-dessus de la superficie; j'en ai vû en Bour-

(*) Il y a eu Arrêt du Conseil d'Etat pour la Bresse, & le Bugey, qui ordonne que le Réglement fait pour les autres Bois du Royaume, aura lieu pour les Forêts de Sapins.

(a) Ce que l'on entend par *cepée*, sont les Touffes de plusieurs brins de Chênes, ou autres bois, qui semblent sortir d'une même tige, comme un bouquet.

gogne, où l'on ſuit cette diſpoſition, plus réguliérement que dans aucune autre Province, il auroit été aiſé de joüer à la boule dans ces Taillis coupés, ſans crainte que les troncs d'arbres puiſſent empêcher le cours de la boule ; & c'eſt-là véritablement comme les Taillis doivent être coupés, ſelon l'eſprit de l'Ordonnance.

On obſervera qu'il faut que ces Taillis ſoient coupés à la coignée, & non à la ſcie ; c'eſt ce qui eſt encore preſcrit par l'article 44. du même titre, à peine contre ceux qui les exploiteront de cent livres d'amende & confiſcation des bois & outils des ouvriers ; ce qui avoit été ordonné par les Arrêts des 20. Janvier 1549. 3. Juillet 1551. & 20. Août 1582. Cette Ordonnance eſt non-ſeulement faite pour les Bois du Roi ; mais pour ceux des Eccléſiaſtiques, Communautés & Particuliers, ſous les peines portées contre les contrevenans.

Si ce ſont des Taillis qui ne ſoient pas du premier plan & ſemence, mais des coupes réglées de tems à autre, & qu'il s'y trouve de vieux troncs, ſouches & eſtocs de bois pillés & rabougris, l'article 45. du même titre, veut que celui qui en fera l'exploitation, les faſſe couper, récéper & ravaler le plus près de terre que faire ſe pourra ; & l'Adjudicataire ou Propriétaire eſt obligé ſuivant l'article 4. de l'Ordonnance de 1516. & l'article 11. du Réglement pour Villers-Cotteret du 6. Octobre 1605. de couper & faire abbatre les bois tant gros que menus *à tire & à aire*, tout d'une ſuite, ſans intermiſſion & délaiſſement d'aucun bois, troncs, eſtocs ou mabous à ſix pouces près de terre &

au-dessous, afin que tout revienne en même tems, sans quoi l'Adjudicataire ne peut être déchargé de sa vente qu'elle ne soit entiérement nette & vuide, généralement de toutes choses.

A l'égard de la seconde partie de cette Question, elle a été toujours décidée par les anciennes Ordonnances, qui défendent de couper la totalité du Taillis, & qui prescrivent d'y laisser des balliveaux; ces Ordonnances ont varié, sur le nombre qu'elles ont prescrit d'y laisser, sans pouvoir les couper & abbatre, pour quelques causes que ce soit; mais ce nombre a été fixé à seize par l'Ordonnance de 1669. (a) & par un Arrêt du Conseil du 19. Juillet 1733. il est porté „ que ladite Ordonnance sera éxécutée selon sa forme & teneur, & en conséquence que tous les Particuliers de quelque qualité & condition qu'ils soient, seront tenus de laisser & réserver seize balliveaux par arpent lors de leurs coupes, outre ceux qui doivent avoir été retenus ès ventes & coupes précédentes, qu'ils ne pourront couper qu'ils n'aient au moins quarante ans, qui sont de dix par chacun arpent.

L'on choisit donc, lors des coupes, pour balliveaux de réserves, les brins de chênes les plus droits & ceux qui ont le moins de branches, afin que leur croissance soit en la tige; & s'il se peut on laissera toujours de préférence, les brins qui seront de semence ou racines, & sur un seul pied; si l'on est obligé d'en laisser de ceux où il y a plusieurs brins sur un même pied, on choisira toujours le premier & maître brin, qui s'appelle *balliveau sur souche.*

(a) Tit. 26. art. 1.

L'on doit avoir attention que les balliveaux ſoient de chênes, ſi les Bois en ſont peuplés; ſinon & à défaut du chêne on laiſſera des hêtres ou châtaigniers, parce qu'ils ſont de meilleure eſpéce & mieux venans.

On les laiſſe épars & éloignés les uns des autres, & autant également qu'il eſt poſſible afin que le taillis ne ſoit point étouffé deſſous.

S'il n'y avoit ni hêtre ni châtaignier dans les coupes, ni même de chênes, on laiſſera des balliveaux, de l'eſpéce qui ſe trouvera, comme de bois blanc & autres des plus belles venues; parce qu'en cela, il faut ſe conformer aux Ordonnances, pour la conſervation des Forêts, laquelle eſt de Droit Public, il n'eſt pas permis d'y contrevenir.

QUEST. III. *Qu'eſt-ce que des Balliveaux, & y en a-t-il de pluſieurs ſortes?*

(a) Page 307.

Balliveaux, dit S. Yon (a) vient du mot *Bail* ou Bailli, qui ſignifie *garde* ou *protection*, *Bailli*, *Gardien* & *Bailliſte*; les Baillis des Provinces, ceux auxquels elles étoient données en garde, pour y adminiſtrer la Juſtice, garder & conſerver le Peuple contre l'oppreſſion d'autrui: & pareillement, dit cet Auteur, *Balliveaux*, ſignifient les Arbres qui ſont baillés en garde aux Sergens, Gardes des Forêts, ou aux Marchands, pendant le tems de leurs ventes.

Dans l'Orléanois on appelle ces Arbres *Boiveaux*, en Poitou *Lais*, parce qu'ils ſont laiſſés; la Coûtume de Boullenois (b) appelle ces Balliveaux de l'âge du Bois, *Etalons*, que *Caron* (c) dans ſon *Traité des Bois* dit être ainſi appellés par analogie aux chevaux

(b) Tit. 7. art. 31.

(c) Tom. 1. au mot Balliveaux.

chevaux, parce qu'ils repeuplent les ventes, & viennent avec le tems en nature de futaie. L'Ordonnance de 1669. (a) les appelle auſſi *Etalons*, la Coûtume de Montreuil (b) & Boullenois au même article les nomment *Pérots*, ceux qui ont trois âges, ou trois coupes, s'appellent *Tayons*.

(a) Tit. 32. art. 4.

(b) Art. 29.

Nous venons de dire à la Queſtion précédente que lors de la coupe d'un Taillis il eſt preſcrit d'y laiſſer ſeize Baliveaux par arpent (c); or ces Baliveaux ſont ſeize arbres épars dans l'étendue d'un arpent de bois que l'on choiſit éloignés les uns des autres, des plus gros, des plus droits & des plus beaux du Taillis; cette réſerve eſt afin que ces arbres croiſſent & forment dans la ſuite du bois futaie, comme il ſera dit ci-après; ce premier *Baliveau* s'appelle *Baliveau de brin*; parce qu'il eſt venu de ſemence.

(c) Ord. de 1669. tit. 24. art 3. & tit. 26. art. 1.

Pour la ſeconde coupe du Taillis qui ſe fait dix ans après (d) le Propriétaire ou l'Adjudicataire n'eſt pas moins tenu de laiſſer autres ſeize Baliveaux par arpens du même Taillis, qu'il fait exploiter, ce qui s'appelle *Baliveaux ſur taillis*.

(d) Ordonnance de 1669. tit. 26. art. 1.

Pour la troiſiéme coupe, où l'on en laiſſe autant, & qui ſont les plus jeunes, ils s'appellent, *Baliveaux de l'âge du bois*, & pour-lors l'on nomme les Baliveaux de brin, *Baliveaux anciens*, & ceux de la précédente coupe, *Baliveaux modernes*; ou bien dans les Coûtumes que nous avons citées, *Boiveaux*, *Lais*, *Etalons*, *Pérots* & *Tayons*, ſelon l'uſage.

Voilà ce que c'eſt que des *Baliveaux*, & leurs différens noms ſelon les coupes.

QUEST. IV. *Qu'entend-on par couper le Bois à* tire *&* aire ?

Couper le Bois à *tire* & *aire*, c'eſt le couper de ſuite, ſans laiſſer, ni intervalle ni bouquets, ni aucune intermiſſion, de la vieille vente à la nouvelle; c'eſt ce qui eſt preſcrit par l'Ordonnance de 1669. (*a*) autrement ce ſeroit furter un Bois en coupant deçà & de-là.

(*a*) Tit. 25. art. 11.

QUEST. V. *Qu'eſt-ce que déſaiſonner les Coupes des Bois ?*

En ſuppoſant une Forêt en Taillis de deux cens arpens, pour en régler les Coupes égales, on les partage en dix années de chacune vingt arpens, que l'on fait exploiter annuellement; enſorte que quand l'on a fait la derniere coupe qui eſt la dixiéme, l'on recommence la premiere, & l'on ſuit toûjours l'ordre des mêmes coupes : or s'il arrive que l'on manque une année de faire la coupe qui devoit être exploitée, cela fait un dérangement, pour-lors toutes les Coupes réglées ſe trouveront avoir onze années au lieu de dix, ce qui s'appelle déſaiſonner les Coupes; parce que c'eſt en intervertir la ſaiſon & la régle.

SECTION TROISIE'ME.

Des Futaies & des différens noms des Arbres particuliers qui s'y trouvent, qu'il est néceſſaire de ſçavoir.

QUEST. I. *Qu'eſt-ce que* Futaie ?

Ce ſont les Bois qui ſont parvenus à leur plus grande hauteur *alta, ardua, & procera ſylva.*

Ce qui forme un Bois *Futaie*, ſont les Baliveaux que l'on laiſſe des différentes coupes des Taillis, leſquels n'étant point coupés, établiſſent une *Futaie* qui n'eſt cependant réputée telle qu'à l'âge de cent ans, & ſuivant la derniere Ordonnance (*a*) l'âge en eſt fixé à ſix vingts ans.

Cette Ordonnance (*b*) veut que lors des ventes de Bois du Domaine du Roi, il ſoit réſervé dix arbres en chacun arpent de *Futaie* ou haut recrû, des plus vifs, de la plus belle venue de Chêne, s'il ſe peut de *Brin* de Bois, & de groſſeur compétente, avec les pieds corniers & arbres de liſieres.

Il y a auſſi des demi-Futaies, ou jeune haute Futaie, qui eſt un Bois de l'âge depuis ſoixante ans juſqu'à ſix-vingts ans (*c*), & lorſque ces *Futaies* ſont ſur leur retour, c'eſt-à-dire, de l'âge d'environ deux cens ans, elles ſont appellées vieilles Futaies.

Voyez les Coûtumes de Sens art. 153. Troyes art. 181. Auxerre 267. Blois 78. Grand-Perche tit. 2. art. 75.

(*a*) Tit. 26. art. 1.

(*b*) Tit. 15. art. 11.

(*c*) Mémorial au mot Futaie.

QUEST. II. *Quel Arbre appelle-t-on Bois-vif* ?

Bois vif.

C'eſt celui qui porte du fruit, pouſſe branches

& feuilles, *lignum vivens*, tel que le Chêne, Hêtre, Châtaignier & autres, qui ne sont compris dans les Mort-Bois.

QUEST. III. *Qu'est-ce que Pied-Cornier, Arbre de Lisiére, de Laye & de Paroy?*

Pied-Cornier, Lisiére, Paroy.

Les Arbres de Lisiére, de Laye ou de Paroy sont même chose : ce sont les Arbres de réserve, que l'Arpenteur est obligé de marquer le long des coupes & des Forêts (*a*), & que les Marchands & Adjudicataires doivent laisser : ces Arbres forment les limites des Bois, Forêts & Coupes, *Arbores limitaneæ*; parce qu'ils se trouvent sur les lisiéres des Forêts; ces Bois doivent être marqués dans les Forêts du Domaine, du Marteau du Roi, de celui du Grand-Maitre, & de celui de l'Arpenteur. (*b*)

(*a*) Ordonnance de 1669. tit. 15. art. 6.

Quant aux Pieds-Corniers, ce sont ceux que l'on laisse dans les angles & tournans des Bois, lesquels sont pareillement Arbres de réserves, & doivent être marqués dans les Forêts du Roi, comme les Arbres de lisiére & de paroy, parce qu'ils servent de limites & fixent les extrémités de la Forêt.

(*b*) Ordonnance de 1669. tit. 3. art. 12. Tit. 11. art. 8. Tit. 15. art. 9. & 11.

QUEST. IV. *Qu'est-ce qu'un Etalon?*

Etalon.

Les Arbres Etalons, sont les Laiz, Chênes & Baliveaux que l'on laisse en coupant un Bois taillis, pour les élever en futaie, lesquels sont du même âge du Bois.

Voyez les Coûtumes de Saint Pol article 21. & autres dudit lieu, art. 48. Boullenois art. 33. & 114. Artois art. 58. Amiens 210. 211. Montreuil art. 29.

QUEST. V. *Qu'est-ce qu'un Pérot ?*

Arbre Pérot.

Un Arbre Pérot, est celui qui a deux âges de la coupe du Bois ; on l'appelle encore Baliveau sur taillis, Coûtume du Boullenois tit. 7. art. 33. & Montreuil art. 29. Saint Pol, 21. 46. & de la plus ample art. 48. 76. Amiens, 119. 210. 211. on l'appelle encore Pere d'où l'on a fait Pérot.

QUEST. VI. *Qu'est-ce qu'un Tayon ?*

Bois Tayon.

Tayon est un Arbre qui a trois âges de la coupe du Bois, par exemple, si une Forêt Taillis est mise en coupe réglée de dix ans, les Baliveaux de cette premiere coupe s'appellent Estalons, Laiz & Baliveaux qui ont dix ans ; à la seconde coupe ils s'appellent Pere, dont a fait Pérot, & ont vingt ans ; & à la troisiéme coupe qu'ils ont trente ans, ils s'appellent Tayons : Voyez le Glossaire de M. de Lauriere au mot *Pérot*, & les Coûtumes d'Amiens art. 119. 210. 211. Boullenois art. 148. Montreuil 29. Ponthieu art. 7. Mons chap. 1. Coût. de Saint Pol sous Artois, art. 48. 78.

QUEST. VII. *Qu'est-ce qu'un Arbre Arsin ?*

Bois Arsin.

C'est un Arbre au pied duquel des Bergers ou autres ont mis le feu pour le faire mourir, *lignum exustum*. Il est expressément défendu à toutes sortes de personnes de porter du feu ès Forêts, Landes & Bruyeres, & y en allumer en quelque saison que ce soit, à peine de punition corporelle & d'amende arbitraire, outre la réparation des dommages, que l'incendie pourroit avoir causé, dont les Communautés & autres qui ont choisi les Gardes sont civilement responsables, article 32. du titre 27. de l'Ordonnance de 1669.

QUEST. VIII. *Qu'est-ce que Bois Charmé?*

Bois charmé, Chaufour p. 249.

Est un Arbre que des Bergers, usagers ou autres, font mourir par malice, afin de le pouvoir couper après, pour leur usage, *lignum fascinatum*; les Gardes doivent y veiller avec grande attention parce qu'ordinairement ceux qui font semblables choses, ne s'attachent qu'aux beaux Arbres qui ont beaucoup de bois. Il y a même peine pour faire mourir un arbre de cette façon que si l'on y mettoit le feu; c'est le texte de l'article 22. du titre 27. de l'Ordonnance, qui défend à toutes personnes de charmer les arbres, & d'en enlever l'écorce, à peine de punition corporelle.

QUEST. IX. *Qu'est-ce que Bois Chablis?*

Bois chablis.

Ce sont des Arbres abbatus par les vents & orages, ou par délits dans les Forêts, *arbor dejecta violentiâ tempestatis*; on les appelloit anciennement *cables*, *chables* ou *chaables*; on les appelle encore *faux ventis*: & enfin tous les bois & arbres de condamnation, forfaiture ou délit, sont regardés comme Bois chablis.

Le Sergent Garde doit dresser Procès-Verbal de la qualité & nature des Chablis, du lieu où il les aura trouvés, & si leur chûte a causé du dommage: il doit le mettre au Greffe, trois jours après, & en retirer décharge: titre 17. art. 1. de l'Ordonnance de 1669.

QUEST. X. *Qu'est-ce qu'un Arbre encroué ?*

Un Arbre encroué est celui qui lors de son abatis est tombé sur d'autres arbres qu'il endommage : *Ruinosa arbor, arboris propinquæ ramis implicita.* Les Adjudicataires des Forêts, doivent autant qu'il leur est possible faire tomber les Arbres dans leur vente, & s'ils tomboient sur des Arbres de réserve, le Marchand ne pourra faire abbatre l'arbre sur lequel se trouvera encroué l'arbre abbatu, sans obtenir permission, & aux offres de payer le dommage. Bois encroué.

Les Gardes doivent avoir un Registre pour écrire, les délits, tour, qualité & valeur des arbres encroués; c'est ce qui leur est prescrit par l'Ordonnance de 1669. *tit.* 10. *art.* 7.

QUEST. XI. *Qu'est-ce qu'un Arbre éhoupé & deshonoré ?*

L'article 2. du titre 32. de la nouvelle Ordonnance, explique ce que c'est que ce délit : il porte ; *ceux qui auront éhoupé, ébranché & deshonoré des arbres, payeront la même amende au pied le tour que s'ils les avoient abbatus par pied* ; ensorte qu'éhouper & deshonorer un Arbre, c'est couper le houpier & sommier ou la tête de l'arbre : ce qu'on pelle *étester.* Voyez Elaguer Arrêt du Conseil du 31. Janvier 1702.

QUEST. XII. *Qu'entend-on par Bois d'*Entrées ?

L'on entend celui qui est entre le verd & le sec, suivant qu'il est expliqué par un Arrêt de la Chambre de Réformation des Eaux & Forêts de Normandie du 28. Août 1578. *arbor aliquâ sui parte arida.* Il Bois d'Entrée.

est très-expressément défendu d'écorcer & peler les arbres, parce qu'ils périssent, petit à petit, & s'entretiennent entre le verd & le sec. La coupe de ces Bois est défendue aux Usagers.

QUEST. XIII. *Qu'est-ce que Bois en Puel?*

Bois en Puel.

Il n'y a que dans la Coûtume d'Auvergne que l'on trouve des Bois en Puel; l'article 23. du tit. 28. en fait l'explication, il est en ces termes: Jeu„ nes Bois étant en Puel, sont défensables trois ans „ après la coupe d'iceux". Les Coûtumes Locales de Menat article 3. & de Combraille article 2. sont de même; ainsi Bois en Puel, selon ces Coûtumes sont Bois taillis défensables.

QUEST. XIV. *Qu'est-ce que Cepées ou Spées?*

Cepées.

Cepées est un Buisson d'arbres provenus d'un même tronc ou de deux qui se joignent, lesquels ayant poussé plusieurs brins sont crûs, & forment un Buisson que l'on appelle Cepées, ce qui ne se trouve que dans un Taillis. Pour la coupe de ces Cepées, il est défendu de se servir de la serpe & de scie, mais seulement de la coignée; l'Ordonnance veut qu'on les coupe à fleur de terre sans les écuisser ni éclater, ensorte que les troncs n'excédent la superficie; articles 42. & 44. du titre 15. de l'Ordonnance de 1669.

QUEST. XV. *Qu'est-ce que Bois en Plessis?*

Bois en Plessis.

De Lauriere dit, que c'est un Bois entouré de haies pliées, & faites de branches des arbres de la Forêt même; ce sont de jeunes arbres que l'on éleve, ve, dont l'on plie les branches des deux côtés de la tige, & que l'on garnit de l'un à l'autre, ce qui forme une haie vive à l'entour du Bois, qui devient si forte par la grosseur des arbres qui croissent que les bestiaux ne peuvent y pénétrer, parce que ces branches sont basses, & font une clôture parfaite quand l'on en prend soin; ces arbres, ainsi pliés, marquent dans tous les tems la limite du bois. Voyez la Coûtume de Chartres article 12. Le terme de Plessi ou Plessif est employé dans quelques Pays, comme le Charolois & le Mâconnois, pour haie vive.

QUEST. XVI. *Qu'est-ce que c'est que Bois* en Estant?

Bois en Estant.

Le Bois que l'on appelle Bois en *Estant*, est celui qui est debout, c'est-à-dire, sur pied, soit sec, soit verd La nouvelle Ordonnance de 1669. (*a*) l'explique ainsi: „ Abrogeons les permissions... & „ toutes délivrances d'arbres, perches, & mort- „ bois, sec & verd *en Estant*: ainsi appellé *à stando*; *arbor radicibus hærens terræ.*

(*a*) Tit. 27. art. 33.

QUEST. XVII. *Qu'est-ce que Bois Gissant?*

Bois Gissant.

C'est celui qui est coupé, abbatu, tombé ou couché sur terre, *arbor jacens humi*; c'est aussi celui qui n'ayant point été enlevé dans le tems des vuidanges par les Adjudicataires des ventes, ce tems expiré, appartient au Roi dans ses Bois, & aux Propriétaires dans les leurs. Par l'article 47. du titre 15. Sa Majesté veut qu'*il soit incessamment transporté hors de la Forêt, afin qu'il ne soit point nuisible au crû du Taillis, & qu'il ne le gâte pas.*

QUEST. XVIII. *Qu'est-ce que Bois en Grume ?*

Bois en Grume. S. Yon p. 1023.

Le Bois en Grume, *lignum scabrum, asperum*, est expliqué par *Saint Yon* sur l'article 13. du Reglement pour *Villers-Cotterets* du 6. Octobre 1605. *Les tiges ou pieds des Arbres tous entiers, en un morceau, en une piéce, Bois entier & non dépecé*; or dit cet Auteur, *il est défendu de transporter du bois en grume, s'il n'est escari, afin d'ôter l'occasion au larcin, par la facilité du transport, & que par la longueur du tems qu'il convient à escarir un arbre, les Sergens & Gardes des Forêts puissent avoir le loisir de s'appercevoir, s'il est bien ou mal pris.*

QUEST. XIX. *Quelle différence y a-t-il entre Bois-mort, & mort-Bois, Bois-Blanc, & blanc-Bois?*

Bois-mort, mort-bois.

Les Bois blancs selon quelques Auteurs sont ceux qui ne portent aucun fruit, tels que le *Charme, Tremble, Bouleau, Ereable & autres*; il y en a qui mettent du nombre du Bois-blanc, le Châtaignier, le Tilleul, l'Orme, le Fresne & le Sapin, dont néanmoins partie porte fruit.

Le Blanc-Bois est ainsi appellé, à cause de son écorce blanche, & parce que le Bois par lui-même est blanc, tels que le *Saule, le Marsaule, l'Aune, le Tremble, le Peuplier* & le *Bouleau*.

Le Bois mort porte sa définition dans son nom, c'est du Bois réellement mort & sec en cime & en racine sur pied, ou gissant tombé & rempant par terre & par conséquent qui n'est propre qu'à brûler (*a*) : Voyez la Déclaration de François I. (*b*) donnée pour l'explication de ces Bois & du Mort-Bois.

(a) Coût. de Nevers ch. 17. art. 2.

(b) Du 4. Oct. 1533.

Pour le Mort-Bois, *arbor caduci roboris*, Louis X. dit le *Hutin*, donna une Déclaration le dix-neuviéme Mars 1314. étant à Vincennes, par laquelle il confirma les Peuples de Normandie, dans leurs Priviléges, & comme le droit de Tiers & Dangier n'étoit pas dû en Normandie sur le Mort-Bois, ce Prince expliqua à l'article 8. de cette Déclaration, les espéces de Bois, que l'on doit entendre par le Mort-Bois (*a*) qui sont *saulx*, *marsaulx*, *pine*, *espine*, *aune*, *genêt*, *géniévres & ronches*: il y eut opposition à l'enregistrement de cette Déclaration de la part de M le Procureur Général, laquelle opposition fut enregistrée. ce qui donna lieu au Roi de donner une autre Déclaration le 22. Juillet 1315. par laquelle à l'article 9. (*b*), il est dit, qu'aucun de ladite Duché de Normandie, ne lui payera Tiers ni Dangier *de Mort-Bois*, c'est à sçavoir de *Saulx*, *de Marsaulx*, *d'Epine*, *Puisne*, *Seur*, *Aulne*, *Genest*, *Geniévre & Ronches*.

(*a*) Ordon. du Louvre tom. 1. p. 551.

(*b*) Idem pag. 587.

L'Article 11. porte: „ que si quelqu'un se prétend „ franc dudit droit de Tiers & Dangier; parce que „ ses Bois ont été plantés anciennement il en sera „ exemt en le prouvant.

Cette Ordonnance fut étendue pour avoir lieu dans tout le Royaume, ce qui se manifeste par plusieurs Ordonnances données en différens tems (*c*) renouvellées par celle de 1515. art. 55. qui avoit ordonné que l'on se conformeroit à celle du 22. Juillet 1315. appellée communément la *Chartre Normande*; cependant comme il n'y avoit point d'explication précise sur les Bois y dénommés, & pour qu'il n'y restât aucun doute à ce sujet, dans

(*c*) De Juillet 1376. art. 40. en Sept. suivant, art. 36. en Mars. 1388. art. 39. en Sept. 1402. art. 38.

toute l'étendue du Royaume ; ce Prince après le Réglement du 5. Mai 1533. qui y est conforme, donna une Déclaration le 4. Octobre suivant, par laquelle en interprétant ladite Chartre, il déclare quant au *Bois-Mort* qu'il s'entendra d'orénavant, & sera signifié Bois sec en *étant* ou *gissant*, & par ces mots *Mort-Bois*, sera entendu & signifié Bois de *Saulx*, *Marsaulx*, *Epine*, *Puisne*, *Seur*, *Aune*, *Geneſt*, *Geniévre &* *Ronches* & *non autre*; ce qui a été renouvellé par l'Ordonnance de 1669. (*d*) qui désigne les mêmes neuf espéces de Bois.

(*a*) Tit. 23. art. 5.

Cette désignation est très-essentielle à observer, tant parce que les droits de Tiers & Dangiers ne s'étendent pas en Normandie sur ces sortes de Bois, que parce que beaucoup d'Usagers n'ont droit dans des Forêts que de couper du Mort-bois, afind'empêcher que sous ce prétexte ils ne dégradent aucun arbre qui soit d'une autre espéce.

Quelques Coûtumes ont dit que *Mort-bois* étoit celui qui ne portoit point de fruit ; telles sont Nivernois (*b*) & Lorraine (*c*) ; mais l'Ordonnance de 1669. est la Loi générale du Royaume qu'il faut suivre ; on ne peut s'en écarter. La Table de Marbre de Dijon ayant rendu deux Arrêts les 6. & 10. Juillet 1748. qui mettoient le *bois de charme*, au nombre du *Mort-bois*, Sa Majesté les a cassés par Arrêt de son Conseil d'Etat du 10. Septembre suivant, & ordonne par icelui que l'Article 5. du titre 23. de l'Ordonnance de 1669. sera éxécuté selon sa forme & teneur, & en conséquence que les Juges de la Table de Marbre seront tenus de se conformer dorénavant dans leurs Jugemens, aux

(*b*) Ch. 17. art. 12.

(*c*) Tit. 15. art. 20.

Ordonnances, Déclarations, Arrêts & Réglemens qui ont fixé les droits d'Usage de Mort-bois aux neuf espéces portées par l'Article 9. de la Chartre Normande du Roi Louis X. de l'année 1315. qui sont *Saulx*, *Marsaulx*, &c.

Cet Arrêt sera rapporté ci-après, ensorte qu'il n'est plus permis de penser qu'il y ait d'autres espéces de Mort-bois, que les neuf désignées par l'Ordonnance de 1669.

ARREST DU CONSEIL D'ETAT, qui déclare que le Charme n'est pas Mort-Bois.

Du 10. Septembre 1748.

Extrait des Registres du Conseil d'Etat.

SUR la Requête présentée au Roi en son Conseil par le *Procureur de Sa Majesté en la Maîtrise particuliere des Eaux & Forêts d'Autun*, contenant qu'il est de principe certain que les Bois du Royaume sont de droit public, que c'est par cette raison que les Rois ont dans tous les tems fait des Loix positives pour leur conservation, que toutes les entreprises qui y sont contraires sont appellées délits, qui emportent condamnation d'amende, que les amendes provenantes des contraventions aux Ordonnances appartiennent à Sa Majesté, & que les Juges ne peuvent pas non-seulement se départir des dispositions des Ordonnances, mais encore les rendre illusoires, en admettant la preuve contre leurs dispositions expresses; que dans les premiers cas de cette derniere maxime les Jugémens sont nuls, & que dans le second ils le sont aussi, & exposent les Juges à la prise à partie, que ces vérités ne pouvant être contestées, il ne sçauroit pas se dispenser de se pourvoir contre un Arrêt rendu par les Juges en dernier ressort & sans appel au Siége Souverain de la Table de Marbre du Palais à Dijon le six Avril mil sept cent quarante-huit, entre Antoine Margueron de Senavelle, appellant d'un Sentence rendue en ladite Maîtrise, d'une part; & Jean-Jacques de Cercey, Seigneur du Jeu, d'autre part; que pour faire connoître de quelle conséquence sont les dispositions de cet Arrêt, il est nécessaire avant que de les rapporter ici de rendre compte des circonstances de la contestation qui y a donné lieu; dans le fait le

Sieur de Cercey est Seigneur dudit lieu du Jeu ; de cette Seigneurie dépendent des Bois appellés Baugy & Vallery, ledit Margueron est Propriétaire d'un Domaine appellé de Senavelle, qui quoiqu'à portée desd. Bois n'est point situé dans ladite Seigneurie, & à ce Domaine est attaché un droit d'usage dans lesdits Bois, qui consiste aux termes d'un acte du dernier Octobre mil cinq cent soixante & dix sept à pâturer & champoyer dans lesdits Bois tout le bétail dudit Domaine, & à prendre bois-mort & mort-bois en tout tems. Cet acte porte en outre que pour raison de ce droit le Propriétaire dudit Domaine de Senavelle est tenu de quatre boisseaux d'avoine & une poule envers ladite Seigneurie du Jeu ; il est constant aussi aux termes d'un acte du trente Janvier mil sept cent trente-cinq, fait entre lesdites Parties, que ce Domaine étoit encore chargé envers ladite Seigneurie d'autres redevances, & étant indifférent à la question dont il s'agit d'en examiner les causes, il suffit de dire que par ce même acte du trente-un Janvier mil sept cent trente-cinq ledit Sieur de Cercey voulut bien non-seulement affranchir ce Domaine de toutes les différentes redevances dont il étoit chargé envers sa Seigneurie, mais encore laisser audit Domaine de Senavelle le même droit d'usage, consistant à faire champoyer le bétail dudit Domaine dans lesdits Bois, & prendre *bois-mort & mort-bois*, moyennant une somme de quatorze cens livres que ledit Margueron qui en étoit dès-lors Propriétaire lui paya ; il semble naturellement après des actes aussi circonstanciés sur la question du droit d'usage qu'il ne pouvoit naître aucunes contestations entre les Parties, pour raison de ce droit, cependant une entreprise condamnable de la part du nommé Jean Bondy Fermier dud. Domaine, a donné lieu à une question qui n'a pas été aussi-tôt agitée en premiere instance quelle a été décidée; ce Fermier sous prétexte de droit d'usage s'est ingéré le 22. Avril 1747. d'aller dans lesdits Bois & d'y couper cinq pieds d'arbres essence de charmes qu'il avoit chargé dans une voiture attelée de deux bœufs, & qu'il se disposoit de conduire chez lui audit Domaine de Senavelle, lorsque le Garde dudit Bois, parut au lieu du délit, que ce Garde ayant dressé procès-verbal le même jour de la contravention, ledit sieur de Cercey fit assigner ce Fermier en ladite Maîtrise d'Autun le dix Mai ensuivant pour être condamné par toutes voies même par corps, à représenter les 2 bœufs énoncés audit procès-verbal pour être vendus & confisqués à son profit & condamné en l'amende de trente-une livres cinq sols pour la coupe de cinq arbres aussi énoncés au même procès-verbal, & en pareille somme de restitution, & en outre en 4 l. d'amende pour un chêne écorcé en pareille somme de restitution ledit Margueron informé de la demande dudit Sr de Cercey intervint le quinze du même mois de Mai, & prit le fait & cause de son Fermier, pour raison des cinq pieds de charmes mentionnés audit procès-verbal, & cependant il conclud seulement à ce qu'il fût dit qu'il lui seroit permis de prendre pour ses Domaines, & héritages de Senavelle à l'avenir, comme il avoit fait par le passé du *bois-mort* & *mort-bois* dans les endroits où il avoit droit, qu'en conséquence ledit Bondy fut renvoyé des demandes contre lui formées sur ce chef définitivement avec dépens; ledit Bondy, de sa part, par les défenses qu'il fit signifier le dix-sept Août mil sept cent quarante-sept, soûtint qu'au moyen de la prise de fait & cause par son Maître, il devoit être renvoyé avec dépens du chef concernant les cinq pieds de charmes, & qu'en ce qui concernoit le chêne prétendu écorcé, au moyen de la dénégation qu'il faisoit, que ce fût lui qui l'eût écorcé, il devoit aussi être renvoyé de ce chef avec dépens. en cet état où il parut aux Officiers de la Maîtrise d'Autun, qu'il étoit constant entre les Parties, & par les titres, que les Bois de ladite Seigneurie du Jeu étoient entre autres choses chargés de l'usage en *bois-mort* & *mort-bois* envers ledit Domaine de Senavelle: que d'ailleurs ce n'étoit que pour raison de ce droit que ledit Margueron avoit conclud; ils rendirent leur Sentence le 2. Décembre 1747. par laquelle ledit Margueron a été débouté de la prise en main par lui formée avec dépens le concernans, faisant droit sur le procès verbal du 22. Avril précédent led. Bondy a été condamné en trente-une livres cinq sols d'amende, & en pareille somme de restitution envers ledit sieur de Cercey & aux dépens, avec défenses de récidiver sous plus grandes peines. Cette Sentence quoique des plus judicieuses n'a pu échaper à la passion de la chicanne; ledit Margueron en a interjetté appel, & icelui relevé devant les Juges en dernier ressort & sans appel au Siége Souverain de la Table de Marbre du Palais à Dijon, il a fait naître la question la plus singuliere que l'on puisse proposer sur la matiere; il a prétendu que le *charme* étant une des espéces de bois non portans fruit il étoit *mort-bois*, & par conséquent que son Fermier n'avoit usé que de son droit en coupant lesdits cinq pieds de charme: sur cette prétention ledit sieur de Cercey l'a renvoyé à la Chartre aux Normans, de l'an mil trois cent quinze, qui indique les espéces de bois réputés *mort-bois*, aux Ordonnances qui l'ont suivies, & notamment à l'article 5. du titre 23. de l'Ordonnance des Eaux & Forêts du mois d'Août 1669. mais ces loix n'ayant pas parues suffisantes audit Margueron, comme contraires à sa prétention, il s'est formée une hipothèse, & voici son raisonnement. La concession, a-t-il dit, est postérieure à la Chartre de mil trois cent quinze, & antérieure à l'Ordonnance de 1669. & quoique je n'aye pas le titre primitif, l'époque de cette concession se trouve dans la reconnoissance du dernier Octobre mil cinq cent soixante-dix-sept, passée au Terrier du Jeu par Jean Bizot & Mathieu Pernot, des redevances qui étoient dûes alors pour raison du droit d'usage que les Reconnoissans déclarerent leur appartenir, en vertu de la concession que leur en avoit faite la Dame Rabutin, au profit de laquelle ils passoient leur reconnoissance; cette énonciation établit clairement que les reconnoissans tenoient leur droit d'usage de ladite Dame Rabutin; l'Ordonnance qui étoit observée alors pour les Eaux & Forêts, étoit celle de François I. du mois de Janvier mil cinq cent dix-huit, qui en l'article 25. mettoit au nombre du mort-bois, le *charme*, le *tremble* & le *bouleau*; il faut suppoſer, continue-t'il, la conceſſion poſtérieure à l'Ordonnance de mil cinq cent dix-huit, attendu que ladite Dame Rabutin qui reçut la reconnoiſſance du dernier Octobre mil cinq cent ſoixante-dix-ſept, ne pouvoit être la Dame dudit lieu du Jeu en mil cinq cent dix-huit, parce qu'il faudroit quelle eût poſſédé cette terre au moins ſoixante ans depuis la conceſſion, outre que l'on ne ſçait pas ſi elle n'y a pas ſurvécu encore bien des années, cela excéderoit viſiblement le cours ordinairede la vie. A cette conſéquence de ce que véritablement la conceſſion paroît être poſtérieure à l'Ordonnance de 1518. & du mauvais uſage que ledit Margueron a fait de la diſpoſition de l'article 25. de ladite Ordonnance & de l'opinion de Coquille en ſon Commentaire ſur l'article 12. chapitre 17. de la Coûtume de Nevers, ſur les diſpoſitions dudit article 25. de l'Ordonnance de Janvier 1518. & de l'Edit d'Octobre 1533. & de ce que Legrand ſur l'article 173. de la Coûtume de Troyes, a dit du même article 25. de l'Ordonnance de 1518. le Seigneur du Jeu a non-ſeulement démontré que la conſéquence étoit fauſſe, en ce que l'article 25. de l'Ordonnance de 1518. n'avoit eû d'autre objet que de fixer les amendes pour *tremble*, *charme* & *bouleau*, ſur le même pied du *mort-bois*, ſans réputer ces trois eſpéces bois *mort-bois*; mais encore en ſe ſervant des mêmes autorités de Coquille & de Legrand, il a fait connoître le mauvais uſage que ledit Margueron en avoit fait en ne les prenant pas dans leurs véritables ſens, pour en former de fauſſes interprétations; auſſi quoiqu'il ſemble que ledit Margueron n'ait point voulu ſe départir de la queſtion principale, néanmoins on reconnoit qu'il ne l'a pas crue ſi certaine; car après avoir conclu à ce que l'appellation fût miſe au néant, & que par un nouveau Jugement ayant égard à la priſe en main portée en ſa Requête du 15. Mai 1744. au chef des cinq pieds de charmes mentionnés au Procès-verbal du 22. Avril précédent; ſon Fermier fût renvoyé de la demande contre lui formée à cet égard, & déchargé des condamnations prononcées par la Sentence dont étoit appel, & en conſéquence qu'il fût maintenu & gardé dans le droit de prendre pour ſes héritages & Domaines de Senavelle du *bois-mort* & *mort-bois* compris le bois de *charme* dans les cantons de Baugy & Vallery, avec dépens des cauſes principales; il a auſſi conclud ſubſidiairement à ce que où les Juges en feroient quant à préſent difficulté, il fût ordonné avant faire droit en l'appellation & ſans préjudice de toutes fins & exceptions, qu'il feroit preuve pardevant le premier Notaire Royal des lieux non ſuſpects à ce commis, qu'il eſt en poſſeſſion depuis plus de trente années avant l'Inſtance, tant par lui que par ſes auteurs, de prendre dans leſd. Cantons de Baugy & Vallery, du bois, tant charme & tous autres bois blancs pour l'uſage de ſes héritages & Domaine de Senavelle, & ce au vû & ſçû des Officiers prépoſés par ledit Sieur de Cercey & même de ce dernier, comme auſſi que dans leſdits bois il n'y a preſque que du charme ſauf

sauf au Sieur de Cercey, la preuve contraire, le tout dans le tems & à la forme de l'Ordonnance; & ce qu'il y a de singulier quoique ses conclusions fussent diamétralement opposées & à la reconnoissance du dernier Octobre 1577. & aux termes de l'acte du 31. Janvier 1735. qui n'admettent l'usage pour le Domaine de Senavelle dans les bois en question, que pour le bois-mort & mort-bois, & que par ces mots on ne puisse entendre autres bois que ceux dénommés en la Chartre de 1315. & en l'article 5. du titre 23. de ladite Ordonnance de 1669. néanmoins les Juges en dernier ressort & sans appel au Siége Souverain de ladite Table de Marbre à Dijon, non-seulement ont admis la preuve dans la forme requise, mais ils ont de leur propre mouvement ordonné que les Parties conviendroient d'Experts pardevant le même Notaire qui feroit l'enquête, sinon qu'il en seroit par eux nommés d'office, même un tiers s'il y échéoit pour reconnoître si lesdits cantons de Bois de Baugy & Vallery contiennent une quantité suffisante de bois autre que le charme, pour fournir aux droits d'usage dudit Margueron, & autres usages desdits bois, si aucuns sont, pour le tout rapporté en minute à la Chambre, être fait droit aux Parties, ainsi qu'il appartiendroit, dépens réservés, qu'il ne faut que la lecture de ce Jugement, & la proposition de la question, pour faire connoître qu'il est nul en la forme & au fond; en la forme quand on supposeroit qu'il eût pû être question de faire une enquête sur la façon dont l'usager prétend avoir joui de son usage, on conviendra que nonobstant la pratique qui peut être usitée dans la Jurisdiction où ledit Arrêt est intervenu, l'espéce valoit bien la peine quelle fût déférée à un Juge Royal, & quelle fût par conséquent faite dans la forme requise par l'Ordonnance de 1667. point du tout, des Juges Supérieurs, qui doutent des choses les plus positives, déférent & soumettent cette instruction à un Notaire Royal le plus prochain des lieux, c'est-à-dire peut-être, à un homme, quoique revêtu d'un Office de Notaire Royal qui est à peine capable de faire les actes les plus simples de son état, & par conséquent peu à portée de sentir toute l'étendue de sa Commission, & les conséquences qui doivent résulter des opérations qu'il fera; il pourra donc n'agir que suivant les impressions qui lui seront données, ou si l'on veut, en le supposant homme parfaitement rempli des devoirs de son état, il ne s'attachera qu'à prendre, à la lettre, les déclarations des témoins qui lui seront administrés: peut-on soumettre un point de cette importance à de simples déclarations? car il est certain que la preuve devant un Notaire ne se peut faire qu'en cette forme; pour faire enquête, il faut avoir caractére de Juge, & on sçait que les Notaires n'ont point ce caractére, que leurs fonctions se bornent à rédiger les volontés des Parties qui contractent devant eux, & à recevoir des déclarations; ce Notaire qui peut-être prendra l'affirmation des Comparans sur leurs déclarations, ou au moins fera mention qu'ils les auront affirmés, n'en imposera pas par son état, comme le feroit un Juge Royal; ce Notaire accoûtumé à vivre avec ceux qui lui seront adressés pour faire leurs déclarations se renfermera donc dans son style, & ceux qui feront leurs déclarations les signeront, ou sans conséquence, ou parce qu'ils se proposeront qu'en pareils cas ils parviendront, par la même forme, à s'emparer pour l'usage en mort-bois, du bois essence de charme ; voilà donc les inconvéniens de cette instruction ; écartons si l'on veut ces inconvéniens, il suffit que cette preuve ne puisse être que verbale pardevant un Notaire, elle seroit nulle, parce que toute enquête sur appointement doit être faite en Justice dans les formes prescrites par l'Ordonnance. Ce Jugement n'est pas seulement nul dans la forme de cette premiere disposition il l'est encore dans la seconde ; il a jugé plus qu'il n'a été demandé suivant le vû des piéces qui le précéde ; pas une des Parties n'a conclu à ce que lesdits Bois de Baugy & Vallery fussent visités par Experts ; cependant il a plû à ces Juges de l'ordonner, & ce Notaire est encore indiqué comme pour faire fonction de Juge, afin au refus des Parties de convenir d'Experts, d'en pouvoir nommer d'office. Au fond personne n'ignore que la Police des Bois a été anciennement très-négligée, soit par la grande abondance qu'il y en avoit en France, soit à cause du peu de produit que l'on en tiroit ; de-là ce nombre infini de concessions faites, tant par les Rois, que par les Seigneurs dans les Forêts, moyennant quelques redevances par chacun an ; les Bois devenus plus rares par les désordres qu'y commettoient les Usagers, on a cherché à les réparer, & pour aller à la source du mal, la Chartre, Normande qui a paru en 1315. a réduit ces Usagers à ne pouvoir prendre que les bois morts & secs de cime en racine, & les neuf espéces de mort-bois que cette Chartre désigne limitativement ; quantité d'autres Ordonnances anciennes, & successivement celle de 1669. ont adopté les dispositions de ladite Chartre Normande ; cette derniere Ordonance de 1669. a même porté plus loin la précaution en supprimant tout à fait les droits d'usages dans les Bois du Roi, cette Loi ne laisse aucun doute que le motif des Rédacteurs a été que l'introduction des Riverains des Forêts pour la perception de ces droits étoit préjudiciable à la conservation de Bois, qui composent une portion intéressante dans les choses nécessaires à l'Etat & au commerce, *quia sunt juris publici*. Que l'on consulte Saint Yon dans la Conférence des Ordonnances sur les Eaux & Forêts titre 29. art. 13. pag. 37., on verra que cet Auteur parlant de mort-bois, atteste que la disposition de la Chartre Normande a été reçue comme loi générale par les Ordonnances du Roi Charles V. à Melun en 1376. art. 40. & à Paris en 1377. art. 36. par celle du Roi Charles VI. à Vernon au mois de Mars 1388. art. 39. & à Paris au mois de Septembre mil quatre cent deux art. 38. & enfin par celle de François I. à Lyon au mois de Mars 1515. art. 55. & à Marseille en Octobre mil cinq cent trente-trois : c'est parce que l'on a toûjours été pénétré des dispositions de ces Loix sur ce que l'on devoit entendre par mort-bois ; que par tous les anciens Arrêts, & notamment par celui du cinq Mai mil cinq cent trente-trois, on a jugé que ces mots *mort-bois* ne signifioient que bois de *saulx*, *mortsaulx*, *épines*, *puisnes*, *aulnes*, *genet*, *geniévre & non autres*, selon qu'il est déclaré en la Chartre du pays de Normandie, lorsqu'il a été question dans les réformations de l'usage du mort-bois dans les Forêts du Roi; que l'on consulte l'art. 8. du Réglement pour la Forêt de Saint Germain en Laye du 26. Février 1598. on verra qu'il est fait défenses aux Gruyers & Garde-Marteaux ou son Lieutenant de laisser prendre aux Usagers de ladite Forêt, qui avoient droit de prendre bois & mort-bois, tant en étant que gissant, sçavoir pour *le bois mort* que le *bois sec en cime & racine*, & pour le *mort-bois que ceux ci-dessus désignés*: c'est la même disposition dans les art. 21. & 18. des Réglemens pour les Forêts de Chize & Aulnay des 14. & 25. Juin 1602. ces Arrêts rapportés par le même Saint Yon en son L. 3. tit. 23. page 1671. attestent jusqu'en 1602. que l'ancienne Jurisprudence n'a jamais varié en ce point; l'on croit inutile d'en rapporter nombre d'autres, depuis cette époque jusqu'à ladite Ordonnance de 1669. & il suffit que cette nouvelle Loi composée des anciennes sur les matieres d'Eaux & Forêts, Pêche & Chasse désigne limitativement dans l'article 5. du titre 23. pour *mort-bois* les *neuf espéces de la Chartre Normande de* 1315. pour que l'on puisse croire que depuis cette Chartre jusqu'à ladite Ordonnance de 1669. l'on n'ait connu d'autres mort-bois que les neuf espéces; ne sera-t'on pas plutôt étonné de voir que depuis cette Ordonnance il s'est encore formé une Jurisprudence sur cette matiére? mais pour éviter prolixité, on se contentera de rapporter seulement en substance les dispositions des Arrêts des 25. Janvier 1731. 6. Juillet 1737. & 21. Juin 1747. le premier rendu contre les Usagers de la Forêt de la Ferté; le second contre les Habitans de Pressigny; & le troisiéme contre les Usagers de la Forêt du Comté d'Eu. Ces trois Arrêts dont les espéces étoient en tout conformes à celle dont il s'agit, & spécialement celle dudit Arrêt du 21. Juin 1747. ont jugé que les Usagers qui n'ont que le *bois-mort* & *mort-bois* de la Chartre Normande ne peuvent prendre que les espéces désignées dans cette Chartre & non autres; les Usagers de la Forêt du Comté d'Eu tenoient le langage que ledit Margueron a tenu sur l'appel devant les Juges de ladite Table de Marbre de Dijon, ils vouloient d'un côté que l'on mît au nombre du mort-bois, *le tremble, charme & bouleau*, parce que, disoient-ils, *l'article 25. de l'Ordonnance de* 1518. *les désigne être de la même qualité que les espéces de mort-bois de la Chartre Normande*, ils soûtenoient que les Arrêts de la réformation de ladite Forêt de l'année 1581, ne les avoient pas réduit à ne pouvoir usager que les neuf espéces, & qu'enfin ces neuf espéces n'étant pas suffisantes pour leur usage ils étoient en possession paisible de couper, comme mort-bois, tous les bois blancs, non portans fruits comme *charme, tremble bouleau, hérable*, &c. Il n'a pas été difficile à Monsieur le Prince de Dombes, Propriétaire de cette Forêt de faire connoître, 1°. que l'article 25. de l'Ordonnance de 1518. ne pouvoit avoir d'application à l'espéce, que cet article n'avoit pour objet que de fixer les amendes des bois arrachés & mal pris ès Forêts,& que c'étoit fort mal en entendre la disposition de prétendre, que parce qu'il fixoit à 20. sols la sommereté ou pied de tremble, charme & bouleau & autres semblables, & du mort-bois il falloit en conclure que tous les bois blancs non portans fruits pouvoient être mis au nombre du mort-bois ; en effet c'est de cet article qu'a été formé l'article premier du titre 32. de ladite Ordonnance de 1669. cet article détermine la même amende pour chacun pied de tour de *saulx*, *hêtre*, *orme*, *tilleul*, *sapin*, *charme*, *& fresnes*, delà en pourroit-on conclure, même d'après les anciennes Ordonnances, qu'il faut dire que ces différentes espéces de bois indiqués avec le saulx doivent être réputés de la même qualité, & comme tels être pris pour *mort-bois*? certainement quand l'article 5. du titre 23. n'auroit pas désigné limitativement les neuf espéces de bois réputés mort-bois rélativement à la Chartre Normande de 1315. cette Chartre, les Ordonnances qui l'ont suivies, compilées par Saint Yon, qui dans l'espéce ne fait aucune mention de l'Ordonnance de mil cinq cent dix-huit, parce qu'elle y étoit sans rapport de la Jurisprudence constante des Arrêts, pour ce que l'on doit entendre par mort-bois; il n'en faudroit pas davantage pour rejetter la mauvaise conséquence que l'on tireroit dudit art. 1. du tit. 32. de l'Ordonnance de 1669. 2°. il a été répondu par Mr. le Prince de Dombes qu'il suffisoit que les Arrêts de mil cinq cent quatre-vingts-un eussent réduits les usages au bois-mort & mort-bois, pour que lesdits Usagers n'aient pû user d'autres bois que ceux dénommés par la Chartre Normande, par les Ordonnances qui l'ont suivie & notamment par l'art. 5. du titre 23. de ladite Ordonnance de 1669. & enfin par la Jurisprudence la plus constante ; que c'est parce qu'ils avoient excédés, & excédoient journellement l'exercice de leur droit, qu'il avoit été fait contr'eux une multitude de rapports, & que ces rapports étoient autant capables de faire juger que leur prétendue possession n'étoit point sans trouble, que les titres communs étant négatifs, toute possession contraire au titre ne pouvoit leur faire acquérir un droit plus étendu que celui d'Usager en bois-mort & mort-bois ; sur des moyens aussi solides, non-seulement les Usagers ont succombé, mais encore le ministére public a porté son attention à requérir un Réglement ; assurément cet Arrêt est rendu dans des circonstances on ne peut pas plus conformes, à celles où se sont trouvées les parties au Souverain de la Table de Marbre à Dijon ; les mêmes régles devant être communes à toutes les Cours, pourquoi les Juges de cette Table de Marbre s'en sont-ils écartés au point que si leur jugement subsistoit, il tireroit à des conséquences infinies ? *Les bois sont de droit public, & pour leur conservation on ne peut trop reserrer les Usagers dans l'exercice de leurs droits.* Il suffisoit qu'il fût constant que pour l'usage il eût été coupé du charme, pour qu'ils dûssent juger que c'étoit une contravention ; point du tout ces juges qui n'ont pû ignorer tant par les titres au Procès, que parce qu'il étoit constant entre les Parties qu'il ne s'agissoit que du droit d'usage en bois-mort & mort-bois, ces Juges, à qui il a été démontré évidemment, l'abus & le mauvais usage que l'Usager faisoit de la disposition de l'art. 25. de l'Ordonnance de 1518. ont cependant saisi le fait articulé par l'usager, qu'il étoit en possession depuis plus de trente ans avant l'Instance, tant par lui que par ses Auteurs de prendre dans lesdits cantons de bois de Baugy & Vallery, du bois de charme & tous autres bois blancs, non-seulement ils ont admis la preuve de ce fait, mais encore dans une forme singuliere & diametralement opposée à l'Ordonnance de 1667. Ils ont fait plus, sans en être requis par l'une ni l'autre des Parties, ils ont ordonné la visite desdits bois, pour constater s'ils contiennent une quantité suffisante de bois autre que le charme, pour fournir au droit d'usage dudit Margueron & autres Usagers esdits bois, si aucuns sont; cependant ces dispositions, disent ces Juges, ne peuvent préjudicier à toutes fins & exceptions; comment l'entendent-ils? ces dispositions ne peuvent être exécutées sans causer un préjudice notable au propriétaire des bois, & sans donner ouverture à tous les Usagers de l'espéce, dont a droit de jouir ledit Margueron, aux chicanes les plus opiniâtres, sans autoriser au préjudice du bien de l'état la dégradation des Forêts : car ou l'enquête constatera que l'Usager est en possession depuis plus de trente ans, avant l'Instance, de prendre du bois de charme & tous autres bois blancs & non portans fruits, ou cet Usager ne pourra faire sa preuve : au premier cas, lui adjugeront-ils son usage en bois de charme & autres bois blancs, contre les titres communs des Parties? Si ces titres par leurs termes ne laissent pas douter de la qualité du droit d'usage, il est certain que quand l'Usager auroit été en possession de prendre, pour son usage, le charme & tous autres bois blancs non portans fruits, depuis la reconnoissance de 1577. jusqu'au jour de la contestation, il suffiroit que cet acte désignât la qualité de l'usage en bois-mort & mort-bois, pour que l'Usager ne pût être admis à la preuve d'autres usages; mais il y a plus, les Parties ont traité sur ces mêmes droits par acte du 31. Janvier 1735. & cet acte qui renouvelle la concession, ne donne droit à l'Usager qu'en bois-mort & mort-bois; il n'en auroit pas fallu davantage que ce même titre, qui auroit interrompu la possession, pour faire rejetter la preuve; on ira plus loin, on supposera que les Parties ont été sans titres jusqu'en mil sept cent trente-cinq, dès que l'acte de 1735. étoit au procès, c'étoit suivant ses termes que les Juges devoient se conduire sans avoir égard à la possession articulée & s'il déterminoit l'usage en bois-mort & mort-bois, ils ne pourroient supposer qu'il y eût eu une possession antérieure à ce titre, d'un usage différent de ses termes, & enfin que si depuis ce titre l'Usager avoit pris du charme, comme mort-bois, sa possession étoit furtive; or si le possesseur qui est entré en possession, à l'insçu de celui dont il pourroit craindre d'être troublé, ne peut jamais s'en faire un droit, certainement le seul titre du 31. Janvier 1735.

ayant interrompu la prétendue possession plus que trentenaire, & cette acte étant relatif à la reconnoissance de mil cinq cent soixante & dix-sept, il en faut donc conclure, puisque l'Usager devoit craindre le trouble de sa prétendue possession par la force des titres du Sieur de Cercey, que le trouble étant arrivé il falloit le contenir dans les justes bornes de son droit d'usage, & par conséquent il n'étoit point question d'admettre la preuve du fait qu'il articuloit. On peut aller plus loin & soûtenir qu'un Seigneur & des Usagers qui sont sans titres, si le Seigneur contestoit l'usage des Usagers d'autres especes de bois que du bois-mort & mort-bois, le ministere public devroit s'opposer à ce que les Usagers fussent admis à la preuve de leur possession, parce que *les bois étant de droit public*, le bien de l'Etat exige de l'attention du ministere public, de faire restraindre l'usage à ce qui est usité en général plutôt que d'en favoriser l'étendue par des preuves toûjours suspectes en ces matiéres; si cette premiere disposition du jugement en question est donc contraire aux titres & que ce qui pourroit résulter de la preuve qui seroit faite ne pourroit autoriser les Juges à maintenir l'Usager dans sa prétendue possession, sans contrevenir manifestement aux Ordonnances les plus positives & à la Jurisprudence la plus certaine, elle est donc nulle & rend la seconde illusoire, cette seconde qui ordonne la visite des bois contre le vœu des Parties, puisqu'elles ne l'ont point requise, l'Usager doit prendre son usage conformément aux titres, & cet usage ne pouvant être en autre nature de bois que bois-mort & mort bois, que peut-il résulter du rapport qui seroit fait par des Experts? qu'il n'y a point de mort-bois: s'il n'est pas permis aux Juges de s'écarter des dispositions des Ordonnances, à peine de nullité & de prise à partie, sur tout lorsqu'elles ont pour objet la conservation du bien public, il faudra donc que ce rapport demeure sans effet, puisque les Juges ne peuvent substituer, pour l'usage, du bois blanc au mort-bois, par conséquent l'enquête & le rapport ne pouvant donner lieu qu'à des frais préjudiciaux, sans aucun effet, ce jugement étant nul en ses dispositions, il ne peut jamais servir que d'un mauvais exemple, pour donner lieu à des chicanes & enhardir les Usagers à étendre leur droit & par-là dégrader les Forêts; il est même contraire à la Jurisdiction spéciale des grands Maîtres, qui sont seuls compétens pour régler les contestations qui naissent à l'occasion des droits d'usage, c'est aux Grands Maîtres qu'il appartient d'examiner les bois sujets au droit d'usage, & de les mettre dans les régles convenables aux propriétaires des Forêts & aux Usagers; il faut donc conclure, qu'outre tous les vices dont ce Jugement est infecté, il est encore attentatoire à la Jurisdiction du Grand-Maître: tant de moyens aussi puissans n'ont pas permis audit suppliant de garder le silence, il a crû que la bonne police, les droits du Roi pour raison de l'amende encourue & prononcée par la Sentence de ladite Maîtrise d'Autun du 2. Décembre 174[illegible]. & le bien de l'Etat étant par un Jugement de cette nature ouvertement attaqué, il devoit recourir à l'autorité de Sa Majesté, & lui représenter en outre que le dix Juillet 1748. il a été rendu un second Arrêt en ladite Table de Marbre au Souverain, par lequel les Juges de ce Siége en déclarant la forclusion contre ledit Sieur de Cercey bien acquise, ayant égard aux preuves résultantes de l'enquête & du rapport d'Eperts fait en exécution de l'Arrêt préparatoire du six Avril précédent, ont mis l'appellation & ce dont étoit appel au néant, & par nouveau Jugement ayant égard à la prise en main formée par ledit Sieur Margueron pour ledit Bondy son métayer par sa Requête du 24. Mai 1747. au chef concernant les cinq pieds de charme mentionnés au procès-verbal du Garde desdits bois du 22. Avril précédent, ont renvoyé ledit Bondy de la demande contre lui formée à cet égard, & l'ont déchargé des condamnations contre lui prononcées par la Sentence de ladite Maîtrise, & par le même Arrêt les Juges ont maintenu & gardé ledit Sieur Margueron dans le droit de prendre pour ses héritages & Domaine de Senavelle du bois-mort & mort-bois, compris *le bois de charme* dans lesdits bois de Baugy & Vallery, & ont condamné ledit Sieur de Cercey en tous les dépens: qu'il espere que Sa Majesté ordonnera la cassation de cet Arrêt de même que de celui du six Avril audit an 1748. & que c'est dans ces circonstances qu'il a recourt. A CES CAUSES requéroit le Suppliant qu'il plût à Sa Majesté, sans avoir égard aux Arrêts de ladite Table de Marbre de Dijon des six Avril & dix Juillet 1748. qui seront cassés & annullés, ainsi que tout ce qui peut s'en être ensuivi, ordonner que la Sentence de ladite Maîtrise d'Autun du 2. Décembre 1747. sera exécutée selon sa forme & teneur, & en conséquence conformément à la Chartre Normande de l'année 1315. aux Ordonnances des Rois Charles V. à Melun en mil trois cent soixante & seize art. 40. & à Paris en mil trois cent soixante & dix-sept article 36. Charles VI. à Vernon au mois de Mars 1388. art. 39. à Paris au mois de Septembre mil quatre cent-deux art. 38. François I. à Lyon au mois de Mars 1515. article 55. & à Marseille en Octobre 1533. & à l'art. 5. du titre 23. de ladite Ordonnance de 1669. & aux Arrêts & Réglemens depuis intervenus & notamment à ceux des 25. Janvier 1731. six Juillet 1737. & 21. Juin mil sept cent quarante-sept que les Usagers en bois-mort & mort-bois ne pourront prendre pour leurs usages que les especes de bois comprises auxdites Ordonnances, Arrêts & Réglemens, & que *sous les termes de bois-mort* sera entendu par les Juges en dernier ressort au Souverain de la Table de Marbre de Dijon *bois sec en étant ou gissant & qui se pourra prendre sans ferremens ni crochets antés* & sous les mots mort-bois, *saulx*, *morsaulx*, *épines*, *puisnes*, *seurs*, *aulnes*, *genets*, *geniévres & ronces*; faire défenses auxdits Juges d'admettre la preuve de la possession d'usage d'autres especes de bois, lorsqu'il sera constant entre les parties, ou par titres communs, que le droit d'usage ne consiste qu'au bois-mort & mort-bois, sauf en cas qu'il survienne contestations entre ledit Sieur de Cercey & ledit Sieur Margueron pour raison du droit d'usage en bois-mort & mort-bois, à se faire régler par le Grand Maître en la forme ordinaire, & que l'Arrêt qui interviendra sur la présente requête sera éxécuté nonobstant opposition ou autres empêchemens généralement quelconques, pour lesquels ne sera différé, dont si aucuns intervenoient, Sa Majesté s'en réserveroit & à son Conseil la connoissance, & icelle interdiroit à toutes ses Cours & autres Juges. Vû ladite requête signée Gervaise, Avocat du suppliant, & les Piéces jointes à ladite requête, ensemble l'article 5. du titre 23. de ladite Ordonnance de 1669. portant que les possesseurs des bois sujets à tiers & dangers, pourront prendre par leurs mains, pour leurs usages, du bois des neuf espéces contenues en l'article neuf de la Chartre Normande du Roi Louis X. de l'année 1315. qui sont saulx, morsaulx, épines, puisnes, seurs, aulnes, genets, geniévres & ronces, & le bois-mort en cime & racine ou gissant; la Sentence rendue en ladite Maîtrise d'Autun le 2. Décembre mil sept cent quarante-sept contradictoirement entre ledit Sieur Jean-Jacques de Cercey Seigneur du Jeu, demandeur en éxécution du procès-verbal dressé par Philibert Bernard, Garde des bois dépendans de la Seigneurie du Jeu le 22. Avril précédent, d'une part, contre Jean Bondy, Laboureur demeurant au village de Senavelle défendeur d'autre part, & encore entre Antoine Margueron, citoyen d'Autun, intervenant dans l'Instance, & prenant le fait en main dudit Bondy son métayer, par laquelle les Officiers de ladite Maîtrise ont déclaré la forclusion bien & duëment acquise, débouté ledit Margueron de la prise en main par lui formée, avec dépens taxés à vingt-sept livres dix sols, faisant droit sur le procès-verbal dressé par ledit Bernard, Garde, le 22. Avril audit an 1747. ils ont condamné ledit Bondy en trente-une livres cinq sols d'amende, & en pareille somme de restitutions envers ledit sieur de Cercey avec dépens le concernans, taxé sommairement à trente-cinq livres dix sols; l'Arrêt de la Table de Marbre du Palais à Dijon rendu au Souverain le 6. Avril 1748. sur l'appel interjetté par ledit Sieur Margueron de la Sentence de ladite Maîtrise du 2. Décembre 1747. par lequel avant faire droit sur la prise en main formée par ledit sieur Margueron, pour ledit Bondy son métayer, ensemble sur l'appellation de ladite Sentence, il a été ordonné sans préjudice de toutes fins & exceptions, que le sieur Margueron feroit preuve pardevant le premier Notaire Royal des lieux requis, non suspect à ce commis, qu'il étoit en possession depuis plus de trente ans avant l'Instance, tant par lui que par ses Auteurs, de prendre dans les cantons de bois de Baugy & Vallery, du bois de charme & tous autres bois blancs & non portans fruits, pour l'usage de ses héritages & Domaine de Senavelle, au vû & sçû des Officiers préposés par ledit sieur de Cercey, même au vû & sçû dudit sieur de Cercey, sauf la preuve contraire, le tout dans les délais de l'Ordonnance; il a en outre été ordonné que ledit sieur de Cercey & ledit sieur Margueron conviendroient d'Experts pardevant le même Notaire, sinon qu'il en seroit par lui nommé d'office d'office, même un tiers si il y échoit, pour reconnoître si lesdits cantons de bois de Baugy & de Vallery contenoient une quantité suffisante de bois autres que le charme, pour fournir aux droits d'usage dudit sieur Margueron & autres Usagers esdits bois, si aucuns étoient; pour le tout rapporté en minute à la Chambre, être fait droit aux Parties ainsi qu'il appartiendroit, dépens réservés; autre Arrêt de ladite Table de Marbre rendu au Souverain le 10 Juillet 1748. par lequel les Juges de ce Siége, en déclarant la forclusion levée au Greffe du même Siége, contre ledit Sieur de Cercey le 26. Juin précédent, bien acquise, ayant égard aux preuves résultantes de l'enquête & du rapport d'Experts fait en conséquence de l'Arrêt préparatoire du 6. Avril audit an 1748. ont mis l'appellation & ce dont étoit appel au néant, & par un nouveau Jugement, ayant égard à la prise en main formée par ledit sieur Margueron pour ledit Bondy son métayer par sa requête du 24. Mai 1747. au chef concernant les cinq pieds de charmes mentionnés au Procès-verbal du garde dudit Bois du 21. Avril audit an 1747. ont renvoyé ledit Bondy de la demande contre lui formée à cet égard, & l'ont déchargé des condamnations prononcées contre lui par ladite Sentence, ont maintenu & gardé ledit sieur Margueron dans le droit de prendre pour ses héritages & domaine de Senavelle du bois-mort & mort-bois, compris le bois de charme, dans lesdits cantons de Baugy & Vallery, & ont condamné ledit sieur de Cercey aux dépens des causes principale & d'appel, même en ceux réservés par l'Arrêt du 6. Avril 1748. & en tous ceux faits en exécution d'icelui: la signification dudit Arrêt faite audit sieur de Cercey le 16. Juillet ensuivant & *le dire du sieur Freteau l'un des Inspecteurs généraux du Domaine du vint-neuf Août audit an* 1748. auquel le tout a été communiqué, par lequel il requiert qu'il plaise à Sa Majesté, *sans s'arrêter aux Arrêts rendus par les Juges en dernier ressort de ladite Table de Marbre de Dijon les 6 Avril & 10 Juillet* 1748. *qui seront cassés & annullés, ordonner que les Juges de ladite Table de Marbre seront tenus de se conformer dorénavant dans leurs Jugemens aux Ordonnances, Déclarations, Arrêts & Réglemens qui ont fixé les droits d'usage de mort-bois, aux neuf especes portées en l'article neuf de la chartre normande du Roi Louis X. de l'année mil trois cens quinze, qui sont saulx, morsaulx, épines, puisnes, seur, aulnes, genets, géniévres, & ronces*, évoquant le principal & faisant droit sur l'appel interjetté par le sieur Margueron de la Sentence de ladite Maîtrise du 2. Décembre 1747. *sans s'arrêter audit appel & ayant aucunement égard à ladite Sentence, ordonner en outre que ledit Bondy métayer dudit sieur Margueron, sera tenu de payer les amendes & restitutions fixées par ladite Sentence, sçavoir l'amende au profit de Sa Majesté ès mains du Garde Général Collecteur des amendes de ladite Maîtrise, & la restitution audit sieur de Cercey.* OUI le Rapport du sieur de Machault, Conseiller Ordinaire au Conseil Royal, Controlleur général des Finances.

LE ROI EN SON CONSEIL ayant égard à la Requête,,

„ & aux requisitions du sieur Freteau l'un des Inspecteurs généraux du „ Domaine, sans avoir égard aux Arrêts rendus par les Juges en dernier „ ressort de la Table de Marbre du Palais à Dijon, les six Avril & 10. „ Juillet 1748. que Sa Majesté a cassé & annullé, ainsi que tout ce qui „ peut s'en être ensuivi, a ordonné & ordonne que l'article cinq du titre „ 23. de l'Ordonnance des Eaux & Forêts du mois d'Août 1669. sera „ éxécuté selon sa forme & teneur, & en conséquence que les Juges de „ ladite Table de Marbre seront tenus de se conformer dorénavant „ dans leurs Jugemens, aux Ordonnances, Déclarations, Arrêts & Régle- „ mens qui ont fixé les droits d'usage de *mort-bois* aux neuf especes „ portées en l'article neuf de la chartre Normande du Roi Louis X. de „ l'année 1315. qui sont *saux*, *morsaulx*, *épines*, *puisnes*, *seur*, *aulnes*, „ *genets*, *geniévres*, *&* *ronces* : évoquant le principal & faisant droit sur „ l'appel interjetté par Antoine Margueron, de la Sentence intervenue „ au Siége de la Maîtrise particuliere d'Autun le deux Décembre 1747. „ sans s'arrêter audit appel, & ayant aucunement égard à ladite Senten- „ ce, Sa Majesté a condamné & condamne le nommé Jean Bondy, „ Fermier dudit Margueron à payer les amendes & restitutions pronon- „ cées contre lui par ladite Sentence; sçavoir l'amende ès mains du Garde „ Général, Collecteur des amendes de ladite Maîtrise, pour en être par „ lui compté au profit de Sa Majesté, ainsi que des autres deniers de sa „ recette; & la restitution, au sieur de Cercey Seigneur du Jeu : Fait Sa „ Majesté très-expresses inhibitions & défenses aux Officiers de ladite „ Maîtrise de prononcer à l'avenir les amendes au profit *d'autres* „ que de Sa Majesté, à peine de répétition contr'eux, du quadruple „ pour la premiere contravention, & d'amende arbitraire & de plus „ grande peine en cas de récidive; & sera le présent Arrêt enregistré au „ Greffe, tant de ladite Table de Marbre que de ladite Maîtrise, pour y „ avoir recours en cas de besoin, & éxécuté nonobstant opposition ou „ autres empêchemens généralement quelconques, pour lesquels ne se- „ ra différé & dont si aucuns interviennent, Sa Majesté s'en est & à son „ Conseil réservé la connoissance, & icelle interdite à toutes ses Cours „ & autres Juges : Fait au Conseil d'Etat du Roi tenu à Versailles „ le dixiéme jour de Septembre mil sept cent quarante-huit, Colla- „ tionné à l'Original. *Signé*, BERGERET.

LOUIS par la grace de Dieu, Roi de France & de Navarre : Au premier notre Huissier ou Sergent sur ce requis, Nous te mandons & commandons que l'Arrêt dont l'Extrait est ci-attaché sous le Contre-scel de notre Chancellerie, ce jourd'hui rendu en notre Conseil d'Etat sur la Requête à nous présentée en icelui, par notre Procureur en la Maîtrise particuliere des Eaux & Forêts d'Autun, tu signifies à tous qu'il appartiendra, à ce qu'aucun n'en ignore, & faire en outre pour son entiére éxécution à la Requête de notre Procureur tous commandemens, sommations, inhibitions & défenses y portées sur les peines y contenues & autres actes & exploits néceſſaires ſans autre permiſſion, nonobſtant oppoſitions ou autres empêchemens généralement quelconques, pour leſquels ne ſera différé, & dont ſi aucuns interviennent nous nous en réſervons & à notre Conſeil la connoiſſance, & icelle interdiſons à toutes nos Cours & autres Juges : Car tel eſt notre plaiſir. Donné à Verſailles le dixiéme jour de Septembre, l'an de grace mil ſept cent quarante-huit : Et de notre Regne le trente-quatriéme.

Par le Roi en ſon Conſeil. *Signé*, BERGERET.

Scellé le 19. Septembre 1748.

QUEST. XX. *Qu'eſt-ce que c'eſt que des Bois abroutis & rabougris?*

Bois abroutis, abougris & rabougris, ſont des Bois que dans la premiere ou ſeconde année de leur naiſſance les beſtiaux ont brouté, dont ils ont mangé le bourgeon, ſur les jets revenans deſquels, ils ont marché, qui ſont caſſés, tordus, enſorte que ces Bois ſont rempans ſur ſouche, & de mauvaiſe venue. *Arbor non adepta juſtam magnitudinem.* Ce ſont des Bois que l'Ordonnance commande de couper à rez de terre, quand ils ſe trouvent à travers des coupes; & quand ce ſont des cantons de Bois entiers, l'Ordonnance (*a*) veut que les Grands-Maîtres puiſſent les faire ſemer & repeupler pour les mettre en valeur.

Bois Rabougris.

(*a*) Tit. 3. art. 16.

QUEST. XXI. *Qu'eſt-ce que Bois de Bourdenne?*

C'eſt un Bois dont ſe ſervent les *Poudriers* & *Salpêtriers*, & qu'ils ont droit de couper dans tous les Bois, en payant aux Particuliers la valeur. Par Arrêt du Conſeil d'Etat du 23. Août 1701. il leur a été permis de prendre & couper du Bois de Bour-

Bois de Bourdenne.

denne avec ſerpettes ſeulement, dans les Forêts de Sa Majeſté, dans celles des Communautés & Particuliers, la quantité dont ils auront beſoin, de l'âge de trois à quatre ans, pour faire du charbon pour fabriquer de la Poudre ; & comme cet Arrêt déroge à l'art. 13. du titre 27. de l'Ordonnance, Nous en rapporterons ici le Diſpoſitif.

Sur la Requête préſentée au Roi en ſon Conſeil par le Sieur Chapelet Entrepreneur Général des Poudres & Salpêtres, contenant, &c.

Conſ. t. 2. p.416. LE ROY EN SON CONSEIL, ayant aucunement égard à ladite Requête, a permis au Suppliant & ſes Prépoſés de prendre & couper avec des ſerpettes dans les Forêts appartenantes à S. M. & dans les Bois des Communautés & Particuliers, la quantité de Bois de Bourdenne, de l'âge de trois à quatre ans, dont il auroit beſoin, pour faire du Charbon pour fabriquer de la Poudre, après qu'ils en auront obtenu permiſſion des Grands-Maîtres des Eaux & Forêts, ou des Officiers des Maîtriſes particulieres, chacun en l'étendue de ſon Département, pour les Bois appartenans à S. M. & aux Communautés & Particuliers, auxquels les Bois appartiendront en propriété ; & à la charge que les Gardes deſdits Bois ſeront préſens, & accompagneront leſdits Prépoſés dans les Bois, pour dreſſer Procès-verbal de la quantité de bourrées qu'ils y prendront, leſquelles ſeront payées comptant par les Prépoſés, ſur le pied de la valeur des bourrées marchandes ; ſçavoir celles provenantes des Forêts de Sa M. ès mains des Greſſiers des Maîtriſes, pour les remettre au Receveur Général des Bois du Département, pour en compter, ainſi que des autres deniers de ſa Recette ; & celles provenantes des Bois des Communautés, aux Syndics d'icelles, pour en compter à leur profit, & pour celles des Bois des Particuliers aux Propriétaires d'iceux, & ſeront tenus leſdits Prépoſés de payer les journées que leſdits Gardes employeront à les accompagner, ſur le pied courant du Pays, où leſdits Bois & Forêts ſe trouveront ſitués : Fait S. M. *très-expreſſes défenſes* auxdits Prépoſés *de porter & ſe ſervir* dans les Bois, *d'autres outils ou ferremems qued es ſerpettes*, & d'y faire aucunes nouvelles routes, à peine de confiſcation des outils, & de 500. livres d'amende pour la premiere fois, du double en récidive, dont le Suppliant & ſes Cautions demeureront reſponſables, & de punition exemplaire contre les Prépoſés ; *le tout nonobſtant ce qui eſt porté par l'Ordonnance des Eaux & Forêts du mois d'Août* 1669. *article* 13. du Titre de la Police & Conſervations des Forêts ; *& l'Arrêt du Conſeil* du 11. Janvier 1689. *auxquels S. M. a dérogé & déroge pour ce regard ſeulement, ſans tirer à conſéquence*..... Fait au Conſeil d'Etat du Roi, tenu à Verſailles le vingt-troiſiéme jour d'Août 1710. Collationné. *Signé*, RANCHIN.

QUEST. XXII. *Qu'eſt-ce que Bois Marmentaux ?*

Bois Marmentaux, ſont les Bois qui ſont auprès des Maiſons Seigneuriales, & leur ſervent d'ornement, de décoration & d'embelliſſement (*a*), ils ſont auſſi appellés marmaux (*b*), Bois de touche, (*c*) & de touchage ; ces Bois ne ſervent qu'à former

Bois Marmentaux. Saiſie Féodale.

(*a*) Coût. d'Anjou tit. 7. art. 113. Le Maine tit. 8. art. 124. Berry tit. 5. art. 43.

(*b*) Bourbonn. art. 264.

(*c*) Dunois, ch.

1. art. 22. Anjou 117. Blois ch. 7. art. 78.

des avenues, & le plaisir & l'agrément aux Maisons de Fief ou de Campagne. Le Seigneur Féodal n'y peut prendre aucun droit de rachat, ni même les faire couper lors de la Saisie féodale. La nouvelle Ordonnance de 1669. n'a parlé en aucun endroit de ces Bois, parce que leur destination n'est pas pour être mise dans le Commerce ni en vente, ils sont regardés comme des arbres fruitiers qui doivent être conservés. *Nemus domesticum, ædibus adsitum.*

Voyez le Traité de Me Bannelier.

Par Arrêt du Parlement de Dijon du . . . . . rendu au profit du *Seigneur de Savigny sous Beaune*; il fut maintenu & gardé en la propriété & jouissance d'une allée d'arbres, quoique plantée sur le terrein du Sieur Avocat Viennot. On regarda cela comme une servitude prescrite par trente ans, contre la Propriétaire des héritages.

QUEST. XXIII. *Qu'est-ce que c'est que le Rein d'une Forêt?*

Bois Reins d'une Forêt.

Reins de Forêts est souvent employé dans les anciennes Ordonnances; *Chauffour* dans son Insstructtion, dit qu'aucuns ont voulu interpréter ce mot, pour signifier, *autour, ès envrions, proche, sur le bordage, aux orces*; & nous n'en voyons point de meilleure explication que celles qui sont dans plusieurs Arrêts, qui défendent aux Charbonniers, Potiers, Tuilliers, Briquetiers & autres ouvriers de s'établir & tenir maisons & atteliers près & aux Reins des Forêts du Roi, & à des distances fixées, ce qui est conforme aux définitions ci-dessus; ces distances ne sont à la vérité point uniformes, ainsi que le prouve *Chauffour*, par les Arrêts qu'il cite, l'un de Paris de l'an 1551. qui fixe cette distance à deux lieuës; un Reglement fait pour la Forêt de Villers-Cotterêt de l'an 1597. où il est dit demi-lieue; un du Parlement de Roüen du 10. Février 1606. qui ne limite aux Potiers que 20. perches de distance de la Forêt; mais la nouvelle Ordonnance de 1669. art. 18. a déterminé cette distance à demi-lieue, & défend à toutes personnes de faire construire, à l'avenir, aucuns Châteaux, Fermes, & Maisons dans l'enclos, aux rives & à demi-lieue des Forêts du Roi; il faut s'en tenir à cette distance qui est établie pareillement pour les Cercliers, Vanniers, Tourneurs, Sabotiers, & autres de pareille condition; voilà ce que nous pouvons dire du *Rein de Forêts*.

QUESTION XXIV. *Qu'entend-on par* Laye, Layon, Lisse, Ligue, Route, Aiguelison ou Tranchée?

Ces différens noms ne signifient tous que les Routes que les Arpenteurs sont obligés de faire dans les Bois pour passer les portes-chaînes, & les Marchands qui vont visiter les ventes. Laye des Bois.

L'art. 7. du tit. 15. de la nouvelle Ordonnance défend aux Arpenteurs & Sergens de faire les Routes & Layes plus larges de trois pieds, à peine de 100. livres d'amende.

QUEST. XXV. *Qu'est-ce que le* Martelage *du Bois*?

Le *Martelage* vient du Marteau, qui sert à marquer les Bois de réserve, tels que les Baliveaux, Arbres de Paroy & de Lisiere, Etalons, Pieds-Corniers & autres Arbres de réserve; le Grand-Maître a son Marteau; celui du Garde-Marteau s'appelle le Marteau du Roi; celui de l'Arpenteur, & le Marteau du Marchand, sont les quatre Marteaux dont l'on marque les Arbres que l'Adjudicataire du Bois ne doit point couper, & qui sont *arbres de réserves*.

QUEST. XXVI. *Qu'entend-t-on par Récéper & Ravaler les Coupes des Bois* ?

Pour le bien entendre il faut comprendre, par exemple, que dans l'Exploitation d'un Bois Taillis fort épais, ceux qui en font la coupe sont quelquefois gênés en abbatant les brins d'arbres, ce qui fait qu'ils les coupent plus haut que l'Ordonnance ne le prescrit, & qu'outre ce ils trouvent souvent dans ces Taillis des estocs & vieilles souches mal coupées, des bois tortus & rabougris & abroutis, dont ils ne peuvent aisément joüir; ensorte que les Bucherons ne les peuvent couper à fleur de terre; & comme il est absolument prescrit de les couper en cette sorte, les Propriétaires ou Adjudicataires font repasser dans ces coupes, & font couper tous les troncs de ces arbres à rez de tronc, ce qu'il est aisé de faire, parce qu'ils ne sont gênés par aucun arbre; c'est ce que l'on appelle *récéper & ravaler les bois* (a)

(a) Ordonnance de 1669. tit. 15. art. 45. & tit. 25. art. 13.

Il

Il y a encore un autre récépage, qui est lorsqu'un Bois a été incendié, ou gâté par délits, ou dont le Taillis est abrouti excessivement par le bétail, ou par de fortes gelées, qui auroient entiérement perdu les rejets, ensorte que le restant de ce Bois ne profitant plus qu'en rabougrissant, l'on est dans l'obligation de le récéper par le pied, pour lui faire faire une production plus heureuse, ce que l'on fait par une coupe entiere que l'on appelle récépage.

QUEST. XXVII. *Qu'est-ce que Récoller les Ventes ?*

Faire le Récollement d'une Forêt n'est autre chose que réarpenter & remesurer la Forêt pour voir si l'Adjudicataire qui l'a coupée n'en a pas plus d'arpens que son adjudication ne porte, & aussi éxaminer si la coupe est conforme à l'Ordonnance, s'il y a le nombre de baliveaux requis, ainsi que les arbres de lisiere, paroi, & pied-cornier, les récollemens sont aux frais de l'Adjudicataire & Marchand. Récollement des Ventes.

QUEST. XXVIII. *Qu'est-ce que Rapatronage ?*

Pour expliquer ce que c'est que ce terme, il faut en donner un exemple ; on suppose un Garde qui faisant sa tournée trouve dans un Bois, deux ou trois baliveaux anciens coupés, dont les troncs étoient couverts de mousse, & dont les pilles & branchages étoient enlevés, lequel après avoir bien éxaminé a reconnu qu'ils ont été emmenés sur une charette, dont il suit la trace & la piste jusques dans une Métairie éloignée de demi-lieue ;

ayant fait cette découverte, il en dresse son Procès-verbal, par lequel il détaille les grosseurs, âges, qualités, pourtours, & l'espece des arbres, le met en régle & l'affirme devant le Juge du délit; ensuite de quoi le Procureur du Roi ou Fiscal, craignant que les remarques faites par le Garde ne soient fautives, il présente sa Requête, expositive de ce que contient le Procès verbal, & demande qu'il soit fait perquisition & recherche (a) dans toutes les maisons voisines de la Forêt en sa présence, & requiert le transport du Juge, ce qui étant ordonné, ces Officiers se transportent & font perquisition dans plusieurs maisons, dans l'une desquelles ils trouvent les trois arbres en question cachés sous la paille; pour lors après leur Procès-verbal dressé, ils saisissent ces arbres, & en font scier le bout de la coupe d'environ six à huit pouces, somment le Délinquant de les suivre dans le bois, où étant arrivés, ils confrontent ces tronçons aux troncs qui sont sur place, & en trouvent la jonction & la ressemblance, & c'est ce que l'on appelle *rapatronage* ou *choquetage*, ce qui fait la conviction du délit contre l'Accusé, tant par les grosseurs, écorces, âge qu'autres remarques.

(a) Tit. 6. art. 7. Tit. 27. art. 24. & 25.

La Jurisprudence de la Table de Marbre de Dijon, est de casser les Rapports des Gardes ou Sentences, qui dans le cas ci-dessus, n'ont pas fait & ordonné le rapatronage en présence de la Partie.

Cela paroît juste, sans quoi les Gardes seroient les maîtres de rejetter sur le premier venu, un délit, dont ils sont souvent coupables, & toujours responsables.

QUEST. XXIX. *Quand les Bois sont incendiés que faut-il faire pour les rétablir?*

Lorsqu'un Bois est incendié, il n'y a d'autre parti à prendre pour le rétablir, que de le faire couper entiérement à tire & aire, comme nous l'avons expliqué précédemment, sans quoi il ne formeroit que des bois rabougris & de mauvaise venue; l'attention que le Propriétaire doit avoir, est qu'il soit bien coupé, c'est-à-dire, au rez du sol: c'est ce qui fut ordonné par Arrêt du Conseil du 10. Novembre 1719. pour la Forêt de Ramilly en la Maîtrise de Troyes; il fut prescrit à l'Adjudicataire d'en faire la coupe par Récépage, qui est le seul moyen de rétablir en taillis.

QUEST. XXX. *Qu'entend-t-on en disant que le bois acquiert le plain en Bourgogne?*

L'Article premier du titre 13. de la Coûtume de cette Province, porte que le Bois aquiert le plain; mais il s'explique, que ce n'est qu'en Forêt bannale. Par Forêt bannale il est entendu, qu'elle est défensable & prohibée à tout autre qu'au Propriétaire, parce que Ban signifie défendre. Cet article requiert que cette Forêt, pour s'aggrandir par le bénéfice de cette loi, appartienne au Seigneur *Haut-Justicier*, sans qu'elle soit du Domaine de sa Seigneurie, sans quoi elle ne peut aquérir le plain.

Ce n'est pas encore assez, il faut, pour profiter de ce plain, qu'il n'y ait aucune séparation entre la Forêt & la Terre qui la touche, sur laquelle elle peut acquérir, soit par fossés, bornes, mures & autres enseignemens;

car s'il s'y trouve des vestiges de fossés, quelques bornes ou des apparences réelles de séparation, le bois ne peut acquérir le plain.

Toutes ces choses ne suffisent pas encore, si la terre qui joint ce bois n'est pas demeurée, sans culture & sans essart, l'espace de trente ans; car si elle a été cultivée, ou si le Propriétaire y a coupé, par essart, les bois & buissons qui s'y sont édifiés, il a continué sa possession qui est un obstacle pour acquérir par le plain.

Ce mode d'acquérir est fondé sur ce que comme les racines des arbres futaies, s'étendent dans les champs voisins, elles poussent des rejets qui forment des arbres; d'une autre part, les glands, feines & autres graines des arbres tombans dedans y forment des germes qui pullullent & deviennent insensiblement un bois, lequel étant joint, sans séparation apparente, à la Forêt bannale, en fait partie, de la même maniére que se forme l'alluvion, & qui peut s'appeller de même *incrementum latens*, dont le Seigneur Propriétaire de la Forêt devient le Maître & Propriétaire incommutable, *jure quodam alluvionis*.

Cette espéce d'acquisition n'est établie que pour punir les négligens, qui demeurent si long-tems sans cultiver leurs héritages.

Il est assez singulier que dans cette Coûtume, l'on y spécifie une Forêt bannale appartenante au Seigneur Haut-Justicier, vû que tout particulier qui a des Bois les tient comme bannaux, c'est-à-dire, défensables, vis-à-vis tous autres, c'est ce qui est défini par les Ordonnances, & précisément par celle de 1669. c'est la remarque qu'en fait

M. Bouhier en ses Observations (a), où il dit qu'il en est de même des Riviéres, suivant la décision de la Loi, *In lacu, qui mei dominii est, utique piscari aliquem, prohibere possum* (b), d'où il suit, dit cet Auteur, que le droit de pleine propriété emporte essentiellement celui de la bannalité au profit de toute personne, & non du Seigneur Haut-Justicier seulement, sans qu'il soit besoin d'examiner si la possession est ancienne ou non.

(a) Tom. 2. ch. 62. n. 8. & 9.

(b) L. 13. *in fin. de injur.*

L'on ne peut rien de plus impropre, que ce terme de bannalité, en ce que l'on appelle un Four, un Moulin, & un Pressoir bannaux, parce que tous les Sujets du Seigneur sont obligés d'y aller, & qu'il leur est à tous commun : & l'on appelle une Forêt bannale pour signifier tout le contraire, c'est-à-dire, qu'aucuns des Sujets n'ont droit d'y aller, ce qui n'est point entendu & répugne à la signification que cette Coûtume lui donne contre celle qui est propre & naturelle à ce mot *Bannal*.

La Coûtume de Chaumont art. 108. a même disposition que celle de Bourgogne ; cet article est en ces termes „ Accrues de Bois, joignans aux Bois „ & Forêts, ensuivent la nature & condition desdits „ Bois & Forêts, durant qu'elles sont en Forêts, pour„ vu que ce soit en haute Justice, de celui à qui „ sont & appartiennent lesdits Bois & Forêts, s'il n'y „ a fossé ou borne faisant la séparation desdits Bois, „ auquel cas n'y a Accrues.

Delaitre sur cet article, dit, comme il est vrai, qu'il arrive presque toujours, que dans les terres, contigues aux Bois, qui ne sont point cultivées, il pousse des buissons & petits arbres, à cause des racines des

Bois qui s'étendent dans les héritages voisins; on peut y ajoûter la chûte des glands & graines qui tombent dans une pareille terre, & qui forment de jeunes arbres, que l'on appelle Accrues; mais qu'il ne faut pas croire que le Seigneur puisse s'emparer d'une pareille accrue au préjudice du Propriétaire, que cette Coûtume ne donne au Seigneur, que comme des biens déserts & non occupés depuis 30. ans, & dont il ne peut s'emparer qu'après que le Propriétaire en a abandonné la possession & l'usage pendant ce tems, il cite à ce propos l'article 92. de la même Coûtume, l'art. 177. de celle de *Troyes*, & le 154. d'*Auxerre*, qui ont même rélation; voyez le chapitre 9. de la Coûtume du Comté de Bourgogne.

CHAPITRE SECOND.

SECTION I.

De la Maîtrise des Eaux & Forêts, & de l'Ordonnance de 1669. concernant les Bois & Forêts.

LA sagesse du Monarque qui a fait les Réglemens portés par l'Ordonance de 1669. eut pour motif de réparer les abus qui s'étoient glissés depuis long-tems dans la Police & Administration des Eaux & Forêts, & de pourvoir pour l'avenir au rétablissement de cette noble & précieuse partie de son Domaine, la faire refleurir & la mettre en état de produire avec abondance à son Peuple tous les avantages qu'on avoit lieu d'en espérer.

Il déclara, par l'*Article premier* de cette Ordonnance, que les Juges établis pour le fait des Eaux & Forêts de ſon Domaine connoîtroient, tant au Civil qu'au Criminel, de tous différends appartenans à cette matiere, entre quelques perſonnes & pour quelques cauſes qu'ils fuſſent intentés.

Par l'article 2. il déclara faire partie de la matiere attribuée à ces Juges : „ Toutes Queſtions qui ſeront „ mues pour raiſon des Forêts de ſon Domaine, „ Bois, Buiſſons & Garennes, Aſſiettes, Ventes, „ Coupes, Délivrances & Récollemens, Meſures, „ Façons, Défrichemens ou Repeuplemens deſdits „ Bois, & de ceux tenus en Grurie, Grairie, Ségrai- „ rie, Tiers & Danger, Apanage, Engagemens, „ Uſufruit & par Indivis, Uſages, Communes, Lan- „ des, Marais, Pâtis, Pâturages, Poiſſons, Glan- „ dées, Aſſiette, Motion & changemens des bornes „ & limittes des Bois de ſon Domaine.

L'article 11. du même titre porte : „ Nos Officiers „ éxerceront ſur les Eaux & Forêts des Prélats & au- „ tres Eccléſiaſtiques, Princes, Chapitres, Com- „ munautés Régulieres, Séculieres ou Laïques, & „ de tous Particuliers de quelque qualité qu'ils „ ſoient la même Juriſdiction qu'ils éxercent ſur les „ nôtres, en ce qui concerne le fait des Uſages, Dé- „ lits, Abus & Malverſations, pourvû qu'ils en „ aient été *requis par l'une ou l'autre des Parties*, & „ qu'ils aient *prévenu* les Officiers des Seigneurs.

Tous ces Articles & ceux qui ſuivent, établiſſent ſuffiſamment la Juriſdiction des Officiers des Maîtriſes des Eaux & Forêts, & déſignent bien préciſément tout ce qui eſt ſoumis à leur connoiſſance.

Mais cette Ordonnance fut à peine rédigée & enrégiſtrée, que le Roi accorda & permit à *Pierre le*

Petit, Jacques Langlois, Damien Foucault & Sebastien Mabre-Cramoisy, ses quatre Imprimeurs ordinaires, de l'imprimer, ainsi qu'il paroît par ses Lettres Patentes, données à ce sujet le 25. Août 1669.

D'un autre côté *Frederic Leonard* autre *Imprimeur du Roi*, se crut en droit de la mettre sous la presse, mais cette Edition fut faite sur une Copie peu fidéle, ensorte qu'elle se trouvoit, par la précipitation extraordinaire avec laquelle elle fut faite, remplie de fautes préjudiciables aux intérêts de Sa Majesté & du Public, par le changement & l'altération de beaucoup de termes essentiels, & qui donne lieu à des Plaideurs de trouver, en quelques articles, un sens tout contraire aux intentions de Sa Majesté. La découverte de ce erreurs occasionna un Arrêt du Conseil d'Etat du 14. Septembre suivant, qui défendit à *Leonard de continuer ladite impression à peine de 3000. livres d'amende*, &c.

Cette Edition néanmoins, quoique faite sur une Copie peu éxacte, & même avant l'enrégistrement de l'Ordonnance au Parlement, se répandit furtivement, malgré toutes les précautions des Libraires intéressés, ensorte qu'il s'en trouve encore quelques Exemplaires dans le Public, qui ont pû & pourroient encore tromper quelques personnes, & leur faire croire que cette Ordonnance est la plus fidéle, & que l'on a ajoûté depuis cette premiere impression beaucoup de termes qui ne sont point dans la premiere impression.

Ce fait est si vrai, qu'un grand Magistrat, sçachant que la suite de mon travail m'engageroit à traiter quelques questions touchant les Eaux & Forêts, me me fit l'honneur, il y a quelques mois, de m'écrire qu'il avoit oüi avancer par Messieurs les Gens du Roi, dans une question de compétence, entre les Juges des Eaux & Forêts, & un Juge Royal, que cette Ordonnance n'étoit pas enregistrée au Parlement, & avoit observé, que dans les nouvelles Editions on avoit ajoûté à un des articles, sous le titre de la Compétence, ces termes, *même des particuliers*, qui ne sont pas dans les anciennes Editions. Ce Magistrat m'ayant exhorté à vérifier ces faits, j'ai reconnu que cette premiere Edition étoit celle de *Frederic Leonard*, proscrite par l'Arrêt du Conseil du 14. Septembre 1669. & les Lettres Patentes sur icelui, du même jour, laquelle Edition n'est point fidéle à cause de la précipitation avec laquelle elle fut imprimée; quant à l'enregistrement, il a été fait au Parlement de Paris, *le Roi y séant en son Lit de Justice*, le 13. Août 1669.

Des Juges & Officiers des Seigneurs, pour la conservation de leurs Bois, de leurs Fonctions, de la Procédure pour punir les Délinquans, & des peines, amendes, confiscations & restitutions en fait de Bois.

L'on peut dire qu'il n'y a guére de matiere moins connue par les Officiers & Juges des Seigneurs que celle qui concerne l'Ordonnance des Eaux & Forêts; & il ne faut pas douter que ce ne soit la principale cause de la perte & la dégradation des Bois, à quoi les Seigneurs ne font nulle réflexion; ils ne pensent qu'à profiter de tout ce qu'ils peuvent s'attribuer, jusqu'à se dispenser de leur payer des gages, quoiqu'ils leur soient légitimement dûs, comme nous l'avons fait voir dans notre ſecond Tome page 126. ſans faire attention que la fonction de ces Officiers éxige d'eux des ſoins & des peines conſidérables, pour la conſervation de leurs droits, & en particulier, pour les Bois, Chaſſes & Pêches ; ces gages ſont une charge de leur terre, & ces Officiers dont les prédéceſſeurs étoient réguliérement payés des modiques, que des premiers Seigneurs leur avoient attribués, ſe diſpenſent avec plaiſir de leurs obligations, qui, ſi elles étoient remplies, procureroient des avantages infiniment plus conſidérables aux Seigneurs que les petites ſommes qu'ils retiennent à leurs Officiers; voilà en partie d'où peut-être provient la négligence de ces Officiers à s'inſtruire de leurs devoirs ſur les Bois, qui méritent cependant toutes leurs attentions, non-ſeulement pour l'intérêt de leur Seigneur, mais encore pour ceux du Public & de l'Etat.

La lecture du précis des Ordonnances qui renferment leurs fonctions à cet égard, prouvera avec évidence que quand ils les rempliſſent éxactement ils méritent autre choſe, que le ſimple honneur d'être Officier.

QUEST. I. *Les Juges des Seigneurs peuvent-ils connoître de la matiere des Eaux & Forêts ?*

L'Article premier du titre 1. de l'Ordonnance de 1669. ſemble exclure les Juges des Seigneurs de cette connoiſſance, & l'article 12. conſerve les droits aux Seigneurs qui avoient, en leur Juſtice, un Juge particulier pour cette matiere. Nous voyons par toutes les anciennes Ordonnances, juſqu'à François I. que les Officiers établis pour les Eaux & Forêts ne connoissoient, que de ce qui regardoit les Bois, Eaux & Forêts du Domaine du Roi, & de ceux qui étoient tenus de Sa Majesté, à Tiers & Danger, Grurie, Grairie & Ségrairie, Justice, Chasse, Pêche, & autres droits, & non de ceux des Seigneurs, Particuliers, Laïques & Ecclésiastiques.

Ce Prince qui n'étoit pas moins le Pere du Peuple que celui des Lettres, porta ses attentions pour conserver les Forêts qui appartiennent, soit aux Seigneurs Ecclésiastiques, soit aux Seigneurs Laïques, comme sur une chose d'une conséquence infinie, pour le bien général du Royaume, également comme à ceux du Domaine de la Couronne; il attribua la connoissance & le gouvernement des Bois, Eaux & Forêts aux Officiers des Maîtrises, sauf l'appel aux Tables de Marbre, & fit, à cet égard, différentes Ordonnances, qui ont été réitérées par les Rois ses Successeurs, & confirmées par l'article premier dudit titre premier de la derniere Ordonnance des Eaux & Forêts sous la modification de l'art. 12.

Mais il a toujours été jugé, qu'il falloit que les Seigneurs qui prétendoient avoir un Juge pour les Eaux & Forêts, en eussent des Titres précis; c'est ce qui se voit par Arrêt du Conseil d'Etat du 8. Décembre 1691. rapporté sur ledit article 12. en la Conférence de cette Ordonnance, par lequel il est ordonné que la Dame Comtesse de la Rose-Milley, & de Giseux, & son Juge de Giseux, seront tenus de représenter dans quinzaine, pardevant le grand Maître des Eaux & Forêts de Touraine, les titres & piéces, en vertu desquels ils prétendent avoir droit de connoître des matieres d'Eaux & Forêts ; & cependant fait défenses audit Juge de Giseux, de prendre la qualité de Juge des Eaux & Forêts, & de connoître des matieres qui y sont attribuées.

Le sieur d'Esrouville, Gouverneur de Longwi en Lorraine, s'étant pourvu, près de Sa Majesté, pour avoir la permission de commettre & établir au lieu d'Esrouville un Juge, avec titre & qualité de Gruyer & Juge des Eaux & Forêts, intervint Arrêt du Conseil d'Etat le 23. Février 1692. qui le débouta de sa Requête.

Postérieurement à cet Arrêt, il y en a trois autres du même Conseil d'Etat, rapportés sur le même article, des 12. Mai 1693. 31. Décembre 1697. & 24. Novembre 1699. Le *premier* fait défenses à M. le Duc de Nevers de donner à l'avenir la qualité de Maître des Eaux & Forêts, dans les Provisions de ses Officiers de Justice, à eux de les prendre & d'en faire les fonctions à peine de nullité : Le *second*, contre M. de Monville, Conseiller au Parlement de Rouen : Et le *troisiéme*, porte défenses aux Abbés & Religieux de l'Abbaye de Barbeau de donner à leurs Officiers la qualité de Gruyers & de Juges des Eaux & Forêts, auxdits Officiers de les prendre & d'en faire les fonctions à peine de nullité & 500. livres d'amende.

L'Auteur de cette Conférence fait mention d'un Arrêt du Conseil d'Etat du 20. Juin 1702. qui casse une Adjudication de Bois, faite par le Juge de Chatelcensoy en Nivernois, avec défenses à ce Juge de prendre la qualité de Gruyer & d'en faire aucune fonction.

En 1707. le Roi, par Edit du mois de Mars, créa

en chaque Justice Seigneuriale, un Juge Gruyer, pour connoître de toutes Causes, Délits & Matieres des Eaux & Forêts, & par sa Déclaration du premier Mai 1708. il réunit aux Justices Subalternes des Seigneuries, ces Offices & leurs fonctions; & par autre Déclaration du 8. Janvier 1715. Sa Majesté a ordonné que ses Officiers des Maîtrises des Eaux & Forêts exerceroient sur les Eaux & Forêts des Prélats & des autres Ecclésiastiques, Chapitres & Communautés Régulieres, Séculieres, Laïques du Royaume, la même Jurisdiction que celle qu'ils exercent sur celles de Sa Majesté, en ce qui concerne le fait des Usages, délits, abus & malversations qui s'y commettent, sans qu'il soit besoin qu'ils aient prévenu ni qu'ils aient été requis (a): *Et à l'égard des usages, abus & malversations qui concernent les Eaux & Forêts qui appartiennent aux Seigneurs Laïques ou aux autres Particuliers, les Officiers de nos Eaux & Forêts, en connoîtront pareillement, sans qu'ils aient été requis, ni qu'ils aient prévenu, lorsque les Propriétaires desdites Eaux & Forêts auront eux-mêmes commis les délits & abus; mais ils ne pourront en prendre connoissance quand ils auront été commis par d'autres, à moins qu'ils n'en aient été requis & qu'ils aient prévenu les Juges Gruyers des Seigneurs: Veut Sa Majesté que toutes les Appellations des Jugemens rendus par les Juges Gruyers, & les autres Officiers des Seigneurs particuliers, sur le fait des Eaux & Forêts soient relevées directement aux Siéges des Tables de Marbre.*

(a) C'étoit la disposition de l'art 13. du premier titre.

Cette Déclaration a été enregistrée au Parlement à Paris le 13. Janvier 1715. L'Auteur de la Conférence fait voir que le Roi ayant réuni ces Offices de Juges Gruyers aux Justices des Seigneurs, tous les

Juges en peuvent prendre la qualité & en faire les fonctions.

Par Arrêt de Reglement du Grand'Conseil énoncé au même lieu, rendu entre le Prevôt des Maréchaux & les Officiers du Présidial d'Armagnac, il a été expliqué, que la *concurrence* étoit, lorsque le Prevôt en avoit connu ou décrété le même jour, & *prévention* lorsqu'il en avoit connu ou décrété avant les Officiers.

Mais l'Ordonnance de 1669. & tous les Réglemens, n'ont jamais eu pour objet d'empêcher les Juges des Seigneurs, de connoître du fait des Eaux & Forêts, pour ce qui regarde le Domaine de la Seigneurie dont elles font partie ; mais bien des Eaux & Forêts qui appartiennent à des Particuliers Seigneurs de Fiefs, Bourgeois & autres Propriétaires de ces héritages situés dans l'étendue de leurs Justices, y ayant beaucoup de Particuliers qui ont en propriété des Bois futaies & taillis, des Moulins, Etangs & autres Eaux, dont la connoissance, à la vérité, est soumise à la Jurisdiction des Maîtrises des Eaux & Forêts, par la raison sensible que les *Eaux & les Bois sont de droit public*; cette Ordonnance n'ayant nullement entendu ôter, aux Juges des Seigneurs, la connoissance des délits, abus & malversations qui peuvent se commettre dans les Bois & Forêts, Eaux & Rivieres qui sont du Domaine des Fiefs, les Juges des Seigneurs sont autorisés à en connoître, suivant l'article 11. du titre 24. de l'Ordonnance de 1667. à laquelle celle de 1669. faite deux ans après n'a pas dérogé.

L'Article 11. du titre 1. de cette Ordonnance le

prouve encore ; il attribue toute Jurifdiction aux Officiers des Maîtrifes, fur les Eaux & Forêts des Communautés Eccléfiaftiques & Laïques & de tous Particuliers, *pour vu*, dit cet article, *qu'ils aient été requis* par l'une ou l'autre *des Parties*, & qu'ils aient *prévenu les Officiers des Seigneurs*, ce qui affûre inconteftablement que cette Ordonnance n'exclud pas, les Juges des Seigneurs, de la connoiffance des délits commis, non-feulement dans les Bois de leur Seigneur, mais même fur ceux des autres Particuliers, fitués dans l'étendue de leurs Juftices.

Il eft vrai que l'article 12. du même titre femble favorifer la prétention contraire, il porte : » Dans les Juftices où les Seigneurs auront un Juge » particulier pour le fait des Eaux & Forêts, nos Of- „ ficiers ne jouiront de la prévention que lorfqu'ils „ auront *été requis* : mais s'il n'y a qu'un Juge ordi- „ naire, ils auront la prévention & la concurren- „ ce encore même qu'ils n'aient point été requis.

On pourroit dire qu'à prendre cet article à la lettre, & l'étendant à toutes les Seigneuries du Royaume, fi le Seigneur n'a pas un Juge particulier pour fes Eaux & Forêts, fon Juge ordinaire ne pourra connoître de la matiere de Eaux & Forêts, que dans les cas où il aura prévenu, mais ce n'eft point l'efprit de cette Ordonnance ; nous l'allons démontrer.

L'on conviendra qu'il eft très-rare que les Seigneurs aient deux Juges dans leurs Terres ; l'un ordinaire, & l'autre pour la matiere des Eaux & Forêts ; cependant cela n'eft pas fans exemple ; il y a plufieurs grandes & hautes Seigneuries qui ont ces deux Juges diftincts, cela fe trouve particuliérement dans plufieurs Gruries, telles que celles des Comtés de Charolois en Bourgogne, de Nanteuil, & du Duché de Montmorency, où les Seigneurs ont outre leur Juge ordinaire, un *Juge Gruyer pour les Eaux & Forêts seulement* (a), mais cela n'est pas général dans toutes les Seigneuries du Royaume.

(a) Saint Yon p. 327. Arrêt du Parlement du 8. Août 1654.

Nous voyons par l'Ordonnance de 1518. art. 30. que François I. voulant favoriser ses Peuples, permit à tous ses Sujets de se pourvoir, pardevant les Officiers des Maîtrises, pour les délits, abus & malversations commis dans leurs Bois & Forêts, pour être condamnés, aux mêmes peines fixées pour les Bois du Domaine de la Couronne : ce qu'il réitéra par l'article 30. de son Ordonnance de 1543. avec même liberté de se pourvoir aux Maîtrises, ou devant les Juges des Eaux & Forêts des Prélats, Princes & Seigneurs, en premiere instance, & par appel à la Table de Marbre, ce qui nous assûre encore qu'il y a des Seigneurs qui ont des Officiers pour leurs Eaux & Forêts

Enfin une chose décisive en faveur des Seigneurs, est l'article 5. du titre 26. de la même Ordonnance de 1669. qui permet à tous Seigneurs pour la punition des Délinquans en leurs Bois, Garennes, Etangs & Rivieres, même pour la Chasse & la Pêche, de se pourvoir, *si bon leur semble*, pardevant le Grand-Maître, & les Officiers de la Maîtrise, à quoi il faut ajoûter l'article 2. qui leve toute difficulté, en ce „ qu'il permet aux Grands Maîtres, & autres Officiers „ de Eaux & Forêts, la visite & inspection dans les „ Bois des Particuliers pour y faire observer la pré- „ sente Ordonnance, & réprimer les contraventions, „ *sans qu'ils y éxercent autres Jurisdictions*, & prennent „ connoissance

„ connoiſſance des ventes, Gard, Police, & Dé-
„ lits ordinaires, *s'ils n'en ſont requis par les Proprié-
„ taires.*

Ces deux articles ne laiſſent aucun doute, que le Roi n'a jamais entendu empêcher les Juges des Seigneurs, de connoître des délits & malverſations faites & commiſes dans leurs Bois.

Les Officiers des Eaux & Forêts ont bien droit de réprimer les abus, que les Seigneurs Particuliers commettent eux-mêmes, ou ſouffrent qui ſoient commis dans leurs Bois, c'eſt ce que porte le dernier Article ; parce que les Seigneurs ſont tenus de ſe conformer pour le gouvernement & l'uſage de leurs Bois, ainſi qu'il eſt preſcrit pour l'uſance des Bois du Roi, *aux peines portées par l'Ordonnance*, c'eſt le texte de l'article premier du même titre.

Il eſt donc ſenſible, que l'Ordonnance n'a pas entendu exclure abſolument les Juges des Seigneurs de toute connoiſſance, puiſque par l'art. 9. du tit. 25. elle veut, que les Juges des lieux faſſent l'aſſiette des coupes ordinaires, des Bois des Communautés, en la préſence du Procureur Fiſcal, du Syndic & de deux habitans.

L'Article 2. du titre 13. concernant la Table de Marbre en dernier reſſort, y eſt relatif, en ces termes : „ Connoîtront auſſi de toutes les Ap-
„ pellations des Sentences & Jugemens rendus,
„ par les Officiers des Maîtriſes & autres Juges in-
„ férieurs de leur reſſort, comme auſſi des *Jugemens*
„ *émanés des Juſtices Seigneuriales concernans la matiere*

„ *des Eaux & Forêts ;* c'eſt ce qui eſt encore répété dans l'art. 5. du même titre.

La Coûtume de Haynault chap. 104. art. 1. & 2. décide que les Juges des Seigneurs doivent connoître des délits qui ſe commettent dans les Bois ſitués dans leurs Juſtices : c'eſt ce qui eſt pareillement porté par l'article 200. de la Coûtume d'Amiens ; enſorte que cela ne fait difficulté nulle part.

Mais comme il arrive ſouvent que les Seigneurs Laïcs & Eccléſiaſtiques commettent des délits dans leurs propres Bois, dont leurs Officiers ne font & n'oſent faire aucunes informations ni pourſuites, il devient néceſſaire que les Officiers de la Maîtriſe en laquelle ces Bois ſont ſitués, en prennent connoiſſance, & empêchent les dégradations que les Propriétaires pourroient faire dans leurs propres Bois, ou ceux de leurs Bénéfices : cela eſt preſcrit par toutes les Ordonnances, par la raiſon que les *Bois ſont de droit public*, & qu'il n'eſt pas permis de dégrader ce qui appartient à l'Etat ; c'eſt ce qu'explique diſertement la Déclaration du Roi du 8. Janvier 1715. que l'on trouvera dans les Couférence des Ordonnances.

QUEST. II. *Quelle eſt la fonction des Procureurs Fiſcaux, en ce qui concerne les Eaux & Forêts ?*

Un Procureur Fiſcal, d'une grande & haute Seigneurie, doit veiller avec grande attention, ſur les Gardes de la Seigneurie, pour leur faire remplir avec éxactitude leurs fonctions ; pour cet effet il doit être inſtruit de ce qui eſt preſcrit, ordonné &

défendu par les Ordonnances, qu'il doit avoir, au moins l'Ordonnance de 1669. la Conférence de cette Ordonnance, & le préſent Livre, ce qui peut lui ſuffire.

Il doit ſçavoir qu'il ne peut être rien ordonné, ſur les rapports des Gardes, leurs Procès-verbaux, Saiſies & autres captures, ſoit en renvoi, abſolution, condamnation ou autrement, que ſur ſes concluſions verbales ou par écrit, à peine contre les Officiers de 500 l. d'amende & d'interdiction, ſoit que les délits concernent le Domaine du Roi, celui du Seigneur, des Eccléſiaſtiques ou des Particuliers, lorſque les priſes auront été faites, par les Gardes de la Seigneurie & dans ſa Juſtice: cela eſt preſcrit par l'article 3. du titre 6. de l'Ordonnance de 1669. il en doit faire les pourſuites néceſſaires, *dans la huitaine*, pour la punition des délits, abus & malverſations, ſur les avis qui lui ſeront donnés, après que les rapports auront été mis au Greffe, à peine de privation de ſes gages & de perte de ſon Office, conformément à l'article 7. du même titre; cela eſt même ſi eſſentiel, que ce ſeroit une cauſe ſuffiſante de la part du Seigneur, pour le deſtituer, ainſi qu'il eſt remarqué en la Conférence de l'Ordonnance de 1669. ſur l'article 4. du même titre, où l'on trouve un Arrêt du Conſeil d'Etat du 29. Mai 1702. par lequel: „ Le Roi étant informé „ que le ſieur Pautenet, Procureur du Roi de la Maî „ triſe de Gray, négligeoit ſes fonctions & ne fai- „ ſoit aucunes pourſuites dans les affaires de Sa Ma- „ jeſté, ordonna que dans ſix mois pour toutes préfictions & délais ledit Pautenet ſeroit tenu de ſe

„ défaire dudit Office en ladite Maîtrise, sinon & à „ faute de ce faire dans ledit tems, icelui passé, „ a déclaré ledit Office vacant & impétrable, & „ commet, par ledit Arrêt, le sieur Pansart pour „ faire la fonction de Substitut du Procureur de Sa „ Majesté en ladite Maîtrise de Gray.

Cette précision de poursuivre *dans la huitaine*, est ordonnée parce que les preuves dépérissent aisément, surtout lorsque la pousse du Bois arrive, en ce qu'elle cache en peu de tems les délits; & d'ailleurs pour contenir les Délinquans, par une prompte punition.

Il ne doit point pallier ni couvrir les fautes, abus & délits des Coupables, c'est un crime pour un Procureur Fiscal: cela se voit par un Jugement Souverain du 16. Novembre 1669. rendu par Messieurs de Machault, Maître des Requêtes, Intendant de Soissons, & Lallemand de l'Etrées, Commissaires Députés par Sa Majesté, pour la réformation générale des Eaux & Forêts de l'Appanage de Monsieur le Duc d'Orleans, rapporté sur l'article 8. du titre 6. de ladite Ordonnance de 1669. par lequel François Seroux, Procureur du Roi en la Maîtrise de Laigne, Duché de Valois, pour avoir dans des Procès-verbaux de recollement fait plusieurs choses qui servoient à couvrir les abus, délits, défauts & omissions de réserves en la vente de la Forêt de Laigne, fut condamné en 1000. livres d'amende, sa Charge acquise & confisquée au profit de son Altesse Royale, sans en pouvoir ci-après exercer ni tenir aucune autre dans les Eaux & Forêts.

Par autre Arrêt du Conseil d'Etat du 27. Décembre 1683. rapporté au même lieu, Denis des Rousseaux, Procureur du Roi de la Maîtrise de Fontainebleau, fut condamné à réstituer à Sa Majesté 5800. livres, pour concussions par lui commises en la Forêt de Fontainebleau.

Les Commentateurs de l'Ordonnance sur cet Article, rapportent un Jugement de la Table de Marbre du 18. Janvier 1591. & le Réglement du 16. Octobre 1598. art. 4. pour Provins, par lesquels il est défendu aux Officiers des Maîtrises de juger aucunes causes où le Roi aura intérêt sans oüir le Procureur du Roi; d'où l'on infére que cet article n'entend parler que des affaires où le Procureur du Roi est seul partie; car dit-on, pour celles de particulier à particulier, elles se peuvent juger, sans avoir besoin des conclusions du Procureur du Roi, à moins qu'il ne s'agisse de contravention à l'Ordonnance, ou que le Roi, le Public & les Mineurs n'y aient intérêts.

Nous ne pensons pas de même, en ce que les Causes qui sont portées aux Maîtrises, quoique de particulier à particulier, n'y sont traduites qu'à cause des délits, dont l'un des deux, se plaint contre l'autre, par conséquent où le Public ne soit intéressé; car de quelque qualité que soient les Bois, soit taillis, futaies & demi-futaies, & les Propriétaires, il n'est pas permis à ceux-ci d'en disposer, au préjudice de ce qui est porté par l'Ordonnance, même de tolérer & faire grace aux Délinquans qui leur font dommage; parce que ces délits tendent à la destruction des Bois où le Roi & l'Etat, sont intéressés, soit en peu soit en beaucoup, d'où il faut conclure, que tous les Procès portés, soit aux Maîtrises, Gruries Royales & subalternes n'étant que pour délits & malversations, ne peuvent être jugés sans les Conclusions du Procureur du Roi ou Fiscal, outre l'intérêt qu'a le Roi, ou le Seigneur dans la Cause pour l'amende encourue.

Ces Conclusions doivent se donner, sans retardement, soit qu'elles soient préparatoires ou définitives, sur tous les Actes qui seront portés dans sa Justice sur les abus, délits, malversations & entreprises téméraires, faites sur les Eaux & Forêts, à quelque titre que ces Bois soient possédés.

Si la Seigneurie étoit de telle importance qu'il y eût considérablement de Bois, d'Eaux & dépendances, il fera tenir par le Greffier de la Justice, un registre bien en forme, pour servir aux rapports, enregistrement de Procès-verbaux, & autres Actes, qui méritent d'être poursuivis à sa requête, ou qui sont de communication; ce registre doit être paraphé par le Juge de la Seigneurie par premier & dernier, cela est prescrit par l'art. 6. du tit. 6. de l'Ordonnance.

S'il se passoit en l'Audience ou ailleurs, aucuns abus, ou quelques choses, au préjudice du Roi ou du Seigneur, il doit à l'instant en faire des remontrances & en demander acte qui ne pourra lui être réfusé par le Juge, ou celui qui tiendra l'Audience, sous aucun prétexte, à peine d'interdiction, dont lui sera délivré expédition par le Greffier, sans remise, à peine de 500. livres d'amende; & si cet acte lui étoit refusé, il en doit dresser sur le champ son

Procès-verbal qu'il fera signifier au Juge & au Greffier, & en envoiera copie à M. le Procureur Général de la Table de Marbre du ressort.

QUEST. III. *Les Sentences des Juges Seigneuriaux s'éxécutent-t-elles nonobstant l'appel?*

La correction & la punition des délits, abus, contraventions & malversations, qui se commettent ordinairement dans les Bois, ne sont que de pure Police; par conséquent les Sentences des Justices Seigneuriales doivent toûjours être éxécutées par provision: c'est l'esprit de l'Ordonnance de 1669. qui défend très-expressément aux Officiers de la Table de Marbre & Juges en dernier ressort, d'accorder aucunes surcéances aux Jugemens rendus par les Officiers & Juges Subalternes; c'est ce qui est prescrit par l'art. 2. du tit. 13. qui est conçu en ces termes: „ Connoîtront aussi de toutes les Appellations des Sentences & Jugemens rendus par les Officiers des Maîtrises & autres Juges inférieurs de leur ressort; comme aussi des Jugemens émanés des Justices Seigneuriales, concernant la matiere des Eaux & Forêts, & leur *défendons très-expressément de surséoir l'éxécution des Jugemens rendus pour délits, malversations, confiscations & restitutions* dont il sera appellé, à peine d'interdiction & d'amende arbitraire.

Ces termes sont précis & ne souffrent point d'interprétation, parce qu'il est intéressant que les Délinquans soient punis; & c'est par cette raison que par l'Edit du mois de Mai 1716. art. 43. il est ordonné que les Jugemens rendus sur les Procès-verbaux des Grands Maîtres, Officiers & Gardes des Maîtrises, seront signifiés dans la quinzaine, à la requête du Procureur du Roi en chacune des Maîtrises, poursuite & diligence des Receveurs des Amendes, & que faute par lesdits Receveurs d'y satisfaire ils seront condamnés par les Officiers, au montant des condamnations portées par lesdits Jugemens & Sentences; ce qui a été confirmé par Arrêt du Conseil du 4. Septembre 1736. qui ordonne que les articles 10. & 43. de cet Edit, & les Arrêts du Conseil des 4. Mars 1727. & 3. Novembre 1733. seront éxécutés selon leur forme & teneur: En conséquence que les Receveurs des Amendes des Maîtrises particulieres des Eaux & Forêts, seront tenus de faire signifier, *à leurs frais*, dans la quinzaine, à la requête du Procureur du Roi desdites Maîtrises, les Sentences qui y auront été rendues, portans condamnation d'amendes, restitutions & confiscations au profit de Sa Majesté, à peine par lesdits Receveurs, d'être condamnés, conformément audit Edit, au payement du montant desdites condamnations; sauf à eux à se faire rembourser de leurs frais par les Parties condamnées, si elles sont solvables; & au cas qu'elles ne le soient pas, ils en demeureront chargés, au moyen de deux sols pour livre qui leur sont accordés par l'Edit du mois de Février 1691. & pour mettre lesdits Receveurs en état de faire faire lesdites significations, dans ledit tems, les Greffiers des Maîtrises seront tenus de leur délivrer *gratis*, lesdites Sentences, trois jours après qu'elles auront été prononcées, à peine d'y être contraints par les voies ordinaires & accoûtumées.

QUEST. IV.

QUEST. IV. *Où doivent se relever les Appellations des Sentences des Juges des Seigneurs?*

Comme les délits, abus, entreprises & malversations en fait de Bois, Pêches & Chasses, sont toutes matiéres sommaires, qui sont autant de police que de propriété, étant d'abord portées devant le Juge du Seigneur & jugées; s'il y a appel de la Sentence du premier Juge, le Seigneur pourra prendre des Lettres d'Intimation, en son nom, à la Table de Marbre, en vertu desquelles il fera assigner l'Appellant à ce Tribunal, sans porter l'appel à la Maîtrise, étant un degré de Jurisdiction qu'il peut & doit éviter. L'Article 7. du titre 13. de l'Ordonnance de 1669. permet & laisse la liberté aux Procureurs du Roi ès Maîtrises, de poursuivre sur les lieux, ou de faire assigner les Délinquans pardevant les Grands Maîtres, ou au Siége de la Table de Marbre : tel est, à cet égard, l'usage qui se pratique pareillement pour les particuliers, c'est même ce qui est porté par l'Article 2. du même titre; cet Article porte : » Connoîtront (les Officiers de „ la Table de Marbre) de toutes les Appellations des Sentences & Jugemens rendus par les „ Officiers des Maîtrises & autres Juges inférieurs „ de leur ressort, *comme aussi des Jugemens émanés des „ Justices Seigneuriales concernans la matiere des Eaux „ & Forêts*; « l'Article 5. y est conforme & ces dispositions ont été renouvellées par la Déclaration du Roi du 8. Janvier 1715. en ces termes : » Voulons „ que toutes les Appellations des Jugemens rendus

„ par les Juges Gruyers & autres Officiers des *Sei-* „ *gneuries* particulieres ſur le fait des Eaux & Forêts, „ ſoient relevées directement aux Siéges des Ta- „ bles de Marbre, comme avant notre Edit du „ mois de Mars 1707.

QUEST. V. *Peut-on inſtruire une procédure, à l'extraordinaire, pour délit de Bois, par récol & confront?*

Bois, Délit, Procédure.

Il ne paroît pas que cela fût régulier, étant une matiere qui doit ſe traiter *de plano*, & ſommairement: c'eſt l'eſprit de l'Ordonnance de 1669. & le texte de l'article 3. du titre 4. Si cependant il n'y avoit point de Procès-verbal du délit, & que le Délinquant niât le fait; il ſemble que le Juge en ce cas devroit ordonner que la preuve en ſeroit faite par Enquête ſommaire; mais ſi un Particulier, ou un Seigneur avoit donné ſa plainte & demandé permiſſion d'informer pour un délit conſidérable, le délit peut s'acquérir par la voie de l'information, & après le Decret l'on civiliſe la cauſe.

La Table de Marbre de Dijon a caſſé par deux Jugemens au *Souverain*, des Procédures Criminelles inſtruites par récol & confront en matiere de délit dans les Bois, le premier du . . . . au ſujet de la Procédure faite à la requête des Adjudicataires des Bois du Prieuré de Saint Cernain, inſtruite, par récol & confront, par la Maîtriſe de Châlons, contre pluſieurs Uſagers.

Le ſecond, rendu au rapport de Monſieur *Juillet*, contre les Officiers de Chauſſin le . . . . . . 1751. Les deux Jugemens caſſent la Procédure, & ordonnent la reſtitution des droits perçus par les Officiers, pour raiſon du récol & confront de Témoins.

QUEST. VI. *Les Officiers des Eaux & Forêts peuvent-ils connoître de la Propriété des Communaux & Usages des Communautés à l'exclusion du Juge des lieux?*

Maîtrises. Bois Communaux.

Bardet dans ses Arrêts tom. I. liv. 3. chap. 26. en rapporte un du 13. Février 1629. en faveur des Habitans de Magny, dont la Cause avoit été portée devant le Juge du lieu, sur une usurpation, prétendue faite par les Défendeurs, laquelle Cause avoit été revendiquée par le Procureur du Roi des Eaux & Forêts, dont il fut débouté, pourquoi en ayant appellé, la Cour, sur les Conclusions de M. l'Avocat Général Talon, mis l'Appellation au néant, ordonna que la Sentence sortiroit effet.

Cet Arrêt prouve la Compétence du Juge des lieux, pour la propriété des Bois assis dans l'étendue de sa Justice; l'Ordonnance de 1669. n'a pas restraint ce pouvoir comme on l'a démontré plus haut.

QUEST. VII. *N'y a-t-il pas des peines contre les Officiers qui prévariquent dans l'Adjudication qu'ils font des Bois du Roi?*

Officiers.

Il y en a de considérables, & le titre 15. de l'Ordonnance de 1669. qui prescrit les formalités nécessaires pour les Ventes des Bois du Domaine, doit être éxécuté avec rigueur contre les Officiers des Maîtrises. On en trouve l'exemple dans un Arrêt du Conseil du 4. Juin 1726. rendu à l'occasion du Tiercement qu'avoit fait sur les Bois du Roi, dans la Gruerie de Semur en Brionnois, le nommé Jacques, signifié au Greffier, sur lequel les Officiers de la Maîtrise d'Autun n'avoient pas fait droit, d'intelligence avec le premier Adjudicataire, & pour avoir contrevenu aux art. 3. 20. & 22. dudit tit. 15. de l'Ordonnance, *Jean-Baptiste Dupré*, Lieutenant Particulier, & *Léonard Abord*, Procureur du Roi en la Maîtrise d'Autun, » Furent condamnés solidairement en „ mille liv. & le Greffier en trois cens livres d'a„ mendes, envers Sa Majesté, & outre ce le Greffier „ en 100 l. de dommages & intérêts envers le S[r] Jo„ gue ; fait Sa Majesté défenses aux Officiers de la„ dite Maîtrise de faire, à l'avenir, aucunes délivran„ ces de ventes de Bois, par eux adjugées, sur les Tier„ cemens qui pourront y être faits, ailleurs qu'aux „ Siéges où lesdites ventes auront été adjugées, & „ qu'il ne leur soit apparu de la signification faite „ desdits Tiercemens, tant à l'Adjudicataire, qu'au „ Receveur particulier des Bois, conformément à „ ladite Ordonnance du mois d'Août 1669. à peine „ de privation de leurs Offices, & de telle autre „ peine qu'il appartiendra; comme aussi au Greffier de „ délivrer aucunes Expéditions de Tiercement faits „ sur ladite adjudication, sans y désigner l'heure „ qu'ils auront été reçu, sous les mêmes peines : „ Veut Sa Majesté que lesdits Dupré, Abord & le „ Greffier soient tenus de payer les amendes contre „ eux prononcées, par le présent Arrêt, ès mains du „ Receveur général en exercice des Domaines & „ Bois de la Généralité de Dijon, & que faute par „ lui d'y satisfaire, huitaine après la signification qui „ leur en sera faite, ils y soient contraints par toutes „ voies, même par corps, nonobstant toutes opposi„ tions & empêchemens.

QUEST. VIII. *N'est-il pas permis à Messieurs de la Table de Marbre de donner des* Veniat *aux Officiers des Maîtrises, pour rendre compte de leur conduite?*

Cette question a été portée au Parlement de Paris, par le sieur le Febvre, Maître-Particulier, & Guidot, Garde-Marteau de la Maîtrise de Chaumont, contre lesquels Messieurs de la Table de Marbre, avoient par Sentence du 11. Mai 1737. prononcé un *Veniat* dont ils étoient Appellans; sur cet Appel Arrêt intervint le 7. Septembre suivant, par lequel » la Cour faisant droit sur les réquisi- „ tions du Procureur Général du Roi, fait défenses „ aux Juges de la Table de Marbre, de donner, à „ l'avenir, de pareil *Veniat*, ni de prendre la quali- „ té de Cour; fait pareillement défenses au Substi- „ tut du Procureur Général du Roi, audit Siége de „ prendre la qualité de Procureur Général du Roi. Officiers.

On peut observer à cet égard, qu'il ne peut ici être question que des Officiers de la Table de Marbre *à l'ordinaire*, & non pas lorsqu'ils jugent *au Souverain*, avec *Messieurs du Parlement*, auquel cas je pense qu'ils peuvent donner des *Veniat*, & obliger les Officiers subalternes de venir rendre compte de leurs conduites.

QUEST. IX. *Les Arpenteurs & autres Officiers des Maitrises, ne jouissent-ils pas de grands Privileges par rapport à leurs fonctions?*

Comme les fonctions de ces Officiers sont très-considérables, & pour ainsi dire, journalieres, qui Officiers, Privileges, Arp[illegible] exigent des attentions très-ſingulieres, l'Ordonnance de 1669. titre 2. art. 9. & 13. leur a accordé l'éxemption des logemens de gens de guerre, uſtenſiles, fournitures, contributions, ſubſiſtances, tutelles, curatelles, collectes des Tailles & autres impoſitions & charges publiques; & s'ils étoient impoſés avant que d'être pourvus, & qu'ils n'euſſent alors point de priviléges d'ailleurs, ils doivent être taxés d'office par les Commiſſaires départis dans les Provinces.

Le Maître Particulier de Senlis a été déchargé de la contribution, pour l'Arriere-Ban, par Arrêt du Conſeil du 3. Septembre 1693. celui de Crecy, pour même contribution, par Arrêt du Conſeil du 18. Juin 1694. les Officiers des Maîtriſes de Bretagne & autres, en ont été pareillement déchargés, par autres Arrêts du Conſeil d'Etat des 15. & 18. Octobre 1695.

Le Conſeil d'Etat a pareillement maintenu les Officiers de différente Maîtriſe dans l'exemption du logement de gens de guerre, uſtenſiles & autres charges publiques, par Arrêts des 23. Novembre 1694, & 8. Mars 1695, 13. Mars 1696, 30. Mars & 10. Août 1700, 13. Avril & 2. Mars 1702, 13. Mars 1704. & autres.

Et par Arrêt du 10. Août 1700. les Gardes des Forêts de Sa Majeſté, ſont déclarés exemts des corvées & autres charges publiques.

Enfin par Arrêt du Conſeil du 4 Avril 1723. Sa Majeſté a déclaré ces Priviléges. On trouvera ces Arrêts dans la Conférence des Ordonnances.

Mais il eſt à obſerver auſſi, qu'aucun des Officiers des Maîtriſes des Eaux & Forêts, ne peut tenir ni exercer, en titre ni par Commiſſion, aucun Office ni aucune Ferme des Seigneurs, Communautés ou Particuliers, directement ni indirectement, sous quelque titre ou prétexte que ce soit; que s'ils en sont pourvûs, lorsqu'ils entrent Officiers des Maîtrises, ils doivent les résigner & en faire pourvoir d'autres à leur place, six mois après l'obtention de leurs Provisions, passé lequel tems, ils seront impétrables, comme vacans; c'est précisément le texte de l'article 8. du titre 2. de l'Ordonnance de 1669. conforme en cela à toutes les anciennes Ordonnances des Eaux & Forêts (a).

Les Juges en dernier ressort en ont fait un Réglement du 13. Octobre 1671. qui fait défenses, à ces Officiers de Maîtrises de posséder autres Offices, soit par Commission ou autrement, des Ecclésiastiques, Communautés & des Seigneurs Particuliers voisins & riverains des Forêts où ils sont établis, & de joüir d'aucune Ferme ni Recette, directement ou indirectement; & enjoint aux Maîtres Particuliers ou leurs Lieutenans de faire opter ceux des Officiers de leurs Corps qui se trouveront dans le cas.

SECTION II.

DES ARPENTEURS.

QUEST. I. *Quelle est la fonction des Arpenteurs?*

C'est de mesurer par leur science, les Terres, Prés, Bois, Vignes, Eaux & Forêts, & tous Héri-

(a) Ordonnance de Mai 1346. art. 7. Mars 1515. Juillet 1544. art. 1. & 6. Orléans art. 45. Moulins art. 19. Blois 112. 113. Réglement du 4. Sepembre 1601.

tages, pour en fixer des contenances justes & certaines; ensorte que l'on sçache combien il y a d'arpens, dans une Forêt, de quelque étendue qu'elle soit.

Anciennement les Barons qui étoient les premieres dignités du Royaume, avoient droit d'ériger dans leurs Terres un Arpenteur, c'est ce qui se voit par l'Ordonnance d'Henri II. en 1554. qui créa des Arpenteurs, en chaque Bailliage & Sénéchaussée en titre d'office, avec clause expresse, que c'étoit sans préjudicier aux droits des Barons; c'est ce qui est remarqué par Dufail l. 2. chap. 516. mais depuis que cette dignité est avilie, peu de Seigneurs Barons ont conservé ce droit.

Il faut distinguer ici, deux sortes d'Arpenteurs, les premiers qui ont toûjours éxisté, & ont fait partie des Officiers des Maîtrises des Eaux & Forêts, lesquels sont aussi anciens que les Maîtres même, & d'autres qui ont été créés par Edit du mois de Mai 1702. en titre d'office, dans toutes les Villes & Bourgs du Royaume, lesquels ne sont proprement que des Prud'hommes & Experts intelligens.

Ces Arpenteurs ne peuvent être reçus, en leurs Offices, qu'il n'aient atteint l'âge de 22 ans au moins; s'ils ne sont de bonne vie & mœurs, s'ils ne sçavent lire & écrire, & en outre les Ordonnances, les Us & Coûtumes des lieux, & s'ils n'ont fait un apprentissage chez des Maîtres Experts, pendant huit mois, pour le moins, & qu'ils n'aient fait preuve de leur capacité en leur art; c'est ce qui est prescrit par l'article 1. du Réglement des Arpenteurs, fait par le ci-devant Grand-Maître Arpenteur de France, & enregistré

tré au Siége de la Table de Marbre de Paris le 24. Mai 1586.

Ces choses doivent être éxécutées avec soin, par les conséquences qui peuvent naître de l'ignorance & impéritie d'un Arpenteur.

Ces Officiers ne peuvent être admis qu'après une information de vie & mœurs, & ceux des Maîtrises doivent donner caution jusqu'à mille livres, pour la sûreté des abus, impérities & malversations, qu'ils pourroient commettre en leur éxercice, art. 2. du tit. 11. de l'Ordonnance.

Ceux attachés aux Maîtrises, doivent faire tous les arpentages qui se trouveront dans leur district, tant des Bois, Fonds & Domaine de Sa Majesté, que pour tous ceux tenus en grurie, grairie, tiers & dangers, appanage, engagement, usufruit, pariage & par indivis, meme pour ceux des Ecclésiastiques, Communautés & Gens de Main-morte, préférablement à tous autres Arpenteurs, à peine de nullité & de 1000. livres d'amende, suivant l'article quatriéme du titre onziéme de l'Ordonnance, & qu'il a été jugé par Arrêt du Conseil d'Etat rendu le 17. Septembre 1697. entre Claude Sassiat, Arpenteur-Juré de la Maîtrise d'Auxerre, contre les Experts, Priseurs & Arpenteurs-Jurés du même Bailliage, qui prétendoient être en droit de faire les Arpentages des Bois des Ecclésiastiques & de tous autres, concurremment avec lui; & à l'égard des Bois des Particuliers, cet Arrêt porte que ledit Sassiat, Arpenteur de la Maîtrise, en pourra faire l'arpentage concurremment avec les Experts-Arpenteurs-Jurés du Bailliage d'Auxerre, ſoit à l'amiable, au choix des particuliers, ou par autorité de Juſtice.

Au ſurplus Sa Majeſté fait défenſes audit Saſſiat & à tous autres Arpenteurs des Eaux & Forêts de faire aucuns meſurages, tant à l'amiable qu'en Juſtice, des Terres, Prés & Vignes au préjudice deſdits Experts-Arpenteurs-Jurés à peine de mille livres d'amende.

Cet Arrêt juge donc que les Arpenteurs des Maîtriſes ſont prépoſés ſpécifiquement pour les Bois de Sa Majeſté, & tous ceux où il a intérêt, ainſi que pour ceux des Eccléſiaſtiques & Gens de Main-morte; mais que pour ceux des Particuliers Laïcs, ils peuvent exercer, concurremment avec les autres Arpenteurs-Jurés, & ne peuvent faire aucuns arpentages de Terres, Prés, Vignes & autres Héritages qui ſont dévolus aux autres Arpenteurs, & ce à peine de nullité & de 1000. livres d'amende.

Pareil Arrêt avoit été rendu au Conſeil d'Etat le 13. Mars 1696. entre Antoine Patour, Arpenteur de la Maîtriſe d'Amiens, & les Experts-Arpenteurs-Jurés de la Ville & Bailliage d'Amiens; ces deux Arrêts ſont rapportés dans leur entier, en la Conférence de l'Ordonnance ſur ledit article 4. du titre 11.

Les Arpenteurs créés par Edit de 1702. peuvent néanmoins faire les meſurages & arpentages des Bois des Eccléſiaſtiques & Gens de Main-morte, pourvû que ce ne ſoit pas en vertu d'Ordonnance du Grand-Maître ou des Officiers de la Maîtriſe; c'eſt ce qui a été décidé par Arrêt du Conſeil d'Etat du 18. Septembre 1703. rapporté ſur l'article premier du titre 11. en la Conférence de ladite Ordonnance.

Tous les Arpenteurs doivent se servir pour l'arpentage des Bois, dans l'étendue du Royaume, de l'arpent de Paris, contenant cent perches, la perche vingt-deux pieds, le pied douze pouces, & le pouce douze lignes; cela est ainsi prescrit par l'article 14. du titre 27. de l'Ordonnance de 1669. & ce à peine de 1000. liv. d'amende, nonobstant tous usages, & possessions contraires; ensorte que si une vente de bois étoit faite à tant l'arpent, dans un pays où l'arpent fût moindre, où excédât celui ci-dessus, il seroit réputé fait selon l'Ordonnance; c'est ce qui a été jugé en la Cinquiéme Chambre des Enquêtes du Parlement de Paris le 3. Mars 1690. par Arrêt qui est en forme de Réglement, rapporté dans le Recueil d'Arrêts d'*Augeart*, tome 3. dont *Brillon* fait mention au mot *Arpentage*.

Ils ne peuvent mesurer & faire aucun arpentage qu'avec des instrumens ordinaires & connus, tels que l'équerre, le bâton, les affiches, la planchette, le cercle & demi-cercle, avec une chaîne étalonnée, à peine d'être cassée & rompue, & l'Arpenteur condamné en l'amende, ainsi qu'il est porté par l'article 3. du Réglement fait par le ci-devant, grand Arpenteur & Mesureur Général de France.

Suivant l'article 3. du titre 11. & l'article 6. du titre 15. l'Arpenteur qui mesure les Bois d'un Seigneur, doit marquer dans le Plan qu'il leve, réguliérement les pieds corniers, les arbres de lisiére & de paroi, leur nombre, la distance des uns aux autres ; les bornes s'il s'en trouve, le tout bien figuré ; à quoi il faut ajoûter, qu'il doit marquer les places vuides & dégarnies, les charbonnieres, les chemins, sentiers, fontaines, ruisseaux, rivieres, combes, gouttes, ravines qui passent à travers dudit Bois, ou y servent de limites & de confins ; s'il y a des étangs, marres, eaux coulantes ou croupissantes, creux, marais, montagnes, élévations, rochers, perriéres, carriéres, & toutes autres choses remarquables, il doit les désigner dans son Procès-verbal, & les dessiner sur son Plan.

Il doit aussi marquer, les héritages riverains, si ce sont bois, prés, terres, vignes, les haies-vives ou séches, & les fossés qui séparent ou entourent lesdits Bois, les noms des Propriétaires de ces héritages ; il doit orienter son plan avec une boussole & en diviser les mesures & longueurs par une échelle ; ensorte que le Plan à la main, on puisse reconnoître ce Bois, & en prendre avec le compas toutes les distances.

Il mettra & écrira la date de son arpentage, & en vertu de quoi il l'a fait, le nombre d'arpens & de perches qu'il contient, & fera mention, si c'est futaie ou taillis, & son âge, si c'est tout chêne ou tout hêtre, bois mêlangé, & de quelles espéces.

Pour lors avec un Plan aussi détaillé, il n'y a point de Seigneurs qui dans son cabinet, sur le rapport fidéle d'un délit bien circonstancié, ne soit en état de connoître l'endroit où il a été commis, & son droit, & qui ne puisse juger du remplassement qu'il convient faire dans les places vuides, charbonnieres & autres nécessaires à rétablir.

A l'égard des autres Héritages, des Terres, Prés,

&Vignes, l'on doit se servir de l'arpent & des mesures ordinaires du Pays ; & il est libre, à tous bourgeois & particuliers, suivant l'Edit du mois de Juin 1575. & l'Arrêt de vérification, de faire arpenter leurs héritages, y asseoir bornes & limites, & séparation entr'eux, pourvû que le Roi, l'Eglise, le Seigneur & le Public n'y soient pas intéressés, & que les bornes ne soient mises sur les limites de diverses Justices, auquel cas il faudroit y appeller les Seigneurs, ainsi qu'il est porté par l'article 239 de la Coûtume de la Marche.

L'Ordonnance finit le titre 11. par l'article 8. qui porte : » Si quelqu'un des Arpenteurs avoit par con-
„ nivence, faveur ou corruption, célé un transport ou
„ arrachement de bornes, souffert ou fait lui-mê-
„ me un changement de pieds corniers, il sera,
„ dès la premiere fois, privé de sa Commission, con-
„ damné à l'amende de 500. livres, banni pour toû-
„ jours de nos Forêts, sans que les Officiers puissent
„ modérer ou différer la ondamnation, à peine de
„ perte de leurs Offices.

Cet article est rélatif à l'article 2 qui ordonne que les Arpenteurs donneront caution, pour raison des malversations qu'ils pourroient commettre en leurs fonctions, qui ne peuvent être, que de spécifier, dans leurs plans, plus ou moins de contenue dans les Bois, faire changement dans les positions des pieds corniers, bornes, arbres & lisiéres, & autres choses du fait de la précision des limites ou autrement ; mais ces peines ne sont, que dans le cas où un Arpenteur eût sciemment malversé, & que cela fût établi par les Procès-verbaux de récollement, d'une maniere incontestable; c'est ce qui a donné lieu à l'article 264. de la Coûtume de Bretagne où il est dit: » Que „ si les Arpenteurs font quelques fautes dans leurs „ fonctions, ils seront condamnés pour la premiere „ fois en amende arbitraire; & pour la seconde, „ privés de leur état. Mais il faudra toûjours distinguer les erreurs dans lesquelles un Arpenteur peut tomber, sans dessein d'aucun dol, soit par la situation du terrein en montagne, & monticules ou autre surface.

QUEST. II. *Les Arpenteurs ne sont-ils pas obligés de se servir de la Mesure de la Province où ils éxercent leurs Fonctions, dans les Mesurages & Assiettes des Bois qu'ils sont obligés de faire.*

Cette question n'en est plus une, depuis l'Ordonnance de 1669. qui a fixé la mesure sur laquelle les Arpentages de tous les Bois du Royaume doivent se faire, qui est de cent perches par arpent, la perche de 22. pieds, le pied de 12. pouces, & le pouce de 12. lignes, c'est ce qui est porté par l'article 14. du titre 27. de cette Ordonnance, en ces termes: » Nulle mesure n'aura lieu, & ne sera employée dans nos Bois & Forêts, & en ceux tenus par indivis, grurie, grairie, ségrairie, tiers „ & danger, appanage, engagement, usufruit, & „ même des Ecclésiastiques, Communautés & Particuliers nos sujets, sans aucun excepter, que „ la mesure de douze lignes pour pouce, douze pouces pour pied, vingt-deux pieds pour „ perche, & cent perches pour arpent, à peine „ de mille livres d'amende, nonobstant & sans

„ avoir égard à tous uſages & poſſeſſions contraires, „ auxquels avons dérogé, dérogeons & voulons „ qu'au Greffe de chacune Maîtriſe & autres Juſtices, „ il ſoit mis un étalon de la meſure ci-deſſus „ preſcrite.

L'on voit qu'il n'eſt pas poſſible de s'écarter de cette régle, c'eſt une loi établie, & qui déroge à toutes autres, même aux Uſages de toutes les Provinces, par conſéquent prohibitive de toutes autres meſures.

Henri II. avoit, par ſon Edit, donné à Saint Germain, au mois d'Octobre 1557. voulu rendre toutes les meſures uniformes dans ſon Royaume, & avoit fixé celle pour les Terres, Prés, Vignes, Eaux, Bois & autres choſes accoûtumées être meſurées, à l'arpent à la même fixation que celle portée, par cet article, ce qui n'a pas eu lieu généralement, comme ce Prince ſe l'étoit propoſé, & avant lui Charlemagne, Philippe, Saint Louis & François I. il a fallu qu'en ce qui concerne les Bois, ſeulement Louis XIV. en ait fait une loi impérative, qui doit être éxécutée dans tout le Royaume.

Cependant quoiqu'elle doive être éxécutée ſans reſtriction, il s'eſt trouvé des perſonnes qui ont voulu s'en ſouſtraire, ce qui a donné lieu à un Arrêt du Parlement de Paris du 3. Mars 1690. rapporté par Augeard, tome 3. Arrêt 3. p. 3. dont voici l'eſpéce.

Les Sieur & Dame Scarron de Varres, vendirent à Noël Agis & Michel Jarry, Marchands de Bois, partie de deux cens arpens de Bois dans leur Forêt de Marigny, ſituée en la Maîtriſe de Villiers-Cotrets, pour le prix de 150. livres l'arpent sous la réserve de seize baliveaux par arpent.

Les Bois exploités, il fut procédé au mesurage de ces Bois, & les Vendeurs les firent arpenter à la perche de la Coûtume des lieux, qui est de 20. pieds, ensorte que cette Vente fut fixée à 78. arpens 15. perches.

Les Adjudicataires de ces Bois prétendirent que cet arpentage n'avoit pû se faire à autre mesure que celle fixée par l'Ordonnance, & qu'il devoit être réduit à soixante-quatre arpens 62 perches, dont la différence sur le prix, montoit à environ 2000. liv.

Cette contestation fut portée au Châtelet de Paris; les Adjudicataires fondoient leurs raisonnemens sur le texte de l'Ordonnance, qui porte : *Sans avoir égard à tous usages & possessions contraires auxquels il est dérogé.*

2°. Sur le marché où il étoit stipulé la réserve de 16. baliveaux par arpent, conformément à l'Ordonnance.

3°. Qu'étant Marchands de Bois de Paris, & les Bois étant destinés pour l'aprovisionnement & fourniture de cette Ville, où l'on ne connoît que la mesure de l'Ordonnance, tout devoit s'y référer; & qu'enfin ils n'avoient enchéri & poussé l'arpent de ces Bois à 150. livres, que parce qu'ils avoient compté que la superficie s'arpenteroit à la mesure fixée par l'Ordonnance.

Cependant malgré ces raisons, la Sentence qui intervint condamna les Marchands, & ordonna que

l'arpentage

l'arpentage fait suivant l'usage des lieux auroit lieu, à raison de 20 pieds par perche.

Les Adjudicataires s'étant rendus Appellans de cette Sentence, intervint l'Arrêt du troisiéme Mars 1690. par lequel réformant, il ordonne l'éxécution de l'Ordonnance de 1669. & en conséquence déclare les offres des Appellans, de payer le prix desdits Bois, suivant la mesure portée par l'Ordonnance, bonnes & valables.

Ordonne qu'il sera mis un Etalon de la mesure au Greffe de la Maîtrise de Villers-Cotret, & que ledit Arrêt y sera publié.

L'on voit que cet Arrêt est dans tous les principes, parce que toutes personnes qui contractent ne sont présumées le faire, que suivant le droit & la loi générale, qui est réputée être à la connoissance de tous les Habitans du Royaume, avec d'autant plus de raison que dans la régle, les conventions s'interprétent contre le Vendeur, en faveur de l'Acquéreur, *quia Venditor debuit legem apertiùs dicere.*

Comme les calculs des fractions pour les Cartes & Plans, sont quelquefois incommodes ou peu familiers à quelques personnes, nous avons cru, qu'une Table calculée, par réduction de la perche en pieds quarrés, & les fractions d'un arpent à cent perches de vingt-deux pieds, mesure ordonnée pour les Bois, feroit plaisir au Lecteur.

Le même motif nous engage de joindre le calcul des fractions de l'arpent de cent perches de 18. pieds, mesure la plus commune pour les Prés & les Terres.

Table d'Arpentage, suivant l'Article 14. du Titre 27. de l'Ordonnance de 1669.

Perches.	Pieds quarrés.	Fractions de l'Arp.
une fait	484 . .	100e d'arpent.
2 font	968 . .	50e d'arpent.
3 . .	1452 . .	$\frac{3}{100}$ d'arpent.
3 & .	1512. 6 p. q.	32e d'arpent.
4 . .	1936 . .	25e d'arpent.
4 & $\frac{1}{6}$.	2016. 8 p. q.	24e d'arpent.
5 . .	2420 . .	20e d'arpent.
6 . .	2904 . .	
6 & $\frac{1}{4}$.	3205 . .	16e d'arpent.
7 . .	3388 . .	
8 . .	3872 . .	
8 & $\frac{1}{3}$.	4033. 4 p. q.	12e d'arpent.
9 . .	4356 . .	12e d'ar. & 2 t. de p.
10 . .	4840 . .	10e d'arpent.
11 . .	5324 . .	
12 . .	5808 . .	
12 & $\frac{1}{2}$.	6050 . .	8e d'arpent.
13 . .	6292 . .	
14 . .	6776 . .	
15 . .	7260 . .	
16 . .	7744 . .	
16 & $\frac{2}{3}$.	8066. 8 p. q.	6e d'arpent.
17 . .	8228 . .	
18 . .	8712 . .	
19 . .	9196 . .	
20 . .	9680 . .	5e d'arpent.
21 . .	10164 . .	
22 . .	10648 . .	
23 . .	11132 . .	
24 . .	11616 . .	
25 . .	12100 . .	quart d'arpent.

Perches.	Pieds quarrés.	Fractions de l'Arp.
26 . .	12584 . .	
27 . .	13068 . .	
28 . .	13552 . .	
29 . .	14036 . .	
30 . .	14520 . .	quart & 20e d'arp.
31 . .	15004 . .	
32 . .	15488 . .	quart & 7 perc. q.
33 . .	15972 . .	
33 & $\frac{1}{3}$.	16133. 4 p. q.	tiers d'arpent.
34 . .	16456 . .	
35 . .	16940 . .	
36 . .	17424 . .	
37 . .	17908 . .	
38 . .	18392 . .	
39 . .	18876 . .	
40 . .	19360 . .	2 cinq. d'arpent.
41 . .	19844 . .	
42 . .	20328 . .	
43 . .	20812 . .	
44 . .	21296 . .	
45 . .	21780 . .	
46 . .	22264 . .	
47 . .	22748 . .	
48 . .	23232 . .	
49 . .	23716 . .	
50 . .	24200 . .	moitié d'arpent.
60 . .	29040 . .	3 cinq. d'arpent.
66 & $\frac{2}{3}$.	32266. 8 p. q.	2 tiers d'arpent.
70 . .	33880 . .	
75 . .	36300 . .	trois quarts.
80 . .	38720 . .	4 cinq. d'arpent.
90 . .	43560 . .	
100 . .	48400 . .	un arpent.

Pour l'intelligence de cette Table il faut multiplier la Perche par elle-même 22 pieds.
par 22

44
44
484 pieds quarrés composent la Perche quarrée.

Ensuite pour la réduction de l'arpent en pieds quarrés, on multiplie les 484. pieds de la Perche par le nombre de 100 Perches que l'arpent doit contenir
484
100
48400 pieds quarrés composent l'arpent.

Table pour la Perche de 18 pieds.

Perches.	Pieds.	Arpens.
une fait	324 . .	100e d'arpent.
2 . .	648 . .	50e d'arpent.
3 . .	972 . .	
4 . .	1296 . .	
5 . .	1620 . .	20e d'arpent.
6 . .	1944 . .	
7 . .	2268 . .	
8 . .	2592 . .	
9 . .	2916 . .	
10 . .	3240 . .	10e d'arpent.
20 . .	6480 . .	5e d'arpent.
25 . .	8100 . .	quart d'arpent.

Perches.	Pieds.	Arpens.
30 . .	9720 . .	quart & 20e d'arp.
33 & $\frac{1}{3}$.	10800 . .	tiers d'arpent.
40 . .	12960 . .	2 cinq. d'arpent.
50 . .	16200 . .	moitié d'arpent.
60 . .	19440 . .	3 cinq. d'arpent.
66 & $\frac{2}{3}$.	21600 . .	deux tiers d'arp.
70 . .	22680 . .	
75 . .	24300 . .	trois quarts d'arp.
80 . .	25920 . .	4 cinq. d'arpent.
90 . .	29160 . .	
100 . .	32400 . .	un arpent.

QUEST. III. *Comment doit se faire l'arpentage de Bois dans les montagnes, & élévations, doit-on les mesurer en pente ou du niveau de la baze horisontale?*

Si l'on fait dans le Cabinet, des réflexions sur la végétation & le vertical, il paroîtra que l'on doit absolument faire cette opération par le rempant de la pente, en ce que l'on se persuadera que quelqu'étendue que puisse avoir la pente, les tiges des végétaux ne peuvent avoir plus d'espace entr'elles que si elles étoient élevées sur une surface horizontale; cela paroîtra même évident par la figure ci-dessous.

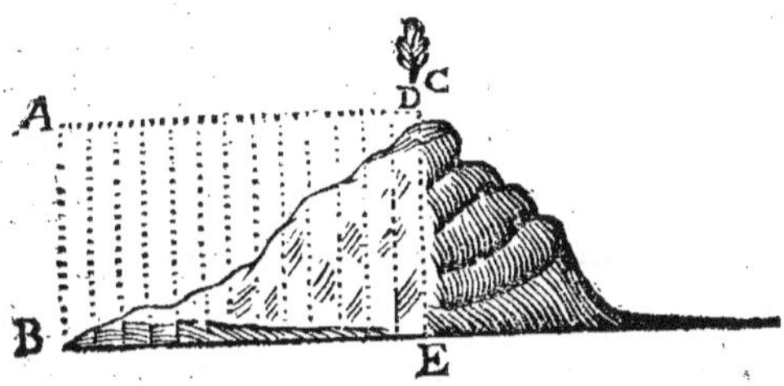

Il est sensible que la superficie diagonale B. D. sur laquelle sont élevées les deux lignes AB & ED est plus longue d'un quart & plus, que les deux paralleles AD. BE, d'où on conclura, que tous les végétaux ayant une direction verticale, il ne peut croître plus d'arbres sur la pente BD que sur la baze BE, quoique d'une plus grande étendue, comme semblent le prouver les perpendiculaires tirés de la baze BE à sa parallele AD.

Quelques Auteurs viennent de se déclarer en faveur de ce sentiment qui paroît recevoir une nouvel-

preuve de l'hypothèse suivante. On suppose qu'une montagne sise dans une plaine, ou s'enfonce en terre, ou s'écroule en partie; dans ce cas le Propriétaire de cette montagne ne pourroit passer les limites de sa baze par la régle *ejus est cœlum, cujus est solum.*

Cette démonstration & ces raisonnemens faits dans le Cabinet, paroissent convaincans dans la spéculation; j'en ai été frappé moi-même autrefois, & ce n'est qu'après m'être convaincu, par différentes expériences faites, non-seulement aux Bois de futaie, aux taillis, mais aussi par celle des arbustes, des vignes, champs de bleds & autres fruits, que j'ai trouvé, que rien n'étoit plus faux que cette idée, qui n'est que spécieuse; car considérant que les Plantes de quelques especes qu'elles soient doivent en même tems à la terre leurs racines & leurs productions végétales, & à l'air leur nutrition, l'arrangement de leurs branches, & de leurs rameaux quittent le vertical pour s'étendre & remplir l'air. Partant il est nécessaire que trois choses concourent pour la crue des arbres: 1°. Que les racines puissent s'étendre aisément sans ôter le suc nourricier des arbres voisins: 2°. Que les arbres puissent développer & étendre leurs branches commodément sans se nuire les uns aux autres: 3°. Qu'ils puissent recevoir toutes les influences de l'air, pour la production de leurs feüilles & de leurs fruits.

Or il n'y a guéres que les côteaux & montagnes où se trouvent ces avantages; les Bois qui sont en plaine, dans une baze horisontale, ont rarement des aiſances à moins que les arbres ne ſoient bien éloignés les uns des autres.

Avant qu'un Bois ſoit futaie, ce n'eſt qu'un taillis, chaque brin d'un taillis eſt formé d'un gland, & n'a qu'une tige, qui ordinairement pouſſe verticalement ; mais à la premiere comme à la ſeconde coupe, cette tige produit des Cépées, c'eſt-à dire, quantité d'autres brins qui ſortent du tronc, en ſi grand nombre, qu'il eſt impoſſible que tous pouſſent & s'élevent verticalement, il n'y en a ſouvent que deux à trois qui conſervent la direction du vertical, le ſurplus s'écartera de côté & d'autre.

Il eſt démontré que ces Rameaux trouvans un plus grand eſpace ſur le penchant d'une montagne, & ayant des colomnes d'air en plus grande abondance, doivent & plus s'étendre & faire plus de progrès.

Suppoſons maintenant une montagne, dont la pente ſera de deux, trois, & même de quatre pieds par toiſe d'élévation ; je dis que quoiqu'elle n'ait qu'une baze d'un pied & demi, la pente ſera de près de deux pieds.

Or ce demi-pied d'eſpace de différence entre la baze & la pente eſt un eſpace réel ; par conſéquent capable de recevoir un nouveau brin ou tige, qui prendra également nourriture comme les autres, ſans leur nuire ni en être altéré, ni par leurs racines, ni par leurs rameaux, étant dans un différent niveau, & ayant pour leur nutrition, autant de colomnes d'air qu'il leur en faut ; donc il naîtra plus d'arbres ſur une ſurface diagonale, que ſur une horiſontale, dont les deux points d'extrêmité ſeront les mêmes.

Ajoûtons à cette démonſtration celle-ci.

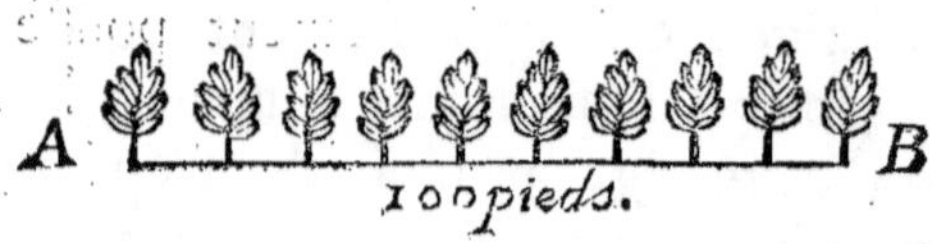

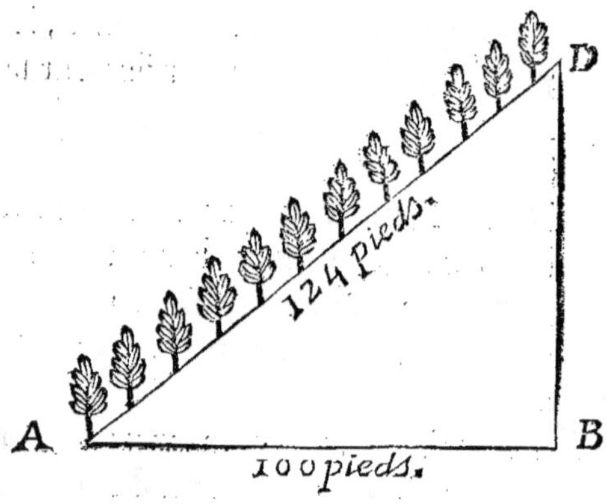

Soit la baze A B. de cent pieds de longueur, ſur laquelle on a planté dix arbres, à dix pieds de diſtance les uns des autres : ſoit auſſi l'élévation A D. de 124. pieds de longueur ſur la même baze AB. ſur laquelle on a également planté des arbres à dix pieds de diſtance les uns des autres; cette opération faite, il ſe trouvera ſur la pente de l'élévation douze arbres & quatre pieds de plus que ſur l'eſpace de terre, par conſéquent deux arbres de plus que ſur la baze AB: d'où je conclus que l'élévation AD eſt ſuſceptible d'une plus grande plantation que la baze AB,

& que les arbres qui y croîtront, seront non-seulement en plus grand nombre, mais produiront beaucoup mieux; car par la démonstration précédente :

1°. Ces arbres n'étant pas plantés sur un même niveau, leurs racines ont plus de jeu, s'étendent plus librement & se nuisent moins les uns aux autres.

2°. L'air donnant en partie la nutrition & la végétation à ces arbres, il est constant que chaque arbre étant dans une sphére ou élévation différente jouit d'une plus grande abondance d'air, en reçoit plus de sucs, & son impulsion étant plus forte sur chacun d'eux, il les pénétre davantage, les fait par conséquent plus profiter & les rend plus féconds. Cette derniere démonstration est fondée sur l'expérience; elle deviendra plus sensible si au lieu de douze arbres plantés sur l'élévation A D, de 124. pieds on n'en met que le nombre de dix comme sur la baze.

Ces démonstrations prouvent donc, le concours des trois principes que nous avons établis pour la production aisée des Bois, lesquels n'ont lieu qu'au regard des Bois, qui naissent sur les montagnes, & non de ceux en plaine toutes choses égales, à moins que les arbres en plaine n'aient entr'eux un éloignement, qui équipole aux différens niveaux de ceux des montagnes.

Le raisonnement que nous avons fait d'un côté de montagne, a lieu pour tous les autres côtés de quelques figures qu'ils soient.

J'ai fait mesurer devant moi une petite montagne qui se trouve dans la terre de Montaigu près de la

Palisse, appellée le Mont-Vendant, posée comme un pain de sucre dans une plaine, dont la baze horisontale ne contient que 5953. toises quarrées de superficie, & l'élévation sur cette baze jusqu'au sommet, quoique peu élevé, contient 7143. toises quarrées, ce qui est environ un cinquiéme de plus que la baze ; cette élévation remplie de vignes, dont les œuvres font autant de produit que celle qui sont en plaine, prouve le peu de justesse du systême de ceux qui pensent, que l'on doit mesurer seulement la superficie de la baze horisontale d'une montagne, pour avoir les arpens de bois que son élévation contient.

J'ai examiné les Montagnes couvertes de taillis, qui sont près de Tarrare & de Roane, sur le grand chemin de Paris à Lyon, dont la pente est au moins de quatre à quatre pieds & demi par toise, & d'une élévation prodigieuse, les brins de chênes dont elles sont ouvertes, sont si épais, qu'il n'est pas possible de voir rien de mieux garni ; il est certain que ces taillis sont beaucoup au-delà de la superficie de leur baze, & s'il étoit vrai qu'il n'y eût pas plus de végétaux sur une surface élevée, que sur la baze, les brins de ces taillis devroient être éloignés, l'un de l'autre, de plus d'un pied, & à peine le sont-ils d'un pouce.

Il n'y a que ceux qui lévent des Plans Géographiques, qui peuvent penser qu'il ne peut y avoir plus de végétaux sur une élévation diagonale d'une baze, que sur la baze même, attendu que s'ils vouloient développer & porter sur leurs Plans l'étendue réelle de ces élévations, leurs Cartes cesseroient d'être justes, & ne se rencontreroient point,

ce

ce qui fait qu'ils se contentent, ou de n'en pas faire mention, ou de les marquer seulement par des points ou des ombres : cependant ce développement devient nécessaire dans les Plans & Cartes des Terriers, & il faut en faire une particuliere de chaque montagne, pour représenter les différens héritages qui conviennent à la surface, & en marquer leur contenance, c'est ce qui se pratique à toutes les montagnes qui se trouvent dans une Seigneurie, de laquelle on léve des Plans Géométriques.

Les raisonnemens de prétendus Physiciens, tirés de la pluie, des influences de l'air & de la végétation, ne servent de rien contre les Richesses de la Nature & de la Providence, l'expérience confond en cela la raison humaine en toutes ses idées, qui se brisent à l'aspect de ses productions, dont chacun peut se convaincre, y ayant assez de montagnes peuplées de Bois futaie, taillis, vignes, terres & héritages; ils peuvent encore, & il n'y auroit rien de trop, consulter les Laboureurs, & Vignerons; mais il est rare que ceux qui prétendent n'ignorer de rien, & pénétrer jusqu'à la formation du Tonnerre, s'avilissent au point de consulter ceux qu'ils croient ignorer la nature; quoique souvent ils soient très-capables de confondre leur science sur les effets & les productions de la nature.

Au surplus cette question n'en doit pas être une, puisque les Arpenteurs du Roi de toutes les Maîtrises du Royaume suivent uniformément l'usage d'arpenter les Bois futaie & taillis en pentes; cette pratique est seule éxacte, & la seule sûre, l'usage doit faire la loi : *Si non appareat quid actum, est* L. 34. ff. de reg. juris.

consequens ut id sequamur, quod in regione in quâ actum est, frequentatur ? pareille décision se trouve dans une autre Régle de Droit, qui dit, *in obscurcis inspici solet quod verissimilius est, aut quod plerumque fieri solet* ; & cet usage doit d'autant mieux être suivi, qu'il est autorisé par différens Arrêts du Parlement de Paris.

L. 114. eod. L.

QUEST. IV. *Comment doivent se faire les Arpentages généraux des Territoires & Communautés ?*

Dans les Provinces des Duchés & Comtés de Bourgogne, ainsi que dans les voisines, il se fait souvent de ces sortes d'arpentages, ce qui arrive lorsque plusieurs Habitans se plaignent qu'au préjudice de leurs Titres, qui leur donnent tant de journaux de terre dans le territoire & finage de tel canton, ils n'en jouissent que de tant, pourquoi ils présentent Requête au Parlement, expositive de leurs faits, & concluent, à ce qu'arpentage général soit ordonné être fait, par un Arpenteur-Juré, auquel tous les Titres de propriété seront communiqués par les Propriétaires, pour par ledit Arpenteur faire la répartition du terrein, suivant qu'il sera justifié appartenir ; sur laquelle il intervient un Arrêt qui l'ordonne, si la matiere y est disposée.

Nous ne pouvons rien rapporter de plus instructif à ce sujet, que l'Arrêt du Parlement de Besançon du 26. Août 1692. portant Réglement pour ces sortes d'arpentemens ; il est si juridique qu'on le pourroit suivre par tout comme une route sûre.

ARREST DU PARLEMENT DE BESANÇON pour réformer les abus qui se commettent dans les Arpentemens.

Du 26. Août 1692.

SUR les Remontrances faites à la Cour par le Procureur Général du Roi; contenant qu'il a été informé qu'il se commet plusieurs abus dans les Arpentemens des Territoires des Communautés de ce Pays, non-seulement à l'égard de la Procédure qui se trouve très-souvent irréguliere; mais encore dans la distribution des Terres aux Particuliers, laquelle ne s'y fait pas conformément aux Régles de la Justice, & aux droits des Parties intéressées, à quoi étant nécessaire de pourvoir, requéroit qu'il plût à la Cour d'y apporter les remedes convenables; vû les Remontrances, oüi, le Rapport de Messire Jean-Baptiste Pouhat, Conseiller : & tout considéré, la Cour par forme de Réglement provisionnel, a dit & déclaré jusqu'à ce qu'autrement soit ordonné :

1°. Que la permission de faire Arpentemens généraux des Territoires des Communautés de ce pays, ne sera donnée à l'avenir que sur Requête libellée & à connoissance de cause.

2°. Il est défendu à tous Seigneurs Hauts-Justiciers, de vendre les Terres vaques & revenans-bons, auparavant que d'avoir reconnu par la cloison de l'arpentement en quoi ils consistent, à peine de nullité des Contrats.

Il est de plus défendu auxdits Seigneurs Hauts-Justiciers, de traiter desdits revenans-bons avec les Juges, Procureur d'Office & Greffiers commis à l'arpentement, non plus qu'avec les Arpenteurs directement ni indirectement, par des personnes interposées, à peine de concussion & de restitution du quadruple contre lesdits Officiers; déclare tous lesdits Traités faits avec lesdits Officiers, à l'égard desdites Terres vaques, & revenans-bons, nuls & de nul effet, & tout ce qui s'en est ensuivi dans les arpentemens non encore clos, de même que tous ceux qui se feront à l'avenir.

3°. Lesdits Arpentemens se feront, pardevant les Officiers que la Cour députera, lesquels ne pourront prendre d'autres salaires que comme résidans sur le lieu.

4°. Le Greffier aura un Registre en bonne forme dûment cotté, pour tous les actes dudit arpentement, qui seront enregistrés, suivant leurs dates, sans aucun retardement, pour y avoir recours quand besoin sera, & le Juge & le Greffier signeront les minutes & verbaux desdits actes.

5°. Seront les Particuliers, & la quantité de ceux possédans biens dans le territoire, assignés en vertu d'Ordonnance du Juge mise au bas de la Commission de la Cour, par quatre Edits affichés de quinzaine en quinzaine, au devant des Eglises aux jours de Dimanche, & publiés à la sortie de la Messe Paroissiale, dont sera donné copie la premiere fois seulement aux non résidans, à leurs personnes ou domiciles conformément à l'Ordonnance.

6°. Les Demandeurs de l'Arpentement, & tous Prétendans Héritages dans le territoire, seront tenus de fournir pardevant les Greffiers dans quinze jours après l'échéance du quatriéme Edit, leurs prétentions avec les titres ou mémoires concernans leurs droits pétitoires ou possessoires.

7°. Le Procureur du Seigneur & tous autres prétendans droits audit arpentement, pourront dans une autre quinzaine, prendre communication au Greffe, sans déplacer les productions des Parties, même copies des Piéces qu'ils trouveront convenir & constater contre qui il appartiendra.

8°. Les contestations des Parties entr'elles, seront renvoyées pardevant lesdits Officiers, pour être les Procès par eux instruits & décidés à l'ordinaire, jusqu'à cloison de l'arpentement, lequel fini lesdits Procès seront portés pardevant les Juges des lieux, & en cas de suspicion, pardevant ceux des Bailliages, sans que lesdites contestations puissent surseoir le surplus dudit arpentement, sinon au cas qu'elles concernent le général d'icelui, & seront les héritagees contestés, notés dans le Registre du Greffier, pour, après le Jugement, être arpentés & distribués à qui ils seront adjugés.

9°. Quinze jours après l'échéance du terme pour donner prétentions, la cause de l'arpentement sera portée à l'Audience sans autre dénonciation ; le Juge donnera défaut contre la qualité, adjugeant le profit, déclarera les défaillans valablement contumacés, & ordonnera que les productions des Parties lui seront remises, pour y faire droit comme il appartiendra.

10°. Le Juge ordonnera aux Parties de nommer deux ou trois Commis pour se transporter avec lui & le Greffier, en présence des Echevins, ou deux des plus anciens de la Communauté, par tout le territoire, pour convenir de ses limites & de la nomination des lieux par canton.

11°. Sera aussi nommé en ladite Audience, un Arpenteur-Juré, pour servir à l'arpentement, lequel après avoir prêté serment de bien & fidélement exercer son Office, se transportera avec lesdits Commis, Juges & Greffiers, sur les cantons du territoire, tiendra Registre, ainsi que ledit Greffier, de la dénomination, contenance & confront de chaque canton.

12°. La mesure locale sera suivie dans l'arpentement, en cas qu'il soit justifié qu'il y en a une, sinon, l'on se servira de celle prescrite par l'Ordonnance.

13°. Après que le Juge aura vû les prétentions, & les titres des Parties, il rendra sa Sentence, par écrit, sur chaque prétention, suivant qu'il trouvera convenir en Justice.

14°. Dans les cas auxquels il s'agira de déjetter ceux qui possédent, toute possession moindre de quatre ans ne pourra servir au possesseur, & la possession de trente ans accomplis, selon le droit de la Coûtume générale de la Province, prouvée par le possesseur, sera préférée à tous les titres de propriété, qui pourroient être objectés au contraire, dans les contestations où l'une des Parties aura un titre de propriété, sans que l'identité des confins, puisse être reconnue; s'il y a dans le canton des terres suffisamment pour remplir les droits des Propriétaires & Possesseurs, ladite Partie sera pourvûe sur icelle; & au cas qu'il n'y en ait pas assez, celui dont la possession ne sera ni violente, au-dessus de quatre ans, & au-dessous de trente ans, n'en pourra être déjetté que par celui qui aura un titre (quoiqu'il ne justifie pas des confins) ou qui aura été possesseur légitime de plus de trente ans; que si deux Parties possédent sans avoir titre valable, & qu'il en faille déjetter une, la plus ancienne sera maintenue.

15°. Après que la Sentence aura été rendue, il sera procédé à la distribution générale du territoire, suivant ladite Sentence par l'Arpenteur, en présence du Juge & du Greffier, qui inférera sur son Registre la distribution faite à chaque particulier, & la quantité de perches que chaque piéce contiendra.

16°. L'appellation d'une ou plusieurs Parties, n'en surseoira la distribution que pour les chefs dont il aura été appellé, n'étoit qu'elle concernât la généralité de l'arpentement.

17°. Les Cantons de tout le Territoire seront décrits dans une feuille affichée à la porte de l'Eglise, & sera l'ordre de l'écriture des Cantons observé dans la distribution, laquelle sera publiée, quinzaine avant l'échéance & sera commencée au jour marqué dans l'affiche, & continuée sans interruption autant qu'il sera possible.

18°. Ceux qui auront intérêt à l'arpentement, & qui n'auront pas donné leurs prétentions avant la distribution du Canton où ils prétendent quelques héritages, seront admis à les fournir, nonobstant contumace, moyennant les dépens à proportion du retardement.

19°. Celui qui possédera un héritage, sans l'avoir excédé, ne pourra être obligé à changer de place dans le même Canton, ni être transporté en un autre.

20°. Lorsque l'adjudication faite par la Sentence, excédera la contenance du Canton, le Juge retranchera sur tous les Adjudicataires à proportion de leur adjugé, sauf à l'égard de ceux dont la contenance sera clairement déterminée, & les confronts reconnus par leurs titres ou possessions légitimes.

21°. Si après la distribution de tout ce qui appartiendra aux Particuliers dans chaque Canton, il se trouve quelques terres vaques, ou revenans-bons, ils seront arpentés & adjugés au Seigneur Haut-Justicier, pour les tenir aux charges, & selon la disposition de droit.

22°. Ne pourra le Seigneur Haut-Justicier, joindre ensemble les revenans-bons, dès qu'ils lui seront adjugés en divers endroits d'un Canton, étant expressément défendu aux Commissaires de l'ordonner, ni le permettre, à peine de tous dépens, dommages & intérêts, n'étoit que toutes les Parties y donnassent leurs consentemens.

23°. Les Usurpateurs du fonds d'autrui, seront condamnés aux levées envers les propriétaires, & en l'amende de 50. livres au profit du Seigneur Haut-Justicier.

24°. Les frais de l'arpentement seront avancés aux Officiers, par ceux qui l'auront demandé, à recouvrer sur les Usurpateurs, à proportion de la valeur de l'héritage usurpé, & le surplus, sur ceux qui auront profité dudit arpentement, & à proportion du profit.

25°. Le présent Réglement aura lieu pour tous les Arpentemens qui se feront a l'avenir, & pour ceux du passé, qui ne sont pas clos, a prendre depuis la Sentence de distribution exclusivement. Si mande la Cour, &c. Fait en Parlement à Besançon le 26. Août 1692. Visa. *Signé*, JOBLET, & *signe*, PONHAT.

Ce Réglement est imprimé au Recueil des Edits, Déclarations, & Arrêts, enregistrés au Parlement de Besançon, pag. 194. chez Rigoine, Besançon en 1701.

Le Parlement de Dijon a proscrit les Arpentages généraux, par un Réglement du......

QUEST. V. *Qu'entend-t-on par Assiette?*

Le terme d'Assiette, vient d'asseoir, c'est-à-dire, que l'on fixe un Canton de Bois pour vendre ou couper, lequel on sépare ou divise d'autre Bois, que l'on borne des quatre Régions, par des pieds corniers & arbres de lisiére, & dont on toise & arpente chaque face, ce qui s'appelle assiette, parce que le lieu de la vente des Bois, de la coupe du taillis, ou de la réserve, est fixé & désigné d'une maniere que l'on ne peut s'en écarter. Ordinairement les Arpenteurs en font un Plan régulier, qui sert pour déterminer l'Adjudication, le martelage & le récollement. Voyez le Titre 6. art. 7. & Titre 15. art. 4. & 5. de l'Ordonnance de 1669.

DES BORNES.

QUEST. VI. *Qu'est-ce que c'est qu'une borne?*

Une Borne est ordinairement une grosse pierre longue que l'on enfonce plus ou moins dans la terre, pour prouver que le lieu, la place ou l'endroit où l'on la pose, est précisément le terme & la limite de deux héritages, quelquefois de trois ou quatre; les Bornes servent donc pour la limite des Bois, des Justices, des Territoires, des Finages, des dixmeries, comme encore pour les séparations des champs, terres, prés & autres héritages entre Particuliers; en un mot elles marquent les divisions des biens-fonds.

Mais pour qu'elles aient cette qualité, il faut qu'elles soient connues, c'est-à-dire, que les voisins & Propriétaires des héritages les avouent & reconnoissent pour telles, & en rapportent des Procès-verbaux de plantation, ce qui n'est pas toujours aisé, y en ayant de si anciennes, qu'il est impossible d'en apporter les Titres de plantation, qui sont ordinairement des Partages, que les tems, les guerres & autres accidens ont fait périr (*a*).

(*a*) Voyez à ce sujet l'Article 20. de l'*Ordonnance* de *Philippe le Long*, du mois de Juillet 1319. le chapitre 134. *des Etabliss. de saint Louis.* Voyez Ordonnance du Louvre *tom.* 1. pag. 699. 220. & 221. *tom.* 2. pag. 124. n. 3. *tom.* 4. pag. 640. n. 23. *tom.* 6. page 44. n. 23. *tom.* 7. p. 599. n. 5. & 7. *Salvan* de l'usage des Fiefs, partie 2. chap. 52. & 56. pag. 2.

Il y a de plusieurs sortes de Bornes, les unes, sont mobiles, & les autres immobiles; nous appellons Bornes mobiles, celles qui se plantent dans terre, quoiqu'elles y doivent rester immobiles, sans pouvoir être changées; & celles appellées immobiles, *affixi in modum terminorum*, sont suivant que l'explique *Hieron. de monte Brixiano*, dans son Traité, *De finibus regundis*, ch. 17. p. 39. quelquefois un rocher qui se trouve dans une limite que l'on fait servir de Borne, en y gravant une croix, laquelle Borne est plus solide que toute autre; parce qu'elle est fixe, & ne peut se transporter, à la différence des Pierres destinées à cet usage qui peuvent s'arracher & se planter ailleurs: il y a encore des Bornes immobiles, mais qui sont périssables; ce sont des arbres dans des Bois, soit à des angles, soit dans les lisieres, que l'on fait souvent servir de bornes entre les Bois des Seigneurs & ceux des Particuliers, que l'on marque en coupant l'écorce en croix & autrement; voilà, communément, ce que nous appellons des Bornes: Voyez Coquille sur l'art. 5. des Servitudes de la Coûtume de Nevers; le Glossaire de Lauriere, au mot *Bornes*, Saint Yon, p. 771.

Quest. VII. *A quoi reconnoît-on qu'une Pierre élevée est une Borne?*

Comme nous venons de faire la distinction de bornes immobiles, & des mobiles, il faut dire à l'égard de ces premieres, qu'elles ne peuvent se reconnoître que par des titres qui déterminent les endroits où se trouvent ces limites, convenues entre les Parties intéressées; & il faut que ces Titres

tres faſſent mention de cet arrangement & de la convention, qu'une telle Pierre de roche, qui ſe trouve dans la limite, ſervira de Borne, ou un arbre qui eſt dans la liſiere des Bois ou dans un angle.

Quant aux Bornes mobiles (qui ſont celles qui ſe placent & ſe plantent) lorſqu'il n'y a pas de titres qui les déſignent, & qu'elles ſont reconnues entre les Parties ; on les découvre, & on les léve pour ſçavoir ſi c'eſt une Borne ou non ; l'on reconnoît que c'eſt une Borne, s'il y a des témoins & garans ſous la pierre ou à ſes côtés, qui ſont des pierres ou tuilles caſſées, qui ſe rejoignent lorſque l'on les raſſemble, & prouvent qu'avant leur fraction elles ne compoſoient qu'une ſeule pierre ou tuille ; on les appelle témoins, parce qu'elles rendent témoignage, que c'eſt une Borne juridique.

QUEST. VIII. *Quand une Borne eſt conteſtée, que doit-on faire pour en ſçavoir la vérité ?*

Cette difficulté ſe préſente, lorſque la Partie dénie que la Pierre qu'on lui oppoſe ſoit Borne de ſéparation; pour-lors on en ordonne la reconnoiſſance en Juſtice par Experts, en préſence des Parties & du Juge, s'il eſt requis de s'y tranſporter.

Ces Experts ſont des Arpenteurs, Notaires, Commiſſaires à Terriers, Architectes ; l'on fait lever cette Borne, on la déterre doucement, & au large, afin de ne point gâter les témoins, & on reconnoît ſa forme, ſon aſpect, ſa direction, ſon grain, ſa hauteur entiere, & ſes garans, ou témoins, leur aſpect ou ſituation, leur eſpéce, leur matiere & leur nombre, dont on dreſſe un Procès-verbal pardevant le Juge s'il a été requis, ou pardevant Notaires.

QUEST. IX. *Comment se placent ou doivent se planter les Bornes ?*

Il faut différencier les choses pour lesquelles on pose des bornes.

Si c'est, par exemple, entre deux Seigneurs pour les limites & séparation de leurs Justices & Territoires, il est nécessaire qu'ils soient présens ou leurs Officiers chargés de leurs pouvoirs ; si c'est un seul Seigneur qui provoque la plantation de Bornes, il doit faire appeller juridiquement le Seigneur voisin, pour être présent à cette plantation, sans quoi cette plantation ne pourroit être solide, & seroit toujours sujette à contestation.

S'il est question de limiter des dixmeries, il en doit être usé de même entre les Propriétaires, ainsi que pour les limites des Paroisses, Fiefs, Bois & Seigneuries ; à l'égard des Particuliers, pour la séparation de leurs héritages, ils en conviennent ordinairement entr'eux, ou l'un d'eux fait appeller son voisin.

Pour faire cette plantation dans les régles, il convient de choisir un Arpenteur, ou un Notaire qui soit assez intelligent pour dresser un plan des lieux, c'est-à-dire, des héritages, & de figurer leurs limites, de mesurer, avec une grande exactitude, les distances des bornes de l'une à l'autre, de celles qui auront été levées & rassises, & de leurs aspects: s'il n'y en avoit qu'une à chaque angle & qu'il y eût quelque terme fixe, tel qu'un rocher, une maiſon, un chemin, ou autre choſe immuable, il conviendroit qu'il le marquât ſur ſon plan après l'avoir meſuré bien juſtement.

Ce Plan ſeroit joint au Procès-verbal de plantation de Bornes que dreſſera l'Arpenteur ou le Notaire, dans lequel Procès-verbal ſera fait mention des qualités des Parties, & des raiſons pour leſquelles ils ſont obligés de mettre des Bornes entre leurs héritages; ſi c'eſt une Sentence ou Arrêt qui l'ordonne, il en ſera fait mention, & que c'eſt pour l'exécution dudit Arrêt que l'on y procéde.

L'on y fera état de la quantité de bornes que l'on plantera, & de chacune d'elles en particulier, & l'on exprimera de quel grain eſt la pierre, ſa hauteur totale, & celle qui ſort de terre; ſi elle eſt plate, ronde, en triangle ou quarrée, ſi les coins d'icelle rappellent les autres bornes, & leurs aſpects & les lignes de ſéparation d'Occident en Orient ou autrement, avec les diſtances préciſes de l'une à l'autre.

L'on aura des pierres plates, ou des tuilles, ou carreaux de brique qui ſoient entiers, l'on caſſera, par exemple, un carreau en trois pieces, & l'on les poſera deſſous ou à côté de la borne, ce ſont les témoins, parce que lorſque l'on levera cette borne en raſſemblant ces trois morceaux de brique l'on reconnoîtra, qu'ils ne formoient qu'une ſeule tuille ou carreau, ce qui aſſure la vérité de la borne, & l'on fera mention dans ce Procès-verbal de ces témoins, s'ils ſont de pierre, de brique ou d'une tuille, & en combien de piéces ils ont été mis, & leur poſition; il y en a qui ſe ſervent de charbon briſé, même des ardoiſes que l'on caſſe comme deſſus.

Coquille, Inſt. au droit Fran. tit. des Servit. réelles.

Saint Yon dans son Commentaire des Eaux & Forêts, Liv. 3. tit. 12. n. 12. pag. 969. rapporte un Reglement fait par les Arpenteurs dont l'article 6. est en ces termes :

„ Les Arpenteurs-Jurés auront certaines & com-
„ munes *marques secrettes*, ou caractéres pour témoi-
„ gner les Bornes Seigneuriales & de Fiefs, & autres
„ qui seront mises par Ordonnance de Justice, ou
„ consentement des Parties, à peine de nullité, dé-
„ pens, dommages & intérêts.

L'Auteur sur ces mots, *marques secrettes*, les a expliqué, & dit que c'est » en apposant pour *témoins*
„ au-dessous des Bornes, des pierres fendues & re-
„ jointes ensemble, les unes communes, autres de
„ tuilles ou briques, ou d'ardoises, ou cailloux.

Ce qui est absolument nécessaire, comme a dit Mornac sur la Loi 5. ff. *De Justitiâ & jure*, parce qu'une seule pierre ne fait pas la borne, s'il n'y a quelque chose de main d'homme qui puisse servir de garans & de témoins.

La Peirere Edit de 1706. lettre B. n. 54. dit à ce sujet : » Je ne crois pas que cela soit toujours vrai,
„ car si la pierre se trouve grosse, longue & pro-
„ fonde, elle ne peut être présumée avoir été mise
„ à autre fin que pour servir de borne.

M. Marc, Conseiller au Parlement de Grenoble, tom. 2. décis. 416. p. 301. se fait à ce sujet la question suivante: *An in dubio lapides plantati seu in terrâ affixi faciant limitem territoriorum & præsertim quando sunt ab antiquo*? Et il décide, *Primâ facie videtur dicendum quod sic, ex quo non apparet de mutatione; sed in contrarium facit, quando dicti limites non habent gardas vel-*

gariter dictas, les Garans: *Quia dicti lapides qui apparent ab extrà nihil operantur quandò non habent gardas coopertas, quæ dividunt secundùm judicium rusticorum & antiquorum quibus est standum in talibus.*

L'Auteur du Traité *De finibus Regundis*, ch. 18. n. 1. pag. 41. appelle ces Juges, *testes, termini sivè gardias*, & décide que quand le garant qui est à côté de la borne, est placé d'une face: *Tunc erit signum esse finem territorii vel prædii, inter territoria, & prædia versus quæ respicit; & ità pluries per me praticatum fuit agrimensoribus mecum convenientibus.*

Hieronim. de Monte-Brixiano. Edit de Lyon 1573.

QUEST. X. *Comment se fait un Procès-verbal de plantion de Bornes, & de division d'Héritage?*

Un pareil Procès-verbal se fait, à l'amiable entre les Parties, ou forcément par Ordonnance de Justice, auquel dernier cas, celui qui provoque la plantation d'une ou de plusieurs Bornes aura pris une Ordonnance du Juge de la contestation, & en conséquence fait assigner sa Partie de se trouver sur les lieux à un tel jour, telle heure, pour être présent, & voir asseoir Borne entre les Héritages des Parties, & pour-lors l'Arpenteur dressera son Procès-verbal en cette forme.

Arpentage.

Modéle de Procès-verbal de plantation de Bornes.

AUjourd'hui Jeudi 21. jour de Janvier 1752. sur l'heure de huit du matin, Je Gilbert Larecherche, Arpenteur-Juré, reçu en la Maîtrise des Eaux & Forêts de . . . . demeurant Paroisse de Saint Leger, sur l'Assignation qui m'a été donnée, à la requête de Messire Jean Alphonse de Saint Leger, Seigneur dudit lieu, par Exploit de Grand Huissier Royal du 18. dudit mois, en vertu de l'Ordonnance de M. le Maître particulier de ladite Maîtrise du douze du présent mois, ladite Assignation, à me trouver à l'angle des Bois du Bouchaux, & de Morange, en ladite Paroisse de Saint Leger, où je me suis transporté, aux fins d'y asseoir Borne, pour servir de limite entre le Bois du Bouchaux, appartenant audit Seigneur de Saint Leger, & celui de Morange, appartenant à la Communauté des Habitans dudit Saint Leger, où étant arrivé, est comparu Me Nicolas . . . . Procureur Fiscal dudit Seigneur, d'une part ; & Me André . . . . . Syndic de ladite Communauté, fondé de pouvoir, par Délibération desdits Habitans du 3. dudit mois, d'autre part ; lequel sieur Nicolas a représenté le Jugement de ladite Maîtrise du . . . . portant que pardevant moi ledit Larecherche, il seroit mis, posé & assis trois Bornes entre ledit Bois du Bouchaux & de Morange, pour fixer les limites desdites Forêts, partie présente ou dûment appellée, dont seroit par moi dressé Procès verbal, & icelui rapporté au Greffe de ladite Maîtrise : l'Exploit d'assignation donnée auxdits Syndic, Habitans & Communauté, par Grand Huissier Royal le 18. du courant, contrôlé au Bureau de Saint Leger, par Jolivet, & ledit jour aux fins susdites, lequel a requis qu'il soit présentement procédé à ladite plantation de Bornes, conformément audit Jugement ; à cet effet a représenté trois Bornes de pierres de tailles, plates & quarrées, de la hauteur de trois pieds deux pouces chacune, larges de quatorze pouces sur quatorze pouces d'épaisseur, du grain des pierres d'une telle perriere avec des briques ; & de la part de ladite Communauté, ledit sieur André. . . .audit nom, qui a fait voir & rapporté la copie de l'Exploit d'assignation à lui & à la Communauté, donnée ledit jour 18. du présent mois, & dit qu'il consent que lesdites Bornes soient mises & posées par nous ledit Arpenteur aux lieux indiqués par ledit Jugement, sous toutes protestations dûes & raisonnables, à l'instant en présence desdites parties auxdits noms, a été faite par Thomas Martin, Garde Forestier dud. Seigneur, une fosse & creux à côté d'un arbre chêne servant de pied cornier au coin du Bois du Bouchaux dudit Seigneur, à l'angle d'Occident & bise, faisant l'angle d'Orient & Septentrion, du Bois de Morange de ladite Communauté, où a été posée l'une des Bornes, ayant cassé un carreau de brique en trois parties, je les ai mis au pied de ladite Borne, & après que le tout a été recouvert, il s'est trouvé qu'elle sort de terre de deux pieds moins un pouce ; ce fait nous avons été conduit par lesdites parties, sur une élévation entre lesdits deux Bois, au bas de laquelle élévation est une petite source de fontaine qui jette son eau du côté d'Orient dans le Bois du Bouchaux dudit Seigneur, auquel lieu ayant été fait un creux, jai fait mettre l'une des deux autres Bornes, au pied de laquelle a été par moi mis une autre brique cassée en quatre parties, & ladite Borne recouverte s'est trouvée sortir de terre de deux pieds juste, & après avoir mesuré l'éloignement de la premiere Borne, elle s'est trouvée être à la distance de cent trois toises & demie ; d'illec nous nous sommes transportés avec tous les susnommés à l'autre angle desdits deux Bois du côté du Midi, où étant arrivés nous avons, à côté d'un arbre chêne, faisant un pied cornier du Bois de Morange, joignant le chemin de Saint Leger au Moulin de Josserand, qui fait midi auxdits bois, fait faire un creux, où a été posée la troisiéme & derniere borne, au pied de laquelle a été mise la troisiéme tuille en trois pieces, & recouvrete lad. borne s'est trouvée sortir de terre de 2. pieds un pouce & être éloignée de deux cens vingt-six toises de distance de la seconde Borne, ainsi que nous l'avons reconnu par le mesurage présentement fait; icelles trois Bornes plantées, les faces de largeur des côtés d'Orient & d'Occident, sur une ligne droite, desquelles plantations de Bornes, dires, acquiescemens & consentemens susdits, ledit sieur Nicolas, audit nom, nous a requis Acte, que je lui ai octroyé, & ai dressé du tout le présent Procès-verbal, pour servir auxdites Parties ce qu'il appartiendra, & seront lesdits sieurs Nicolas & André, auxdits noms. Soussigné avec moi ledit Larecherche, lesdits jour & an.

SECTION III.

DES GARDES DES EAUX ET FORETS.

QUEST. I. *Comment s'établit un Garde des Eaux & Forêts, Pêches & Chasses d'une Seigneurie?*

Il n'y a point de Seigneur, haut, moyen, ou bas Justicier qui ayant des Bois, des Eaux, des Rivieres, & droit de Chasse, n'ait le pouvoir d'établir un ou plusieurs Gardes pour la conservation de ses Bois, de sa Chasse, de sa Pêche, & cet établissement doit se faire par Lettres de Provisions, signées du Seigneur.

Avant l'Édit du mois de Mars 1707. portant création, des Juges Gruyers, les Seigneurs commettoient des Gardes; mais les Provisions qu'ils leur donnoient, étoient adressées aux Officiers de la Maîtrise des lieux, pour les recevoir & leur faire prêter serment; ces Provisions y étoient enregistrées, & les Gardes y faisoient leurs rapports;

mais depuis la Déclaration du Roi du premier Mai 1708. par laquelle Sa Majesté a réuni les Offices de Gruyers à toutes les Justices subalternes, les Gardes des Seigneurs y font leurs rapports.

Les Communautés d'Habitans qui ont des Bois, ont droit, & il leur est enjoint d'établir un ou plusieurs Gardes, pour la conservation de leurs Bois communs (*a*), desquels Gardes ils sont civilement responsables (*b*); s'ils n'en établissent pas, le Juge des lieux doit y pourvoir (*c*) & leur fixer des Gages; en conséquence les Communautés peuvent obliger leurs Gardes à donner caution ainsi que les Gardes des Forêts du Roi y sont tenus.

(*a*) Ordon. de 1669. tit. 25. art. 14.
(*b*) Jugement de la Table de Marbre du 24. Décem. 1607. Rousseau, pag. 704.
(*c*) Arrêt du Conseil du 5. Septemb. 1693.

Les Sergens-Gardes des Forêts du Domaine du Roi, doivent répondre des délits, abus, dégats & aboutissemens, qui se trouveront en leurs gardes, & sont condamnés en l'amende, restitution & aux intérêts, comme le seroient les Délinquans (*b*) faute d'avoir fait leur rapport, & icelui mis au Greffe de la Maîtrise ou Grurie, deux jours au plus, après le délit commis, c'est ce qui est porté par l'art. 9. du tit. 10. de l'Ordonnance de 1669.

(*d*) Tit. 10. art. 9. & 10.

Il seroit à souhaiter que les Seigneurs fissent observer cet Article contre leurs Gardes, parce que cela leur donneroit du soin & de la vigilance pour faire leurs visites fréquemment, & aucun délit ne leur échapperoit.

Les Gardes des Bois des Seigneurs, ainsi que ceux des Forêts du Roi, doivent être de bonnes vies & mœurs, ils doivent sçavoir lire & écrire; c'est ce qui est porté par l'article 2. du titre 10. de la même

même Ordonnance, qui est en ces termes : » Ne „ seront reçus aucuns Sergens à Garde, que sur „ information de vie & mœurs, par témoins qui se„ ront administrés par notre Procureur en la Maîtri„ se, & *qu'ils ne sçachent lire & écrire, même qu'ils n'en „ aient fait expérience, en présence des Officiers des „ Siéges.*

Cela avoit précédemment été prescrit par un Arrêt du Parlement de Dijon du 21. Mars 1642. par lequel il fut ordonné à Pierre Baudy, Sergent général, de se défaire de sa Charge, avec défenses de l'éxercer, à peine de faux ; & il fut retenu sur le Registre du Parlement, que dorénavant, Messieurs, à l'éxamen des Sergens, les feront lire, écrire & signer.

C'est ce qui doit être pratiqué par les Juges des Seigneurs, qui reçoivent ces sortes de Gardes, de même que par les Officiers de la Maîtrise, où la plûpart des Seigneurs les font recevoir, & prêter serment; les Gardes doivent par conséquent être interrogés par ces Officiers, ainsi qu'il leur est prescrit par l'article 16. du titre premier de ladite Ordonnance, *in fine*; qui porte : » Et à l'égard des Gref„ fiers, Huissiers, Sergens & autres Officiers infé„ rieurs, ils seront seulement interrogés sur les ar„ ticles, qui concernent leurs fonctions : le tout „ à peine de nullité de la réception.

QUEST. II. *En quoi consiste la Fonction d'un Garde d'une Seigneurie ?*

La Fonction d'un Garde a nombre d'objets, qui méritent tous de grandes attentions.

La premiere & principale, doit être sur l'économie des Bois, c'est pourquoi il doit être instruit, bien précisément, de l'Ordonnance de 1669. & des Réglemens intervenus en conséquence, afin de veiller avec soins à l'éxécution de ces Loix, en ce qui est de leur ministére : les abus qui se commettent, soit en coupant & dégradant les Bois futaie & taillis, comme étant une chose des plus essentielles à l'état, à la Province & au Seigneur, dont il est le Garde.

Son devoir est donc d'être vigilant, actif, courageux & prévoyant, pour découvrir les fraudeurs, Chasseurs, Braconniers, Pêcheurs; il doit être attentif pour surprendre les Délinquans, particulierement la nuit, ce qui est plus considérable que pendant le jour.

Il doit s'attacher à bien sçavoir les limites de la Justice du Seigneur ; celles des Bois futaie & taillis, qui sont en sa garde, même des Héritages du Domaine du Seigneur, afin d'être certain des prises qu'il pourra faire, sans craindre de se tromper, & par ce moyen d'être à couvert des méprises qui peuvent se faire sur les limites, soit des Bois & des Justices ; sur-tout il s'instruira bien de toutes les Bornes qui servent à constater ces limites, d'une maniere qu'il n'y en ait aucune qu'il ne soit en état de faire voir, & démontrer à tout instant.

Il conviendroit que le Garde d'une Seigneurie fût capable de faire ce qui est enjoint aux Gardes des Forêts du Roi, par l'Arrêt du Parlement de Rouen du 13. Février 1556. rapporté par *Terrien*, dans son Commentaire du Droit Civil livre 14.

page 584. Cet Arrêt ordonne que la description sommaire sera faite de toutes les Forêts de Normandie; & à cet effet enjoint & commande à chacun Sergent-Garde, » de faire description sommaire de „ l'étendue de sadite Garde, par les confins, limi- „ tes, & bornes d'icelle, & pareillement du dedans de „ ladite Garde, par ses triages, lieux & endroits; „ en désignant ceux qui sont plantés de bois, la „ quantité (qualité) d'icelui, soit chêne, hêtre, „ ou autres bois de haute futaie ou de recrue, sans „ coupe, ou par coupe ordinaire : en désignant „ aussi les lieux si aucuns y a, qui soient élagués, „ furtés, vagues ou non plantés, & s'il y a ou non „ en iceux ; espoir de recrue ou repeuple- „ ment.

2°. Les Gardes doivent veiller à ce qu'aucun particulier ne chasse dans l'étendue de la Justice, conformément à l'Ordonnance; il doit être instruit à cet égard de tout ce que cette Ordonnance défend ou permet, afin de s'y conformer, dans les captures & prises qu'il pourra faire, & s'attachera à détruire les Renards, Chats sauvages, Oiseaux de proies & autres bêtes voraces, qui détruisent le gibier.

Comme aussi à connoître les Paysans qui chassent de profession au feu, qui ont des pans, traînaux, lapts, pantieres, & autres filets ou engins, avec lesquels souvent, sous prétexte de prendre des bécasses, ils enlevent des volées entieres de perdrix, & détruisent une Terre, quelquefois en un hyver.

3°. Il en est de même de la Pêche, s'il y a des Rivieres, des Etangs, des Canaux & autres eaux;

tout Garde doit s'instruire soigneusement de tout ce qui doit être observé, afin de ne troubler personne, & de prendre les Délinquans, ainsi que le prescrivent les Ordonnances & les Réglemens ; il fera ses efforts pour détruire les Loutres qui font un grand mal au poisson.

4°. S'il y a des Communes, Communaux, des usages dans les Bois de la Seigneurie, afin d'empêcher que les Usagers n'abusent de leurs droits, au détriment du Seigneur où de la Communauté.

5°. S'il y a des Bois en coupes réglées, le Garde doit veiller à ce que ceux qui en font l'exploitation se conforment à l'Ordonnance, c'est-à-dire, le coupent à rez de terre, & *à tire & aire*, comme nous l'avons expliqué ci-devant, sans qu'il soit laissé aucuns bois rabougris, & raffaux; mais bien le nombre des baliveaux les plus beaux, & les plus droits; fera conserver les pieds corniers, arbres de lisiere & de paroi, & empêchera qu'on ne fasse des charbonnieres en des endroits peuplés.

6°. S'il y a des Garennes à Lapins, veillera à clore les trous où se retirent les Renards, qui sont dans le voisinage de la Garenne, & à ce que l'on n'y détruise pas les petits buissons, la bruyere & autres arbrisseaux, qui servent à couvrir & retirer les Lapins ; enfin à ce que personne n'y chasse, car les Garennes sont perpétuellement défensables & en ban.

7°. Il ne souffrira pas que les paysans aient des Chévres en la Seigneurie, à moins qu'ils ne les fassent garder, ensorte qu'elles ne puissent faire de dégats dans les Bois taillis, & aux haies des héritages, non-seulement du Seigneur, mais de tous autres particuliers, & furtout que les Bergers ne portent point de feu près des Garennes, ni près des Bois.

8°. Sa fonction s'étend donc fur toutes les Eaux & Bois, foit qu'il s'agiffe de Bois de délits ou de marchandife, foit pour fait d'ifles, iflots, attériffemens, crémens, incrémens, alluvions, ramiers, auzélées, pâturages, glandages, ufages, landes, communes, un marais, patis; pour fait d'eaux, étangs, rivieres, viviers, ruiffeaux, pêcheries, moulins bâtimens fur lefdites rivieres, curemens d'icelles, watregans, le tout en l'étendue de la Juftice du Seigneur, dont il eft Garde, bien entendu fur ce qui concerne les ifles, & iflots, &c. qu'ils ne faffent partie de Rivieres ou Fleuves navigables, parce que la propriété en appartient au Roi; autre motif d'inftruction pour le Garde Seigneurial, dont le rapport, en ce cas, doit être porté au Greffe de la Maîtrife prochaine.

9°. Il ne peut exploiter pour toutes autres matiéres appartenantes à autres Jurifdictions (*a*). Si cependant il trouvoit des Délinquans dans les Bois du Roi, fitués dans l'enclos du Territoire, confié à l'Office du Garde-Seigneurial, même dans les Domaines engagés, ou en ufufruit, ceux tenus en grurie, ségrairie, tiers & danger, & par indivis; dans ceux des Princes, Seigneurs Particuliers, Bénéficiers, des Communautés & même dans ceux des Particuliers, ainfi que dans leurs eaux, il feroit en état, & devroit dreffer fon Procès-verbal, dont il feroit rapport pour ce qui concerne le Roi, les Engagiftes, Princes, & Communautés, à la Maîtrife dans le tems prefcrit.

(*a*) Art. 15. tit. 10.

Par Arrêt du 19. Janvier 1746. de la Table de Marbre au Souverain à Dijon, fur l'appel d'une Sentence de la Justice de Dracy, du 14. Juin 1745. fut jugé au profit du Sieur Bonin, Avocat à Autun, que le Garde Bois de la Seigneurie de Dracy, avoit pû garder les Bois d'un particulier, & y faire des prises, quoiqu'il n'eût prêté serment que sur la nomination du Seigneur, & non au nom des Particuliers. L'Arrêt condamne les Délinquans à 30. livres d'amende envers le Seigneur de Dracy & en pareille somme de restitution envers le Sieur Bonin, pour raison des arbres par eux coupés en son Bois, & en tous les dépens des causes principales & d'appel; & déclare les Peres des Délinquans civilement responsables de ces adjudications, & aux dépens les concernans.

Les moyens d'appel de la Sentence du Juge de Dracy, qui avoit déclaré nul le rapport, & renvoyé les Délinquans absous, étoient de la part dudit Bonin, fondés sur les articles 11. & 13. du titre 1. de l'Ordonnance de 1669. les 5. & 10. du tit. 9. le premier du titre 24. l'art. 5. du titre 26. les 13. & 28. du titre 32. sur l'autorité de Gallon, sur l'article 8. du titre 10. de cette Ordonnance, & sur la Note de M. Bretagne, sur l'article 6. du titre 1. de la Coûtume de Bourgogne, édition de 1736.

10°. Si un Garde trouve un délit dans sa garde, c'est-à-dire, des arbres coupés dont il aura bien remarqué les troncs, lesquels ont été enlevés sur une charrette, dont il peut reconnoître la trace, il pourra la suivre, même hors les limites de la Justice où il est établi, sans qu'il soit besoin de *Pareatis*; il pourra saisir les bois, les charrettes, les chevaux & harnois, y établir gardien; dressera son Procès-verbal qui sera commencé du lieu du délit, & de la suite jusqu'en la maison, où seront trouvés lesdits arbres, en sommant le Délinquant d'être présent, & de signer son Procès-verbal ; & si on lui faisoit rébellion, il fera mention du tout, quoiqu'il soit hors de son district, parce qu'il suffit que le délit ait été commis dans l'étendue de la Justice où il est établi; mais en ce dernier cas, tout Garde doit avoir l'attention de réassoucher, & d'assigner sur le champ pour ce réassouchement.

11°. Il y a bien des Seigneurs & des Communautés qui éxigent des cautions de 300. liv. de leurs Gardes & les rendent reponsables des délits qui se font dans leurs Bois, également comme en sont chargés les Gardes des Forêts du Roi (*a*), ensorte que ces Gardes veillent avec grand soin aux Bois qui leur sont confiés, par la crainte d'encourir les mêmes peines que les Délinquans (*b*) outre celle de leur destitution; crainte qui leur donne de l'émulation, & de l'attention pour n'avoir aucune fausse complaisance pour leurs amis, ou parens; l'Ordonnance de 1554. veut même que les Maîtres des Eaux & Forêts ne puissent recevoir aucuns Gardes qu'ils n'aient donné caution, & que s'ils les reçoivent sans en avoir donné ; ils soient tenus du cautionnement jusqu'à concurrence de la somme de 400. livres à quoi elle étoit fixée (*c*).

12°. Il est permis aux Gardes des Forêts du Roi, de porter des pistolets (*d*) tant pour la conservation des Bois du Domaine, que pour la sûreté de leurs personnes, des passans & voituriers.

13°. Il leur est défendu de chasser & de tirer au-

(*a*) Ordon. de 1669. tit. 10. art. 9. & 11.

(*b*) Idem. art. 9.

(*c*) Terrien, Commentaire Civil liv. 14. page 592.

(*d*) Art. 13. du tit. 10.

cun gibier de quelques espéces que ce soit (a); aussi n'ont-ils pas le droit de porter de fusil.

14°. L'article 10. de l'Ordonnance de 1669. portant : „ *Que les Gardes feront de trois mois en trois mois „ un rapport des Bornes étant autour, & faisant limi- „ tes des Bois & Forêts du Roi, de leur état, & de celui „ des fossés & haies étant en leur garde.* Il conviendroit que cet article fût éxécuté par les Gardes des Seigneurs, au moins une fois chaque année.

QUEST. III. *Quelles formalités doivent être observées dans un Procès-verbal, fait par un Sergent-Garde d'une Seigneurie, pour un délit, en fait de Bois.*

Il faut, 1°. que le Sergent-Garde ait l'âge de vingt-cinq ans accomplis, qu'il soit de la Religion Catholique, Apostolique & Romaine, qu'il sçache lire & écrire, & tout ce qui est de son devoir, sur lequel il doit être interrogé, comme les Articles de l'Ordonnance; qu'il soit pourvû de provisions signées du Seigneur, qu'il soit reçu par le Juge des lieux, ait prêté serment devant lui, & que ses Provisions, aient été enregistrées & publiées en Audience comme nous l'avons marqué plus haut, sans toutes ces choses, on peut arguer le Procès-verbal de nullité, parce que les formalités étant de rigueur, le Garde n'auroit pas un caractére suffisant.

2°. Il faut que tout Garde commence son Procès-verbal, par la date du jour, du mois, de l'année & de l'heure, si c'est devant ou après midi, si c'est devant le lever du Soleil, ou après qu'il est couché, si

(a) Art. 14.

si c'est la nuit, le jour de la semaine, comme le Lundi, Mardi, Dimanche, ou Fête.

3°. Ensuite, qu'il fasse mention & exprime ses nom, surnom, âge, qualité, demeure, son installation, réception, qu'il désigne le lieu de sa réception & de sa prestation de serment.

4°. Qu'il énonce son transport au lieu du délit, si c'est exprès par un avertissement, ou si c'est en faisant sa tournée, s'étant trouvé par hazard & fortuitement en tel endroit, qu'il faut désigner si précisément qu'il ne puisse être équivoque, même confiner le lieu en rappellant l'Héritage ou Bois voisins, si c'est sur des limites, soit au milieu ou en quelque partie.

5°. Il doit spécifier la personne qu'il trouvera en délit, son nom, surnom, qualité, profession & sa demeure, s'il le connoît, & s'il ne le connoît point, le désigner par sa grandeur, son âge, ses cheveux, visage, ses habillemens; s'ils sont plusieurs personnes en faire de même.

6°. Sil l'a trouvé coupant du bois; de quel instrument il est muni, si c'est une serpe, scie, hache ou une coignée, s'il a une charrette avec des chevaux & sous quel poil, si c'est avec bœufs & sous quel poil; si la charrette est chargée de bois, ou commencée à charger ou non.

7°. S'il coupoit un gros arbre, chêne, hêtre, charme ou autre; de quelle qualité, comme baliveau, pied cornier, arbre de paroi ou de lisiere, si c'est un taillis en coupe ou non; en un mot spécifier le délit, que commettoit le délinquant, si c'est au bord du bois, le long d'un chemin, à combien de pieds ou de pas de distance, ou au milieu du bois, près de quelque fontaine, ruisseau, goutte, rocher, ou autre marque.

8°. S'il a sommé le délinquant, de lui dire de quel ordre il abattoit cet arbre, & spécifier que c'est *parlant à sa personne*, & ce qu'il lui a répondu, s'il a saisi ses outils & instrumens & s'en est emparé, ainsi que de sa charrette, chevaux, bouriques, ou bœufs, & lui a déclaré ladite saisie, & toujours exprimer que c'est en parlant à sa personne, &c. s'il a mesuré en sa présence le pied de l'arbre qu'il coupoit à demi-pied de terre, & lui a déclaré, qu'il contenoit tant de pieds en sa grosseur & circonférence, en parlant à sa personne; si l'arbre est à terre, & s'il en a mesuré la longueur de même.

9°. Si cet homme s'est mis en défense contre lui, en faire mention, & s'il avoit un fusil, pistolet ou autres armes défensives, & gibeciere, ce que cet homme lui a dit, & ce qu'il lui a répondu, toujours *parlant à sa personne*.

10°. Si cet homme s'en est enfui si-tôt qu'il a apperçu ledit Garde, quelle route il a prise & quel chemin, si le Garde l'a suivi, & en quel lieu il l'a perdu de vûe?

11°. Si le Garde lui a déclaré le Procès-verbal qu'il alloit dresser du délit, l'a sommé d'y être présent pour le signer, en parlant à sa personne, & déclaré qu'il le dresseroit tant en présence qu'absence.

12°. S'il y avoit une charrette chargée ou non, & que le délinquant ne se fût pas enfui, le Garde aura dû le sommer de la conduire jusqu'au Village ou premier endroit, pour y trouver un gardien, le tout parlant à sa personne, dont il fera mention.

13°. S'il a remis les chevaux, charrettes & harnois saisis à un gardien, il doit en faire mention, & du nom du gardien, qualité & demeure, & s'il s'en est chargé volontairement, ou s'il l'en a chargé forcément, & fera mention du lieu où il s'est retiré pour dresser son Procès-verbal, si c'est chez le gardien ou en autres endroits, & en présence du délinquant, s'il est présent, & le sommera ainsi que le gardien de le signer, le tout parlant à leurs personnes, & s'ils ne le signent, il fera mention que le délinquant ne la voulu faire, quoiqu'interpellé & que le gardien ne sçait écrire ni signer, de ce dûement enquis: fera mention que les haches, coignées & serpes qu'il (a) a saisi sont demeurées en sa possession, pour être par lui déposées comme piéces de conviction.

(a) Ordon. de 1667. tit. 11. art. 6.

14°. Il laissera copie de son Procès-verbal au délinquant, sur le champ, s'il y est présent, & le requére, & au gardien aussi, sur le champ; & s'il n'acceptoit pas cette charge, & qu'il en fît refus, il en fera mention, & lui donnera assignation devant le Juge de la Seigneurie, pour se voir condamner à faire ladite charge.

15°. Il fera contrôler son Procès-Verbal, & dans les vingt-quatre heures (b) de sa date, il se retirera devant le Juge de la Seigneurie, & lui fera son rapport, en affirmant que le contenu audit Procès-verbal est sincere & véritable, dont le Juge lui donnera Acte, après quoi il en signifiera copie

(b) Tit. 5. de l'Ordon. de 1669.

au délinquant, si ja n'a été fait, avec assignation qu'il lui donnera, à la requête du Procureur Fiscal, ou de la Partie, s'il y en a une, à comparoître à la premiere Audience, devant (a) le Juge de la Seigneurie, pour voir déclarer l'amende encourue, suivant le Délit & l'Ordonnance, avec confiscation des outils, chevaux, charrettes, &c. saisis, qui seront à cet effet vendus au premier & plus prochain Marché, & constituera pour Procureur le Procureur Fiscal de la Seigneurie, comme occupant en sa cause.

(a) Instruc. sur la Réformation des Eaux & Forêts de M. Lestrées, Grand-Maître, en 1682.

16°. Si le délinquant s'étoit enfui, & qu'il y eût des arbres coupés autres que ceux qui seroient sur place, & qu'il les eût enlevés, le Garde feroit mention des troncs qu'il trouveroit, & de leur grosseur qu'il décriroit en son Procès verbal.

Après les formalités ci-dessus, le Procureur Fiscal, présenteroit Requête, & requéreroit le transport du Juge, du Greffier & du Garde en la maison du délinquant, pour y faire recherche desdits Bois, & si dans cette visite les arbres étoient trouvés encore existans, l'on en couperoit environ demi-pied ou plus pour les rapporter sur les troncs mentionnés dans le Procès-verbal pour les confronter, soit pour la qualité du bois, la grosseur & l'écorce, & c'est ce que l'on appelle *rappatronner & rappatronnage* pour la conviction du délinquant.

L'interpellation faite d'être présent à la description du Bois, en parlant à sa personne (b) est de rigueur.

(b) Art. 2. du tit. 11. de l'Ordonnance de 1667.

S'il y avoit rébellion, violence & voie de fait, il faudra la décrire dans le vrai, & pour-lors le Juge pourroit procéder extraordinairement (a).

(a) Art. 9. Id.

Si le délinquant avoit un cheval, qu'il montât dessus & emportât avec lui en fuyant la coignée ou serpe avec laquelle il coupoit du Bois, il faudra en faire mention, & que le Garde les a saisi, & laissé à sa garde, en désignant le poil du cheval grand ou petit.

Ce n'est point assez de sçavoir les régles pour bien faire un Procès-verbal, il faut qu'un Garde sçache les peines qu'il peut encourir, en ne le faisant pas fidéle, c'est-à-dire, en éxagérant ou rendant les faits plus petits ou plus grands qu'ils ne sont, ensorte qu'il y a de la fausseté par supposition & autrement, c'est ce qui est déterminé par l'article 26. du titre 32. de l'Ordonnance de 1669. qui porte : » S'il arri- „ voit que les Officiers fussent convaincus d'avoir „ commis supposition ou fraude dans leurs Rap- „ ports, & Procédures ils seront condamnés au qua- „ druple, privés de leurs Charges, bannis des Forêts, „ & punis corporellement, comme fauteurs & pré- „ varicateurs, & les Gardes qui auront fait le rap- „ port envoyés aux Galeres perpétuelles sans aucu- „ ne modération. « L'article 24. de l'Edit de Mai 1716. y est conforme.

Modéle d'un Procès-verbal de Délit de Bois avec outils, chevaux & charrettes.

L'AN 1748. le dernier Octobre, Je Jacques Hardy, Sergent-Garde des Eaux & Forêts, Pêche & Chasse de la Terre & Seigneurie de Verpré, reçu & immatriculé en la Justice dudit lieu, résidant au Bourg dudit Verpré, soussigné, certifie que revenant de ma tournée, j'ai paſſé par la Forêt & Bois de Monjeu, dépendant de ladite Seigneurie, & ſituée en ladite Paroiſſe de Verpré, où je me ſuis trouvé ſur les ſix heures du ſoir, où étant environ à la moitié d'icelle, j'aurois entendu des coups de coignée fortement (a) pourquoi je me ſerois approché de l'endroit d'où partoit le bruit, où étant arrivé, j'aurois apperçu Pierre Mécontent, Laboureur du même lieu de Verpré, avec Claude Roux, ſon valet, qui avec chacun une coignée coupoient un gros chêne, & j'aurois remarqué qu'ils avoient une charrette attelée de deux chevaux, l'un noir & l'autre bai-clair, ſur laquelle charrette ils avoient chargé pluſieurs morceaux de gros bois, au moins d'un pied, & un pied & demi de tour; je me ſerois à l'inſtant approché d'eux, leſquels me voyant, auroient eu grande fayeur, ledit Mécontent m'ayant prié de ne le pas prendre, auquel parlant à ſa perſonne, je lui aurois demandé, de quel ordre il coupoit ainſi du Bois du Seigneur de Verpré, lequel Mécontent pour toute réponſe, m'a derechef prié de ne le pas prendre, ſur quoi je l'aurois ſommé ainſi que ſon valet, en parlant à leurs perſonnes, de me remettre leurs coignées, ce qu'ils auroient fait, avec une ſerpe auprès dudit valet; dont je leur ai déclaré la ſaiſie en parlant à leurs perſonnes, ainſi que de la charrette, bois ſur icelle, que chevaux y attelés, & ai ſommé ledit Mécontent de demeurer & être préſent au meſurage que j'allois faire dudit arbre, ce que j'ai fait de ſix à huit pouces de terre, lequel arbre étoit coupé de deux côtés, & ne tenoit plus qu'à environ un demi-pied du cœur d'icelui qui reſtoit à couper, & lequel ayant meſuré, s'eſt trouvé avoir onze pieds & demi de tour, ledit arbre d'un beau brin, & propre à faire des chevrons, icelui à ſix pas d'un faux chemin de traverſe qui paſſe en ladite Forêt, dans lequel chemin étoit ladite charrette, & ai de nouveau ſommé ledit Mecontent, en parlant à ſa perſonne, de me déclarer, & faire voir où il a pris & coupé le bois dont ſa charrette étoit chargée, ce qu'il auroit fait, & m'auroit conduit environ 20 pas au-deſſus dudit chemin, & du côté du Midi, toujours dans ledit bois, où il m'auroit montré & fait voir les troncs de dix petits chênes de douze à dix-huit pouces de groſſeur, meſurés en ſa préſence, & qu'il ſeroit convenu avoir coupé avec ſon valet, dont les corps & branches chargeoient ſa charrette; & après être revenus vers ladite charrette, j'aurois ſommé ledit Mécontent, parlant à ſa perſonne, de conduire ſes chevaux & ladite charrette au Domaine de la Croix, qui eſt ſur le chemin de Verpré, ce qu'il a fait, & que j'ai accompagné juſqu'audit lieu, où étant arrivé, & trouvé Jacques Bonjean, Laboureur & Métayer audit Domaine & Métairie de la Croix, j'ai déclaré audit Bonjean, en parlant à ſa perſonne, que

(a) Terrien, des Eaux & Forêts liv. 14. p. 608. dit que l'ouïe de la coignée, eſt arbitrée s'étendre juſqu'à 50. perches en Bois de haut-futaie, 25. perches en haut revenu & 12. perches baſſe-taille ou bois à taucillon.

je l'établissois Séquestre & Gardien, tant de ladite charrette, bois dont elle est chargée, des deux chevaux y attelés, que de leurs harnois; & quant aux deux coignées & de la serpe dont j'étois muni, je les ai gardé par devers moi, pour être déposés au Greffe, & ai fait défenses audit Bonjean de se désaisir desdites choses saisies, que par Justice il n'en fût ordonné, sous les peines d'en répondre en son propre & privé nom, comme dépositaire de biens de Justice, lequel Bonjean s'est volontairement chargé desdits chevaux, charrette & harnois, & a promis les représenter toutes fois & quantes; & ai dressé le présent Procès-verbal en la maison dudit Bonjean où je me suis retiré en présence des susnommés, & ai audit Bonjean, à l'instant délivré copie d'icelui, en parlant à sa personne, comme dit est, sauf en donner pareille copie audit Mécontent dans le tems à moi prescrit, & ai sommé lesdits Mécontent & Bonjean parlant à leurs personnes, de signer mon présent Procès-verbal, lequel Mécontent m'a dit ne le vouloir faire, non plus que son valet qui ne m'a voulu dire son nom & surnom, quoique de ce requis & interpellés; m'a déclaré ledit Bonjean ne sçavoir écrire ni signer, de ce enquis, & clos & signé le présent Procès-verbal audit lieu, sur l'heure de sept & demie du soir, & me suis retiré.

La Lisandriére dans son Traité des Eaux & Forêts, a donné plusieurs Modéles de Procès-verbaux de Délit, soit en fait de Bois, Chasses & Pêches, ainsi que Charpentier dans son Instruction pour les Sergens-Gardes des Eaux & Forêts; mais ces Auteurs ne font aucune mention de la sommation qui doit être faite, tant au Délinquant, qu'au Gardien, d'être présens, & de signer le Procès-verbal de Délit, ce qui doit être fait, à peine de nullité; ensorte que cette formalité oubliée avec d'autres aussi essentielles, font qu'un Garde qui suivra ces Modéles, & qui croira ne pouvoir mieux faire, commettra des fautes, qui feront casser toute la Procédure fondée sur un pareil Procès-verbal.

Dans les 24 heures de cet Acte le Garde est obligé de faire son rapport devant le Juge de la Seigneurie, & de le faire contrôler dans trois jours, comme les autres Exploits ordinaires des Sergens.

Nota, Que les Exploits, Procès-verbaux & Rapports des Sergens-Gardes des Forêts du Roi, pour délits, abus & malversations doivent être contrôlés *gratis* par le Contrôleur ordinaire des Exploits Arrêts du Conseil des 10. Février 1670. & 26. Février 1689.

Acte de rapport & de prestation de Serment du Garde, sur le Procès-verbal ci-dessus.

AUjourd'hui premier jour du mois de Novembre 1748. sur l'heure de huit du matin pardevant nous Laurent Cordial, Juge Civil & Criminel de la Justice de Verpré, séant en notre Hôtel dudit lieu, assisté de notre Greffier ordinaire, est comparu Jacques Hardy Sergent-Garde des Eaux & Forêts, Pêches & Chasse de cette Seigneurie, lequel a dit être venu faire son rapport sur la vérité du Procès verbal de Délit, par lui fait le jour d'hier, contrôlé au Bureau de . . . . . par . . . . Commis, qu'il nous a représenté, la lecture duquel ayant été présentement faite par notre Greffier, icelui Hardy a fait serment en nos mains, qu'il contient vérité, n'y a voulu ajoûter ni retrancher, dont nous lui avons donné acte, & du dépôt qu'il en a fait ès mains de notre Greffier, pour être enregistré à la maniere accoûtumée, & nous sommes soussignés avec ledit Hardy, & notre Greffier.

Si le Greffier tient un Registre particulier pour les Eaux & Forêts de la Terre, comme dans les Maîtrises où il leur est ordonné d'en tenir un, il enregistrera sur ce Registre ce Procès-verbal, & fera mention au dos d'icelui de son enregistrement, & le remettra ensuite au Garde pour en donner copie, & assigner le Délinquant, après l'avoir fait signer au Sergent-Garde, suivant l'Article 11. du Réglement général d'Henri IV. du mois de Mai 1597.

QUEST. IV. *Le Garde des Eaux & Forêts d'une Seigneurie, a-t-il le même pouvoir qu'un Garde des Eaux & Forêts du Roi, & peut-il être cru seul dans ses rapports?*

Si le Garde d'une Seigneurie, n'a prêté serment que devant le Juge de la Terre, il ne peut faire de prise & de rapports, que des délits qu'il trouvera dans l'étendue de la Justice du Seigneur, parce que le Juge qui l'a reçu, ne peut lui donner plus de pouvoir qu'il n'en a, & ce pouvoir est renfermé dans l'enceinte de sa Justice.

Quant à la question de sçavoir, si les Gardes d'un Seigneur doivent être crus seuls en leurs prises & rapports, comme ceux des Forêts du Roi, c'est ce qui ne paroît pas devoir être; la premiere Ordonnance que nous ayons à ce sujet est celle de Philippe le Long du 2. Juin 1319. (a) article 16. par laquelle il est ordonné que chacun Sergent (b) sera cru par son serment des prises qu'il fera, où il n'échoira qu'amende pécuniaire.

Les Ordonnances du mois de Septembre 1402. art. 56. du mois de Mars 1515. art. 73. Janvier 1518. art. 17. Juillet 1544. art. 2. Février 1554. art. 26. Avril 1588. Mai 1597 art. 11. & le Réglement du 2. Décembre 1563. article 1. sont en pareils termes.

Celle de 1669. (c) y est conforme, en ce qu'elle veut que les Officiers puissent sur le rapport des Gardes, fait en leurs mains, condamner à peine pécuniaire, quoiqu'il n'y ait aucune preuve ni information, pourvû que les Parties accusées ne proposent point de causes suffisantes de récusation.

(a) Ordonnances du Louvre, tom. 1. pag. 684.

(b) Des Forêts du Roi.

(c) Tit. 10. art. 8.

Mais je pense que cela est bon pour les Sergens-Gardes des Forêts du Roi, & que l'on ne doit pas étendre cette faculté aux Gardes des Seigneurs, parce qu'à l'égard des premiers, ils ne sont & ne doivent être reçus qu'après une information de vie & moeurs; (a) qui est un gage de leur probité; ils doivent donner caution jusqu'à 300. livres, ce qui n'est point pratiqué à l'égard des derniers; la régularité des Gardes des Forêts du Roi, ayant d'ailleurs plus d'autenticité, en ce qu'ils sont obligés de tenir & porter avec eux un registre cotté & paraphé par le Maître Particulier, & le Procureur du Roi, pour y inscrire de leurs mains, les Procès-verbaux de leurs Visites, Rapports, Exploits & autres de leurs Charges (b) ce qui fait une grande différence entre les Gardes du Roi, & les Sergens-Gardes des Seigneuries particulieres.

(a) Ordonnance de 1669. tit. 10. art. 2.

(b) Art. 7. du meme tit.

Il est vrai que bien des Seigneurs pour donner le même privilége à leurs Gardes, les font recevoir sur leurs Provisions, à la Table de Marbre, ou bien à la Maîtrise, en laquelle sont situées leurs Seigneuries; cette Réception se faisant dans les régles, le Juge supérieur leur confére l'autorité nécessaire pour exercer leurs fonctions dans toute l'étendue de sa Jurisdiction, & pour-lors il n'est pas douteux qu'ils ne doivent être crus en leurs rapports seuls, à *l'instar* des Gardes des Forêts du Roi, jusqu'à inscription de faux.

Il faut cependant faire une observation, qui est, que souvent les Seigneurs dans le traité qu'ils font avec un Garde pour ses gages, lui abandonnent les amendes des Délinquans qu'il prendra, ce qui est une espéce de marché, puisque cette remise au Garde fait partie de ses gages : or un Garde qui auroit une pareille convention seroit très-suspect dans son rapport, qui, à mon sens, devroit être rejetté, s'il n'avoit point de témoins ; c'est même ce qui est décidé par la Coûtume d'Amiens, art. 206. qui porte : » Celui qui, a garde faite, fait pâturer „ ses bêtes en ablais croissans, échet en 60 sols „ parisis d'amende, de laquelle le Sergent seul „ n'est cru, ains convient vérifier ladite prinse, „ par deux témoins, dont le Sergent du Seigneur „ peut être l'un, *pourvû qu'il n'ait part à l'amende*, dont „ il se purgera par serment.

C'est la remarque de *Terrien* sur l'Ordonnance de 1554. en son *Commentairre Civil* liv. 14. page 600. ou même s'il y avoit haine apparente, menace & autres causes.

Rousseau en ses Arrêts & Réglemens, sur celui du dernier Juin 1607. a noté un autre Arrêt du 15. Octobre 1609. par lequel il dit, que les Sergens-Collecteurs ne peuvent faire de valables rapports, parce que le tiers des amendes est à eux, si ce n'étoit que l'on n'y apportât de grandes précautions, ainsi que l'on a essayé de faire par un Arrêt du 26. Octobre 1609. pour Guillaume Dathis, Sergent Collecteur de la Forêt de Compiégne, auquel fut permis de rapporter les délits, pourvu qu'il fût assisté de deux Records, qui affirmeroient en Justice, avec lui, le rapport véritable: suivant l'annotation mise au Mémorial des Eaux & Forêts, au mot *Rapport*, le rapport d'un Garde seul, s'il est domestique ou au service actuel du Seigneur, n'est pas cru en Justice, s'il n'est signé & certifié par d'autres témoins, ou si l'on n'offre de faire la preuve du fait rapporté au Procès-verbal; ces choses & nombre de circonstances, font sentir combien un Juge doit faire d'attention à la renommée & à la prud'hommie du Garde qui affirme son rapport; le Juge doit s'informer & éclaircir s'il n'y a point d'inimitié, haine & jalousie entre le Garde & le Délinquant.

Les Seigneurs Laïques peuvent prendre à l'égard de leurs Gardes les mêmes précautions que celles indiquées & prescrites pour ceux des Eaux & Forêts du Domaine du Roi.

A l'égard des Communautés Laïques, il leur est enjoint de choisir un ou plusieurs Gardes (a) pour la conservation de leurs Bois communs & communaux, faute de quoi le Juge des lieux y doit pourvoir (b), & taxer d'office les gages & salaires des Gardes qu'il commettra pour être payés par la Communauté.

(a) Ordonnance de 1669. tit. 25. art. 14. Arrêt du Conseil du 5. Septembre 1693.

(b) Mêmes article, Jugement, & Arrêts.

Ces Gardes doivent être reçus & prêter serment pardevant *les Officiers de la Maîtrise* ou Gruries, en cas que leur résidence ne soit éloignée que de quatre lieues; mais en cas que le Siége soit dans une plus grande distance, la réception, le serment, & les rapports se feront devant le Juge des lieux, & les poursuites pour les délits, abus, & dégradations seront poursuivies devant lui, & jugées conformément à l'Ordonnance (c).

(c) Art. 15.

L'amende encourue pour délit dans les Bois des Communautés, appartient au Roi, & non au Seigneur, c'est la Jurisprudence du Conseil.

QUEST. V. *Quelle procédure y a-t-il à faire sur un Procès-verbal de Délit?*

Le Procès-verbal qui contient la nature & les faits du Délit, étant dressé, contrôlé, rapporté, affirmé & enregistré au Greffe du Siége, ainsi que nous venons de le démontrer à la Question précédente, le Garde doit en donner copie au Délinquant, avec assignation, à la requête du Procureur Fiscal, devant le Juge de la Seigneurie, & à sa premiere Audience, dont le jour sera désigné, en parlant à sa personne, ou à celle trouvée dans le domicile; ainsi qu'il est prescrit par l'instruction des Réformations des Eaux & Forêts de Mr le Lettrées, Grand-Maître, sur l'Ordonnance de 1669. imprimée en 1682. & conformément à l'Ordonnance de 1522.

Les Signification & Assignation, comme étant la suite du Procès-verbal de Délit, & du rapport d'icelui, peuvent être faits & données par le Garde qui a fait la capture; mais s'il intervient des défauts, & nouvelles Assignations sur iceux, le Garde ne peut les donner, c'est ce qui est décidé par la même Instruction de 1682. il ne peut non plus mettre à éxécution, le Jugement qui intervient sur son rapport, portant condamnation d'amende; c'est ce qui est défendu par l'Ordonnance de 1518. article 18.

Modéle d'Assignation sur un Procés-verbal de Délit en fait de Bois.

» L'AN 1748. le . . . . . jour de Novembre avant midi, à » la requête de Monsieur le Procureur Fiscal de la Justice du Bourg » & Paroisse de Verpré, demeurant audit lieu, lequel fait élection » de domicile en sa maison de résidence, & qui occupera en sa cau- » se : j'ai Jacques le Hardy, Sergent-Garde des Eaux & Forêts, Pê- » ches & Chasses de ladite Seigneurie de Verpré, reçu & immatricu- » lé en ladite Justice, résidant audit lieu de Verpré, soussigné, me » suis transporté au domicile de Pierre Mécontent, Laboureur, de- » meurant audit lieu de Verpré, où étant & parlant, à . . . . . . » je lui ai donné assignation a comparoir pardevant Monsieur le Juge » de ladite Justice, & à sa premiere Audience, qui sera le . . . . » du courant, pour se voir condamner en l'amende, & aux peines » portées par l'Ordonnance résultantes des Délits mentionnés & rap- » portés dans le Procès-verbal par moi dressé contre lui le . . . . . » voir ordonner la confiscation des chevaux, charrettes & harnois, » outils & instrumens énoncés en icelui confisqués, & se voir faire » défenses d'y récidiver sous plus grandes peines ; & afin que ledit Mé- » content n'en ignore, Je lui ai donné, en parlant comme dit est, & » laissé copie, tant dudit Procès-verbal, rapport & affirmation d'ice- » lui que de mon présent Exploit, dont acte.

Cette Assignation donnée, & l'Exploit remis ès mains du Procureur Fiscal, il poursuivra l'Audience indiquée, où le Délinquant est tenu de se présenter.

Avant l'Ordonnance de 1667. le Délinquant étoit tenu de comparoir en personne, sans le ministére d'aucun Procureur qui ne pouvoit le défendre. Il y en a un préjugé de la Table de Marbre de Paris, séante à Tours le 7. Septembre 1592. parce que s'agissant d'un délit dont il est accusé, il semble qu'il devoit répondre & se justifier par sa bouche; c'étoit encore la disposition de l'article 4. du Réglement pour *Villiers-Cotrets* du 6. Octobre 1605. par lequel il est défendu aux Maîtres Particuliers, leurs Lieutenants, & Gardes Marteaux, de recevoir les Parties aſſignées ſur les rapports des Sergens & Gardes, à ſe défendre par Procureur; & Rouſſeau rapporte un Jugement du 30. Juin 1607. qui fait défenſes aux Officiers de la Forêt de Retz de recevoir les Ajournés ſur les Rapports à comparoir *par Procureur*; mais qu'au cas qu'ils ne comparent *en perſonne*, de donner défaut pour le profit duquel ſeront réajournés à comparoir en perſonne ou pris au corps, ſi la matiére y eſt diſpoſée, lequel défaut ſera mis à éxécution par autre Sergent que celui qui aura fait le premier rapport, à peine de nullité, amende arbitraire, dépens, dommages & intérêts des Parties, parla raiſon, diſent *Durand* & *Rouſſeau* ſur le même Arrêt, que quand un Délit étoit commis par un Officier ou à ſon aveu, on en faiſoit ſouvent le rapport contre un pauvre homme de paille, qui n'en avoit jamais oui parler, même contre un inconnu, pour lequel celui qui avoit fait la faute, faiſoit comparoir un Procureur; c'eſt ſans doute, pour obvier à pareille ſurpriſe, que ce Réglemeut eſt intervenu; & outre ce, parce que cette matiere eſt ſommaire, & doit ſe décider ſur le champ à l'Audience, à moins qu'après avoir été oüi, l'affaire ne demandât une plus ample inſtruction par des faits qu'il conviendroit d'éclaircir, auquel cas le Défendeur pouvoit ſe faire aſſiſter, par un Procureur, ce qui eſt décidé par l'article 3. du titre des *matieres ſommaires* de l'Ordonnance de 1667. qui ne ſont appellées Sommaires, que parce qu'elles doivent être jugées comme ledit *Guypape*, Queſtion 369. *Summariè & de plano, ſine ſtrepitu, formâ & figurâ judicii.*

Il n'eſt auſſi plus d'uſage de réaſſigner les Délinquans, comme il ſe pratiquoit avant l'Ordonnance de 1667. cela a été abrogé par l'article 2. du titre 5. de cette Ordonnance; enſorte que ſi les Aſſignés ne comparent ſur les aſſignations qui leur ſont données, ils ſont condamnés par le profit du défaut.

QUEST. VI. *Si ſur un rapport en coupe & délit de Bois, le Délinquant convenoit avoir coupé les arbres mentionés au Procés-verbal, cela ne ſuffiroit-il pas pour opérer ſa condamnation.*

Il ſemble que lorſqu'un Défendeur convient que la demande qui lui eſt faite eſt juſte & bien fondée, que le Juge eſt en état de prononcer condamnation, parce que le Défendeur aquieſce en ce cas à la demande.

Mais en matiere de Délit, il faut quelques formalités de plus pour aſſéoir les peines contre les coupables qui avouent les délits.

Par le Jugement du 30. Juin 1607. rendu en dernier reſſort, il eſt fait défenſes *aux Officiers de la Forêt de Retz de procéder, ci-après, au Jugement des Rapports des Sergens, pour Chênes & autres arbres prétendus mal pris en leurs gardes;* mais il eſt ajoûté, *quoique les Accuſés dénommés eſdits Rapports fuſſent d'accord du fait y contenu*, que préalablement *les ſouches des arbres, n'aient été vûes & marquées par l'un des Gardes-Marteaux, & ſon Procès-verbal mis au Greffe.* Cet Arrêt eſt rapporté par *Durand & Rouſſeau*; les Auteurs ont donné le motif de décider en ces termes: „ parce qu'en jugeant le Procès, fut vérifié par les „ informations

„ informations faites par les Sieurs Perret & de „ Mainforme, Conſeillers, en procédant à la Ré- „ formation de la Forêt de Retz, qu'à Villiers-Co- „ terets, pluſieurs Sergens, qui avoient intel- „ ligence avec les Délinquans, rapportoient les „ arbres de moindre qualité qu'ils n'étoient, com- „ me de ſept à huit pieds de tour, un chêne qui „ en avoit 15. ou 16. de ſorte que le Délinquant „ en demeureroit aiſément d'accord, & que quel- „ quefois le Délit ayant été commis par quelque „ Officier ou à ſon aveu, on en faiſoit le rapport „ contre un pauvre homme de paille, qui n'en „ avoit jamais oüi parler, ou même ſous le „ nom imaginaire d'un homme inconnu, pour le- „ quel celui qui avoit fait la faute, faiſoit compa- „ roir quelque Procureur, nonobſtant laquelle com- „ parution, ſi le Juge ordonnoit qu'il ſeroit réaſſigné „ en perſonne, le premier Sergent qui avoit com- „ mencé la fourbe, continuoit les Exploits ſuivans, „ tout de même; pour obvier à telles fraudes fut „ ordonné ce Réglement, qui eſt bon, & ſemble „ avoir rapporté le vrai remede à ce mal. *Sed toties* „ *repulſæ fraudes, miras per artes rurſum exoriuntur.*

QUEST. VII. *Si un Procès-verbal de Délit des Bois n'étoit point affirmé, quoiqu'il fût rempli de toutes les autres formalités, pourroit-il être valide?*

Il eſt de rigueur qu'un Procès-verbal, qui conſtate un Délit, ſoit affirmé dans les vingt-quatre heures, c'eſt ce qui eſt preſcrit par nombre d'Ordonnances, tant civiles que criminelles, & ſans cette formalité le Procès-verbal ſeroit nul, c'eſt ce qui ſe pratique dans toutes les Juſtices ; une Sentence, par conſéquent, qui ſeroit rendue ſur un Procès-verbal non affirmé ſeroit nulle, ainſi que le rapporte Chaſſeneuz, ſur la Coûtume de Bourgogne, Rubri. 1. des Juſtices §. 6. parce que l'affirmation rend parfait le Procès-verbal.

Nous voyons dans l'Ordonnance Criminelle (*a*) que les rapports des Médecins & Chirurgiens doivent être affirmés devant le Juge de la Procédure. L'Ordonnance des Aydes (*b*) veut que les Commis affirment leurs Procès-verbaux véritables devant l'un des Elus ; celle des Fermes Générales de 1687. (*c*) preſcrit que le Procès-verbal de ſaiſie ſera affirmé véritable devant le Juge, des droits du Roi ; enfin l'Ordonnance des Eaux & Forêts (*d*), qui eſt celle dont il eſt queſtion ici, porte en termes formels : » Les Sergens à gardes des Bois de „ leurs Gruries, porteront aux Officiers des Maîtriſes le rapport de tous Délits, les affirmeront „ & feront regiſtrer au Greffe vingt-quatre heures „ après la reconnoiſſance du fait. « L'article ſuivant de la même Ordonnance, » Veut que les Procès „ verbaux de l'Arpenteur de la Maîtriſe ſoient affirmés devant le Maître Particulier. « Enfin tous Procès-verbaux pour Délits, Rébellions à Juſtice, pour fraude & contraventions aux droits du Roi, & des Seigneurs, ſont nuls ſans affirmation, d'où l'on doit conclure avec Chaſſeneuz, qu'une Sentence rendue ſur le Procès-verbal d'un Garde des Eaux & Forêts non affirmé ſeroit entiérement nulle.

(*a*) Tit. 5. art. 1.

(*b*) Tit. 5. art. 7.

(*c*) Tit. 11. art. 8.

(*d*) Tit. 9. art. 5.

QUEST. VIII. *Quelles choses sont défendues à un Sergent-Garde ?*

Ne peuvent les Gardes tenir Cabaret ni vendre vin ou autre liqueur, ni éxercer aucun métier où l'on employe du bois, à peine de destitution & de 50. livres d'amende, outre les confiscations des bois qui se trouveront dans leurs maisons; c'est la disposition de l'article 31. du tit. 27. de l'Ordonnance 3.

Ils ne peuvent tenir atelier de bois ni en faire aucun commerce, à peine de cent livres d'amende.

Ne peuvent donner permission de couper ou arracher aucuns bois, ni de mettre pâturer aucuns bestiaux dans les Forêts, à peine de trois cens livres d'amende; c'est la disposition de l'Article 6. du titre 2. ils ne peuvent même pas en couper, ni en arracher pour eux, ni y envoyer leurs bestiaux, à peine de confiscation & d'amende arbitraire.

Il leur est expressément défendu de prendre aucun payement en bois, soit pour leurs vacations, salaires ou autrement, de quelque façon que ce soit, à peine d'interdiction, & de mille livres d'amende, ainsi qu'il est porté par l'Article 7. du même titre.

Ne peuvent recevoir pensions, ni tenir Fermes d'aucuns Seigneurs, Communautés, ou particuliers, directement ou indirectement, sous quelque titre ou prétexte que ce soit, Article 8. dudit titre.

QUEST. IX. *A la requête de qui les Délits pour les Bois, Chasses & Pêche, dans les Justices des Seigneurs doivent-ils être poursuivis ?*

Ces sortes de Délits, qui se portent dans la Justice des Seigneurs soit sur des Procès-verbaux de Gardes, soit par informations, se doivent poursuivre à la requête du Procureur Fiscal, & non à celle du Seigneur, qui ne poursuit en son nom, que sur l'appel interjetté des Sentences de son Juge, lorsque son Procureur Fiscal a été Partie ; c'est ce qui a été jugé par nombre d'Arrêts de la Table de Marbre à Paris, & entre autres par celui du . . . . 1749. dont le fait étoit que le Seigneur de d'Ouzon & de Montaigu en Bourbonnois, avoit fait informer en *son nom* dans sa Justice, contre un particulier, pour avoir chassé sur ses Terres, il y avoit obtenu condamnation par Sentence, dont le Chasseur ayant appellé, l'Arrêt casse la Pocédure, pour avoir été faite au nom du Seigneur, & non en celui du Procureur Fiscal, avec dépens, sauf à lui à se pourvoir, suivant l'Ordonnance.

QUEST. X. *Si le Garde Bois du Seigneur est son Domestique & demeure dans son Château, ses Rapports & Procès-verbaux doivent-ils faire foi en Justice ?*

Bouvot dans ses Questions Notables au mot *messus* (a) se fait la question, Si le Messier est Domestique du Seigneur, ou les témoins à la prise du bétail, sont-ils crus pour l'intérêt ? a été répondu qu'ils ne peuvent être crus pour l'amende au profit du

(a) Quest. II.

Seigneur, ni pour l'intérêt, *cùm domesticum testimonium improbetur. L. etiam C. de testibus.*

QUEST. XI. *Si les Délinquans font rébellion & maltraitent le Garde des Eaux & Forêts, quelles peines encoureront-ils?*

L'on doit toujours considérer que le Roi est le Chef de la Justice ; que toutes celles du Royaume sont émanées de lui, quoiqu'elles se rendent au nom des Seigneurs, que par conséquent chacun doit être soumis aux ordres de la Justice ; quand même ceux qui en sont l'éxercice, excéderoient leur pouvoir & abuseroient desdites Charges ; il faut s'en plaindre, sans résistance, pour le respect dû au Roi & à la Justice; c'est un crime de Leze-Majesté au second Chef, qui mérite la mort, quand il est accompagné de circonstances graves; il ne faut pas considérer les personnes qui éxécutent les Mandemens, & les Ordres de la Justice ; mais leur caractére, & celui des Officiers qu'ils représentent en pareil cas, qui ne peuvent recevoir d'injures que l'autorité Royale n'en soit blessée, parce que, ce que l'on fait contre eux est réputé fait contre le Souverain, c'est violer Sa Majesté, en la personne de son Officier, & offenser le Juge en la personne de son Ministre. Bois, Garde.

Pour faire sentir comment ce Crime est puni, nous rapporterons l'Art. 34. de l'Ordonnance de Moulins de 1566. il est en ces termes : » Défendons sur peine de la vie, à tous nos Sujets, de quelque état „ qu'ils soient, d'outrager ou excéder aucuns de „ nos Officiers, Huissiers ou Sergens faisans ou

„ exploitans actes de Justice, dont n'entendons être „ expédiées Lettres de grace ou rémission. Et si „ par importunité aucune étoit accordée, ne vou- „ lons nos Juges y avoir aucun égard.

L'Ordonnance donnée à Amboise en Janvier 1572. article 1. celle de Blois article 190. en ont renouvellé les dispositions, auxquelles est conforme l'Ordonnance de 1670. tit. 16. art. 4. qui veut, » qu'il „ ne soit donné aucunes Lettres d'abolition pour les „ Duels . . . . . ni à ceux qui auront excédé ou „ outragé aucuns de nos Magistrats, ou Officiers, „ Huissiers & Sergens exerçans, faisans ou exerçans quelqu'acte de Justice. «

Toutes les Ordonnances de nos Rois ont défendu les Rébellions & excès contre les ordres de la Justice, l'Ordonnance de 1539. article 9. & 22. celle de 1554. art. 21. 22. & 23. celle d'Orléans art. 89. 90. 91. 92. & 93 celle de Roussillon art. 28. celle de 1629. art. 119. & plusieurs autres, sont toutes précises contre ces excès; & nous avons des preuves éclatantes des peines dont ont été punis ceux qui sont tombés dans ces cas, qui doivent contenir tous les Sujets du Roi.

Guénois dans sa Conférence des Ordonnances sur l'article 34. de celle de Moulins, dit que cette Ordonnance fut pratiquée aux grands Jours de Poitiers de l'an 1559. à l'occasion du Seigneur de *Beauvau* qui eut la tête tranchée, parce qu'*il avoit blessé un Record qui assistoit un Sergent*, & rapporte que le sieur de Mautour fut décapité, *pour avoir tiré un coup de pistolet à un Procureur Fiscal*, en conséquence de l'Arrêt des grands Jours de Troyes de l'an 1533.

Brillon au mot *Rébellion*, rapporte des exemples de tout genre, qui convaincront qu'un Sergent Garde-Bois, soit du Roi, soit d'un Seigneur particulier fait un acte de Justice, lorsqu'il fait un Procès-verbal d'un Délit qu'il trouve dans les Bois qui sont à sa garde, ou qu'il saisit des Bestiaux qu'il trouve en mésus, & c'est une rébellion à Justice que de le troubler dans son exercice. L'article 13. du titre 10. de l'Ordonnance de 1669. défend à toutes personnes de méfaire, ou de troubler les Gardes en la fonction de leurs Charges, à peine d'être punis suivant la rigueur des Ordonnances.

CHAPITRE III.

SECTION I.

DES BOIS DU ROI.

LEs Bois du Domaine de Sa Majesté en sont la plus noble & la plus précieuse partie, ainsi que ce grand Roi qui a fait les Loix pour leur conservation, l'a lui-même défini dans la sage Ordonnance de 1669. c'est le bien général dont le Public tire tous les avantages possibles, soit pour les commodités de la vie privée, soit pour les nécessités de la Guerre, l'ornement de la Paix, & l'accroissement du Commerce c'est pour le rétablissement & la manutention de cette espéce de biens, qu'il a établi des Officiers dans toutes ses Provinces, avec les plus sages Réglemens, pour l'ordre & la discipline que l'on doit garder, tant pour leur culture, que pour leur aggrandissement. Il n'a pas seulement porté ses vûes sur les Bois de son Domaine ; mais encore sur ceux possédés par tous les Seigneurs de son Royaume, même par les Particuliers; le glorieux Monarque qui lui a succédé si dignement, a donné ses premieres attentions à cette partie de son Domaine, qui en étoit éclipsée par les engagemens différens qui en avoient été faits dans les nécessités des tems orageux, en ordonnant par l'Arrêt de son Conseil du 12. Novembre 1719. la réunion à son Domaine de tous les Bois aliénés ou engagés, en éxécution des Edits des années 1601. 1645. 1655. & autres, S. M. a fait depuis les Réglemens les plus utiles & les plus importans, tels que ceux des 19. Juillet & 6. Septembre 1723. 2. Décembre 1738. & 1748. qui ne tendent qu'à la conservation & aggrandissemens des Bois du Royaume : c'est réunir toutes les parties à leur principe, en enrichissant ses Sujets.

QUEST. I. *Les Engagistes des Domaines du Roi, ne peuvent-ils pas prendre du bois pour faire rétablir les Châteaux, Maisons, Moulins & Bâtimens ?*

Les Châteaux, Maisons & Bâtimens des Fiefs & Seigneuries engagés, doivent être entretenus éxactement, & les Engagistes ont droit de prendre des bois dans ceux de la Seigneurie à cette occasion; mais ils ne peuvent le faire de leur autorité seule; il faut une permission du Roi, par Lettres Patentes, dûement enregistrées ; c'est ce qui est précisément porté par l'Article 6. du titre 22. de l'Ordonnance de 1669. où en parlant des Engagistes & Usufruitiers, il est dit, » Ne pourront aussi leurs Fermiers, Procureurs

„ Procureurs, Agens & Receveurs, prendre ou fai-
„ re couper *aucuns arbres anciens, modernes ou bali-
„ veaux sur taillis*; par arpent ou par pied, pour en-
„ tretien & réparation des Maisons, Moulins & Bâ-
„ timens dépendans du même Domaine, ou sous
„ aucun autre prétexte, qu'*en vertu de Lettres-Patentes*,
„ bien & dûment registrées ès Cours de Parlement
„ & Chambres des Comptes du ressort, sur les avis
„ & Procès-verbaux du Grand Maitre, *à peine de pri-
„ vation, de l'amende & restitution* au pied du tour,
„ contre les Possesseurs, & de condamnation soli-
„ daire aux mêmes amendes & restitutions, tant
„ contre leurs Fermiers, Agens & Receveurs, que
„ contre les Marchands & Entrepreneurs qui les
„ auront exploités, & d'interdiction contre les Of-
„ ficiers qui en feront la délivrance, outre les mê-
„ mes amendes, restitutions, dommages & intérêts,
„ sans modération & sans recours.

Un Engagiste ou un Usufruitier ne peut donc couper aucun arbre, de son propre mouvement, quoique ce fût pour réparations qu'il n'en ait une permission expresse, cette Loi est uniforme, & les Princes mêmes doivent s'y conformer. Nous voyons dans la Conférence sur cet article, que par Lettres-Patentes de François I. du 15. Juillet 1528. enregistrées au Parlement le 30. du même mois, il fut défendu à Monsieur le Duc de Ferrare, de toucher aux Bois de haute futaie des Domaines de Montargis & de Gisors, qui avoient été donnés en mariage à Madame Renée de France, son épouse : & que par Ordonnance du mois de Décembre 1580. il fut permis à Mr le Duc d'Anjou, frere du Roi, de faire mettre &

réduire les Bois de haute futaie dépendans de son Appanage en coupe ordinaire de cent ans, & non moins, sans qu'il pût en être usé autrement, ni faire aucune coupe extraordinaire desdits Bois, pour quelque cause & occasion que ce soit, sur les peines par les Ordonnances, tant contre ceux qui en feroient les ventes, que contre ceux qui les acheteroient.

Le Fermier de la Terre d'Argilly possédée à titre d'Engagement par M. le Prince de Conti, avoit coupé quelques arbres pour faire des réparations aux Etangs de cette Seigneurie, il fut condamné par Sentence de la Maîtrise de Dijon du 3. Janvier 1713. à 300. liv. d'amende & d'intérêts envers Sa Majesté ; Madame la Princesse de Conti prit le fait & cause du Fermier, & obtint par Arrêt du Conseil du 28. Mars suivant, la modération de l'amende à 100. liv.

La raison de cette rigueur, est que les Bois des Engagistes, ainsi que ceux des Apanagistes, Donataires, Usufruitiers, ceux qui sont tenus par indivis à titre de grurie, grairie, tiers & danger, sont vraiment Bois du Domaine du Roi, ainsi qu'il est porté par l'article 2. du titre 1. de l'Ordonnance de 1669. par les art. 5. & 6. dudit titre 22. & par l'Arrêt du Conseil du 24. Mars 1685. ils sont sujets au même Gouvernement que ceux dont jouit le Roi dans ses Domaines. Cette partie des Bois est devenue si précieuse, que Sa Majesté a réuni tous ceux qui se trouvent dans les Domaines engagés, en exécution des Edits des années 1601. 1645. 1652. & autres, ce qui a été fait par Arrêt du Conseil du 12. Novembre 1719. au moyen de quoi, les Engagistes qui ont beſoin de Bois, pour les réparations des Châteaux & Domaines, doivent obtenir des Lettres-Patentes de Sa Majeſté, qui ne s'accordent que ſur les Procès-verbaux des Grands Maîtres, qu'ils auront fait dreſſer deſdites Réparations & de leur néceſſité.

QUEST. II. *Eſt-il permis à un Engagiſte du Domaine du Roi, de couper les Bois & Forêts dépendans de la Seigneurie engagée, ainſi qu'aux Prélats & Bénéficiers, ceux de leurs Bénéfices, & de les donner à cens pour être défrichés, cultivés & mis en nature de terre?*

L'objet de la queſtion précédente eſt bien intéreſſante, pour tous les Sujets du Roi & de l'Etat même; mais les conſéquences & les abus qui ſe commettent en celle-ci, le ſont infiniment pour les mêmes cauſes, & pour les intérêts de la Couronne; nous l'allons prouver.

La plûpart des grandes & hautes Seigneuries ſont entre les mains des grands Seigneurs, dont les noms, qualités & dignités en impoſent quelquefois aux Officiers de Juſtice, & il n'eſt pas nouveau, que ces Seigneurs faſſent & diſpoſent, à leur gré, des Bois du Domaine du Roi, tout ainſi & de même qu'ils font des revenus des Seigneuries qu'ils tiennent par engagemens.

Dans toutes les aliénations & les engagemens des Seigneuries du Domaine du Roi, Sa Majeſté n'a jamais compris, autres Bois que les taillis qui ſont en coupes reglées, pour l'uſage & l'utilité de l'Engagiſte, ſoit que ces coupes ſoient plus grandes une année que l'autre, & ils ne peuvent en uſer autrement, ainſi qu'il leur eſt preſcrit par l'Ordonnance, à peine contre les Engagistes & Usufruitiers d'être privés de l'usufruit, & de restituer le dommage qu'ils auront fait; ils ne peuvent, di *Gallon* sur l'art. 5. du titre 22. de l'Ordonnance de 1669. jouir que des amendes (*) des délits commis dans lesdits Taillis, & non de ceux qui sont recrus après les coupes des Futaies, ni de ceux des hauts revenus, après les récepages, ni toucher au triage, & aux endroits qui peuvent se remettre en haute futaie, ni jouir des amendes, forfaitures, confiscations, restitutions, provenans des arbres de lisiere, pieds corniers, & baliveaux, tant anciens que modernes, non plus des baliveaux qu'ils sont tenus de garder & réserver à chaque coupe en l'usance ordinaire des taillis, ni dans les taillis, abbatus par forfait, délit, dol, ou impétuosité de vents, ni généralement de tous les gros arbres & bois de haute futaie, dont il doit être fait des rôles, & les deniers perçus au profit du Roi.

Cet Auteur ajoûte, que c'est avec raison que les amendes, provenantes des Bois de haute futaie, baliveaux & autres gros arbres, ne doivent pas être comprises dans les Contrats d'engagement, parce dit-il, *que les Engagistes les laisseroient tous abbatre dès-lors que les amendes tourneroient à leur profit*; & ils ne doivent jouir que de celles qui proviennent des délits commis, soit en la coupe des taillis ** soit en pâtu-

(*) Gallon se trompe; les Amendes par délits commis dans les Taillis des Engagistes n'appartiennent qu'au Roi, hors que le titre d'aliénation n'y fût bien précis, l'Engagiste ne peut prétendre que l'intérêt ou la restitution.

(**) V. la note plus haut.

rages des Bestiaux dans les lieux, tems, & saisons défendus.

Ces Régles sont conformes à l'Ordonnance du 12. Août 1545. donnée à Argues, art. 7. & 13. celle de Moulins pour le Domaine du Roi, du mois de Février 1566. art. 8. celle de Mars 1587. Mai 1597. article 26. Juin 1611. & autres anciennes, dont celle de 1669. a fait un précis dans l'article 5. du titre 22. qui porte : » Les Douairiers, Donataires, Usufruitiers, & Engagistes ne pourront disposer *d'aucunes Futaies*, arbres anciens, modernes, ou baliveaux sur taillis, même de l'âge du Bois réservé ès dernieres ventes, ni des chablis, arbres de délit, *amendes*, *restitutions & confiscations*, en provenans; mais le tout demeurera entiérement *à notre profit*.

Gallon sur cet Article rapporte différens Arrêts qui réiterent les mêmes défenses à plusieurs Engagistes; tels sont les Arrêts du Conseil des 5. & 15. Juillet 1684. & 24. Mars 1685.

Mais malgré ces sages Ordonnances, combien y a-t-il d'Engagistes qui coupent, non pas des Arbres seuls, mais des Forêts entieres, après quoi ils donnent le terrein à cens, pour faire cultiver & réduire en terre propre à semer du grain; je me contenterai d'en donner un exemple : Bernard de la Guiche, dernier Comte de St Géran, Lieutenant Général des Armées du Roi, fils de Claude de la Guiche, Gouverneur du Bourbonnois, & petit-fils du Maréchal de Saint Géran, étoit Engagiste de la Châtellenie Royale de Chaveroche en Bourbonnois, dans laquelle il y avoit deux Forêts, très-considérables par leur grandeur & étendue ; l'une appellée la Forêt de *Chassin-Roi*, assise en la Paroisse de *Varenne sur Tesche*, & l'autre appellée la Forêt *d'Ande*, située en la Paroisse du même lieu ; ce Seigneur ayant besoin d'argent, vendit ces deux Forêts environ 200000. livres ; elles furent exploitées, après quoi il donna les Emplacemens à différens particuliers à titre de cens ; ces particuliers les ont défrichées, & labourées, y ont même bâti différentes maisons, construit d'autres bâtimens & métairies, qui éxistent ; ces dégradations se sont faites vers l'année 1670. ensorte qu'il n'est pas douteux que cela a diminué cette Châtellenie en valeur au moins de cent mille écus.

Ce Seigneur ne s'en tint pas-là, il aliéna partie de la Justice, affranchit des cens, & vendit de belles Prairies dépendantes de ce Domaine ; combien d'Engagistes en usent de même ?

Ces coupes & dégradations se font donc contre tout ce qui est prescrit par les Loix & les Ordonnances.

L'article 8. du Réglement général du Domaine du Roi, porte : » Ceux auxquels notre Domaine „ auroit été dûment aliéné, ne pourront néanmoins „ couper les Bois de haute-futaie, ni toucher aux „ Forêts qui seront esdites Terres, & si fait l'avoient, „ seront contraints à la restitution du profit & dom„ mage qui en seroit avenu.

L'Article 11. du même Réglement est en ces termes : » Ne se pourra faire aucune coupe de Bois „ de haute futaie & Terre de notre Domaine, ni „ semblablement Bail des Terres vaines & vagues,

„ ſinon qu'il y ait Lettres-Patentes par nous décer-
„ nées pour cet effet, adreſſées à nos Parlemens,
„ & Gens des Comptes, & vérification d'icelles, fai-
„ tes ès Parlemens & Chambres des Comptes, ſur
„ peine de nullité & reſtitution des valeurs, fruits
„ & profits comme deſſus.

Il en eſt de même des Prélats & Bénéficiers qui ſont de pareilles dégradations, leſquels s'ils ne vendent pas en gros, c'eſt-à-dire, des Bois entiers, ils les vendent en détail, ce qui fait qu'ils les détruiſent petit à petit, enſuite donnent à cens les places où étoient ces Bois que l'on cultive, & inſenſiblement la deſtruction eſt ſi grande qu'il y a tout lieu de craindre pour l'avenir.

Nous voyons que le Prieur de Saint Reverien, & ſa Communauté, ayant donné à cens, un Bois de ſoixante-ſix arpens en futaie & trente arpens en taillis le 13. Août 1704. moyennant une ſomme qui ſeroit employée en fonds, au profit du Prieuré & ſous un cens annuel, ce Contrat ayant été repréſenté au Conſeil d'Etat, le Roi par ſon Arrêt du 30. Décembre 1704. caſſa, révoqua & annulla ledit Contrat de vente à titre de cens & rente : » Fait
„ Sa Majeſté très-expreſſes défenſes auxdits
„ Prieur & Religieux, & à tous Prélats, Abbés,
„ Prieurs, Religieux, Communautés Eccléſiaſti-
„ ques, Séculieres & Régulieres, Adminiſtrateurs,
„ Recteurs & Principaux de Colléges, Hôpitaux
„ & Maladreries de faire de pareils Contrats à l'ave-
„ nir, à peine de 500. livres d'amende. « Cet Arrêt ne laiſſe aucun doute ſur l'expreſſe régularité que le Roi entend qui ſoit exécutée, pour éviter la deſtruc-

tion des Bois ; mais il ne s'en fait pas moins dans les Bois, soit des Ecclésiastiques, soit des Laïques; sur-tout dans le voisinage des grandes Rivieres, où la construction des Bateaux nécessaires pour le Commerce, y fait une consommation de Bois étonnante, d'autant plus dangereuse & nuisible sur les Rivieres de Loire & d'Allier, que de tous les Bateaux qui y descendent, soit à Paris, soit à Nantes, il n'en remonte aucun par la trop grande difficulté ; ensorte que tous ces Bateaux, qui sont en grand nombre, pour le transport des vins, boissons, grains & toutes autres marchandises, & qui ne sont point propres à la Navigation des autres Rivieres, telle que la Seine, sont défaits & déchirés à Paris, & ne font jamais qu'un voyage, ce qui cause une destruction considérable de Bois, d'autant plus préjudiciable, que personne ne rétablit les coupes, & n'en fait semer ni édifier d'aucunes sortes.

Par l'Arrêt du Conseil du 12. Novembre 1719. qui ordonne la réunion générale de tous ses Bois engagés à son Domaine, il est expressément fait défenses, à tous les Engagistes de ses Domaines, de couper aucun Bois dépendans desdites Seigneuries engagées, & à tous Marchands & autres Particuliers, de s'immiscer auxdites coupes, sous les peines des Ordonnances.

QUEST. III. *Peut-on acquérir quelques parties des Bois & Forêts du Domaine du Roi?*

L'Ordonnance de Moulins concernant le Domaine de la Couronne, du mois de Février 1566. article 9. porte » Les Bois de Haute-Futaye à Nous » appartenans, ne pourront être aliénés, ni don » fait des coupes d'iceux, sur peine de nullité, & » de restitution des valeurs, fruits & profits.

Louis XIV. y a ajoûté des peines plus séveres par l'article premier du titre 27. de l'Ordonnance de 1669; cette Loi est en ces termes: » Réitérons » la prohibition faite par l'Ordonnance de Moulins, » de faire aucunes aliénations, à l'avenir, de quelque » partie que ce soit de nos Forêts, Bois & Buissons, » à peine, *contre les Officiers*, de privation de leurs » charges, & de dix mille livres d'amende *contre les* ,, *acquéreurs*, outre la réunion à notre Domaine, & ,, confiscation à notre profit de tout ce qui pourroit ,, avoir été semé, planté ou bâti sur les places de » cette qualité.

Postérieurement à cette Ordonnance, la Chambre des Comptes de Pau en Bearn, inféoda un Bois dépendant du Domaine du Roi, appellé de Clarac, ce qui étant parvenu au Conseil, Sa Majesté par son Arrêt du 31. Août 1688. fit très-expresses inhibitions & défenses aux Officiers de sa Chambre des Comptes de Pau, & à tous autres, d'aliéner & inféoder ledit Bois de Clarac, ni aucuns autres Bois & Forêts appartenans à Sa Majesté, sous quelque prétexte que ce soit, sans Arrêt du Conseil, ou Ordre exprès & particulier de Sa Majesté, à peine, contre les Officiers, de privation de leurs Offices, & de 10000 liv. d'amende contre les acquéreurs, outre la réunion au Domaine. Cet Arrêt est rapporté en entier sur cet article dans la Conférence de Gallon. Le 12. Mai 1705. Sa Majesté rendit Arrêt en son Conseil, aussi rapporté au même lieu, par lequel Elle cassa, révoqua & annulla l'acensement fait par la Chambre des Comptes de Dôle, à Nicolas-Joseph Maistret le 11. Août 1703. d'un canton de Terre & Bois appellé le Deffoy, les Arrêts rendus en ladite Chambre en conséquence, & tout ce qui s'en est ensuivi; Ordonne que ledit Maistret sera tenu de représenter pardevant le sieur de Bernage, Intendant au Comté de Bourgogne, les Marchés par lui faits, des Bois coupés & de ceux restans sur ledit Canton, & de compter pardevant lui des sommes qu'il a reçues, pour ensuite lui être fait droit ainsi qu'il appartiendra.

SECTION II.

Des Bois tenus du Roi, à titre de Tiers & Danger.

QUEST. I. *Quelle est l'origine de ces droits?*

Ce droit est un droit Royal & domanial, qui n'a d'autre source que celle de tous les droits Seigneuriaux, dont nous avons démontré les établissemens & les causes dans notre premier volume page 5. dans le second pages 464. & 639. & aux questions premieres des droits d'usage ci-devant, où nous avons fait voir que c'est la distribution & concession des héritages qui les a établis; en un mot la *Loi de l'Emphitéose*. La Normandie, où les droits de tiers & danger ont lieu, a fait, dans son origine, partie du Royaume de France, ainsi que l'Histoire nous l'apprend, ayant été délaissée en premier lieu par Charles le Gros en 887. & en second lieu donnée par Charles le Simple, en dot à Gisle de France sa Fille, lors de son mariage avec Raol Duc de Normandie en 912. qui prit, à son Baptême, le nom de Robert Doulon; l'on en doit conclure que lors de l'érection, concession & distribution des différens Fiefs que renfermoit cette Province & qui la composent actuellement, le Souverain se réserva sur les Bois qui faisoient partie de ses Fiefs, les droits de tiers, danger, grurie & grairie; voilà l'origine & la cause de ce droit, tiré de la réserve faite dans le titre primitif, ce qui fait voir qu'un droit de cette espece, ne peut être regardé comme une servitude, mais seulement pour tenir lieu au Roi, d'une espéce de directe utile & du fruit & revenu de son héritage, *pars dominii est*.

C'est même le sentiment de Saint Yon, dans son Recueil des Ordonnances, sur les Eaux & Forêts (*a*) qui dit, que cela n'a pû s'introduire, que lors de la concession des Fiefs, & il assure que ce droit de *tiers & danger*, est général & universel dans toute l'étendue de la Province de Normandie, sur tous les Bois qui sont en icelle (*b*) eomme faisans partie du Domaine du Roi.

Ce qui est aussi remarqué par Chauffour, (*c*) en rapportant un Arrêt du Conseil privé où siégeoit M[r] le Chancelier, de l'an 1495. par lequel il est dit, que le Roi en accordant la Justice d'une

(*a*) L. 1. tit. 24. art. 1. p. 326.

(*b*) Id. art. 2. p. 328.

(*c*) Ch. 22.

Seigneurie en Normandie, n'entendoit donner le tiers & danger, par la raison que ce droit fait partie de l'ancien Domaine de France, & ne peut être aliéné. C'est ce qui est décidé par l'article 6. du titre 23. de l'Ordonnance de 1669. en ces termes, » Déclarons le droit de tiers & danger, dans les » Bois de notre Province de Normandie, impres» criptible & inaliénable, comme faisant partie de » l'ancien Domaine de notre Couronne.

QUEST. II. *En quoi consistent les droits de Tiers & Danger, que Sa Majesté léve sur les Bois, qui sont en Normandie.*

Quoique *Tiers* soit un droit, & *Danger* un autre; ils sont néanmoins si intimément unis ensemble, qu'il n'est guére possible de les séparer; nous venons de faire voir à la question précédente que lors de la concession des Fiefs, les Rois, comme Souverains, se sont réservé sur les Bois qui en faisoient partie, ces droits, comme la directité; tout ainsi qu'un Seigneur, en donnant une Terre à un particulier, se réserve le Champart, l'Agrier, le Carpot, la Perciére, ou telle portion de fruits qu'il lui plaît de se retenir, pour le cens ou Seigneurie directe qu'il veut se conserver, & dès-lors, ce particulier devient Propriétaire utile de cet héritage, & le bailleur en est le Seigneur direct.

Or dans la concession de ces Fiefs, le Souverain se réserva que lors de la vente de ces Bois, il auroit le *tiers*, du prix d'iceux, avec le *danger* qui est comme la dixme du même prix; à la charge & non autrement, que la vente desdits bois seroit faite par les Officiers du Roi, avec les mêmes formalités qui s'obſervent pour les Bois de ſon Domaine, ces deux droits étant abſolument domaniaux, & même des plus anciens du Royaume, ainſi qu'en convient Saint Yon, (*a*) & qu'il eſt vérifié en la Chambre des Comptes.

(*a*) L. 1. tit. 24. art. 1. p. 226.

Terrien ſur la Coûtume de Normandie, & Saint Yon (*b*) expliquent ainſi ces droits; ils diſent que ce ſont la tierce & dixiéme partie du prix de la vente d'un Bois, enſorte que ſi un arpent de Bois eſt vendu, dans ſa totalité, pour le prix entier de 30. ſ. la portion du tiers pour le Roi, eſt 10. ſ. & pour le droit de danger ou dixiéme 3. ſ. ce qui eſt 17. ſ. pour le Propriétaire & 13. ſ. pour le Roi: ſi cet arpent de Bois eſt vendu le double, c'eſt-à-dire 60. ſ. (*c*) le tiers pour le Roi, ſera 20. ſ. & pour le danger ou dixiéme 6. ſ. ce qui ſera 26. ſ. pour le Roi, & 34. ſ. pour le Propriétaire utile.

(*b*) Id. p. 227.

(*c*) Chaufour ch. 22. art. 5.

Et pour en faire une explication d'une autre maniére, nous dirons, que ſi un Marchand achete un acre ou arpent de Bois 20. ſ. pour la portion qui revient franchement au Propriétaire du Bois, il ſe trouvera que le prix total devra monter à 33. ſ. ſçavoir 20. ſ. pour le Propriétaire & 13. ſ. pour le Roi, dont 10. ſ. pour le tiers & 3. ſols pour le droit de danger, qui eſt le dixiéme du total. (*d*)

L'Ordonnance de 1669. (*e*) s'explique ainſi: » Le tiers & danger ſera levé & payé, ſelon la coû-,, tume ancienne, qui eſt de diſtraire, à notre profit,

(*e*) Tit. 23. art. 3.

(*d*) Saint Yon & Chaufour ont voulu expliquer cette ſeconde maniére, & l'ont fauſſement compriſe l'un & l'autre, ils en ont fait monter les droits pour le Roi à 35. ſ. 4. d. ce qui n'étoit pas juſte. *Voyez* Tenier & Saint Yon, page 327. à la fin.

» sur le total de la vente, soit en espéce ou en deniers, „ à notre choix, le tiers & le dixiéme, ensorte que „ si l'adjudication est de 30. arpens pour une somme „ de 300. liv. nous en ayons dix arpens pour le tiers „ de 30. & 3. pour le dixiéme de la même quantité, „ qui feront 13. arpens sur 30. ou si nous le pre„ nons en argent, 100. liv. pour le tiers de 300. l. & „ 30 l. pour le dixiéme de la même somme de 300 l.

Ce Réglement est si juste & si bien fixé, qu'il ne laisse aucun doute & est à portée de l'intelligence de toutes personnes ; la même fixation avoit été faite par Saint Yon page 327. en disant » En toute la „ Normandie, le Roi a le tiers & danger des cou» pes de Bois, « ce sont les 13. parts de 30.

Il faut cependant observer sur ces droits, que quoiqu'ils soient généraux en Normandie, il y a cependant des Bois en cette Province, où il n'est dû au Roi que le *tiers* sans *danger*, & d'autres où il n'est dû que le *danger* sans *tiers*. C'est l'observation qu'en fait Saint Yon page 327. *in fine*.

L'article 4. du titre 23. de l'Ordonnance de 1669. s'explique ainsi » S'il se trouve quelques Bois dans „ notre Province de Normandie, pour lesquels les „ particuliers aient titre & possession, & de ne „ payer qu'une partie de ce droit ; à sçavoir le tiers „ simplement, ou seulement le danger qui est le „ dixiéme, voulons qu'il n'y soit rien innové à cet » égard.

QUEST. III. *Ces deux droits de* tiers *&* danger *se lévent-ils sans exception sur toutes sortes de Bois.*

Il paroît qu'anciennement, ces droits s'exigeoient, uniformément & indiſtinctement, ſur toutes ſortes de Bois de la Province de Normandie, & ce fut par grace, que Louis X. en ſa Chartre aux Normands, donnée à Vincennes au mois de Juillet 1315. fit à l'art. 9. une diſtinction de ceux appellés *mort-bois*, & de ceux de tous les autres Bois qui auroient été plantés, long-tems auparavant, qu'il voulut bien excepter, pour l'avenir des droits de *tiers & dangers*; c'eſt ce qui eſt expliqué par Saint Yon ſur le dixiéme article de cette Chartre, enſorte que les Propriétaires de ces Bois morts & mort-bois, les peuvent couper & en uſer, ſelon leurs beſoins, ſans avoir permiſſion des Officiers de la Maîtriſe; cette chartre a été renouvellée par l'article 5. du titre de l'Ordonnance de 1669. qui porte, » Les poſſeſſeurs des Bois, ſujets à *tiers & danger*, pour-„ ront prendre, par leurs mains, pour leur uſage, du „ Bois des neuf eſpéces contenues en l'article 3. „ de la Chartre Normande du Roi Louis X. de l'an-„ née 1315. qui ſont, *ſaux*, *marſaux*, *épines*, *puiſne*, „ *ſeur*, *auſnes*, *genets*, *genevres & ronces*, & le Bois » mort en cime & racine ou giſſant.

Il en eſt de même des Bois qui ſe ſont trouvés plantés lors de cette Ordonnance, & dont les Propriétaires ont pû juſtifier, ainſi que de ceux qui l'ont été depuis, pour leſquelles coupes, qui ne ſont ſujettes aux droits de *tiers & danger*, ces Propriétaires ſont obligés de juſtifier de la plantation, au Grand Maître ou aux Officiers de la Maîtriſe, où les Titres qui le prouvent doivent être enregiſtrés, avant de pouvoir faire aucunes coupes de ces Bois.

L'Article 7. du même titre de cette Ordonnance,

s'explique, à cet égard, en ces termes » Tous les Bois
„ situés en Normandie, hors ceux plantés à la main,
„ & les mort-bois exceptés par la Chartre Normande, seront sujets à ces droits (de tiers & danger) si les possesseurs ne sont fondés en Titres authentiques & usages contraires.

L'on voit que ces Bois pour être exemts doivent être plantés *de main d'homme*, c'est ce que les Ordonnances & l'usage avoient déja réglé avant 1669.

Plusieurs Auteurs disent, que lorsque les Bois sont sujets à la dixme du Curé, tels que les Taillis qui sont en coupes réglées, que cette dixme est une preuve que le droit de tiers & danger n'est pas dû; cela pourroit être certain, sur tout si les Officiers de la Maîtrise n'avoient pas le gouvernement de ces Bois, & ne l'avoient jamais eu.

QUEST. IV. *Le Propriétaire ou possesseur des Bois tenus à tiers & danger, peut-il couper des Arbres, ou vendre sa portion, sans permission du Roi?*

Par les anciennes Ordonnances & même dès l'an 1385. comme il paroît par les comptes rendus à la Chambre à Paris, il a toûjours été défendu aux Propriétaires, de vendre ni couper aucun arbre dans les Bois sujets à ce droit; les Ordonnances de 1376. art. 56. de 1388, 1402, 1515. art. 65. & 66. de 1583. art. 2. & autres y étoient précises, avec la modération toutefois, *que si le marché ne montoit, si petit prix, qu'il n'excédât dix livres tournois ou Parisis; auquel cas de si petit prix, il suffiroit avoir congé des Maîtres & au dessus non.* Mais la nouvelle Ordonnance de 1669. à laquelle seule il faut s'arrêter, est sans réserve,

ſerve; l'art. 10. du titre 23. le défend à tous Propriétaires, ſans avoir obtenu Lettres-Patentes du Roi, dûement enregiſtrées, à peine de reſtitution, de privation de tous droits, contre les poſſeſſeurs, amende arbitraire & confiſcation des ventes contre les Marchands.

Si cependant le Propriétaire a beſoin pour ſes Bâtimens & autres choſes urgentes, vérifiées par les Officiers du Roi, il lui ſera permis de couper quelques Arbres qui lui ſeront marqués, c'eſt ce qui eſt expliqué par l'article 16. du même titre qui dit » Ne pourront les poſſeſſeurs prendre aucun arbre „ vif, ſans la marque & délivrance du grand Maî- „ tre, lequel à l'inſtant en fera couper & vendre „ à notre profit, pour la valeur, à proportion de nos „ droits.

Il peut même prendre ſon chauffage dans ces Bois, mais ſeulement en mort-bois, comme il eſt porté par l'article 5. du même titre, excepté que les ventes ne ſoient ouvertes, comme il eſt porté par l'article 16. qui dit, que » Lorſqu'il ſe fera des ven- „ tes ordinaires, les poſſeſſeurs prendront leur chauf- „ ſage ſur leur part de la vente; mais s'il n'y avoit „ pas de vente ouverte, aucun chauffage ne pourra „ être pris, qu'en bois-mort ou mort-bois des neuf „ eſpéces.

Les Ordonnances anciennes défendoient expreſſément aux poſſeſſeurs d'arracher, de défricher & de couper aucuns Arbres à peine d'amende arbitraire, & d'être condamnés à les remettre en leur ancien état, & à payer tous dépens, dommages & intérêts, c'eſt ce qui eſt porté par l'Ordonnance de 1516. celle de

1583. veut que les possesseurs perdent leurs droits entiérement.

Il y en a de même deux Arrêts rendus par les Juges en dernier ressort des 5. Février 1514. & 26. Février 1551. rendus contre des très-fonciers, & Domaniers, dans les Bois desquels le Roi a droit de Grurie, Grairie, Tiers & Danger, par lesquels il leur est défendu de défricher lesdits Bois, à peine de privation de leurs droits de très-fonds, propriété, cens, rentes & autres droits qui peuvent leur appartenir.

QUEST. V. *Le Roi ayant intérêt aux ventes des Bois & Forêts, sur lesquels il prend & léve les droits de tiers & danger, comment & avec quelle formalité se font les ventes?*

L'article 2. du titre 23. de l'Ordonnance de 1669. prescrit comme toutes les Ordonnances précédentes, que les ventes & adjudications des Bois de cette qualité, ne pourront être faites que par les Officiers de la Maîtrise, & avec les mêmes formalités, que pour les autres Bois & Forêts de Sa Majesté.

Il est à observer, que les Officiers de la Maîtrise, lors de ces sortes de ventes, ont la liberté de prendre en argent, la portion qui revient au Roi, pour le tiers & danger, ainsi que nous l'avons dit plus haut, ou de prendre cette même portion en espéce de Bois, à leur choix & dans l'endroit le plus profitable; c'est ce qui est porté précisément par les articles 2. & 3. dudit titre, le tout cependant, suivant l'ancien usage de la Maîtrise où les Bois sont situés, sans qu'il soit rien changé ni innové à ce regard, comme s'explique l'Ordonnance.

Et pour ce qui eſt des ventes, l'on trouve à l'article 10. du même Titre, ce qu'il eſt néceſſaire de pratiquer pour y parvenir; cet article s'explique ainſi, „ Les ventes ordinaires ſeront faites par le „ grand Maître ou par les Officiers de la Maîtriſe, „ avec les mêmes formes qui ſe doivent obſerver „ pour l'aſſiette, martelage, ballivage, publications „ adjudications, doublement, tiercement, & récol- „ lement de nos Bois, & les extraordinaires, par les „ grands Maîtres ſeulement, en vertu de nos Let- „ tres-patentes dûement régiſtrées, à peine de reſ- „ titution, de privation de tous droits contre les „ poſſeſſeurs, amende ordinaire & confiſcation des „ ventes contre les Marchands.

QUEST. VI. *Dans le cas de délits arrivés & commis dans ces Bois, le Propriétaire & poſſeſſeur aura-t'il ſa portion des amendes & autres adjudications?*

Dès que le Roi s'eſt conſervé la Juſtice ſur ces Bois, les amendes & confiſcations doivent lui appartenir ſeul, mais pour les reſtitutions, dommages & intérêts qui réſultent des délits, les poſſeſſeurs y ont leur portion; ce droit leur eſt conſervé par l'article 12. du Titre 23. de l'Ordonnance de 1669. qui porte „ Toutes les amendes & confiſcations qui „ ſeront adjugées pour ces Bois, nous appartien- „ dront entiérement, ſans que les poſſeſſeurs y puiſ- „ ſent rien prétendre, mais ils auront la même part, „ aux reſtitutions dommages & intérêts qu'ils ont „ droit & coûtume d'avoir aux ventes.

Et cette part, eſt celle qui eſt réglée par l'article 3. du même titre.

Ces Propriétaires ont aussi leur portion dans les Bois chablis, c'est-à-dire dans les arbres qui sont abbatus, déracinés & rompus par des vents & orages ; voici comment l'explique l'article 2. » Il sera procédé à la vente des chablis rompus ou arrachés, en la maniére ordonnée pour „ nos bois, à la charge de nous payer, sur le prix, „ la même part qui nous appartient dans nos ventes » ordinaires «, laquelle part est le treiziéme de trente, comme l'explique ledit article trois.

QUEST. VII. *La paisson & glandée des Bois & Forêts où le Roi a le tiers & danger se partagent-elles de même que les Bois?*

Cette question est décidée, sans équivoque, par l'article premier du titre 23. il porte » En tous les „ Bois sujets aux droits de Grurie, Grairie, Tiers „ & Danger, la Justice & tous les profits qui en pro„ cédent nous appartiennent, ensemble la Chasse, „ *paisson & glandée*, privativement à tous autres, si „ ce n'étoit qu'à l'égard de la paisson & glandée, il » y eût titre au contraire.

Dans ce cas, ce seroit au Propriétaire à en justifier aux Officiers de la Maîtrise, au Greffe de laquelle ces Titres doivent être enregistrés.

Ces droits de paisson & de glandée appartenans en total au Roi, prouvent évidemment que le Roi est seul Seigneur de ces sortes de bois, le Propriétaire utile que l'on appelle très-foncier, n'ayant simplement, qu'une partie de l'usufruit à lui laissé, lors de la concession.

L'article 8. du même Titre en léve tous les doutes, puisqu'il y est porté » Les droits de propriété „ par indivis avec autres Seigneurs, & ceux de „ grurie, grairie, tiers & danger, ne pourront être „ donnés, vendus ni aliénés en tout ou en partie, ni „ même donnés à ferme pour telle cause que ce „ soit, &c.

DES BOIS TENUS EN GRURIE ET GRAIRIE.

QUEST. VIII. *Quelle est l'origine de ces droits, leur différence de ceux de tiers & danger, & en quoi consistent ces droits?*

Saint Yon a voulu approfondir l'origine de *Grurie* & *Grairie*, d'après les Auteurs qui en avoient parlé; mais quelques recherches qu'il ait faite, il n'a rapporté que des conjectures aussi incertaines que peu vraisemblables; sur la fin de cette observation qui se trouve page 335. il a été forcé de convenir que ces droits peuvent être comme ceux d'agrier, terrage, champart, & autres portions de fruits dont plusieurs Coûtumes qu'il cite, font mention: (*a*) ce dernier sentiment est conforme à celui que nous avons adopté & que nous avons expliqué à la premiere question sur les Bois de tiers & danger, qui est que ces droits ont été établis lors de la concession de ces Bois ou des Fiefs dont ils font partie, lors de laquelle, le Roi s'est réservé les droits de Grurie & Grairie, qui sont portion des fruits, tels que le Champart & autres.

(*a*) La Marche 311. S. Jean d'Angely 21. Bordeaux 86, 102, 103.

La différence qu'il y a entre les Bois tenus en grurie & grairie, de ceux de tiers & danger, c'est que ces derniers ont une fixation certaine, qui est que de 30. portions, il y en a 13. pour le Roi, ainsi que nous l'avons démontré à la question précédente, & que ces droits ne s'étendent que dans la seule Province de Normandie.

Mais pour les Bois qui sont tenus en *Grurie & Grairie*, il y en a non-seulement en Normandie, mais encore dans toutes les autres Provinces; le droit à la vérité, n'en est pas uniforme. S. Yon sur l'article premier du titre 24. des Ordonnances page 327. fait voir que » dans l'*Orléanois* pour ce qui est au-„ deçà de la Riviere de Loire & pays de *Beauce*, „ *Gastinois & Hurepoix* le Roi a la moitié.

„ A *Beaugency* le tiers du principal & toute l'enche-„ re qui se fait sur la publication du Contrat de la „ vente faite par le très-foncier.

„ Qu'à *Senlis*, le Roi a en aucuns Bois le tiers, en „ d'autres la moitié, en autres le quint & vingtié-„ me, en autres le vingtiéme seulement; & l'Auteur „ assûre que toutes ces differences se voient au Car-„ tulaire de la Forêt de Halatte, qui est au Greffe „ du Siége de la Table de Marbre.

„ Qu'à *Chauny* il a le quart & le quint.

„ Dans la Forêt au pays de *Vallois*, le Roi y a le „ tiers, ès Bois des très-Fonciers, & vend quand „ il lui plaît.

„ Et qu'en d'autres lieux ce sont les très-Fon-„ ciers ou Domaniers (a) qui vendent leurs Bois „ quand bon leur semble.

„ Qu'en la Grurie de *Vallois* & *Comté de Nanteuil*, les „ droits sont tels qu'ils sont spécifiés par un Arrêt „ qu'il a rapporté en son Liv. 3. tit. 5. art. 15.

Il paroît encore, ainsi que le rapporte cet Auteur

(a) Ce sont les Propriétaires & possesseurs.

au même lieu, „ qu'en ladite Grurie de Vallois, le „ Comte de Nanteuil y a moitié, & ont le Roi & „ le Comte de Nanteuil chacun leur Juge, qui exer- „ cent la Justice de ladite Grurie concurremment.

» Qu'ès Gruries de *Saint Germain en Laye*, *Livry* „ & *Bondis*, *Senard* & *Sequiny*, le Roi n'a aucune „ part aux coupes des Bois des particuliers, mais y a „ seulement la Justice, amendes, forfaitures, con- „ fiscations, la paisson & glandée, garennes & chas- » ses, & ainsi des autres.

Toutes ces différences prouvent qu'il n'y a aucune uniformité dans les droits de Grurie & Grairie, & qu'ils se perçoivent selon les titres & usages dans lesquels le Roi est en droit de les prendre, ensorte que l'on ne peut à ce sujet donner aucune régle précise.

Ce qu'il y a de certain, c'est que l'exploitation s'en fait & s'en doit faire avec les mêmes formalités que ceux sujets au tiers & danger, & aux Bois du Domaine du Roi.

(*a*) » Les parts & portions que nous prenons „ lors de la coupe & usance des Bois sujets aux „ droits de grurie & grairie, seront levées & perçues „ à notre profit, en espéces ou en argent, suivant l'an- „ cien usage de chacune Maîtrise où ils sont situés, „ sans qu'il soit rien changé ni innové à ce regard, „ & ne pourront être les Bois de cette qualité ven- „ dus, que par le ministère de nos Officiers & avec „ les mêmes formalités que nos autres Bois & Forêts.

(*a*) Tit. 22. art. 2. de l'Ordonnance de 1669.

Saint Yon a rapporté Livre trois, titre 20. plusieurs Arrêts du Siége de la Table de Marbre, rendus, au sujet des Bois tenus en grurie & grairie, dont il convient d'être instruit, pour le gouvernement & l'exploitation des Bois de cette espéce.

Le premier du trentiéme Mars 1530. adjuge au Prieur-Curé de Chenoise, quarante-cinq arpens de Bois en la Forêt de Jouy, & lui défend d'en vendre ni donner soit pour argent ou autrement.

Le deuxiéme du 29. Juillet 1535. déclare au profit de Jean Seraye, & Guillaume Bonne-Année, un Bois de dix arpens situé en la Forêt d'Athie, être dans la Grurie du Roi, & que pour le Bois qu'ils y ont fait couper, pour en user seulement, ils n'en payeront aucune chose, à la charge que s'ils en vendent ou donnent aucunement, ils seront tenus payer, au Roi ou son Receveur, le droit de Grurie, tel que la qualité de Grurie de ladite Forêt le requert.

Le troisiéme du 16. Septembre 1551. condamne des possesseurs, qui avoient fait défricher des Bois en Grurie, de les faire replanter & resemer en gland, faire fossoyer à leurs propres coûts & dépens, garder & faire garder iceux Bois & le rejet jusqu'au tems fixé par les Ordonnances.

Le quatriéme du 20. Avril 1554. condamne pareillement des particuliers, qui avoient défriché & mis en labeur 94 arpens de Bois, à les remettre en tel état & nature de Bois qu'ils étoient avant qu'ils fussent défrichés, les faire replanter & resemer, fossoyer, garder ou faire garder le rejet, jusqu'au tems qu'ils seront hors de défenses, suivant l'Ordonnance, afin que le Roi puisse percevoir & jouir de ses droits de Grurie esdites piéces de Terres, avec dommages & intérêts.

QUEST. IX.

QUEST. IX. *Les coupes des Bois tenus à tiers & danger, grurie & grairie, sont-elles différentes des autres Bois?*

Non, elles sont toutes pareilles à celles des autres Bois du Roi, c'est à quoi les possesseurs doivent avoir de grandes attentions; l'aricle 13. du titre 23. de l'Ordonnance porte » Les réserve des Balliveaux „ dans les Taillis & les mêmes peines & condamna„ tions prescrites pour nos Bois, seront faites & „ éxécutées pour ceux tenus en grurie & grairie, „ tiers & danger: Enjoignons aux Officiers d'y tenir „ exactement la main.

SECTION III.

DES RIVERAINS DES FORESTS DU ROI.

QUESTION PREMIERE.

Nous avons fait voir dans le premier volume, (Edition de 1752. page 230. & suiv.) les obligations des Seigneurs, possédans des Bois fonds & héritages joignans les Forêts du Roi, les précautions qu'ils doivent prendre, soit pour en faire faire les séparations, soit pour l'insertion de ces sortes de Fonds-Riverains dans les aveux & dénombremens; enfin les formalités indispensables en ce cas, qui consistent principalement, dans la communication que les Vassaux doivent faire, aux Procureurs du Roi des Maîtrises, de leurs dénombremens *à peine de réunion*;

l'Ordonnance des Eaux & Forêts de 1669. qui assujettit à cette formalité, met dans la même classe les Decrets & Saisies-réelles, en obligeant les Poursuivans Criées de donner communication *aux Procureurs du Roi* des Maîtrises, des Procès-verbaux de Criées, des Affiches, & Publications, quand dans les biens saisis réellement, il se trouve *des Maisons, Terres, Bois, & autres Héritages* en Fiefs & en roture, *assis dans l'enclos, aux rives, & à cent perches des Forêts, Bois & Buissons de S. M.*

Un Auteur moderne (*a*) après avoir fait voir la nécessité de l'exécution de cette Loi, décide fort sagement, que quoique l'article 7. du titre 27. de l'Ordonnance, ne semble éxiger la communication de la Procédure décrétale, & la remise des Piéces au Greffe de la Maîtrise, que *quinze jours au moins, avant l'adjudication des Décrets*; il paroît plus convenable (on pouroit dire plus régulier) d'y satisfaire *avant le congé d'adjuger*, afin qu'on applannisse, de bonne heure, toutes les poursuites qui peuvent naître, & que dans la suite rien n'arrête les poursuites de l'Impétrant.

QUEST. II. *Est-il permis d'édifier des Bois, auprès de ceux du Domaine du Roi.*

Les précautions qu'ont prises les Ordonnances pour éviter les entreprises & les usurpations qui peuvent se faire sur les Bois du Domaine, doi-

(*a*) Traité des Criées, suivant l'usage de Bourgogne, par Me Alexis Thibault, Procureur au Parlement de Dijon 1746. tome 1. page 148. n. 23.

vent faire sentir de quelle conséquence il seroit, de laisser semer ou planter des Bois dans leur voisinage, en ce que le mêlange ou la confusion rendroit les entreprises plus aisées; c'est ce que l'Ordonnance de 1669. a prévû par l'Article 6. du titre 27. qui porte: » Défendons à toutes personnes de planter Bois à cent perches de nos Forêts, sans notre permission expresse, à peine de 500. livres d'amende & de confiscation de leurs Bois, qui seront arrachés & coupés.

Cette Ordonnance à l'article 11. du même titre, défend d'arracher aucun plan, dans les Bois du Domaine pour édifier, c'est ce qui est écrit en ces termes: » Faisons très-expresses défenses d'arracher, aucuns plans de chênes, charmes ou autres bois dans nos Forêts, sans notre permission & l'attache du Grand-Maître, à peine de punition exemplaire & de 500. livres d'amende.

Les précédentes Ordonnances ont été extraordinairement rigides sur ce point; tel est le Réglement de la Table de Marbre du Palais à Paris du 20. Décembre 1599. qui défend d'arracher, tant dans les Forêts du Roi, que dans les Bois des Particuliers, aucuns plans de chênes, charmes, aunes, hérables, geniévres, coudres, épines blanches & de vinettes, propres à faire pallissades; hêtres, nefsliers, cormiers, sauvageons de pommiers, & autres arbres portans fruits, sans permission du Roi, & des Particuliers, à qui appartiennent les Bois & Forêts; & il est expressément défendu aux Officiers des Eaux & Forêts de le permettre & de le souffrir, sur peine d'en répondre en leurs propres & privés noms.

Ces sages Réglemens faits pour la conservation de l'espéce, méritent toutes les attentions. Nous avons observé cependant à la Question 3. du premier chapitre, qu'il seroit très-utile, après une année de glandée abondante, d'élever beaucoup de jeunes sujets crûs par germes, de la quantité de glands non consommés, & restés sous les chênes, qui se perdent, tant parce que la terre ne peut leur fournir assez d'alimens à cause de leur quantité, que par ce qu'ils manquent d'air, & sont étouffés par l'ombrage des chênes & autres grands arbres qui les couvrent ; il y en auroit souvent de quoi composer des Forêts, ou au moins d'en rétablir où les plans manquent; mais comme nous l'avons dit, personne n'y porte une éxacte attention.

QUEST. III. *Des Contraventions, Délits, Abus & Malversations qui se commettent dans l'enclos ou rives des Forêts, contre les dispositions de l'Ordonnance, & des peines prononcées pour ces objets.*

C'est avec bien de la raison qu'il est rapporté au titre 32. de la Conférence des anciennes Ordonnances avec celle de 1669. que quelques sévéres que soient les Loix, pour la conservation des Bois & Forêts elles seront toûjours inutiles, tant que les Officiers chargés de leur exécution ne les feront point observer, avec la diligence & la sévérité qu'éxigent leurs devoirs. L'Auteur de cette Conférence s'écrie avec force & enthousiasme, qu'il viendra un tems, où le Roi sera obligé de prononcer les peines les plus rigoureuses ; mais qu'il est à craindre que ce ne soit trop tard, & lorsqu'il n'y aura plus de bois ; les dégradations journalieres & l'indolence des Officiers préposés pour les empêcher, sont pour ainsi dire *si invétérées*, pour nous servir des mêmes termes de cet Auteur, qu'il n'y a point à espérer que cela puisse se rétablir, sans faire rejaillir les peines de la destruction des Bois, sur ceux qui les ont en garde, & sans une réformation générale.

L'Ouvrage que nous avons entrepris ici, n'est que pour retracer aux Seigneurs, aux Prélats, Communautés Ecclésiastiques & Laïques, Particuliers, & à tous les Sujets du Roi, les Ordonnances anciennes & nouvelles, leur apprendre ce qu'ils doivent faire pour la conservation, & la manutention des Bois & Forêts du Domaine du Roi, de ceux des Princes, hauts Seigneurs, Prélats, & Communautés, comment se doit comporter chaque Seigneur dans l'économie des siens, ainsi que les Particuliers, ce que nous avons enseigné aux Chapitres précédens ; celui-ci contiendra ce que chacun doit faire ou ne faire pas, pour éviter les peines, les amendes, confiscations & dommages & intérêts prononcés par l'Ordonnance de 1669. & Arrêts intervenus en conséquence.

Nous commencerons par les Maisons qui ne peuvent être bâties & édifiées près des Forêts du Domaine.

L'article 18. du titre 27. de l'Ordonnance porte : » Défendons à toutes personnes de faire construire à l'avenir aucuns Châteaux, Fermes & „ Maisons, dans l'enclos, aux rives, & à demi- „ lieue de nos Forêts, sans espérance d'aucune remise „ ni modération des peines, d'amendes & de con- „ fiscation du fonds & des bâtimens. Cette Ordon-

nance est rélative à celle donnée au mois de Mars 1597. par Henri IV. dont l'article 6. porte : » Faisons défenses à tous Seigneurs, Gen-
„ tilshommes, & autres de quelque qualité & con-
„ dition qu'ils soient, de bâtir aucuns Châteaux,
„ Maisons, Moulins, ni autres édifices aux reins,
„ & à demi-lieue près des Forêts, sans avoir baillé
„ aux Officiers le dessein du bâtiment, & déclaré
„ où ils prendront les bois pour les construire, à
„ peine de confiscation des édifices commencés
„ ou parfaits, pour être les matériaux, jusqu'au rez de
„ chaussée vendus au profit du Roi, eux privés de
„ tous usages, s'ils en ont, sinon être procédé contre
„ eux, à la diligence du Procureur du Roi; enjoint
„ aux Officiers des Eaux & Forêts, d'empêcher
„ qu'il ne s'en construise à l'avenir, avec défenses
„ de diminuer ladite peine de confiscation, & icel-
„ le modérer en amende arbitraire, à peine d'en
„ répondre en leurs propres & privés noms.

L'article 17. du même titre 17. de l'Ordonnance de 1669. porte : » Toutes Maisons bâties sur
„ perches, dans l'enceinte aux reins, & à demi-
„ lieue des Forêts, par des Vagabons, & inutiles,
„ seront incessamment démolies, & leur sera fait dé-
„ fenses d'en bâtir à l'avenir, dans la distance de
„ deux lieues de nos Bois & Forêts, sur peine de
„ punition corporelle.

Chauffour & après lui Gallon dans la Conférence sur cet Article, rapportent un grand nombre d'Arrêts, qui prescrivent même chose; le Réglement général de la Réformation, fait pour la Forêt d'Orléans, le 26. Avril 1671. ordonne pareillement que *toutes*

Maisons bâties sur perches dans l'enclos & à demi-lieue de ladite Forêt seront détruites, le tout par les conséquences que la plûpart des Vagabonds, qui ne s'emploient à aucun métier ni vacation, se mettans & réfugians près des Bois, sont à portée d'en profiter par leur larcin, se bâtissent de petites maisons sur des bois, pieux & perches & causent des délits infinis.

Cette étendue de demi-lieue des Forêts doit être au moins de mille toises qui est la plus petite mesure de France.

QUEST. IV. *Quelles choses sont défendues aux Voisins des Forêts du Roi.*

Les Officiers des Maîtrises sont expressément tenus, de ne laisser établir, dans les Bois du Domaine, aucuns Fours, Fourneaux, façon de cendres; de ne permettre aucuns Défrichemens & enlevemens de plans, de glands, & faines des Forêts du Roi, à peine d'amende arbitraire, & de tous dommages & intérêts; c'est le texte de l'article 18. du titre 4.

QUEST. V. *Est-il permis, d'ouvrir des Carrieres ou Perriéres près les Forêts du Roi, de prendre dans les environs d'icelles, des terres, sables & marnes?*

L'Article 12. du titre 27. de l'Ordonnance de 1669. » Défend à toutes personnes d'enlever dans „ l'étendue & aux reins des Forêts du Roi, sables, „ terres, marnes ou argilles, ni de faire faire de la „ chaux, à cent perches de distance, sans la permis- „ sion expresse du Roi, & aux Officiers de le souf-

„ frir sur peine de 500. livres d'amende ; & confiscation des chevaux & harnois.

Postérieurement à cette Ordonnance, il y a eu Arrêt du Conseil d'Etat du 23. Décembre 1690. (a). Qui „ fait très-expresses inhibitions & défenses à toutes „ personnes de faire aucune ouverture de Carrieres, „ dans l'étendue & aux reins des Forêts de Sa Majesté, „ sans sa permission expresse, & l'attache du Grand-„ Maître des Eaux & Forêts du Département, & „ aux Officiers des Maîtrises particulieres de le „ souffrir, à peine d'interdiction, & de répondre „ en leurs propres & privés noms, de tous domma-„ ges & intérêts résultans desdites ouvertures.

(a) Melier cod. de la Voirie, p. 78.

Il est parlé en différentes Ordonnances du Rein des Forêts, mais aucune n'explique précisément ce qui étoit entendu par ces mots, *reins des* „ *Forêts*; il y a eu à ce sujet des Arrêts cités par *Gallon* sur cet Article, qui ont interpété differemment cette étendue, & il conclud, de cette diversité, que les Ordonnances ont laissé à la prudence des Officiers des Eaux & Forêts, de limiter cette distance, suivant la situation des lieux; pour moi je pense que cette étendue ne peut être que des cent perches de distance portées dans l'art. 12. de l'Ordonnance de 1669. ci-dessus rapporté, parce que par plusieurs articles de cette même Loi, Sa Majesté a toujours défendu de bâtir & construire aucuns édifices, dans cet espace, comme nous l'avons rapporté aux Questions précédentes.

D'où nous devons conclure, qu'aucunes personnes ne peuvent ouvrir Perriéres ou Carriéres, tirer mines, marnes, ou argiles, enlever sables, terres

res, ou graviers, dans la diſtance des cent perches des Bois & Forêts du Domaine du Roi, ſous les peines prononcées par ces Ordonnances.

QUEST. VI. *Quels Bois ſont réputés Bois du Domaine du Roi ?*

Ce ſont ceux dont le Roi jouit par les Receveurs de ſes Domaines & Bois en chaque Province.

Ceux des Princes Apanagiſtes, après l'appanage fini, ceux tenus par les Engagiſtes, aux charges portées par le titre 22. de l'Ordonnance de 1669.

Ceux tenus de Sa Majeſté, à titre de dons, douaires & uſufruits.

Ceux tenus à titre de *Tiers* & *Danger*, qui ſont tous les Bois de la Province de Normandie.

Et ceux tenus en grurie, grairie & ſegrairie.

Tous ces Bois ſont réputés faire partie du Domaine du Roi, & la Police preſcrite par les Ordonnances, pour les défenſes, les meſures & la conſervation d'iceux, ſont les mêmes que ce qui eſt preſcrit pour les propres Bois de Sa Majeſté, à cela près, que les amendes pour raiſon des Forêts ou Bois ſujets à réverſion, ne peuvent appartenir qu'au Roi, & non aux Engagiſtes, Donataires, Douairiers & Uſufruitiers.

Les conteſtations qui naiſſent pour la Police, & conſervation de ces Bois aliénés ne peuvent être portées, que pardevant les Officiers de la Maîtriſe, & non pardevant les Juges ordinaires de la Seigneurie engagée, quand même il ſeroit permis à l'Engagiste, Usufruitier, &c. de nommer des Officiers en son nom.

SECTION IV.

DES MARCHANDS ET ADJUDICATAIRES DES BOIS DU ROI.

QUEST. I. *Toutes personnes sont-elles reçues à acheter du Bois des Forêts du Roi ?*

Marchands, Ventes.

Non, les Grands Maîtres, ou Maîtres Particuliers qui en font les Ventes, ne les peuvent adjuger à aucuns de leurs parens, non plus qu'à des Gentils-hommes, Officiers du Roi, Avocats, Clercs, ni Bénéficiers, c'est ce qui est précisément porté par les Ordonnances du 29. Mai 1346. art. 15. (*a*) de Juillet 1367. art. 46. (*b*) de Mars 1515. art. 60. & celle d'Orléans art. 60. ces Ordonnances ont été renouvellées par les articles 21. & 22. du titre 15. de la derniere Ordonnance. L'article 21. porte : » Ne „ pourront à l'avenir, aucuns Ecclésiastiques, Gentils-„ hommes, Gouverneurs de Villes & Places, Ca-„ pitaines des Châteaux & Maisons Royales, leurs „ Lieutenans & Officiers, Magistrats de Police & „ des Finances, faisans fonctions de Juges, ou de nos „ Procureurs dans nos Justices, se rendre Adjudica-„ taires, directement, ou par association, des Ven-„ tes qui se feront de nos Bois, pour le tout ou „ partie, ni en prendre des rétrocessions, ou se ren-„ dre pleiges & cautions des Adjudicataires, sous „ leur nom, ou sous celui d'aucunes personnes in-„ terposées, à peine de confiscation des Ventes

(*a*) Ordon. du Louvre tom. 2. p. 247.
(*b*) Id. tom. 6. p. 235.

„ ou du prix pour lequel elles auront été faites ; „ & d'être d'échûs de leurs priviléges, déclarés „ Roturiers & imposés à la Taille, & de privation „ de leurs Charges, contre nos Officiers qui auront „ fait & consenti l'adjudication, ou souffert l'ex- „ ploitation, même de plus grandes peines, s'il y „ échet.

L'article 22. est en ces termes » Défendons pa- „ reillement aux Officiers de nos Forêts & Chasses, „ tant ceux des Maîtrises où se feront la Vente, „ que tous les autres, de quelque département qu'ils „ soient, sans distinction, & leurs enfans, gendres, „ freres, beaux-freres, oncles, neveux, & cousins- „ germains, de prendre part aux Adjudications, „ soit comme parties principales, associés, plei- „ ges ou cautions, à peine contre les Officiers Ad- „ judicataires, de confiscation des Ventes, & priva- „ tion de leurs Charges, d'amendes arbitraires, & „ d'être bannis du ressort de la Maîtrise où ils feront „ leur résidence, & contre leurs parens, alliés, „ de pareille peine, de confiscation & d'amende „ arbitraire.

Gallon sur ces articles, dit qu'à l'occasion de ces défenses, il fut rendu un Jugement à la Table de Marbre le 12. Mars 1580. contre le sieur du Moulinet, près de Montfort, qui fait défenses à tous Gentilshommes d'enchérir les Ventes, & aux Officiers de recevoir leurs Enchéres, sur peine d'amendes arbitraires, & de confiscation des Ventes.

Que par Arrêt du Conseil d'Etat du 31. Décembre 1712. qu'il rapporte, il est fait défenses aux Officiers des Maîtrises, de recevoir pour Adjudicataires ou Cautions d'aucunes Ventes de Bois ; aucuns Officiers, Magiſtrats de Police ou de Finance, faiſans fonctions de Juges ou de Procureurs du Roi dans les Juſtices.

Il énonce de même ſur l'article 22. pluſieurs Arrêts, qui défendent aux Officiers des Eaux & Forêts d'enchérir les Ventes, d'être cautions, ni aſſociés, d'y avoir aucune part, ni portion d'icelles, & de recevoir leurs enfans, gendres, freres, beaufreres, oncles, neveux, couſins germains & iſſus de germains, perſonniers, aſſociés ou cautions, ou de les prendre ou faire prendre par leurs ſerviteurs, domeſtiques, ni autres perſonnes interpoſées, directement, ni indirectement, ni d'être cautions de leurs parens, d'accepter aucun tranſport de ventes de Bois, ou de partie d'icelles, à peine de confiſcation deſdites ventes, de leurs Offices & d'amendes arbitraires.

Ces Ordonnances ſont préciſes, elles ſont de Droit étroit, par conſéquent doivent être exécutées, avec toute l'attention poſſible, par les Officiers des Maîtriſes.

QUEST. II. *Quoique l'Adjudication ſoit faite d'un Canton des Bois du Roi, un Marchand ne peut-il pas être reçu à doubler & tiercer ?*

Bois du Domaine. Les Bois du Domaine ne ſe vendent jamais, qu'au plus offrant & dernier enchériſſeur à l'extinction des derniers feux, pardevant le Grand-Maître ou ſon Lieutenant en la Maîtriſe où ils ſe trouvent ſitués, & quoique l'adjudication ſoit faite, un Marchand eſt reçu à doubler & tiercer le prix de cette adjudication ; c'eſt ce qui eſt porté par l'art. 31. du tit. 15. de l'Ordonnance de 1669. mais il faut que ce tiercement ou doublement, ſe faſſe dans le lendemain midi, du jour de l'adjudication, & qu'il ſoit ſignifié le même jour à l'Adjudicataire & au Receveur Général, en parlant à leurs perſonnes ou domiciles, s'il en a été élu, ſinon au Greffe de la Maîtriſe, par Exploit qui contienne préciſément l'heure en laquelle il aura été donné, & le nom de ceux à qui le Sergent aura parlé, à peine de nullité de l'Exploit ; c'eſt ce qui eſt preſcrit par l'article 32. du même titre.

Le *Tiercement* ſuivant l'article 33. eſt une enchere qui augmente le prix de la vente du tiers, & fait le quart au total.

Le *demi-Tiercement* eſt une enchere ſur le Tiercement qui eſt de la moitié ou du tiers ; le même article explique ces ſur-encheres par un exemple ſimple, qui fait connoître tout d'un coup au Marchand ce qu'il doit lui en coûter, au-delà du prix de l'adjudication.

Le *demi-Tiercement* ne peut ſe faire que ſur le Tiercement.

Le *Doublement* comprend le Tiercement & le demi-Tiercement dans une ſeule enchere.

Sur le Doublement ſignifié à l'Adjudicataire, il peut mettre une ſimple enchere, ſur laquelle, tant lui que le Tierceur & le Doubleur ſont reçus à enchérir l'un ſur l'autre ; car on ne recevroit pas une nouvelle miſe de tout autre : Article 35. du même titre.

QUEST. III. *N'est-il pas permis aux Voituriers & Marchands de passer avec leurs Voitures par les Routes de traverse qui sont pratiquées dans les Bois du Roi?*

Comme ces Routes ne sont faites dans les Bois de Sa Majesté, que pour son plaisir, & pour des causes qu'Elle ou ses Officiers ont déterminé, que ce ne sont point des Chemins usités & ordinaires, Sa Majesté a défendu aux Voituriers, même aux Marchands de Bois d'y passer, c'est ce qui est porté par l'Ordonnance ci-après.

ORDONNANCE DU ROI,

Pour empêcher les Voituriers de passer dans les Routes des Forêts de Sa Majesté.

DE PAR LE ROI.

SA MAJESTE' étant informée, que plusieurs Voituriers qui passent dans les Forêts de Saint-Germain, Marly, Fontainebleau & Compiégne, se donnent la liberté de passer dans les Routes qui ont été faites pour les plaisirs & la commodité de la Chasse, ce qui est contre son intention, enjoint à tous Voituriers, tels qu'ils puissent être, de tenir les grands Chemins ordinaires desdits Bois, leur faisant très-expresses inhibitions & défenses de passer dans les Routes de traverse, faites dans lesdits Bois, pour les plaisirs de la Chasse, à peine de dix livres d'amende contre les contrevenans, laquelle amende sera payée sans déport. Fait aussi Sa Majesté défenses à ceux qui se sont rendus ou se rendront ci-après Adjudicataires des Coupes desdits Bois, de passer dans lesdites Routes, avec leurs chevaux, harnois & autres voitures servans à enlever lesdits Bois desdites Ventes, à peine de pareille somme de dix livres d'amende pour chaque contravention : Voulant que lesdites Voitures, tiennent les grands Chemins, & que pour aborder du lieu où ils feront l'Exploitation des Bois, dans lesdits grands Chemins, ils tiennent ceux qui leur seront désignés par le Garde desdites Routes. Et sera la présente Ordonnance lue, publiée & affichée par tout où besoin sera : à ce qu'aucun n'en ignore, enjoignons aux Officiers & Gardes de la Capitainerie des Chasses d'y tenir la main. Fait à Versailles le premier Décembre mil sept cent quarante deux. Signé, LOUIS, & plus bas, PHELYPEAUX.

QUEST. IV. *S'il n'y avoit point de Route pour parvenir d'une Forêt à un Port de Riviere, qu'en prenant un détour très-considérable, le Seigneur ou Propriétaire du Bois, ou même le Marchand pourroit-il traverser les terres & héritages des particuliers pour aller en droiture, en dédommageant ?*

Il est vrai qu'il y a des Forêts, lesquelles pour n'être pas fort éloignées des Rivieres, n'ont aucuns chemins pour y conduire les bois : en se servant des chemins usités, qui sont souvent très-éloignés, & très-mauvais, les Voituriers font des contours si considérables, que cela allonge leur trajet de plus des deux tiers, ce qui double & triple souvent la dépense qu'ils pourroient faire, s'ils avoient la liberté de passer en droiture à travers les héritages qui sont entre la Forêt & la Riviere. Bois, Transport.

Nous n'avons cependant aucunes Ordonnances qui permettent de passer dans les héritages d'autrui, excepté celle du mois de Décembre 1672. (*a*) qui est faite en partie pour la Jurisdiction des Prévôts des Marchands & Echevins de la Ville de Paris, qui intéresse tout le Royaume ; mais c'est un privilége qui ne peut s'étendre au général de toutes les Provinces. D'ailleurs, en même tems que cette Ordonnance donne cette faculté aux Marchands, elle veut qu'ils dédommagent les Propriétaires des fonds, sur lesquels ils prennent leur route, à dire d'Experts, & gens à ce connoissans, dont les Parties conviendront, au moyen de quoi, les Propriétaires ne peuvent empêcher ce passage, en faisant par les

(*a*) Ch. 7. art. 4.

Marchands, leurs soumissions de payer lesdits dommages tels que de raison.

Il n'est pas même loisible aux Propriétaires des héritages de faire saisir lesdits bois, chevaux & charrettes, & en empêcher la voiture sur les Ports & Rivieres.

Mais comme le flotage des Bois est intéressant, tant sur les grandes & petites Rivieres, que sur les Ruisseaux y affluans, navigables & flotables, dans le cas où il n'y a souvent aucun chemin pour y conduire les Bois, les Marchands étant aussi empêchés par les Seigneurs, & autres particuliers, Sa Majesté auroit étendu cette liberté, & l'auroit rendue générale dans ses Etats, par son Arrêt rendu en son Conseil d'Etat le 7. Septembre 1694.

ARREST DU CONSEIL.

Du 7. Septembre 1694.

LE ROI étant informé qu'encore que par l'Ordonnance des Eaux & Forêts du mois d'Août 1669. Article LII. du titre de l'Assiette & vente des Bois, vérifiée où besoin a été, il soit dit que le transport, passage, voiture, ou flottage des Bois, ne pourra être empêché ou arrêté sous quelque prétexte, ni par quelque Particulier que ce soit, à peine de tous dépens, dommages & intérêts des Marchands; & que par les Articles XLV. & XLVI. du titre de la Police & Conservation des Bois, Eaux & Rivieres, le chommage de chaque Moulin soit réglé à quarante sols, pour le tems de vingt-quatre heures, qui doivent être payés aux Propriétaires des Moulins, ou leurs Fermiers ou Meûniers, par ceux qui causeront le chommage par leur navigation & flottage, avec défenses à toutes personnes d'en éxiger davantage, ni de retarder la navigation & flottage, à peine de mille livres d'amende, dommages & intérêts, frais & dépens, & que les différends pour le chommage des Moulins, salaire de Maîtres de Ponts, & autres, dussent être réglés par le Grand-Maître, ou les Officiers des

des Maîtrises en son absence, & ce qui sera par eux ordonné, exécuté par provision, nonobstant & sans préjudice de l'appel. Néanmoins plusieurs Marchands qui ont obtenu permission des Grand-Maîtres, de faire flotter des Bois pour l'utilité publique, & le service de la Marine, sous ces conditions, & de réparer ou payer les dommages qu'ils pourroient causer dans les Terres ou dans les Eaux, y sont troublés par les Seigneurs des Terres, où coulent les Rivieres ou Ruisseaux, sur lesquels ils font le flottage, sous prétexte des dommages qu'ils pourroient leur causer, traduisent pour raison de ce, les Marchands dans divers Tribunaux, obtiennent par des Juges incompétens, des Ordonnances pour la visite des dommages prétendus, & cependant défenses de continuer le flottage, à quoi étant important de pourvoir : Oüi le Rapport du Sieur Phelippeaux de Pontchartrain, Conseiller ordinaire au Conseil Royal, Contrôleur Général des Finances: SA MAJESTE' EN SON CONSEIL, a ordonné & ordonne que les Articles LII. du titre de l'Assiette & Ventes des Bois, XLV. & XLVI. du titre de la Police & Conservation des Bois, Eaux & Rivieres, de l'Ordonnance du mois d'Août 1669. seront exécutés selon leur forme & teneur, & conformément à iceux fait Sa Majesté défenses à tous Seigneurs, Ecclésiastiques & Particuliers, Officiers & autres, d'empêcher le transport des Bois, par terre & par eau, & d'en interrompre le flottage sur les Rivieres & Ruisseaux navigables & flottables qui passent en leurs Terres & Domaines, sous prétexte des dommages & chommages causés par les Bois flottans, à la charge & condition qu'après les transports & flottages desdits Bois, & sans préjudice d'iceux, les Marchands seront tenus de réparer & payer lesdits dommages & chommages suivant qu'il sera réglé, en cas de contestation, par les Grands-Maîtres des Eaux & Forêts; ou en leur absence, par les Officiers des Maîtrises particulieres, chacun dans l'étendue de leur ressort, suivant ladite Ordonnance; & ce qui sera par eux ordonné, pour raison de ce, sera exécuté par provision, nonobstant, & sans préjudice de l'Appel. Enjoint Sa Majesté auxdits sieurs Grands-Maîtres, chacuns dans leur Département, de tenir la main à l'exécution du présent Arrêt. Fait au Conseil d'Etat du Roi, tenu à Marly le sept Septembre 1694. *Signé*, RANCHIN.

Ensorte qu'au moyen de cette Loi, il est libre & loisible aux Marchands & Propriétaires, de passer à travers les Terres des Seigneurs Ecclésiastiques & Laïques, & de tous autres Particuliers, pour conduire leurs Bois, pour le flotage sur les Ports des Rivieres, en dédommageant & réparant par les

Marchands les dégâts qu'ils ont pû causer.

L'Article 8. dudit titre 17. de l'Ordonnance du Prévôt des Marchands de Paris veut même que „ les Marchands de Bois puissent les faire passer par „ les étangs & fossés appartenans aux Gentilshommes „ & autres ; lesquels seront tenus à cet effet de faire faire ouverture de leurs Basses-cours & Parcs, „ aux ouvriers préposés par lesdits Marchands, à la „ charge de dédommager lesdits Propriétaires, s'il y „ échet.

QUEST. V. *Les Marchands Adjudicataires des Bois n'ont-ils pas la liberté de faire du Charbon, & en peuvent-ils faire dans tous les endroits des Forêts ?*

Il y a des Provinces & des Cantons où le Bois est si commun, qu'un Marchand ne peut en tirer grand profit en nature de bois ; il y en a même de si éloignés des Rivieres & des Ports, que le transport absorberoit la valeur ; ensorte qu'un Marchand n'a souvent de meilleur parti à prendre, que d'en faire du Charbon, ce qui lui est toujours permis, lorsqu'il s'en réserve cette faculté par le marché ou adjudication qui lui a été faite.

A l'égard des endroits où l'on peut faire du Charbon, ce n'est point où il plaît au Marchand de le faire, il n'en peut fixer les places que dans les endroits vuides, & les plus éloignés des arbres & du recru (*a*) c'est ce qui est prescrit par l'Ordonnance de 1669. (*b*) ; les Marchands ne peuvent même

(*a*) Recru est le jeune bois qui croît dans la coupe.
(*b*) Tit. 27. art. 22.

pas faire du Charbon dans leurs maisons, ni aux rivages des Forêts, ainsi qu'il a été défendu par Arrêt de la Réformation de Normandie du 20. Mai 1533. à peine contre les Contrevenans, de perdre leurs droits, & de voir leurs maisons rasées & abbatues; & par autre Arrêt du 7. Décembre 1534. Roger Bernard, pour les fautes par lui commises dans les fosses à Charbon, dedans & dehors les ventes & reins de la Forêt de Breteuil, fut condamné en cent livres d'amende & à tenir prison; ordonné, que lui, sa femme & sa famille seroient contrains de vuider la maison où ils demeuroient, laquelle étoit sur le rein de ladite Forêt, & de chercher ailleurs, loin des Forêts, une autre habitation. Il y eut un pareil Arrêt le même jour rendu contre Sulpice de la Croix, auquel pareilles défenses furent réitérées. Sur ce même article 22. l'on trouve deux autres semblables Arrêts des 24. & 17. Décembre 1534. contre Martin Soulain & Jean Rossignol.

L'Annotateur du même article dit, que les Marchands-Adjudicataires sont obligés, avant de dresser leurs fosses charbonnieres, de montrer au Sergent-Garde, l'endroit où ils les voudront dresser, & le bois dont ils voudront faire le charbon; que ces fosses ne doivent être faites que dans des endroits où il n'a crû aucun bois, & où il n'y a nulle espérance d'en avoir; & il ajoûte que l'on n'en doit permettre tout au plus qu'une par chaque arpent, & moins encore s'il est possible, suivant qu'il a été jugé par Arrêt de ladite Réformation de Normandie du 27. Avril 1532. par lequel Jean

Paisseau fut condamné à l'amende, pour avoir fait plusieurs fosses charbonnieres, dans une vente par lui usée. Par autre Arrêt de ladite Réformation du 22. Novembre 1612. il est dit, que les fosses accordées aux Marchands par leur adjudication, seront marquées par le Sergent-Garde, dans les lieux les moins dommageables que faire se pourra, sans que pour ce les Gardes puissent rien prendre desdits Marchands.

Par Arrêt du Conseil d'Etat du 28. Mars 1723. il est fait défense à tous Propriétaires de Bois, & à tous Adjudicataires & Marchands de vendre du Charbon de bois aux Etrangers, ni d'en faire sortir du Royaume, sous quelque prétexte que ce soit, à peine de confiscation dudit Charbon, voiture & épuipages, & de 3000. livres d'amende.

CHAPITRE IV.

DES BOIS DES SEIGNEURS ET DES PARTICULIERS.

De la forme de gouverner les Bois d'un Seigneur.

LA premiere chose qu'un Seigneur doit sçavoir, est la quantité de bois qu'il a dans sa Seigneurie, sa qualité, si c'est haute Futaie ancienne, Futaie moderne, & Taillis; pour cet effet il doit en avoir fait lever les Plans figurés, par Cartes séparées, bien géométriques, où les Bornes, Fossés, Ruisseaux, Chemins, Limites & Divisions soient bien marquées, ensemble les Pieds corniers,

Arbres de lisieres & de paroi, avec une Echelle à chaque Plan, qui puisse servir à vérifier le nombre des arpens de chaque Canton.

L'Ordonnance de 1669. a voulu qu'arpentage & Plans figurés de tous les Bois du Domaine du Roi fussent faits & levés, les Plans remis au Greffe de chaque Maîtrise, dans la forme, & la précision que nous venons de décrire.

Elle a ordonné que pareilles choses seroient observées pour les Bois des Prélats, Communautés Ecclésiastiques, séculieres, régulieres, & Laïques, conformément aux anciennes Ordonnances; Elle a voulu que le quart de tous les Bois dont ils seroient Propriétaires, seroit mis en réserve, comme nous l'avons démontré ci-devant: si elle a en même tems favorisé les Seigneurs Laïques & Particuliers, en ne les chargeant point de pareilles obligations, nous croyons cependant que dans ce quart de réserve les Siegneurs trouveroient dans tous les tems une ressource, soit dans les besoins pressans, soit par le produit qu'ils en recevroient annuellement, ne fût-ce que pour la glandée, la paisson, & le pâturage, indépendamment de ce que ces Bois croissans insensiblement, font un capital qui peut, après un long tems, augmenter la Terre considérablement, & devenir d'un secours à un Seigneur, capable de lui donner toutes les aisances & commodités de la vie, dans sa Seigneurie, sans en aliéner aucun fonds.

Il seroit donc très-utile que le Seigneur d'une Terre, mît le quart de tous ses Bois en réserve & les fît conserver avec le même soin, qu'il est prescrit par l'Ordonnance, pour ceux des Ecclésiastiques, & ceux des Communautés Laïques d'Habitans.

S'il est des Seigneurs qui n'ayant aucune postérité, se mettent peu en peine de conserver du bien à des Collatéraux, le bien de l'Etat & du Public doit prévaloir au Particulier; l'Ordonnance de 1561. avoit ordonné ce quart de réserve, pour tous les Bois du Royaume, sans exception.

Le défaut d'attention des Propriétaires, pour la conservation des Bois, joint à la négligence des Officiers, qui sont chargés de l'administration, de la conservation, & de la manutention de cette partie, peut occasionner le dépérissement de l'espéce, & les défrichemens des Bois des Seigneurs, Baux à cens, & autres dégradations qu'ils en font par eux-mêmes, & qu'ils souffrent qui soient faites par leurs Sujets tendent à l'anéantissement; en effet, il n'y a point d'année, qu'il ne se détruise, soit par le défrichement, soit par la coupe des Futaies, à la scie, & autrement, sans remplacement, au moins une milliéme partie des Forêts du Royaume; cette preuve est aisée à faire, par la quantité d'endroits où les Curés perçoivent la dixme novale; ces endroits faisoient pour la plûpart partie des Forêts.

Un Seigneur qui pensera bien sur ses intérêts, cherchera à augmenter ses revenus, il ne peut mieux y réussir, qu'en repeuplant les lieux où il y a eu autrefois des Bois; ce qu'il lui en coûtera d'abord, est un foible objet pour le revenu à espérer, qui produira une augmentation considérable; il doit faire attention que cet objet vient, sans de grands ſoins, & ſans aucune dépenſe; il ſe gouvernera pour ne faire les coupes des Taillis, que tous les dix ans, ſuivant la diſpoſition de l'article premier du titre 26 de l'Ordonnance; il ajoûtera aux 16 baliveaux du plus beau brin & des plus droits, (ſi c'eſt d'anciens Taillis) les arbres anciens & les baliveaux modernes de l'ancienne coupe, les arbres de paroi, de lizieres & des pieds corniers; enſemble tous les arbres fruitiers, tels que nous les avons ſpécifiés ci-devant.

Les coupes ſe feront *à tire & aire*, & en ſaiſon convenable, comme nous l'avons expliqué auxdits deux articles.

Si le Seigneur fait couper des Bois de futaie, auſſi en coupes ordinaires, il fera pareillement réſerver dix arbres par arpent, dont il pourra diſpoſer, à ſon profit après l'âge de quarante ans pour les taillis, & de 120. pour la futaie.

Au ſurplus, il ſe réglera par l'exploitation, & le gouvernement de ſes Bois, ſuivant qu'il eſt preſcrit pour l'uſance de ceux du Domaine du Roi.

Une choſe eſſentielle pour un Seigneur, eſt d'avoir les Officiers de ſa Juſtice attachés à ſes intérêts, ſur-tout un Procureur Fiſcal, qui de tems à autres viſite ſes Bois, ne s'en rapportant pas ſi fort aux Gardes qu'il ne les voie lui-même; & il faut que cet Officier ſoit inſtruit de l'Ordonnance des Eaux & Forêts, en la partie qui concerne ſon miniſtére, qu'il connoiſſe ſes devoirs ſur les Procès-verbaux & les Rapports des Gardes qu'il eſt chargé de ſuivre.

Le grand intérêt d'un Seigneur sera encore d'avoir un Garde exact, intégre & intelligent; il aura l'attention de lui faire observer ce qui est prescrit à ce Garde, en ce qui concerne ses fonctions, soit pour ce qui lui est ordonné, soit pour ce qui lui est défendu.

Si le Seigneur fait des ventes de Bois de haute futaie, il ne pourra les faire exploiter, qu'il n'en ait donné avis, six mois auparavant au Contrôleur Général des Finances, & au Grand-Maître, en cas que ces Bois soient assis à *quinze lieues de la Mer*, ou *à six lieues des Rivieres navigables*; c'est ce qui a été ordonné par la Déclaration du 9. Novembre 1683. qui a dérogé en cela à l'article 2. du titre 26. de l'Ordonnance, dont la défense ne s'étendoit qu'à dix lieues de la Mer, & deux lieues des Rivieres navigables: ce qui doit être exécuté, à peine de 3000. livres d'amende & de confiscation.

Le motif de cette différence est puisé dans les besoins que le Roi peut avoir pour la Marine, & la construction des Vaisseaux, sur-tout si ces bois, sont en chêne, hêtre, sapin, orme, ou autres espéces propres à la Marine.

Postérieurement Sa Majesté par un Arrêt du Conseil du 10. Mars mil six cens quatre-vingt-cinq, en ordonnant l'exécution de la Déclaration de 1683. a ordonné que, » Les Propriétaires des Bois de haute „ futaie qui en voudront faire couper plus de vingt-„ cinq arpens, seront tenus donner avis au Contrô-„ leur Général des Finances, & au Grand-Maître des „ Eaux & Forêts du Département, *un an avant que* „ *d'en pouvoir faire la vente & l'exploitation*; & que „ ceux

„ ceux qui voudront couper des Bois de haute fu-
„ taie, au-dessus de la quantité de vingt-cinq arpens,
„ *seront tenus d'en donner pareillement avis au Contrôleur*
„ *Général des Finances, & au Grand-Maître des Eaux*
„ *& Forêts du Département, dans lequel lesdits Bois seront*
„ *situés, six mois avant que d'en faire la vente & l'exploi-*
„ *tation*; à l'effet de quoi les uns & les autres seront
„ tenus d'envoyer au Contrôleur Général & au Grand-
„ Maître des Eaux & Forêts, une copie collation-
„ née par le Greffier de la Maîtrise particuliere, dans
„ l'étendue de laquelle les Bois seront situés, de la dé-
„ claration qu'ils y auront faite, de la quantité, quali-
„ té, essence, âge, situation & distance de la Mer,
„ & *des Rivieres navigables*, des Bois de haute futaie,
„ qu'ils prétendent couper; lesquelles déclarations
„ ledit Greffier sera tenu d'insérer dans le registre
„ du Greffe de la Maîtrise, même d'en fournir des
„ Extraits aux Commissaires de la Marine, lorsqu'il
„ en sera requis, après quoi, & ledit tems passé,
„ les Propriétaires peuvent librement vendre & ex-
„ ploiter leurs Bois, & en cas qu'aucuns des-
„ dits Propriétaires eussent besoin de quelque
„ quantité de Bois pour des réparations nécessaires
„ à des maisons ou chaussées d'Etangs, ils pour-
„ ront librement faire couper, jusqu'à la quantité
„ de cent pieds d'arbres au-dessous de trois pieds de
„ tour, & de cinquante au-dessus de cette gros-
„ seur, en donnant seulement avis, au Greffe de la
„ Maîtrise particuliere, dans laquelle les Bois sont
„ situés, un mois avant la vente & exploitation;
„ le tout sans préjudice de ce qui est porté par
„ l'Ordonnance des Eaux & Forêts de l'année

„ 1669. touchant les Bois des Communautés, tant „ Ecclésiastiques que Laïques, qui n'en pourront „ couper qu'en observant les formalités prescri- „ tes par ladite Ordonnance à leur égard.

Par un Réglement fait pour la Marine le 15. Avril 1689. le Roi a défendu à tous Propriétaires des Bois & Forêts situés *à quinze lieues de la Mer & à six des Rivieres navigables*, de les vendre ni faire exploiter, sans la permission *expresse & par écrit de Sa Majesté*, „ à peine de 3000. livres d'amende, & de confis- „ cation des Bois, & à tous Verriers & Charpen- „ tiers, Boscatiers, Charbonniers & autres, d'y „ couper aucun arbre, à peine de 500. livres d'a- „ mende.

En conséquence de ce Réglement, & pour son exécution, le Roi par Arrêt du 29. Mars 1695. fit très-expresses défenses » à tous Seigneurs & Pro- „ priétaires de Bois & Forêts (qui étoient dans le cas „ de ce Réglement) de faire couper aucun bois de „ futaie, baliveaux sur taillis, arbres, sapins, ni „ autres, qu'ils n'aient été vûs & visités par les „ Officiers, qui seront à cet effet commis par Sa Ma- „ jesté, & après en avoir obtenu sa permission, à „ peine de 3000. livres d'amende, & de confis- „ cation des Bois.

Par l'Arrêt du Conseil du 21. Septembre 1700. qui fait un Réglement composé de neuf Articles, il n'est pas même permis aux Particuliers qui ont des Arbres, quoiqu'épars le long des Terres, Prés & autres héritages, situés dans les limites spécifiées, de les couper, sans avoir fait leur déclaration : c'est à l'Article 5. qui porte : » Les Propriétaires des Bois

„ futaies & baliveaux ſur taillis „ ſitués à ſix lieues des „ Rivieres navigables & quinze lieues de la Mer, „ qui voudront en faire couper, feront leur déclaration ſix mois auparavant, au Greffe de la Maîtriſe particuliere des Eaux & Forêts, dans l'étendue de laquelle les Bois feront ſitués, & „ feront mention de la quantité, eſſence, âge, ſituation, & diſtance de la Mer, & des Rivieres „ navigables, à peine de 3000. livres d'amende & „ de confiſcation des Bois coupés : leſquelles déclarations les Greffiers tranſcriront dans les Regiſtres des Maîtriſes, en délivreront des Extraits „ gratis, aux Commiſſaires de la Marine, lorſqu'ils „ en feront requis, & en envoieront des Expéditions „ au Contrôleur Général des Finances, & au Grand „ Maître des Eaux & Forêts du Département, huitaine après les avoir reçus, & le Contrôleur Général en donnera avis au Secrétaire d'Etat, ayant „ le Département de la Marine.

Et ſuivant l'Article 7. ſi les Propriétaires des Bois ont beſoin de quelques arbres, pour réparation de leurs Maiſons & Chauſſées, ils pourront faire couper juſqu'à la quantité de cent arbres, au-deſſous de trois pieds de tour, & de cinquante au-deſſus de cette groſſeur, en faiſant leur déclaration au Greffe de la Maîtriſe particuliere, un mois avant la coupe, ce qui eſt conforme à l'Arrêt du Conſeil du 10. Mars 1685.

L'Arricle 8. dit, qu'après que les ſix mois ſeront expirés, s'il n'a point été marqué & trouvé d'arbres propres pour la Marine dans les Bois, que les Particuliers auront déclaré avoir deſſein de faire couper, ils pourront librement en disposer sans être tenu d'en demander autre permission.

ARREST DU CONSEIL.

Du 2. Décembre 1738.

LE Roi en son Conseil ayant égard à la Requête, a Ordonné & Ordonne que les Articles 1. & 3. du Titre des Bois appartenans aux particuliers de l'Ordonnance des Eaux & Forêts de 1669. ensemble les Arrêts du Conseil des 21. Septembre 1700. 19. Juillet & 6. Septembre 1723. & l'Ordonnance du sieur de Bazoncourt, Grand-Maître des Eaux & Forêts du Département de Poitou du 31 Juillet 1737. seront éxécutés selon leur forme & teneur; En conséquence fait Sa Majesté très-expresses inhibitions & défenses, à tous Particuliers ou Propriétaires de Bois, de quelque qualité & condition qu'ils soient, de couper aucun arbre de Futaie, soit en corps de Bois, Baliveaux sur Taillis, ou arbres épars, qu'ils n'en aient obtenu la permission du Conseil, ou fait leur déclaration au Greffe de la Maîtrise Particuliere des Eaux & Forêts des Lieux, six mois auparavant, & ce sous les peines portées par lesdites Ordonnances & Arrêts.

Fait en outre Sa Majesté très-expresses inhibitions & défenses auxdits Particuliers ou Propriétaires de Bois, de couper aucun Bois-Taillis, qu'ils n'aient au moins atteint l'âge de dix ans, conformément à ladite Ordonnance & à l'Arrêt du Conseil du 19. Juillet 1723.

Aux Officiers tant de la Maîtrise de Rochefort, qu'à ceux des autres Maîtrises du Royaume, de donner aucune permission verbale ou par écrit, de couper aucuns desdits Bois, & de recevoir, pour raison de ce, aucune somme d'argent, ou autre chose équivalente, à peine de suspension de leurs fonctions, radiation de leurs Gages & de 500 l. d'amende qui ne pourra être réputée comminatoire, & autres plus grandes si le cas y échet;

Et au Greffier desdites Maîtrises d'exiger pour chacune desdites déclarations, qui seront faites au Greffe desdites Maîtrises, plus de dix sols, tant pour la réception de chaque déclaration, que pour l'expédition d'icelle, quelque quantité d'arpens de Futaye, Baliveaux sur taillis, ou arbres épars qui s'y trouve comprise, à peine de destitution de leurs Charges & de restitution des sommes qu'ils auront reçues au-delà desdits dix sols & de 1000 livres d'amende qui ne pourra non plus être réputée comminatoire.

Ces Ordonnances prouvent bien évidemment que les Bois sont de droit Public, & que les Seigneurs & autres Propriétaires ne peuvent en dispoſer, que ſuivant les Loix du Souverain, d'où il ſuit que ceux qui en poſſédent en futaie, dans l'intervalle des quinze lieues de la mer, & de ſix lieues des Riviéres navigables, ſoit que le Bois ſoit en corps de Forêt, ſoit qu'il ſoit épars dans des Haies & ailleurs, ne peuvent en couper, vendre, ni diſpoſer qu'ils n'en aient obtenu la permiſſion du Conſeil, ou de la Maîtriſe particuliere des Eaux & Forêts du reſſort, ſix mois avant l'exploitation, ſous les peines portées par ces Ordonnances.

Que des Officiers des Maîtriſes doivent donner ces permiſſions, *gratis*, à peine de ſuſpenſion, pertes de leurs gages & 500. liv. d'amende.

Qu'il eſt défendu aux Greffiers des Maîtriſes de prendre & recevoir, pour chaque déclaration & expédition d'icelle, plus de dix ſols, à peine de deſtitution de leurs Charges, reſtitution du ſurplus & de 1000 liv. d'amende.

Toutes ces choſes doivent être ſi rigidement obſervées, que le Procureur du Roi en la Maîtriſe de Caudebec, ayant en abſence des Officiers du Siége, donné permiſſion au Sieur de Gueteville, par ſon Ordonnance du 22. Mai 1700. de couper & abbatre des arbres ſur des foſſés & en futaie, qui étoient eſſences de chênes, ormes & fraine : Le Roi en ayant été informé, interdit le Procureur du Roi de ſes fonctions, pendant un mois, & le condamna en 100. liv. d'amende, & ce par Arrêt de ſon Conſeil d'Etat des 17. Mai 1701. & 21. Mars 1702. pour avoir permis la coupe de ces Bois, condamna le Sieur de Gueteville en 150. l. d'amende, pour les avoir coupé, ſans permiſſion de Sa

Majesté, avec défense à tous Particuliers, de faire couper aucun Bois, sans sa permission, & sans avoir observé les formalités prescrites par l'Arrêt du Conseil du 21. Septembre 1700. Ces deux Arrêts sont rapportés dans la Conférence de Gallon sur l'Article 7. du tit. 6. de l'Ordonnance de 1669. Ils ont été renouvellés par autre Arrêt du Conseil du 10. Mai 1735. sur les réquisitions du Procureur du Roi en la Maîtrise de Mâcon.

QUEST. II. *Le Seigneur d'une Terre, & tout autre Particulier qui ont des Bois, peuvent-ils les détruire, les faire arracher, en faire labourer & cultiver l'emplacement, sur tout après avoir coupé les vieux arbres futaies qui ne repoussent plus.*

C'est de l'abus de cette proposition qu'est provenu le grand mal de la destruction des Bois; le Maître de la nature avoit pourvu à tout, en faisant croître cette production, dans les lieux & les endroits peu propres à la culture, pour laisser aux habitans de la terre, en autres lieux fertiles, des fruits également précieux pour leur nécessaire ; mais le peu d'attention à rétablir ces Bois, le peu de soin à entretenir la bonne œconomie des Taillis, tant par les bonnes coupes que par les coupes réglées, joint à la négligence d'empêcher les bestiaux d'y entrer dans les tems, où ils ne peuvent que faire beaucoup de dégats; toutes ces choses ont détruit les trois quarts & plus de l'espéce du Bois, placé dans les lieux que la Providence avoit destiné pour être les moins propres au rapport des grains; Delà est venu que ne produisant plus rien du tout, ou étant devenus raffaux, rabougris, & pleins d'épines & mauvais arbrisseaux, les Propriétaires ont cru que ces places & ces héritages incultes sans rapport, étoient devenus par-là entiérement inutiles, ils en ont fait arracher le reste des plans & les ont fait défricher pour y semer des grains, qui souvent n'y viennent bien que quelques premieres années.

Cette destruction devenue considérable, ne faisant qu'augmenter de jour à autre, comme une gangrenne, le Ministere ouvrit les yeux sur cette perte, & pour en arrêter le progrès, nos premiers Rois firent, à cet égard, des Ordonnances, qui apprendront toujours à la postérité, leurs bontés Paternelles & l'amour qu'ils portoient à leurs Sujets, en prescrivant les Régles les plus utiles, pour cette partie de leur Gouvernement.

Nous ne rappellerons point ces Ordonnances anciennes, on peut les voir, dans le Recueil des Ordonnances du Louvre où elles sont rapportées; nous ne retracerons que les modernes, & qui nous sont familieres, telles sont celles de Janvier 1518. article 24. 30. Mai 1520. art. 6. 6. Avril 1588, &c. Elles défendent expressément d'arracher, défricher, ni diminuer l'ancienne forme & nature des Bois & forêts, *pour conserver l'espece du Bois si nécessaire*, sur peine d'amende arbitraire & de Prison, & de remettre les lieux dans leur ancien état & nature de Bois.

Ces Ordonnances » prescrivent à tous Princes, „ Prélats, Eglises, Seigneurs, Nobles, Vassaux, „ & autres Sujets, de donner tel ordre & provision

„ à l'entretenement de leurs Bois & Forêts, en „ ayant égard aux Ordonnances, que, par leur faute & négligence, n'en avienne perte à la chose publique & aux sujets du Royaume.

Il est enjoint aux Officiers des Eaux & Forêts, d'être diligens, & soigneux à empêcher les *arrachis*, *défrichement & immutation*; de contraindre *à réparer*; & de punir griévement ceux qui y contreviendront, n'étant pas permis aux particuliers de défricher leurs Bois, sans permission du Roi.

Ces défenses ont été renouvellées, non seulement par l'Ordonnance de 1669. mais par plusieurs Arrêts du Conseil & entr'autres par celui du 26. Février 1697. contre le sieur Comte d'Oisy, qui avoit fait défricher des Bois qui lui appartenoient.

Par un autre Arrêt du Conseil du 9. Décembre 1703. Le Roi fit très-expresses défenses à tous Propriétaires & possesseurs de Bois des environs de Montlouis, de quelque qualité qu'ils puissent être, d'en faire déraciner ni défricher aucuns à l'avenir, sous quelque prétexte que ce soit, à peine de 500. liv. d'amende, contre chacun des contrevenans, sans que cette peine puisse être réputée comminatoire.

Toutes ces Loix sont fondées sur le droit Public, & l'utilité de l'Etat: les Prés, vignes & terres, sont de droit particulier, dit *Saint Yon*, tellement qu'un chacun Seigneur en peut user comme bon lui semble; mais les Bois, *sunt Juris publici*, voilà pourquoi (dit cet Auteur) *les Propriétaires d'iceux sont admonestés de ne se point départir en la coupe & usage de leurs Bois, du Réglement politique des Ordonnances; s'ils font autrement ils sont exemplairement punissables, suivant la rigueur d'icelles celle, comme contrevenans à ce qui est précisément nécessaire pour la commodité de la société civile.*

Il est donc sensible, que personne n'a le pouvoir de détruire & arracher ses Bois, ni de les mettre en culture; cependant il n'y a aucun Seigneur ni même aucun particulier, qui ne se croyent en droit de couper, arracher & défricher, pour réduire leurs Bois en Prés, en Terres, ou en toute autre nature d'héritage; ils les donnent à cens, à des Particuliers qui les labourent, & y sément des grains & autres fruits; ces Seigneurs, ces Particuliers ne connoissent point ou feignent d'ignorer les Ordonnances qui leur prohibent & défendent d'en user ainsi; d'ailleurs ils s'accoûtument à ne pas craindre la vigilance des Officiers des Eaux & Forêts.

Nous ajoûterons ici un Arrêt du Conseil, contenant de pareilles défenses, au sujet des Bois Communaux; il est important & il seroit à souhaiter, que son exécution fût suivie dans tout le Royaume.

ARREST DU CONSEIL D'ETAT DU ROI

Du 29. Mars 1735.

SUR la Requête présentée au Roi en son Conseil, par le Procureur de Sa Majesté, en la Maîtrise des Eaux & Forêts de Sens, contenant, que plusieurs Seigneurs & Curés excitoient leurs Habitans & Paroissiens à défricher les Bois & Pâtis communaux de leurs Paroisses, pour procurer aux uns de nouveaux accensemens, & aux autres des droits de Dixmes; que ce procédé si contraire non-seulement à la disposition de l'Ordonnance des Eaux & Forêts du mois d'Août 1669. & à l'Arrêt du Conseil du 16. Mai 1724. obligeoit ledit Procureur du Roi, de supplier très-humblement Sa Majesté d'en arrêter le cours, & d'ordonner l'exécution, tant de ladite Ordonnance, que dudit Arrêt, & en conséquence de faire défenses à toutes personnes, sans distinction de qualité, de défricher, ni souffrir qu'il soit défriché sous quelque prétexte que ce puisse être, aucuns Bois ni Pâtis communaux appartenans aux Habitans des Paroisses, à peine de mille livres d'amende, confiscation des Terres au profit du Roi, & de prison contre les Habitans, outre le rétablissement des Bois & Pâtis, à leurs frais & dépens, & qu'à la diligence dudit Procureur du Roi, il seroit fait reconnoissance des portions de Bois communaux essartés, pour être les Délinquans jugés au Siége de ladite Maîtrise, suivant la rigueur des Ordonnances ; & Sa Majesté voulant y pourvoir : Oüi le Rapport du Sieur Orry, Conseiller d'Etat ordinaire, & au Conseil Royal, Controlleur Général des Finances. LE ROI EN SON CONSEIL, a Ordonné & Ordonne, que l'Ordonnance des Eaux & Forêts du mois d'Août 1669. & l'Arrêt de sondit Conseil du 16. Mai 1724. seront exécutés selon leur forme & teneur ; en conséquence, fait Sa Majesté très-expresses inhibitions & défenses à toutes sortes de personnes sans distinction de qualité, Propriétaires de Seigneuries, de défricher ni faire défricher, ni souffrir qu'il soit défriché aucuns Bois, ni Pâtis communaux, appartenans aux Habitans desdites Seigneuries, à peine de mille livres d'amende, confiscation des Terres défrichées au profit du Roi & de prison contre les Habitans, outre le rétablissement des Bois & Pâtis à leurs frais & dépens ; Ordonne en outre Sa Majesté que sur la Commission du Sieur de la Faluere, Grand Maître des Eaux & Forêts du Département de Paris, il sera à la diligence du Suppliant, incessamment procédé à la reconnoissance des portions de Bois communaux essartés, dans l'étendue du ressort de la Maîtrise de Sens, pour être les délinquans jugés au Siége de ladite Maîtrise, suivant la rigueur des Ordonnances, sauf l'Appel en la maniere accoûtumée. Enjoint Sa Majesté aux sieurs Grands Maîtres des Eaux & Forêts du Royaume, & aux Officiers des Maîtrises Particulieres, de tenir la main chacun en droit soi, à l'exécution du présent Arrêt, qui sera lû, publié, affiché & enregistré par tout où il appartiendra. Fait au Conseil d'Etat du Roi, tenu à Versailles le 29. Mars 1735. Collationné avec Paraphe, Signé DE VOUGNY, avec Paraphe.

QUEST. III. *Peut-on couper & essarter les Bois des Montagnes ?*

Basset dans son Recueil d'Arrêts, tome 1. l. 4. tit. 20. ch. 2. rapporte un Réglement général du Parlement de Grenoble, rendu le 18. Décembre 1651. par lequel, il est fait défenses à toutes sortes de personnes, d'essarter & défricher les Bois, à peine de confiscation desdits Bois aux Seigneurs directs ; & si eux-mêmes le faisoient, la confiscation au Roi, & 500. liv. d'amende, & ceux qui n'auroient de quoi au fouet & au bannissement.

La cause de ce Réglement, *dit cet Auteur*, fut qu'en essartant & défrichant les Bois situés ès lieux penchans, on ôtoit les arbres qui soûtenoient les Terres, qui étant labourées de nouveau, & les pluies survenans, elles s'ébouloient toutes, lors des torrens & les grossissoit de telle sorte quelles causoient des Inondations.

Boniface dans ses Arrêts de Provence tom. 2. l. 1. tit. 24. rapporte un autre Arrêt dans la même espece, lequel, suivant les Réglemens de ce Parlement du 20. Novembre 1606. renouvellés en 1625. & le vingtiéme Mai 1656. fait défenses de faire des défrichemens des Bois & dépeuplement d'iceux : & sur la plainte du sieur Baron de Barême, prenant en main pour son Procureur Fiscal, pour la dégradation des Bois publics & privés, & défrichement des lieux difficiles & penchans, par le moyen desquels ses Biens avoient été inondés, & remplis de pierres & de Rochers, ainsi que ceux de nombre de Particuliers, la Cour avant de faire droit à l'appel des Consuls, ordonna qu'il seroit fait visite des défrichemens, par Experts qui liquideroient aussi le dommage fait audit sieur Baron.

Le même Auteur tom. 2. l. 1. tit. 14. chap. 2. rapporte un autre Arrêt de Réglement du 7. Octobre 1633. sur le défrichement & dépeuplement des Bois, qu'il est important de rapporter.

ARREST DE REGLEMENT DU PARLEMENT DE PROVENCE, sur les défrichemens & dépeuplemens des Bois.

Du 7. Octobre 1633.

SUR la Requête présentée à la Cour par le Procureur Général du Roi, tendante à ce que pour les causes y contenues, & attendu que par les défrichemens qui ont été faits au préjudice des Arrêts & Réglemens de la Cour, la Province a souffert, & souffre de très-notables pertes, soit par la perte des Bois & herbages, soit par l'inondation & ravage des Eaux, le bon plaisir de ladite Cour soit lui pourvoir suivant les fins de ladite Requête, afin d'empêcher la continuation, & pourvoir à la réparation de ce qui s'est fait par le passé.

Vû ladite Requête de ce jourd'hui; Tout consideré, dit a été 1°. que la Cour a fait & fait inhibition & défenses à toutes personnes de quelque état, qualité & condition quelles soient, de dépeupler aucuns Bois publics ou particuliers, ni aucun arbre vif au pied, & même les petits chênes verds, qu'on appelle *mates deose*, ni arracher aucuns Buissons, ni Garrigues, Romarins, Cades, Avausses, & autres Bois semblables, sauf à ceux qui ont droit d'usage esdits petits Bois, de les couper à rez de terre, sans toucher aux racines avec l'Eissadon ou autres Instrumens, à peine quant aux Propriétaires de 500 liv. d'amende, aux usagers de privation de leurs usages, & amende arbitraire, & aux étrangers & Bouscariers à peine du fouet & de confiscation du Bétail, & aux Gardes des Portes qui les laisseront entrer, de trois traits de cordes, & d'être privés de leurs Charges.

2. A fait & fait aussi inhibitions & défenses auxdits Propriétaires ou usagers, de couper aucun Bois pour brûler sur les lieux, faire essarts, pour convertir la Terre en labour, ni de faire aucunes rusques, & dépouillement d'écorces, sinon aux arbres nommés *suves*, ni pareillement de faire aucunes Verreries, Charbonnieres & Martinets, sinon aux lieux accordés & convenus avec les Propriétaires des lieux & Seigneurs Jurisdictionnels d'iceux.

3. Enjoint aux Communautés & particuliers qui ont ci-devant essarté Bois sur le pendant des Montagnes & lieux stériles, d'y semer du gland & les rétablir en nature de Bois & mettre en défense dans un an, sur peine d'en être privés, & aux Communautés qui n'ont pas de Bois à suffisance, de prendre tel quartier de leur Terre qu'il sera avisé par le Conseil desdites Communautés, pour y faire pareilles semences, & défenses sous les régles & précautions ordinaires, sans préjudice des droits des Seigneurs & du Tiers.

4. Enjoint aussi aux Communautés, qui ont ci-devant obtenu permission de couper leurs Bois, & défricher, de les rapporter & représenter dans quinzaine pour être communiqués au Procureur Général.

5. Et cependant leur a fait défenses & inhibitions, & à tous ceux qui ont acquis tels Bois, de continuer à les couper vifs au pied, sur les peines que dessus, jusqu'à ce qu'autrement en soit ordonné, & les Bois qui sont encore en état, seront gardés par les Champiers qui seront nommés par conseils des lieux, à la forme accoûtumée, & visités deux fois l'année par les Officiers appellés les Consuls, qui feront Procès-verbal de l'état desdits Bois, ou des contraventions de la dépopulation, & iceux envorront au Greffe du Siége du ressort, dont ils donneront avis à la Cour, & en cas de connivence desdits Officiers, le Lieutenant du ressort fera les visites, aux dépens des Officiers connivans.

6. Enjoint à tous les Habitans de cette Province, qui sçauront aucunes contraventions à l'Arrêt, de les révéler aux Officiers des lieux, auxquels dénonciateurs appartiendra la moitié des amendes & confiscations, & seront les contrevenans & dépopulans lesdits Bois & charians, iceux pris & saisis au corps, menés & conduits aux Prisons des lieux plus proches, pour leur Procès leur être fait & parfait, & les outils & Bétail arrêtés & séquestrés entre mains sûres, &c.

Fait à la Barre du Parlement de Provence séant a Aix le 7. Octobre 1633.

Il y a eu autre Arrêt du 24. Août 1645. qui fait défenses à la Communauté de Congoulin & aux autres habitans de la Province, même à tous autres particuliers de défricher aucun Bois.

QUEST. IV. *Un Seigneur ne peut-il pas établir des Forges, Fourneaux & Verreries dans ses Bois?*

La conservation des Bois étant infiniment intéressante, à cause que l'objet en est Public, la destruction journaliere qui s'en fait au préjudice des Ordonnances, ont donné lieu à Sa Majesté, de défendre aux Seigneurs d'établir aucunes Forges ni Fourneaux dans leurs Bois, c'est la disposition de l'Arrêt du Conseil du 9. Août 1723. que nous rapporterons ici.

EXTRAIT DES REGISTRES DU CONSEIL D'ETAT,

Du 9. Août 1723.

LE Roi étant informé que depuis quelques années, il s'est établi en différentes Provinces des Fourneaux, Forges, Martinets & Verreries, & qu'il s'en établit encore journellement, sans permission de Sa Majesté; ensorte qu'une partie considérable des Bois qui étoient destinés au chauffage du Public, est consommée par ces nouveaux Etablissemens, qui ne doivent être mis en usage que pour la consommation des Bois qui ne sont pas à portée des Rivieres navigables & des Villes, & qui par leur situation ne peuvent servir ni aux constructions ni au chauffage, à quoi Sa Majesté voulant pourvoir; Oüi le Rapport du Sieur Dodun Conseiller ordinaire au Conseil Royal, Controlleur Général des Finances. SA MAJESTÉ ETANT EN SON CONSEIL, a fait très-expresses inhibitions & défenses, à toutes personnes de quelque qualité & condition qu'elles soient, & à toutes les Communautés

Eccléſiaſtiques & Laïques, Régulieres & Séculieres, Economes, Administrateurs, Recteurs & Principaux des Colléges, Hôpitaux & Maladreries, Commandeurs & Protecteurs de l'Ordre de S. Jean de Jérusalem, d'établir à l'avenir aucuns Fourneaux, Forges, Martinets & Verreries, augmentation de feu & de Marteau, ſinon en vertu de Lettres-Patentes bien & dûement vérifiées, à peine de Trois mille livres d'amende & de démolition des Fourneaux, Forges, Martinets & Verreries, & de confiſcation des Bois, Charbons, Mines & uſtenſiles ſervans à leur uſage. ENJOINT Sa Majeſté aux Sieurs Intendans & Commiſſaires départis dans les Provinces du Royaume, & aux Sieurs Grands Maîtres des Eaux & Forêts, chacun dans leur Département, de tenir la main à l'exécution du préſent Arrêt, qui ſera lû, publié & affiché où beſoin ſera, & exécuté nonobſtant oppoſitions, ou autres empêchemens quelconques, pour leſquels ne ſera différé, & dont ſi aucun intervient, Sa Majeſté s'en eſt & à ſon Conſeil réſervé la connoiſſance, & icelle interdit à toutes ſes Cours & autres Juges. FAIT au Conſeil d'Etat du Roi, Sa Majeſté y étant, tenu à Meudon le neuviéme jour d'Août mil ſept cent vingt-trois. Signé, PHELYPEAUX.

QUEST. V. *Pendant la Saiſie-réelle d'une Terre, le Propriétaire ſaiſi peut-il vendre les Bois?*

Quoiqu'une Terre ſoit ſaiſie réellement, le Propriétaire a toujours la liberté de la vendre dans ſon entier pour payer ſes créanciers, & éviter les frais ruineux d'un decret, or s'il a la liberté de vendre le total, il eſt aiſé de penſer qu'il en peut vendre les Bois qui en font partie, d'autant que des Bois futaies qui ſont ſur le retour peuvent dépérir, & que lorſque l'on en trouve une vente avantageuſe, il eſt extrêmement prudent d'en profiter; les Taillis peuvent ſe vendre pareillement c'eſt-à-dire les coupes ordinaires quand elles ſont réglées, parceque ſi l'on ne le faiſoit pas, cela intervertiroit les coupes, & préjudicieroit aux revenus de la Terre: mais ces ventes ne peuvent ſe faire qu'en rapportant le prix, au Greffe du Siége où le decret eſt pendant, ou entre les mains des Receveurs des

Consignations, c'est ce qui est décidé par un Arrêt du Parlement de Paris, du 4. Mars 1518. rapporté par Dumoulin (a) Entre Antoine, Seigneur de Mailly, & Robert de Mailly, par lequel il fut dit, que ledit Antoine Seigneur de Mailly, pourroit dedans trois mois vendre les Bois tant de haute futaie que Taillis, qui sont ès lieux criés, & de ses héritages qui ne sont en criées, & que les deniers seront apportés au Greffe, pour les distribuer aux opposans & poursuivans, & que cependant les Encheres auront cours; mais l'adjudication surseoira.

(a) Tom. 2. pag. 688.

QUEST. VI. *La vente d'un Bois de haute futaie est-elle sujette à restitution, par Lettres de rescision?*

Jusqu'ici il avoit été assez indéterminé, si en vente de Bois de haute futaie, la rescision pouvoit avoir lieu pour lézion, les Bois futaie destinés à être coupés étant réputés meubles, & la rescision en fait de meubles n'ayant pas lieu; mais elle vient d'être jugée définitivement, par Arrêt du Parlement de Bourgogne aux Enquêtes, du 19. Décembre 1749. en faveur d'Henry-François de Chatenay, Seigneur de S. Vincent, sur l'appel d'une Sentence du Bailliage de Châlons sur Saone du 10. Janvier 1749. interjetté par Philibert Sordet, Marchand de Bois; la restitution avoit déja été regardée en ce Parlement comme très-admissible, puisqu'il se trouve deux Arrêts précédens qui l'avoient jugée telle; l'un du 22. Juillet 1615. qui avoit admis le retrait lignager, en vente de Bois de haute futaie, & l'autre du 26. Juillet 1692. qui avoit jugé en faveur de la rescision pour pareille chose: Me. Bullier, Avocat défenſeur du Seigneur de Saint Vincent, s'étoit fondé indépendamment de ces deux Arrêts qu'il rapportoit, ſur ce que les Bois de haute futaie ſont toujours regardés comme immeubles & faiſans partie du fonds, tant qu'ils ne ſont pas coupés, que ces Bois ſont d'autant plus précieux qu'ils deviennent journellement plus rares, que par conſéquent l'Etat même eſt très-intéreſſé à ſa conſervation, que les Ordonnances anciennes & nouvelles les ont regardé de même dans tous les tems, que telles ſont les Ordonnances d'Orléans (*a*) & de 1629. (*b*) qui ne veulent pas que les Eccléſiaſtiques & autres gens de main-morte puiſſent vendre leurs Bois de haute futaie, ſans obſerver les mêmes ſolemnités qui ont lieu dans l'aliénation des immeubles appartenans à ces ſortes de perſonnes, à quoi ſont conformes les articles 4. & 6. de l'Ordonnance de 1669. qui preſcrivent les mêmes formalités.

(*a*) Art. 29.
(*b*) Art. 35.

Que c'eſt ce qui eſt préciſément porté pour les Bois qui croiſſent ſur le Domaine de Sa Majeſté, ſuivant les Ordonnances de Blois (*c*) celle du 27. Janvier 1610 (*d*) & celle de 1669. (*e*) qui défendent aux grands Maîtres & aux Maîtres particuliers, à peine de privation d'état, de les vendre, que les Lettres-Patentes n'en aient été vérifiées & enregiſtrées au Parlement, & en la Chambre des Comptes, d'où l'on doit conclure que les Loix de l'État ne mettent point de différence, entre le Bois de haute futaie & le fonds ſur lequel il eſt crû.

(*c*) Art. 338.
(*d*) Art. 50.
(*e*) Tit. 15. art. 1.

Que Carondas dans ſes obſervations ſur ces anciennes Ordonnances (*f*) fait voir que la conſervation des Forêts à toûjours fait, chez les Peuples policés

(*f*) Art. 30.

licés, l'un des principaux objets de l'attention du Prince & des Magiſtrats, que par les diſpoſitions de toutes les Loix, jamais la futaie n'a été conſidérée comme uſufruit » Les Rois, dit-il, ont prudemment ordonné, que la même forme devoit „ être gardée pour la coupe des hauts Bois, que pour „ l'aliénation du fonds de ce Domaine, ſur quoi il „ applique les termes de la Loi 40. *ff. de actionibus „ empti. arborum quæ in fundo continentur, non eſt ſeparatum corpus à fundo*, & partant, ajoûte-t'il, en la „ coupe deſdits arbres, pour quelque raiſon qu'elle „ ſe faſſe, faut obſerver ſemblable ſolemnité qu'en » l'aliénation du fonds.

Que ces Bois ſont une des plus précieuſes parties de la fortune de la Nobleſſe, & qu'enfin tous nos Juriſconſultes François ſont d'accord avec Dumoulin, que la reſtitution pour lézion de moitié de juſte prix doit être admiſe en vente de Bois de haute futaie, comme en meubles précieux, que cela eſt donné pour maxime par *Bretonnier* dans une Diſſertation par lui faite, *ex profeſſo*, ſur la loi 2. *cod. de reſcindenda vendit.* (*a*); par *Le Grand* en ſon Commentaire ſur la Coûtume de Troyes (*b*), par *Brillon* en ſon Recueil (*c*), par *Catelan* (*d*), par *le Prêtre* (*e*), & par nombre d'autres, n'y en ayant aucun qui ait dit le contraire.

Que l'article 551. des Cayers de la Coûtume de Bourgogne en laquelle ſont aſſis les Bois en queſtion, porte, *Vendition de Bois de haute futaie, procé-*

(*a*) A la ſuite du ſeptiéme Plaidoyer de Henris. (*b*) P. 2. tit. 7. art. 139. n. 29. (*c*) Au mot lézion en vente de Bois. n. 7. (*d*) tom. 2. l. 5. ch. 6. (*e*) Cent. 1. ch. 12. n. 7.

dant d'un ancien héritage, eſt ſujette à retrait, pourvû qu'on y vienne avant que ledit Bois ſoit coupé. La Coûtume de Normandie (*a*) en a un Texte particulier, & Berault ſur cet article en rapporte un Arrêt qui y eſt précis, enſorte que ſoit que l'on conſidere les Ordonnances de nos Rois, la Juriſprudence des Arrêts, l'eſprit de nos Coûtumes, & les ſentimens de nos Juriſconſultes, bien loin d'être oppoſés à la reſciſion pour les bois de haute futaie, ils y ſont au contraire entiérement décidés & précis.

(*a*) art. 463.

Que ſi d'un autre côté l'on fait attention au Droit Romain, l'on y trouvera de même les déciſions les plus favorables, que l'on peut voir, *Godefroy* en ſes Notes ſur les Loix 7. & 8. *cod. de reſcind. vendit.* où ce Juriſconſulte examine ſi la reſtitution pour lézion d'outre moitié de juſte prix, peut avoir lieu en vente de meubles »; Il obſerve que Cujas tient pour » la négative, que Dumoulin dit que le bénéfice de ,, la reſciſion a lieu ſeulement en vente de meubles ,, précieux; que c'eſt là le ſentiment reçu en France, ,, même contre les Mineurs, *quam ſententiam uſu Galliæ receptam etiam adverſus minores deffendit Mercator elegantiſſimè.* Qu'un Auteur qui a fait des annotations ,, ſur Cujas, a voulu que ce bénéfice eût lieu en la ,, vente de toutes ſortes de meubles; qu'à ſon égard, ,, il avoue qu'on n'accorde point la reſtitution pour ,, les plus petites choſes, & pour les plus legeres ſommes; *fateor tamen propter rem vel ſummam minimam reſtitutionem non concedi*, que ce tempérament judicieux eſt préciſément celui qui eſt preſcrit par » la Loi 4. au digeſte, *de in integrum reſtitutionibus.*

Qu'enfin Dumoulin après avoir dit (*b*) que l'on

(*b*) Sur Paris tit. des Fiefs, §. 33. n. 47. gl. 1. page 398.

ne doit point accorder de rescision pour dol réel ou lézion, l'orsqu'il n'est question que de mercatilles, *in mercantiis & rebus vilibus quæ usu consumuntur*, parceque cela trouble le commerce, & détourne le menu peuple de son travail par les Procès, *ne quies & exercitium & popularium liticulis infinitis subvertatur*, ajoûte; mais qu'elle doit être admise lorsqu'il s'agit de la vente de *meubles précieux*, en laquelle le vendeur est grandement lezé, comme dans celle d'un diamant, un vase d'or de grand prix : *secùs autem si ageretur de certo mobili, valdè pretioso, putà de electissimâ gemmâ vel pretioso vase aureo, insigni & singulari arte facto*; & venant à notre question, il faut encore, poursuit ce Jurisconsulte, accorder le bénéfice de la rescision en vente de Bois de haute futaie, lorsqu'il y a lezion énorme; *Item secùs si de venditione nemorum vel silvæ*, que toutes ces distinctions sont fondées sur les termes précis de la Loi, *rem majoris pretii si tu vel pater tuus minoris distraxerit*.

Que par rapport au Bois de haute futaie, on ne le considere point en Droit, ni comme un meuble, ni comme un fruit, mais comme une superficie, comme un édifice bâti sur le fonds; *non tanquam fructus, sed tanquam superficies superimposita fundo* (a) comme le fonds même, suivant les expressions de la Loi, *arborum quæ in fundo continentur, non est separatum corpus à fundo*, & que c'est pour cela que celui qui achette des arbres de futaie, ne peut s'en regarder comme Maître, tant que ces arbres sont encore sur pied; *& ideò ut Dominus, suas specialiter arbores vendicare emptor non poterit* (b); que l'usufruitier ne peut toucher aux Bois de haute futaie, parce qu'il n'a

(a) *Id.* Sur Paris §. 18. n. 1. p. 276. Le Brun des Success. liv. 2. ch. 2. Sect. 1. n. 181. p. 197.

(b) L. 40. ff. de actionib. empti.

droit qu'aux fruits & non pas au fonds, & que les Bois de haute futaie ne sont pas des fruits. (a)

(a) L. 11. ff. de usufruct.

C'est sur ces raisons solides que ce Tribunal a admis les Lettres de rescision du Seigneur de S. Vincent, & confirmé la Sentence du Bailliage de Châlons du 10. Janvier 1749.

QUEST. VII. *Un Seigneur nouvel acquéreur contre lequel le vendeur poursuit la restitution par Lettres de rescision, peut-il vendre des Bois & les aliéner?*

Cette question est simple, tant que l'instance de rescision dure, le vendeur non plus que l'acquéreur ne peuvent se dire Propriétaires incommutables, par conséquent ne peuvent vendre ni aliéner aucuns Bois, c'est ce qui a été jugé par Arrêt du 14. Juin 1515. rapporté par Dumoulin en ses Arrêts du Parlement de Paris, partie 7. nomb. 99. tom. 2. p. 680.

QUEST. VIII. *Est-il permis à un Vassal qui tient & porte en Fief un Bois, de le couper & l'appliquer à tel usage qu'il avisera?*

Comme les Fiefs sont devenus patrimoniaux en France, il sembleroit qu'un Vassal propriétaire incommutable d'un Bois, auroit toute liberté d'en faire telles dispositions qu'il jugeroit convenable à ses intérêts, soit en le faisant couper en futaie, le remettant en taillis ou autrement : cependant la Coûtume de Dunois, article 30. ne donne point cette licence au Vassal; elle porte, » Un Vassal „ ayant & tenant Bois en foi & hommage, de quel- „ que nature que soit ledit Bois, ne le pourra doré- „ navant appliquer à autre chose qu'à Bois, sinon

„ que le Bois fût sec, auquel cas par Ordonnance » du Juge, il le pourra faire couper «. Cette Loi est fondée sur le droit Public, qui ne permet pas la destruction des Bois, & qui veut que dans le cas de dépérissement de l'espece, le Propriétaire demande permission au Juge pour couper ce Bois, lequel en lui permettant pour juste cause, décrétera par son Ordonnance que le Propriétaire Vassal repeuplera ce Bois de bon plan, dans un tel tems, après la vuidange, sous les peines des Ordonnances.

CHAPITRE V.

Des Bois des Ecclésiastiques.

LES Bois des Prélats, Archevêques, Evêques, Abbés, Prieurs, Communautés Religieuses, Réguliéres & Séculieres, Colléges, Hôpitaux, Maladreries, Commanderies de l'Ordre de Saint Jean de Jérusalem & autres, doivent se gouverner par les mêmes Régles qui régissent les Bois du Domaine du Roi, ils sont sujets aux mêmes formalités, & dépendent des Officiers des Maîtrises qui ont droit d'y exercer la Police, également comme sur ceux des Bois du Roi.

QUEST. I. *Quelle est la premiere chose que doit faire un Bénéficier qui entre en possession de son Bénéfice, pour la manutention des Bois qui en dépendent.*

La premiere chose, est de sçavoir si ses Prédécesseurs ont fait lever les Plans des Bois du Bénefice, s'ils sont arpentés & bornés : si ces ouvrages ne sont pas faits, sera à lui à les faire faire en exécution des Ordonnances du Roi.

Ces Ordonnances ne tendent toutes qu'au bien du Bénefice & à la conſervation de cette Partie ſi néceſſaire à l'Etat. C'eſt dans ces vûes que les Rois, comme *Protecteurs de l'Egliſe* ont fait différentes Ordonnances, & entr'autres Louis XIV. par celle de 1669. dont le Titre 24. eſt précisément ce qui concerne les Bois des Gens de Main-morte. Le premier article de ce Titre eſt en ces termes : » Tous „ Prélats, Abbés, Prieurs, Officiers & Communautés Eccléſiaſtiques, tant Séculieres que Régulieres, Œconomes, Adminiſtrateurs, Recteurs & „ Principaux de Colléges, Hôpitaux & Maladreries, Commandeurs & Procureurs de l'Ordre de „ Saint Jean de Jéruſalem, ſeront tenus de faire arpenter, figurer & borner leurs Bois dans ſix mois, „ à compter du jour de la publication des Préſentes, & d'en mettre quinze jours après, aux Greffes „ des Maîtriſes, les Procès-verbaux avec les Plans „ & figures, ſur leſquels ſeront marquées les bornes ſelon leur juſte aſſiette & diſtance ; ſinon, „ les ſix mois paſſés, il y ſera pourvû, à la diligence „ de nos Procureurs en chacune Maîtriſe, aux frais „ des défaillans, qui ſeront contraints au payement par ſaiſie de leur temporel, ſuivant la taxe „ que nous voulons en être faite par les Grands Maîtres.

Quoiqu'il n'y eût rien de nouveau dans cette Ordonnance, étant conforme à celle de François I. du mois d'Août 1545. art. 2. & 22. & à pluſieurs autres poſtérieures, rapportées par Gallon ſur cet article, & quelle ne pût tendre qu'au bien des Eccléſiaſtiques & Communautés, néanmoins le Clergé en Corps, fit des Repréſentations au Roi, & même l'Ordre de Malthe, pour qu'il fût ſurci à l'exécution de cette Ordonnance; quelques-uns l'obtinrent pour quelque délai, mais aucun n'en a été déchargé, c'eſt ce qui eſt prouvé par nombre d'Arrêts du Conſeil, rapportés par Gallon ſur ledit article, notamment par celui du 24 Juin 1681. qui ordonne que conformément à cette Ordonnance : *Tous les Prélats, Abbés, Prieurs, Officiers, Communautés Eccléſiaſtiques, tant Séculieres que Régulieres, Gens de Main-morte, Communautés Laïques, & Habitans des Paroiſſes dans l'étendue de la Province de Bourgogne, ſeront tenus de faire arpenter, figurer & borner leurs Bois dans ſix mois, & d'en mettre quinze jours après aux Greffes des Maîtriſes, les Procès-verbaux avec les Plans & figures ſur leſquels ſeront marquées les bornes, ſelon leur juſte aſſiette & diſtance*, &c.

Enſorte que c'eſt une Loi générale qui doit être exécutée dans toute l'étendue du Royaume, par la raiſon que c'eſt pour la conſervation, afin qu'aucun particulier n'y faſſe d'uſurpation, & que dans tous les tems, ſi quelque voiſin a entrepris ſur iceux, ou que les Bénéficiers en aient eux-mêmes aliéné ſur les bords, on puiſſe le faire revenir.

On ſuppoſe d'ailleurs, que les Officiers de la Maîtriſe, en laquelle ſont les Bois du Bénéfice, ont fait le triage du quart de ces Bois, conformément à l'article 2. du même Titre 24, ſans quoi il ſeroit abſolument néceſſaire de faire faire cette réſerve par le grand Maître ou Officiers de la Maîtriſe, & de ſe conformer à ce qui eſt preſcrit par cette Loi, qui a été renouvellée, tant pour ce quart de réſerve que pour les Plans, par deux Arrêts du Conseil, des 14. Juin & 27. Août. 1729.

Nous rapporterons ici l'Arrêt du Conseil d'Etat du 12. Octobre 1728. concernant l'administration des Bois dépendans des Commanderies de l'Ordre de Malthe, qui fixe cette administration d'une maniere si précise, qu'ils sont obligés ainsi que leurs Fermiers de s'y conformer.

ARREST DU CONSEIL D'ETAT DU ROI,

CONCERNANT L'ADMINISTRATION DES BOIS dépendans des Commanderies & Bénéfices de l'Ordre de Malthe.

Du 12. Octobre 1728. Extrait des Registres du Conseil d'Etat.

SUR ce qui a été représenté au Roi en son Conseil, que la plus grande partie des Grands Prieurs, Baillifs, Commandeurs, & Bénéficiers de l'Ordre de Saint Jean de Jérusalem, qui ont des Bois dans leurs Prieurés, Bailliages, Commanderies & Bénéfices, n'ont point encore mis le quart de ces Bois en réserve, conformément à l'Ordonnance des Eaux & Forêts, du mois d'Août 1669. ni fait régler les Coupes ordinaires & annuelles des Taillis restans; Que dans plusieurs endroits où la réserve a été établie on coupe les Taillis sous la réserve, comme les autres Taillis; Que l'on ne fait point garder les Bois, ce qui autorise les Habitans voisins & les Vagabons, de les dégrader & piller impunément. Que d'ailleurs, sous prétexte que suivant les Satuts dudit Ordre, les Grands Prieurs, Baillifs, Commandeurs & Bénéficiers, sont en droit de demander à l'Ordre, des Bois pour employer aux réparations des Bâtimens de leurs Commanderies, & d'obtenir conformément aux Lettres Patentes de 1718. la permission de couper la quantité d'arbres qui leur sont nécessaires, & qui ont été marqués du Marteau de l'Ordre, par les Commissaires que l'Ordre nomme à cet effet; on coupe des arbres par jardinage dans les réserves, les Futaies & les Baliveaux sur Taillis, ce qui ruine & dégrade totalement les Bois & les Forêts de l'Ordre, ce qui donne lieu aux Procureurs du Roi des Maîtrises, d'intenter des Procès contre les Prieurs, Baillifs, Commandeurs & Bénéficiers de l'Ordre & leurs Fermiers, de faire prononcer contr'eux des amendes & des restitutions, qui retombent souvent sur le commun Trésor de l'Ordre, attendu que l'on veut mettre ces condamnations à exécution; il se trouve en joüissance desdites Commanderies pendant le vacant & mortuaire; Et Sa Majesté désirant conserver les Bois de l'Ordre comme les autres Bois du Royaume, & donner en même tems à l'Ordre de Malthe, des marques d'une attention particuliére qu'il mérite

rite tous les jours par les services qu'il rend à la Religion, il a résolu d'y pourvoir. OUI le Rapport du Sieur le Pelletier, Conseiller d'Etat ordinaire & au Conseil Royal, Controlleur Général des Finances; LE ROI EN SON CONSEIL, a Ordonné & Ordonne, ce qui ensuit.

ARTICLE I. LES grands Prieurs, Baillifs, Commandeurs & Bénéficiers de l'Ordre de Saint Jean de Jérusalem, feront dans six mois, si fait n'a été, arpenter, figurer & borner les Bois de leurs Prieurés, Bailliages, Commanderies & Bénéfices, par un Arpenteur Juré de la Maîtrise, dans le ressort de laquelle les Bois seront situés, qui en fera le Plan & en dressera procès-verbal, dans lequel il sera fait mention de la continence de chaque piéce, & de la qualité des Bois qui y croissent.

II. L'ARPENTEUR délivrera deux Expéditions de ces Plans & Procès-verbaux, dont l'une sera remise aux Greffes des Maîtrises des Eaux & Forêts, dans le Ressort desquels les Bois sont situés, & l'autre entre les mains du Commandeur.

III. FAUTE par les Prieurs, Baillifs, Commandeurs & Bénéficiers de l'Ordre, d'avoir fait faire & d'avoir remis les Plans & Procès-verbaux aux Greffes des Maîtrises dans six mois, à compter de la date du présent Arrêt, les Officiers des Maîtrises dans le Ressort desquelles les Bois sont situés, le feront aux frais des Titulaires.

IV. LA quatriéme partie des Bois sera mise en Réserve pour croître en futaie, & cette Réserve sera apposée par le Grand Maître du Département, ou par les Officiers de la Maîtrise qu'il pourra commettre, dans le meilleur Fonds & le plus propre à porter futaie, sans qu'il soit permis d'entreprendre aucune Coupe dans ladite Réserve, soit de Taillis ou Baliveaux, sous les peines portées par l'Ordonnance des Eaux & Forêts du mois d'Août 1669.

V. APRÈS la Réserve apposée, les trois quarts restans des Bois seront reglés & divisés en vingt-cinq Coupes par lesdits Officiers, & seront lesdites Coupes marquées par premiére & derniere sur les deux Expéditions des Plans pour s'y conformer.

VI. LORS de ces Coupes il sera laissé vingt-cinq Baliveaux de l'âge du Taillis par chacun arpent, nature de Chêne, s'il y en a, sinon, ils seront pris des meilleurs Bois durs qui s'y trouveront.

VII. ON y laissera aussi tous les Baliveaux, tant anciens que modernes, de la nature de Chêne, & en cas qu'il ne s'y en trouve point, on y réservera dix Baliveaux par arpent des plus beaux au-dessous de quarante ans, & quatre de ceux au-dessus, s'il y en a.

VIII. Le surplus des Baliveaux des haitres, des charmes & autres Bois, sera abbatu avec les Taillis pour indemniser les Commandeurs du reculement des Coupes ordinaires.

IX. Les Commandeurs feront faire annuellement par leurs Officiers, un mois après le terme de la vuidange expirée, le récollement des Bois qui auront été exploités, & en remettront, dans un pareil délai, le Procès-verbal au Greffe de la Maîtrise, sinon, il y sera procédé à leurs frais, par les Officiers de la Maîtrise a la Requête du Procureur du Roi.

X. Les Commandeurs établiront un ou plusieurs Gardes pour la conservation de leurs Bois, & les feront recevoir devant les Officiers des Maîtrises, conformément à l'Ordonnance de 1669. & faute par eux de le faire, il y sera pourvû par le Grand Maître du Département, lequel pourra décerner ses Ordonnances contre les Commandeurs & leurs Fermiers, pour le payement des Gages desdits Gardes.

XI Les Grands-Prieurs, Baillifs, Commandeurs & Bénéficiers, qui jouissent des Prieurés, Bailliages, Commanderies & Bénéfices appartenans à l'Ordre de Malthe, dans les Bâtimens desquels il sera nécessaire de faire des Réparations, s'adresseront, suivant l'usage observé jusques à présent, au Chapitre Provincial du Grand-Prieuré, dans l'étendue duquel les Bâtimens sont situés, & y demanderont qu'il leur soit donné les Bois nécessaires, à condition de les employer en nature.

XII. Le Chapitre nommera un ou deux Commissaires du nombre des Officiers & Commandeurs de l'Ordre, auxquels le Receveur du grand-Prieuré remettra le Marteau de l'Ordre.

XIII. Les Commissaires se transporteront sur les lieux avec le Commandeur, ils y nommeront un Charpentier ou un Expert, à qui ils feront prêter serment, avec lequel ils visiteront exactement les Bâtimens de la Commanderie sujets à réparations, en dresseront Procès-verbal, dans lequel ils feront mention des Réparations qu'il y faut faire, & du nombre d'Arbres qui doivent être employés en nature pour faire ces Réparations.

XIV. Ils se transporteront ensuite & sans délai, dans les Bois de la Commanderie pour y marquer les Bois dont on aura besoin, sans que sous quelque prétexte que ce soit, il en puisse être marqué ou abbatu une plus grande quantité que celle jugée nécessaire pour le Devis, & à condition que les Bois de cordes provenans des branches & descentes desdits Arbres, seront vendus par lesdits Sieurs Commissaires, & le prix employé auxdites Réparations.

XV. Ils marqueront d'abord les arbres épars, ceux qui se trouveront dans les haies, chemins, & lisieres de bois, & ensuite les baliveaux qui se trouveront dans les taillis qui doivent être coupés dans l'année.

XVI. S'ils n'y trouvent pas la quantité d'arbres nécessaires, ou qui ne soient de la qualité prescrite par le Procès-verbal de visite, ils se transporteront dans les Taillis des deux dernieres coupes, ensuite dans ceux qui se doivent couper l'année suivante, & y marqueront du Marteau de l'Ordre, les Arbres qu'ils trouveront à propos, conformément à ce qui est marqué dans l'Article XIV.

XVII. Ils feront mention dans leur Procès-verbal du nombre de ceux qu'ils auront marqué dans les Haies, Chemins & Lisieres de

Bois, dans la Coupe qui doit être faite dans l'année, dans celle des deux années précédentes, & dans celle de l'année suivante, comme aussi de la grosseur & longueur desdits Arbres.

XVIII. S'il ne s'y en trouve pas suffisamment, ils feront mention dans leur Procès-verbal du nombre & de la qualité des arbres qu'ils n'auront pas trouvé, ensemble de leur destination ; & en même tems ils déclareront les endroits où on pourroit prendre le surplus, sans endommager les Taillis ni la Futaie.

XIX. Sur leur procès-verbal signé d'eux & de l'Expert par eux nommé, sera présentée une Requête au Roi, sur laquelle il sera expédié au Commandeur, un Arrêt portant permission de couper les Arbres marqués par les Commissaires, du marteau de l'Ordre ; & à l'égard de ce qui en manquera, il y sera pourvû, soit en permettant de les prendre, en cas d'absolue nécessité, dans les endroits désignés par le Procès-verbal des Commissaires, soit en les accordant au Commandeur dans les Taillis qui seront coupés dans la suite, au fur & à mesure que les Taillis se couperont.

XX. L'Arrest du Conseil qui permettra la coupe de ces Bois, sera expédié aux mêmes clauses & conditions qui ont été accordées depuis & en exécution des Lettres Patentes de 1718. lesquelles seront exécutées selon leur forme & teneur, en tout ce qui n'y est point dérogé par le présent Arrêt.

XXI. Si l'on est obligé de prendre pour les réparations des Commanderies quelques Arbres dans les Futaies, ils seront pris en observant les formalités ci-dessus expliquées dans les extrêmités, ensorte que la Futaie n'en souffre point de préjudice.

XXII. S'il ne se trouve point dans les Bois de la Commanderie, des Arbres de la qualité requise & désignée par les Procès-verbaux des Commissaires de l'Ordre, ou s'il n'y a aucuns Bois dépendans de ladite Commanderie, en ce cas, les Commissaires, suivant l'usage observé dans l'Ordre, en pourront marquer dans les Bois des Commanderies voisines, en observant les formalités ci-dessus prescrites.

XXIII. Les Commandeurs auxquels ces permissions seront accordées, remettront dans trois mois, à compter du jour de leur date, au Greffe de la Maîtrise dans le ressort de laquelle les Bois coupés seront situés, une Copie de l'Arrêt qu'ils auront obtenu, signé du Greffier, ou d'un Officier de la Commanderie, sans que les Officiers des Maîtrises puissent exiger, pour raison de ce, aucuns Droits.

XXIV. Il en sera remis une autre copie, & copie du Procès-verbal de la marque des Bois, dans le même délai, dans les Archives du grand Prieuré, pour y avoir recours en cas de besoin.

XXV. L'Exploitation des Bois marqués du Marteau de l'Ordre, se fera dans l'année que la permission aura été accordée, après lequel tems ladite permission demeurera nulle.

XXVI. La délivrance & récollement des Bois destinés aux réparations seront faits par les Officiers de la Commanderie, & leurs Procès-verbaux seront remis aux Greffes des Maîtrises trois mois après la date de celui du récollement.

XXVII. Les contraventions au présent Arrêt seront jugées aux Siéges des Maîtrises jusques à Sentence définitive inclusivement, sauf l'appel en la maniére accoûtumée & prescrite par l'Ordonnance des Eaux & Forêts du mois d'Août 1669. & pour l'éxécution du présent Arrêt toutes Lettres nécessaires seront expédiées. Fait au Conseil d'Etat du Roi, tenu à Fontainebleau le douziéme jour du mois d'Octobre mil sept cent vingt-huit. Collationné. Signé, EYNARD.

Quest. II. *Comment se doivent faire les coupes & l'exploitation des Bois des Prélats & Communautés Ecclésiastiques.*

Les articles 3. & 7. du même Titre 24. contiennent Réglement à ce sujet; l'Article 3. est ainsi conçu; » Après les réserves distraites & séparées, le surplus des Bois-Taillis sera réglé en coupes ordinaires de dix ans au moins, avec charge expresse de laisser seize Baliveaux de l'âge du Bois en chacun arpent, outre tous les anciens & modernes, qui seront pareillement réputés futaie, & comme tels, réservés dans toutes les coupes ordinaires, sans qu'en aucun cas on y puisse toucher qu'en vertu de nos Lettres-Patentes bien & dûement vérifiées, ainsi qu'il sera dit ci-après.

L'article 7. est en ces termes; » Enjoignons aux Ecclésiastiques & Communautés de charger expressément leurs Fermiers, Œconomes, Receveurs, Marchands & Adjudicataires de faire en leurs Bois les mêmes réserves prescrites pour l'usance des *Nôtres*; & Voulons qu'elles soient observées par les Receveurs, Fermiers, ou Marchands au nombre & en la forme ordonnée, quoiqu'ils n'y fussent pas obligés par leurs Baux, Mar-

„ chés & Adjudications, à peine d'amende arbitraire „ à notre profit, confiſcation du prix des ventes & „ des Bois abbatus, avec reſtitution, dommages & „ intérêts, au profit du Bénéfice ou Communauté, „ dont ſera fait fonds, & le revenu affecté à l'Hô- „ pital plus prochain des lieux, pendant la vie du „ Bénéficier.

Il réſulte de ces articles que le quart des Bois des Eccléſiaſtiques mis en réſerve, le ſurplus (pour ce qui eſt des Taillis), doit être par le Grand Maître, diſtribué en différentes coupes de dix années au moins chacune.

Que lors des coupes, il doit être laiſſé ſeize Baliveaux par chacun arpent, que ſi dans ces Taillis il y a des anciens, des modernes & des Baliveaux ſur Taillis, ils doivent être pareillement réſervés, ainſi que les pieds corniers, Arbres de liſiere & de Paroi.

Que s'il s'y trouve pareillement des Arbres fruitiers, tels que Noyers, Poiriers, Pommiers, Ceriſiers, Meriſiers, Pruniers, Aliſiers, Cormiers, Neſliers & autres, ils ſeront pareillement laiſſés ſur pied ; leurs fruits ſervent à la nourriture des bêtes fauves.

Que ces ſeize Baliveaux doivent être choiſis des plus beaux brins & des plus droits, de nature de Chênes, Hêtres ou autres bons Bois. Les Eccléſiaſtiques ſont tenus de faire exécuter ces Ordonnances à leurs Fermiers, Agens, Receveurs & Gens d'Affaires dont ils ſont reſponſables.

Les Fermiers des Prélats & Eccléſiaſtiques ſont même tenus perſonnellement, & abſolument obligés d'exécuter en régle ces réſerves, encore qu'ils n'y fussent pas obligés par leurs Baux & marchés, à peine d'amende arbitraire, & autres portées par ces articles.

Quant aux coupes, elles doivent se faire en saison convenable, ainsi que nous l'avons fait voir précédemment. Elles doivent se faire *à tire & aire*, c'est-à-dire comme nous l'avons expliqué, que la coupe doit se faire de suite le plus près de terre que faire se pourra, sans laisser ni bouquets, ni cepées, ni aucune intermission de la vieille coupe à la nouvelle, coupant & recépant tous les mauvais Bois creux, gelés, éventés, les vieilles souches, chicots & estocs, rabougris, avortés, broutés & mangés des bêtes, ensorte que le prochain recru soit de belle venue.

QUEST. III. *Les Prélats & tous autres Bénéficiers ne peuvent-ils pas couper des bois & arbres nécessaires, pour les réparations & entretiens des Maisons & Bâtimens du Bénéfice ?*

Nos Rois, comme Protecteurs de l'Eglise, ont toujours veillé à la conservation de ses biens temporels & défendu dans tous les temps aux Bénéficiers de couper aucuns bois d'haute futaie, & baliveaux sur Taillis dans les Forêts de leurs Bénéfices.

Les Etats d'Orléans en avoient fait une loi en l'article 29. de cette Ordonnance qui porte; » Défendons à tous Prélats & gens d'Eglise de vendre ou ,, faire couper Bois d'haute futaie, autres qu'abbatus ,, par tourmente & impétuosité de vents & sans fraude, à peine de saisie de leur temporel, défendant ,, à toutes persones de quelque condition qu'ils

„ soient, d'acheter des gens d'Eglise, Bois d'haute
„ futaie, sous notre nom ou des Officiers de notre
„ artillerie, ou autres qui se prétendent privilégiés,
„ à peine de recouvrer sur eux le prix dudit Bois
» acheté, encore qu'il fût payé.

Ces dispositions furent renouvellées par l'article 338. de l'Ordonnance de Blois, mais Louis XIV. y a ajoûté en l'article 4. du Titre 24. de celle de 1669. sous des peines rigides; cet article est en ces termes : » Les Ecclésiastiques, Communautés,
„ Commandeurs, Œconomes, Recteurs & Admi-
„ nistrateurs ne pourront couper aucun arbre de fu-
„ taie ou Baliveaux sur Taillis, ni toucher au quart
„ mis en réserve, ou rien prendre au-delà des cou-
„ pes ordinaires & réglées, sinon en vertu de Let-
„ tres-Patentes, bien & dûement regiftrées, à peine
„ d'amende arbitraire envers Nous, & de restitution
„ du quadruple de la valeur des Bois coupés ou ven-
„ dus, laquelle si elle excéde 500 l sera employée
„ en fonds pour le Bénéfice, Collége, Commande-
„ rie, Maladrerie ou autre Communauté, & le revenu
„ appliqué à l'Hôpital des lieux, pendant la vie ou
„ la possession des Bénéficiers, Commandeurs,
„ Recteurs & Administrateurs contrevenans; & si
„ la restitution étoit moindre de 500. liv. elle ap-
„ partiendra entiérement à l'Hôpital.

L'Ordre de Malthe ayant prétendu devoir être excepté de l'exécution de cet article, présenta Requête à Sa Majesté, sur laquelle intervint Arrêt du Conseil d'Etat le 6. Juillet 1671. qui ordonna que l'exécution des articles de la nouvelle Ordonnance concernant les Bois taillis des Ecclésiastiques, sera furcife à l'égard de ceux dudit Ordre, pendant les années 1672. & 1673. cependant permet Sa Majesté, aux Commandeurs dudit Ordre, d'user de leurs Bois taillis, ainsi qu'ils en ont ci-devant usé, jusqu'à ce qu'autrement en ait été ordonné par Sadite Majesté. Cet Arrêt est rapporté dans son entier sur cet article en la conférence de Gallon.

Comme cette Ordonnance défend de couper aucun arbre indistinctement, & qu'il arrive fréquemment des réparations à faire, Sa Majesté y a pourvû par l'article 5. du même Titre ; il porte, » Nos Lettres ne seront octroyées, pour ventes de Futaie ,, ou Baliveaux réservés, qu'en cas d'incendies, ,, ruines, démolitions, pertes & accidens extraordinaires, arrivés par forfait, guerre ou cas fortuit, ,, & non par le fait ou faute de Bénéficiers & Administrateurs, qui pour y parvenir feront leurs ,, remontrances au Grand-Maître, lequel informera ,, des causes & de la nécessité, visitera les lieux en ,, présence de notre Procureur en la Maîtrise, fera ,, priser par Experts les réparations nécessaires & ,, envoiera au Conseil, ès mains du Controlleur-Général de nos Finances, son Procès-verbal, qui ,, contiendra au vrai la valeur, l'état & qualité des ,, Bois, qu'on demandera permission de couper, ,, ensemble le nombre & la qualité de ce qui en ,, restera au Bénéfice ou à la Communauté, & son ,, avis, lequel sera joint avec le Procès-verbal aux ,, Lettres sous le Contre-Scel.

L'article six veut que l'exécution des Lettres-Patentes sur ce accordées, ne puisse être faite que par le Grand-Maître qui fera procéder, en sa présence,

aux

aux Assiétes, Martelages, & fera les Adjudications & Récollemens, avec les mêmes formalités observées pour les Bois du Domaine du Roi, taxera les frais, droits des Officiers & autres par lui employés, selon leur travail, dont ils seront payés sur le prix de l'Adjudication.

Ensorte qu'il résulte de toutes ces Ordonnances, qu'un Bénéficier ne peut couper aucun arbre vif pour réparations, ni autrement, par la raison qu'un Bénéficier n'est qu'usufruitier & que cette qualité ne lui donne le droit d'user des Bois dépendans de son Bénéfice, que comme un bon pere de famille, dont l'attention ne doit tendre qu'à conserver au lieu de détruire, il n'a droit que de prendre pour son chauffage, les Bois chablis, & Bois abbatus par les orages, le surplus doit être employé au profit de l'Eglise, *LL. arboribus & proculus D. de usufruct.* Ensorte que si un Bénéficier s'écarte de ces Régles, en commettant lui-même des abus & délits dans les Bois de son Bénéfice, il en sera punissable par les Officiers de la Maîtrise, suivant la rigueur des Ordonnances, ainsi qu'il est porté par l'article 13. du Titre premier de ladite Ordonnance, dont Sa Majesté a ordonné l'exécution, par Arrêt du 27. Avril 1683.

Dans cette position, un Bénéficier, dont le bâtiment est prêt à tomber de vétusté, ou qui est réellement tombé par terre & dès-lors indispensable à rétablir, suivra à la lettre ce qui lui est prescrit par ledit article 5. qui s'explique suffisamment.

QUEST. IV. *A qui du Successeur à un Bénéfice ou des Héritiers du défunt, appartient le Bois qui est en coupe ou prêt à être coupé.*

Plusieurs de nos Coûtumes décident que les Bois taillis en coupe ou prêts à être coupés sont meubles, telles sont celles de *Reims* (a) & *Laon* (b), ensorte que s'ils sont réputés tels, ceux qui sont en coupe ou en état d'être coupés, doivent appartenir aux Héritiers du défunt, parcequ'ils sont censés ameublis & comme séparés du fonds; c'est le sentiment de *Coquille* sur l'article 6. du titre 26. de la *Coûtume de Nivernois*, ce qu'il autorise de plusieurs Loix.

(a) Reims art. 19.

(b) Laon 105. Dumoulin sur l'art. 1. de Paris Gl. 8. n. 27. Coquille art. 10. du Titre des Douaires.

Duperray dans son Traité du *partage des fruits des Bénéfices*, Livre premier chap. 3. rapporte une consultation, de Me de Favieres à ce sujet, qu'il a insérée en entier, par laquelle le sentiment du Jurisconsulte est que les Bois taillis en coupe, vendus par le défunt appartiennent à ses Héritiers, & qu'à l'égard des Taillis qui n'ont encore atteint que douze ans, & dont la coupe est réglée à 15. suivant le sentiment de *Coquille* sur la Coûtume de *Nivernois* (c), il est d'avis que les quatre cinquiémes de ces Taillis appartiennent aux Héritiers du Bénéficier, & qu'ils seront fondés à les prétendre, lors de la vente de ces Taillis, qui ne pourra se faire qu'avec eux.

(c) Chap. 24. art. 10.

Les raisons de cette décision sont, que le défunt Titulaire ayant acquitté toutes les charges du Bénéfice jusqu'à son décès, les fruits qu'il n'a pû percevoir avant le tems de leur maturité & coupe ordinaire ne lui appartiennent pas moins, que ceux qui ont pû se recueillir de son vivant, que par conséquent il a transmis son droit à ses Héritiers ; que s'il en étoit autrement, *dit ce Jurisconsulte*, le Successeur au Bénéfice, profiteroit gratuitement de la perte & dommage de son Prédécesseur de 15. années de feuilles, en trois années seulement ; qu'il n'y a point de raison d'ôter plutôt ces Taillis & feuilles aux Héritiers du défunt qu'il y en auroit de leur ôter leur part des bleds, vins, foins & autres fruits qui étoient aussi pendans par racines, lors de son décès, lesquels se partagent néanmoins *proratâ temporis*; ceux qui voudront voir cette consultation seront satisfaits des autorités qui y sont rapportées, qui sont très-recherchées; ils y ajoûteront *Coquille* sur l'article 9. du Titre des *Douaires* de la Coûtume de *Nivernois*.

QUEST. V. *Quelles sont les peines des Contraventions & Délits qui se commettent dans les Bois des Ecclésiastiques?*

Les mêmes peines, amendes & condamnations prononcées par l'Ordonnance, pour les délits & malversations commises dans les Bois du Roi, auront lieu pour ceux des Ecclésiastiques & gens de Main-morte; c'est la disposition précise de l'article 11. du même titre 24. & celle de l'article 28. du titre 32. qui veulent que toutes amendes, restitutions, dommages, intérêts & confiscations, soient adjugés ès Eaux & Forêts des Ecclésiastiques, & gens de Main-morte, & les condamnations exécutées en la même maniere que pour les Eaux & Forêts du Domaine du Roi.

Mais il convient d'observer que les amendes qui

ſont adjugées, en réformation ou autrement, à la diligence des Procureurs Généraux ou de leurs Subſtituts, pour les Bois des Eccléſiaſtiques, appartiennent au Roi, c'eſt ce qui eſt porté par l'article 17. dudit titre 32. qu'il eſt néceſſaire de rapporter : » Les „ amendes (dit cet article) qui ſeront adjugées par „ nos Commiſſaires & Officiers en réformation ou „ autrement, à la diligence de nos Procureurs Gé„ néraux ou leur Subſtituts pour délits, abus, uſur„ pations, ès Eaux & Forêts des Eccléſiaſtiques, Com„ mandeurs, Hôpitaux, Maladreries & Communau„ tés, & ceux qui en dépendent par droit de grurie, „ grairie, ou autrement, nous appartiendront ſans „ exception ni diſtinction, & ſeront les Rôles mis & „ laiſſés ès mains des Sergens, Collecteurs de cha„ cune Maîtriſe, pour en faire le recouvrement, & „ en compter ainſi & aux termes & peines, que „ pour les amendes adjugées pour nos Eaux & Fo„ rêts.

Les articles 4. & 7. du titre 24. ſont conformes à cet article, c'eſt-à-dire, que les amendes qu'encoureront les Eccléſiaſtiques pour les délits & abus par eux commis ou leurs Fermiers appartiendront au Roi.

QUESTION VI. *Qu'eſt-ce qu'on entend par* Réformation ?

C'eſt ici le cas de placer cette Queſtion; l'Ordonnance art. 17. du titre 32. veut que les *amendes* qui ſeront adjugées par les Officiers ou Commiſſaires en Réformation, à la diligence des Procureurs Généraux ou leurs Subſtituts pour délits, uſurpations

& autres abus, ès Eaux & Forêts des Eccléſiaſtiques, Hôpitaux & Communautés, appartiennent au Roi ſans diſtinction.

L'Article 21. du titre 25. ordonne que les *amendes* & confiſcations qui s'adjugeront pour Eaux, Prés, Patis & Bois communs, & contre les Particuliers, appartiendront aux Seigneurs Hauts-Juſticiers, & les dommages & intérêts à la Communauté, *excepté les cas de Réformation*, dans leſquels toutes amendes & confiſcations appartiennent au Roi, & les intérêts à la Paroiſſe.

Il s'agit donc de ſçavoir qu'eſt-ce que l'Ordonnance entend par réformation; pour en être éclairci, je penſe qu'il faut remonter au titre 3. concernant les *Grands-Maîtres*, & au titre 4. concernant les *Maîtres Particuliers*.

Les Grands-Maîtres ſont aſtraints à faire des viſites, dans l'étendue de leur Département, pour la connoiſſance des Bois du Roi : les Ordonnances anciennes les obligeoient à faire des *chevauchées*.

Or en procédant à leurs viſites, l'Ordonnance de 1669. leur permet de faire toutes ſortes de *Réformations*, & juger de tous délits, abus & malverſations, qu'ils trouveront avoir été commis dans leur Département, ſoit par les Officiers ou par les Particuliers & faire le procès aux coupables. *Articles* 4, 5 *&* *ſuivans.*

L'Article 6. du titre 4. enjoint aux *Maîtres Particuliers* de faire des viſites de ſix mois en ſix mois, dans les Bois du Domaine, où le Roi a intérêt; & par l'article 11. ils peuvent viſiter, toutes les fois qu'ils le jugeront à propos, ou qu'il leur ſera ordonné par le Grand-Maître, les Bois & Forêts dans l'étendue de leurs Maîtrises, appartenans aux Ecclésiastiques, Communautés & Gens de main-morte : voyez encore l'article 21. du tit. 3.

Si dans le cours de ces visites, le Grand-Maître ou les Officiers de la Maîtrise trouvent des délits, usurpations, abus, commis dans les Bois des Communautés Laïques, Ecclésiastiques, même des Particuliers, ils en dressent des Procès-verbaux à la requête du Procureur du Roi, sur lesquels le Grand-Maître, & le Maître Particulier prononcent les peines prescrites, dans la quinzaine de la date des Procès-verbaux, article 8. titre 4. Or cette procédure est un véritable cas de *Réformation*, & dans ce cas les *amendes* ne s'en peuvent adjuger qu'au profit du Roi.

Un second cas de *Réformation*, est lorsqu'il s'agit de punir des Officiers Subalternes par le Grand-Maître, pour concussions, malversations, délits, abus, commis par ces Officiers, soit dans leurs fonctions, soit dans les Bois.

Or comme les diligences pour la correction de la discipline envers les Officiers subalternes & inférieurs, & pour la condamnation aux peines encourues, pour délit dans les Bois des Communautés ou des particuliers, ne peuvent se faire ensuite des Procès-verbaux de visite, qu'à la requête du Procureur Général, ou de son Substitut, le Roi s'applique en ce cas les *amendes*.

La raison en est fort simple, à l'égard des Bois des Communautés, pour les délits, desquels il n'est pas naturel d'adjuger *l'amende* au Seigneur qui a toléré les délits sans faire punir les coupables, par ses Officiers.

On peut encore moins adjuger l'*amende* à un Seigneur pour les délits commis dans les Bois de sa Seigneurie, par lui-même ou par ses ordres.

Enfin, il n'a & ne doit avoir aucun droit aux *amendes* pour délits, abus, &c. commis dans les Bois des Particuliers, pour raison de l'inaction & négligence de ses Officiers, que ceux des Eaux & Forêts ont prévenu.

Un troisiéme cas de réformation, qui n'est que la suite des deux premiers, est lorsque le Grand-Maître, dans sa visite, procéde lui-même aux *récollemens* & prend connoissance de la conduite des Officiers dans les ventes, *les amendes* pour raison des prévarications commises par ces Officiers appartiennent au Roi seul; on en sent la raison. *V. l'article* 15. *du tit.* 3.

J'ajoûte un quatriéme cas, qui sans être de *Réformation*, met les Juges dans la nécessité d'ajuger les *amendes* au Roi, c'est celui où il s'agit de la coupe, abatis, délits, &c. des arbres de lisiere, paroi, pieds-corniers, tournans, baliveaux & autres bois quelconques, qui ne peuvent être exploités sans permission. Je tire ma conséquence de ce que les Bois étant de droit Public, le Propriétaire n'a droit d'en jouir qu'à titre d'usufruit, *salvâ rerum substantiâ*, il n'a aucun droit dans les arbres prohibés, si vrai que pour les couper il est astraint à en obtenir la permission du Roi, art. 4. du tit. 24. art. 8. du tit. 25.

QUEST. VII. *Est-il défendu aux Seigneurs particuliers & Eccléſiaſtiques, d'établir des Verreries pour la conſommation de leur Bois?*

Nous voyons que ces ſortes d'Etabliſſemens deviennent ſouvent onéreux aux Propriétaires qui en ſouffrent l'Etabliſſement, par les dégradations que cela cauſe à leurs Forêts, c'eſt pourquoi le Roi a par ſon Arrêt du Conſeil d'Etat du neuf Août 1723. fait » expreſſes inhibitions, & défenſes à toutes perſonnes, de quelque qualité & condition qu'elles ſoient, „ & à toutes les Communautés Eccléſiaſtiques & Laïques, Régulieres & Séculieres, Economes, Administrateurs, Recteurs, Principaux de Colléges, „ Hôpitaux, Maladreries, Commandeurs & Procureurs de l'Ordre de S. Jean de Jéruſalem, d'établir „ à l'avenir, aucuns Fourneaux, Forges, Martinets „ & Verreries, augmentation de feu & de marteau, „ ſinon en vertu de Lettres-Patentes, bien & dûement vérifiées, à peine de 3000. livres d'amendes, & de démolition des Fourneaux, Forges, „ Martinets, & Verreries, & de confiſcation des „ bois, charbons, mines & uſtenſiles ſervans à leurs „ uſages.

Enſorte que ceux qui ont des Bois, en ſuffiſante quantité, pour faire & former ces Eta bliſſeme ns our le débit de leurs Bois, doivent obtenir des Lettres-Patentes de Sa Majeſté, ſans quoi ils encourent les peines prononcées par cet Arrêt, dont l'exécution eſt renvoyée aux Grands-Maîtres des Eaux & Forêts, chacun dans leur Département.

QUEST. VIII.

QUEST. VIII. *Est-il permis à des Religieux d'avoir des Gardes-Bois & de Chasses, & de leur faire porter des Bandoulieres au préjudice de l'Abbé?*

Nous ne pouvons mieux résoudre cette question que par l'Arrêt du Parlement, rapporté dans le Traité sur le Partage des Fruits de M. du Perray, page 170. Le fait étoit qu'en l'absence de l'Abbé Commendataire de Saint Nicolas d'Angers, les Religieux de cette Abbaye s'étoient emparés des Titres du Chartrier, & avoient ensuite pris des Lettres de Rescision contre les Concordats faits entre eux & le précédent Abbé, après quoi ils avoient établi un Juge, un Procureur Fiscal, des Procureurs, Greffiers & Sergens, avoient fait mettre des bancs dans les Eglises, s'étoient fait rendre & donner les droits honorifiques, planté des Poteaux à leurs armes, établi plusieurs Gardes-Bois, Pêches & Chasses avec des Bandoulieres aussi à leurs armes; ensorte que l'Abbé s'étant pourvû contre ces Soustractions & Etablissemens, intervint l'Arrêt du Parlement du 22. Janvier 1706. par lequel » La Cour faisant droit „ sur le tout, sans s'arrêter à la Requête desdits Religieux, Prieur & Couvent du 18. Août dernier, a „ mis & met l'appellation & ce dont est appel au „ néant, émendant, ayant égard aux Demandes & „ Requêtes dudit du Bouzet de Roquepine, déboute „ lesdits Religieux, Prieur & Couvent de leur Demande en enthérinement de Lettres de Rescision: „ ce faisant, ordonne que le Concordat & la Transaction passée entre les Abbé & Réligieux de ladite Abbaye de Saint Nicolas, les 15. Janvier „ 1670. & 15. Mai 1697. seront exécutés selon leur

„ forme & teneur, & conformément audit Concor-
„ dat, qu'il sera procédé au partage des Bois de haute
„ futaie dépendans de ladite Abbaye, en trois lots
„ égaux, dont deux seront délivrés à l'Abbé, & le
„ troisiéme aux Religieux, à l'effet duquel partage les-
„ dits Bois seront de nouveau mesurés & estimés, à frais
„ communs, par les Experts, dont les Parties con-
„ viendront pardevant le Lieutenant Général d'An-
„ gers, sinon par lui nommés d'Office : Fait défen-
„ ses ausdits Religieux, Prieur & Couvent, de trou-
„ bler, à l'avenir ledit du Bouzet de Roquepine Ab-
„ bé en la possession & jouissance de la Justice dans
„ toutes les Terres, Fiefs & Seigneuries dépendant
„ de ladite Abbaye & Cellererie de Saint Nicolas
„ d'Angers, & de troubler les Officiers par lui pour-
„ vûs & institués dans l'exercice & fonctions de leurs
„ Charges, & en conséquence permet audit du Bou-
„ zet de Roquepine de faire abattre les Poteaux que
„ lesdits Religieux ont fait nouvellement ériger
„ dans l'étendue desdits Fiefs, Terres & Seigneuries
„ de ladite Abbaye & Cellererie, & de faire ôter les
„ Bancs que lesdits Religieux ont fait construire, à
„ leurs armes, dans les Eglises dépendantes desdites
„ Terres & Seigneuries, aux frais desdits Religieux ;
„ leur fait défenses d'en ériger & construire à l'ave-
„ nir, ni de faire porter des Bandolieres à aucun
„ Garde : déclare l'Arrêt du 28. Mai 1704. com-
„ mun avec lesdits Religieux, Prieur & Couvent,
„ que ladite Cour condamne en tous les dépens,
„ tant des causes principales que d'appel : Mandons,
&c.

Cet Arrêt juge que si des Religieux ont des Bois il ne leur est pas permis de faire porter des Bandoulieres à leurs armes, au préjudice de leur Abbé, dans la personne duquel est le véritable caractère du Seigneur.

QUEST. IX. *Le Seigneur qui fait les fruits siens, à cause de la Main-mise, peut-il prendre du bois de chauffage pour son usage dans le Fief saisi?*

La Coûtume de Berry (a) dit que si le Seigneur Féodal, son Fermier ou Receveur demeure dans le Fief saisi, ils pourront prendre des Mort-bois & Bois-mort, modérement (quant au Mort-bois) qui ne sont pas dans la décoration de la maison, & en usant comme un bon pere de famille.

(a) Tit. 5. art. 43.

Les Coûtumes d'Anjou, (b) & du Maine, (c) permettent au Seigneur Féodal de prendre & couper bois, pour son usage de chauffage, ou autres affaires urgentes & nécessaires.

(b) Tit. 7. art. 101.

(c) Tit. 8. art. 114.

Bois en coupe, Saisie féodale, marciage.

QUEST. X. *Le Seigneur qui a fait saisir féodalement, faute de foi & hommage, & qui a droit de faire les fruits siens, a-t-il celui de faire exploiter les Taillis qui sont en coupe?*

S. Yon en son Traité des Eaux & Forêts (a), rapporte plusieurs Articles de nos Coûtumes, qui décident cette Question, & entr'autres celle de Nivernois (b) qui porte : » le Seigneur exploite les „ fruits de son Fief, tels qu'ils appartenoient à son Vassal, en l'état qu'il les trouve à l'instant de la saisie, „ & notification d'icelle, sinon que le Vassal eût prévenu ou commencé, comme en terre de blayer, „ en pré de faucher, en vigne de vendanger, en „ étang de lever la bonde, en bois d'y mettre les „ porcs, & de même en tous fruits apparens étant „ par terre, pourvu que ladite prévention ne soit

(a) L. 2. ch. 5.

(b) Ch. 4. art. 57.

„ frauduleuſe, ne anticipée de maturité raiſonnable; & quant aux redevances, ſi le terme eſt échu „ avant la ſaiſie, & notifications ſuſdites, les fruits „ appartiennent au Vaſſal, *è contrà* s'ils échéent „ après, au Seigneur.

Cet Article ſeul fait ſentir le pouvoir du Seigneur Féodal, & ſes droits, & l'on peut dire qu'il eſt général en France.

(a) Ch. 4. art. 80.

La Coûtume de Melun (*a*) eſt conforme à celle de Nevers pour l'univerſalité des fruits, & veut que le Seigneur Féodal puiſſe couper les Bois taillis, en ſaiſon convenable, ſans avoir égard aux Baux, Cens, Rentes & autres Contrats, faits par le Vaſſal, ſans ſon conſentement.

(b) Tit. 5. art. 101.

Celle de Reims (*b*) a une diſpoſition différente; elle dit, que ſi le Vaſſal a affermé pour trois ans ſon Fief, & vendu, pour ledit tems, les coupes des Bois, le Seigneur Féodal eſt tenu d'entretenir les fermes & marchés faits par le Vaſſal; auquel cas les Fermiers & Marchands ſeront tenus lui payer les loyers & prix des coupes aux termes des payemens convenus entr'eux, encore qu'ils euſſent anticipé les termes, & en tout ou partie avancé au Vaſſal loyers ou payemens, & ſi les fermes ſont pour plus de trois années, ou qu'il y ait colluſion & défectuoſité, dit l'Article 102. de ladite Coûtume, le Seigneur ne ſera pas tenu entretenir, il pourra encore bailler à ferme le Fief ſaiſi, au plus offrant & dernier enchériſſeur, à la maniere accoûtumée.

(c) Art. 75.

La Coûtume d'Orléans (*c*) dit que le Seigneur, de Fief ameublit & fait ſiens les Bois de coupe étant en ſaiſon de couper, s'ils ſont hors de Grurie, quand ils seront en coupe, mesurés, arpentés, layés, criés, livrés, selon la Coûtume de ladite Gruerie.

Les Coûtumes de Blois (a) & de Berry (b) prescrivent que le Seigneur Féodal ne peut couper les Bois taillis, s'ils ne sont en coupe & saison.

(a) Ch. 7. art. 78.
(b) Tit. 5. 42

Ensorte que les Taillis étant au nombre des fruits, le Seigneur Féodal, les prend, & ils lui sont dévolus, dans les Coûtumes qui n'ont point de disposition contraire.

Futaie: Saisie Féodale.

QUEST. XI. *Le Seigneur Féodal qui a saisi faute de foi & hommage, peut-il durant cette saisie exploiter, & faire couper les Bois futaies qui servent de décoration & d'embellissement au Manoir du Fief?*

Suivant la Coûtume de Dunois (c) » le Seigneur „ qui exploite faute d'homme, ne pourra couper „ du Bois de haute futaie, n'autres bois délaissés „ d'ancienneté, pour servir de touches & embel- „ lissemens des maisons, sinon que le Vassal les eût „ vendus, & il les eût commencé à exploiter par „ maniere de vente; auquel cas le Seigneur de Fief „ pourra exploiter en saison de coupe (d) ce qui a „ été vendu seulement.

(c) Art. 22.

(d) C'est-à-dire, hors le tems de féve.

La Coûtume de Tours (e) défend de couper les Bois de haute futaie ne les layes, ne autre Bois que celui qui est en coupe.

(e) Tit. 15. art. 135.

Les Coûtumes d'Anjou, (f) du Maine, (g) Boullenois (h) ne permettent pas au Seigneur *Féodal de couper les Bois marmenteaux*, & radots, qui sont ceux qui sont auprès des Maisons Seigneuriales, & qui en sont les ornemens, ni les arbres servans de limites & de ceinture aux Taillis exploitables.

(f) Art. 113. 117.
(g) Tit. 8. art. 116.
(h) Tit. 23. art. 108.

Bois taillis. Ch. 4.

QUEST. XII. *Un Seigneur de Fief auquel il est dû droit de Rachat & de Relief peut-il exploiter les Bois taillis qui sont en coupe?*

Rachat en Anjou

Pour décider cette Question, il convient d'examiner ce que c'est que le droit de Rachat & de Relief.

En la Coûtume d'Anjou article 113. le Rachat consiste dans le revenu d'une année du Fief, il est dit que le Seigneur dominant aura les profits & aventures de Fief, coupera les Bois taillis seulement qu'on a accoûtumé de couper, fors les saussayes, coudrayes, frenayes, qui se pourront couper à trois ans, & ne pourra le Seigneur couper aucuns Bois marmentaaux, l'article 17. porte que s'il y a dans les Bois taillis des leiz, qui servent de limites & de ceintures desdits Bois, le Seigneur ne les pourra couper.

Cout. de Paris.

Le droit de Relief ou de Rachat en la Coûtume de Paris, consiste suivant l'article 47. dans le revenu du Fief d'un an, & les Bois taillis y sont compris, ainsi qu'il est expliqué par l'article 48. pour la portion qui en advient au Seigneur. Nous avons différentes Coûtumes en France où ce droit est établi pour les Fiefs.

Bourbon. Châtellenie de Verneuil.

Dans la Coûtume de Bourbonnois, Coûtume locale de Verneuil art. 1. le Seigneur perçoit le droit de marciage sur les terres roturieres, il consiste dans le revenu d'une année des fruits naturels & industriaux.

Les Bois taillis étant au nombre des fruits d'un Fief, il ne paroît pas douteux qu'ils ne doivent être sujets au droit de Relief ou de Rachat, qui est même chose, & que lors de l'ouverture de ce droit, le Seigneur dominant, auquel il est acquis, n'ait celui de faire couper & exploiter les Taillis, qui doivent être coupés dans l'année, & les appliquer à son profit.

C'est le texte de toutes les Coûtumes où ce droit est établi, & entr'autres de celle du *Maine* titre 8. art. 124. 129. d'*Anjou* art. 117. 120. *Lodunois* ch. 14. art. 3. *Auxerre* art. 64 *Chauny* tit. 17. art. 101. *Mante* art. 14. *Sens* art. 194. *Melun* art. 58. *Troyes* art. 26. *Tours* 135. &c.

D'autres Coûtumes ne donnent pas tout à fait la liberté au Seigneur de couper les Taillis, mais veulent qu'il se contente du prix à l'estimation: telles sont les Coûtumes de *Paris* art. 48. de *Bretagne* art. 67. de *Montargis* ch. 1. art. 71. d'*Orléans* art. 57. de *Reims* art. 107. de *Berry* tit. 5. art. 45. & quelques autres.

Dans la Coûtume d'*Anjou*, où le Vassal a quarante jours pour faire la foi & hommage, du jour de l'ouverture du Rachat, il ne lui est pas loisible d'amoindrir les profits du Rachat, en pêchant les Etangs & coupant les Bois.

Celles de *Chaumont* art. 16. & de *Troyes* art. 26. exigent, que le Seigneur Féodal choisisse le revenu de trois années l'une, telle qu'il lui plaira, pourvû que dans l'année qu'il choisira, il n'y ait *Forêts en coupe*, auquel cas les coupes seront égalées & évaluées.

La Coûtume de *Poitou* art. 64. porte : » Et s'il y a „ Bois en coupe, il pourra faire couper ledit Bois, „ toutefois ladite coupe ne demeurera entiérement „ audit Seigneur Féodal ; mais sera évaluée & estimée, & n'en aura qu'au *pro ratâ* d'une année, eu „ égard au tems que lesdits Bois auront été coupés.

Voir la Coût. de Paris tom. 1. p. 818.

QUEST. XIII. *Une Douairiére, qui a l'usufruit d'une Seigneurie n'a-telle pas le droit de couper les Bois?*

Toutes Douairiéres ou Usufruitiers doivent jouir des fruits qui leur sont destinés ; mais ils sont tenus à l'entretien, en bons peres de famille, de ce qui leur est délaissé, comme dit la Loi, *Salvâ rerum substantiâ;* ensorte qu'ils ne peuvent altérer ni détériorer les Bois, ils doivent rendre & laisser le tout en bon état, l'usage contraire, fait perdre le douaire, éteint l'usufruit, expose à la réparation du dommage, c'est la disposition générale de toutes nos Coûtumes, particuliérement de *Laon* (*a*), de *Chauny* (*b*), de *Tours* (*c*), *Lodunois* (*d*), *Anjou* (*e*), *Maine* (*f*), *Bourbonnois* (*g*), *Nivernois* (*h*), *Cambray* (*i*), *Vitry* (*l*), *Sédan* (*m*), *Normandie* (*n*), *Boulonnois* (*nn*), *Saint Paul* (*o*), *Amiens* (*oo*), (*p*) *& autres*. Ils ont droit de jouir des Bois taillis qui sont en coupe réglée, comme un fruit de la Seigneurie, en observant ce qui est prescrit pour la coupe de ces sortes de Bois, par l'Ordonnance, c'est le texte de la Coûtume de *Boulonnois* (*q*), & même si les ventes avoient été faites par le Propriétaire, l'usufruit ou douaire ayant lieu, ledit marché (comme le dit la Coûtume de *Nevers*) tiendra, mais la douairiére ou l'usufruitier en aura le payement

(*a*) Tit. 4. art. 38. (*b*) tit. 23. art. 125. (*c*) tit. 30. art. 334. (*d*) ch. 31. art. 7. (*e*) art. 311. (*f*) art. 324. (*g*) art. 264. (*h*) ch. 24. art. 9. & 11. (*i*) tit. 4. art. 6. (*l*) tit. 5. art. 93. (*m*) tit. 2. art. 215. (*n*) art. 375. (*nn*) tit. 23. art. 114, (*o*) tit. 5. art. 93. (*oo*) tit. 6. art. 118. 119. (*p*) tit. 10. art. 215. (*q*) tit. 23. art. 114.

échéant dans leur tems, *Coûtumes de Vitry* (*a*), *Sédan* (*b*).

Ils ont encore la liberté de couper des Bois futaies & anciens pour la réparation des bâtimens; mais en appellant l'héritier & propriétaire, c'est ce qui est décidé, par les mêmes Coûtumes de *Tours*, *Lodunois*, *Anjou*, *le Maine*, *Nivernois & Normandie*, aux articles ci-dessus rapportés, voyez *Bourbonnois*, (*c*).

Ils ont droit de se servir pour leur chauffage de *bois-mort & mort-bois*, sans cependant le pouvoir vendre ou distribuer à d'autres, ainsi que le prescrivent les Coûtumes *d'Anjou & du Maine*; ils peuvent néanmoins faire couper d'autres bois, aux endroits moins dommageables pour leur chauffage, sans dégrader ni détériorer, ainsi que la Coûtume du *Nivernois* le prescrit, article 9. du ch. 24. mais il faut le consentement du Propriétaire.

Hors ces cas, la Douairiére & l'Usufruitier ne peuvent faire abattre, exploiter ni disposer d'aucuns bois futaies & anciens, ils n'en ont que l'usufruit, qui consiste dans le panage, pour les glands, & les fruits, tels que des pommes, poires, feines & autres fruits, mais point de propriété: voyez les Coûtumes de *Montreuil* (*d*), *Boulenois* (*e*), *Saint Paul* (*f*).

Quant aux *bois-blancs*, la Coûtume de *Boulenois* (*g*), porte, que lorsqu'ils sont par-dessus les coupes ordinaires, la Douairiére en a sa part pour en prendre les profits une fois en sa vie; mais que l'hé-

(*a*) tit. 7. art. 46. (*b*) ch. 22. art. 174. (*c*) art. 262. (*d*) art. 42. (*e*) tit. 23. art. 108. & tit. 29. art. 148. (*f*) tit. 7. art. 46. (*g*) tit. 23. art. 15.

ritier pourra les retenir en payant la prisée & valeur d'iceux ; même décision pour l'Usufruitier.

Ces principes sont généraux & de droit commun.

QUEST. XIV. *Si lors du décès de la Douairiére ou Usufruitiere, il restoit des coupes de bois à faire, ce restant ou le prix n'appartiendroit-il pas aux héritiers du mari, & propriétaire, préférablement à ceux de la Douairiére ?*

(a) Tit. 13. art. 165.

La Coûtume de Clermont (a) explique suffisamment cette question, elle porte : » Quand la femme tient en douaire aucune chose noble, après „ le trépas de la femme, il revient aux héritiers de „ son mari, en tel état que trouvé est tel douaire, „ soit qu'il y ait bois âgés à couper, Etangs à pêcher & Prés à faucher : fors s'il y a rentes ou deniers échus des termes passés devant son trépas ; „ car ce qui étoit & est échu demeure au profit „ des héritiers de ladite Douairiére ; « il suit de-là que tous les fruits dont la Douairiére jouissoit & avoit droit de jouir, appartiennent, du jour de son décès, aux héritiers de son mari, à l'exception des rentes, cens, & devoirs, fermages, dont les termes seroient échus avant le décès de la Douairiére, qui appartiennent entiérement à ses héritiers.

(b) Tit. 2. art. 58.

La Coûtume de *Ponthieu* (b) s'explique pour les moissons faites, tonsures & arbres coupés, par exploitation de la Douairiére, elle veut que ces choses appartiennent aux héritiers, comme acquis à Douairiére, quoiqu'en place & sur le terrein, si le pied est coupé.

La Coûtume de *Cambray* (*a*) porte : » Douaire „ aſſigné ſur maiſon tenue à louage au jour du „ trépas de la Douairiere eſt dû à ſon héritier, à „ rate de tems ; mais s'il eſt aſſigné ſur jardins, „ prés, bois, ou terres labourables, les fruits ou re- „ devances de l'année dudit trépas ne ſont dûs à la „ Douairiére ni à ſes hoirs, ſi le pied n'eſt coupé de- „ vant ſon trépas.

(*a*) Tit. 4. art. 9.

QUEST. XV. *Un pauvre particulier, n'ayant aucun bois pour chauffer ſa femme & ſes enfans, & à peine du pain, qu'il eſt ſouvent obligé de mandier, qui va ramaſſer du bois dans la Forêt de ſon Seigneur, eſt-il puniſſable ſuivant la rigueur des Ordonnances?*

Pour décider cette queſtion il faut remonter au principe; quelque éloigné qu'il ſoit, il ſera toujours celui que nous avons rapporté d'après de grands Auteurs, dans nos deux premiers Volumes page 7. ſeconde Edition du premier, & page 639. tome 2. ſuivant lequel il eſt démontré que les grandes & hautes Seigneuries, ainſi que les petites, & même tous les Héritages du Royaume, proviennent de la libéralité & conceſſion de nos Rois, que les attentions véritablement paternelles de ces Princes pour leurs Sujets, & la manutention de leur Etat, ont dès ces premiers tems, établi des Officiers pour veiller à la conſervation de tous les Bois du Royaume, qu'ils ont toujours regardé comme l'objet le plus intéreſſant du Commerce & de la Société, en telle ſorte, comme le prouvent toutes leurs Ordonnances & Réglemens, que les Seigneurs, ſoit Eccléſiaſtiques ou Laïques, ne ſont à proprement parler, que les Usufruitiers des Bois qu'ils possedent & qui font partie de leur Seigneurie, n'ayant la liberté d'en prendre, que pour leur usage, pour en tirer les revenus du produit, par les coupes annuelles ou extraordinaires & pour les réparations de leurs Châteaux & Maisons, encore sont-ils obligés d'en demander la permission aux Officiers des Maîtrises dans lesquelles sont situées leurs Seigneuries.

Cet état de dépendance devroit leur faire sentir, que les Bois dont ils ont la jouissance, n'étant point à eux incommutablement, quoqu'ils en puissent vendre le fonds, cette jouissance quasi propriétaire, les oblige de soûtenir leurs Sujets dans leurs besoins, lorsque ces Sujets sont si pauvres qu'ils ne peuvent se nourrir ni leurs enfans.

La Loi oblige ces Seigneurs à faire nourrir & élever les *enfans trouvés* dans leurs Terres, qui sont sans pere ni mere, parce qu'ils ne tiennent la Justice de leurs Seigneuries qu'à ces conditions : or un pauvre qui n'a pas de quoi se nourrir, & ses enfans, qui iront dans les Bois du Seigneur, glaner quelques mauvais bois, qui pourissent par terre, dont le pere fera un fagot pour empêcher ses enfans de périr par la froidure, pourra-t-il, sans inhumanité, subir toute la rigueur des Ordonnances, qui ne sont faites que pour la punition de ceux qui volent réellement le bois du Seigneur, pour le vendre & en retirir un profit singulier ?

L'Auteur de la Somme de Tolede (a) *De restitutione injuriæ acceptionis & detentionis*, s'explique d'une maniere qui confirme ce que nous venons d'a-

(a) Impression de Lyon 1678. instruct. Sacerd. l. 5. ch. 20. n. 9.

vancer. *Cùm silvæ sunt dominorum non licèt etiam cædere, obligaturque cædus ad restitutionem, quamvis in hoc non sit tam arcta regula, ac si esset particulari cujusdam, unde dicit Soto, quòd possent pauperes cædere ligna ad usum foci proprii necessaria, & Domini multum in hoc considerare debent, ne graves pœnas præsertim corporis, imponant subditis: nam arbores quas natura dat sponte, non sunt tam propriæ, ac pecuniæ in arcâ positæ.*

Cet Auteur, comme l'on voit, ne se borne pas comme nous le disons au titre de cette Question, à ce qu'un pauvre mercenaire puisse ramasser du bois mort, *gissant par terre*, dans le Bois du Seigneur, mais il dit *couper du bois sur pied*, ce qui est très-différent; bien des Seigneurs n'examinent point la situation de ce pauvre malheureux, il leur suffit qu'il ait été trouvé dans le Bois avec un fagot, pour le faire mettre en prison de leur autorité privée, & encore payer l'amende, ce qui est injuste; l'Ordonnance ne permettant pas de faire mettre en prison personne, sans condamnation, ni de se faire payer une amende qu'elle ne soit adjugée par Justice.

On ne doit pas comprendre dans ce cas les *Mendians-vagabonds, gens sans aveux*, & *inutiles*, dont il est parlé dans l'Ordonnance titre 27. art. 17. 35. 36. 37. 38. 39. ils sont punissables des peines prononcées par la même Ordonnance, & par les articles 45. 46. & 47. du Réglement général fait sur les Amendes des Eaux & Forêts du mois de Mai 1716.

QUEST. XVI. *A qui appartient la Glandée d'un Bois vendu étant encore sur pied, est-ce aux Fermiers de la Paisson, ou aux Marchands des Ventes de Bois?*

(a) L. 1. tit. 30. art. n. 4.

Saint Yon (a) se propose cette question, & fait voir que cela est décidé précisément en la Loi, *Cum manu, penul. au §. Silva D. de contrah. empt.* qui porte: » Que le Gland qui tombe de l'arbre, avant la „ coupe, appartient au Seigneur du fonds, & que „ celui qui tient à l'arbre lorsqu'on l'abat, & qu'on „ le coupe, appartient aux Acheteurs du Bois, par „ la raison que tenant à l'arbre, il est censé en fai- „ re partie.

Mais, *dit cet Auteur*, il ne peut être loisible aux Marchands du Bois d'emboucher aucuns porcs, au dedans de leurs ventes, c'est-à-dire, que quoique le Gland de ces arbres soit censé leur appartenir, il ne leur est pas permis de le faire consommer dans les Forêts par des porcs, puisqu'ils n'ont aucun droit d'y en mettre, n'y ayant que le Fermier de la Paisson qui ait celui d'y en faire entrer, pour la consommation de son Gland.

(b) Tit. 3. art. 18. tit. 27. art. 27. V. Terrien, p. 611.

Il ne leur est pas même permis de le ramasser & l'enlever de la Forêt, suivant l'Ordonnance de 1669. (b) à peine de 100. livres d'amende.

QUEST. XVII. *Un Seigneur a affermé sa Terre, compris la glandée de ses Bois sans réserves; postérieurement au Bail il vend partie de la Forêt, les Marchands l'exploitent, le Fermier demande du dédommagement pour la glandée qu'il perd par cette coupe, est-il fondé?*

Ce Fermier ne peut être fondé à demander des dommages & intérêts à l'adjudicataire du Bois, que dans le cas que ce Marchand auroit coupé ses Bois, avant le tems prescrit par les Ordonnances, qui est celui de la séve, depuis la mi-Mai, jusqu'à la mi-Septembre; comme nous l'avons démontré à la Question V. *suprà*, parce qu'il est défendu aux Marchands-Adjudicataires & à toutes autres personnes de couper & abattre aucuns bois en tems de séve (a), le gland n'auroit point acquis sa maturité & seroit entiérement perdu pour ce Fermier, au lieu que coupant son bois hors le tems de séve, les glands étant en maturité, tombent, en sorte que la paisson n'en est pas moins bonne ni fructueuse pour le Fermier.

(a) Reglement général des Officiers des Eaux & Forêts du 4. Septembre 1601. art. 24. homologué au Parlement le 28. Janvier 1603.

Au surplus, ce Fermier, si l'Adjudicataire est dans les régles, seroit mal fondé en sa prétention, ne pouvant pas empêcher le Seigneur Propriétaire son Maître, de vendre ses Bois; mais s'il ne jouit point du fruit de son bail, il ne peut être contraint à en payer le prix.

Fermier. Pépiniere.

QUEST. XVIII. *Le Fermier qui pendant son Bail a élevé une Pépiniere, peut-il après son Bail expiré enlever les arbres de cette Pépiniere.*

Si l'on consulte la Coûtume de *Normandie* aux

articles 516. & 517. on trouvera qu'elle décide que les Fermiers ayant planté des *Pépinieres*, *Chenostieres*, *Hustrieres*, *Oulmieres* & autres *nourritures de semblable qualité*, les peuvent enlever après leur Bail expiré en laissant moitié aux Propriétaires, *pourvû*, dit cette Coûtume, *qu'elles aient été faites, du consentement du Propriétaire, ou six ans avant la fin du Bail.*

CHAPITRE VI.

DES BOIS COMMUNAUX.

QUESTION PREMIERE.

Comment les Habitans des Villes, Bourgs, Villages & Paroisses, doivent se comporter pour le Gouvernement de leurs Bois Communaux.

IL y a un nombre infini de Villes, Bourgs & Paroisses qui ont des Bois qui proviennent, soit de la libéralité des Seigneurs des lieux, ou celle des Particuliers, ou par acquisition, lesquels sont au nombre de leurs Biens Patrimoniaux les plus précieux; mais cette partie exige une œconomie bien différente des autres biens. L'Ordonnance de 1669. comprend les Réglemens les plus sages pour cette Régie; mais une Communauté presque toûjours divisée par la différence des esprits qui la gouvernent, qui opposent leurs vûes particulieres au bien général, n'est jamais gouvernée dans l'intention de la Loi; & il n'est que trop ordinaire de voir les Administrateurs

Adminiſtrateurs s'écarter de ce qui leur eſt preſcrit pour l'avantage commun ; l'intérêt perſonnel d'un côté & la négligence de l'autre occaſionnans journellement des contraventions qui cauſent la ruine de leurs Bois, & par conſéquent diminuent les forces d'une Communauté.

Il devient donc néceſſaire de rappeller ces Réglemens, & faire voir ce qui a été ordonné ſur cet objet.

L'Article premier du titre 25. de l'Ordonnance de 1669. porte : » Tous les Bois des Paroiſſes & Com-„ munautés d'Habitans ſeront arpentés, figurés & bor-„ nés dans ſix mois, à la diligence des Syndics, & les „ Procès-verbaux & figures inceſſamment portés aux „ Greffes des Maîtriſes, à quoi nous enjoignons à „ nos Procureurs de tenir exactement la main.

L'Article 2. du même titre, eſt en ces termes : » Le » quart des Bois communs ſera réſervé pour croître en „ futaie dans les meilleurs fonds & lieux plus commo-„ des par triages & déſignations du Grand-Maître, ou „ des Officiers de la Maîtriſe par ſon ordre.

L'Ordonnance du mois d'Octobre 1561. rapportée par *Durant* contenoit les mêmes diſpoſitions, il faut préſumer qu'il n'y a point de Communauté qui n'ait ſatisfait à ce qui y eſt preſcrit, ni point d'Officiers de la Maîtriſe dans leur Département, qui ſoient en retard d'avoir fait ces triages, & marqué ces réſerves, ſi cependant il y avoit des Communautés où cela n'eût pas été fait, ils devroient faire procéder aux bornage, arpentage, & à faire lever les Plans figurés de leurs Bois conformément au *premier* article, & requérir le Grand-Maître de faire le triage de la réſerve preſcrite par l'article *deux*, par Arrêt du Conſeil du 7.

Novembre 1713. rapporté ſur ledit article, un Jugement de la Chambre Souveraine des Eaux & Forêts de Beſançon du 21. Mai 1710. fut caſſé, en ce qu'il déchargeoit les Habitans de Beure, de mettre en réſerve le quart de leurs Bois communaux; & le Roi en ordonnant l'exécution de la Sentence de la Maîtriſe: *Fait défenſes à ladite Chambre Souveraine, de décharger, à l'avenir, aucuns Bénéficiers, Eccléſiaſtiques, Communautés Séculieres & Régulieres & Habitans des Paroiſſes du Comté de Bourgogne, de mettre le quart de leurs Bois en réſerve, à peine de nullité des Jugemens, caſſation de Procédures, & de tous dépens, dommages & intérêts.* Cet Arrêt eſt rapporté par Gallon en ſa Conférence ſur ces Articles.

Par l'Article 8. du même titre, il eſt dit: » Défendons aux Seigneurs, Maires, Echevins, Syndics, » Marguilliers & Habitans des Paroiſſes, ſans diſtinc» tion, de faire aucune coupe au triage du quart réſervé » pour la futaie; & aux Officiers *de le permettre ou ſouf» frir*, à peine de 2000. livres d'amende contre cha» cun particulier contrevenant; & en outre con» tre les Officiers de privation de leurs Charges; ſauf » en cas d'incendie ou ruine notable des Egliſes, » Ports, Ponts, Murs & autres lieux publics, à ſe pour» voir pour obtenir nos Lettres, ainſi qu'il eſt ordonné » pour les Eccléſiaſtiques.

Cet Article a deux parties; *par la premiere*, il eſt expreſſément défendu aux Seigneurs & à tous les Habitans, de couper & toucher aux Bois mis en réſerve; Gallon en ſes Conférences, rapporte à ce ſujet, que les Habitans du Village de Fignan en Languedoc, ayant fait couper le quart de leurs Bois mis en réſerve, & exploiter les trois autres quarts, à l'âge de quatre à cinq ans, ſans réſerve de baliveaux, Mr. le Gras Grand-

Maître du Département de Toulouse, en ayant été informé, rendit une Ordonnance le 9. Mars 1693. qui condamna ces Habitans en 2000. l. d'amende, leur enjoignit de faire récéper incessamment leurs Bois, & leur défendit de les couper après le récépage, qu'ils n'eussent atteint l'âge de dix ans; comme encore de toucher au quart de réserve, sans Lettres-Patentes dûement vérifiées. Ces Habitans se pourvûrent au Conseil d'Etat contre cette Ordonnance; mais intervint Arrêt le cinq Septembre 1693. par lequel le Roi modéra l'amende de 2000. livres à la somme de 300. livres, le surplus du Jugement exécuté.

Quant *à la seconde partie* dudit Article 8. Nous dirons que lorsque les besoins d'une Communauté sont extrêmes, les Habitans peuvent se pourvoir, & afin qu'elles soient instruites de ce qu'il conviendra qu'elles fassent, nous rapporterons ici l'Article 5. du titre 24. de la même Ordonnance, qui prescrit les régles en pareil cas; il est en ces termes:

» Nos Lettres ne seront octroyées, pour vente de futaie, ou baliveaux réservés, qu'en cas d'incendies, » ruines, démolitions, pertes & accidens extraordinaires, arrivés par forfait, guerre ou cas fortuit; » & non par le fait ou faute des Bénéficiers & Administrateurs, qui pour y parvenir feront leurs remontrances au Grand-Maître, lequel informera des causes & » de la nécessité, visitera les lieux, en présence de notre Procureur en la Maîtrise, fera priser par Experts » les réparations nécessaires, & envoiera au Conseil, » ès mains du Contrôleur Général de nos Finances, son » Procès-verbal, qui contiendra au vrai la valeur, l'état » & qualité des Bois qu'on demandera permission de

» couper, enſemble le nombre & la qualité de ce qui
» en reſtera au Bénéfice ou à la Communauté, & ſon
» avis, lequel ſera joint, avec le Procès-verbal, aux Lettres ſous le contre-ſcel.

Cet Article eſt ſuffiſamment inſtructif pour n'avoir pas beſoin de Commentaire ; en le ſuivant à la lettre, une Communauté obtiendra la permiſſion qui lui ſera néceſſaire.

Gallon dans ſa Conférence ſur l'Article 7. du titre 25. rapporte, que ſur la Requête préſentée à Mr. de Bruillevert Grand-Maître des Eaux & Forêts du Département de Paris, par les Syndic & Habitans de la Paroiſſe de Torcy en Brie, il leur permit par ſes Ordonnances des premier Juin 1697. & 4. Février 1698. de vendre leurs Bois communs, en en faiſant faire la vente par le Juge du lieu, de quoi le Procureur du Roi de la Maîtriſe Particuliere de Paris, ayant eu avis, & que c'étoit leur quart de réſerve qu'ils faiſoient abattre, en fit ſaiſir les Bois à ſa requête, & qu'enfin cette affaire ayant été portée au Conſeil, intervint Arrêt le 19. Août 1698. par lequel » le Roi en ſon Conſeil, faiſant droit ſur les
» Requêtes reſpectives, a caſſé & annullé les Ordon-
» nances du Sieur de Bruillevert, Grand-Maître des
» Eaux & Forêts du Département de Paris, des premier
» Juin 1697. & 4. Février 1698. & tout ce qui s'en eſt
» enſuivi, & en conſéquence a ordonné que conformé-
» ment à l'Arrêt du Conſeil du 29. Juin 1694. il ſera
» par le Sieur Phelippeaux, Intendant de Juſtice, Po-
» lice & Finances en la Généralité de Paris, procédé, ſi
» fait n'a été, à la viſite & reconnoiſſance de l'état des
» Bâtimens de l'Egliſe, Maiſon Presbytérale, & de l'E-
» cole de ladite Paroiſſe de Torcy, & dreſſé Procès-
» verbal des réparations néceſſaires, dont les Habitans

» peuvent être tenus, lesquelles il fera priser & esti-
» mer par Experts & Gens à ce connoissans, qui seront
» par lui nommés, & que par le Sr de Bruillevert, en
» présence des Officiers de la Maîtrise de Paris, il sera pro-
» cédé à la visite des Bois dépendans de ladite Parois-
» se, & chemins d'iceux, dont il dressera Procès-ver-
» bal contenant leur état, l'âge, consistance, qualité
» & valeur desdits Bois, pour le tout vû & rapporté au
» Conseil, avec l'avis desdits Sieurs Phelippeaux &
» Bruillevert, être ordonné ce qu'il appartiendra par
» raison, toutes choses, cependant demeurantes en état.
» Fait Sa Majesté défenses audit Sieur de Bruillevert de
» rendre à l'avenir de pareilles Ordonnances, sur les
» peines portées par l'Ordonnance du mois d'Août
» 1669. article 8. du titre des Bois appartenans aux
» Communautés & Habitans des Paroisses.

Cet Arrêt qui n'est que l'exécution de l'Ordonnance de 1669. est une instruction pour les Communautés, il leur faut des Lettres Patentes dûement vérifiées pour la coupe de leur quart de réserve, & il est certain que ni les Officiers des Tables de Marbre, ni ceux des Maîtrises, ne sont pas compétans, pour permettre à des Communautés la coupe d'aucuns arbres & bois Communaux.

QUEST. II. *De l'œconomie des trois quarts des Bois restans aux Communautés.*

Le quart des Bois des Communautés étant une fois marqué & mis en réserve suivant l'article 2. ci-devant rapporté, le surplus est destiné pour l'usage & le service des Habitans : » Ce qui restera, la réserve étant „ faite, sera réglé en coupes ordinaires de taillis au „ moins *de dix ans*, avec marque & retenue *de seize ba-*

„ *liveaux*, de l'âge du bois en *chacun arpent*, des plus beaux „ brins de chênes, hêtres, ou autres de la meilleure essen- „ ce, outre & par-dessus les anciens, modernes & ar- „ bres fruitiers ; *art.* 3. *du même titre*.

Nous avons expliqué sur la Question ce que c'est que les arbres que l'on nomme baliveaux anciens & modernes, l'on peut recourir à cette Question pour s'y conformer dans les coupes.

L'Arrêt du Conseil d'Etat du 11. Décembre 1702, au sujet des Habitans d'Arces, Diocèse de Sens, ordonne que » les trois quarts des Bois de ces Habitans, „ restans du quart mis en réserve, seront réglés en dix „ coupes égales de l'âge de dix ans, par les Officiers „ de la Maîtrise particuliere de Sens, conformément „ à l'Ordonnance, sans que lesdits Habitans les puissent „ faire couper, que la marque & délivrance ne leur en „ ait été faite par le Lieutenant de ladite Maîtrise, *que* „ *Sa Majesté a commis à cet effet* ; & sans qu'en aucun cas „ il y puisse être coupé aucuns baliveaux, ni touché au „ quart mis en réserve sans permission de Sa Majesté, „ *sur les peines portées par ladite Ordonnance*. Cet Arrêt est „ rapporté sur ledit Article 3. en la Conférence de „ Gallon.

Il est si étroitement défendu de couper les Bois communaux, & d'en défricher, que Jean Tissant, Habitant d'Arguel, étant tombé dans le cas, le Procureur du Roi en la Maîtrise de Besançon, le poursuivit, & obtint Sentence qui le condamna à l'amende, dont il obtint la décharge par Arrêt de la Chambre Souveraine des Eaux & Forêts de Besançon ; mais l'affaire portée au Conseil, il y intervint Arrêt le 7. Novembre 1713. qui cassa l'Arrêt de la Chambre Souveraine de Besançon, & ordonna que la Sentence de ladite Maîtrise seroit exécutée : cet Arrêt est rapporté au même lieu.

DE L'ASSIETE DES COUPES DES BOIS *Communaux.*

L'Article troisiéme dont nous venons de parler, ordonne qu'après le quart mis en réserve, le surplus sera réglé en coupes ordinaires de taillis, de dix en dix ans ; mais il n'est pas toujours possible que le restant des Bois Communaux puisse être mis en coupe réglée de dix ans, parce que dans ce restant qui est des trois quarts, il peut encore y avoir de la futaie, qui ne pourroit, pour le bien de la chose, être coupée decinquante années ; ensorte que ce Réglement dépend de la quantité & de la qualité des Bois restans, pour lesquels il faut que le Grand-Maître, après la fixation & le bornage du quart, ordonné par l'article 2. fixe & détermine, ce qui doit être mis en coupe réglée.

Le Grand-Maître donne ensuite les ordres convenables, pour l'assiette de ces Bois, l'article 9. du même titre porte; » que l'Assiette des coupes ordinaires sera faite, sans frais, *par le Juge des lieux*, en présence du Procureur d'Office, du Syndic, & de deux Députés de la Paroisse ; & les pieds-corniers, arbres de lisiere, baliveaux marqués du marteau de la Seigneurie.

Pour entendre ce que c'est qu'assiette de Bois, il faut en donner un exemple : Un Seigneur a une Forêt d'une grande étendue, il veut en vendre cinquante arpens, il s'agit de fixer l'étendue de ces cinquante arpens, pour y parvenir, il choisit un Arpenteur qui mesure l'emplacement que doit remplir cette contenue, laquelle il marque, avec un Garde, par tranchées & laies, pour le mesurage ; & afin d'en rendre les limites certaines il fera des faces aux arbres de lisiere, de paroi & pieds-corniers, sur lesquels il imprimera son marteau, les désignera dans son Procès-verbal, leur nombre, qualité & les marques qui y auront été faites, la distance des pieds-corniers en pieds-corniers; commencera par un angle & suivra tous ceux qu'il jugera nécessaires dans les contours, en observant de marquer ces arbres les plus près de terre que faire se pourra, & mettant la marque du côté de la vente : de laisser les lisieres, tranchées, & laies bien apparentes, & les circonstances nécessaires pour qu'il soit aisé de reconnoître que ces cinquante arpens sont séparés par ces marques du restant du Bois ; voilà ce que l'on appelle faire assiette d'un Bois, dont l'Arpenteur dresse un plan régulier, sur lequel il marque les bornes, les pieds-corniers & arbres de lisiere dans leurs distances précises ; ensorte que l'on y distingue toute l'étendue & l'emplacement du Bois qu'on veut vendre, ou couper, cela est prescrit par l'article 3. du titre 11. en ces termes : » Feront (les Arpenteurs) de toutes les assiettes des ventes, un plan figuré, sur lequel ils désigneront les pieds-corniers, avec leurs témoins, les arbres de lisiére ou de paroi, leur nombre, qualité, & toutes les marques qui y auront été faites, la distance des pieds-corniers, l'emprunt, tant de la droite ligne que de l'angle, & des circonstances nécessaires pour servir à la reconnoissance ou conservation de tous les arbres réservés lors du récollement.

Et comme si cette assiette étoit faite par le Grand Maître ou les Officiers de la Maîtrise, elle seroit coûteuse pour cette Communauté; le Roi, pour éviter ces frais, a permis au Grand Maître de commettre le *Juge des lieux* ;

à

à cet effet, lequel doit commettre & choisir un Arpenteur; c'est la disposition de l'article 10. du même titre, qui porte : » Le Juge pourra commettre pour ,, l'assiette l'Arpenteur ordinaire, où tel autre qu'il jugera plus commode ; mais le récollement se fera par ,, l'Arpenteur-Juré de la Maîtrise, dont les salaires seront modérément taxés, suivant son travail, & le tout ,, à peine de nullité, cinq cens livres d'amende, & ,, d'interdiction contre le Juge qui contreviendroit.

Il faut observer qu'un Arpenteur ne peut pas marquer une plus grande, ni moindre quantité que celle qui lui est prescrite pour l'assiette, sous prétexte de rendre la figure plus réguliere ou sous toute autre considération; ensorte toutefois que le plus ou le moins ne puisse excéder un arpent sur vingt, & ainsi à proportion; voyez l'article 10. du titre 15.

Pour parvenir à l'assiette qu'une Communauté est obligée de faire faire, les Habitans s'assemblent devant le Juge des lieux, ou le Maire s'il y en a un, & là, ils déliberent entr'eux des Bois taillis qui peuvent être mis en coupe réglée, soit pour leur chauffage & autrement, nomment à cet effet deux Notables d'entr'eux pour assister avec leur Syndic à cetre assiette, conviennent pareillement avec le Juge de l'Arpenteur qui fera le mesurage & l'assiette des coupes, dont le Juge dresse son Procès-verbal, & les condamne de leur consentement à l'exécution de leur déliberation.

Ensuite le Juge des lieux, le Procureur Fiscal, le Syndic, les deux Notables avec l'Arpenteur, se transportent sur les lieux où se fait la division des coupes différentes dans dix portions égales, ou plus si l'étendue de la Forêt est plus grande; & sont marqués par l'Arpenteur *du marteau de la Seigneurie*, les pieds-corniers, les arbres de lisieres & les baliveaux qui doivent rester sur pied & ne point être coupés, dont Procès-verbal est dressé par le Juge; la division faite, l'on marque la premiere, par laquelle on commencera; chacune doit être subdivisée en autant de portions, si le bois en est susceptible, qu'il y a de Chefs de Communauté pour leurs chauffages & besoins annuels, & le Procès-verbal fixe le jour que s'ouvrira la coupe, afin que personne ne s'y immisce qu'en saison convenable, à cause de la séve.

Ces subdivisions se doivent faire annuellement, par le Juge des lieux, en présence de tous les susnommés, & sans frais; c'est ce que prescrit l'article ci-devant rapporté, & dont l'exécution fut prononcée par Jugement de la Table de Marbre de Dijon au *Souverain*, du 20. Février 1736. en faveur du Seigneur de Villiers sur Suize, contre les Habitans de la Communauté de cette Paroisse.

Si quelque Habitant a besoin pour bâtir ou réparer sa maison, il s'adresse au Syndic de la Communauté, lui expose ses besoins & la nécessité où il se trouve; le Syndic vérifie, conjointement avec le Procureur Fiscal, cet exposé avec Charpentiers & Ouvriers, & s'il se trouve véritable, ils font marquer, en leur présence, par le Garde de la Seigneurie, le bois nécessaire demandé, c'est ainsi qu'il se pratique, & qu'il a été prescrit de le faire à Jean Goudart envers le Syndic des Habitans de la Communauté du Village de Cessy, par Arrêt du Parlement de Dijon du 27. Mars 1744. sous la peine de privation de son droit.

Quand la premiere division est épuisée par l'exploitation, on va à la seconde, de la seconde à la troisiéme, ainsi de suite en suite, d'année à autre, jusqu'à la fin de l'assiette, après laquelle on recommence mais il faut ſur-tout obſerver avec exactitude que chaque coupe annuelle ſe doit faire, avec la réſerve des baliveaux de l'âge du taillis, par chaque arpent.

On peut objecter à cela qu'au bout de dix coupes, par exemple, il reſtera un trop grand nombre d'arbres de réſerve, qui étant devenus gros empêcheront le rejet des coupes nouvelles; mais à cela je répons par l'Ordonnance dont l'exécution eſt de rigueur. En ſecond lieu, que dans ce cas, les Communautés peuvent ſe pourvoir au Conſeil, pour avoir la permiſſion d'abattre ces arbres nuiſibles; le Conſeil l'accorde volontiers ſur l'avis des Grands-Maîtres, ſur-tout quand la demande eſt fondée, le Roi ne permet pas pour ſes propres Bois qu'on coupe les baliveaux anciens, & il veut que ceux des Communautés ſoient aſſujettis à la même Police.

Lorſqu'il arrive que la quantité d'arbres réſervés, devient nuiſible dans les Bois du Roi, il en ordonne la coupe par extraordinaire; j'en ai vû différens Arrêts du Conſeil, & entr'autres un de 1749. ou 1750. pour la Forêt de Villers-le-Duc, Maîtriſe de Châtillon ſur *Seine*.

QUEST. III. *Comment ſe feront les coupes des Bois des Communautés & Habitans.*

L'Aſſiette des coupes des taillis étant une fois faite, comme nous l'avons expliqué ci-devant, il ne s'agira plus que de les exploiter dans les régles, & d'une maniere qui ſoit profitable à la Communauté, ſuivant l'article 11. du titre 25. de l'Ordonnance; » les coupes » ſeront faites *à tire & aire*, à fleur de terre par gens en- » tendus.

Ce mot *tire* veut dire de ſuite, & *aire* ſignifie tout

l'emplacement de la coupe; l'on dit l'*aire* d'une *grange*, pour signifier le sol entier d'icelle, ces termes *tire* & *aire*, en cet article, ne sont pas nouveaux à l'égard des coupes de Bois, on les trouve dans l'Ordonnance de François I. rapportée par *Durant* page 215. article 12. & dans plusieurs Arrêts; l'Ordonnance qui les a employés, a entendu, que les coupes se feront de suite, sans intervalle, sans laisser ni bouquets, ni cépées, ni aucune intermission de la vieille coupe à la nouvelle, ôtant en récépant les bois creux, gelés, éventés, les vieilles souches, chicots & estocs, les bois mal venans, pouris, rabougris, avortés, broutés & mangés des bêtes, le tout le plus près de terre que faire se pourra.

Ces Taillis ainsi coupés profiteront beaucoup en la saison suivante, c'est pour cet avantage que l'article 13. veut, que les Bois abroutis des Habitans & Communautés soient récépés à leurs frais, pour être tenus en défends comme tous les autres taillis, jusqu'à ce que le rejet soit au moins de six ans, sur les peines ordinaires, à quoi ces Habitans doivent veiller exactement.

Il faut encore observer de laisser seize baliveaux par arpent des plus beaux brins, des plus sains & plus droits, de nature de chêne, hêtre ou autre bon bois, & outre cela de laisser aussi tous les arbres fruitiers qui s'y trouveront tels que Poiriers, Pommiers, Noyers, Pruniers, Cerisiers, Nessliers, Mérisiers, Cormiers, Alisiers, Cogniers & autres, qu'il est défendu de couper, tant par l'Ordonnance, que par l'Arrêt du 20. Août 1582. rapporté par Filleau partie 2. titre 8. chapitre 2.

Il faut observer de faire ces coupes dans les saisons

convenables, comme nous l'avons dit plus haut.

Par Arrêt du Parlement de Dijon du 20. Février 1736. il fut ordonné aux Habitans de la Communauté de Villiers de se conformer à l'article 9. du titre 25. de l'Ordonnance de 1669. & en conséquence que l'assiette, martelage & balivage du canton de leurs Bois Communaux qu'ils couperont annuellement, pour leur chauffage, seront faits par le Juge des lieux, en présence du Procureur Fiscal, à la forme de l'Ordonnance, à quoi il sera procédé, sans frais.

QUEST. IV. *Le Seigneur haut Justicier qui a la Police des Bois, ne doit-il pas avoir un marteau à ses armes pour les marquer?*

Par le même Arrêt du Parlement de Dijon du 20. Février 1736. rendu entre le Seigneur de Villiers sur Suize, & les Habitans & Communauté de ladite Seigneurie, il fut enjoint au Seigneur de Villiers d'avoir un marteau pour procéder au balivage des Bois Communaux desdits Habitans, lequel sera déposé conformément à l'Ordonnance, à peine d'amende arbitraire.

Et l'Ordonnance prescrit, que le marteau de la Seigneurie sera conservé dans un coffre à trois clefs, dont une pour le Juge, l'autre pour le Procureur Fiscal; & la troisiéme pour le Syndic de la Communauté (*a*).

(*a*) Art. 9. tit. 25.

QUEST. V. *Les Communautés ont-elles le pouvoir d'avoir des Gardes, pour la conservation de leurs Bois Communaux ?*

Il y a des Communautés d'Habitans qui ont si peu de Bois, qu'un Garde qu'ils auroient leur seroit à charge, mais il en est qui en ont une très-grande quantité, au moyen de quoi il leur est enjoint d'établir des Gardes à leur conservation ; c'est ce qui leur est prescrit par les articles 14. & 15. du même titre de l'Ordonnance ; l'article 14. est en ces termes : » Enjoint „ aux Habitans de prépofer annuellement un ou plu- „ plusieurs Gardes pour la conservation de leurs Bois „ communs, faute dequoi *le Juge des lieux* y pourvoi- „ ra, & taxera d'office les salaires qui seront payés par „ la Communauté.

L'on voit par cette Loi, que si les Habitans négligent d'y satisfaire, *le Juge des lieux* sera en droit d'y pourvoir & de fixer des gages aux Gardes qu'il établira.

L'article 15. porte : » Les Gardes feront le serment „ & leurs rapports pardevant les Officiers des Maîtri- „ ses, ou Grurie si leur résidence n'étoit éloignée que „ de quatre lieues ; mais au cas que le Siége soit dans „ une plus grande distance, les sermens & les rapports „ se feront pardevant *le Juge ordinaire des lieux*, qui sera „ tenu de se conformer pour l'Instruction & Juge- „ ment des abus & délits aux formes & peines pres- „ crites pour les abus & délits commis dans nos Bois.

Nous avons fait voir à la question 20. que les Juges des Seigneurs sont compétens, & que l'usage ordinaire est qu'ils connoissent des matieres des Eaux & Forêts, dans leur district, nous ne croyons pas que cela faſſe aucune difficulté, excepté dans les lieux où il y a Maîtriſe ou Grurie établie ; ces Officiers ſe ſont maintenus en la poſſeſſion de recevoir le ſerment des Gardes des Habitans & Communautés, & leurs rapports, ce qui ne préjudicie aucunement aux Officiers des Seigneurs des lieux.

Les Gardes ſont nommés par tous les Habitans en corps d'aſſemblée, devant le Juge des lieux qui en donne acte.

Ce Garde n'eſt pas ſeulement prépoſé pour veiller aux délits & contraventions qui peuvent ſe commettre dans les Bois de la Communauté, mais encore pour veiller aux Prés, pâtureaux & communaux deſdits Habitans, pour empêcher les contraventions & délits qui peuvent s'y introduire, dont il dreſſe les Procès-verbaux & les affirme pardevant le Juge des lieux, en conſéquence deſquels le Procureur Fiſcal fait aſſigner le Délinquans pour être condamnés aux peines portées par l'Ordonnance.

L'on peut voir aux queſtions ci-devant, l'établiſſement des Gardes, leurs fonctions, ce qui leur eſt défendu, un modéle de Rapport, & la procédure que l'on doit faire en conſéquence, nous y renvoyons le Lecteur.

QUEST. VI. *Si la Communauté a plus de Bois qu'il ne lui en faut pour ſes beſoins, pourra en vendre partie?*

Indépendamment de ce que des Habitans peuvent avoir des Bois au-deſſus de leur conſommation ordinaire, il peut leur arriver tels beſoins que la Communauté ſeroit dans la néceſſité de s'en priver pour le vendre, c'est ce qui a été prévu par l'Ordonnance de 1669. article 12. du même titre 25. il est en ces termes.

» Si pour le plus grand avantage de la Communauté, il étoit jugé à propos par le Grand-Maître ,, qu'il se fît vente des coupes ordinaires, il en renvoira l'adjudication *au Juge des lieux*, qui sera tenu ,, d'y procéder, avec les formalités prescrites pour la ,, vente de nos Bois, s'il n'y avoit Siége de *Maîtrise* ,, *ou Grurie* dans la même Paroisse, auquel cas nos ,, Officiers feront la vente, *sans frais*, & sans que les ,, deniers puissent être employés qu'aux réparations ,, extraordinaires ou affaires urgentes de la Communauté à peine de répétition du quadruple & de 500. ,, livres d'amende contre les Maire, Syndic, Echevins, ou principaux Habitans qui les auront divertis.

Plusieurs Arrêts du Conseil sont intervenus sur l'éxécution de cet Article, qui ont cassé des Ventes & Adjudication des Bois des Communautés faites par les Subdélégués de quelques Intendans, & les ont renvoyé devant les Officiers des Maîtrises, parce qu'il y avoit sans doute des raisons particulieres pour ne pas les renvoyer devant les Juges des lieux.

QUEST. VII. *Un Habitant qui a besoin de Bois propres à bâtir, n'en peut pas prendre dans les Bois communaux de sa propre autorité.*

Le nommé Jean-Esttienne Goudart, Bourgeois à Cessy, Pays de Gex, ayant besoin de bois à bâtir, s'avisa d'en couper dans les Bois Communaux, sans aucune permission des Habitans, qui le firent assigner au Bailliage de Gex, où intervint Sentence le 13.

13. Juin 1741. qui débouta les Habitans de la Communauté de Cessy de leur demande, ils appellerent de cette Sentence, laquelle fut infirmée par Arrêt du Parlement de Dijon du 27. Mars 1744. ledit Goudart » condamné à payer aux Appellans la somme de 7. „ livres 10. sols, à laquelle ont été estimés d'office les „ arbres sapins par lui coupés en 1740. dans les Bois „ communaux des Appellans, en pareille somme, „ pour l'amende, & en 30. livres pour le prix du che- „ val saisi, & en outre fait défenses audit Goudart „ de couper ou faire couper à l'avenir aucuns Bois „ communaux *propres à bâtir*, sans auparavant en avoir „ donné connoissance aux Appellans, à la personne „ de leur Syndic, de la qualité & quantité dont il au- „ ra besoin, & sans avoir préalablement fait apparoir „ *de la nécessité*, pour après la vérification faite, lui être „ délivrée la quantité d'arbres marquée par les Gardes „ Forestiers des Appellans, le tout à peine *de privation* „ du droit d'usage dudit Goudart.

En faisant droit sur les réquisitions du Procureur Général, *a fait & fait défenses à tous Usagers, & notamment à ceux de la Communauté de Cessy, de faire couper & enlever aucuns arbres dans les Forêts, où ils auront droit d'usage, sans avoir préalablement fait apparoître aux Propriétaires desdites Forêts, de la nécessité & utilité de couper lesdits bois, pour après la vérification faite être les pieds d'arbres dont ils auront besoin, marqués par les Gardes préposés à la conservation desdites Forêts, aux peines de l'Ordonnance de 1669. & d'être déchûs de leurs droits d'usages.*

QUEST. VIII. *Est-il permis aux Communautés Laïques d'aliéner leurs Bois communaux ?*

Henry IV. permit aux Communautés des Villes, Bourgs & Villages de la Province de Bourgogne, par ses Lettres-Patentes données à Paris le 3. Février 1604. d'aliéner & vendre leurs Bois, Prés & Terres communes pour acquitter leurs dettes (*a*).

(*a*) Bouvot, 3e Partie, verb. Communauté.

Par Edit du mois d'Avril 1667. art. 11. le Roi défendit à toutes les Communautés d'aliéner à l'avenir leurs usages & communes sous quelque cause & prétexte que ce puisse être, & leur permit de rentrer dans tous ceux par eux aliénés, en remboursant aux acquéreurs pendant les dix années suivantes le prix des aliénations.

Les dix années expirées, Sa Majesté qui ne jugea pas à propos d'étendre cette liberté plus loin, parce qu'elle auroit pû tourner à la ruine de plusieurs familles, donna une Déclaration le 6. Novembre 1677. par laquelle elle maintint & confirma la propriété & jouissance de ceux qui avoient acheté ces Communaux, en par eux payant le huitiéme denier de la valeur des fonds par eux acquis.

Cette Déclaration porte » Nous ordonnons, déclarons, voulons & nous plaît, *que les acquéreurs*, détempteurs des biens, domaines, communes & communaux, donnés, vendus ou aliénés par les Maires, Echevins, Syndics, Capitouls, Jurats, Manans & Habitans des Villes, Bourgs, Villages & Hameaux du Royaume, depuis l'année 1555. jusqu'à présent, soit par vente ou adjudications faites en Justice, par contrats volontaires, engagemens, aliénations ou échanges, demeureront maintenus & confirmés, com-

» me de fait nous les maintenons & confirmons dans
„ *la Propriété* & jouissance desdits biens, ainsi qu'il suit;
„ sçavoir les Propriétaires & acquéreurs de bonne foi,
„ par adjudication judiciaire, ou contrat de vente vo-
„ lontaire à perpétuité, sans en pouvoir être dépossé-
„ dés, pour quelque cause & sous quelque prétexte,
„ que ce soit, à la charge de payer le huitiéme denier
„ de la valeur présente, suivant l'estimation qui en se-
„ ra faite par Experts, ou sur le pied des Baux à fer-
„ me, ensemble les deux sols pour liv. du montant du
„ huitiéme denier.

Par autre Déclaration du . . 1702. le Roi confirma de nouveau les détempteurs des biens vendus & aliénés par les Maires, Echevins & Habitans des Villes, Bourgs & Villages du Royaume, qui avoient payé le huitiéme denier, en conséquence de la Déclaration de 1677. dans la propriété & jouissance desdits biens.

Ces Déclarations ne sont que des Edits Bursaux, qui ne peuvent préjudicier aux Loix qui établissent les rigoureuses formalités pour l'aliénation des biens des Communautés, auxquelles il faut se renfermer, parce que ce sont les Loix de l'Etat, dont les motifs sont décrits dans l'Edit du mois d'Avril 1667. que l'on trouvera ci-après, & dans toutes les Ordonnances qui l'ont précédé.

Les Bois & biens des Communautés sont inaliénables de leur nature; les habitans qui composent ces Communautés sont incapables de disposer de leurs biens, sans le consentement du Souverain, qui s'en réserve la connoissance & le droit d'autoriser leurs engagemens; cette régle est générale en France. La Coûtume de Lorraine en a fait une loi expresse en l'art. 28.

du titre 15. qui porte » Communautés ayant Bois, Parques, Terres, & autres choses communiales à eux appartenans, ne peuvent les vendre, donner, échanger, ou autrement aliéner, ni changer leur nature, sans l'aveu & consentement du Seigneur Haut-Justicier, à peine de nullité de telles aliénations, d'amende arbitraire, & de confiscation des choses aliénées, ou changées, & s'ils sont connus mésuser d'icelles, ou en user autrement qu'en bon Pere de famille, peut ledit Seigneur y donner Réglement convenable, sauf auxdites Communautés, de se pourvoir par Justice si elles s'y sentent intéressées.

Cet article a été rédigé sur les Ordonnances de France, ainsi que l'assure *Abraham Fabert*, Commentateur de cette Coûtume ; aussi est-il conforme aux Ordonnances de Philippe IV. de l'an 1318. art. 22. de Charles VI. art. 54. & 71. & de François I. de 1515. art. 88. C'est ce qui est pareillement prescrit par la Déclaration du Roi du 22. Juin 1659. enregistrée au Parlement le 19 Décembre suivant, à l'Ordonnance de 1669. tit. 25. & à l'Edit du mois d'Avril 1683.

Bois, Communaux.

QUEST. IX. *Une Communauté peut-elle être responsable en corps des délits de Bois & défrichemens faits par des Particuliers dans les Communes ?*

Le Sieur Marquis de Vins, Seigneur d'Ongles, fit infirmer des dégradations commises dans les Bois & Forêts du lieu d'Ongles, & des défrichemens faits dans les Communes : il attaqua le corps de la Communauté d'Ongles, contre laquelle il concluoit à des dommages & intérêts considérables. L'affaire portée au Parlement de Provence, l'on disoit pour les Consuls & Communauté d'Ongles que le Demandeur étoit non-recevable parce que cette Communauté n'avoit fait faire la coupe, la dépopulation & les défrichemens dont il se plaignoit, mais quelques particuliers habitans contre lesquels il pouvoit se pourvoir.

Qu'il est vrai que la coupe des Bois est un crime, mais que la peine en est personnelle & doit être supportée par ceux qui l'ont faite, & non par la Communauté qui n'y avoit point participé, par conséquent n'en étoit pas garante : *alia est causa universitatis, alia singulorum, l. in tantum*, §. *universitatis*, *ff. de rer. divisis*; & par cette raison quand tous les habitans, à la réserve d'un seul, auroient fait la dépopulation, la Communauté n'en pourroit pas être responsable suivant le sentiment des Docteurs.

Que pour rendre responsable une Communauté des délits particuliers, il faut une délibération précédente de tous les chefs de maisons, qui tous concourent suivant le sentiment de Monarc, sur le tit. *quod cujusq. universat.* Covaruvias *lib.* 2. *cap.* 8. *num.* 9. *gl. in l. aliud*, §. *refertur*, *ff. de regul. jur.* & en la Loi. *sed ex dolo.* §. 1. *ff. de* dol. mal.

Lozeus au Trait. *de Jur. universitat. part.* 4. *num.* 14. *& seqq.* dit même que le conseil ordinaire ne suffiroit pas ; parceque les personnes innocentes, les veuves, mineurs & orphelins seroient compris dans la condamnation, ce que la Justice ne pourroit autoriser.

Par Arrêt du 8. Mai 1671 prononcé par M. le Premier Président *d'Oppede*, rapporté par *Boniface* tom. 4. l. 10. tit. 3. ch. 21. le rapport fut cassé, le Seigneur déclaré non-recevable & condamné aux dépens sauf à lui d'agir contre les Particuliers.

St. Yon p. 537. Troyes 173. Chaumont 106.

QUEST. X. *Quelle est la peine du délit ou mesus commis de jour par un non-usager dans les Bois communaux?*

Les Coûtumes de *Troyes* art. 173. & de *Chaumont* art. 106. s'expliquent sur cette sorte de délai en ces termes » En Bois & Forêts d'usage, si aucun non-usa-„ ger est trouvé & pris forfaisant, y a confiscation des „ chevaux, harnois, & outils, & des bêtes qui y se-„ roient prises, & perdition du Bois; toutesois on y „ peut passer sans arrêter ne poser, & sans y faire ni „ porter dommage, & si aucunes bêtes par échapées y „ étoient trouvées & poursuivies, y auront seulement « restitution du dommage.

L'Ordonnance des Eaux & Forêts tit. 32. article 1. & 9. ordonne qu'outre la restitution du dommage & la confiscation des chevaux, bouriques, harnois, ensemble les outils, scies, serpes, coignées & autres dont les délinquans seront saisis, ils soient encore condamnés à l'amende réglée par le même titre suivant l'espéce du délit.

St. Yon p. 537. Loraine tit. 15. art. 26.

QUEST. XI. *Comment est puni le mésus de nuit, fait par un Particulier qui n'a pas droit aux Communaux?*

Le mésus de nuit est plus criminel, que celui fait de jour, parceque c'est un furt punissable de peines séveres; la disposition de la Coûtume de Lorraine titre 15. art. 26. mérite d'être suivie, parce qu'elle est conforme au droit, elle porte » généralement la peine de „ tous reprins mésusans ès Bois, *nuitamment*, avec chart „ & chevaux, est la confiscation d'iceux: Et ceux qui „ sont en possession de jouir du même droit de confis-„ cation contre les forains, ou sujets, mésusans de jour, „ y seront maintenus, l'intérêt réservé au Seigneur du „ fonds, s'il n'a part en la confiscation.

L'Ordonnance de 1669. au titre des peines, amendes & restitutions art. 5. veut que l'amende soit double. Par celles de 1518. & 1588. article 25. les délinquans qui auront abbatu des arbres de nuit ou de jour, férié, par scie ou par feu, outre la restitution, étoient condamnés au double des amendes.

Outre ces peines, les autres usagers ont une action contre le délinquant qu'ils peuvent poursuivre pour leurs dommages & intérêts suivant l'art. 18. du tit. 17. de la Coûtume de Nivernois.

CHAPITRE VII.

DES DROITS D'USAGE DANS LES BOIS.

QUESTION PREMIERE.

Qu'est-ce que le droit d'Usage dans une Forêt, quels titres sont nécessaires pour la jouissance de ce droit, est-il prescriptible?

IL y a deux sortes d'usages, dans une Forêt, celui du Bois & celui du paccage des Bestiaux.

Il y a des Usagers qui n'ont droit que de prendre du bois pour leur chauffage, d'autres celui d'y couper des bois à bâtir, & d'autres ne peuvent prendre que la rame pour boucher & clore leurs héritages, & certains Usagers ont deux de ces facultés, & quelquefois les trois ensemble; ce sont les titres de concession qui les fixent.

A l'égard des bestiaux, il y en a qui n'ont droit que d'y faire paccager leurs bœufs, vaches & bêtes aumailles; d'autres ont celui d'y mettre leurs pourceaux en tems de glandée, qui ſont ordinairement fixés à un certain nombre.

Ces différens uſages méritent d'être traités ſéparément, c'eſt ce que nous allons faire ; mais avant d'entrer dans ce détail, il convient de parler du fonds du droit, & d'examiner ſi ce droit eſt preſcriptible, ou s'il eſt de mere faculté impreſcriptible en ſoi.

Quant aux Uſagers dans les Bois du Roi, leurs titres pour cet établiſſement doivent être des Lettres-Patentes de Sa Majeſté, dûement vérifiées en Parlement, & en ſa Chambre des Comptes, ſoûtenus d'une poſſeſſion conſtante de quarante ans, autrement ce droit eſt cenſé perdu.

A l'égard des Seigneurs Laïcs, les Particuliers qui ont droit d'uſage dans leurs Bois, rapportent ordinairement des titres de conceſſion des anciens Seigneurs, ou des reconnoiſſances faites à leurs Terriers, parce que ces droits, pour la plûpart, ont été donnés ſous la charge d'un cens annuel, portant lods & ventes ; enſorte que ces Uſagers, lors de la rénovation des Terriers en ont paſſé reconnoiſſance, conformément à leurs conceſſions.

Or le devoir d'un Commiſſaire à Terrier, avant de faire paſſer reconnoiſſance d'un pareil droit, eſt de faire rapporter les titres primitifs, ce qui n'eſt pas toujours poſſible, la plûpart ſe contentant de rapporter quelques reconnoiſſances, faites par leurs auteurs au Terrier de la Seigneurie, ce qui n'eſt pas ſuffiſant, à moins d'une poſſeſſion paiſible, tranquille & continue de trente ans au moins ; c'eſt ce qu'il eſt important qu'il examine ; la validité des titres ; ſi la poſſeſſion eſt conforme au titre ; & ſi le cens pour ce droit

droit a été servi dans tous les tems ; ensuite il éxaminera si celui qui représente ces titres, & qui veut passer déclaration & reconnoissance de ce droit au Terrier dudit Seigneur, est véritablement la place de ceux auxquels la concession a été faite, soit par filiation, titres & contrats en forme ; ensorte qu'il ne puisse douter que celui qui représente ces titres ne soit légitimement aux droits de celui au profit duquel a été faite la concession primitive ; après quoi il ne restera plus à ce Commissaire que d'examiner si ce particulier possede les Maisons, Domaines & Métairies pour lesquels le droit d'usage a été concédé ; car ce droit n'a été que pour l'usage de quelque Métairie, Domaine ou Maison particuliere, qui pourroient n'être pas possédés par celui qui représente ces titres, ou qui n'éxisteroit plus depuis longues années ; toutes ces considérations sont essentielles à éxaminer, elles doivent être faites par le Commissaire avant que de recevoir ces particuliers à reconnoître le cens pour le droit d'usage.

Si les titres sont défectueux ou non rapportés, si la possession de ce droit n'est pas suivie ni paisible, si celui qui se présente, ne prouve pas sa filiation, s'il ne possede pas la maison ou métairie, auxquelles ce droit est attaché, ou si elle n'éxiste plus ; enfin s'il n'a pas servi & payé le cens imposé, toutes ces choses sont autant d'empêchemens à souffrir qu'il use de ce droit d'usage, & en fasse reconnoissance, parce que ce droit est censé perdu, par condamnation pour abus commis dans l'usage par ses auteurs, ou autre contestation.

Toutes ces considérations sont importantes ; il faut que le Commissaire éxamine encore si la concession étoit pour la maison d'un simple paysan, composée de ſept à huit perſonnes, & que cette maiſon eût paſſé à un gros Bourgeois ou à un Gentilhomme qui y eût fait un Château, ou pluſieurs bâtimens, il faut ſe renfermer dans la conceſſion primitive, & n'accorder à ce Propriétaire, tel qu'il ſoit, que ce qui ſeroit accordé à un Payſan poſſeſſeur d'une maiſon, telle qu'elle pouvoit être lors de la conceſſion, parce que l'uſage n'eſt point ſujet à augmentation.

Nombre de Communautés d'Habitans de Villes, Bourgs & Villages jouiſſent de ces droits d'uſages, leſquels leur ont été donnés & concédés par les Seigneurs des lieux, afin d'attirer & engager par cet avantage auſſi conſidérable qu'utile, des hommes dans leurs Seigneuries(a), ou pour ſe les conſerver, & les empêcher de quitter, s'ils y étoient établis; telle eſt l'origine de ces conceſſions & de ces établiſſemens, ainſi que nous l'avons fait voir en différens endroits des deux premiers Volumes de cet Ouvrage, & ce ſont ces conceſſions & établiſſemens qui ont engendré les droits généraux des Seigneurs, tels que les Main-mortes, Tailles réelles & perſonnelles, Corvées, Manœuvres, Bannalités, droits de guet & garde, de Chevalerie, feurmariage, & autres droits Seigneuriaux, parce que ces Bois, ſoit en propriété, ſoit en uſage, & les places qui ſont devenues communes, étoient ſi utiles à ces Habitans pour leur chauffage, & la nourriture de leurs beſtiaux, que pour les avoir ils s'obligeoient envers leurs Seigneurs à ces droits généaux qui en étoient le prix.

(a) Voyez Filleau, tom. 1. 2. part. tit. 8. ch. 10.
M. Bouhier ch. 62. n. 30.
Salvaing.

Il faut donc poſer pour conſtant que les droits généraux Seigneuriaux des Habitans envers leur Seigneur ne ſe ſont établis que pour les conceſſions & aiſances, que ces Seigneurs ont donné à leurs Sujets, & Juſticiables, c'eſt pourquoi ces droits ſont attachés à la Haute-Juſtice; s'il ſont établis pour autres cauſes, c'eſt uxSeigneurs à en justifier, parce qu'ils ne l'ont pû être par la simple soumission gratuite des Habitans. Outre ces droits d'usages pour les Communautés d'Habitans, il y en a d'autres de concessions particulieres faites à des Monastéres, ou à des particuliers à titre gratuit ou à titre de cens & redevances annuelles, lesquels droits sont personnels ou réels.

Droits d'usage personnels.

Les droits *personnels* ne sont que pour les personnes même, ils ne sont pas transmissibles, & ne peuvent se vendre, céder, transporter ni passer aux héritiers de ceux auxquels ils ont été concédés; c'est ce qui est décidé par les Ordonnances que nous représenterons à la question suivante.

Droits d'usage réels.

Les droits d'usages *réels* sont ceux qui sont attachés à une Seigneurie, un Fief, un Domaine ou Métairie, ce qui se distingue, parce qu'il est accordé nommément au Seigneur & Propriétaire utile de ces choses, pour telle Seigneurie, Fief, Domaine, Maison, &c. au moyen de quoi ce droit passe avec la Seigneurie, Fief, ou Domaine, de Propriétaire en Propriétaire.

QUEST. II. *Dans quelle forme doit être faite une Concession d'usage des Bois à chauffer, à bâtir, & autres usages?*

Il y a des concessions de droits d'usage pour différentes choses, & de différentes espéces, c'est-à-dire, qu'il y en a pour simple chauffage, d'autres pour bois à bâtir, d'autres pour paccager des bestiaux, & d'autres pour panage, paissons, ou engrais de pourceaux, & quelquefois toutes ces facultés sont concédées.

Mais souvent ils ne sont qu'à *vie* de ceux auxquels elles sont faites, & ne passent point à leurs enfans.

Quand le Seigneur a concédé ces droits pour un

particulier & *ſes hoirs*, cette conceſſion paſſe à ſes enfans & héritiers.

Et quand il y eſt ajoûté & pour *ſes ayans cauſe*, cela paſſe aux acquéreurs des biens de celui auquel la conceſſion a été faite.

Ces ſortes de conceſſions ſe faiſant toujours pour une Maiſon, un Fief, un Domaine, & en un mot un manoir où réſide l'uſager, & en ce cas cet uſage eſt réel, comme il ſera démontré ci-après.

Ordinairement ce droit n'eſt concédé qu'à la charge de payer une redevance annuelle au Seigneur, ou à titre de Fief; ce n'eſt pas qu'il n'y en ait auſſi de gratuite ſans aucune charge, telle que pour bonne amitié, pour agréables ſervices faits au concédant; mais cette derniere eſpéce n'eſt ordinairement qu'à vie, ce qui rend en ce cas ce droit perſonnel & non réel.

La conceſſion d'un pareil droit purement perſonnel & à vie, gratuit, & ſans finance, de la part de l'uſager, peut être par un Brevet ſigné du Seigneur avec ſon ſceau, tel qu'il étoit d'uſage anciennement comme j'en ai vû pluſieurs; à préſent il n'en ſeroit pas de même, il ſeroit néceſſaire d'un acte paſſé devant Notaires en forme de donation revêtue de toutes les formalités preſcrites pour ces ſortes d'actes.

A l'égard des uſages réels à titre de finances, & de redevances annuelles ou même à titre de Fiefs, ces conceſſions doivent être paſſées devant Notaires, c'eſt un contrat ſinallagmatique, où les deux Parties s'obligent reſpectivement; le Seigneur de laiſſer jouir l'uſager de tous les droits énoncés, & l'uſager s'oblige de payer annuellement les cens & redevances, ou ſi la conceſſion eſt à titre de Fief, d'en faire les ſervices ordinaires; ces clauſes doivent s'exécuter, & deviennent de droit étroit entre les Parties, & ceux qui les représentent, *Contractus legem ex conventione accipiunt*, *L.* 1. §. *dig. Depositi hoc enim servabitur quod ab initio convenit L.* 23. *de reg. Juris.*

Mais comme il y a des concessions faites dès le tems de l'établissement de la Seigneurie, sur tout aux Habitans & Communautés, il n'est guères possible que les titres s'en soient conservés entre les mains des Habitans; comme ils n'ont pris leurs sources que dans des obligations nécessaires & respectives suivant que nous l'avons dit à la question précédente, c'est au Seigneur à rapporter les titres des droits qu'ils prétendoient leur être dûs pour raison de ces usages.

QUEST. III. *Le droit d'Usage peut-il s'acquérir sans titre par prescription?*

La possession immémoriale est reçue pour prescrire le droit d'usage, *cùm in omnibus tale tempus, & titulus æquiparentur.* Dumoulin sur cette question, *& puto verum, modo titulus allegetur.* Cette opinion que la possession immémoriale fait non-seulement présumer le titre, mais en est devenue un véritable, ou au moins y équipole, n'est pas toujours exactemens vraie.

L'Article 262. des anciennes Coûtumes de Bourgogne porte: » Par la Coûtume, usage sans titre, ou „ sans redevance, ne vaut sur les fonds d'autrui, nonobstant longue possession; & ce, soit Bois ou Riviere & autres lieux.

La Coûtume de Bourgogne requiert un titre ou le payement de quelque redevance; & *M. Bouhier* est de sentiment qu'à défaut de titre, si l'on peut constater qu'on ait payé au Seigneur quelque redevance pour un droit d'usage, ce seroit une preuve suffisante (*a*) par la raison

(*a*) Tom. 2. ch. 62. n. 33. & 37.

que le reçu de cette prestation vaut une concession tacite du droit, c'est même ce qui est porté en la Coûtume de Nivernois (a) qui dit précisément que *payement de redevance équipole à titre, & vaut possessoire & pétitoire*; c'est aussi le sentiment de Saint Yon (b), car après avoir parlé des titres, il dit que cette preuve peut se faire par le moyen du payement que l'on montre avoir fait de quelque redevance annuelle pour le droit d'usage, *parce*, dit-il plus haut, *que l'on n'a point accoûtumé de priver l'usager, pourvû qu'il soit fondé en bonne possession & jouissance d'icelui : Si Lex agriæ inveniatur vetustatem vicem legis tenere constat : ut ubi servitus non invenitur imposita, qui diu usus est servitute, neque vi, neque precario, neque clam, habuisse longâ consuetudine vel jure impositam servitutem videatur. L.* 1. *§ ultim. D. de aqua & aquæ plu. arc.*

(a) Ch. 17. art. 10.

(b) L. 1. tit. 29. art. 1. n. 2.

Il reste ici la question de sçavoir comment cette prestation de redevance a dû être faite; *Coquille* sur le même article 10. de *Nivernois*, dit que ce payement doit avoir été fait au Seigneur ou à son Receveur comptable, qui en ait compté, afin que le Seigneur n'ait pû l'ignorer; le *Grand sur Troyes* (c) est de même sentiment, & désire que le Seigneur en soit absolument informé; cependant je penserois qu'une pareille prestation mise dans une recette manuelle, une liéve, un cuilloir, ou plutôt dans plusieurs qui seroient faits & affirmés par des Fermiers, de suite en suite, suffiroit à la preuve du droit pour l'usager, & seroit regardé de même œil que si le Seigneur avoit reçu la redevance en personne, & en avoit donné quittance de sa main, auquel cas les Auteurs requiérent trente ans de prestation.

(c) Art. 168. Gl. 5. n. 4.

Ensorte qu'il est constant que l'on peut parfaitement prescrire le droit d'usage dans une Forêt Seigneuriale.

Et comme un Seigneur prescrit une bannalité de

Moulin & de Four par la contradiction & la prohibition, la même chose est accordée à un usager, qui a soûtenu à son Seigneur avoir droit d'usage dans sa Forêt, & si cette contradiction est de trente ans, sans que le Seigneur ait fait décider son droit, il est certain que l'usager aura prescrit *à die contradictionis*. Cela a été ainsi jugé par Arrêt du Parlement de Bourgogne du 3. Février 1625. rapporté par *Chevanes* sur l'article 2. du titre 13. de la Coûtume.

Mais s'il est de rigueur en Bourgogne que la seule prestation de payement conserve le droit d'usage dans un Bois, il y a nombre de Coûtumes où la possession immémoriale suffit, & entr'autres celles de *Nivernois* chap. 17. art. 10. *Troyes* art. 168. *Chaumont* article 102. *Sens* art. 147. *Meaux* art. 176. *Auxerre* art. 261. *Vitry* art. 119. *Bar-le-Duc* 205. *Saint Mihiel* tit. 13. art. 9. *Loisel* en a fait une régle, L. 2. titre 2. art. 23. Cette possession est donc le meilleur titre que les Usagers puissent avoir; ensorte que quand ils en auroient quelqu'autres, comme dit *Delaistre* sur l'article 102. de la *Coûtume de Chaumont*, je leur conseille de les supprimer & de s'en tenir à celui-là *L. hoc jure §. ductus aquæ ff. de aquæ quotid.* Il cite un Arrêt du mois de Mars 1696. rendu en la Coûtume de Chaumont, en faveur des Habitans de Frébecourt, Prévôté & Vicomté de Vocouleur, contre ceux de Sionne qui confirment cette disposition.

Si dans ces Coûtumes, & autres, qui ont de pareilles dispositions, l'Usager prescrit sans titre, par une possession immémoriale, dans celle où il est de rigueur, qu'il faut rapporter un titre, ou le payement d'une redevance; le Seigneur peut prescrire contre l'Usager, si ce dernier ne paye pas sa redevance pendant un tems suffisant pour la prescription, parce que c'est une servitude qui s'éteint lorsque l'Usager néglige de faire ce à quoi il est tenu; c'est ce qui est porté par la Loi, *Qui enim in tam longo prolixoque spatio jus minimè consecutus est serâ pœnitentiâ ad pristinam servitutem reverti desiderat :* & l'Usager ne perd pas son droit d'usage, par quelque tems qu'il cesse d'en user, pourvu qu'il paye réguliérement sa redevance & prestation annuelle à son Seigneur, parce que le droit de l'Usager est de pure faculté, dont il est le maître d'user ou de n'user pas.

Il est donc bien important à l'Usager de s'acquitter exactement du payement de sa redevance, puisque la cessation peut entraîner la perte de son droit, nonobstant même la possession de couper du bois dans les lieux de son usage, n'y ayant dans ces Coûtumes point de possession admissible sans cause, & la cause est la prestation annuelle.

QUEST. IV. *Une Communauté ou un Particulier qui a un droit d'usage personnel, doivent-ils absolument en user par eux-mêmes, & ne peuvent-ils pas le transmettre à ceux qui occupent leur maison?*

Le droit d'usage pour le chauffage d'un Monastére, ou d'un Particulier Propriétaire d'une maison, est si bien personnel, que celui auquel il est accordé ne peut le céder ni le transmettre à qui que ce soit: cela est prouvé par l'article 31. de l'Ordonnance de Charles V. en 1376. (a) qui porte: *Item.* Semblablement les „ Maîtres, sur les peines de devant, ne peuvent donner congé ou licence à un homme usager ou coûtumier Dardoir, ne user de son usage ou coûtu-» me,

(a) Ordonnance du Louvre tom. 6. pag. 222. art 31.

„ me, autre part qu'au lieu, pour raison duquel il pré- „ tend ledit Usage ou Coûtume.

Rousseau, Recueil d'Edits & Ordonnances p. 9.

Cette Ordonnance a été renouvellée dans les mêmes termes par celle de 1402. (*a*) & par autre de François I. en 1515. (*b*) rapportées par *Rousseau*, dans son Recueil; c'est sur les dispositions de ces deux Ordonnances, qu'il en fut fait un Réglement par les Grand-Maître & Officiers de la Table de Marbre à Paris le 4. Septembre 1601. par l'article 27. duquel il est défendu: » A tous les Officiers de faire dé- » livrance à aucuns... Usagers & Privilégiés, que lesdits » Usagers & Privilégiés ne fussent certainement résidens » ès Maisons, Monastéres & autres lieux, pour lesquels » les concessions & octrois leur ont été faits (*c*).

(*a*) Art. 10.

(*b*) Art. 65.

(*c*) Filleau tom. 1. part 2. tit. 8. ch. 11.

Ces Ordonnances sont fondées sur les Loix Romaines, qui sont si expresses qu'elles décident, que la famille même de l'Usager n'en peut jouir qu'autant qu'elle en use avec lui, c'est la décision des Loix 2, 3 & 4. *ff. de usu & habit. Domûs usus relictus est aut marito aut mulieri: si marito, potest illic habitare non solus, verùm cum familiâ quoque suâ an cum libertis, fuit quæstionis? & Celsus scripsit, & cum libertis, posse hospitem quoque recipere; sed an etiam inquilinum recipere possit? & ait habeo eum qui ipse habitat inquilinum posse recipere, idem & hospites & libertos suos & clientes. Ceterum sine eo ne hos quidem habitare posse.* A quoi la Loi 8. du même titre, ajoûte, que l'Usager d'une maison ne peut, ni la louer, ni accorder à personne une habitation séparée de la sienne, ni en vendre l'usage: *Sed neque locabunt* seorsum, *nec concedent habitationem*, sine se, *nec vendent usum, quemadmodum enim concedere alii operas poterit, cùm* ipse uti *debeat,* dit le Jurisconsulte Ulpien dans le §. 6. de la L. 12. eod. tit.

Henris (*d*) rapporte un Arrêt du Parlement de Pa-

(*d*) To. 1. l. 3. ch. 3. quest. 35.

ris de l'an 1628. qui a jugé que les Religieuses de Chazeau, qui avoient un droit de chauffage dans les Bois de la Seigneurie de Cornillon, ne pouvoient pas demander ce droit depuis leur translation dans la Ville de Lyon, pour la raison, dit cet Auteur, que ce droit se perd par l'absence des personnes, *& cela se confirme, parce qu'il est dit* toto titulo de usu & habitat. *Sçavoir que l'Usagier* uti potest, frui non potest, *qu'il peut faire habiter la maison par d'autres, pourvu que ce soit avec lui; mais que s'il la quitte il perd son droit.*

(a) Part. 2. ch. 96. *Salvaing de Boissieux*, dans son Usage des Fiefs (a) a remarqué très-judicieusement que les Titres, tant anciens que modernes apprennent que la plûpart des Seigneurs pour vendre leurs terres habitées, ayant distribué à des particuliers, certaines portions de fonds, ont été contraints pour se les conserver, de leur accorder des droits d'usage dans leurs Forêts, comme des facultés nécessaires à leurs habitations. Ce sont là les vrais motifs des concessions des Communaux, comme nous l'avons fait voir dans notre second Volume, & à la question . . . *suprà*, & qui ont pareillement donné lieu à la concession de différens droits d'usages personnels, tels que ceux que nous traitons en cette question, sur laquelle, & pour prouver que ce droit ne peut être transmis, vendu ni cédé, ni même passer aux héritiers de celui qui l'a, nous ajoûterons le sentiment de Pereze, *de usufruct. & habit. n. 33. unde sequitur*, dit cet Auteur, *usuarium non posse usum concedere alii nec locare vendere, vel alio modo in alium transferre quia personalis, ut nec ad hæredem usuarii transeat naturâ suâ & si actum sit ut transeat non judicatur usus transmissus, sed novus usus constitutus in hæredum personâ.*

De toutes ces autorités, il résulte que le Propriétaire

du droit d'usage dans une Forêt, ne le peut vendre, céder ni transporter, que ce droit ne peut passer à ses héritiers, & qu'il doit l'exercer pour lui-même.

QUEST. V. *Qu'est-ce que le droit d'usage* réel? *peut-il se vendre & se transférer, & ne peut-il augmenter par augmentation de famille ou autrement ?*

L'on n'appelle un droit d'usage *réel*, que parce qu'il est attaché au Château & Maison d'une Seigneurie, Fief, Domaine ou Métairie, & dont le propriétaire ne jouit qu'à cause de ces choses, par conséquent il est perpétuel, & par la vente ou délaissement de ces objets, les propriétaires, peuvent vendre, céder & transporter ce droit d'usage, comme étant inhérant, aux maisons, héritages, & corps desdites Seigneuries, Fiefs, Domaines & Métairies; c'est ce que décident toutes les Ordonnances, avec cette observation, que ceux qui acquiérent ces héritages, ne peuvent en user que comme ceux auxquels la concession a été faite, ainsi que l'établit *Coquille* sur l'art. 12. de la Coûtume de *Nevers*, & tous les Auteurs: que *si l'Usager devient beaucoup plus grand Seigneur, ou qu'il bâtisse une maison plus ample, son usage sera restraint à l'état premier de sa maison;* c'est ce qui est pareillement décidé par le *Grand*, sur la Coûtume de *Troyes* (*a*); cela a été décidé pour les usages des Forêts du Roi, par les Ordonnances de *François I.* du mois de Mai 1515. article 88. & d'*Henri III.* de l'an 1584. qui défendent de transporter les droits d'usages & pâturages à plus puissans, & que ceux auxquels la concession aura été faite ne puissent prendre plus grande part que les premiers Usagers (*b*).

Rousseau dans ses Ordonnances, page 504. rapporte un Arrêt du 26. Février 1572. rendu entre le sieur

(*a*) Art. 168. n. 20.

(*b*) Chop. lib. 3. du Dom. ch. 17.

Jean de Savonniere, Seigneur du petit Anvers, & les Usagers dudit lieu, par lequel il est dit, que „ si les mai„ sons anciennes, pour lesquelles étoit adjugé droit d'u„ sage, étoient partagées & divisées en plusieurs parts „ & portions, & qu'en chacune d'icelles y eût plusieurs „ ménages, en ce cas il n'y auroit que l'un desdits mé„ nagers, tel qui seroit accordé entre les Usagers, ou „ ordonné par Justice, qui jouiroit dudit droit d'u„ sage & pâturage.

Ensorte que l'usage dans un Bois *est réel*, lorsqu'il a été concédé à cause du Château & Maison d'une Seigneurie, d'un Fief, Domaine, Métairie; le droit d'usage *réel* peut se vendre & se transporter; mais ce ne peut être qu'avec le château, maisons & bâtimens de la Seigneurie, du Fief, Domaine ou Métairie auxquels il est attaché, & en cas qu'il s'allienne & transporte à un Seigneur plus puissant, ou à différens propriétaires, le droit d'usage n'en peut être augmenté, & doit être tel que la concession a été faite, ou qu'il a été pourvû anciennement.

Ce droit par cet endroit est perpétuel, & l'on le regarde, comme une servitude réelle & prédiale dûe, *ratione rei, & ratione habitationis aut prædii possessi*; pourquoi elle est dûe à perpétuité à tous ceux qui habiteront ce Château, Fief, Domaine ou Métairie, ou qui les posséderont (*a*).

(a) Vid. *Joannes Faber* § *æque, instit. de action.*

C'est pourquoi lorsqu'il s'agit d'un droit de cette espéce, il n'est accordé qu'à ceux qui demeurent ès anciennes maisons bâties avant quarante ans, & autres bâtimens, sur anciens fondemens réparés, ainsi qu'il a été jugé par Arrêt du Parlement de Paris du 30. Août 1586. en faveur des Habitans des Villages de Fontaine-Françoise, & Chazeuil, auxquels furent adjugés le droit d'usage dans la Forêt de Velours, en une piéce, à raison de trois arpens par feu.

QUEST. VI. *Qui sont ceux que l'on doit appeller usagers réels?*

Il faut ici distinguer une Communauté, une Paroisse ou un Village, qui représentent tous les anciens Habitans, & ceux qui viendront habiter la Paroisse, Ville ou Village à l'avenir, d'avec les usagers particuliers, qui n'ont droit d'usager qu'à cause qu'ils sont Propriétaires d'une Maison, d'une Métairie, Domaine, Fief, ou Seigneurie, dont les Maisons & bâtimens peuvent se détruire, & anéantir le droit quoique réel.

Les premiers composent entr'eux une Communauté qui subsiste toujours & ne peut s'éteindre : le droit d'usage est à leur égard un droit réel mais perpétuel, qui naturellement ne peut cesser.

Mais, il n'en est pas de même en faveur des Usagers particuliers qui n'ont de droit qu'autant que la Maison Domaine, Château & Manoir subsistent. Ces Régles sont puisées dans nombre d'Arrêts & de Réglemens, *Du Luc lib. 7. Placit. tit. 7. de usu nemorum num.* 3. fait mention d'un Arrêt qu'il date de 1545. par lequel la Cour a jugé que ceux-là devoient seulement être *Usagers, quorum domus ante quadraginta annos extructæ essent, aut veteribus fundamentis ab eodem tempore superextructæ.* L'Arrêt de Réglement du 2. Octobre 1584. de la Table de Marbre de Rouen, au sujet de la Forêt de Rouvray, rapporté par *Rousseau* page 539. y est précis, pour ce qui est des usages particuliers, tels qu'ils se trouvent en grand nombre, & de différentes Paroisses non en Communauté; ils sont énoncés dans l Arrêt du sieur Comte de la Motte du . . que nous avons rapporté question . . il y a donc une différence notable d'un corps d'Habitans d'une Paroisse, au profit de laquelle est un droit d'usage, qui est toujours le même & qui est limité, d'avec des Particuliers, dont l'usage ne dépend que des fonds qu'ils possédent.

QUEST. VII. *Pour avoir droit d'usage dans des Bois, & autres Places, celui de Parcours ou de vaine Pature, ne faut-il pas être domicilié & faire partie des Habitans du lieu? & quel temps est nécessaire pour acquérir le droit de Communauté & d'Habitans?*

C'est à la vérité une chose essentielle, pour un habitant nouveau venu dans une Paroisse, de sçavoir quel tems il lui faut pour acquérir domicile, faire corps avec eux, & participer aux priviléges du lieu.

Nous avons à cet égard plusieurs Loix Romaines, qui ont parlé du domicile qui est défini être celui *ubi uxorem, liberos, tabulas & instrumentum rei domesticæ quis habet. l. in lege* 203 *D. de verb. signific.* une autre explication de domicile se trouve *in l. qui manu misit* 27. *D. ad municipal. qui semper in domicilio agit, vendit, emit, contrahit, foro, balneo, spectaculis utitur, festos dies celebrat, & omnibus municipii commodis utitur, ibi domicilium habet.* Et dans la *l. cives* 7. *de incolis, & ubi quis domic. hab. v.* 10. *cod.*

Mais il faut que l'intention de la personne soit prouvée pour l'établissement du domicile; car une personne qui aura un procès dans un endroit, qui pourra avoir une longue suite, des affaires de commerce, de négoces, ou même de travaux, tels qu'un Architecte qui conduiroit un Bâtiment, ces demeures qui sont momentanées ne peuvent pas assurer un droit permanent, à celui qui pourra demeurer dans une paroisse, par un tems suffisant, pour le rendre habitant du lieu, lui donner domicile & le faire participer aux Charges & aux priviléges des habitans ; c'eſt ce qui eſt marqué par (*a*) *la l. domicilium D. ad municip. l.* 2. *l. de incol. & ubi quis domic. hab. vid. lib.* 10. *cod.* Et c'eſt pour exécuter cette Loi, & les Ordonnances de ce Royaume qu'ils preſcrivent que ceux qui veulent changer de domicile, ſont obligés de faire ſignifier aux Collecteurs des Paroiſſes, & publier à l'iſſue des Meſſes Paroiſſiales, qu'ils entendent établir leur demeure & domicile dans une autre Paroiſſe, afin de n'être point impoſés aux Charges de la Communauté qu'ils quittent, ſans quoi on les comprendroit toujours dans les Rolles ; ce ſont ces ſignifications & Publications, qui marquent l'intention & qui ne laiſſent point à douter du tems que doivent participer les nouveaux venus aux uſages & priviléges des habitans dont ils veulent faire corps.

(*a*) Réglement de 1600. Déclaration du 3. Mars 1671. Autre du 20. Mars 1673. art. 10.

C'eſt ce qui a fait dire à *Brodeau*, ſur l'article 173. de la Coûtume de Paris, » ce qui ſe doit entendre „ d'un vrai & actuel domicile établi dans l'intention „ d'une perpétuelle demeure, laquelle ſe préſente, „ quand celui qui vient s'établir dans un lieu, y améne ſa femme, ſes enfans, ſa famille & ſes meubles, „ & y établit le ſiege de ſa fortune ; & non pas quand „ il a un autre domicile ailleurs, ou que celui qu'il a „ dans un autre lieu, n'eſt que momentanné & paſſager ; auquel cas il n'acquiert pas le droit de Bourgeoiſie, & ne doit pas jouir des priviléges accordés » aux Habitans.

Mais pour éclaircir ce point de fait, nous n'avons rien de mieux que les Arrêtés faits dans les Conférences de M. le Premier Préſident de Lamoignon, imprimés dans le commentaire d'Auzanet, ſur la Coûtume de Paris ; ils contiennent les déciſions ſuivantes.

1. Une personne n'a qu'un seul domicile.

2. Domicile, s'acquiert par an & jour de demeure.

3. Les mineurs retiennent le domicile qu'avoit leur Pere au jour de son décès.

4. Femme mariée, majeure ou mineure, prend le domicile de son mari.

5. Femme séparée d'habitation, en quelque lieu qu'elle demeure, est réputée avoir le même domicile que son mari.

6. Le domicile d'un Officier majeur ou mineur, reçu en Charge, dont l'exercice est continuel, est au lieu où il exerce sa Charge, après en avoir fait fonction par an & jour.

7. Majeur qui se marie, acquiert à l'instant domicile dans le lieu où il se marie.

8. Marchand majeur ou mineur a son domicile au lieu où il a établi son principal commerce, & y ait demeuré an & jour.

Les Officiers & les personnes attachés à des emplois qui ne sont point permanens, mais momentanés, ne doivent point être privés des priviléges des habitans de leurs demeures, c'est-à-dire de celles de leur pere, & des biens dont ils jouissent, tels, par exemple, que le Vicaire d'une Paroisse qui n'a qu'un domicile fictif & non permanent, dont Chasseneux sur la Coûtume de Bourgogne, rapporte un Arrêt de la prononciation de Noël, de l'an 1520. qui a jugé qu'un tel Vicaire ne perd point les droits de son domicile ordinaire, & de la Communauté de biens, quand il va demeurer dans un autre endroit, pour remplir les fonctions de son ministére.

Brillon au mot *domicile* nombre 9. rapporte un Arrêt du même Parlement de Bourgogne du 6. Août 1660.

1660. qui a jugé qu'un *Curémain-mortable* qui va desservir en personne le Bénéfice dont il est titulaire, n'est pas présumé s'être departi de la société qu'il avoit contractée avec ses communs en biens.

Loisel dans ses Instituts. l. 1. tit. 1. regl. 21. dit, *Droit de Bourgeoisie s'acquiert par an & jour, ou par aveu, ès lieux où il y a Parcours & Entrecours.*

De ce que dessus l'on doit conclure, que pour qu'un habitant nouvellement établi dans une Paroisse, participe aux Priviléges d'une Communauté, par conséquent au droit d'usage, dans un Bois ou dans les fruits des Communaux appartenans aux habitans du lieu où il s'est retiré, il lui faut *an & jour*, par la raison qu'il faut un pareil tems d'habitation, pour qu'il puisse être imposé aux Tailles, Capitation, & autres charges personnelles, n'étant pas raisonnable qu'il participe aux biens de la Communauté, avant que d'être en état de contribuer aux charges.

Il y a encore une considération à faire ici ; c'est lorsqu'un nouvel habitant est venu s'établir dans une Paroisse à cause de son mariage avec une fille de cette Communauté, qui naturellement a portion par elle-même à l'usage & aux fruits des Communaux, ce qui doit faire que le domicile du nouvel habitant ne doit pas être considéré & mesuré à la rigueur.

QUEST. VIII. *Comment les Usagers peuvent-ils user de leurs droits?*

La raison de décider que des Usagers ne peuvent pas couper du bois de leur autorité dans les Forêts usageres, est qu'ils n'en sont pas Propriétaires, & que d'ailleurs n'ayant que de certains genres de bois à prendre pour leur usage, le Propriétaire doit être averti en la perſonne de ſes Officiers & prépoſés, pour leur marquer ce qui leur eſt néceſſaire, aprés avoir été inſtruit des beſoins.

Cela a été ainſi preſcrit par les Ordonnances, & jugé par nombre d'Arrêts, & en dernier lieu par celui de la Table de Marbre du Parlement de Paris du 6. Juillet 1737. par lequel » en confirmant & maintenant les Habitans de Preſſigny dans l'uſage de „ prendre dans les Bois & Forêts du Seigneur de Preſſigny du bois-mort, & du mort-bois, il a été dit que „ par *mort-bois*, leſdits Habitans ne pourront prendre „ que des neuf eſpeces de bois contenues & déſignées en l'article 5. du titre 23. de l'Ordonnance de „ 1669. (*a*) & non autres; & pour *le bois-mort*, qu'ils „ ne pourront pareillement prendre que celui qui ſera „ mort en cime, racine, ou giſſant, ſuivant le même „ article, à l'effet de quoi ſera fait chacune année aux „ Habitans de Preſſigny un triage & tranchée par le „ Juge de Preſſigny, & les *bois-morts*, & *mort-bois* à „ eux délivrés, leſquels ils ſeront tenus de couper & „ enlever conformément à l'Ordonnance, ſans que „ ſous quelque prétexte que ce ſoit, les Habitans puiſſent couper aucuns arbres *mort-bois*, & ramaſſer aucuns *bois-morts*, qu'au préalable, ils n'aient été marqués par le Juge, lequel ſera tenu de le faire ſans » frais «. Cet uſage ſe réduiſoit ſans doute au ſimple uſage du chauffage qui doit ſe prendre dans cette forme.

(*a*) Voyez la queſt.

QUEST. IX. *Quelle sorte de Bois les Usagers ont-ils droit de couper, & peuvent-ils en abbatre de leur autorité privée?*

Il faut distinguer les espéces d'usage; les uns n'ont souvent qu'un simple droit de chauffage; d'autres ont le droit de prendre avec leur chauffage du bois pour la bouchure de leurs héritages, d'autres enfin ont celui de prendre du bois à bâtir & à réparer leurs maisons; tous ces droits sont différens; plusieurs sont réduits au droit de ne prendre que du bois-mort & mort-bois; celui-ci est le plus ordinaire.

Or celui qui n'a droit que de prendre du bois pour son chauffage, sans aucune autre explication, n'a le pouvoir que de prendre du bois-mort & du mort-bois; il n'y a qu'à voir à la question XIII. p. 257. où cette espéce de bois est expliquée pour s'y conformer.

Suivant la Coûtume du Nivernois ch. 17. art. 11. » L'usage du bois régulierement est tel que l'Usager „ peut prende *bois-mort, & mort-bois*, en son espéce „ de bois pour se chauffer & pour ses autres nécessités, „ si ledit usage n'est amplié ou limité par titre ou pres- „ cription au contraire, ce qui ne s'étend que pour son „ chauffage & bouchure de ses héritages, parce que „ c'est la destination de cette espéce.

A l'égard de celui qui peut prendre le bois nécessaire, pour ses maisons & bâtimens, constructions & réparations, ce sont des bois bien différens, pour la délivrance & l'enlevement desquels il y a des formalités plus grandes & plus rigides que pour les autres.

L'Usager qui a besoin des bois pour bâtir ou réparer ses bâtimens, doit faire dresser Procès-verbal de la nécessité où il est, d'avoir tels & tels bois, sur l'attestation des Charpentiers & Maçons, ensuite de quoi il se retirera pardevers le Seigneur propriétaire de la Forêt usagere, auquel il représentera ses besoins, que le Seigneur fera vérifier par son Procureur Fiscal, & l'ayant reconnu telle, il donnera les ordres à ses Gardes pour lui marquer le bois nécessaire; c'est ce qui fut précisément décidé par l'Arrêt du Parlement de Bourgogne du 27. Mars 1744. en la cause des Habitans de Cessy en ces termes, » faisant droit sur les Réquisitions de notre Procureur-Général, a fait & » fait défenses à tous Usagers, & notamment à ceux » de la Communauté de Cessy, de faire couper & en- » lever aucuns arbres dans les Forêts où ils auront droit » d'usage, sans avoir fait préalablement apparoir aux » Propriétaires desdites Forêts de la nécessité & utilité » de couper lesdits bois, pour après la vérification fai- » te, être les pieds d'arbres dont ils auront besoin, » marqués par les Gardes préposés à la conservation » desdites Forêts, aux peines de l'Ordonnance de 1669. » & d'être déchus de leurs droits d'usages; Ordonne » qu'à la diligence de notre Procureur-Général, le » présent Arrêt sera lu, publié & affiché dans le lieu » de Cessy & par tout où besoin sera.

QUEST. X. *Si une Communauté d'Habitans, ou autres Usagers abusoient de leurs droits, en dégradant la Forêt quelle peine encoureroient-ils?*

Toutes les Ordonnances sont uniformes en ce point, que l'Usager qui abuse de son droit, doit en être privé, Duluc *Placitorum Curiæ.* (*a*) en rapporte Arrêt du 3. du mois de Juin 1530. qui a déclaré une Communauté privée de son usage, pour avoir gâté les bois d'un commun consentement.

(*a*) L. 7. tit. 7. n. 1. p. 150.

La Coûtume de Nivernois peut ſervir de Régle générale ſur cette queſtion, l'article 15. du Chapitre 17. porte » qu'aucuns Uſagers, de quelque qualité qu'ils » ſoient, ne peuvent vendre bois, herbes, ou autres » choſes quelconques, croiſſant ou étant en l'héritage » duquel ils ſont Uſagers, ni prendre, & mener bêtes » d'autrui avec les leurs, pour uſer de ſemblable droit » qu'ils ont, ou autrement abuſer de leurs uſages; » mais leur eſt ſeulement permis de prendre leſdites » choſes pour leurs uſages, & en uſer comme bons » Peres de famille : & s'ils font le contraire ils ſont punis arbitrairement ſelon l'éxigence des cas.

L'art. 17. dit » en Bois appartenans à autrui en pleine propriété il n'eſt loiſible à aucuns de cueillir, ab- » batre, prendre ou amaſſer gland, faine, pommes » ou autres fruits, ſans le congé & conſentement ex- » près du Seigneur foncier, ſur peine de 20 ſ. d'amen- » de qui ſe partiront entre le Seigneur de la Juſtice & » le Seigneur foncier; pour la ſeconde fois ſur peine » de 60. ſ. qui ſe partiront comme deſſus, & pour la » tierce, ſur peine d'être punis comme larrons avec » dommages & intérêts du Seigneur foncier, s'il n'y a » privilége au contraire.

L'art. 18. veut, qu'en Bois uſagers ſoit obſervé ſemblable peine & punition que deſſus.

L'art. 265. des anciennes Coûtumes de Bourgogne, porte que quiconque méſuſe de ſon uſage, il le perd, avec cette judicieuſe limitation, que ſi une Communauté a uſage en aucun lieu, & ſi un ou pluſieurs d'icelle Communauté en méſuſent, pour ce ne perd pas la Communauté ſon uſage, fors que ceux qui ont méſuſé à leur vie tant ſeulement, &c. Cette diſpoſition n'a point été inſérée dans la rédaction de la derniere Coûtume ; cependant elle mérite bien d'être observée.

Les délits & abus qui sont donc commis par les Usagers, se réduisent à ne pouvoir couper aucuns Arbres non compris dans leurs droits d'usage, tels que chênes, hêtres, ou autres, tandis qu'ils n'auroient que le droit de mort-bois, têter ces sortes d'arbres, en faire du mairain, des sabots, seilles & autres ouvrages, pour vendre, ramasser abbatre & emporter de la glandée, de la faine & tous autres fruits des arbres, tombés ou non, peler les bois pour en avoir les écorces, emporter les herbes & toutes autres choses croissans dans lesdites Forêts; ce sont les régles prescrites par les Loix & les Coûtumes, & en dernier lieu par l'Ordonnance de 1669. au titre 27. que nous devons suivre à la lettre, par la régle que tous Usagers qui s'écartent du devoir du bon pere de famille, doivent être punis comme contrevenans à leurs propres titres, par l'abus qu'ils font de leurs droits, & qui ne peut être moins puni que par la privation.

QUEST. XI. *Les Usagers qui payent de grosses redevances au Propriétaire du Bois ne peuvent-ils pas s'en libérer en déguerpissant, & quelle formalité observeront-ils pour s'en libérer ?*

Il n'est pas douteux que l'Usager ne puisse se décharger de la redevance qu'il paye pour son droit d'usage dans une Forêt en déguerpissant son droit ès mains du Seigneur propriétaire ; c'est le sentiment de Loiseau en son Traité du déguerpissement, (a) & il a été jugé ainsi par Arrêt du Parlement de Paris, rendu en la troisiéme Chambre des Enquêtes le 19. Août 1702. rapporté par *Brillon* verbo, *usage* n. 14. en faveur des Habitans de la Valette en Poitou, contre Gautier

(a) L. 4. c. 5. n. 2. 14. 15.

Simon Dreux, par lequel il a été permis à ces Habitans de déguerpir le droit d'usage qu'ils avoient dans la Forêt de leur Seigneur, pour se libérer de la redevance de 24. quarts d'avoine; pareille chose avoit été jugée au Parlement de Bourgogne le 28. Mars 1583. par Arrêt rapporté par Chevanes, l'un des Commentateurs de la Coûtume, p. 518. (a)

(a) Observ. de M. Bouhier, ch. 62. N. 83. p. 389.

QUEST. XII. *Si un Usager n'avoit pas pris du bois pour son chauffage une année, ne pourroit-il pas demander le double l'année ensuite?*

Le droit de prendre dans une Forêt du bois pour son chauffage est un privilége & non une redevance; l'Usager a la faculté d'user de son droit ou de n'en user pas, de maniere que n'étant point une redevance il ne peut s'arrérager; il y a eu sans doute des personnes qui ont prétendu faire arrérager ce droit, puisque nous trouvons plusieurs Ordonnances qui défendent aux Gardes des Forêts du Roi de les donner; telles sont celles de 1376. art. 35. de 1388. art. 34. de 1402. art. 33. & de 1515. art. 50. rapportées par *Rousseau* dans son Recueil, par la raison que tout ce qui est destiné pour l'usage, l'entretien & les besoins annuels ne s'arrérage pas, tels que la Dixme, les corvées & autres qui ne peuvent se demander de plusieurs années; c'est une des questions jugées par Arrêt du Parlement de Dijon du 23. Août 1744. en faveur du Seigneur de Pommier, contre Joseph Favier, Ecuyer Sieur de Pontoux.

Mais si la demande de l'usage du bois étoit formée, refusée, ou en contestation entre le Seigneur & l'Usager, il seroit juste d'adjuger à l'Usager une indemnité pour sa non-jouissance; c'est ce qui fut ordonné par ce même Arrêt en faveur du Sieur de Pontoux, & que la Cour arbitra d'Office pour chacune des années à lui contestées.

L'on voit par cette décision que le droit de prendre du bois dans une Forêt, n'est qu'un privilége dont l'Usager a la faculté d'user ou de n'user pas, & que les fruits en étant annuels ne tombent point en arrérages, à moins qu'ils n'aient été demandés & refusés.

QUEST. XIII. *Si l'Usager avoit cessé d'user de son droit, pendant 30. ou 40 ans & plus, son droit ne seroit-il pas prescrit?*

Il semble que ce droit doit être regardé comme un droit de mere faculté, d'en user ou de n'en user pas; par conséquent non sujet à la prescription; c'est ce qui est décidé par *Joan. Fab. instit. de l. fus. can. toll.* par *Seckius de servit. cap. 9.* sect. 53. tit. 10. art. 26. & par *le Grand sur l'art.* 170. *de la Coûtume de Troyes glose* I. en ce que l'Usager peut n'en avoir pas besoin pendant des tems & n'en pas user, ainsi qu'un Seigneur qui a le droit de demander des corvées à ses Censitaires ou Justiciables ne leur en demandant point; quand il seroit cent ans sans exercer ce droit il ne le prescriroit pas, parce qu'il est de pure faculté, & dès lors imprescriptible.

Il y en a qui ont prétendu que si l'Usager payoit un cens pour ce droit, il le perdoit par la cessation du servis, qui avoit été la cause de la cessation de l'usage: cette objection fut faite dans le Procès qui se poursuivoit au Parlement de Bourgogne, par le Seigneur de Pommier, au sieur Favier de Pontoux, dont on a cité plus haut l'Arrêt; l'Usager avoit cessé longues années sans

ſans uſer de ſon droit, mais il le ſoûtenoit impreſcriptible, & qu'en tout cas la preſcription ne pouvoit jamais commencer du jour de la ceſſation de prendre du bois, mais ſeulement de celui du payement du cens & preſtation annuelle, parceque le droit d'uſage dont étoit queſtion, s'étoit renouvellé en ſa faveur toutes les fois que le Seigneur de Pommier avoit exigé & reçu ſa redevance, dès lors qu'il avoit lui-même Seigneur dans tous les tems interrompu la preſcription; ſi ce droit y étoit aſſujetti, il s'appuïoit de la Loi *Cùm notiſſimi* §. 6. *cod. de præſcript.* 30. *vel* 40. *ann. In his etiam promiſſionibus vel legatis vel aliis obligationibus quæ dationem per ſingulos annos vel menſes, aut aliquod ſingulare tempus continent, tempora memoratarum præſcriptionum non ab exordio talis obligationis ſed ab initio cujuſque anni, vel menſis, vel alterius ſingularis temporis computari manifeſtum eſt.*

Qu'ainſi ſuivant Juſtinien, l'on ne devoit pas faire remonter le commencement de la preſcription, *ab exordio obligationis*, mais ſeulement à l'époque de la ceſſation du payement de la redevance, parceque chaque payement avoit fait naître une nouvelle action & un nouveau titre.

C'eſt ſur ces principes que le Parlement de Dijon a confirmé le ſieur de Pontoux dans ſon droit d'uſage, dans les Bois du Seigneur de Pommier par ſon Arrêt du 22. Août 1744. & bien jugé.

QUEST. XIV. *Si un Particulier uſager à titre de cens, n'avoit pas payé ſa redevance pendant plus de* 40. *ans, & qu'il eût cependant uſé de ſon droit en coupant du bois chaque année, le Seigneur du Bois pourroit-il l'empêcher de continuer pour ne s'être pas maintenu en payant le cens?*

Il eſt certain que le Seigneur peut preſcrire la ſervitude de l'uſage lorſque l'Uſager ne paye pas ſa redevance, & la différence de l'Uſager au Seigneur, eſt que quoique l'Uſager n'uſe pas de ſon droit par quelque tems que ce ſoit, pourvu qu'il paye régulierement ſa redevance, il conſerve le droit qui en eſt la cauſe.

Un particulier Uſager dans un Bois à titre de cens & redevances annuelles, doit s'acquitter exactement des charges à lui impoſées par le titre de conceſſion; il lui eſt plus important de remplir ſes obligations envers le Seigneur de l'uſage, que d'uſer de ſon droit en coupant du bois pour ſon chauffage, & de tout ce qu'il a la faculté d'uſer pour ſon néceſſaire, parceque le droit d'uſage eſt une véritable ſervitude qui ne peut ſe soûtenir qu'en rempliſſant régulierement par l'Uſager ſes obligations annuelles, il ne lui ſert de rien de ſe maintenir en jouiſſance & en poſſeſſion de ſon uſage; cette poſſeſſion par elle-même, ne lui donne aucun droit, c'eſt la redevance; ce n'eſt donc pas la jouiſſance qui acquiert & conſerve le droit, c'eſt la preſtation de payement qui renouvelle le titre ſuivant la Loi *Qui enim in tam longo prolixoque ſpatio jus minimè conſecutus eſt, ſerâ pœnitentiâ ad priſtinam ſervitutem deſiderat.*

Coquille va plus loin, il prétend que les preſtations de payement pour conſerver le droit d'uſage, doivent être faites au Seigneur, ou à ſon Receveur comptable, qui en ait compté, & *non pas à un Fermier qui a toujours les mains ouvertes pour recevoir, & n'a pas grand intérêt au droit foncier du Seigneur, & dont le fait ne peut nuire au Seigneur pour la poſſeſſion ou pour la preſcription.*

QUEST. XV. *Les Bois dans lesquels les Habitans ont droit d'usage, se trouvant en mauvais état, & ayant un besoin indispensable d'être récépés, les Habitans peuvent-ils empêcher le Seigneur de le faire, sous prétexte que cela leur fait tort ?*

Il n'arrive que trop souvent que les Bois où des Usagers ont droit, sont dégradés à un point, qu'il n'y a qu'une coupe entiere & un récépage bien exact qui puisse les réparer, & les remettre en Taillis de belle venue ; pour lors le Seigneur Propriétaire de la Forêt, présente Requête au Grand-Maître, ou Maître Particulier de la Maîtrise, où il expose l'état où elle se trouve, & qu'il est indispensable d'en faire une coupe & un récépage entier, sur laquelle il obtient la permission de le faire, & la défense aux Usagers d'y couper ni mettre aucuns bestiaux, qu'après cinq à six ans, selon qu'il est prescrit par l'Ordonnance ; la Coûtume des lieux & l'usage qui peut être plus long ou plus court, pour le terme, eu égard à la situation du terrein productif, y en ayant où les Bois croissent plus en trois années que d'autres en six ; l'Ordonnance qui fixe à six années, étant moins limitative que démonstrative (*a*). On a cru pouvoir donner ici le Modéle de cette Requête.

(*a*) Voyez l'Arrêt du 14. Juillet 1744. rendu au Parlement de Bourgogne, pour la Dame de Pressigny, contre les Habitans, à l'Audience publique.

Modéle de Requête pour faire la coupe & récépage des Bois où des Habitans ont droit d'usage.

A MONSIEUR LE GRAND MAISTRE DES EAUX ET FORESTS AU DEPARTEMENT DE .....

SUpplie H. Eustache de ..... E Seigneur de ..... DISANT, que de sa Seigneurie de .... dépend un Bois, appellé le Bois de Monceaux, dans lequel la Communauté des Habitans dudit lieu a un droit d'usage pour y prendre du bois-mort & mort-bois, & pour y faire pâturer leurs bestiaux; mais le mauvais état où se trouve actuellement ce Bois en buissons sans baliveaux, & dégradé par la pâture des bestiaux, & l'abus des Usagers met le Suppliant dans la nécessité indispensable de faire couper & récéper son Bois pour le mettre en état de production utile.

Ce considéré, M. IL V. P. permettre au Suppliant de faire couper & récéper entiérement ledit Bois, avec défenses aux Usagers d'y envoyer pâturer aucun bétail que les revenuës n'aient atteint l'âge requis par l'Ordonnance ou la Coûtume, & sous les peines d'icelles, votre Ordonnance exécutée par provision, &c.

Sur cette Requête le Grand-Maître met son Ordonnance en ces termes :

Vû l'Exposé en la présente, il est permis au Suppliant de faire récéper les bois abroutis & rabougris, qui lui appartiennent : faisons défenses aux Usagers d'y envoyer pâturer aucun bétail, que les revenuës n'aient atteint l'âge de dix années porté par les Ordonnances, ou celui de 4. porté par la Coûtume, sous les peines, à cet égard, prescrites par les Ordonnance, ce qui sera exécuté, &c.

S'il y avoit opposition de la part des Habitans, le Seigneur pourroit faire dresser Procès verbal par le Juge de la Seigneurie, à la requête & en présence du Procureur Fiscal assisté des Gardes-Bois, les Habitans présens, ou dûement appellés, par lequel seroit décrit l'état du Bois, & où sera détaillé exactement la mauvaise situation, & le besoin qu'il y a du récépage après quoi il se retirera vers le Grand-Maître, lui présentera une autre Requête sur laquelle il obtiendra une permission d'assigner la Communauté, pour être déboutée de son opposition avec intérêts & dépens.

Il s'agit dans ce cas d'un bien général; une Forêt dégradée ne peut se rétablir que par le récépage; le Seigneur Propriétaire est bien le premier intéressé à rendre sa Forêt utile; mais il ne peut y parvenir qu'en faisant en même tems le bien de l'Usager, qui dans la suite y trouvera plus abondamment de quoi remplir son droit.

Cet Usager qui s'opposeroit aux soins que prend le Propriétaire d'améliorer son fonds ne seroit donc par favorablement reçu à se plaindre de la suspension de l'exercice de son droit.

QUEST. XVI. *Le Propriétaire d'une Forêt usagere, peut-il la vendre ou l'exploiter au préjudice des Usagers?*

Cette question est fort controversée; cependant comme les principes dépendent de l'étendue des Forêts où les Usagers ont droit, & du nombre & besoin de ces mêmes Usagers, il est aisé d'en former une division.

La Jurisprudence du Parlement de Bourgogne à cet égard se trouve expliquée par différens Arrêts, le premier du 16. Mai 1561. rapporté par M. le Président Bouhier, en ses Observations (a), a maintenu le Prieur de Saint Léger, au droit d'avoir pû donner à cens, dix arpens de bois, à certain particulier, pour les écarter & mettre en culture & labourage, dans lesquels les Habitans d'Estevaux avoient droit de vain pâturage, sauf auxdits Habitans le droit de vain pâturage dans ces dix arpens.

(a) Sur Bourgogne ch. 62. n. 73.

Un second est rapporté au nombre 74. sous la date du 5. Juillet 1580. par lequel il est dit qu'avant de procéder à la vente & coupe de certains bois, que vouloit faire la Dame de la Charmée, dans lequel les Habitans de ce Village avoient droit d'usage, il seroit fait arpentage de ce Bois, & information de leur qualité, ensemble du nombre des feux desdits Habitans, pour ensuite être procédé au Réglement de leurs usages dans ces Bois, ainsi qu'il appartiendroit.

Le même Magistrat cite un troisiéme Arrêt nomb. 75. en date du 6. Février 1621. (il est aussi rapporté par Taisand sur l'article 2. titre 13. de cette Coûtume note. 3.) dont l'espéce est que l'Abbesse de Saint Jullien d'Auxerre ayant vendu 400 arpens de bois dans une Forêt, qui en contenoit 900, les Habitans d'*Annay-la-Cote*, qui y avoient droit d'usage, s'opposerent à cette vente, & par l'Arrêt il fut dit, que sans s'arrêter à cette vente, les Habitans auroient le tiers de ce Bois, pour leur usage, qui leur seroit marqué de proche en proche, & défenses à l'Abbesse de vendre ledit Bois.

Par un quatriéme du 9. Février 1626. rapporté au nombre 76. les Habitans de Vandenesse sur Arroux,

& autres Usagers, furent maintenus au droit d'usage dans les Bois du Seigneur d'Essenlay, & d'y faire pâturer leur bétail, en tems de vive & vaine pâture, en payant la redevance par eux dûe; avec défenses au Seigneur d'y emboucher plus de huit pores, & de dégrader cette Forêt; & néanmoins ayant égard à son droit de propriété, il lui fût permis de prendre dans cette Forêt des bois pour les réparations nécessaires en son Château d'Essenlay seulement, sans en abuser.

Au nombre 77. M. Bouhier raporte que les Habitans de Manlay s'étant opposés à la vente que leur Seigneur vouloit faire de ses Bois, dans lesquels ces Habitans avoient droit de glandée, pour lequel ils lui payoient une redevance, le Seigneur soûtint que cette vente lui étoit permise en dédommageant les Usagers, sans quoi la propriété lui deviendroit inutile; que par un premier Arrêt il avoit été ordonné que dismensuration seroit faite de ces Bois, pour connoître s'il pouvoit en être vendu quelque canton, sans préjudicier aux Usagers; mais ayant été reconnu que cela ne se pouvoit, la Cour par Arrêt du 10. Mai 1656. défendit à ce Seigneur de vendre ces bois.

(a) L. 7. tit. 7. n. 1. p. 150.

Duluo (a) rapporte un Arrêt du 3. des Nones de Mars 1531. qui juge qu'en laissant par le Propriétaire d'un Bois, à l'Usager, où il puisse prendre son usage, le Propriétaire peut faire son profit du surplus.

Il résulte de tous ces Arrêts que s'il peut être permis aux Seigneurs de vendre ou exploiter pour les réparations de leurs Châteaux, ils ne peuvent l'altérer au point que les Usagers ne puissent plus en user pour leurs besoins.

(b) Ch. 9. n. 40.

C'est le sentiment de *Cæpola de servitut. rust. præd.* (b), après avoir long-tems agité cette question, cet

Auteur la résout par cette distinction: Si (dit-il) le Propriétaire en changeant la face du Bois, ou en l'essartant, l'a amélioré, de sorte qu'il n'ait point fait de préjudice à l'usage, les Usagers ne peuvent le trouver mauvais; mais il faut dire le contraire, si ce changement leur fait quelque tort considérable.

Le Seigneur de Poinson, en Bourgogne, ayant donné à cens une partie des Bois, où les Habitans avoient droit d'usage pour leur chauffage & vaine pâture, ces Habitans s'y opposerent, & par Arrêt au Souverain de la Table de Marbre du 26. Octobre 1718. il fut fait défenses aux Censitaires d'essarter davantage en ladite Forêt, condamna le Seigneur à dédommager ses Habitans, lequel étant rentré dans sa Forêt passa transaction avec ses Habitans le 6. Février 1720. par laquelle il fut réglé qu'il leur payeroit 20. livres de rente annuelle pour dédommagement.

Cependant il est certain que l'usage ne peut être tel qu'il nuise à la propriété, & la rende absolument inutile: quelqu'étendu qu'il soit, il ne prive point le Propriétaire d'user de ses Bois pour sa propre nécessité, pas même de la vente de la coupe & superficie.

Si l'Usager est privé de son droit, ce n'est que pour un tems, il renaît avec le taillis, & le tems de la coupe & de la revenue ne font que le tenir en suspens; quand la Forêt a une grande étendue, comme elle ne se coupe pas tout à coup, l'Usager, prend son droit dans ce qui n'est point vendu.

Si la Forêt au contraire n'a pas une grande étendue, je doute qu'on pût en empêcher, sous prétexte d'usage, l'exploitation: il faut rapporter la chose jugée à des cas où l'usage seroit perdu par la conversion du bois en terres ou étangs.

Mais pour prévenir toutes les difficultés, j'estime que le Propriétaire peut offrir aux Usagers de les cantonner; ce qui lui restera, sera à l'avenir pour son seul & singulier profit déchargé de toutes servitudes.

QUEST. XVII. *Si un Seigneur avoit fait couper ou vendu sa Forêt, où des Usagers eussent droit, ne seroient-ils pas fondés de prétendre des dommages & intérêts?*

Il y a des Pays où anciennement il y avoit de grandes & vastes Forêts, dont les Seigneurs Propriétaires ne faisoient aucun profit; pour en tirer parti, ces Seigneurs donnoient à des Gentilshommes, à des Bourgeois, & à d'autres particuliers des droits d'usages dans quelques-unes de leurs Forêts, soit pour y prendre du bois à chauffer, bois à bâtir, paccage pour leurs bestiaux, & le paccage pour l'engrais d'un nombre de porcs; ils concédoient ces droits à titre de fief ou de cens, portans lots & ventes; ce qui se voit par différens titres de concession dans les Archives des Seigneurs où ces droits sont établis.

Or, si un Seigneur vendoit une Forêt chargée de ces sortes de droits envers différens particuliers, ou s'il la faisoit exploiter totalement, les Usagers ne seroient bien fondés à demander un dédommagement proportionné à leur droit & à leurs besoins, qu'autant qu'ils en seroient absolument privés, le Seigneur ne pouvant les en évincer, à quelque titre qu'il puisse tenir la Seigneurie; car soit à titre de concession & d'hérédité, soit à titre d'acquisition, il est tenu des faits de ceux qui ont concédé ces droits d'usage; nous en rapporterons un exemple.

Les Seigneurs de Jalligny, en Bourbonnois, avoient une

une très-grande Forêt, appellée le *Bois de Royer*, & *de la Mallevauvre*, située dans les Paroisses de Tréteaux, & de Saint Geran-de-Vaux; Guy de Châtillon, l'un de ces Seigneurs, donna à titre de Fief, foi & hommage, droit d'usage dans cette Forêt à Guillaume de la Palisse, Chevalier, Seigneur de Chazeuil, pour bois à bâtir & à chauffer, & pour la paisson en engrais de cinquante pourceaux, ce qui s'éxécuta réguliérement, & respectivement, tant par cet usage annuel au profit des Seigneurs de Chazeuil, que par les fois & hommages faits & rendus aux Seigneurs de Jalligny, pendant un grand espace de tems.

Mais le Sieur Comte de Saint Geran, Seigneur de Jalligny, ayant vendu de son autorité une partie des bois de cette Forêt, & fait couper & exploiter une autre partie, ce qui diminuoit considérablement l'usage du Seigneur de Chazeuil, ce dernier fit assigner le sieur Comte de Saint Geran, Seigneur de Jalligny, pour voir dire, qu'il seroit maintenu dans son droit d'usage, & le Seigneur de Jalligny condamné à lui relâcher le tiers de ladite Forêt en propriété, comme seul Usager d'icelle, avec dommages & intérêts.

Par cette assignation, & après différentes Procédures, ils nommerent des Arbitres, qui rendirent leur Sentence le 23. Octobre 1667. par laquelle ils adjugerent à Messire Antoine Comte d'Albon, Seigneur de Chazeuil, pour la portion qu'il avoit droit de prétendre en ladite Forêt, & pour tous dommages & intérêts, la quantité de 156 arpens de bois, faisant partie de ladite Forêt, du côté de la Seigneurie de Chazeuil, avec Justice, moyenne & basse sur ledit canton de 156 arpens.

L'on entend que c'est par forme de cantonnement, & ce parti est judicieux, il prévient toutes les tracasseries.

QUEST. XVIII. *Comment doit user celui qui a droit de prendre des bois à bâtir ?*

Le droit d'usage de bois à bâtir, ne se peut jamais prendre par l'Usager de son autorité privée, il est nécessaire qu'il demande qu'il lui soit marqué & délivré ce qu'il veut couper; c'est ce qui est porté par l'art. 22. de la Coûtume de Lorraine, & l'art. 13. de celle de Nivernois ch. 17. en ces termes: » Usagers ayans droit de prendre bois pour bâtir, ne le peuvent prendre sans soi „ adresser au Seigneur foncier, son Forestier, ou Commis, pour venir marquer & délivrer au lieu moins „ dommageable dudit bois usager, que faire se pourra; „ & si lesdits Usagers prennent bois à bâtir autrement „ ils sont amendables envers le Seigneur Foncier, posé qu'il n'ait justice, pour la premiere fois de 30. sols „ tournois, pour la seconde fois arbitrairement, & „ pour la tierce perdront leur usage.

L'Article 17. du même chapitre porte: » Usagers „ ayans droit de prendre bois de maronage pour leurs „ bâtimens, ou bois pour leurs affouages ou fornages „ doivent user de ce droit en bons peres de famille, „ & le prendre *par assignal*, selon le Réglement qui „ leur en sera donné, par le Seigneur haut-Justicier „ entre ses Sujets, ou le Seigneur foncier, entre ceux „ qui tiennent bois en usage de lui par ascensement, „ redevance, ou reconnoissance suffisante, ou qui a „ droit de prendre ès bois les amendes & confiscations.

La Coûtume de Sédan art. 306. est en ces termes :

„ Les Bourgeois & Sujets de Sédan, & autres Terres „ & Seigneuries du Seigneur Souverain, Usagers, prenant bois & aisances ès Forêts dudit Seigneur, ne „ peuvent prendre bois chênes esdites Forêts & aisances, ni faire abattre pour bâtir aucun bois, s'il n'est „ marqué du marteau du Gruyer, les escoupiers desquels bois ainsi marqués, ils peuvent pour leur commodité convertir en nature d'eschauves & aussi en „ aures menus bois pour lesdits bâtimens.

Ensorte qu'un Usager pour bois à bâtir est absolument obligé de demander qu'il lui soit marqué du bois pour les réparations de ses bâtimens, il ne peut de son autorité en faire couper à peine d'amende.

QUEST. XIX. *Si le Seigneur ne fait pas marquer les bois à l'Usager qui en demande, que fera-t-il?*

La Coûtume de Nevers ne s'en tient pas à une simple demande verbale, elle éxige quelque chose de plus précis; voici comme elle s'explique en l'article 14. du chap. 17. » Et si lesdits Usagers requiérent la marque & délivrance audit Seigneur, ou son Forestier, „ ou Commis, s'il en est refusant ou dilayant, ils „ le pourront sommer en Justice, ou pardevant Notaires, & ce fait, huit jours après pourront user de „ leurs usages franchement sans péril d'amende.

La Coûtume de Lorraine ne requiert pas cette formalité, l'art. 25. du titre 15. porte: » Aussi, étant par „ l'Usager, ou de sa part l'assignal demandé pour bois „ de maronage (a), en est tenu le bailler dans 24. heures, à faute de quoi, pourra ledit Usager en aller couper sans reprinse.

(a) Qui est bois à bâtir.

La voie indiquée par la Coûtume de Nevers, est la plus sage & la plus juridique ; il n'est permis à personne de se rendre justice.

Les réparations d'un bâtiment sont souvent très-urgentes ; ensorte que le caprice du refus, soit d'un Seigneur ou de ses Officiers, de marquer du bois à l'Usager, pourroit lui causer du dommage ; on en convient.

Mais il faut acquérir le refus du Seigneur ou de ses Officiers, par des actes authentiques.

QUEST. XX. *Un Usager ne peut-il pas vendre le bois provenant de son usage ?*

C'est un axiome certain que les Usagers ne peuvent vendre les choses dont ils n'ont que l'usage, rien ne leur appartenant au-delà ; & comme personne ne peut vendre ce qui n'est pas à lui, il suit de-là, qu'un Usager qui a son usage à chauffer pour sa maison, & qui peut en consommer cinquante voitures, s'il en prenoit cent, & qu'il en vendît cinquante, il vendroit ce qui n'est point à lui ; il y a plus, c'est que s'il lui suffisoit de ces cinquante voitures pour sa consommation largement, & que par caprice ou mauvaise humeur il en fît consommer dans sa maison cinquante autres voitures au-delà, il feroit même contravention, que s'il les vendoit, parce qu'il doit user de son droit en bon pere de famille, c'est-à-dire, selon ses besoins, & ne faire aucun excès.

La Coûtume de Nevers en a une disposition précise dans l'article 15. du chap. 17. » Usagiers, de quel-„ que qualité qu'ils soient, ne peuvent vendre bois,

„ herbes ou autres choſes quelconques, croiſſant ou „ étant en l'héritage duquel ils ſont Uſagiers, ne pren- „ dre & mener bêtes d'autrui avec les leurs, pour uſer de „ ſemblable droit qu'ils ont, ni autrement abuſer de „ leurs uſages; mais leur eſt ſeulement permis de pren- „ dre leſdites choſes pour leurs uſages, & en uſer com- „ me bon pere de famille; & s'ils ſont le contraire, „ ils ſont punis arbitrairement ſelon l'exigence des „ cas. L'on peut voir les Coûtumes de *Meaux* article 180. & 181. celle de *Lorraine* tit. 15. art. 23. & celle de *Labourt* tit. 3. art. 4.

Papon livre 13. tit. 2. Arrêt premier, en rapporte deux du Grand-Conſeil, l'un du 26. Septembre 1552. pour le Seigneur de Montpenſat; & un autre pour le Seigneur de Saint Polgue, contre les Habitans de Montreboux: voyez *Chenu* tit. 19. ch. 109. *Automne* en ſes Alliances, au mot *Citoyen*.

QUEST. XXI. *Ceux qui ont droit d'uſage pour le panage & paccage de leurs porcs, bœufs & vaches dans un Bois peuvent-ils y en mettre autant qu'ils veulent?*

Non, parce que la glandée n'eſt pas toûjours conſidérable, enſorte qu'il ne peut s'en mettre qu'à proportion que la Forêt peut en ſupporter, ce qui eſt réglé par les Officiers de la Juſtice; d'ailleurs ceux qui ont droit d'y mettre engraiſſer leurs Porcs ne peuvent y en mettre d'autres que ceux qui ſont de leur nourriture devant la feuille de Mai précédent ledit panage.

Suivant l'article 14. du titre 19. de l'Ordonnance des Eaux & Forêts, les Habitans des maiſons uſageres ne peuvent jouir du droit de pâturage & panage dans les Bois du Roi, que pour les bestiaux *de leur nourriture seulement*, & non pas ceux *dont ils font trafic & commerce*, & ce à peine d'amende, & de confiscation.

La disposition de cet article doit être prise généralement, & appliquée à tous les usages dans les bois des Seigneurs, même des Particuliers, parce que l'usage n'est pas présumé avoir été concédé pour le panage des bestiaux & cochons des étrangers.

QUEST. XXII. *Les Usagers n'ayant point de Porcs, ne peuvent-ils pas en acheter pour mettre à la glandée, où ils ont usage?*

Non, ils ne peuvent même y mettre d'autres Pourceaux, que ceux qu'ils avoient dans le mois de Mars suivant la Coûtume de Nivernois ch. 15. art. 19. qui est en ces termes:

» Quand les Usagers ont droit de mettre leurs Pourceaux paccager en tems de paisson & de garde, ils ne peuvent mettre autres Pourceaux que de leur nourriture, & de l'âge de Mars (qui est à dire, ceux qui étoient à la Notre-Dame de Mars précédente la paisson) & qui depuis sont procréés d'iceux; & s'ils font le contraire ils sont amendables envers les Seigneurs Justiciers de 60 sols tournois, & tenus aux dommages & intérêts du Seigneur Foncier, & Propriétaire dudit bois, pour chacune fois, s'il n'y a convenance au contraire.

L'Ordonnance de 1669. rapportée plus haut, prononce en ce cas la peine de confiscation.

QUEST. XXIII. *Si un Usager mésuse de son droit, quelle peine encourera-t-il?*

La Coûtume de Troyes, art. 174. en a fait une disposition, qui doit s'étendre dans tout le Royaume; elle porte : » Si un Usager use mal de son usage, „ en le vendant à un non-Usager, ou le transportant hors des lieux compris audit usage, il „ y a pour chacune fois confiscation de la chose „ vendue, transportée ou levée, 60 sols tournois d'a„mende au profit du Seigneur, & privation de son „ usage pour an & jour. Le motif de cette peine est que le droit qu'a l'Usager dans les bois, d'en prendre pour son usage seulement & sa maison, n'a pas celui d'en vendre à autrui non-Usager.

Le Grand, sur cet Article rapporte divers Arrêts, qui ont privé les Usagers de leur droit pour en avoir abusé, & entr'autres un du 3. Juin 1530. recueilli par *du Luc* liv. 7. Placit. tit. 7. Arrêt 1. *Papon* liv. 14. tit. 3. des Usagers, Arrêt 3. *Charondas* sur le Code Henri L. 16. tit. 18. des Usagers de bois §. 2. où il cotte un autre Arrêt du 8. Juin 1564 ensuite d'autres anciens Arrêts.

QUEST. XXIV. *Quand cesse la vaine pâture dans les bois pour les Usagers.*

La vaine pâture pour les Usagers dans les Forêts, suivant la Coûtume de Bar, art. 207. doit cesser du jour de Saint Remy, jusqu'au premier Février inclus, & par celle du Duché de Bourgogne chap. 13. art. 4. elle doit cesser du jour de Saint Michel, jusqu'à la Saint André inclus, pendant lesquels tems tous les Usagers ne peuvent y mettre pâturer aucuns bestiaux.

La raison qu'on peut en apporter est, que pendant

cet intervalle le gland, la féne ou autre fruit des arbres étant tombé, il s'enterre & produit par la suite des arbres de l'espéce, ce qui n'arriveroit pas si l'Usager avoit la liberté de faire paccager son bétail pendant l'intervalle porté par les Coûtumes.

QUEST. XXV. *Le Seigneur Propriétaire de la Forêt usagere peut-il vendre sa paisson ?*

Il n'y a pas de doute que le Propriétaire de la Forêt usagere ne puisse vendre à qui bon lui semble la paisson qui lui appartient ; mais s'il le fait, ce ne peut être qu'à la charge de l'usage de tous ceux qui ont droit ; c'est le texte de l'art. 21. du ch. 15. de la Coûtume de Nivernois.

CHAPITRE VIII.

DU TRIAGE DES BOIS COMMUNAUX, PRE'TENDUS PAR LES SEIGNEURS.

POur suivre le titre de l'Ordonnance qui concerne spécialement les Habitans & Communautés des Villes & Paroisses en toutes ses parties, il convient d'éxaminer comment, & en quel cas les Seigneurs peuvent demander le tiers en propriété dans les Bois Communaux, & pour cet effet de rapporter ici les Articles 4. & 5. de ce titre pour se conformer dans leurs dispositions.

* Communaux.

L'Article 4. porte : » Si néanmoins les bois * étoient „ de la concession gratuite des Seigneurs, sans charge d'aucun cens, redevance, prestation ou servitude, „ le tiers en pourra être distrait & séparé à leur pro- „ fit

„ ſit, (*a*) en cas qu'ils le demandent, & que les deux autres *ſuffiſent* pour l'uſage de la Paroiſſe, ſinon le partage n'aura lieu: Mais les Seigneurs & les Habitans jouiront en commun, comme auparavant; ce qui ſera pareillement obſervé pour les Prés, Marais, Iſles, Pâtis, Landes, Bruyeres, & graſſes Pâtures, où les Seigneurs n'auront autre droit que l'uſage, & d'envoyer leurs Beſtiaux en pâture, comme premiers Habitans, ſans part ni triage, s'ils ne ſont de leur conceſſion, ſans preſtation, redevance ou certitude.

(*a*) Des Seigneurs.

L'Art. 5. eſt en ces termes: » La conceſſion ne pourra être réputée gratuite de la part des Seigneurs, ſi les Habitans juſtifient du contraire par l'acquiſition qu'ils en ont faite, & s'ils ne ſont tenus d'aucune charge; mais s'ils en faiſoient ou payoient quelque reconnoiſſance en argent, *corvées* ou *autrement*, la conceſſion paſſera pour onéreuſe, quoique les Habitans n'en montrent pas le titre, & empêchera toute diſtraction au profit des Seigneurs, qui jouiront ſeulement de leurs uſages & chauffages, ainſi qu'il eſt accoûtumé.

Pour raiſonner ſolidement & ſans équivoque ſur ces diſpoſitions, il convient de reprendre les choſes de plus haut.

Il n'eſt guères poſſible, ſoit aux Seigneurs, ſoit aux Communautés d'Habitans, de juſtifier d'où proviennent leurs Communaux, parce que l'origine de leur poſſeſſion ou propriété, eſt ordinairement trop éloignée; l'on ne peut que porter ſes vûes ſur les motifs qui ont fait paſſer ces héritages en la main des Habitans & Communautés, & faire enſorte d'en découvrir les véritables cauſes.

Nombre d'Auteurs qui ont écrit ſur cette matiere, conviennent que les Communaux sortent de la libéralité des Seigneurs, lesquels par la distribution qui leur avoit été faite d'un grand terrein capable de former une Seigneurie, pour s'attirer des hommes, pour la peupler & les empêcher d'aller ailleurs, leur donnoient des fonds & places pour rebâtir, des bois & pâturages pour leurs bestiaux, leur accordoient les usages dans les bois de la Seigneurie pour leurs chauffages, les affranchissoient de corvées, dans l'enceinte du Village qu'ils formoient, & n'oublioient rien pour se les attirer & conserver, afin de composer une belle Seigneurie & la rendre considérable par le nombre de ses Habitans.

C'est ce que nous avons prouvé dans notre premier Volume page 7. seconde Edition; & dans le second volume pag. 463. & 639.

Ces concessions absolument nécessaires pour les Seigneurs, pour se faire des hommes, & aussi utiles à ses Habitans, qu'ils devenoient dans le moment Propriétaires, avec des aisances qui leur rendoit la vie douce & agréable, se firent par ces motifs, & on ne peut en présumer d'autre; mais il reste à sçavoir quelles furent les conditions avec lesquelles ces Seigneurs concédérent ces héritages? C'est ce qu'il faut chercher, & où les trouver, puisque ni le Seigneur ni les Habitans ne peuvent en rapporter aucunes preuves?

Tout impossible que cela paroisse, l'on peut cependant envisager des considérations qui peuvent les déterminer.

L'on conviendra que dans ces primitifs établissemens se firent ceux des droits Seigneuriaux, c'est-à-dire, les Main-mortes, les Tailles personnelles & réelles, les corvées, les manœuvres, les bannalités, banvin, droit de guet & garde, d'indire, de chevalerie, formariage & autres : or ces droits établis sur des Habitans, l'ont-ils été par des causes singuliéres & particuliéres, autres qu'en considération des Communaux, concédés par ces Seigneurs à ces Habitans.

L'on dira peut-être que c'est remonter bien loin, & qu'il est difficile de trouver en cela les secours nécessaires ; mais cependant il est des régles que les Seigneurs doivent sçavoir les causes de l'établissement de leurs droits, & que s'ils n'en justifient, & que leurs Habitans soient cependant assujettis à quelques droits Seigneuriaux de cette espéce envers eux, il y a lieu de croire que les Bois Communaux ont été le prix & la cause de l'établissement de ces droits, dont on ne rapporte point l'origine.

Quelques Seigneurs opposeront à cela le texte de la Loi écrite, dans les deux articles que nous venons de rapporter, & qui selon eux ne peut être éludé ; il est vrai que cette raison a ses apparences ; mais appellons la Loi au secours de notre sentiment, & trouvons dans son esprit ce qu'elle a entendu prescrire. Les Ordonnances anciennes ont toutes tendu à favoriser les Communautés d'Habitans du Royaume ; la nouvelle a eu le même objet, pour deux raisons également solides ; *primò*, parce que ce sont les Communautés qui soûtiennent tout le poids des charges de l'Etat ; & *secundò*, que si l'on ôte aux Habitans partie de leurs Communaux, qui leur fournissent les aisances, & les moyens de subsister en faisant fructifier leur bétail, & par cet endroit fertiliser les terres, ils seront hors d'état de payer les charges publiques ; l'Etat en souffrira, parce que les fonds n'auront plus les fumiers & les cultures ordinaires ; ils seront de mauvaises récoltes qui occasionneront la disette.

Ces objets se puisent dans les Ordonnances de 1569 & de 1629. La *premiere* » défend à toutes personnes de quelque état & condition qu'elles soient de „ prendre & s'attribuer les *Terres vaines & vagues, Pâtis & Communaux de leurs sujets.*

L'Art. 206. de l'Ordonnance de 1629. est en ces termes; » Nous voulons que lesdites défenses aient lieu „ pour les *Seigneurs & Gentilshommes* qui usent de semblables exactions .... leur défendant pareillement „ d'usurper les *Communes* des Villages, & les appliquer „ à leur profit, ni les vendre, engager ni bailler à cens „ sous les peines portées par l'Ordonnance; & si aucunes ont été usurpées, seront incontinent restituées, „ à quoi faire Nous enjoignons à nos Baillis, Sénéchaux & Substituts de nos Procureurs Généraux des „ lieux, d'y tenir la main, & faire toutes diligences „ requises & nécessaires.

Ces deux Ordonnances n'étoient que la suite de celles d'Orléans article 106. & de Blois articles 280. & 283. faites sur les *plaintes & doléances du Peuple* contre les *Seigneurs* qui molestoient leurs sujets, & *usurpoient* sur eux, & des servitudes, & leurs héritages *communs.*

Louis XIV. donna une Déclaration le 22. Juin 1659. enregistrée au Parlement le 19. Octobre suivant, précisément pour la *Géneralité de Châlons*, qui permet aux Habitans & Communautés *de Champagne*, de rentrer de plein droit & de fait, sans aucune formalité de Justice dans les Usages, Bois & Communes, &

aux biens par elles aliénés depuis vingt ans, pour quelques causes, occasions ou quelques titres qu'ils puissent l'être ; *Voulons* (ajoute le Législateur) *qu'à l'avenir nos anciennes Ordonnances soient observées, sinon, en conséquence de nos Permissions de Justice, lorsque les cas le requiéreront.*

Dans l'intervalle de ces Ordonnances à celle de 1669. n'avons-nous pas vû sur de pareilles *clameurs*, ce Roi si sage, envoyer les Grands-Jours, tirés des Officiers de son Parlement de Paris en 1665. pour réprimer les véxations des Seigneurs dans les Provinces de *Bourbonnois*, *la Marche*, Cambraille, *Auvergne*, *Lyonnois*, *Forez*, *Beaujollois & Maconnois*; il n'y a qu'à lire les Arrêts de cette célébre Assemblée (*a*).

(*a*) Imprimés à la fin du Commentaire de la Coûtume d'Auvergne, chez Villannes, à Clermont en 1745.

N'est-ce donc pas sur ce qui est porté par ces Ordonnances de 1560, 1569, 1579 & 1629. sur les Arrêts de cette Cour Souveraine de 1665. qu'ont été formées les dispositions du fameux Edit du mois d'Avril 1667. dont l'unique objet a été la conservation des *Communaux* aux Habitans des Villes, Villages & Paroisses du Royaume, dans les dispositions duquel l'on doit se renfermer ? Il est si essentiel à cette question que nous la rapporterons ici dans son entier, parce qu'il achevera de convaincre de la nécessité où les Juges doivent être de préférer les intérêts des Communautés, qui sont le soûtien de l'Etat, à celui des Seigneurs Particuliers; il persuadera encore qu'il n'y a eu que ce motif, & la véxation des Seigneurs qui ont donné lieu au Réglement qu'il contient.

ÉDIT DU ROI,

Portant Réglement général pour les Communes & Communaux des Communautés Laïques.

Du mois d'Avril 1667.

LOUIS, par la Grace de Dieu, Roi de France & de Navarre: A tous présens & avenir, SALUT : Entre les désordres causés par la licence de la Guerre, la dissipation des biens des Communautés a paru des plus grandes ; elle a été d'autant plus générale, que les Seigneurs, les Officiers & les Personnes puissantes se sont aisément prévalus de la foiblesse des plus nécessiteux, que les intérêts des Communautés sont ordinairement des plus mal soûtenus, & que rien n'est davantage exposé que ces biens dont chacun s'estime le Maître ; en effet, quoique les Usages & Communes appartiennent au Public, à un titre qui n'est, ni moins favorable, ni moins privilégié que celui des autres Communautés, qui se maintiennent dans leurs biens, par l'incapacité de les aliéner, sinon en des cas singuliers & extraordinaires, & toujours à faculté de regrets ; néanmoins on a partagé ces Communes, chacun s'en est accommodé selon la bienséance, & pour en dépouiller les Communautés, l'on s'est servi de dettes simulées, & abusé pour cet effet des formes les plus régulieres de la Justice ; ainsi ces Communes qui avoient été concédées par forme d'usage seulement, pour demeurer inséparablement attachées aux Habitations des lieux, pour donner moyen aux Habitans de nourrir les bestiaux & fertiliser leurs terres par les engrains, & plusieurs autres usages en ayant été aliénés, ces Habitans étant privés des moyens de faire subsister leurs familles, ont été forcés d'abandonner leurs maisons ; & par cet abandonnement, les bestiaux ont péri, les terres sont demeurées incultes, les Manufactures & le Commerce en ont souffert, le Public en a reçu des préjudices très-considérables : & comme l'amour paternel que Nous avons pour tous nos Sujets, nous fait porter nos soins par tout ; que la considération que nous faisons des uns, n'empêche pas que Nous ne fassions réflexion sur les autres ; que Nous n'avons rien davantage à cœur que de garantir les plus foibles de l'oppression des plus puissans, & de faire trouver aux nécessiteux du soulagement dans leurs miséres : Nous avons estimé que Nous ne pouvions employer de moyen plus convenable à cet effet, que celui de faire rentrer les Communautés dans leurs Usages & Communes aliénés, & leur donner moyen d'acquitter leurs dettes légitimes ; & d'autant qu'il seroit impossible de rétablir la culture des terres, & de les améliorer par les engrains, en laissant les Bestiaux sujets aux saisies de tous les Créanciers particuliers sans distinction, qu'en les exemptant pour un tems des exécutions, les Débiteurs deviendront plus accommodés, les terres produiront davantage, & chacun en recevra de notables commodités : A CES CAUSES, & autres considérations, à ce Nous mouvans, de l'avis de notre Conseil, & de notre grace spéciale, pleine puissance & autorité Royale, Nous avons dit, & ordonné, & par ces Présentes signées de notre main, disons & ordonnons, voulons & Nous plaît,

Ordonnance qui ordonne que les Habitans pourront rentrer dans toutes leurs Communes aliénées.

I. Que dans un mois, à compter du jour de la publication des Présentes, les Habitans des Paroisses & Communautés, dans toute l'étendue de notre Royaume, rentrent sans aucune formalité de Justice, dans les Fonds, Prés, Pâturages, Bois, Terres, Usages, Communes, Communaux, droits & autres biens communs par eux vendus ou baillés à baux, à cens emphitéotique, depuis 1620. pour quelques causes & occasions que ce puisse être, même à titre d'échange, en rendant toutefois en cas d'échange, les héritages échangés.

Le prix des aliénations sera liquidé par les Intendans.

II. Et à l'égard des autres aliénations, en payant & remboursant aux Acquéreurs dans dix ans, en dix payemens égaux, d'année en année, le prix principal desdites aliénations faites pour causes légitimes, & qui aura tourné au bien & utilité desdites Communautés, suivant la liquidation qui en sera faite par les Commissaires, qui seront à ce par Nous députés ; cependant l'intérêt à raison du denier vingt-quatre, qui diminuera à proportion des payemens qui seroient faits.

Créanciers ne peuvent saisir les Communes.

III. Sans que les Créanciers des Communautés, même ceux qui se trouveront Créanciers pour raison du remboursement du prix pour lequel les Communes auront été aliénées, puissent faire saisir lesdites Communes, ni en faire Bail judiciaire, ni s'en faire adjuger les fruits ou la jouissance, à quelque titre, ou sous quelque prétexte que ce soit, en Justice ou par convention faite par les Habitans, à peine de perte de leur dû, & de dix mille livres d'amende.

Les sommes dûes seront imposées sur les Habitans.

IV. Voulons qu'à cet effet les sommes nécessaires pour lesdits remboursemens, soient imposées & levées sur tous un chacun les Habitans desdites Communautés & Paroisses, & le tout nonobstant tous Contrats, Transactions, Arrêts, Jugemens, Lettres-Patentes vérifiées, & autres choses à ce contraires.

Tous Habitans exempts & privilégiés, assujettis à en payer leur part & portion.

V. Auquel remboursement voulons que tous les Habitans des Paroisses contribuent, même les Exempts & Privilégies, lesquels à cet effet seront taxés d'Office par les Commissaires par Nous departis dans les Provinces, à proportion des biens qu'ils se trouveront posséder dans lesdites Paroisses.

VI. Défendons à toutes personnes de quelque qualité & condition qu'elles soient, & à leurs Fermiers, d'envoyer leurs bestiaux paccager dans lesdites Communes, ni de prendre aucune part dans lesdits Usages, qu'ils n'aient payé les sommes auxquelles ils seront compris par lesdits remboursemens, à peine de confiscation des bestiaux & de 2000. livres d'amende.

Seigneurs seront tenus d'abandonner à ces Habitans le tiers des Communes qu'ils se sont fait adjuger.

VII. Et seront tenus tous les Seigneurs prétendans droit de Tiers dans les Usages, Communes & Communaux des Communautés, ou qui auront fait faire le triage à leur profit, depuis l'année 1630. d'en abandonner

& de laisser la libre & entiere possession au profit desdites Communautés, nonobstant tous Contrats, Transactions, Arrêts, Jugemens & autres choses à ce contraires.

Seigneurs tenus de représenter leurs titres devant les Intendans des Provinces.

VIII. Et aux regards des Seigneurs qui se trouveront en possession desdits Usages auparavant lesdites trente années, sous prétexte dudit tiers, ils seront tenus de représenter le titre de leur possession, pardevant les Commissaires à ce députés, pour en connoissance de cause, y être pourvû.

En cas que le tiers leur soit adjugé, ne pourront en aucune maniere envoyer des Bestiaux dans la portion des Habitans.

IX. Et en cas que lesdits Seigneurs soient & demeurent maintenus dans lesdits tiers, ne pourront eux, ni leurs Fermiers user comme les autres Habitans, des Pâturages, Bois, Communes & autres Usages, à peine de réunion de la portion qui leur aura été assignée pour leur triage.

Défenses à toutes personnes de troubler les Communautés dans leur possession.

X. Et au moyen de ce que dessus, faisons très-expresses inhibitions & défenses à toutes personnes de quelque qualité & condition qu'elles soient de troubler ni inquiéter les Habitans desdites Communautés, dans la pleine & entiere possession de leurs biens communs.

Défenses auxdits Habitans d'aliéner à l'avenir leurs Communes, sous de grandes peines & nullités des contrats.

XI. Et auxdits Habitans de plus aliéner leurs Usages & Communes, sous quelque cause & prétexte que ce puisse être, nonobstant toutes permissions qu'ils pourroient obtenir à cet effet, à peine contre les Consuls, Echevins, Procureurs, Syndics, & autres personnes chargées des affaires desdites Communautés qui auront passé les Contrats, ou assisté aux Délibérations qui auront été tenues à cet effet, de trois mille liv. d'amende, au payement de laquelle ils seront solidairement contraints au profit des Hôpitaux généraux des lieux, de nullité des Contrats, & de perte du prix contre les acquéreurs, qui sera délivré pareillement auxdits Hôpitaux.

Confirmation des Communes desdits Habitans par Sa Majesté.

XII. Et pour traiter d'autant plus favorablement les Communautés, Nous les avons confirmé & confirmons par ces Présentes, dans la possession & jouissance des Usages & Communes.

Défenses aux Officiers de la Maîtrise de les inquiéter.

XIII. En conséquence, défendons à nos Officiers, & à tous autres, de demander, poursuivre, ni faire faire aucun triage à notre profit, pour raison de ce, sans préjudice des aliénations qui pourroient avoir été faites audit tiers à Nous appartenant, en exécution de l'Edit de l'année 1719. qui en ordonne l'aliénation, ni du droit du tiers & danger à nous appartenant dans les Bois & Forêts.

XIV. Et désirant pourvoir à la conservation des Bestiaux, Nous avons fait, comme nous faisons, très-expresses inhibitions & défenses à tous Huissiers & Sergens, de procéder pendant le tems de quatre années par voie de saisies, ni vendre aucuns Bestiaux, soit pour dettes des Communautés ou Particuliers, à peine d'interdiction de leurs Charges, de trois mille livres d'amende, applicable, moitié a Nous, & l'autre moitié à la Partie, & de tous dépens, dommages & intérêts.

XV. Sans préjudice néanmoins du privilége des Créanciers, qui auront donné les Bestiaux achetés, qui les auront vendus, ou qui auront payé le prix, même des Propriétaires des Fermes & Terres, pour les loyers & fermages sur les Bestiaux qui seront sur leurs terres, appartenans à leurs Fermiers, auxquels il sera loisible de faire procéder par voie de saisie sur les Bestiaux, nonobstant lesdites défenses.

Si donnons en mandement, &c.

La

La liaison qui se trouve entre les articles 1. 7. 12. & 13. de cet Edit, que l'on peut dire être de Police publique, offre à l'esprit, un nombre de réflexions, dont une des principales, est que le Roi confirmant les Communautés dans la jouissance de leurs Usages & Communes, & prohibant tout triage en *sa faveur*, semble *étendre* la disposition de la Loi, contre tous les Seigneurs Particuliers.

Ces Seigneurs, opposeront-ils les art 4. & 5. du tit. 25. de l'Ordonnance? Ce seroit sans aucun fruit, & nous allons faire voir que leurs dispositions ne sont ni contraires ni répugnantes à celle de l'Edit de 1667. pour cet effet il n'y a qu'à peser sans prévention les termes de l'article 5. qui expliquent ceux de l'article 4. Cet article vous dit que la concession des Communaux ne peut être réputée gratuite de la part des Seigneurs, si les Habitans justifient du contraire, par l'acquisition qu'ils en ont faite, & s'ils ne sont tenus d'aucunes charges; mais que s'ils en faisoient ou payoient quelques *reconnoissances* en *argent*, *corvées* ou *autrement*, la concession passera *pour onéreuse*, quoique les Habitans n'en montrent pas le titre, & *empêchera toute distraction* au profit des Seigneurs.

Il résulte donc de cette Ordonnance, que si les Habitans ne sont tenus envers le Seigneur d'aucunes charges sur leurs Communaux, qu'ils sont réputés être de la concession gratuite des Seigneurs, auquel cas le Seigneur aura droit de demander le tiers, & d'en faire faire le triage.

Mais, s'il se trouve que ces Habitans payent quelques *reconnoissances* en *argent*, *corvées* ou *autrement*, en ce cas la concession de ces Communaux passera pour onéreuse, dès-lors exempte de triage.

Nous avons fait voir qu'en supposant la concession des Communaux faite par les Seigneurs à leurs Habitans, il falloit supposer d'après tous les Auteurs, que cette concession tire son origine de l'établissement même des Communautés, comme il est l'époque de la naissance des droits généraux Seigneuriaux sur ces mêmes Habitans, dont les concessions ont été le prix de ces servitudes générales personnelles, telles que la main-morte, la taille réelle & personnelle, le guet & garde, les corvées & manœuvres, les quatre cas, les droits de blairie, de fouage, &c.

Or l'Ordonnance a prévû ces cas, en disant que si ces Habitans payent à leur Seigneur quelques *reconnoissances* en *argent*, *corvées* ou *autrement*, la concession passera pour *onéreuse*.

Il faut donc pour que le Seigneur puisse prétendre le tiers des Communaux sur ses Habitans, qu'ils ne soient point tenus d'aucuns droits généraux-Seigneuriaux personnels envers lui, tels que les *corvées* ou *autrement*, ou qu'il soit en état de justifier bien & dûement, que les droits Seigneuriaux *personnels* qu'il a droit d'exiger sur eux ont des causes toutes différentes, & toutes autres que celles de la concession des Bois & Communaux en question.

Voilà donc ce que les Habitans ont en leur faveur, contre les prétentions de leur Seigneur, en supposant que l'Edit du mois d'Avril 1667. ne doive pas être suivi à la lettre, quoique cependant l'Ordonnance de 1669. n'y ait point dérogé non plus qu'à la confirmation des Bois & Communaux des Habitans & Communautés que ce Prince fait à ses sujets par l'article 12. de cet Edit; ce qui est d'autant plus favorable pour des Communautés, que cet Edit veut même que les Seigneurs qui auront fait faire à leur profit le triage depuis l'année 1630. soient tenus de remettre ce triage à ces mêmes Habitans ; clause & loi qu'il est impossible de concilier autrement, que par l'explication de l'article 5. telle que nous venons de la faire ; c'est même la remarque qu'en a fait *Gallon* sur l'article 19. où il rapporte cet Edit.

Mais outre l'obligation où se trouve le Seigneur d'établir & de prouver que les droits généraux-Seigneuriaux & personnels qu'il perçoit & a lieu d'exiger de ces Habitans ont des causes différentes que celle de la concession des Communaux, il doit encore faire attention avant que de former sa demande en action du triage, qu'il est de nécessité que les deux autres tiers restant de ces Communaux puissent suffire à cette Communauté conformément à ce qui est porté par l'article 4. *& que les deux autres* (tiers) *suffisent pour l'usage de la Paroisse, sinon le partage n'aura lieu.*

Or pour réaliser l'envie qu'aura un Seigneur d'avoir le tiers dans les Communautés de ces Habitans, il doit donc justifier au Grand-Maître, du nombre de Chefs de familles dont est composée la Communauté des Habitans de sa Paroisse, de la quantité des bestiaux de toutes espéces qu'a coûtume d'avoir cette Communauté ; & enfin que les Bois & les Communaux qu'il établira être de concession gratuite des Seigneurs du lieu de ces prédécesseurs, consistent en tant d'arpens de bois futaie, tant en taillis, tant en pré, places, &c. confinés par les quatre Régions, le tout bien arpenté, & représenté bien figuré dans une ou plusieurs cartes, certifié par un Arpenteur, & joint à sa Requête, qui contiendra le détail ci-dessus, & les motifs de sa demande, qui feroit que ces Habitans ont plus que le nécessaire pour leurs chauffages, réparations & nécesfités ordinaires, ainſi que pour le paccage & le pâturage de leurs beſtiaux, & conclura à ce que les Habitans & Communauté ſoient aſſignés pardevant lui, pour voir dire qu'il ſera ordonné que triage ſera fait deſdits Bois & Communaux à la forme de l'Ordonnance, &c.

L'Ordonnance permettra d'aſſigner, & l'on donnera copie aux Habitans de la Requête, plans & cartes pour les contredire.

Pour riſquer une pareille demande (en ſuppoſant toujours que le Seigneur ſoit en état de juſtifier que la conceſſion des Communaux ſoit de la conceſſion gratuite de ſes prédéceſſeurs) il faut, comme nous l'avons dit, partir de la poſſibilité des Forêts, c'eſt-à-dire, établir clairement, que les deux tiers reſtans ſont plus que ſuffiſans à cette Communauté pour ſes beſoins annuels & ordinaires, parce que ſi ces Habitans prouvent que ce qui reſtera, le quart prélevé pour la réſerve, ne peut ſuffire à leurs beſoins, & aux néceſſités de la Communauté, le Seigneur ſera débouté, ſuivant l'Ordonnance & tous les Auteurs; on ſe contentera de citer *Grivel*, déciſion du Parlement de Dôle, *Quòd ſi fundus ſit ita mediocris ut utrique non ſufficiat, eo ſanè caſu uſuarii quàm Proprietarii cauſa potior eſſe videtur.* Par la même raiſon que l'Uſufruitier eſt préférable au Propriétaire, l'Uſager à plus forte raiſon doit l'être; cet exemple eſt tiré du même Auteur : *Exempli gratia uſusfructus abſorbet omnem proprietariæ ſuæ rei commoditatem & uſum, & tamen nulla prodita eſt actio quà uſufructuarius cogi poſſit ad reſtringendum & limitandum uſufructum ad aliquam fundi ſerviendis partem, quod minus etiam & in uſu ipſo quàm in uſufructu admittendum videtur, cùm uſus longè potior habeatur cauſa quàm ipſius uſusfructus.*

Outre l'examen de la queſtion de la poſſibilité des

Forêts communes, & si les Habitans auront suffisamment des deux tiers restans pour remplir leurs besoins, il y a encore nombre d'observations à faire pour constater & établir la concession des Communaux en faveur du Seigneur Haut-Justicier.

Nous voyons dans une infinité de lieux que le Seigneur Haut-Justicier d'une Paroisse n'a droit d'en prendre que parce qu'il est seul Seigneur du lieu où est bâtie l'Eglise, qu'il s'en faut beaucoup qu'il le soit de toute la Paroisse où il y a souvent deux à trois Seigneurs Hauts-Justiciers, & dans cette position sa qualité ne sera pas suffisante pour faire croire & présumer la concession être de ces Auteurs, il en faut des preuves plus certaines.

Il peut encore arriver que ce Seigneur n'ait que la Haute-Justice seulement, sans directe, n'étant pas toûjours jointe ensemble, suivant la maxime, *Fief & Justice n'ont rien de commun entr'eux*, la Justice pouvant être à l'un, & le Fief à un autre, ce qu'il est nécessaire de distinguer.

Mais à supposer que le Seigneur Haut-Justicier ait aussi le Fief, faudra à sçavoir s'il est Seigneur universel du territoire, si les Bois & les Communaux dont sera question sont entourés de bois & d'héritages qui lui appartiennent en propriété, & sont de son ancien Domaine, ou bien si ces héritages sont simplement portés de lui à titre de Fief ou de Censive; dans tous ces cas si le Seigneur n'a aucun titre de concession ou équipolens qui puisse la suppléer, il faudra présumer que ces Communaux proviennent dans leur origine du Domaine de la Seigneurie; parce que le milieu d'un territoire circonscrit est censé de la même nature & qualité que ce qui l'entoure, c'est ce que nous avons prouvé dans notre premier volume page 314. seconde édition, que nous ne répéterons point.

Si cependant ces preuves n'étoient pas complettes, il y auroit bien des considérations à faire pour ces Habitans, qui pourroient avoir acquis ces Communaux, à prix d'argent, & de tout autre que du Haut-Justicier; on peut voir sur ces différences ce que nous avons dit dans *le second Volume*, sur la question de sçavoir, *si le Seigneur Haut-Justicier a droit sur les Places communes*, p. 428. l'on y trouvera tout ce que nous avons cru pouvoir dire sur cet objet, & l'on se convaincra que la seule qualité de Seigneur *Haut-Justicier* ne donne pas le droit de demander à des Habitans le triage dans leurs Communaux.

Cette demande est sujette aux Régles établies par l'Ordonnance de 1667. (*a*) à laquelle elle n'a point dérogé, non plus qu'à l'Edit d'Avril de la même année; ainsi un Seigneur Haut-Justicier doit s'y conformer; il doit réfléchir qu'il n'est pas de sa qualité comme de celle d'un Curé qui demande la dixme dans sa Paroisse, qui n'a besoin d'autre titre que de son clocher, parce que toute la dixme de sa Paroisse est présumée lui appartenir dans toute son étendue.

(*a*) Art. 6. du tit. 2.

L'Article 19. du même titre de l'Ordonnance de 1669. ordonne que tous partages entre les Seigneurs & les Communautés seront faits *en connoissance de cause*, sur les titres représentés; or ce ne peut être que sur ceux que le Seigneur qui provoque le triage est tenu d'exhiber lui-même, & ces titres doivent prouver que les Bois en question sont de la concession des Seigneurs qu'il représente, qu'ils sont francs de toutes charges; il faut donc des actes au Seigneur, il n'est pas fondé en droit commun, ses Habitans n'ont rien à prouver contre lui ; cependant on pense le contraire, & on rend les Habitans Demandeurs en exception, pour les forcer à montrer des titres qu'ils n'ont plus.

Cette demande en triage peut d'ailleurs être faite dans un pays de *franc-aleu*, ce qui sera un grand avantage pour des Habitans, dont les Communaux peuvent être de même condition, & dont la présomption libre & affranchie de toutes servitudes est en leur faveur ; ainsi le Seigneur sans titre de concession, & les Habitans sans titre de charges réelles sur leurs Communaux ; la question ne peut balancer en faveur des Communautés.

Or nous connoissons deux sortes de présomptions, l'une qui s'appelle *Juris & de Jure*, & l'autre *Juris tantum* ; Domat en ses Loix Civiles (*a*) s'explique ainsi : » Quand il s'agit de l'égard que l'on doit avoir „ aux présomptions, il faut distinguer deux sortes de „ faits ; quelques-uns sont tels qu'ils sont toujours ré- „ putés pour vrais, jusqu'à ce que le contraire ait été „ prouvé ; & il y en a d'autres qui sont toujours ré- „ putés contraires à la vérité, si on ne le prouve ; „ ainsi tout ce qui arrive naturellement & communé- „ ment est tenu pour vrai ; comme au contraire ce qui „ n'est ni ordinaire, ni naturel ne passera pas pour vrai „ s'il n'est prouvé. « Or dans l'hypothèse rien de plus naturel que les Communaux dont jouissent les Habitans d'une Paroisse, qui peuvent leur avoir été donnés par tout autre Seigneur que le Haut-Justicier en pur & franc-aleu, ou qu'ils peuvent avoir acquis en franchise, surtout dans des Coûtumes où le *franc-aleu* a lieu ; & rien de moins naturel, qu'un Seigneur ait donné sans cause, à ses Habitans, une partie de son Do-

(*a*) L. 3. tit. 6. sect. 4. tom. 7.

maine gratuitement, & ſans aucunes charges, cens, ni réſerve de directe Seigneurie; l'on peut donc aſſurer que hors qu'il ne ſoit prouvé démonſtrativement que les Communaux proviennent du Seigneur Haut-Juſticier, ſans qu'il ſoit poſſible d'établir qu'ils ſoient chargés d'aucunes *charges réelles* & foncieres; il faut en ce cas tenir pour certain que le Seigneur en les concédant a chargé ſes Habitans *de charges perſonnelles*, telles que les *blairies, fouages, corvées & manœuvres, droits des quatre cas* & *autres droits généraux*, dont le Seigneur ne pourra établir les cauſes particulieres & étrangeres à la conceſſion des Communaux, qui feront le prix des conceſſions des Communaux, & c'eſt où il faut ſe renfermer, ce qui établira bien ſolidement que ces conceſſions ne ſont pas gratuites, & qu'au contraire elles ont une origine onéreuſe.

Ces principes doivent être ſuivis avec d'autant plus de raiſon, que la conceſſion de ces Communaux a été faite *dans ſon origine*, tant pour les Habitans qui ſe trouverent pour-lors, que pour ceux qui s'y ſont établis depuis, & peuvent y ſurvenir: *Omne univerſale recipit augmentum & diminutionem, ſed familia eſt quid univerſale quia eſt collectivum, ſine aliquo ſigno particulari vel generali*, dit *Cæpola de ſervit. urb. præd. cap.* 50. *n.* 5. & que l'établiſſement des droits de corvées, blairies, foüages, & autres droits perſonnels-généraux ont paſſé des Habitans qui exiſtoient à ceux qui compoſeront à l'avenir le corps de la Communauté.

Ainſi ſur la demande en triage qui ſera faite par un Seigneur à une Communauté, comme nous venons de le dire, ſi ce Seigneur ne prouve pas par titres réels & effectifs que la conceſſion des Communaux provient de la liberalité de ſes Auteurs Seigneurs dudit lieu, *gra-*

tuitement

tuitement & sans charges, les Habitans pour leurs défenses seront en droit de présenter une autre Requête au Grand-Maître ; en ces termes.

Modele de Requête contenant les défenses des Habitans d'une Communauté d'Habitans, sur une demande en triage.

A MONSIEUR LE GRAND-MAÎTRE.

SUpplie humblement les Maire, Syndic, Echevins, Manans & Habitans de la Paroisse de

Disans que Messire Seigneur de ladite Paroisse les a fait assigner pardevant vous, M. en conséquence de votre Ordonnance du par Exploit de aux fins de se voir condamner à lui relâcher en toute propriété le tiers de leurs Bois & Communaux, par lui prétendus avoir été concédés par ces Auteurs, Seigneurs dudit lieu, aux Habitans & Communauté de ladite Paroisse gratuitement & sans charges, & à cet effet que triage & arpentage seroit fait suivant & conformément à l'article 4. du titre 25. de l'Ordonnance de 1669.

Mais les Supplians ont l'honneur de vous observer, Monsieur, que par l'article cinq du même titre, il est porté » que la concession ne pourra » être réputée gratuite de la part des Seigneurs, si les Habitans justifient » du contraire par l'acquisition qu'ils en ont faite, & s'ils ne sont tenus » d'aucunes charges, *mais s'ils en faisoient ou payoient quelques reconnois- » sances, en argent, corvées ou autrement*, la concession passera pour oné- » reuse, quoique les Habitans n'en montrent pas le titre, & empêchera tou- » te distraction au profit des Seigneurs «.

Et comme les Supplians payent audit Seigneur non-seulement des corvées & manœuvres, mais encore des droits de Fouages, Blairies, la Taille ès quatre cas, Bannalité de four, de Moulin, de Banvin, Taille Seigneuriale & autres droits Généraux audit Seigneur, les Supplians soûtiennent que ces droits sont le prix des concessions de leurs Bois & Communaux, pourquoi ledit Seigneur n'a aucun droit de triage à prétendre, à moins qu'il ne justifie spécifiquement des causes particulieres pour lesquelles ils lui payent ces droits, & qu'il ne prouve qu'ils ont toutes autres causes que la concession de leurs Bois & Communaux, faute de quoi lesdits Supplians sont fondés à leur renvoi de la demande, pourquoi ils courent.

CE CONSIDERÉ, Monsieur, il vous plaise donner Acte aux Supplians de ce qu'ils emploient le contenu en la présente, pour défenses & contredits à la demande dudit Seigneur, ordonner quelle sera signifiée à Procureur, Et ferez bien.

Nombre de Seigneurs abusant de leur qualité de Seigneur de la Paroisse, & de l'ignorance de leurs Habitans, forment cette demande en Triage, en supposant qu'ils sont de concession gratuite, & par leur autorité se font céder le tiers de ces Communaux, par Transaction qu'ils regardent d'autant plus solides, qu'il paroît qu'elle est passée sur procès, ce qui est une manœuvre des plus contraires aux Ordonnances, & qu'un Arrêt du Parlement du 13. Juin 1750. vient de proscrire, avec dommages & intérêts.

Voici *le Fait*. La Communauté des Habitans de Châtel-les-Cornay, avoit obtenu du Roi la permission de vendre un canton de leurs Bois pour réparer leur Eglise, le sieur Antoine d'Epinay forma opposition à la délivrance du prix, ès mains de l'Adjudicataire & donna sa Requête au grand Maître des Eaux & Forêts de Champagne, par laquelle il exposa que ces Bois étoient possédés à titre gratuit & qu'il devoit avoir son triage; après cette démarche il mit toute son autorité en usage, & fit signifier une Transaction à cette Communauté d'Habitans le 2. Mai 1732. par laquelle il accordoit, *que les Seigneurs de Châtel jouiroient à l'avenir du tiers de tous les Bois de chauffage, du tiers de toutes les ventes, soit de Taillis ou Futaie, qui se partageront annuellement pour les chauffages en trois lots égaux, & pour les Taillis ou Futaie à chaque coupe; au moyen de quoi* il est dit, que *ledit Seigneur renonce à toutes autres distractions & droits de tiers séparé.*

Cette Transaction a été éxécutée jusqu'au 25. Mai 1746. que ces Habitans prirent des Lettres de Rescision contre ce Traité, fondées sur ce qu'ayant été déçus par leur Seigneur, ils avoient recouvré des Titres qui prouvoient que les Bois Communaux en question n'étoient point possédés par eux *à titre gratuit*, mais *à titre onéreux*, si vrai qu'ils payoient au même Seigneur *des cens* sur ces Bois; que ces redevances avoient été portées dans l'aveu & dénombrement que ledit Seigneur avoit donné au Roi, ensorte que le Parlement par son Arrêt, au rapport de *M. le Fort*, entérina les Lettres de Rescision des Habitans, *leur donna Acte des offres par eux faites de continuer le cens en question audit Seigneur, qu'il condamna à la restitution des Bois pris dans ceux des Communaux depuis la Transaction de 1732. à raison de 1000. liv. par an, si mieux n'aimoit qu'ils fussent estimés par Experts, le tout avec dépens.*

QUEST. I. *Si sur les objections des Habitans à la demande en triage le Seigneur ne produit que des copies de titres collationnées, suffiront-elles pour assurer son droit?*

Tous Titres portant établissement de droits Seigneuriaux, en faveur d'un Seigneur, doivent être en sa possession, & les originaux sont toujours censés être dans ses Archives; ensorte que lorsqu'il est question d'établir ces droits & leur origine, une copie collationnée, quelqu'ancienne qu'elle puisse être, ne peut faire foi, à moins que la collation n'en soit authentique, faite en présence des Parties intéressées à la contredire, sans quoi elle doit être rejettée.

La collation d'un Acte n'est autre chose, qu'une attestation de l'Officier qui l'a fait, que la copie qu'il en tire, & qu'il collationne est rélative & conforme à l'original qui lui a été représenté; ce n'est qu'à cette conformité que se borne le témoignage de cet Officier.

Or on ne peut prétendre équitablement, & étendre ce témoignage jusqu'à assûrer la vérité de la piéce qu'on lui a présentée pour l'original, soit qu'elle soit vraie, soit qu'elle soit fausse; il certifie la conformité de la piéce qu'il signe avec celle qu'il a copiée; voilà l'engagement de son certificat; mais il ne certifie point la vérité & la sincérité du titre sur lequel il a fait sa copie, il n'y a que la présence des Parties intéressées à le contredire, leur approbation & signature à une pareille collation, qui la puisse rendre authentique comme l'original même.

C'est par ces raisons qu'une copie collationnée faite sans présence des Parties, ou icelles dûement appellées, est réputée faite sans cause, & par un Officier qui n'est garant de rien, ce qui fait que cette copie ne peut produire par elle-même aucune sorte de preuve; elle ne peut fonder ni obligation, ni exécution, ni contrainte contre qui que ce soit, parce qu'elle ne peut faire foi en Justice.

Dumoulin nombre 63. sur le §. 5. de la nouvelle Coûtume de Paris, 1. Gloss. *in verbo. Dénombrement*, dit au sujet de la reconnoissance des Ecritures, que quand quatre Notaires auroient collationné une copie sur l'original, quoiqu'ils certifient que c'est le véritable original pour l'avoir bien vû & examiné, toutefois leur copie collationnée, ne fait pas une pleine foi, sans la représentation de cet original ; *car*, dit-il, *des Témoins tels que sont les Notaires en cette occasion, ne peuvent déposer que de ce qu'ils voient, & comme ils n'ont point vû faire l'original, ils ne peuvent avoir aussi une certitude qui vienne de leur propre sens.*

L'authentique *si quis in aliquo*.cod. *de edendo*. veut que la collation d'un Acte, ne puisse remplacer l'Acte, *nisi documentum cujus memoria in secundo facta est proferatur ... hoc enim & in veteribus legibus invenitur.* Les raisons qu'en rend la glose sont décisives, *quia non creditur. Tabellioni de facto quo non est rogatus, iste qui exemplificat non est rogatus de facto principali, sed solum de ipsa exemplatione, ideo meritò non probat factum principale.... si deficit exemplum deficit & exemplatum... posset fraus & deceptio intervenire, nam posset esse quòd originale esset falsum, & si crederetur exemplo non posset ex comparatione litterarum vel ex signo, quod non videretur, diei de falsitate ei daretur, materia falsum fabricandi.*

Les anciennes Coûtumes du Duché de Bourgogne, rapportées par M. le P. Bouhier en ses Observations (a) titre 26. art. 281. en ont fait une loi en ces termes : » Se „ aucun est assigné à montrer titre, & il ne rapporte „ pas l'original, fors que le transcrit, *il n'est pas cru*, „ ne *ne fait pas foi ledit transcrit*, car transcrit, *ne vidimus* de lettres, *ne sont pas crus* en Jugement *sans* „ *l'original.*

(a) Tom. 1. p. 138.

Le Parlement de cette Province en a fait un Réglement particulier le 18. Août 1689. *Consultis Classibus*, par lequel il ordonne que les Parties & leurs Procureurs seront tenus de produire les originaux qui *seront*, *devront*, *ou pourront* être en leur pouvoir, des titres & piéces dont ils voudront se servir au Procès, ſinon qu'il ait été *permis* par la Cour d'en produire des *copies* collationnées *en préſence des Parties*; ordonne que les copies qui en ſeront autrement faites ſeront rejettées du Procès, & défenſes au Commis de la Chambre des Sacs de les recevoir.

C'eſt en conſéquence de ces Régles que la Juriſprudence s'eſt établie, que lorſque les titres ſont cenſés être au pouvoir de la Partie, elle doit produire les originaux, & dans ce cas-là, on rejette tout extrait, ainſi qu'il eſt arrivé au Procès d'entre la Dame *Abbeſſe de Baume-les-Nonnes*, & la Dame *Bernard Maillard*, dans lequel par Arrêt du même Parlement de Bourgogne du 5. Mars 1746. la Cour rejetta quatorze Copies collationnées hors la préſence de la Partie intéreſſée, & déclara les cens demandés par l'Abbeſſe, preſcrits, quoique les collations des reconnoiſſances fuſſent faites des 15. Mars 1604. 6. Janvier 1618. & 2. Juin 1625. le ſeul motif fut que l'Abbeſſe étoit préſumée avoir les originaux, *Me. Bannelier* écrivoit pour la Dame *Bernard Maillard*.

QUEST. II. *Comment ſe fait un Triage?*

En ſuppoſant qu'il ſoit décidé qu'il appartient au Seigneur Haut-Juſticier le droit de prendre le tiers dans les Bois Communaux de ſes Habitans, il convient d'examiner comment ſe fera ce Triage, & devant qui?

L'Article 19. du même titre de l'Ordonnance le décide; il eſt en ces termes: » Tous partages entre les „ Seigneurs & les Communautés ſeront faits par *les* „ *Grands-Maîtres* en connoiſſance de cauſe, *ſur les titres* „ *repréſentés*, par avis & rapports d'Experts, & ſe payeront les frais par les Seigneurs & les Habitans, à

„ proportion du droit qu'ils auront en la chose par-„ tagée.

Cette Loi établit donc que ce Triage se doit faire pardevant le Grand-Maître, & non devant aucun autre ; elle requiert qu'il ne soit fait qu'en *connoissance de cause*, sur les *titres représentés* ; il est donc nécessaire que le Seigneur représente ses titres au Grand-Maître, qui prouveront que la concession des Bois en question provient de la libéralité gratuite des Seigneurs qu'il représente, & que les corvées, foüages, avantages, blairies & autres droits généraux personnels qu'il leve sur cette Communauté, ont toutes autres causes que la concession des Communaux ; voilà l'obligation du Seigneur, qui provoque le Triage, & de nommer un Expert de sa part.

En second lieu, il est nécessaire que la Communauté des Habitans en nomme un de la sienne, lesquels prêteront le serment en tels cas requis devant le Grand-Maître ; après quoi sur l'instruction qui leur sera donnée par le Grand-Maître de ce qu'ils doivent déterminer, ils se transporteront dans les Bois communs, qu'ils visiteront & examineront avec toute l'attention requise pour un partage de biens, donneront leur avis, & en feront rapport devant ce Magistrat qui en dressera Procès-verbal, & leur en donnera acte, & taxera modérément ces Experts, selon leur tems & leur travail.

Ensuite il se transportera sur les lieux avec le Procureur du Roi, le Garde-Marteau, le Greffier, l'Arpenteur, & ses Gardes, le Procureur d'Office du Seigneur & les Gardes de la Seigneurie, & le Maire, les Syndics, deux notables Habitans & le Garde s'ils en ont un, où étant arrivés le Triage sera fait par l'Arpenteur, qui fera ſes meſurages, comme il ſera ordonné par le Grand-Maître, dont la portion des Habitans ſera celle qui leur conviendra le mieux comme étant la plus à leur portée & commodité, par préférence au Seigneur, ainſi que nombre d'Arrêts l'ont jugé, leſquelles parts & portions ſeront limitées par bornes qui ſeront plantées, foſſés faits entre deux, & autres marques, dont ſera formé des Plans figurés, où ſeront mentionnés les pieds corniers, arbres de liſiere, bornes, foſſés & autres marques de diviſion, dont ſera dreſſé Procès-verbal par le Grand-Maître, les Plans & Cartes remis en originaux, & dépoſés au Greffe de la Maîtriſe, & copies délivrées, tant au Seigneur qu'aux Habitans, ſignées de l'Arpenteur, joints au Procès-verbal.

Le Grand-Maître taxe les frais du Triage, qui ſeront payés par le Seigneur & les Habitans proportionnellement à ce qu'ils auront chacun en la choſe partagée, ainſi qu'il eſt porté audit article. Il ſeroit bien convenable qu'un tel partage ſe fît aux ſeuls frais du Seigneur, qui acquiert un bien où il n'avoit rien, & ne pas obliger ceux qui le lui abandonnent à contribuer à ces frais.

S'il ſurvient quelques difficultés ſur ces Bois, & le partage, l'article 20. du même titre veut qu'elles ſoient portées devant le Grand-Maître & les Officiers de la Maîtriſe; cet article eſt en ces termes » : Les „ Grands-Maîtres & Officiers de la Maîtriſe inſtruiront „ & jugeront ſommairement les différends qui pour- „ roient ſurvenir en exécution du partage des Bois, „ Prés, Pâtis & Eaux communes entre les Seigneurs, „ Officiers, Syndics, Députés ou Particuliers Habi- „ tans, *ſans que les Juges ordinaires des lieux en puiſſent con-* „ *noître.*

La raiſon de cette défenſe a deux cauſes, *la premiere*, c'eſt que les Juges ordinaires font preſque toujours leur réſidence ſur les lieux, par conſéquent font partie de la Communauté, & ſeroient par cet endroit-là Juges en leur propre cauſe; *la ſeconde*, c'eſt que s'il y avoit pour raiſon de ce difficulté avec le Seigneur, elle deviendroit à ce dernier action perſonnelle, dont ſon Juge n'a pas droit de connoître ſuivant l'Ordonnance de 1667. titre 24. article onze.

QUEST. III. *Un Seigneur d'accord avec la Communauté ne pourroit-il pas faire à l'amiable le Triage?*

Il faut toujours poſer pour principe, que les Bois, Places, & Pâturaux communs de toutes les Villes, Bourgs & Villages du Royaume ne ſont regardés que comme des biens infiniment précieux pour ces Communautés, ſoit pour leurs chauffages, réparations, bâtimens, bouchure & conſervation de leurs héritages, pâture, panage & engrais de leurs beſtiaux de toutes eſpéces; enſorte que ce ſont des avantages très-conſidérables, qui fructifient le commerce, fortifient leurs terres, & les met en état de payer aiſément leurs charges & impoſitions.

Or ſi l'on remonte à l'eſprit de l'Edit du mois d'Avril 1667. il ſera aiſé de ſe perſuader qu'il ſeroit d'une dangereuſe conſéquence de dônner la liberté aux Seigneurs & aux Habitans de partager ces ſortes de biens, par le riſque qu'il y auroit, que le Seigneur ne profitât trop de ſon autorité pour s'approprier beaucoup plus qu'il ne pouvoit lui revenir, comme il n'arrive que trop fréquemment; l'Arrêt du 13. Juin 1750. rapporté

porté ſur la premiere queſtion de ce chapitre *in fine*, en fournit un exemple.

Il faut au contraire qu'avant toutes choſes le Seigneur forme en Juſtice ſa demande en triage, que les Habitans ſoient oüis, que les Gens du Roi aient communication de la Procédure, & y donnent leurs conclusions ; enfin, qu'il y ait un Jugement qui ordonne l'arpentage & le plan des lieux, & que ſur ces piéces, s'il y a lieu, le triage ſoit ordonné, & fait en conſéquence par le Grand-Maître des Eaux & Forêts, ſans quoi le triage ou partage ne peut être valable.

C'eſt ce qui a été décidé par Arrêt du Conſeil d'Etat du 20. Août 1737. rendu entre M. de Follin, Seigneur de Vernot, & les Habitans de ce lieu ; le triage fait par l'Arpenteur ſeulement de la Maîtriſe, fut caſſé, pour n'avoir pas été fait conformément à l'Ordonnance de 1669. ſauf néanmoins audit Sieur de Vernot à ſe pourvoir, pour *obtenir* ſon triage dans leſdits Bois, *s'il y a lieu*, ainſi qu'il eſt preſcrit par l'Ordonnance.

Et pour avoir par ledit Bernard Gambu, Arpenteur de Dijon, procédé audit partage, ſans commiſſion & ſans droit, Sa Majeſté l'a condamné & condamne en cent livres d'amende.

Fait Sa Majeſté très-expreſſes inhibitions & défenſes audit Arpenteur des autres Maîtriſes, de faire de pareils partages, ſous quelque prétexte que ce ſoit, à peine de 1000. *livres d'amende.*

Enfin aucun partage ou triage de Bois entre le Seigneur & les Communautés d'Habitans, ne doit & ne peut être fait que par les Officiers de la Maîtriſe ; c'eſt le texte de l'article 22. de l'Ordonnance de 1669. »Régleront les Partages, *dit cet article* des Eaux & Fo-

„ rêts, Bois, Prés, & Pâtis communs, tant pour le tria-
„ ge prétendu par les Seigneurs, que pour l'usage &
„ la division entr'eux & les Habitans.

QUEST. IV. *Le Seigneur qui aura obtenu & fait faire le triage des Bois & Communaux de ses Habitans, à son profit, auroit-il encore le droit d'envoyer dans la portion des Habitans ses Bestiaux?*

Les Arrêts des Juges en dernier ressort des 29. Novembre 1549. 10. Décembre 1550. & Août 1582. porte qu'après que partage sera fait avec les Seigneurs la portion qui adviendra aux Habitans sera séparée par bornes, limites & fossés, ensorte que ces portions soient distinctes & sans mélange; or il ne seroit pas juste que le Seigneur profitât de partie de ces Communaux, (où il est très-possible de penser qu'il n'avoit même aucun droit) & qu'il eût encore la liberté d'y avoir usage pour le Paccage de ses Bestiaux dans ce qui seroit resté aux Habitans; cette Jurisprudence a été autorisée & confirmée par l'article 6. du même titre 25. de l'Ordonnance, en ces termes: » Les Seigneurs
„ qui auront leur triage ne pourront rien prétendre à
„ la part des Habitans, *& n'y auront aucun droit d'usage,*
„ *chauffage ou pâturage, pour eux, ni leurs Fermiers, Domes-*
„ *tiques, chevaux & bestiaux*; mais elle demeurera à la
„ Communauté franche & déchargée de toutes servi-
„ tudes.

Les Seigneurs ne peuvent donc prétendre autre chose sur la portion des Habitans que l'exercice *de la Justice, la chasse, les amendes, forfaitures & confiscations*; & la portion qui est échue aux Seigneurs demeure pareillement déchargée de tous droits d'usage & autres charges & servitudes envers les Habitans, c'eſt ce qui avoit encore été prononcé par Arrêt des *Juges en dernier reſſort* du 23. Septembre 1647. au profit de M. le Duc de Longueville, contre les Habitans de S. Nicolas de Fréteral, & du 29. Mars 1548. au profit des Religieux de Pontigny, contre les Habitans de Veniſſy. Voyez la Conférence ſur cet article.

QUEST. V. *Lorſque les Habitans ont partagé avec leur Seigneur, ne peuvent-ils pas ſe diviſer & ſe partager entr'eux leur portion ?*

Deux raiſons ſenſibles s'oppoſent à cette diviſion entre les Habitans; *la premiere*, eſt que ſi cela avoit lieu l'on détruiroit les Communaux, peut-être dans leur entier, en changeant la ſurface, parce que chacun des Habitans mettroit en terre labourable, vignes, ou autre nature d'héritages, ſa portion, ce qui ſeroit entierement contraire à la deſtination de ces Communaux, qui n'ont été concédés par les Rois, Princes & Seigneurs à leurs Sujets, que pour leur donner des aiſances, & faciliter la nourriture des beſtiaux, & pour aider les Habitans dans d'autres commodités.

La ſeconde, eſt, que lors de ces Partages, s'ils étoient tolérés, il n'y auroit que les Habitans extans qui profiteroient de ces biens, & que ceux qui viendroient s'établir enſuite dans cette même Communauté, n'auroient plus aucune part à ces Communes, ce qui loin d'augmenter, détruiroit au contraire le nombre des Citoyens, dans les Villes ou Villages.

A ces deux raiſons j'en ajoute *une troiſiéme*, qui eſt que par ce partage les Poſſeſſeurs de ces différentes portions partagées, s'en croiroient les Propriétaires incommutables, au moyen de quoi ils vendroient ces héritages, & en disposeroient comme de leur propre chose, ce qui est opposé à la nature de ces biens qui ne peuvent tomber dans le commerce.

Ensorte qu'il ne convient pas, & qu'il ne peut être loisible à une Communauté de partager ses Communes entre ses membres, ni d'en changer la surface, par conséquent la destination; c'est ce qui fut jugé par Arrêt du mois de Décembre 1608. rendu sur l'Appel de ladite Sentence du Juge d'Epernay, rapportée dans M. *le Bret* Liv. 2. Décision 6.

Ricard sur l'article 96. de la Coûtume de Senlis, *in fine*, dit; mais les Tenanciers (de Pâturages communs) ne peuvent pas entr'eux partager les deux autres tiers; c'est la consolation de celui qui n'a plus de bien, d'avoir sa part dans les Communes qu'on ne lui peut ôter.

QUEST. VI. *Si les Habitans croient être lézés dans les Triages qui leur auroient été faits pour leur tenir lieu de leur usage dans une Forêt, seroient-ils reçus à prendre des Lettres de Rescision sous le prétexte de lézion?*

Quelque favorable que soit la cause des Habitans, il seroit extraordinaire qu'ils fussent écoutés dans cette demande, il y a eu Arrêt du Parlement de Dijon du 5. Juin 1660. qui a débouté les Habitans de Pont-Aubert de Lettres de Rescision d'un pareil partage en faveur du Seigneur d'Islan.

Il faudroit cependant faire une différence si ce partage avoit été fait sans que le Seigneur eût justifié de l'établissement des corvées, manœuvres, blairies, fouages, tailles Seigneuriales, formariages & autres, & que ces droits qu'il leve sur le général de ces Habitans eussent toutes autres causes que celles de la concession de leurs Bois & Communaux, comme nous l'avons établi en la queſtion ci-devant.

L'Edit de 1667. & l'Ordonnance de 1669. feront toujours des barrieres à l'uſurpation, & les Communautés recevables à invoquer le ſecours de la Loi contre la fraude qui aura donné lieu à l'infraction.

QUEST. VII. *Quelle différence y a-t-il, entre le triage demandé par un Seigneur, dans les Bois Communaux, d'avec le triage des Bois accordé par le Seigneur à des Uſagers?*

La différence eſt conſidérable; les Bois dans leſquels les Habitans d'une Communauté ont uſage, appartiennent en toute propriété au Seigneur, & les Habitans n'ont que le privilége & la faculté d'en uſer pour leurs beſoins, conformément aux titres de leurs conceſſions, plus ou moins étendus, & dans leſquels il faut ſe renfermer.

Les Bois Communaux d'une Ville, Bourg ou Village, ont été donnés, concédés, ou acquis par les Communautés en toute propriété, & perſonne que les Habitans n'a droit d'en uſer.

Enſorte que dans ceux où les Habitans ont uſage, le Seigneur qui prouve ſouvent qu'ils en uſent mal pour s'en conſerver la plus ſaine partie, & la faire fructifier, eſt fondé d'en demander les deux tiers pour ſon triage, & d'abandonner le tiers reſtant aux Uſagers en toute propriété; au moyen de quoi il demeure déchargé de tous droits d'uſage, ſans qu'il perde pour cela les cens & redevances qui peuvent lui être dûs par ſeſdits Habitans, le poſement deſquels ſe continue ſur la partie abandonnée aux Uſagers.

Quant aux Bois Communaux, le Seigneur n'a droit

d'en demander que le tiers, parce que naturellement il n'a rien à la chose qui est propriétairement acquise aux Habitans; si la Loi lui en donne une portion, c'est qu'elle présume qu'ils sont sortis de la Seigneurie sans charge.

QUEST. VIII. *Du triage en faveur des Usagers.*

Lorsque le Seigneur est mécontent de l'exercice que fait l'Usager de son droit, dans le Bois qui lui appartient, il a la voie de demander le cantonnement de l'Usager, & ce cantonnement qui est une espéce de triage est ordinairement des deux tiers pour le Seigneur, & du tiers pour les Usagers; c'est ce qui a été jugé à la Table de Marbre à Paris, en faveur de M. de la Rochefoucault, le

Contre

Et par autre Arrêt du
en faveur du sieur Comte de la Motte, Seigneur de Boucé, pour la Forêt de Voudelle, contre plusieurs Usagers de différentes Paroisses, auxquels la Chambre a adjugé le tiers de cette Forêt pour tous en général.

Nous rapporterons ce dernier Arrêt qui est entiérement conforme au précédent.

LES Juges ordonnés par le Roi, pour juger en dernier ressort & sans appel les Procès de réformation des Eaux & Forêts de France, au Siége Général de la Table de Marbre du Palais à Paris : A TOUS ceux qui ces présentes Lettres verront, Salut, sçavoir faisons, qu'entre Messire Leon-Henry-Eleonor Guillaud, Chevalier, Comte de la Motte, Seigneur de Boucé & autres lieux, Lieutenant de Roi de la Province de Bourbonnois Capitaine au Régiment de Provence, fils & héritier de défunt Mre. Eleonor-Clement Guillaud, Chevalier Comte de la Motte, Brigadier des Armées du Roi, ayant repris au lieu & place de feue Dame Françoise de Quatre-Barbe de la Rongere sa mere, veuve dudit défunt sieur Eleono

Guillaud, Comte de la Motte, & ci-devant sa tutrice, par acte reçu au Greffe de cette Cour le 3. Septembre 1738. demandeur aux fins des commission & exploits des 13. Mars, 31. Juillet, & 28. Décembre 1725. d'une part, & Me. Louis Charles Charbon, Avocat en Parlement, demeurant à Moulins, les Religieux, Prieur & Convent de l'Ordre de la Charité des Hommes établis à Gayette en Bourbonnois, Hyacinthe Artaud, Jacques Heraud, Louise Artaud sa femme & consors, tous enfans & héritiers de François Artaud, ayant repris en son lieu & place suivant le Jugement du 6. Mai 1741. défendeurs d'autre part; & encore entre ledit sieur Comte de la Motte, demandeur aux fins de ses Requête, commission & exploits des 14. Avril, 2, 3, 5, 6, 9. Mai 1738. 19. Janvier 1739. 20. & 21. Avril 1740. d'une part, & Jean Dinet Bourgeois demeurant à Varennes, les Religieux, Profès, Prieur & Procureur du Convent de Sainte Croix de Varennes, Chanoines Réguliers de l'Ordre de Saint Augustin, Joseph-Martin du Crozet demeurant à Brechin, Jean-François des Batisses de la Berceüil & sa femme demeurant au Village de Chelettes, Paroisse de Montoldre, Marie Blanchardon, veuve Antoine Delaire, demeurant au Bourg & Paroisse Saint Gerault, François Poullain demeurant à Barchere, le nommé Blanchard demeurant au Domaine Caverat, paroisse de Boucé, Claude Bulliot demeurant en ladite paroisse de Boucé, & Jean Baptiste Bayard, Bourgeois de la paroisse de Guise, Me. Gilbert de la Geneste Avocat en Parlement, demeurant à Varennes, Marie Burelle, demeurante audit Varennes, Jacques Burelle de la Gueulle, demeurant aussi à Varennes, Jeanne de la Geneste demeurante audit lieu, Pierre-Antoine Maubert de Rioux, au nom & comme tuteur de Marie-Agnès Maubert de Rioux sa fille, Charles Thibaut de la Graviere Bourgeois de Varennes, Jeanne Boucaumont veuve Gilbert Duchesne demeurante audit Varennes, Claude Boucaumont de Mezille demeurant aussi à Varennes, François & Jeanne Faulconnet héritiers de Claude Faulconnet du lieu de Boucé leur pere, & ayant repris en son lieu & place par acte reçu au Greffe de cette Cour le 24. Avril 1739. Me. Charles Quesson, Conseiller du Roi, & son Procureur en la Châtellenie Royale de Billy, Jacques Treille de la Boulaye demeurant à Saint Geraut, Louis Chauvin de Roussange demeurant à Langis, Me. Etienne Haraut des Vernieres, Claude Bardonnet de Gondaly Bourgeois de Saint Geraut, Jean Baptiste Bouet Fermier de la Terre & Seigneurie de Montaigu, Jean-Claude Bardon, Chevalier, Seigneur du Muage, les Demoiselles Meteignier filles majeures, Georges-Antoine des Ecures, sieur de Pontecharaud, Jean Simonin Curateur à la succession vacante de Jean-Baptiste Boué, Laurence de la Geneste veuve dudit Jean-Baptiste Boué, Georges Berger & Claudine Andrault sa femme, les Religieux, Prieur & Convent de la Charité établie à Moulins, Me. Etienne Harault sieur des Vernieres, Conseiller du Roi en la Châtellenie de Moulins, tous défendeurs d'autre part; & entre lesdits Marie Blanchardon, François Poullain, le nommé Blanchard, & Claude Boulliot demandeurs en Requête du 8. Août 1738. d'une part; & ledit sieur Comte de la Motte défendeur d'autre part; & entre ledit sieur Comte de la Motte demandeur en Requête du 13. Mars 1739. d'une part, & lesdits Religieux & Convent de Sainte Croix de

Varennes défendeurs d'autre part, & entre Joseph Martin du Crozet demandeur en Requête, commission & exploit du 17. Janvier 1739. & encore en Requête, du 30. Juin 1739. d'une part, ledit sieur Comte de la Motte, & les Prieur, Religieux & Convent de Saint Vincent de Chantel-Château, Ordre de Saint Augustin, défendeurs d'autre part, & entre ledit sieur Jean Claude Bardon demandeur en Requête du 4. Mai 1741. d'une part, & ledit sieur Comte de la Motte défendeur d'autre part, & entre Claude Bardonnet, Seigneur de Gondaly, demandeur aux fins des Requête, ordonnance, commission & exploit des 27. Janvier & 6. Septembre 1740. d'une part, & Jean Gabriel de la Martiniere Bourgeois de Peronne défendeur d'autre part. VEU L'INSTANCE d'entre les Parties, la Commission de cette Cour obtenuë sur Requête présentée en icelle le 13. Mars 1725. par ladite Dame de Quatre-Barbe, veuve Clement-Eleonor Guillaud Comte de la Mothe, Baron de Boucé, tutrice de leurs enfans mineurs à l'effet de faire assigner en cette Cour tous les prétendans droits d'usage dans la Forêt de Voudelle dépendante de ladite Baronie de Boucé, pour justifier des titres en vertu desquels ils jouissoient dudit droit, & faute par eux d'en justifier de bons & valables, que défenses leur seroient faites de prendre aucuns bois dans ladite Forêt, & d'y envoyer leurs bestiaux pacager & panager sous les peines prononcées par l'Ordonnance, voir dire en outre que ceux qui justifieroient par de bons titres de leurs droits d'usage, ceux qui auroient ce droit pour chauffer & faire bâtir ne pourroient à l'égard de leur chauffage prendre que du bois-mort & du mort-bois, & qu'à l'égard du bois à bâtir ils ne pourroient de leur autorité en couper ni enlever aucuns morceaux, mais qu'ils seroient tenus après avoir justifié aux Officiers de ladite Dame Comtesse de la Motte ès noms du besoin qu'ils auroient d'avoir du bois à bâtir, & de la quantité qui leur seroit nécessaire, les requérir de se transporter dans ladite Forêt, pour leur marquer la quantité de pieds d'arbres convenable, sans pouvoir par les Usagers faire couper aucuns arbres dans ladite Forêt qu'il ne leur en ait été marqué par lesdits Officiers & du marteau de la Seigneurie, à peine contre les contrevenans d'être privés à perpétuité de leur droit d'usage, & d'être procédé contre eux extraordinairement, qu'ils ne pourroient prendre du bois que pour les poutres, chevrons & solives sans en exiger, soit pour clore les héritages, soit pour leurs Ustensiles de labourage; que par rapport au droit de pacage & panage, ceux qui justifieroient avoir ce droit seroient tenus de se conformer à la disposition de l'Ordonnance, tant par rapport au nombre qu'à la quantité des bêtes qu'ils pourroient envoyer pacager & panager dans ladite Forêt; comme aussi qu'il seroit fait un triage par rapport à la quantité de ceux qui justifieroient avoir droit d'usage dans ladite Forêt, pour le surplus ledit canton destiné aux Usagers, retranché, être possédé & exploité librement, sauf par la suite à ladite Dame Comtesse de la Motte, pour raison des mesus & délits qu'elle connoîtroit avoir été faits dans ladite Forêt, à prendre telles autres conclusions qu'elle jugeroit à propos; l'exploit d'assignation donné en conséquence aux Religieux & Convent de l'Hôpital de la Charité établie au Château de Gayette le 31. Juillet 1725. pour répondre & procéder en la Cour sur & aux fins de de ladite commission. Autre exploit fait à la Requête de ladite Dame Comtesse de la Motte, ès noms, le 28. Décembre audit an, contenant les assignations pareillement données aux fins de ladite commission du 13. Mars précédent au sieur Charbon, Avocat à Moulins, & au sieur François Artaud, Procureur en la Sénéchaussée de Moulins, pour procéder aussi en la Cour, en conséquence de ladite commission. Jugement de cette Cour du 6. Août 1729. rendu contradictoirement entre ladite Dame Comtesse de la Motte, ès noms, d'une part, & les Religieux de la Charité de Gayette, sieurs Charbon & Artaud, d'autre part, par lesquels il a été donné acte, à ladite Dame Comtesse de la Motte, de ce qu'elle se désistoit & n'entendoit point poursuivre les Procédures par elle commencées, tant en la Justice de Boucée, qu'en la Maîtrise de Moulins, en conséquence il a été dit que lesdites procédures & celles faites en la Sénéchaussée de Moulins, sur l'appel qui avoit été porté de la Sentence du Juge de Boucée demeureroient sans effet, & ladite Dame Comtesse de la Motte condamnée aux dépens de toutes ces procédures, jusqu'au jour du désistement ; & pour faire droit sur la nouvelle demande de ladite Dame Comtesse de la Motte, portée par ses commission & exploits des 13. Mars, 31. Juillet & 28. Décembre 1725. sans s'arrêter au déclinatoire desdits sieurs Charbon, Artaud, & Religieux de la Charité de Gayette, il a été ordonné que les Parties procéderoient en la Cour sur ces demandes, dépens à cet égard réservés. Requête présentée à la Cour par ledit sieur Comte de la Motte, reprenant & procédant au lieu & place de ladite Dame Comtesse de la Motte sa mere, ci-devant sa tutrice, le 4. Février 1738. à l'effet de faire assigner en la Cour les veuve, enfans & héritiers de défunt François Artaud, pour reprendre en son lieu & place la demande contre lui formée en la Cour par ladite Dame Comtesse de la Motte, ès noms, sinon qu'elle seroit tenue pour reprise ; au bas de laquelle Requête est l'Ordonnance de la Cour, de soient Parties appellées, & à cette fin commission délivrée. La commission de cette Cour du même jour attachée à ladite Requête, l'exploit d'assignation donné en conséquence le 9. Février 1738. à Hyacinthe Artaud, Susanne Artaud, Artaud, majeur, de coûtume, & à Me Artaud Procureur à Moulins, pareille assignation donnée à la Demoiselle Artaud le 21. dudit mois, l'acte de reprise faite au Greffe de la Cour par ledit sieur Comte de la Motte le 3. Septembre 1738. au lieu & place de ladite Dame sa mere, ci-devant sa tutrice, de l'Instance pendante en la Cour, concernant la Forêt de Voudelle, contre les sieurs Charbon, Artaud, & les Religieux de Gayette, circonstances & dépendances : Les défenses fournies par ledit sieur Charbon le 13. Mars 1739. La Requête du sieur Comte de la Motte du 14. Avril 1738. aux fins de faire assigner tous les Particuliers prétendans droit d'usage dans la Forêt de Voudelle, pour voir déclarer commun avec eux le Jugement qui interviendroit sur la Demande portée par lesdits commission & exploits des 13. Mars, 31. Juillet, & 28. Décembre 1725. ce faisant, que tous lesdits Particuliers seroient tenus aussi de justifier des titres en vertu desquels ils prétendoient droit d'usage dans ladite Forêt de Voudelle, sinon que défenses leur seroient faites de s'immiscer en icelle, que par rapport à ceux qui justifieroient avoir droit d'usage, il seroit avec eux procédé au triage & à la séparation du canton qui seroit réglé à l'égard desdits usagers, pour le surplus de ladite Forêt être exploité, & en disposer par ledit sieur Comte de la Motte à son profit, ainsi qu'il aviseroit; & au bas de laquelle Requête est l'Ordonnance de soient Parties appellées, la commission sur ladite Requête, les exploits d'assignation donnés en conséquence les 2, 3, 5, 6, & 9. Mai 1738. 13, 19. Janvier 1739. 20 & 21. Avril 1740. à Me Gilbert de la Geneste, Avocat en Parlement, Damoiselle Marie Burelle, Jacques Burelle, Jeanne de la Geneste, tant pour elle que pour ses cohéritiers, Pierre-Antoine Maubert de Rioux, tuteur de Marie-Agnès de Rioux sa fille, Charles Thibault de la Graviere, Jean Dinet, Religieux de Sainte Croix de Varennes, Jeanne Boucomont veuve Duchesne, Claude Boucomont de Mésille, Jean-Baptiste Boué, Joseph-Martin du Crozet, sieur Faulconnet, le nommé Blanchard, Damoiselle Regnaud, femme du sieur de la Berceüil, Claude Bulliot, Me Roch Quesson, Jacques Treille de la Boullaye, Claude Bardonnet, Marie Blanchardon, veuve Delaire, le sieur Chauvin, le sieur Duméage, François Poullin, sieur Bayard, Etienne Haraut des Vernieres, Jean Simonin, curateur à la succession vacante de Jean-Baptiste Boué, Laurence de la Geneste, veuve dudit Boué, les Religieux de l'Hôpital de la Charité de Moulins, Georges Berger, & Claudine Andrault sa femme, les Damoiselles Métennier, & Georges-Antoine des Ecures de Poncharaud, tous prétendans droits d'usage en ladite Forêt de Voudelles, pour procéder en la Cour sur & aux fins de la Demande. Requête de Marie Blanchardon, veuve Delaire, François Poullain, Blanchard & Claude Bulliot, le 8. Août 1738, employée pour défenses, & contenant demande à être maintenus & gardés dans la possession des droits d'usage dans la Forêt de Voudelle, avec défenses de les y troubler; Défenses fournies par Jean Dinet le 16. Septembre 1738. Défenses aussi fournies par les Religieux de Varennes le 30. du même mois. Autres défenses de François Desbatisses & sa femme du 22. Septembre audit an. Défenses fournies par Joseph Martin du Crozet le 13. Février 1739. Défenses fournies par ledit Bayard le 19. Mars 1739. La Requête & Demande du Comte de la Motte du 13. dudit mois de Mars, contenant demande, à ce que faute par les Religieux de Varennes de justifier de titres à eux attributifs du droit d'usage, il leur seroit fait défenses de s'immiscer dans la Forêt. Jugement de la Cour du dix-huit Avril 1739. rendu entre lesdites Parties, par lequel pour faire droit sur les demandes & défenses, elles ont été appointées en droit; les défenses de Jacques Treille du 14. Mai mil sept cent trente-neuf. Défenses aussi fournies par Antoine Maubert le 5. Mai 1739. Défenses fournies par Claude Boucomont, le 6. dudit mois de Mai Défenses fournies par Gilbert de la Geneste le même jour 6. Mai. Défenses de Jeanne Boucomont, veuve Duchesne, du 12. dudit mois de Mai. Défenses du même jour fournies par Jeanne de la Geneste, Marie Burelle, Jacques Burelle, Chauvin & le sieur Harault. Défenses fournies par Louis le 30 dudit mois. Défenses aussi fournies par Roch Quesson le 17. Juillet 1739. L'acte de reprise fait au Greffe de la Cour par François & Jeanne Faulconnet, héritiers de défunt Claude Faulconnet leur pere, le 24. Avril 1739. Défenses fournies par lesdits François & Jeanne Faulconnet, le 20. Juillet 1739. Jugement de la Cour obtenu par le sieur Comte de la Motte, par défaut faute de défendre, contre Charles Thibault de la Graviere & autres, le 14. Avril 1739. qui pour adjuger le profit du défaut a renvoyé les Parties à l'Audience; Autre Jugement du 22. Juillet 1739. rendu entre le sieur Comte de la Motte, Gilbert de la Geneste & autres susnommés, par lequel pour faire droit sur les demandes, sur le profit du défaut obtenu contre le sieur Thibault, & sur une demande du 30. Juin ci-après, les Parties ont été appointées en droit & joint. Défenses fournies par Claude Bardonnet le 18. Août. Jugement du 2. Septembre 1739. portant appointement en droit & joint. Défenses des Religieux de la Charité de Gayette le 3. Septembre. Jugement de la Cour du 5. Septembre 1739 portant appointement en droit & joint. Autre Jugement rendu entre lesdites Parties le 23. Septembre 1739. qui a ordonné l'exécution de l'appointement, a joint les fins de non-recevoir. Défenses fournies le 18. Mars 1740. par Jean Simonnin, curateur à la succession vacante de Jean Baptiste Boué. Défenses du 19. Mars 1730. de Laurence de la Geneste, veuve Boué. Jugement du 23. Mars qui a appointé les Parties en droit & joint. Défenses fournies le 3. Juillet 1740. par Georges Berger & sa femme. Défenses des Religieux de la Charité de Moulins le 28. Juillet 1740. Jugement rendu entre lesdites Parties le 30. Juillet, portant appointement en droit & joint. Défenses fournies par Claude Bardon du Muage, le 26. Avril 1741. La Requête & Demande dudit Bardon du 14. Mai, 1741. à ce qu'il fût reçû opposant au Jugement du 20. Octobre 1739. & à toute la procédure; ce faisant, le sieur Comte de la Motte débouté de sa demande, & attendu le titre du 14. Décembre 1683. que lui sieur Bardon seroit maintenu dans le droit d'usage, aux offres qu'il faisoit de continuer le droit de cens annuel de six deniers par an. Jugement de cette Cour du 6. Mai 1741. qui a reçu ledit sieur Bardon opposant en refondant ce qui pourroit être à sa charge des frais de contumace, & pour faire droit sur les demandes respectives, les Parties ont été appointées en droit & joint. Défenses fournies le 5. Mai 1741. par le sieur Hyacinthe Artaut, Susanne Artaut, Artaut, tous freres & sœurs, procédans sous l'autorité de Me Artaut, & par ledit sieur Artaut. Défenses fournies le même jour 5. Mai par lesdites Métenier, filles majeures, & par Charles Thibault de la Graviere, lesdites défenses portant opposition à tous Jugemens qui pourroient avoir été obtenus. Jugement intervenu entre les Parties le 6. dudit mois de Mai, par lequel lesdits héritiers Artaut, Méténier & Thibaut ont été reçus opposans au principal; la demande originaire formée contre François Artaut, par les commission & Exploit des 13. Mars & 28. Décembre 1725. a été tenue pour reprise avec Hyacinthe, Susanne, Louise Artaut, & autres, & pour faire droit sur icelle, ensemble sur celle formée par le sieur Comte de la Motte, contre les Demoiselles Métenier & Thibault, les Parties ont été appointées en droit & joint. Jugement de la Cour obtenu sur défaut faute de comparoir, par le sieur Comte de la Motte le 20. Octobre 1739, contre Jean Baptiste Boué, Georges-Antoine des Ecures de Pontcharaud, Antoine-Jacques Herault, Louise Artaut sa femme, & Artaut, Hyacinthe, François & Susanne

Artaut, héritiers de François Artaut leur pere & autres, par lequel les défauts ont été déclarés bien obtenus, & pour en adjuger leur profit, & faire droit sur les demandes du sieur Comte de la Motte, le tout a été joint à l'instance. Productions respectives des Parties. Contredits aussi respectivement fournis, &c. Conclusions des Gens du Roi, signées Bauclas: Oüi le Rapport de Me Crescent, Antoine-Pierre Pellard de Sebbeval, Lieutenant-Général de cette Cour, l'un desdits Juges, en dernier ressort. Tout Considéré.

LES JUGES en dernier ressort faisant droit sur le tout donnent acte audit Leon-Henry-Eleonor Guillaud de la Motte de sa déclaration qu'il n'a jamais entendu & n'entend point contester aux Particuliers qui ont produit des titres d'usage qu'ils ont dans la Forêt de Voudelle, quoiqu'ils n'aient point justifié être aux droits de ceux à qui ledit droit a été accordé, ni être Détempteurs des héritages y mentionnés, & de ce qu'il consent qu'ils y soient maintenus relativement aux reconnoissances qu'ils ont produites en l'Instance, même qu'ils y soient conservés sur le pied des déclarations postérieures, dans le cas où elles seroient plus étendues pour le droit que les anciennes dont il y est fait mention, en conséquence, ayant aucunement égard à ses demandes, & à celles desdits Louis, Charles Charbon, des Religieux de la Charité de Gayette, Gilbert de la Geneste, Jeanne de la Geneste, Laurence de la Geneste, Marie Blanchardon, veuve de Laire, les Religieux de l'Hôpital de la Charité de Moulins, Religieux & Convent de Sainte Croix de Varennes, Jacques Treille de la Boulaye, Roch Quesson, Antoine Maubert de Rioux, François Poullain, Blanchard, Bullot, Etienne Harrault des Verhieres, Claude Bardonnet le jeune, François Desbatisses de la Berceuil & sa femme, Jean Simmonin, ès noms, Jean-Baptiste Bayard, Jacques Burelle, la veuve Duchesne, François & Jeanne Faulconnet, Jean Dinet, Marie Burelle, veuve François Burelle, Claude Boucomont, Claude Bardon, Charles-Thibault de la Graviere, & héritiers Artaut, les ont maintenus & gardés, maintiennent & gardent dans le droit de prendre dans la partie de la Forêt de Voudelle, qui sera distraite & cantonnée conformément au Réglement ci-après, *les bois à bâtir & de chauffage, bouchage, & ustensiles de labourage, ensemble dans les droits de pacage, pâturage & panage, pour en jouir par lesdits Usagers, conformément à leurs titres, ainsi qu'il sera ci-après expliqué*, pour chacun en pariculier, en se conformant aux Ordonnances & audit Réglement; Sçavoir ledit Louis-Charles Charbon, dans le droit de prendre bois à bâtir & à chauffer, faire pacager & panager ses bestiaux pour son Domaine Affiat, & pour sa Maison de Locaterie, qui joint à la Place des Bassecheres venant des Affiats, & pour la Locaterie de Vitry, suivant les reconnoissances des 7. Août 1680. & 29. Novembre 1689. Lesdits Religieux de Gayette dans le droit de bois à bâtir & à chauffer, faire pacager & panager leurs bestiaux pour leur Domaine Vendat, suivant la reconnoissance du 8. Août 1680. dans le droit de prendre bois à chauffer, & faire pâturer leurs bestiaux pour le Domaine Beau fils, suivant les Actes des 20. Mai 1459. & 4. Juillet 1493 & dans le droit de pacage seulement pour la Seigneurie de Gayette, suivant l'acte de partage du 15. Septembre 1599. Ledit Gilbert de la Geneste dans le droit de prendre bois à bâtir & à chauffer, faire pacager & panager ses bestiaux, pour le Domaine des Guis, situé dans la Paroisse de Montoldre, & pour celui des Brieres, situé en la Paroisse de Varennes, autrement appellée la Goudonne, suivant les deux reconnoissances du 7. Août 1680. Ladite Jeanne de la Geneste dans le droit de prendre bois à bâtir, chauffer, boucher, & harnois de labourage, faire pacager & panager ses bestiaux pour son Domaine Collin, en ce qui lui en appartient, suivant la reconnoissance du 4. Octobre 1673. Ladite Laurence de la Geneste dans le droit de prendre bois à bâtir, chauffer, boucher & harnois de labourage, faire pacager & panager ses bestiaux pour les Domaines Collin, Boufferot & Lassé, en ce qui lui en appartient, suivant ladite reconnoissance du 4. Octobre 1673. Ladite Marie Blanchardon veuve de Laire, dans le droit de prendre bois à bâtir, chauffer, boucher, & harnois de labourage, faire pacager & panager ses bestiaux, pour sa Maison de la Presse, & les Domaines Collin, Boufferot & Lassé, en ce qui lui en appartient, & dans le droit de prendre bois à bâtir & à chauffer, faire pacager & panager ses bestiaux, pour le Domaine du Rozay, suivant la reconnoissance du 6. Août 1680. Lesdits Religieux de l'Hôpital de la Charité de Moulins dans le droit de prendre bois à bâtir & à chauffer, & de faire pacager & panager leurs bestiaux, pour leur Domaine de la Feuillouze, suivant la reconnoissance du 8. Août 1680. Ledit Jacques Treille de la Boullaye, dans le droit de prendre bois à bâtir & à chauffer, faire pacager & panager ses bestiaux, pour son Domaine Giraut, suivant la reconnoissance du 8. Août 1680. Ledit Quesson dans le droit de prendre bois à bâtir & à chauffer, faire pâturer ses bestiaux, pour ses Maisons; l'une appellée Chez des Cottes, située au Terroir de la Chapelle; l'autre, appellée Vernillet, située au Terroir de Fondcormatte, suivant la reconnoissance du 16. Mai 1716. Ledit Maubert de Rion dans le droit de prendre bois à bâtir & à chauffer, & faire pacager ses bestiaux, pour sa Maison des Girardieres, celle des Moissonnieres, autrement appellée les Chevirines, le lieu des Seigneurs, & pour son Domaine Chez du Bois, & dans le droit de bois à bâtir & à chauffer, faire pacager & panager ses bestiaux, pour une Maison, Grange & Etablerie, situées au Terroir de Crevets, Paroisse de Boucé, suivant les Actes des 26. Mars 1636. 2. Octobre 1684. & 21. Septembre 1723. Lesdits Religieux de Sainte Croix de Varenne dans le droit de prendre bois à bâtir & à chauffer, faire pacager & panager leurs bestiaux, pour le Domaine de Blain, situé en la Paroisse de Rougiere, suivant la reconnoissance du 9. Août 1680. Ledit Poullin, dans le droit de prendre bois à bâtir & à chauffer, & faire pacager & panager ses bestiaux, pour sa Maison seulement, située & joignante à la Place de Bassecheres, Paroisse de Boucé, suivant la reconnoissance du 24. Mars 1690. Ledit Blanchard dans le droit de prendre bois à bâtir & à chauffer, & faire pacager & panager ses bestiaux, pour son Domaine Caverat seulement, suivant la reconnoissance, du 15. Novembre 1683. Ledit Bulliot dans le droit de prendre bois à bâtir & à chauffer, & faire pacager & panager ses bestiaux, pour sa Maison seulement, qui est dans le Champ Perard, appellé anciennement Chez le Friant, suivant la reconnoissance du 3. Octobre 1686.

Ledit Harrault des Vernieres dans le droit de prendre bois à bâtir & à chauffer faire pacager & panager ses bestiaux, pour son Domaine de Delorme, suivant la reconnoissance du 7. Août 1680. Ledit Bardonnet dans le droit de prendre bois à bâtir & à chauffer, faire pacager & panager les bestiaux, pour sa Maison sise au Terroir de Liniere, suivant la reconnoissance du 2. Février 1680. lesdits des Batisses & sa femme dans le droit de prendre bois à bâtir & à chauffer, faire pacager & panager leurs bestiaux pour leurs maisons & domaines appellés chez Conils, chez Pontus & chez Vincent ou Savalot, suivant la reconnoissance du 15. Novembre 1683. ledit Simonin ès noms dans le droit de prendre bois à bâtir & à chauffer & faire panager ses bestiaux pour son Domaine Caysas suivant la reconnoissance du 5. Novembre 1683. ledit Bayard dans le droit de prendre bois à bâtir & à chauffer, faire pacager & panager ses bestiaux pour son domaine des Rondets seulement, suivant la reconnoissance du 15. Novembre 1683. ledit Burelle dans le droit de prendre bois à bâtir & à chauffer, faire pacager & panager ses bestiaux pour son domaine Bertrand, autrement des Joyaux & de Laqueville situé en la Paroisse de Montoldre, suivant les reconnoissances des 9. Août 1680. & 22. Juin 1695. ladite veuve Duchesne dans le droit de prendre bois à bâtir & à chauffer, faire pacager & panager ses bestiaux pour son Domaine du Rozai, situé en la paroisse de Rougere, suivant la reconnoissance du 25. Novembre 1683. lesdits François & Jeanne Faulconnet dans le droit de prendre bois à bâtir & à chauffer, faire pacager & panager leurs bestiaux pour leurs Domaines Marchand & Serlais, autrement les Chapelants, & pour les 2. maisons à eux appartenantes sises en la Paroisse de Boucé, suivant les reconnoissances du 2. Février 1680. ledit Dinet dans le droit de prendre bois à bâtir & à brûler, faire pacager & panager ses bestiaux pour le Domaine de Daillers seulement sis en la Paroisse de Rougere, suivant la reconnoissance du 9. Août 1680. ledit Burelle dans le droit de prendre bois à bâtir & à chauffer, faire pacager & panager ses bestiaux pour le Domaine de Leners sis Paroisse de Montoldre, & pour deux Maisons ou Locateries situées au Village de Poithiers, & encore dans le droit de pacage & panager seulement pour le Domaine des Daguenets sis en ladite paroisse de Montoldre, suivant la reconnoissance du 9. Août 1680. ledit Boucaumont dans le droit de prendre bois à bâtir & à chauffer, faire pacager & panager ses bestiaux pour le Domaine de Palaquin sis paroisse de Montoldre, suivant la reconnoissance du 7. Août 1680. ledit Bardon dans le droit de prendre du bois à bâtir & à chauffer, faire pacager & panager ses bestiaux pour le Château du Preynat & Domaine en dépendant & pour le Domaine de Bontems sis en la paroisse de Rougere, suivant les reconnoissances des 21. Janvier, 1637. & 14. Décembre 1683. ledit Thibault de la Graviere dans le droit de prendre bois à bâtir & à chauffer, faire pâturer & panager ses bestiaux pour le Domaine Champ-Martin seulement situé en la Paroisse de Rougere, suivant la reconnoissance du 8. Août 1680. & lesdits héritiers Artaut dans le droit de prendre bois à bâtir & à chauffer, faire pacager & panager leurs bestiaux pour le Domaine de Rozay seulement sis en la paroisse de Vauroux, & ce relativement & proportionnellement aux parts & portions qui leur appartiennent dans ledit Domaine de Rozay, suivant la reconnoissance du 6. Août 1680. Seront tenus lesdits Usagers des frais qu'ils feront pour parvenir à requérir la délivrance desdits bois à bâtir & à chauffer, & en cas de contestation sur la nécessité, ou non nécessité, ou sur le plus ou moins, les frais en seront respectivement avancés par les Parties chacun à leur égard, sauf à être remboursés en diffinitif si le cas y échoit, déboutent lesdits Berger & sa femme, Chauvin de Roussange & Meteignier de leurs demandes, afin d'être maintenus dans les droits d'usage par eux prétendus dans la Forêt de Voudelle, faute de justifier, & les condamne chacun à leur égard aux dépens envers ledit Guillaud de la Motte; déboutent pareillement ledit Joseph Martin du Crozet de sa demande aussi afin d'être maintenu dans le droit d'usage, faute de justifier, & sur sa demande en garantie formée contre les Religieux de Chantelle mettent les Parties hors de Cour, condamnent ledit du Crozet aux dépens à cet égard, tant envers ledit Guillaud qu'envers lesdits Religieux, en adjugeant le profit du défaut faute de comparoir, obtenu par ledit Guillaud, contre les nommés Pontcharaud & Jean Baptiste Boné, joint à l'Instance par Jugement du 20. Octobre 1739. faute par lesdits Pontcharaud & Boué d'avoir justifié des titres en vertu desquels ils prétendent le droit d'usage dans ladite Forêt de Voudelle; leur font défenses de s'immiscer à l'avenir dans ladite Forêt sous telles peines qu'il appartiendra, & les condamnent aussi à cet égard aux dépens envers ledit Guillaud; sur toutes les autres demandes, fins & conclusions mettent les Parties hors de Cour, tous dépens entr'elles compensés, à l'exception néanmoins de ceux ci-dessus adjugés auxdits Guillaud & Religieux de Chantelle. Et faisant droit sur les conclusions des Gens du Roi, signées Bauclas, ordonnent :

Cens & redevances dont les Usagers doivent passer reconnoissance.

ARTICLE I. Que tous les Usagers de ladite Forêt de Voudelle seront tenus de payer & acquiter annuellement les cens, rentes & redevances dont ils pouvent être tenus envers ledit Guillaud de la Motte, pour raison de leurs droits d'usage.

Arpentage sera fait à 12. pouces pour pied. 22. pieds pour perche & 100. perches pour arpent. Procès-verbal & description de ladite Forêt & le nombre d'arpens.

II. Que pour parvenir au cantonnement de ladite Forêt du Voudelle, ledit Guillaud de la Motte sera tenu d'en faire faire à ses frais dans six mois, à compter du jour de la publication du présent Arrêt, un arpentage général à la mesure de 12 pouces pour pieds, de 22 pieds pour perche, & de cent perches pour arpent, & lever un plan & figure d'icelle Forêt par un Expert ou Arpenteur qui sera nommé par le Maître Particulier des Eaux & Forêts de Moulins ou son Lieutenant, que lesdits Juges ont commis & commettent à cet effet, lequel Maître Particulier ou son Lieutenant se transportera sur les lieux conjointement avec ledit Expert Arpenteur, pour y dresser procès-verbal & description des différens cantons de ladite Forêt, en marquer la qualité, l'espece, l'âge des bois & la quantité d'arpens de chaque espéce ou qualité dont elle est composée.

Tiers de ladite Forêt laissé aux Usagers, qui sera le plus commode aux Usagers, séparé & borné.

III. Que l'arpentage général de ladite Forêt achevé, il en sera par ledit Juge commis & par le même Expert Arpenteur, en présence des Usagers ou eux dûement appellés, distrait un tiers au total de l'endroit dans ladite Forêt le plus commode que faire se pourra aux Usagers, auquel tiers ou triage sera fait une séparation ou bornage, afin de le distinguer du reste de ladite Forêt, lequel canton ainsi séparé & borné, sera destiné à fournir les bois nécessaires aux Usagers, tant pour bâtir que pour leur chauffage, faire pacager & panager leurs bestiaux, & mis en coupes réglées, le tout eu égard à la possibilité du terrein dont sera composé ledit triage, & le nombre des Usagers, lors duquel procès-verbal d'arpentage & de triage, les parties pourront faire tels dires & réquisitions qu'elles jugeront à propos.

IV. Que dans le même délai de six mois il sera à la requête dudit Guilland de la Motte, fait des publications & mis des affiches en la maniere ordinaire à l'issue des Messes Paroissiales des lieux esquels il y aura des prétendans droit d'usage dans ladite Forêt, à l'effet que chacun desdits particuliers prétendans droit d'usage soient tenus de comparoir en la Justice de Boucé, pour en présence du Procureur d'office audit Siége, y faire sa déclaration par tenans & aboutissans des maisons auxquelles ledit usage appartient, comme aussi de la quantité, nature & qualité actuelle des terres dépendantes de leurs domaines ou maisons usageres & du nombre d'hommes, sujets & tenanciers étant dans lesdites maisons & servant à l'exploitation desdites terres ou domaines, laquelle déclaration lesdits usagers seront tenus d'affirmer sans frais, & icelle renouveller tous les ans devant ledit Juge, sinon & à faute de faire ladite déclaration lesdits Usagers ne pourront jouir de leurs droits d'usage, & où ils seroient trouvés en usant sans avoir fait ladite déclaration, pourront être punis par amende arbitraire pour la premiere fois, & en cas de récidive par privation de leur droit; permis au Procureur Fiscal de la Justice de Boucé de contredire, si le cas y échoit, les titres qui seroient de nouveau présentés par les Usagers.

V. Que lesdits Usagers ne pourront prétendre leur droit d'usage que pour raison seulement des maisons & terres ou domaines auxquels ledit droit a été accordé originairement, à l'effet de quoi par Experts dont les parties conviendront pardevant ledit Juge de Boucé, sinon qui seront par lui pris & nommé d'office, il sera dressé dans le même délai de six mois, aussi en présence du Procureur d'office de ladite Justice, parties présentes ou dûement appellées, & sans frais de vacations desdits Officiers, un état & procès verbal, contenant la description de l'étendue des maisons usageres & terres en dépendantes relativement, autant que faire se pourra, aux titres originaires de concession, ou aux déclarations subséquentes dont ledit Guilland de la Motte a consenti l'exécution, lesquels titres originaires ou déclarations subséquentes lesdits Usagers seront tenus de représenter, lors duquel procès-verbal il sera aussi loisible auxdits Usagers de faire tels dires, observations & réquisitions qu'il conviendra, pour être statué sur icelle par ledit Juge de Boucé, ainsi qu'il appartiendra.

VI. Que les Usagers ne pourront à l'avenir abbattre, couper ni exploiter soit par eux ou par autrui aucuns bois pour raison & sous prétexte de leur usage, sans qu'auparavant l'assiette marque & délivrance ne leur en ait été faite par les Officiers de la Justice de Boucé, & qu'ils n'en aient obtenu la permission dudit Juge, auquel ils auront présenté une Requête à cet effet, laquelle déli-vrance oumarque leur sera faite sans frais.

VII. Qu'il ne sera délivré aucuns bois à bâtir pour les Usagers, que procés-verbal n'ait été préalablement dressé par Experts & Gens à ce connoissans, en présence du Procureur d'Office de Boucé ou lui dûement ap-

pellé,

pellé, de l'état des réparations à faire auxdites maisons usageres, dans lequel ils feront mention de la nature des bois qui y seront propres, de la quantité qu'il sera nécessaire d'y employer, & du tems dans lequel lesdites réparations pourront être faites, lequel procès-verbal sera fait sans frais de vacations desdits Officiers.

VIII. Que ledit procès-verbal dressé, il sera par les Officiers de ladite Justice de Boucé, procédé sans frais à l'assiette, marque & délivrance des bois propres & nécessaires auxdites réparations, & ce dans la partie du tiers ou canton réservé aux Usagers qui sera pour-lors en coupe réglée, si ledit canton se trouve contenir des bois propres & en quantité suffisante, & où il ne se trouveroit point de bois propre ni en quantité suffisante dans ledit canton, lesdits Officiers seront tenus de faire ladite assiette, marque & délivrance dans tel autre endroit du tiers réservé aux Usagers qu'ils jugeront le plus convenable, & ce un mois au plus tard après qu'ils en auront été requis, à peine contre lesdits Officiers d'être tenus envers lesdits Usagers des dommages & intérêts qui pourroient résulter du retard qu'ils y apporteroient, & de leur fixer un tems convenable pour la coupe & exploitation, eu égard à la commodité de la saison, & à la quantité qu'ils en auront à exploiter.

IX. Qu'il ne sera fait délivrance de bois à bâtir à aucun Usager qu'il ne l'ait demandé avant le martelage des coupes, & n'ait justifié de l'emploi des bois qui lui auront été délivrés antérieurement suivant leur destination, à l'effet de quoi lesdits bois délivrés seront employés dans le délai qui aura été fixé par le procès-verbal des Experts, qui aura constaté lesdites réparations, dans lequel délai le tems de la coupe & exploitation ne sera point compris; si cependant depuis le martelage des coupes, & après l'abbatti de la coupe annuelle, il surviendroit des réparations instantes, lesdits Officiers seront tenus de faire l'assiette, marque & délivrance des bois nécessaires pour lesdites réparations, dans tel autre endroit du tiers réservé qu'ils jugeront à propos, à peine d'être pareillement tenus des dommages & intérêts qui pourroient résulter du retard qu'ils y apporteroient.

X. Qu'après que lesdites marque & délivrance auront été faites par lesdits Officiers, les Usagers seront tenus d'exploiter les bois qui leur auront été marqués en la forme prescrite par les Ordonnances & à leurs frais, comme aussi de les faire enlever dans le tems qui leur aura été fixé par lesdits Officiers.

XI. Que les Usagers ayant droit de chauffage dans ladite Forêt, ne pourront à l'avenir exiger ni prétendre d'autre bois que du bois-mort & mort-bois, lequel sera pareillement pris dans le canton du tiers réservé auxdits Usagers, qui sera pour-lors en coupe, s'ils s'en trouve de la qualité & une quantité suffisante pour les Usagers, sinon il en sera délivré par lesdits Officiers dans tel autre canton du tiers réservé qui sera par eux choisi & trouvé capable de le porter, & au défaut de cette espece de bois, dans les bois taillis, & en cas d'insuffisance desdits bois taillis, sur les autres bois dudit tiers réservé, le tout eu égard à l'état & condition de ceux auxquels ledit usage a été originairement concédé, & pour la même quantité d'Usagers qui possédoient originairement les domaines ou héritages pour raison desquels il sera dû, soit que lesdits héritages se trouvent actuellement possédés par un ou plusieurs tenanciers, sauf le partage entr'eux, à la charge toutefois par lesdits Usagers de demander leur délivrance quinzaine avant l'abbatri ou coupe annuelle qui se fera dans le tiers réservé, dont il leur sera donné connoissance par les affiches & publications ordinaires.

XII. Que lesdits Usagers ne pourront prendre leurdit chauffage qu'après que l'assiette, marque & délivrance leur en aura été faite par lesdits Officiers de Boucé, à la charge par lesdits Usagers de se conformer pour l'exploitation aux Ordonnances, Arrêts & Réglemens, & d'observer les délais qui leur seront fixés par lesdits Officiers, eu égard à la commodité de la saison, & à la quantité qui leur aura été abandonnée.

XIII. Que lesdits Usagers seront tenus de consommer les bois qui leur seront délivrés pour leur chauffage dans les maisons pour lesquelles ledit droit a été originairement accordé, sans pouvoir le céder, vendre ni en disposer autrement que pour leur chauffage personnel.

XIV. Que ceux desdits Usagers qui par leurs titres auront droit de demander du bois pour boucher leurs héritages, & pour les ustensiles de leur labourage, seront tenus de faire sans frais au Greffe de la Justice de Boucé la déclaration du besoin qu'ils en auront, & ne pourront le prendre qu'après qu'il aura été marqué par lesdits Officiers de Boucé, qui seront tenus de leur délivrer un mois au plus tard après ladite déclaration, à moins qu'il n'y eût opposition de la part du Procureur d'Office, laquelle opposition le Juge de Boucé sera tenu de juger dans la huitaine, & sans frais.

XV. Que les Usagers ayant droit de pacage & panage dans le tiers de ladite Forêt, à eux ci-dessus réservé, feront annuellement & sans frais au Greffe de Boucé leur déclaration du nombre & de la quantité de Bestiaux qu'ils possédent dans les héritages auxquels ledit droit a été accordé, dont il sera fait Rôle, contenant le nom de ceux à qui ils appartiendront, laquelle déclaration ils seront tenus d'affirmer.

XVI. Que les Officiers de Boucé assigneront sans frais à chacune Paroisse, une contrée la plus commode que faire se pourra ès lieux défensables du canton, ou tiers réservé seulement, en laquelle les Bestiaux des Usagers d'une même Paroisse puissent être menés & gardés séparément, sans mélange de troupeaux d'autres lieux.

XVII. Que la déclaration des contrées & de la liberté d'y envoyer en pâturage sera publiée aux Messes Paroissiales usageres, dans le courant du mois de Février de chacune année, à la diligence du Procureur d'Office de la Justice de Boucé.

XVIII. Que les Bestiaux appartenans aux Usagers d'une même Paroisse seront marqués d'une même marque, dont l'empreinte sera mise au Greffe de Boucé avant de les pouvoir envoyer au pâturage, & assemblés en un lieu qui sera destiné pour chacune Paroisse, en un seul troupeau, conduit par un seul Pâtre, & par un seul chemin, qui sera désigné par lesdits Officiers, le plus commode & le mieux défendu, sans qu'il soit permis de changer ni prendre une autre route, soit en allant, soit en retournant.

XIX. Qu'ils seront tenus de mettre au col de leurs Bestiaux des clochettes, sans pouvoir mettre aucuns d'iceux à garde séparée; ni les envoyer en ladite Forêt par leurs femmes, enfans ni domestiques.

XX. Que les Pâtres seront nommés & choisis annuellement par les Usagers de chaque Paroisse, en présence du Juge de Boucé, qui en délivrera Acte sans frais, & dont lesdits Usagers seront responsables, ensorte que les Bestiaux de tous les Usagers d'une même contrée ou Paroisse n'aient qu'un seul Pâtre.

XXI. Que défenses seront faites aux Usagers de prêter leur nom ni leur maison à des Etrangers, non-Usagers, pour y retirer des Bestiaux, ni en envoyer pacager d'autres que ceux de leur nourri seulement, qui seront élevés dans leurs Maisons usageres & dans une quantité relative à l'étendue de leurs héritages usagers & nécessaires pour l'exploitation desdits héritages, sans pouvoir y envoyer aucune bête à laine ni autres bêtes blanches.

XXII. Que lesdits Usagers seront responsables de leurs enfans, Domestiques, Fermiers, Locataires, Ouvriers, & Gens qu'ils emploieront, soit pour l'exploitation de leur bois à bâtir, de chauffage, & ustensile de labourage, soit pour tous les autres délits qu'ils pourront commettre, & comme tels, faute par eux, ou leurs Gens & Ouvriers, de se conformer aux Ordonnances, Arrêts & Réglemens, seront poursuivis comme délinquans, & condamnés en cette qualité aux amendes, restitutions & confiscations, & d'être privés de leur droit, s'ils y échoient, le tout suivant & conformément à l'Ordonnance.

XXIII. Et pour l'exécution du présent Réglement, Ordonnent qu'aux frais dudit Guillaume de la Motte, il sera imprimé, lu & publié par trois Dimanches consécutifs, à l'issue de la Messe Paroissiale de Boucé, affiché & registré par tout où besoin sera. Si donnent lesdits Juges Mandement, &c. Donné audit Siége sous le scel y ordonné, le 10. Mai 1741.

Signé, DUBUSC.

DE LA GOUTTE, Procureur.

A MONSIEUR LE MAISTRE PARTICULIER DES EAUX & Forêts de cette Ville de Moulins.

MONSIEUR,

Supplie & vous remontre Messire Leon Hery & Leonor Guillot, Chevalier, Comte de la Motte, Seigneur de Goisset, Baron de Jailligny, Treteaux, Sorbier & autres lieux, Lieutenant de Roi de la Province de Bourbonnois, Chevalier de l'Ordre Royal Militaire de S. Louis, fils & héritier de défunt Messire Eleonor-Clement Guillot Chevalier, Comte de la Motte, Baron de Jailligni & autres lieux, Brigadier des Armées du Roi : Disant que plusieurs Particuliers Usagers de la Forêt de Voudel, dépendante de sa Seigneurie de Bonzet, ayant mal usé de leurs droits, il s'est pourvû en la Table de Marbre à Paris au Souverain, pour faire faire un triage de ladite Forêt, & réformer ledit usage pour en jouir à l'avenir plus commodément, sur laquelle Demande seroit intervenu Arrêt contradictoire avec la plus grande partie des Usagers & par défaut contre aucuns non comparans le 10 Mai mil sept cent quarante-un, qui régle la maniére policée dont les Usagers doivent jouir à l'avenir de leurs droits. Il est ordonné entre autres choses par cet Arrêt, article 12. du dispositif, que pour parvenir au cantonnement de ladite Forêt de Voudel, le sieur Suppliant sera tenu d'en faire faire à ses frais dans six mois, à compter du jour de la signification dudit Arrêt, un Arpentage général, à la mesure de l'Ordonnance, & lever un plan & figure d'icelle Forêt, par un Expert ou Arpenteur, qui sera par vous Juge-Commissaire en cette Partie, nommé, pour en votre présence dresser Procès-verbal ou description des différens cantons de ladite Forêt, en marquer la qualité, l'espece, l'âge des bois & la quantité d'arpens de chaque espece ou qualité dont elle est composée.

Et par l'article trois, l'arpentage général de ladite Forêt achevé, il en sera par vous, Monsieur, & par le même Expert Arpenteur, en présence des Usagers, ou dûement appellés, distrait un tiers au total dans l'endroit de ladite Forêt le plus commode que faire se pourra aux Usagers, auquel tier ou triage sera faite une séparation ou bornage afin de le distinguer du reste de ladite Forêt, lequel canton ainsi séparé & borné sera destiné pour l'usage de ceux qui y ont droit, lors duquel Procès-verbal d'arpentage & de triage les Parties pourront faire tels dires & réquisitions qu'ils jugeront à propos, comme si les Usagers nonobstant la signification qui a été faite dudit Arrêt à leur Procureur, continuent de jouir de leur droit d'une maniere peu convenable.

Et par ce dernier article pour l'exécution dudit Réglement fait par ledit Arrêt, il a été ordonné qu'il seroit imprimé, lu & publié par trois Dimance consécutifs à l'issue de la Messe Paroissiale de Bouset, affiché, publié & registré par tout où besoin sera : ce qui a été fait non-seulement en la Paroisse de Bouset, mais encore dans les Paroisses circonvoisines où demeurent lesdits Usagers, pour qu'ils n'en puissent prétendre cause d'ignorance.

Le sieur Suppliant est d'autant plus intéressé de faire mettre ledit Arrêt en exécution, qu'étant obligé de se rendre incessamment au Régiment, suivant les Ordres de Sa Majesté, il pouvoit arriver que aucuns des Usagers ne demanderoit pas mieux, en suivant leur préjugé, qu'éloigner l'exécution, c'est pourquoi il recourt à Vous & au Conseil, de vous donner la présente Requête.

A ce qu'il vous plaise, Monsieur, donner acte au Suppliant du rapport de l'Arrêt du dix Mai mil sept cent quarante-un, & en acceptant la commission à vous adressée, nommer un Arpenteur pour procéder aux opérations ordonnées par ledit Arrêt, lequel se rendra sur les lieux le jour qu'il vous plaira vous y trouver, indiqué à cet effet, afin que lesdits Usagers puissent faire tels dires & réquisitions qu'ils jugeront à propos. Veu les Significations de publication dudit Arrêt faites tant dans la paroisse de Bouset que circonvoisines, il vous plaise impartir commission pour faire assigner lesdits Usagers à se trouver au jour & lieu qui seront par vous indiqués, sauf au sieur Suppliant de sa part, faire telle remontrance & protestation contraires à celles des Usagers, qu'il croiroit convenables à ses intérêts, comme aussi à se pourvoir pardevant le Juge de Bousset pour l'exécution dudit Arrêt, au chef dont les commissions lui ont été renvoyées, & pour que ces Usagers aient à se conformer audit Arrêt sous les peines y portées; & en cas de mauvaise contestation de la part desdits Usagers, ou d'aucun d'eux, les contestans soient condamnés aux dépens: Et ferez bien.

Ces Arrêts adjugent les deux tiers du bois au Seigneur, & ne laissent aux Usagers que le tiers; la raison est tirée de la différence qu'il y a entre la propriété & l'usage; & comme cet usage est ordinairement dans toute l'étendue de la Forêt, il est de l'intérêt du Seigneur de resserrer les Usagers dans un canton, pour que le Seigneur soit entiérement le Maître des deux autres tiers, qui est la portion qui leur est adjugée, par les Arrêts. V. la *Loi Divus. §. ult. ff. de usu. & habit.* Duluc *placitorum curiæ. L. 7. tit. 7. n. 1.* en rapporte un Arrêt de la veille des Ides de Février 1553. qui juge que l'usage des Habitans dans une Forêt est restrainte au tiers de ladite Forêt, ce qui est fondé sur la Loi *Fundi §. Sicut.* & la Loi *Denique de usu, & habitatio.* Quand il est suffisant pour les Usagers, surtout dans le cas de ceux-ci, qui ne forment point un corps d'Habitans en Communauté, c'étoit des Habitans épars en différentes Paroisses, qui n'ont ce droit réel qu'à cause des maisons, & métairies dont ils sont Propriétaires, ce qui est très-différent d'un seul corps d'Habitans en Communauté, dont les besoins peuvent être mesurés avec plus de précision.

V. *Valla de rebus dubiis tractat* ..... & la Question 12, ci-après.

QUEST. IX. *Quelle Procédure tiendra un Seigneur pour parvenir à cantonner les Usagers dans ces Forêts.*

Comme le Seigneur Propriétaire des Bois chargés d'usage ne se détermine ordinairement à demander son triage, que parce que les Usagers abusent de leurs droits & dégrade ses Bois, il doit commencer par présenter Requête aux Officiers de la Maîtrise des Eaux & Forêts, où il exposera que plusieurs Particuliers, à cause de la propriété qu'ils ont de certaines métairies, ont usage dans tel Bois dépendant de sa Seigneurie, pour y prendre du bois-mort & du mort-bois, même des arbres à bâtir, & rétablir leur maison, (il faut exposer seulement leurs droits & rien de plus,) ainsi qu'il est porté au Terrier de sa Seigneurie, par différentes Reconnoissances, pour lequel droit chacun d'eux paye un cens modique, & quoique les Ordonnances prescrivent aux Usagers de ne faire aucun mésus dans les Bois où ils ont leur usage, sous les peines de la perte de leurs droits, & des dommages & intérêts du Propriétaire, le Suppliant qui ne veut point profiter de ces Ordonnances pour priver ses Usagers des droits qui leur sont infiniment utiles, recourt.

Ce considéré, M. il vous plaise, permettre au Suppliant de faire assigner lesdits Usagers pardevant vous, pour voir dire, que Procès-verbal sera dressé en leur présence, par le premier Notaire qu'il vous plaira commettre, pour constater lesdites dégradations par eux commises dans ledit Bois, pour icelui à vous rapporté, voir dire, qu'il sera par vous procédé au cantonnement dudit Bois, aux offres par le Suppliant de laisser auxdits Usagers, le tiers ou telle portion dudit

Bois en toute propriété, qui sera jugée nécessaire, pour par eux en user, suivant & à la forme des Ordonnances, & ferez bien.

Voyez les questions 13. & 15. ci-après.

QUEST. X. *Sur quoi peut être fondé le droit qu'a le Seigneur de demander que ses Habitans qui ont droit d'usage dans son Bois soient cantonnés?*

S'il est vrai que les Seigneurs ont prétendu faire un grand avantage à leurs Habitans, en leur donnant le droit d'usage dans leurs Forêts, pour y prendre du bois de chauffage, & pour boucher leurs héritages, il n'est pas moins certain qu'ils ont pû y envisager un avantage & un secours utile pour eux-mêmes, pour l'essartement & le nettoyement que cela pouvoit procurer à leurs Bois, qui par cet endroit en fructifieroient beaucoup mieux, chacun sachant que les jeunes sujets d'arbres, chênes, hêtres & autres qui viennent de grains, sont gâtés par le mort-bois, tels que les épines, ronces, & autres qui étouffent ces jeunes sujets, les courbent & les rabougrissent, ce qui les empêche de venir en production de beaux brins; ensorte que ces Seigneurs donnant la faculté à ces Habitans de couper ce genre de bois qui leur devenoit très-nécessaire pour leurs besoins, bien loin de se préjudicier, & de diminuer leurs Bois, ils l'augmentoient pour ainsi dire, parce qu'il est constant que le mort-bois coupé tous les quatre à cinq ans, dans une Forêt, la nettoie, & par-là lui donne lieu de fructifier; mais comme tous les établissemens ont des motifs raisonnables, il n'est pas toujours éxact que l'éxécution réponde aux projets.

C'est ce qui est arrivé dans presque tous les droits d'usage de Bois; les Usagers au lieu de se contenter de ce qui leur avoit été donné, surtout une Communauté d'Habitans, coupent les brins de chênes, des baliveaux, font mourir les chênes, même les futaies, pour en faire du bois-mort, les deshonorent, en coupant la tête ou le sommet, coursent en différens cantons de la Forêt, pour y choisir ce qu'il y a de meilleur; enfin commettent une infinité d'autres abus dont ils se croient à couvert, soit par l'impunité, soit par la qualité & le grand nombre de ceux qui y vont comme eux, sur lesquels ils se déchargent de leur mauvaise conduite; ensorte que loin que la coupe de ce mort-bois fasse du bien à la Forêt, cela lui devient très-nuisible; la bonne police pour faire fructifier un Bois étant qu'elle soit écartée & nettoyée de suite, comme la coupe d'un taillis, & non pas par bouquets & intervalles, comme font la plûpart des Usagers.

Or ces choses ont donné lieu aux Seigneurs qui ne pouvoient plus jouir qu'indivisément avec leurs Habitans, de leurs Bois, de demander qu'il fût fait un triage pour en laisser une portion aux Usagers, & le surplus à lui Seigneur, de laquelle portion ces Habitans jouiroient en toute propriété pour en user seuls, pour leurs commodités, le surplus demeurant libre au Seigneur, quitte & déchargé de tous droits d'usage; & l'équité des Parlemens en accordant avec bien de la justice à ces Seigneurs leurs demandes, a cantonné ces Habitans, les uns au tiers, & d'autres à la moitié des Forêts usageres, selon l'étendue de la Forêt, & les besoins & la quantité des Usagers.

QUEST. XI. *Comment doit se faire le Triage, & le Seigneur a-t-il le choix d'un Canton?*

Les Arrêts qui ont prescrit que les deux tiers du Bois

Bois appartiendroient au Seigneur, ont en même tems ordonné que la portion des Habitans seroit à leur portée, le plus près & le plus commode pour eux, & le moins dommageable que faire se pourra pour le Seigneur, c'est ce qui est porté par différens Arrêts, & entr'autres ceux des 29. Novembre 1549. 10. Décembre 1550. Mars, Juin & Juillet 1582. 27. Septembre 1586. 11. Avril 1587. 25. Mai, 24. Décembre 1607. & 20. Juillet 1613. rapportés par *Gallon en sa Conférence* sur l'article 4. du titre 25. de l'Ordonnance de 1669.

Le tiers pour les Usagers n'est pas toujours une portion fixe pour les Usagers, souvent on en accorde plus ou moins suivant la qualité de l'usage, & la quantité des Usagers; mais il faut avoir soin que la portion destinée aux Usagers soit bornée & limitée par fossés, afin qu'il n'y reste aucune confusion.

QUEST. XII. *Si dans le Triage demandé par le Seigneur contre les Usagers, ces Habitans n'avoient pas assez du tiers pour fournir à leurs besoins, le Seigneur seroit-il toujours en droit d'éxiger en entier ses deux tiers?*

Les Loix & les Ordonnances y ont pourvû; & comme nous avons remarqué au commencement de ce chapitre, que ces sortes de biens sont infiniment précieux à ces Communautés, les Loix qui accordent au Seigneur le triage dans le Bois où ses Habitans ont usage, admettent des différences; si l'usage a été accordé gratuitement ou à titre onéreux, en ce dernier cas il semble qu'il n'est guéres permis d'y déroger pour une partie, le droit étant sur la totalité; voyez la décision de *Grivel* que nous avons rapportée plus haut.

Car si le fonds total ne peut que fournir aux besoins des Usagers, je penserois que le Seigneur seroit obligé d'en laisser tout l'usage à ses Habitans.

Mais comme nous venons de le dire, il n'est pas toujours vrai que l'on adjuge à une Communauté d'Usagers le tiers de la Forêt où ils ont usage; nombre d'Arrêts leur ont accordé, les uns un tiers, les autres la moitié, & les autres moins; cela s'est réglé sur les besoins de la Communauté & des Usagers, & l'étendue de la Forêt.

Monsieur Bouhier en ses Observations sur la Coûtume de Bourgogne (a) en rapporte un Arrêt de ce Parlement du 6. Février 1621. qui adjuge le tiers aux Habitans d'Aunay-la-Coste, & ce de proche en proche; au nombre 86. il en rapporte un autre du même Parlement du 19. Juillet 1657. qui adjuge moitié de la Forêt usagere aux Habitans des Granges & de S. Desert; au nombre 85. Il en rapporte un autre du 14. Juin 1569. où il dit, que des Habitans seroient cantonnés à dire d'Experts, eu égard à la quantité de bois nécessaires pour leur usage; enfin au nombre 87. il en rapporte un du 23. Décembre 1678. par lequel il fut ordonné que sur 1500 arpens de bois il en seroit laissé aux Usagers dans les endroits les plus commodes pour eux la quantité nécessaire pour subvenir à leurs usages.

(a) Cha. 62. n. 75.

Suivant ces régles, la premiére attention est, si dans le tiers que l'on laisse aux Usagers ils ont lieu d'y trouver aisément de quoi satisfaire à tous leurs besoins, parce qu'en ce cas, ils n'auroient nulle raison à s'opposer à ce qui peut profiter à leur Seigneur, & qui ne leur porte aucun dommage: *Eo sanè casu id quod mihi prodest, & tibi non nocet, facilè concedendum est.*

Ces principes ainsi établis, il y a trois choses à considérer pour régler un triage & un cantonnement à des Usagers, & à une Communauté : 1°. l'étendue & possibilité de la Forêt, c'est à-dire, la quantité dont elle est composée : 2°. le nombre des Habitans & Usagers pour y proportionner leurs nécessités ; & 3°. la nature du droit dans les différences que nous avons expliquées.

Et si par ces considérations éclaircies, il est prouvé que les bois ne suffisent pas pour les besoins du Seigneur & des Usagers, que pourra faire le Grand-Maître des Eaux & Forêts ? Chasseneux (a) tient qu'en ce cas il faut donner la préférence au Propriétaire; mais Dumoulin en sa note sur Chasseneux, soûtient qu'il faut excepter le cas où l'usage est dû à titre onéreux : *Nisi usuarius habeat causam onerosam à Domino qui ei teneretur usum bonum facere.*

(a) *In consf. Burg. Rub.* 13. §. 2. *verb.* Usage de Bois n. 27.

M. Bouhier dans ses Observations au même lieu nomb. 82. propose en ce cas quelque chose qui paroît bien sage, il dit qu'il n'est guéres possible de résister à la résolution d'une belle Loi, citée par Salvaing (b), qui est celle qui décide qu'encore qu'on ait droit de tirer des pierres de la carriére d'autrui, moyennant quelque redevance, cela cesse lorsque la carriére ne peut plus suffire aux besoins du Propriétaire lui-même : *Ut neque usus necessarii lapidis intercludatur, neque commoditas rei Domino admiratur* (c). A quoi M. Bouhier ajoute une décision qui peut être confirmée par l'exemple des Loix, qui permettent au Propriétaire d'une maison d'en expulser le Locataire, quand il veut l'aller habiter lui-même; ainsi je conclus, *dit M. Bouhier*, que nonobstant l'avis de Dumoulin, bien que le droit d'usage ait été constitué à titre onéreux, il doit être supprimé ou retranché au cas dont il s'agit; bien entendu, que s'il est

(b) Ch. 96. p. 473.

(c) L. 13. §. D. *commun. præd*ior.

dû pour ce droit quelque redevance, elle doit être ſupprimée ou retranchée à proportion.

C'eſt ce qui eſt pareillement décidé par Claude Malleville, en ſon Commentaire ſur l'art. 88. de l'Ordonnance de . . . . fol. 98. verſo, où cet Auteur dit : *Sed ſi tam rara eſt Silva ut Domino & Uſuario ſatis eſſe non poſſit, Dominum Uſuario præferendum eſſe aiunt.*

Mais ces choſes ne ſont & ne peuvent être que dans le cas qu'il ſoit prouvé que le Seigneur ait donné gratuitement & ſans aucune charge, prix d'argent, cens ni redevance, cet uſage aux Habitans dans ces Bois, autrement ils ſont cenſés avoir acheté à beaux deniers comptans cet uſage qui leur a été vendu par le Seigneur, ce que le nouveau Seigneur ne peut détruire & reprendre ce qui n'eſt plus à lui.

Enfin quelque reſpectables que ſoient ceux du ſentiment contraire à Dumoulin, nous ne pouvons nous empêcher de dire ici que la queſtion ſe trouve décidée par l'article 4. du tit. 25. de l'Ordonnance de 1669. qui eſt la Loi Ecrite qu'il faut ſuivre. Cet article porte : » Si néanmoins les Bois étoient de la conceſſion „ gratuite des Seigneurs, ſans charge d'aucuns cens, „ redevance, preſtation ou ſervitude, le tiers ne pourra être diſtrait & ſéparé à leur profit en cas qu'ils le „ demandent & que les deux autres tiers *ſuffiſent* pour „ l'uſage de la Paroiſſe, *ſinon le partage n'aura lieu.*

Cette Loi eſt conforme à ce qu'a écrit Saint Yon ; en ſa Note 3e. ſur l'article 6. du titre 27. liv. 3. de ſes Réglemens, aux mots, *une tierce partie*. Voici ce que cet Auteur rapporte.

» Le plus coûtumiérement cela ſe fait ainſi, non pas „ toujours, comme par Arrêt des Juges en dernier reſ„ ſort, du 27. Septembre 1586. pour le Seigneur de S.

„ Pere-du-Mont, contre les Manans & Habitans de Flez, „ au nombre de 46. de 193 arpens un quartier de bois, „ en fut adjugé 80 arpens, aux Habitans. Par autre Arrêt „ du 11. Avril 1587. pour le sieur Duc de Nevers, con- „ tre les Manans & Habitans de Saint Pierre de Ba- „ gneux, de 30 à 40 arpens de bois en fût adjugé 25 „ aux Habitans ; aussi à mon rapport j'ai vû débou- „ ter un Seigneur de Réglement de partage, de „ quelques usages & pâturages par lui requis, & les lais- „ ser entiérement aux Habitans; doncques il faut tenir, „ que quand d'une grande quantité de bois & pâtura- „ ges Communaux, eu égard au nombre des Habitans, „ la tierce partie est suffisante ou plus que suffisante „ pour leur usage, elle leur est adjugée, sinon on „ leur adjuge moitié, ou plus de moitié, ou leur délais- „ se-t-on le tout, selon qu'on juge leur être nécessai- „ re pour la perception de leurs droits, préférables à la „ commodité du Seigneur qui n'est point recevable à „ demander Réglement, sinon quand les Habitans „ ont de quoi se passer largement d'une tierce partie, „ ou autre part & portion qui peut leur être délaissée, *Quænam ista societas quænam consortis est? Parum est si cujus pars tua nulla adhuc fuit in partem ejus venis, nisi partem petendo totum traxeris.* Tite-Live liv. 6.

Cette Jurisprudence nous apprend que l'article 4. de l'Ordonnance que nous venons de rapporter, a entendu que les Comunautés d'Habitans fussent favorisées par les raisons énoncées en l'Edit du mois d'Avril 1667. & qu'on doit appliquer au cantonnement des Usagers la disposition que la Loi a ordonnée par des Triages.

QUEST. XIII. *La portion abandonnée par le Seigneur aux Habitans, pour leur tenir lieu d'usage dans un Bois, est-elle en toute propriété en fonds & très-fonds?*

Nous avons fait voir que le Seigneur a la propriété de la Forêt, où lui ou ses Auteurs ont donné usage à leurs Habitans ; or le Seigneur n'a rien donné dans le fonds & très-fonds; mais seulement dans la superficie qui est le Bois, par conséquent le triage fait & délaissé aux Habitans, n'est que pour la propriété utile des Bois qui occuperont l'étendue & la superficie du terrein à eux abandonné, lequel terrein, en fonds & très-fonds reste toujours en toute propriété au Seigneur ; c'est ce qui est précisément décidé par l'Arrêt du Parlement de Paris du 30. Août 1586. entre Dame Anne de Bessey, les Habitans de Fontaine-Françoise, Chazeul, les Religieux de Baize, & autres, par lequel il est dit, que pour le droit d'usage dans les Forêts de Velours, il sera laissé les Bois spécifiés, & est ordonné que les quatre portions de bois qui seront baillées „ tant auxdits Habitans de Fontaine-Françoise, Chazeul, qu'auxdits Religieux de Baize, & auxdits Damien, Mariete, & consors, ladite de Bessey ne „ pourra dorénavant prétendre aucune chose, *fors de la propriété nue*, avec la Chasse, Justice, Amendes, forfaitures & Confiscation.

Voyez la Question 9. ci-devant, & les 15. & 16. ci-après.

QUEST. XIV. *La concession d'un droit d'usage, ou de la propriété d'un Bois à une Communauté en nom collectif d'Habitans, n'est-elle pas censée faite, non-seulement à tous ceux qui y étoient pour-lors, mais encore à tous ceux qui pourroient y venir s'y établir ; & dans le cas où le Seigneur demanderoit le Triage, devroit-on considérer le nombre des Habitans présens & à venir ?*

Il est certain qu'une donation & une concession faite des Habitans en nom collectif, est censée faite non-seulement à ceux qui composoient pour-lors la Communauté de ces Habitans, mais encore à tous ceux qui viendroient s'y établir dans la suite; il est même à présumer, & l'on doit croire que les Auteurs de pareilles concessions, ont prévu que le nombre en augmenteroit, puisque suivant tous les Auteurs, ces concessions n'ont été faites par les Seigneurs que pour s'attirer de nouveaux Habitans en nombre plus considérable, se les conserver, augmenter par-là leurs droits, enrichir le commerce, & rendre la culture des terres, & les récoltes plus abondantes, par conséquent ils ont porté leurs vûes à ce qui pouvoit arriver, & à ce qu'ils avoient envie qui arrivât.

Pereze s'est fondé sur ces mêmes principes, pour décider cette question; *In tit. cod. de usufruct. & habit. lib.* 3. *tit.* 33. *n.* 35. *dispositio generalis, per nomen collectivum comprehendit etiam futurum augmentum* ; & pour le résoudre plus aisément, il donne l'exemple d'une concession d'usage dans un Bois, faite à des Habitans; *His addendum quod in usu frequens, ut si certis oppidis concessum fuerit, jus secandi ligna in nemore vicino, idque jure servitutis, quòd si numerus oppidorum excrescat, nihilominus eo jure uti possunt omnes, nam etsi augeatur numerus, tamen semper idem est populus, prout & grex idem judicatur, si in locum de mortuorum capitum alia substituantur.*

Suivant ce Jurisconsulte il est donc clair qu'une concession de cette espéce faite à des Habitans, est pour ceux qui étoient à venir, ainsi que pour ceux qui étoient pour-lors présens, il en est de même que si ce droit avoit été donné à *Titus*, pour lui & sa famille, comme dit *le Grand, sur la Coûtume de Troyes (a)*, » Ces mots „ (*& sa famille*) reçoivent extension : *Ensorte*, dit „ cet Auteur, que si Titus vient à décéder, laissant plu- „ sieurs enfans, demeurans sur le lieu, l'usage ne devra „ pas être restraint & limité à la qualité que l'on donnoit „ au pere de son vivant; mais devra être étendu & aug- „ menté à raison du nombre des enfans, & à raison „ de ce que chacun d'eux en a besoin, pour la cultu- „ re & nécessité de son ménage, vû même que *familiæ* „ *nomine etiam servi continentur. l. ult. c. de verb. signific.* „ & à plus forte raison le nombre des enfans est une „ augmentation de famille, à raison de laquelle aug- „ mentation l'usage doit aussi être augmenté, se devant „ le Seigneur imputer de n'avoir autrement exprimé, „ un certain nombre de personnes qui auroient seule- „ ment le droit d'usage ; autre chose seroit, continue „ cet Auteur, si les enfans ne demeuroient pas sur „ les lieux.

(a) Cl. 2. n. 22.

Ce sont ces considérations qui doivent être présentes à ceux qui procédent au triage des Usages & Communaux d'Habitans, dont la condition à cause des charges de l'Etat qu'ils supportent, doit être extrêmement favorisée.

Duret en sa remarque sur l'art. 336. de *l'Ordonnance de Blois*, dit que ceux d'un Village en nombre de dix à douze feux, ayant obtenu le droit de prendre du bois,

pour

pour leur chauffage dans une Forêt, s'il arrive que le Village augmente jusqu'à cent feux, tous les nouveaux venus doivent jouir, & il cite *Grégoire de Toulouse*, dans le livre *Syntag. Jur. f.* 156. *col.* 2. *&* 157. *col.* 1. *& Ranchin lib.* 1. *concl.* 15.

QUEST. XV. *Après le partage & triage fait avec le Seigneur & les Habitans, pour les usages, le Seigneur n'a-t-il plus aucun droit sur le tiers délaissé aux Habitans?*

Le Seigneur n'a plus aucun droit pour les fruits, c'est-à-dire, dans la coupe des arbres, ni dans le pâturage, il doit se contenter des deux tiers qui lui sont adjugés & marqués; il lui est même fait défenses après le partage fait de rien entreprendre en la portion des Habitans; c'est ce qui résulte de deux Arrêts rapportés par Gallon en sa Conférence sur l'article 6. du titre 25. de l'Ordonnance de 1669. l'un rendu entre M. le Duc de Longueville, & les Habitans de Saint Nicolas de Frérétal & consors, le 23. Septembre 1547. & l'autre du 29. Mars 1548. rendu entre les Abbé & Religieux de Saint Edme de Pontigny, & les Habitans de Venissy & consors, en payant par lesdits Habitans les redevances, dont ils sont chargés, envers lesdits Seigneurs.

Mais le Seigneur qui paroît n'avoir plus aucune chose dans le tiers des bois échus à ses Habitans Usagers y conserve cependant outre la nue propriété, comme nous l'avons dit, tous les droits de Justice, tels que la chasse, amendes, forfaitures, confiscations; c'est ce qui est précisément porté par les deux Arrêts ci-dessus rapportés.

QUEST. XVI. *Les Habitans ainsi partagés, le Seigneur ne peut-il pas les faire reconnoître à son Terrier, les cens, redevances qu'ils doivent, & ces cens porteront-ils lods & ventes?*

Le Seigneur Haut-Justicier a droit de faire reconnoître à son Terrier tous les héritages sur lesquels il a Justice, quand même ils ne lui devroient aucunes prestations ni servitudes, ainsi que nous l'avons fait voir, pour les héritages tenus en franc-aleu dans notre premier volume, par conséquent le triage du bois qui est échu aux Habitans, doit être reconnu au Terrier du Seigneur; d'autant mieux que ce bois a changé de confins & limites, par la restriction faite par le triage; & que d'ailleurs le cens qu'il doit au Seigneur doit être inscrit dans le Terrier du Seigneur, comme les autres cens & rentes.

Cette reconnoissance doit être faite en corps de Communauté, ou au moins par les Maire, Syndics & Echevins, pour le général des Habitans, étant leurs Procureurs spéciaux; nous donnerons ci-après le Modéle de cette Reconnoissance.

A l'égard de la question, sçavoir si ce cens porte lods & ventes; cela n'est pas douteux, dans les Coûtumes où le cens emporte lods & ventes, quand même le droit casuel n'y seroit pas exprimé.

En Bourgogne où le cens n'emporte pas lods ni amende de sa nature, il faut une expression dans le titre, ou une possession suffisante de les percevoir, hors que le cens ne fût déclaré *emphitéotique*, cas auquel il est attributif de lods & ventes.

Modéle de Reconnoissance des Habitans d'une Communauté du Bois à eux échu par triage.

Me. Nicolas. M. Syndic des Habitans de la Communauté & Paroisse de L . . . . & N. N. Echevins de ladite Communauté, demeurans audit lieu, sont comparus devant le Notaire Royal, résidant à . . . . soussigné, où étant en présence des Témoins ci-après nommés, ils ont pour & au nom de ladite Communauté, dont ils ont le pouvoir suivant la Délibération d'icelle, en date du . . . . . . ci-joint, & annéxée à la Minute des présentes, volontairement déclaré, reconnu & confessé qu'ensuite du Triage qui a été fait par M. le Grand-Maître des Eaux & Forêts de cette Province, ou les Officiers de la Maîtrise de . . . . . . il leur est échu en partage le tiers du Bois de la Junchere, ainsi qu'il est porté par le Procès-verbal de mesdits Sieurs les Officiers de la Maîtrise du . . . . . lequel ils nous ont communiqué, en conséquence duquel & des reconnoissances faites par les Habitans de ladite Communauté, à l'ancien Terrier de ladite Seigneurie de . . . . . le . . . . signé . . . . Notaire Royal, ils déclarent tenir, porter & posséder, en toute Justice, haute, moyenne & basse, & en toute directe Seigneurie, de haut & puissant Seigneur Messire . . . . absent, ledit Notaire Royal stipulant & acceptant pour ledit Seigneur à cause de sa Seigneurie de . . . . . .

C'est à sçavoir un Bois situé en ladite Paroisse de . . . . appellé de la Junchere, contenant tant d'arpens & perches, joignant le surplus du Bois de la Junchere, qui sont les deux tiers restés aud. Seigneur par le Procès-verbal susdaté, fossé & bornes entre deux d'Orient, le Ruisseau de Berly de Midy, le chemin tendant de Cronat à Saint Germain d'Occident, & les Places communes desdits Habitans de Bize ou Septentrion. Sous le cens de . . . . payable & portable annuellement & perpétuellement dans le Château de . . . . dudit Seigneur à chacun jour de Saint Martin d'Hyver, sans pouvoir toutefois par lesdits Habitans en corps ou chacuns en particulier, étêter aucun arbre, essarter ni défricher aucunes parties dudit Bois, pour les mettre en labourage ou autrement, ni d'y faire aucune dégradation, sous les peines portées par les Ordonnances des Eaux & Forêts & Réglemens, lesquelles ils seront tenus d'observer, ledit cens portant lods & ventes, & tous autres droits Seigneuriaux, suivant la Coûtume de cette Province, lesquels cens, droits & devoirs, lesdits confessans audit nom seront tenus, promettent & s'obligent de payer audit Seigneur annuellement, tant & si long-tems que ladite Communauté sera Propriétaire & jouissante dudit Bois, & pour sûreté & entretennement de tout ce que dessus, ont obligé audit nom, tous & chacuns les biens de ladite Communauté, qu'ils ont soumis à toutes Cours, renonçant à toutes choses à ce contraires, & donneront expédition des présentes audit Seigneur à leurs frais. Fait, lû & passé, &c.

L'on estime que pour plus grande éxactitude, & plus sage précaution, il conviendroit d'annéxer la Grosse du Procès-verbal de Triage à ces reconnoissances.

CHAPITRE NEUVIE'ME, DES PEINES ET RESTITUTIONS.

QUESTION PREMIERE.

Les Amendes pour délits commis dans les Bois des Seigneurs Laïques & Eccléſiaſtiques, Commanderies, Communautés & Hôpitaux, Maladeries & ſimples Particuliers, appartiennent-elles toutes au Roi?

LEs Amendes ſont les peines que méritent ceux qui ont forfait, commis des délits, malverſations & quelques dépradations en tout genre contre ce qui eſt preſcrit par les Loix, ſoit contre les bonnes Mœurs, la Police, la Juſtice, les intérêts du Roi, de l'Etat du Public, & même des Particuliers, parce que tout délit doit être puni *aut in ære aut in cute*; & ces amendes appartiennent communément & ordinairement au Seigneur Haut-Juſticier, comme chargé de l'adminiſtration de la Juſtice & de la punition des crimes, pour l'indemniſer des frais conſidérables que lui coûte la pourſuite des coupables.

Quant à celles qui s'adjugent en fait de délits de Bois, il faut y faire des diſtinctions, 1°. on doit examiner ſi c'eſt dans les Bois des Domaines de Sa Majeſté, quoiqu'ils ſoient ſitués dans la Juſtice d'un Seigneur Particulier, en ce cas les amendes en appartiennent au Roi, c'eſt ce qui eſt établi par preſque tous les articles du titre 27. de l'Ordonnance de 1669.

2°. Dans les Bois tenus en grurie, tiers & danger, les amendes en appartiennent au Roi ſeul, comme s'étant réſervé la Juſtice, & tous les profits qui procédent de ces Bois, ſuivant les articles premier & douze du titre 23. & 17. du titre 32. de ladite Ordonnance.

3°. A l'égard des amendes qui s'adjugent pour les Bois des Communautés, & Gens de Main-morte, elles appartiennent au Roi, ſuivant les articles 4. & 7. du titre 24. de la même Ordonnance, & 17. du titre 32. par la raiſon qu'il eſt le Protecteur & le Conſervateur des biens des Eccléſiaſtiques & Gens de Main-morte.

4°. Pour celles des délits dans les Bois & Communaux des Habitans, elles appartiennent au Seigneur Haut-Juſticier du lieu où ſont ſitués les Bois; ſi c'eſt le Roi qui ſoit Seigneur Haut Juſticier, elles lui ſont acquiſes; ſi c'eſt un Seigneur Eccléſiaſtique ou Laïc, elles lui appartiennent, c'eſt ce qui eſt preſcrit par l'article 21. du titre 25. de ladite Ordonnance.

5°. Si c'eſt dans les Bois d'un Seigneur Particulier, les amendes prononcées par l'Ordonnance lui appartiendront, comme Seigneur Haut-Juſticier, c'eſt l'eſprit des articles du titre 39. de la même Ordonnance.

6°. Enfin ſi les délits ont été commis dans les Bois de quelques Particuliers propriétaires deſdits Bois, les amendes en appartiendront au Seigneur Haut-Juſticier, dans la Juſtice duquel ils ſeront ſitués.

Il eſt cependant néceſſaire d'obſerver, que lorſque les Procureurs Généraux ou leurs Subſtituts dans les Maîtriſes ont prévenu les Officiers des Seigneurs, & fait condamner les Délinquans, en ce cas l'amende appartient au Roi, & non au Seigneur Haut-Juſticier qui ſe trouve par cet endroit puni de la négligence de ſes Officiers; c'eſt ce qui eſt preſcrit par les art. 11. 12. & 13. du titre premier de l'Ordonnance de 1669.

dont l'éxécution a été prononcée par l'Arrêt du Conseil d'Etat du dixiéme Septembre 1738. qui casse deux Arrêts du Parlement de Dijon des 6. & 10. Juillet audit an, & condamne le nommé Jean Bondy, Fermier du Sieur Morguiron à payer l'amende par lui encourue ès mains du Garde général, Collecteur des Amendes de la Maîtrise d'Autun, pour en être compté au profit de Sa Majesté, quoiqu'il s'agît d'un délit commis dans les Bois du Seigneur, & cela fondé sur ce que les Officiers de la Maîtrise d'Autun avoient prévenu, & que l'affaire y avoit été jugée en premiere Instance. Cet Arrêt se trouve après la question .... Une autre observation, est que les amendes des délits commis dans les Terres & Seigneuries engagées à quelque titre que ce soit, n'appartiennent pas à l'Engagiste ni au Fermier de la Seigneurie; mais nuement au Roi; c'est ce qui est précisément porté par les articles 5. & 6. du titre 22. de l'Ordonnance de 1669. parce qu'il n'est qu'Usufruitier, & que le Roi est Propriétaire.

Ajoûtons à ces cas, celui des délits jugés par le Grand-Maître, par réformation dans le cours de ses visites dont nous avons fait un Chapitre plus haut.

QUEST. II. *Ceux qui coupent de jeunes Arbres ou Baliveaux dans les Forêts au-dessus de trois pieds de tour, ne sont-ils condamnés qu'à la peine portée par le titre 32. de l'Ordonnance?*

L'Article 31. du Réglement fait par Henry IV. du mois de Mai 1597. porte : » Les larcins des jeunes arbres & baliveaux étant fréquens en nos Forêts, sans » que les Délinquans puissent être appréhendés & punis, à cause de la facilité de la coupe & transport

» d'iceux, ce qui nous tourne à grande perte & dommage, & empêche le repeuplement de nosdites Forêts, Nous pour faire cesser de tels dégats, voulons & ordonnons & nous plaît, que ceux qui se trouveront avoir ci-après coupé aucuns Arbres baliveaux de moindre grosseur que de trois pieds de tour soient condamnés, (outre la restitution du bois) au double du pied de tour, porté par l'Ordonnance du Roi François Premier, notre très-honoré Seigneur & grand Oncle. Fait à Paris en Janvier 1518.

L'Ordonnance de 1669. titre 23. distingue les délits & les peines; on y peut recourir, & ce n'est que dans les cas non prévûs qu'il faut chercher la décision dans les Ordonnances antérieures.

QUEST. III. *Quelles peines encourent ceux qui coupent les Arbres marqués pour la Marine?*

Nous ne pouvons mieux instruire le Public qu'en rapportant l'Arrêt du Conseil du 23. Juillet 1748. qui porte ces peines.

ARREST DU CONSEIL D'ETAT DU ROI,

Qui fait défenses aux Communautés Ecclésiastiques, Séculiéres, Réguliéres & Laïques, & même aux Particuliers propriétaires de Bois, de faire abattre aucun des arbres futaie ou épars, & baliveaux sur taillis, qui auront été marqués du Marteau de la Marine, &c.

Du 23. Juillet 1748.

Extrait des Registres du Conseil d'Etat.

LE ROY s'étant fait représenter en son Conseil, Sa Majesté y étant, l'Ordonnance des Eaux & Forêts du mois d'Août 1669. Titre des Bois à bâtir pour les Maisons Royales & Bâtimens de Mer, & les Titres des Bois appartenans, tant aux Ecclésiastiques, Gens de

Main-morte, Communautés & Habitans des Paroisses, qu'aux Particuliers, de la même Ordonnance, ensemble l'Arrêt du Conseil du vingt-un Septembre 1700. servant de Réglement pour les Bois propres au service de la Marine: Et Sa Majesté ayant reconnu par le compte qu'Elle s'est fait rendre des dispositions des différens Articles contenus dans ces Titres de l'Ordonnance de 1669. & de celles portées par l'Arrêt du Conseil du vingt-un Septembre audit an 1700. qu'il n'y est infligé aucune peine contre ceux qui se trouveroient convaincus d'avoir abattu ou fait couper des Arbres, que le bien du service de la Marine auroit déterminé à faire marquer pour le service présent, ou pour être conservés pour celui à venir; & que sous ce prétexte plusieurs Communautés Ecclésiastiques & Laïques, & même des particuliers, s'étoient ingérés de disposer, sans aucune formalité, de ces sortes d'Arbres. Et d'autant qu'une pareille licence est aussi contraire à l'esprit & à la lettre des Réglemens, qu'au bien du service de la Marine, Sa Majesté a résolu de faire connoître sur ce ses intentions. Oüi le rapport du Sieur de Machault, Conseiller ordinaire au Conseil Royal, Contrôleur Général des Finances. LE ROY ÉTANT EN SON CONSEIL, a ordonné & ordonne que les Articles contenus en l'Ordonnance des Eaux & Forêts, du mois d'Août 1669. Titres des Bois à bâtir pour les Maisons Royales & Bâtimens de mer des bois appartenans aux Ecclésiastiques & Gens de Main-morte, Communautés & Habitans des Paroisses, & des Bois appartenans aux Particuliers, ensemble l'Arrêt du Conseil du 21. Septembre 1700. seront exécutés selon leur forme & teneur; & en conséquence, Sa Majesté a fait très-expresses inhibitions & défenses aux Communautés Ecclésiastiques, Séculieres, Régulieres & Laïques, & même aux Particuliers propriétaires de Bois, de quelque qualité & condition qu'ils soient, de faire abattre à l'avenir sous quelque prétexte que ce soit, aucun des Arbres futaie ou épars, & baliveaux sur taillis, qui auront été marqués du Marteau de la Marine, pour le Service, soit présent, soit à venir, de ladite Marine; à peine de confiscation desdits Arbres & Baliveaux, de trois mille livres d'amende pour la première contravention, qui ne pourra être réputée comminatoire, & de plus grande peine en cas de récidive. Enjoint Sa Majesté très-expressément aux Commissaires de la Marine, de dénoncer aux Sieurs Grands-Maîtres des Eaux & Forêts, & aux Officiers des Maîtrises particulieres, ceux qui contreviendront aux défenses portées par le présent Arrêt: & tant auxdits Sieurs Grands Maîtres, qu'aux Officiers desd. Maîtrises, de tenir, chacun en droit soi, la main à l'exécution dudit présent Arrêt, lequel sera lû, publié, affiché & signifié par-tout & à qui il appartiendra, & exécuté nonobstant opposition ou autres empêchemens généralement quelconques, pour lesquels ne sera différé, & dont si aucuns interviennent, Sa Majesté s'en est, & à son Conseil, réservé la connoissance, & icelle interdit à toutes ses Cours & autres Juges. FAIT au Conseil d'Etat du Roi, Sa Majesté y étant, tenu à Compiegne le vingt-troisiéme jour du mois de Juillet mil sept cent quanrante-huit.

Signé, PHELYPPEAUX.

QUEST. IV.

QUEST. IV. *Est-il permis de faire amasser & emporter des Forêts du gland, de la feine & autres fruits?*

Suivant la nouvelle Ordonnance, (*a*) il est défendu d'abbatre les glands & feines, les ramasser & enlever des Forêts, sous prétexte d'usage ou autrement, à peine de 100 liv. d'amende contre les contrevenans.

(*a*) Tit. 3. art. 18. tit. 27. art. 27.

Il n'est pas même permis de couper dans les Forêts du Roi des herbages, ni de les enlever & emporter, soit des Bois, Forêts, Boqueteaux, Garennes & Buissons, à peine pour la premiere fois pour faix à col, cinq livres, charge de cheval ou bourique vingt-livres, pour harnois quarante livres, le double pour la seconde fois, & le bannissement du ressort de la Maîtrise, & dans tous les cas la confiscation des chevaux, bouriques & harnois qui se trouveront chargés; c'est le texte de l'article douze du titre 32. de ladite nouvelle Ordonnance.

La Coûtume de Nivernois chap. 17. article 17. en avoit fait une disposition précise; elle porte: » En Bois » appartenant à autrui en pleine propriété, il n'est loi» sible à aucun d'y cueillir, abbattre, prendre & » amasser gland, feine, pommes ou autres fruits, sans » le congé ou consentement exprès du Seigneur fon» cier, sur peine pour la premiere fois de 20 s. tour» nois d'amende qui se partiront entre le Seigneur de » la Justice & le Seigneur Foncier; pour la seconde » fois, sur peine de 60 s. tournois qui se partiront com» me dessus; & pour la troisiéme fois d'être puni, com» me larron avec dommages & intérêts du Seigneur » Foncier, si il n'y a privilége au contraire.

L'art. 18. qui suit, concerne les Bois Usagers; il dit » En Bois Usagers est observé semblable peine

» & punition que dessus, & outre ce est réservé » aux Usagers action & poursuite pour leurs inté- » rêts & dommages, s'il n'y a privilége comme » dessus.

QUEST. V. *N'y auroit-t'il pas de peine contre les Bateliers qui passeroient nuitamment des Bois volés?*

L'article 32. du Réglement de 1597. porte: » Faisons inhibitions & défenses à tous Bateliers, Mari- » niers, Marchands & Voituriers de transporter ou fai- » re transporter desdites Forêts de nuit par eau, ou » autrement, aucun Bois de chauffage, merin ou au- » trement, ni pareillement d'en charger de jour en » leursdits Bateaux, ni de partir des Ports où ils l'auront » chargé, sans avoir certificat authentique des Offi- » ciers des Eaux & Forêts des lieux, & du Marchand » Ventier ou des Propriétaires qui auront baillé & dé- » livré ledit bois, si ce sont particuliers auxquels il ap- » partient, de la quantité, essence & qualité d'icelui, » du lieu & Forêts, du nom du Marchand ou Proprié- » taire dont il proviendra, le jour de la délivrance & » partement dudit Port: lequel certificat ils seront te- » nus si-tôt qu'ils seront arrivés ès villes où ils se vou- » dront arrêter & exposer en vente leurdit Bois, au- » paravant que de le faire débarder & décharger sur les » Ports, d'apporter aux Greffiers des Tables de Mar- » bre, si aucuns y a, sinon aux Greffes des Siéges des » Maîtrises particulieres desdites Eaux & Forêts pour » y être enregistré, sans que pour obtenir ledit certi- » ficat, ou pour l'enregistrement d'icelui, ledit Mar- » chand & Voiturier soient surchargés d'aucuns frais, » quels qu'ils soient, par nos Officiers, sur peine d'a- » mende arbitraire.

QUEST. VI. *Qu'entend-t'on par restitutions pour délits ? & appartiennent-elles au Roi, au Seigneur Justicier, ou au Particulier !*

En fait de condamnation pour délits commis dans les Bois, la restitution ou l'intérêt est inséparable de l'amende, mais le profit n'appartient pas au même, les deniers de l'amende appartiennent au Roi, ou au Seigneur Haut-Justicier, suivant les circonstances ; au lieu que les restitutions & dommages sont adjugés au Propriétaire du fonds. Voyez les art. 8. 14. & 15. du titre 32. de l'Ordonnance, & l'article 50. de l'Edit de 1716.

La restitution n'est proprement que pour tenir lieu au Propriétaire du Bois, de la perte de ce qu'il souffre dans sa proprieté, quand la Justice est unie à la propriété; l'amende & la restitution sont adjugées au Seigneur pour délits commis dans les Bois du Domaine du Roi, même dans ceux des Domaines engagés à quelque titre que soit l'engagement, la restitution comme l'amende au Roi, suivant l'article 5. du titre 22.

2°. Il en est de même pour les délits commis dans les Bois tenus en grurie, grairie, tiers & dangers, pour la portion que le Roi a auxdits Bois, & aux Particuliers aussi à chacun au *prorata* de leurs portions dans les mêmes Bois, & qu'ils ont coûtume d'avoir aux ventes, articles 12. du titre 23.

3°. Qu'en restitutions ordonnées pour la peine des délits commis dans les Bois des Prélats, Abbés, Prieurs, Communautés Ecclésiastiques, Séculieres & Réguliéres, Commanderies, Hôpitaux, Maladeries & autres gens de Main-morte, il y a trois distinctions à faire.

Premierement, Si ces délits sont du fait de quelques

Particuliers, la reſtitution & les dommages & intérêts leur appartiennent. *Secondement*, ſi les délits ſont du fait des gens de Main-morte, & par contravention, en coupant des arbres futaies, baliveaux ſur taillis, ou touchant au quart mis en réſerves, ou en entreprenant au-delà des coupes ordinaires & réglées, la reſtitution en eſt du quadruple de la valeur des bois coupés ou vendus, mais la reſtitution n'appartient point aux Bénéficiers ou Communautés; l'Ordonnance veut que ſi elles excedent 500 liv. le prix ſoit employé en fonds pour le Bénéfice ou Communauté, Collége, Commanderie & autres, & le revenu appliqué à l'Hôpital des lieux, pendant la vie en la poſſeſſion des Bénéfices, Commandeurs, Recteurs, ou Adminiſtrateurs; & ſi la reſtitution eſt moindre de 500. liv. elle appartiendra entierement à l'Hôpital des lieux ou plus prochain des lieux; c'eſt ce qui eſt ordonné par l'article 4. du titre 24.

Troiſiémement, comme les Bois des gens de Main-morte doivent ſe gouverner avec les mêmes peines & réſerves des Bois du Roi, les Fermiers, Œconomes, Receveurs, Marchands & Adjudicataires doivent s'y conformer, quoiqu'ils n'y fuſſent pas obligés par leurs Baux, Marchés & Adjudications à peine d'amende arbitraire, au profit du Roi, confiſcation du prix des ventes & Bois abbatus, reſtitution, dommages & intérêts au profit du Bénéfice ou Communauté, dont ſera fait fonds, & le revenu affecté à l'Hôpital plus prochain des lieux, pendant la vie du Bénéficier; c'eſt le texte de l'art. 7. du même titre.

CHAPITRE X.

DIFFERENTES QUESTIONS SUR LES BOIS.

QUESTION PREMIERE.

N'y a-t'il pas des Provinces, où la Dixme des Bois est dûe, & dans ces endroits se paye-t'elle en espece?

LA Dixme des Bois est peu usitée, cependant il y a des Diocèses où elle se paye; il y a un Arrêt du Parlement du 23. Août 1664. rapporté dans le Code des Curés (*a*) qui adjuge au sieur Curé de Saint Just, la Dixme sur tous les Bois appartenans à Demoiselle Madeleine Bunache, veuve de sieur Jean Savary, Secrétaire du Roi, à l'exception de ceux qui seront employés pour son chauffage.

(*a*) Prem. vol. p. 71.

Les Ordonnances de 1376. art. 42. de 1388. art. 41. de 1402. article 40. & du mois de Mars 1515. portent que ce qui sera dû des Dixmes, pour cause des Bois du Roi, sera pris dorénavant sur le prix des ventes, & payé en deniers, aux termes qui seront ordonnés, aux Marchands, à chacun terme pour portion, par la main du Receveur ou Vicomte, non en Bois ni en autre maniére.

QUEST. II. *Quand un Bois taillis est réputé meuble.*

Pour qu'un Bois taillis soit réputé meuble il faut qu'il soit en coupe réglée, & qu'il s'en exploite chaque année un canton ordinaire, ensorte que dès le moment que l'année de sa coupe est ouverte, il est dès lors réputé meuble, c'est ce qui est décidé par les Coûtumes de *Laon* tit. 10. art. 105. de *Châlons* tit. 14. art. 111. de *Sedan* tit. 2. art. 14, 15 & 16. & c'est par cette raison qu'il est regardé comme un fruit qui appartient au Seigneur dominant qui exploite le Fief servant qu'il a fait saisir, faute de foi & hommage & droits non payés, & qu'il peut faire couper tant les Taillis que les Saulsaies qui se trouvent en coupe, comme des fruits de son Fief; que cette disposition est générale suivant que l'atteste *Ferriere* en son Traité des Fiefs, *in-quarto*, p. 422. où il cite un Arrêt des Grands Jours de Poitiers du 26. Octobre 1679. remarqué par *Chopin*, entre le nommé Champion, Fermier de la Terre de Broussin, & la Dame Comtesse de la Suze; il en est de même de l'année de relief dûe au Seigneur; c'est la disposition de l'article 48. de la Coûtume de Paris, en laquelle se trouvent des Bois taillis & Saulsaie.

QUEST. III. *Dans quel tems le Bois est-il réputé meuble?*

Bois coupé est réputé *meuble*, c'est ce qui est décidé par plusieurs de nos Coûtumes, sçavoir, *Paris* art. 92. *Calais* art. 5. *Melun* art. 282. *Normandie* art. 505.

La Coûtume de *Montreuil* art. 46. répute le Blanc-Bois *meuble*, & se partage comme tel entre enfans, celles de *Boullenois* titre 20. art. 74. *& de St. Pol en Artois* art. 17. celle de la *Salle de Lisle* titre 10. art. premier dit plus; elle porte » Estallon de Blanches-épines, tous Arbres renforcés & portant fruits; Hallots à têtes, Chênes de soixante ans & au-dessus, » Bois à taille ordinaire, Haies à pied, Bois montans & croissans sont réputés pour *meubles*.

QUEST. IV. *Ceux qui coupent & abbattent des Arbres qui servent de limites de Justices, Dixmeries, Territoire, & autres, ne méritent-ils pas une peine au-dessus de celle fixée pour les autres Arbres?*

Il y a dans bien des endroits sur le bord des chemins & voies publiques, des Arbres qui ont des noms particuliers, tels que le Chêne-pouilloux, le Chêne à deux pilles, le Chêne-fourchu ou d'autres noms, & ordinairement ces Arbres servent de limites des Justices, des Territoires, Dixmeries, Communes, Parcours & autres droits particuliers, & les personnes qui coupent & détruisent ces sortes d'Arbres, ou même des Buissons d'Aubepin, qui font le même effet, parce que cette épine vit très-long-tems, font un dommage bien au-dessus d'un Arbre ordinaire, dont l'amende est réglée par les Ordonnances au pied le tour, par l'incertitude où cet arbre coupé jette les Seigeurs, les habitans & plusieurs particuliers, en détruisant un pareil arbre, ce qui occasionne dans la suite des difficultés ruineuses en Procès, & cause des dommages considérables.

Les Coûtumes de Bourbonnois art. 164. de Melun art. 15. du Boulonnois art. 30. de St. Omer art. 14. d'Artois art. 59. de Montreuil sur Mer, ancienne Coût. art. 34. ont des dispositions uniformes à ce sujet. Celle de Bourbonnois porte : » Si aucun brûle ou » abbat Arbres faisant limites de Justices, Forêts, Ter- » ritoires ou autres choses, il est amendable, & est » tenu ès intérêts des Intéressés.

Celles de Melun & de Boulenois sont en ces termes: » Si aucun arrache, efface, ou transporte de lieu » en un autre, aucune borne, coupe, abbat, ou dé-

» molit aucun arbre tenu pour borne, & enseigne-» ment de séparation de terres, *commet* (*a*) aussi pour » chacune fois envers le Seigneur Haut-Justicier du » lieu où a été faite ladite œuvre, amende de 60 s. » parisis, & outre sera tenu remettre ou faire remettre, » ainsi qu'il appartient, les bornes par lui arrachées & » ôtées à ses propres coûts & dépens, & outre payer » les dommages & intérêts à la Partie.

(*a*) Signifie *encourt l'amende*, Richecourt, Coût. générale, p. 46.

La Coûtume des Bailliages de St. Omer, au Coûtumier Général tom. I. p. 280. art. 9. sur le 59. de celle d'Artois s'explique ainsi : » quiconque arrache „ borne, coupe ou abbat une épine tenue & réputée „ pour borne, il commet vers le Seigneur viscom-„ tier en la Jurisdiction duquel lesdites bornes ou „ épines sont assises ou plantées amende de 60 s. pa-„ risis, & si lesdites bornes ou épines étoient entre „ deux Jurisdictions, celui doit envers chacun des-„ dits Seigneurs pareille amende de 60. s. parisis, & „ ne peut ou ahanner (*b*) ou foüir à pied & demi „ de ladite borne ou épine sous ladite amende.

(*b*) Labourer, cultiver.

Cet article explique avec raison, que celui qui détruit les limites de deux Seigneuries, est amendable envers chaque Seigneur qui ont droit de se plaindre, fussent-ils en plus grand nombre ; car il y a des arbres qui sont les limites de quatre Justices & Paroisses, comme j'en ai vû, & ainsi chaque Seigneur a le même droit.

Il faut observer qu'un arbre de *nom*, tel que nous venons de le démontrer, sa coupe & destruction ne fait pas seulement tort aux Seigneurs Justiciers, Décimateurs, de Fief, Communauté ainsi qu'aux Particuliers intéressés, mais encore à tout le Public : la preuve s'en tire de ce qu'un tel arbre ayant un *nom*, plusieurs Ter-

riers

riers & anciens Titres rappellans pour confins d'Orient ou d'autre aspect, le chemin de tel endroit, allant au *chêne-fourchu*, ou à *la Croix d'Orange*, si cet arbre ou cette Croix sont détruits & ôtés ce chemin est obscur, par l'incertitude de l'endroit où étoit cet arbre, ce qui ne pouvant se déterminer aisément, un Commissaire à Terrier ou Feudiste peut par cette obscurité placer des héritages le long d'un pareil chemin, même au delà du lieu où étoit anciennement cet arbre, ce qui peut faire beaucoup de préjudice à plusieurs, c'est pourquoi une amende ordinaire est trop peu de chose pour un pareil délit, à cause des conséquences qu'il entraîne. Par l'Ordonnance du Roi Jean, du mois d'Août 1354. art. 43. (*a*) faite pour les Habitans de Joinville qui porte : » *Item*, qui sera trouvé par jour coupant poirier, » pommier, vigne ou autre arbre en dommage d'autrui il payera 60 s. d'amende, & rendra le dommage ; & celui qui sera trouvé de nuit, coupant lesdits » arbres & vignes, sera à notre merci, & payera » telle amende qu'il nous plaira ; « à plus forte raison doit-on condamner un délit qui regarde les Seigneurs, les Particuliers & le Public, & leur fait à chacun un préjudice considérable.

(*a*) Ordonnance du Louvre, tom. 4. pag. 301.

QUEST. V. *Quels Arbres sont immeubles.*

La Coûtume de *Beauquesne* art. 11. dit : » Que tous ,, Arbres non portans fruits sont réputés *Catheux* (*b*) ,, sauf les Chênes âgés de trois coupes qui sont réputés *Immeubles* : comme semblablement le bois à ,, couper ordinaire est réputé *Immeuble*, s'il n'est ,, ameubli (*c*).

La Coûtume de *Lillers* titre premier article 8. est en

(*b*) Choses qui de leur nature sont *Immeubles* & toutes fois se devisent comme meubles.

(*c*) C'est-à-dire coupé.

ces termes: » Arbres portans fruits, Ballots à Têtes „ Chênes au-dessus de sept ans & au-dessous de 60. ans „ sont réputés héritage.

Celles d'*Artois* titre 5. art. 143. répute le bois à couper ordinaire immeuble & héritage, s'il n'est ameubli & coupé.

QUEST. VI. *Quand la Glandée des Bois futaies est réputée meuble.*

Suivant la Coûtume de *Sedan* titre 2. art. 14. la Glandée & Paisson des Bois de haute futaie, après la mi-Août est réputée meuble, c'est-à-dire quand le gland est en maturité en état de nourrir le Bétail, & qu'il commence à tomber de l'arbre.

QUEST. VII. *Ce qu'on entend par Forêts Bannalles.*

Plusieurs Coûtumes ont caractérisé des Bois & Forêts du nom de *Bannalles*, pour exprimer qu'elles étoient défendues à toutes personnes, excepté au Seigneur Propriétaire. C'est ce qui est porté par l'article premier du titre 13. de la Coûtume du Duché de Bourgogne, l'article 57. de celle du Comté de Bourgogne y est conforme; ce terme vient de *Bannum* qui signifie défense, prohibition. Voyez à ce mot *Ducange* Gloss. tome 1.

QUEST. VIII. *L'entrée des Bois-taillis qui n'ont pas l'âge requis est défendue, même au Propriétaire.*

Nous avons fait voir à la Question 4. de la Section premiere, que les Ordonnances défendent de laisser entrer aucuns Bestiaux dans les Taillis qu'ils ne soient de trois, quatre, jusqu'à cinq ans, selon les Coûtumes

& la bonté du Terroir qui le fait croître, plus ou moins promptement, parce que dans ce tems, il est hors de défenses, c'est-à-dire que les Bestiaux ne peuvent plus le brouter & l'empêcher de croître, ensorte que ces défenses sont faites également pour le Propriétaire possesseur & Usufruitier du Bois comme s'il étoit étranger; il est amendable de la même maniere que s'il n'avoit rien à la chose, parce que les Bois sont un bien Public que le Propriétaire ne doit point détruire.

C'est ce qui est prescrit non-seulement par les Ordonnances & Réglemens mais encore par presque toutes les Coûtumes de France, telles que *Sens* art. 148. *Auxerre* 262. *Bar* 205. *S. Pol* tit. 2. art. 20. *Artois*. 55. *Auvergne* ch. 28. art. 23. *Menat* art. 3. *Combrailles* 2. *Hesdin* tit. 1. art. 5. *Montreuil* art. 7. *Moulins en Berry* ch. 2. art. 2. *Xaintonge* tit. 4. art. 14. *Bourbonnois* 524. *Berry* tit. 10. art. 12. & 13. *Tours* 373. *Lodunois* ch. 19. art. 7. & ch. 37. art. 12. *Anjou* 182. *Le Maine* 200. 4e Partie, *Vastang* ch. 8. art. 18. *S. Agnan* ch. 1. art. 4. *Meaux* 175. *Vitry* tit. 11. art. 118. & autres. La Coûtume de Blois a une disposition contraire en l'article 225. en ce qu'elle permet au Propriétaire du Bois, taillis, séparé d'autres Taillis, d'y *mettre & mener ce que bon lui semblera*, ce qui est précisément opposé à l'esprit des Ordonnances, notamment à celle de 1669. qui ne permet pas seulement au Propriétaire de couper aucun Taillis avant dix ans, parce que les Bois d'un particulier sont moins à lui, qu'ils ne sont à l'Etat, *sunt juris publici*; les Coûtumes ne peuvent déroger aux Loix générales du Royaume, par conséquent celle de Blois ne peut être écoutée, ni être suivie en ce point.

QUEST. IX. *Un Particulier ou Marchand qui achete des Bois d'un autre particulier, est-il obligé de laisser des Arbres de lisiére, parois & pieds corniers, indépendamment des dix Baliveaux par Arpent.*

Par Arrêt de la Table de Marbre au Souverain du Parlement de Dijon du 6. Mars 1740. en faveur du sieur Gien, il fut jugé qu'il suffisoit de laisser dix Baliveaux par arpent ; & par autre Arrêt du même Tribunal du 10. Janvier 1749. entre Jean Guillemard, & Joseph Debard, il fut pareillement jugé en confirmant la Sentence de la Maîtrise d'Autun du 16. Février 1748. que les Parties conviendroient d'Experts pour procéder au Ballivage dont il étoit question, & marquer dans les Cantons des Bois futaies dont il s'agit, pour la partie qui reste à exploiter, dix Baliveaux par arpent, le sieur Debard débouté de ses Demandes, aux fins de laisser par le sieur Guillemard des Arbres de lisiéres, de parois & pieds corniers, & condamné aux dépens.

QUEST. X. *Un Preneur à Bail Emphithéotique à vie ou à tems, peut-il couper les Bois & les Arbres fruitiers, sous prétexte d'améliorer son fonds ?*

La Coûtume de Dunois art. 76. paroît décider cette Question ; elle porte : » Quand aucun fait prise de „ quelques héritages, à vie ou à tems, tel Preneur, „ ses hoirs & ayans cause ne peuvent démolir, cou- „ per, n'abattre les Bois de Haute-futaie, Arbres frui- „ tiers, ni autres Bois anciens qui ne sont des cou- „ pes, ni aussi les Bois faisans la décoration, & embel- „ lissement des lieux, ne faire fossés en iceux hérita- „ ges, & n'en peut & doit user, sinon comme un bon

Pere de famille, s'il n'y a convention au contraire.

Sainctyon sur l'art. 334. de la Coûtume de *Tours*, & de l'art. 7. du chap. 31. de celle de *Lodunois*, dit que le Preneur à Bail Emphithéotique demeureroit privé de son Bail s'il avoit coupé & abbattu les hauts Bois, d'autant qu'ils ne peuvent être rétablis de long-tems; qu'autre chose seroit s'il les employoit à réparer les démolitions & détériorations des Bâtimens, pour lesquels il pourroit être condamné à les réparer & mettre en bon état. Voyez *Bart. & Doct. in §. si fundum. l. fructus, 7. ff. solut. matrim.* Le Grand *sur Troyes.* art. 26. Gl. 5. n. 5.

QUEST. XI. *L'Acquéreur d'un Bois, sur lequel on a formé un Retrait, peut-il couper ce Bois pendant l'an du Retrait?*

Un nouvel acquéreur sur lequel on forme un Retrait ne peut en détériorer l'héritage, parce que dès-lors du Retrait, il n'est plus censé Propriétaire incommutable, & ce seroit une détérioration que de couper un Bois, pour laquelle il s'exposeroit à des dommages & intérêts considérables. Les Coûtumes de *Sens* (a), de *Mante* (b), de *Clermont* (c), de *Valois* (d) & autres, disent que l'Acquéreur ne peut empirer l'héritage qui tombe en retrait, soit pour abbattre le Bois ou autrement; que s'il le fait il est tenu de restituer avec dommages & intérêts.

Il y a plus, c'est que sans Retrait lignager & formé il ne peut couper aucun Bois qui détériore la Terre, parce qu'il n'est réputé Propriétaire incommutable qu'après l'an du Retrait expiré, s'il n'y en a pas d'intenté; c'est ce qui est porté par l'article 482. *de la Coûtume de Bourbonnois*, qui est en ces termes: » Si

(a) Tit. 7. art. 39.
(b) Ch. 4. art. 85.
(c) Tit. 2. art. 18.
(d) Tit. 11. art. 155.

„ l'Acquéreur dedans le tems de Retrait fait aucune „ démolition ou diminution de l'héritage, cueille les „ fruits ; ou pêche les étangs ou viviers, avant le tems „ accoûtumé, il est tenu rétablir au Retrayant les „ démolitions, fruits & estimation d'iceux avec dom- „ mages & intérêts ; mais (ajoûte cet article) si tels „ fruits ou poissons sont prêts à cueillir ou pêcher, „ & n'est ledit Acquéreur ajourné avant que les cueil- „ lir ou pêcher, ils demeurent audit Acquéreur ; mais „ s'il étoit ajourné dûement auparavant, il est tenu les » rendre.

QUEST. XII. *La vente d'une Forêt, est-elle sujette au Retrait lignager ?*

La Coûtume de Normandie art. 463. admet Retrait lignager en vente de Bois de haute futaie, pourvû qu'il soit sur pied, *arborum, quæ in fundo continentur, non est separatum corpus à fundo, L. Quintus Mutius ff. de act. empti.*

Dumoulin sur l'article 201. de la Coûtume de *Blois*, & *Ferron* sur celle de *Bourdeaux*, tit. des Retraits §. 15. sont de sentiment que le Retrait de la vente de bois de haute futaie doit avoir lieu, parce que ce Bois fait partie du fonds qui est immeuble ; ils se fondent sur ce qu'un meuble précieux y est sujet, qu'à plus forte raison doit-on l'admettre pour la vente de la coupe d'un Bois de haute futaie, qui souvent est une chose inestimable, pour le plaisir, l'embellissement & la décoration d'une maison, d'un bâtiment, quelque superbe & somptueux qu'il puisse être, dont on peut venir à bout par argent ; mais qu'il est hors de la puissance humaine, quelque grande qu'elle soit, d'édifier & construire un

Bois d'haute futaie ; *Sainction* est de ce sentiment, V. Tiraq. *de Retractu ad* §. 1. gl. 7. n. 42. Mais *Sainction* observe que tel retrait ne peut avoir lieu que pour ceux à qui appartient le fonds du Bois dont la superficie est vendue.

La Coûtume de *Sens* qui prohibe le Retrait de la vente du Bois de haute futaie, article 66. l'admet à l'article 67. lorsque le fonds du Bois vendu appartient au Retrayant ; l'article 162 de la Coûtume de Bar est semblable à cette disposition.

QUEST. XIII. *Est-il permis d'arracher des bois dans les Forêts pour replanter ailleurs, ou pour faire des Mays, Noces, Confrairies, marquer Cabarets, & autres choses, ou même d'arracher les bois & les défricher.*

Par les articles 24. & 28. de l'Ordonnance de 1518. il est défendu très-expressément à toutes personnes de quelqu'état qu'elles soient, d'arracher & défricher aucuns Bois, de prendre, couper, ni abbattre auxdites Forêts, chênes ni autres arbres, sur peine d'amende arbitraire & de prison, & ce pour Noces, Banquets, Fêtes de Paroisses, Confrairies, Tavernes, qu'autrement; c'est à quoi doivent veiller les Officiers des Eaux & Forêts, avec grand soin. Voyez les articles 11. & 22. du titre 27. & le 13e du titre 32. de l'Ordonnance de 1669.

QUEST. XIV. *Quelle amende y a-t-il pour Bêtes trouvées en Bois de garde en tems de Paisson ou Glandée ?*

La garde faite en héritage d'autrui, est toujours très-punissable : la Coûtume de *Nevers* chap. 17. art. 6. s'explique en ces termes à ce sujet : » Si aucunes Bêtes

» sont prises esdits Bois (de garde) pendant le tems
» de paisson, garde, & défense, soit par jour ou nuit, *à*
» *garde faite*, les Maîtres desdites Bêtes sont amendables
» envers le Seigneur Justicier de 60. sols tournois, &
» envers partie de 12. deniers, pour chaque Bête; &
» si lesdites Bêtes y sont prises par échapée ou abandon,
» chacun Maître desdites Bêtes sera amendable envers
» le Seigneur Haut-Justicier de 20. den. tournois pour
» chacune prinse & pour *tect*. & en la Prévôté de
» Nevers pour 3. sols tournois, au cas qu'elles seront
» renduës

AVIS.

L'Auteur de cet Ouvrage étant en Province dans le cours de l'impression de ce volume, les Ouvriers ayant perdu un nombre de feuillets de sa copie, il y a remédié en insérant ce qui manquoit, ce qui a composé depuis la p. 374. jusqu'à la p. 408. L'on a été contraint de répéter les mêmes chifres & les mêmes signatures; on a observé seulement de mettre les signatures des feuilles oubliées en Capitales italiques avec une *: le Relieur aura soin de les mettre les premieres; d'ailleurs il ne pourra pas s'y tromper en prenant garde aux réclames qui sont bonnes.

On a été obligé de laisser le reste de cette page en blanc, pour joindre les feuilles suivantes qui étoient tirées.

» renduës

„ rendues à Justice, & non autrement; & le Seigneur „ Foncier aura pour chacune Bête 6. den. tournois pour „ son intérêt & dommage.

La Coûtume de *Labourt* tit. 3. art. 19. porte : » Le „ Bétail qui entre en tems de glandage dedans un Bois, „ vulgairement appellé Barrende, qui clos & fermé, „ raisonnablement comme est accoûtumé clore, peut „ être prins par le Seigneur dudit Bois, & icelui Bétail „ retenir jusqu'à ce que celui à qui est le Bétail l'ait sa- „ tisfait du dommage, à l'ordonnance & estimation „ de deux gens de bien.

Coquille sur cet article 6. dit que la garde faite de nuit doit être punie à plus grande rigueur; car le délit est plus grand en ce que c'est un fait sans excuse.

QUEST. XIII. *Un Créancier hypothéquaire ne pourroit-il pas empêcher la vente & exploitation d'un Bois, fondé sur ce que cela détériore son hypothéque?*

Il est certain que la coupe d'un Bois diminue considérablement la valeur du fonds, & souvent celle d'un Domaine, Métairie, & même celle d'une Seigneurie ; ensorte que si un Créancier attentif à ses intérêts apprend une vente de bois de cette espéce, qui peut considérablement diminuer son hypothéque, il est fondé à empêcher cette coupe ; c'est ce qui a été décidé par Arrêt du 10. Avril 1653. rendu au Parlement de Rouen, rapporté par Basnage, en *son Traité des Hypothéques* (a), par lequel fut ordonné, que celui qui avoit acheté des bois de haute futaie, donneroit caution aux Créanciers hypothéquaires du prix des Bois qu'il faisoit abattre, parce que la valeur du fonds hypothéqué étoit diminué par cette vente.

(a) In-12. p. 266. Ed. de 1702.

QUEST. XIV. *Un Créancier ne pourroit-il pas faire saisir un Bois en futaie & le faire vendre pour sa dette?*

Nous avons suffisamment établi que les Bois sont de droit Public, & que le Seigneur & Propriétaire d'un Bois, ne peut le couper ni le vendre sans la permission du Souverain ; c'est ce que nous avons prouvé à la question premiere du chap. 4. par conséquent, il ne peut être loisible à un Créancier de faire saisir pour son payement que des meubles, & un Bois futaie est toujours immeuble tant qu'il est sur pied & non coupé.

Saint Yon qui fait cette question l. 2. tit 3. sur l'art. 39. dit Bartholde, tient que ce Bois n'est pas saisissable, *In l. si convenerit* 2. §. *si quis ff. de pignor. & Bald. in l. si creditor* 2. *c. cod.* & qu'il fut jugé ainsi par Arrêt de la Cour des Aydes de Montpellier du 8. Mars 1596. parce qu'une exécution faite des Arbres d'une place, pour le payement des Tailles, fut réprouvée & annullée.

Secùs, si on prend la voie décrétale.

QUEST. XV. *Comment doit se faire l'estimation des Bois coupés en délit?*

Par Arrêt du Conseil du quatre Mars 1682. rendu sur la Requête du Sieur Prieur de *S. Vivand*, il a été ordonné, que procédant par les Experts à la visite & reconnoissance des dommages & intérêts, pour les dégradations de bois, ils feroient l'estimation, dont il étoit question, suivant l'usage du pays, eu égard à la juste valeur de ceux qui auroient été coupés & dégradés, en considéraration de la situation des lieux & aux délits.

Par Arrêt du Parlement de Dijon du 27. Mars 1744. Etienne Goudart & autres ont été condamnés à payer aux Habitans de la Communauté de Cessy, la somme de 7. liv. 10. sols à laquelle ont été estimés d'office les arbres sapins par lui coupés en 1740. dans les Bois Communaux desdits Habitans.

QUEST. XVI. *N'est-il pas permis aux Seigneurs Laïques, Ecclésiastiques & autres Particuliers de faire défricher partie de leurs Bois, & les mettre en culture ?*

Nous avous fait voir en plusieurs endroits de cet Ouvrage que les Bois sont de *droit public*; qu'ainsi il n'appartient à personne de les détruire, c'est ce qui est expressément défendu par toutes les Ordonnances anciennes & nouvelles, & ce qui est porté par l'Arrêt du Conseil d'Etat du 22. Février 1729. que nous rapporterons ici dans son entier, pour instruire plus particuliérement des peines que commettent ceux qui contreviennent à ces défenses.

ARREST DU CONSEIL D'ÉTAT DU ROI,

Portant défenses à tous Bénéficiers & Communautés Séculieres, Réguliéres & Laïques, Econômes, Administrateurs, Recteurs & Principaux des Colléges, Hôpitaux, Maladeries, Commandeurs & Procureurs de l'Ordre de Saint Jean de Jérusalem, & à tous autres, de défricher aucuns de leurs Bois, soit futaie ou taillis, sans permission de Sa Majesté, à peine de 3000. livres d'amende pour chaque arpent de futaie, & de 300. livres pour chaque arpent de taillis, & d'être tenus de faire rétablir les lieux à leurs frais & dépens.

Du 22. Février 1729.

Extrait des Regîstres du Conseil d'Etat.

VEU au Conseil d'Etat du Roi, le Jugement rendu en réformation par le sieur Eynard de Ravannes, Grand-Maître des Eaux & Forêts du Département de Touraine, Anjou & le Maine le 12. Juin 1728. par lequel Dom Laurent Rouault, Prêtre, Religieux Bénédictin, Prieur Titulaire du Prieuré de Saint Jean Baptiste d'Huillé, a été condamné en la somme de mille livres d'amende, pour avoir défriché, labouré & ensemencé en grain partie de trente-six arpens de terrein, qui étoient ci devant en Bois, dépendans dudit Prieuré, & en quinze mille livres aussi d'amende, pour l'abbatis de trois cens baliveaux dans lesdits Bois du Prieuré, faisant partie de trois cens quatre-vingt marqués en 1703. pour être réservés à resemer en bois une piéce de seize arpens à présent dénaturée, si mieux n'aimoit ledit sieur Prieur resemer deux autres piéces de terrein de pareille consistance par lui offert, & ce dans deux ans, duquel ensemencement le Titulaire du Prieuré seroit responsable, & récéper les rejets abroutis dans le Bois appellé de la Félonie, & réserver la partie où il ne paroît aucuns rejets, clore les deux Bois de fossés ayant *sept pieds d'ouverture & six de profondeur.* Par le même Jugement, il est enjoint audit sieur Prieur de remettre au Greffe de la Maîtrise dans ledit tems *de deux ans* l'arpentage, plan & figure de tous les Bois dudit Prieuré, qu'il sera tenu de faire par l'Arpenteur de la Maîtrise, sinon il y seroit pourvû à ses frais à la diligence du Procureur du Roi en icelle, & que quand les semis desdits Bois commenceront à paroître que le quart de réserve y seroit apposé. La Requête dudit sieur Rouault, Prieur dudit Prieuré d'Huillé, tendante à ce que pour les causes y contenues, il plût à Sa Majesté le décharger purement & simplement de toutes les amendes contre lui prononcées par led. Jugement, aux offres qu'il fait de faire un nouveau semis ou plan de Bois aux cantons qui lui ont été indiqués par ledit sieur Grand-Maître; comme aussi de récéper les rejets abroutis dans le Bois de la Félonie, & de resemer dans les endroits où ne paroît point de rejets dans ledit Bois; & attendu que les anciens baliveaux qui sont tous pourris dans le cœur & la racine, & qui dépérissent tous les jours, & seroient très-nuisibles aux jeunes arbres & semis à faire, lui permettre de les faire déraciner & enlever; & où Sa Majesté feroit difficulté de lui accorder la décharge pure & simple des amendes prononcées contre lui, en ce cas les réduire & modérer par grace à la somme de vingt sols pour chaque pied d'arbre ou anciens baliveaux manquans au-delà de cent quatre-vingt-onze éxistans encore actuellement, attendu que suivant l'adjudication faite en 1700. des mêmes Bois, tous les arbres n'ont été vendus que sur ce pied, & qu'ils ne valent effectivement que cela, n'étant propres à aucuns ouvrages, mais seulement à brûler. L'Avis dudit sieur Eynard du 20. Novembre 1728. auquel ladite Requête a été communiquée, ledit Avis contenant les motifs de sondit Jugement, dudit jour 12. Juin 1728. & où il est aussi observé que par Arrêt du Conseil & Lettres-Patentes des mois de Décembre 1698. & Janvier 1700. Sa Majesté avoit ordonné qu'il seroit procédé à l'adjudication de deux Boquetraux de futaie dépendans dudit Prieuré d'Huillé, pour le prix être employé aux réparations des bâtimens dudit Bénéfice; qu'en conséquence desdits Arrêt & Lettres, il fut procédé le 13. Novembre 1700. à la vente de ces Boquetraux, l'un appellé le grand Bois du Prieuré, contenant seize arpens soixante-six perches, & l'autre appellé de la Félonie, contenant vingt-deux arpens vingt-cinq perches, moyennant quatorze mille huit cens livres de principal, & que les réparations furent adjugées le 15. du même mois de Novembre 1700. à la somme de 4005. livres, que du surplus du prix de ladite adjudication, il en a été payé 1500. livres au Prieur dudit Prieuré par Ordonnance du Grand-Maître pour le remboursement des frais desdits Arrêt & Lettres-Patentes, & pour les Procès-verbaux de visite, & autres pour parvenir à l'adjudication : à l'égard des 8000. livres restans, ils sont restés aux Religieux de l'Abbaye de Saint Serge, lesquels en ont passé un Contrat de constitution de 400. livres de rente le 12. Juin 1703. au principal de 8000. livres au profit dudit Prieur d'Huillé, & de ses successeurs audit Prieuré; ladite rente réduite à 160. livres sur le pied du denier cinquante, par écrit sous signature privée du 8. Octobre 1720. & 800. livres pour remboursement de prétendues mises faites par les Prieur & Religieux de ladite Abbaye de Saint Serge, du consentement du Prieur d'Huillé; que cet emploi de 88. liv. est collusoire, parce que le Titulaire du Prieuré étant du même Ordre que les Religieux de l'Abbaye de Saint Serge, ce Contrat pouvoit être ignoré dans la suite par ceux qui succéderoient à ce Bénéficier qui ne seroient pas de cet Ordre, d'autant plus qu'il paroissoit par un état de compte passé devant Notaires à Angers le 14. Juin 1720. que l'Adjudicataire des bois du Prieuré avoit compté du produit d'iceux avec les Religieux, Prieur & Couvent de ladite Abbaye de saint Serge; ce qui est contraire à l'Arrêt du Conseil, & aux Lettres-Patentes qui ont permis la coupe des bois, qui portent que le produit seroit employé en réparations des bâtimens du Bénéfice, & il n'est pas permis aux Bénéficiers de faire aucun emploi du produit des bois de futaie, sans y être autorisé par Sa Majesté, les bois de réserve & de futaie des Communautés étant réputés fonds suivant l'Ordonnance de 1669. Les Piéces ci-dessus énoncées & datées & autres jointes ensemble; le Dire de l'Inspecteur Général du Domaine du 26. Janvier dernier, par lequel il a requis qu'il plût à Sa Majesté condamner les Religieux, Prieur & Couvent de l'Abbaye de saint Serge-les-Angers solidairement avec ledit Dom Rouault, Prieur Titulaire du Prieuré d'Huillé, tant au payement des amendes prononcées par le Jugement dudit sieur Eynard du 12. Juin 1728. ou pour ce que Sa Majesté jugera à propos d'en laisser subsister, qu'à l'exécution des autres condamnations portées par ledit Jugement : Ordonner que sans avoir égard au Contrat de constitution de ladite rente de 400. liv. & à l'acte de réduction qui en a été faite à raison du denier cinquante qui seront déclarés nuls, lesdits Prieur & Couvent de l'Abbaye de saint Serge, seront tenus de remettre entre les mains du Receveur Général des Bois de la Généralité de Tours la somme de 8800. livres qui leur est restée du revenant-bon du prix de l'adjudication des Bois du Prieuré d'Huillé, pour en être fait tel emploi au profit dudit Prieuré, ainsi qu'il plaira à Sa Majesté, si mieux n'aimoient lesdits Religieux de saint Serge retenir ladite somme de 8800. livres à constitution de rente, à tel denier qu'il plaira à sa Majesté de fixer, ce qu'ils seroient tenus d'opter dans le tems qu'il leur seroit prescrit; & en cas d'option de ladite somme, ils seront tenus d'en passer un nouveau Contrat de constitution au profit dudit Dom Rouault, & de ses successeurs Prieurs d'Huillé, d'en déposer une Expédition au Greffe de la Maîtrise d'Angers, d'en remettre la grosse dans les Archives dudit Prieuré d'Huillé, & de la faire ajoûter sur la minute & expédition de l'Inventaire qui doit avoir été fait de ce Prieuré, laquelle rente ne pourra être remboursée qu'entre les mains dudit Receveur Général qui sera lors en exercice, pour en faire ensuite tel emploi au profit dudit Prieuré qu'il plairoit à Sa Majesté : Oui le Rapport du Sieur le Pelletier, Conseiller d'Etat ordinaire & au Conseil Royal, Contrôleur Général des Finances : LE ROI EN SON CONSEIL, ayant aucunement égard à la Requête dudit Prieur du Prieuré d Huillé, a ordonné & ordonne que le Jugement du sieur Eynard de Ravannes, Grand-Maître des Eaux & Forêts du Département de Touraine, Anjou & le Maine du 12 Juin 1728. sera exécuté selon sa forme & teneur ; & cependant par grace & sans tirer à conséquence, a moderé & modere les deux condamnations d'amendes de mille livres d'une part, & quinze mille livres d'autre part, portées par ledit Jugement, à la somme de deux mille livres, non compris les frais, au payement de laquelle somme de deux mille livres, & des frais qui seront taxés par ledit sieur Eynard, Grand-Maître, ledit Prieur du Prieuré d'Huillé, & les Religieux d'icelui seront contraints solidairement ; faisant droit sur le Réquisitoire de l'Inspecteur Général du Domaine, & sans avoir égard au Contrat de constitution de quatre cens livres de rente passé par les Religieux de l'Abbaye de saint Serge, au profit du Prieuré d'Huillé le 12. Juin 1703. ni à la réduction qui en a été faite sur le pied du denier cinquante, que Sa Majesté a déclaré nuls : Ordonne Sa Majesté que lesdits Religieux, Prieur & Couvent de ladite Abbaye de saint Serge, seront tenus de remettre dans un mois de ce jour, entre les mains du Receveur Général des Domaines & Bois de la Généralité de Tours, la somme de huit mille huit cens livres restans du prix des Bois dépendans dudit Prieuré d'Huillé, vendus le 13. Novembre 1700. en vertu d'Arrêt du Conseil & Lettres-Patentes, pour être ladite somme employée premiérement au payement de l'amende modérée par le présent Arrêt ; & ensuite aux ensemencemens & aménagemens portés audit Jugement du 12. Juin 1728. Fait Sa Majesté défenses, tant auxdits Prieur & Religieux, qu'a tous Bénéficiers & Communautés Séculieres, Régulieres & Laïques, Econômes, Administrateurs, Recteurs & Principaux des Colleges, Hôpitaux, Maladeries, Commandeurs & Procureurs de l'Ordre de saint Jean de Jérusalem, & à tous autres de défricher aucuns de leurs Bois, soit futaie ou taillis, sans permission de Sa Majesté, à peine de 3000. livres d'amende pour chaque arpent de futaie, & de 300. livres aussi d'amende pour chaque arpent de taillis, & d'être tenus de rétablir les lieux en Bois à leurs frais & dépens ; & avant faire droit sur la coupe demandée par ledit Prieur d'Huillé, Sa Majesté l'a renvoyé pardevant ledit sieur Grand-Maître des Eaux & Forêts de Touraine, Anjou & le Maine, pour donner son avis, & sur icelui être par Sa Majesté ordonné ce qu'il appartiendra. FAIT au Conseil d'Etat du Roi, tenu à Marly le vingt-deuxiéme jour de Février mil sept cent vingt neuf.

Signé, GOUJON.

QUEST. XVII. *A quelle peine sont condamnés les Coupeurs d'Arbres pendant la nuit ?*

Nous avons à ce sujet un Arrêt célébre, dans le *Journal du Palais*, qui mérite d'être rapporté.

Il s'agissoit d'un Délit commis par vengeance, & avec beaucoup d'appareil, quoique nuitamment.

Le fait étoit que le Sieur de Courcy, Gentilhomme de Normandie, avoit été avec son Valet, *la nuit*, couper dans l'avenue du sieur Gréard, Ecuyer, son Seigneur de Ferrière, plusieurs arbres de douze à quinze ans.

La nuit du lendemain, il revint en faire un nouvel abbatis, & en coupa environ 60. & par dérision il fit planter le plus beau à la porte de la maison Seigneuriale de Ferriere, & en passa deux autres en sautoir, pour empêcher qu'on ne l'ouvrît.

L'information s'en étant faite avec preuves, par Sentence du premier Juge, il fut condamné à servir le Roi durant trois ans, dans une Citadelle de la Province, en 3000. livres de dommages & intérêts envers le sieur Gréard, & lui faire réparation d'honneur à l'issue de la Messe Paroissiale, conjointement avec la Demoiselle sa femme, qui fut convaincue d'avoir participé à l'action.

Appel au Parlement de Normandie ; l'affaire évoquée pour cause de parenté, au Conseil du Roi, elle fut renvoyée au Parlement de Paris, où par Arrêt du 2. Septembre 1686. la Cour changea dans un Bannissement de la Province de Normandie pendant un an, la condamnation du Service du Roi, durant trois années dans une Citadelle, & au surplus confirma la Sentence.

Ces sortes de Délits, ont toujours été punis trèsfévérement. On trouve dans le même Recueil le Réglemenent que le Parlement de Toulouse fit sur les réquisitions du Procureur Général le 23. Juillet 1559. Il porte : » Inhibitions & défenses à toutes personnes de „ quelque qualité que ce soit d'arracher ni couper des „ arbres contre la volonté de ceux à qui ils appartien- „ nent, sous la peine du foüet. *La Rocheflavin* rapporte deux Arrêts du même Parlement : l'un du 10. Juillet 1561. & l'autre du 23. Juin 1562. Dans l'espéce du premier, un Paysan, qui avoit seulement coupé un chêne *pour faire un Mai*, fut condamné au foüet.

Le Parlement de Paris a encore usé d'une plus grande sévérité, puisqu'il condamna quelques Paysans de Montreuil, voisins de la maison du Sieur Vignon, Médecin à Paris, à neuf ans de Galeres, pour avoir enlevé *par dérision* les écorces de quelques arbres fruitiers de son jardin.

Les Journalistes assûrent que ces Délits sont fréquens en Normandie, où l'action du sieur de Courcy étoit arrivée ; & ils citent un Arrêt du trois Mai 1623 qui condamne le nommé Hubert au bannissement pour avoir coupé 65 arbres sur le fonds de son voisin, nommé Loué.

Qu'en Mars 1533. Jacques Tourtain a été condamné au fouet & au bannissement, pour la réparation publique d'avoir coupé des *arbres dans un Parc.*

Que par autre Arrêt de Mars 1558 le nommé Tosse qui avoit coupé *cinquante ormes* sur les Terres du sieur Vicomte de Rohan, fut condamné d'avoir le foüet sur chaque pied de ces ormes.

Enfin, que par Arrêt du 25. Juin 1671. Michel Guillemette, fut condamné aux Galeres, pour avoir coupé 269 *ormes* dans *l'avenue du Château de Lanteuil*, qui

qui appartenoit à M. le Président Turgot.

Ces Arrêts sont fondés tant sur les Ordonnances de nos Rois, anciennes, que nouvelles; l'article 11. de celle de 1669. au tit. 27. porte : » Faisons très-expresses » défenses d'arracher aucuns plans de chênes, char-,, mes, ou autres bois dans nos Forêts, sans notre per-,, mission & attache du Grand-Maître, à peine de ,, punition exemplaire & de 500. livres d'amende.

Cette punition exemplaire est toujours de peine afflictive, & quant aux autres arbres coupés, la peine en cas de récidive est le bannissement à perpétuité des Forêts, l'amende & la condamnation aux intérêts Civils.

L'on peut voir l'article 6. de la même Ordonnance tit. 26. qui permet à tous les Sujets du Roi de faire punir les Délinquans en leurs Bois des mêmes peines & réparations ordonnées par les Eaux & Forêts de Sa Majesté.

Quant aux Loix sur lesquelles nos Ordonnances sont fondées, nous voyons que la Loi des douze Tables vouloit que l'on punît plus sévérement ceux qui coupent des arbres par injure, que ceux qui les coupent pour les voler, *qui injuriâ arbores cædit alienas, severiùs puniendus est, quàm qui furandi animo;* aussi les anciens Législateurs ont-ils jugé de la griéveté de la peine, selon l'utilité, la destination ou la décoration que ces arbres faisoient dans les lieux où ils étoient plantés; c'est pour cela qu'un seul sycomore coûtoit la liberté à celui qui l'avoit coupé sur le bord du Nil, parce que cette espéce d'arbres outre sa beauté est utile pour soûtenir le rivage du Fleuve : *metallo damnatur, si quid sycomorum excideris.* l. in Ægypto, ff. *de extraordinariis judiciis.*

Les Loix Romaines contiennent un titre exprès *ar-*

borum furtim cæsarum, où il est traité des Délits & quasi Délits en cette matiére.

Dans la Loi 2. de ce même titre, le Jurisconsulte dit, qu'il faut que tout le monde sçache que ceux qui coupent furtivement des arbres, sont punis comme voleurs : *Sciendum est autem eos qui arbores, & maximè vites ceciderunt etiam tanquam latrones puniri.*

La Loi *Si servus* 27. §. 26. *ff. ad L. Aquiliam*, porte *Furti eum teneri & arborum furtim cæsarum.* Ce qui fait voir que l'action en doit être poursuivie extraordinairement, & que la peine en est capitale.

Par une ancienne Ordonnance du mois d'Août 1354. art. 33. il est dit : » Celui qui coupe poirier, „ pommier, vigne ou autres arbres en dommage d'autrui, la nuit, sera à notre merci, & payera telle „ amende comme il nous plaira.

QUEST. XVIII. *A quelle distance des fonds du voisin on peut planter des Arbres.*

Basset dans son Recueil d'Arrêts du Parlement de Grenoble, tom. 2. liv. 3. tit. 16. ch. 1. rapporte à ce sujet une décision qui mérite ici sa place.

» Sur la Requête présentée par Me Bernard, Avocat, & Substitut du Syndic des Villages du Pays de „ Dauphiné : Remontrant au Parlement, que Me Claude Brosse, Syndic des Villages, s'étoit pourvû par „ Requête à Nosseigneurs du Conseil du Roi, tendante à ce qu'il plût au Roi, pour éviter les différends „ qui arrivent journellement entre les Particuliers de „ la Province, concernant la culture des Arbres, que „ la plûpart de aboutissans des fonds plantent si proche „ des fonds & bâtimens que même quelques arbres

„ ont ruiné des maiſons, au moyen des chûtes, & mê-
„ me qu'au mandement de Pinet, un noyer tomba en
„ 1608. ſur une maiſon qu'il écraſa, & y tua deux Enfans
„ & une Chambriere; *Le Roi étant en ſon Conſeil*, ayant
„ vû ladite Requête, ſignée, BROSSE, *a renvoyé icelui*
„ *Suppliant en la Cour de Parlement de Dauphiné*, pour
„ y être fait droit. Sur lequel Renvoi, *la Cour, les Cham-*
„ *bres aſſemblées*, faiſant droit ſur icelle, par ſon Arrêt
„ du 8. Novembre 1612. a fait défenſes à tous Proprié-
„ taires de fonds de ne planter aucuns arbres proche
„ de leurs voiſins plus près que de ſix pieds, tant en
„ terres labourables, jardins, vergers que vignes, &
„ aux bâtimens tant maiſons que granges, étables avec
„ bâtimens, qu'il ne ſera planté aucun arbre plus près
„ que de trois toiſes, à peine de contravention au pré-
„ ſent Arrêt, & de 200. liv d'amende, & des dépens
„ des intéreſſes; permet de faire couper les arbres ci-de-
„ vant plantés, tant près deſdits bâtimens, que deſd.
„ fonds, en dégradant leſdites Parties à dire d'Ex-
„ perts.

Par la Coûtume d'*Orleans* art. 259. „ Il n'eſt loi-
„ ſible planter ormes, noyers ou chênes au vignoble
„ du Bailliage d'Orléans, plus près des vignes de ſon
„ voiſin que de quatre toiſes.

Lalande ſur cet Article dit que la raiſon de cette défenſe, eſt parce que ces arbres jettent de longues & profondes racines, leſquelles quand elles ſont proche du fonds voiſin, s'étendent en celui, & rendent la terre amere, & d'ailleurs en tirent le ſuc, & par-là ôtent au raiſin & au ſerment ſa nourriture, que de plus l'ombrage de ſes arbres qui eſt conſidérable empêche la vigne de profiter & de recevoir les influences salutaires qui la font profiter, ce qui est vrai; & dans une distance de quatre toises ces arbres ne peuvent nuire.

QUEST. XIX. *A qui appartient l'Arbre situé sur la limite de deux fonds?*

Un arbre naturellement bien droit, dont le tronc & la tige sortent d'un héritage, doit être déterminé lui appartenir; s'il est situé dans un héritage en pente, & qu'il ait ses racines dans l'héritage supérieur, quoiqu'il paroisse sortir du fonds inférieur, il appartiendra à l'héritage dominant: c'est ce qui est décidé par *Bunod*, en son Traité des *Présomptions* pag. 118. Cet Auteur ajoûte que si cet arbre nuit par son ombre, le Propriétaire du fonds voisin peut obliger le Propriétaire du fonds de l'arbre à l'élaguer jusqu'à la hauteur de quinze pieds, que par la Loi Romaine, le Propriétaire de l'arbre a droit d'entrer de trois jours l'un dans le fonds de son voisin, pour y recueillir les fruits qui y sont tombés, sans causer dommage, *L.* 1. *ff. de gland. Leg. L. Julianus* 9. §. *Glans ad exhibendum eod.* Voyez *Coq.* quest. 274. *Basset* l. 3. tit. 16. ch. 1.

QUEST. XX. *Un Arbre commun & mitoyen entre deux héritages, peut-il être coupé par l'un des Propriétaires sans participation de l'autre?*

Il arrive quelquefois que des arbres viennent de graine, ou sortant de quelques racines d'autres arbres du voisinage se trouvent précisément entre deux héritages, au moyen de quoi un arbre dans cette position appartient par moitié à chacun des Propriétaires d'iceux: c'est la disposition textuelle du §. *Si Titius* 31. in fine *Institut. de rerum divisione*, dont voici les termes,

Prope confinium arbor *posita, si etiamin vicini fundum radices egerit* communis fit. Ce qui est répété dans la Loi *adeo* §. *fin. ff. de adquir. rerum Domin.* Borcolten, interprétant ces mots, *propè confinium*, en rend l'explication suivante, *Cùm Cajus dixit propè confinium subintelligit marcianus in lege sequenti*, sed etsi in confinio : indè *confines fundi*, id est vicini, *& iisdem finibus invicem se attingentes.*

La Loi 19. *ff. communi dividundo*, n'est pas moins précise, *arbor quæ in confinio nata est, item lapis, qui per utrumque fundum extenditur, quamdiù coheret fundo, è regione cujusque, finium utriusque sunt*, & la Loi derniere *pro socio*, donne dans le cas du partage de l'arbre voisinal, la propriété du Bois, eu égard & proportionellement au terrein que cet arbre occupoit, *tantam partem utrumque habere in arbore* in confinio natâ; *quantam & in terra habebat.*

C'est sur ce principe que tous les Jurisconsultes ont raisonné du cas où un arbre naît dans le confin de deux héritages contigus; *arbor quæ nascitur in medio dicitur esse communis pro diviso, secundùm regionem cujusque fundi, & dicitur divisa Juris intellectu.* Hieronim. de Monte-Brixiano. *Tractat. de finibus regundis* cap. 25. n. 4. pag. 57.

Chopin dans son Traité, *De privileg. rusticorum*, L. 2. part. 1. ch. 11. n. 11. p. 45. est du même sentiment, & se proposant la question, le décide non-seulement d'après les Loix ci-dessus citées; mais il soûtient que quand même un des voisins auroit perçû seul les fruits de l'arbre voisinal, il paroît être contraint à en rendre la portion à son voisin. *Duobus, confines agros habentibus, quæro utriùs sit arbor propè confinium posita?* Commune esse répondit Caïus, *etiam si vicinum in fundum radices egisset .... indè est quòd si unus ex confinio* solus *perceperit fructus*, communi dividundo actione cum vicino fructus perceptos cogitur communicare, *sin confinii locum & terminum ad se pertinere contenderit nec adprobarit, judicio finium regundorum est condemnandus.*

C'est sur ce principe qu'en la Cause d'entre Philippe Bernard, & Guillaume Gertel, intervint Arrêt au Parlement de Dijon le 5. Décembre 1748. qui renvoya Bernard de la demande à lui formée, de faire couper un cerisier qui se trouva mitoyen entre les vignes des Parties.

Dans le cas de mitoyenneté les fruits de l'arbre doivent être partagés par moitié, suivant de *Lhomeau maxime* 444 *L. ideo ff. de aquir. rer. dominio.*

QUEST. XXI. *Pépinieres d'arbres sont-elles meubles ou immeubles ?*

Dans tous les tems l'on a établi des Pépinieres pour élever toutes sortes d'arbres, afin de les transplanter dans les terres propres à les faire profiter selon la nature de chaque espece, & il n'y a guéres de Seigneurs un peu soigneux de faire fructifier leurs Terres, qui ne fassent établir une Pépiniere d'arbres à fruits pour rétablir & regarnir les vieux & pour les renouveller.

Ces sortes de Pépinieres sont ordinairement un champ d'un arpent, ou deux, plus ou moins, renfermé de clôture comme un jardin, par un mur on une haie; on y éleve une quantité d'arbres fruitiers de toutes espéces, tant de graines que antés; or ces héritages suivent le fonds & sa nature comme *immeubles*, tant que les arbres ne sont pas prêts à transplanter; mais dès qu'ils sont dans l'année de la levée de ces arbres, ils sont réputés *meubles*, & se partagent comme tels entre héritiers; c'est ce qui est décidé par l'article 516. de la

Coûtume de *Normandie*, en ces termes : » Pépinieres,
„ Chenostieres, Hestrieres, Olmieres, & autres jeunes
„ arbres, provenans de plan, ou de semence, & tenus
„ en réservoir pour être transplantés suivant le fonds.
„ Néanmoins les Veuves Usufruitieres, & autres héritiers, prennent part aux Pépinieres comme meubles,
„ advenant la dissolution du mariage en l'année qu'elles doivent être levées.

L'Article 517. de cette Coûtume a une singuliere diposition ; elle porte : » Pareillement les Fermiers
„ ayant planté lesdites Pépinieres, Chenostieres, Olmieres & autres nourritures de semblable qualité,
„ les peuvent enlever après leur bail expiré, en laissant la moitié aux propriétaires, pourvu qu'elles aient
„ été faites du consentement du Propriétaire, ou six ans
„ avant la fin du bail.

QUEST. XXII. *Les Propriétaires des héritages où sont des Arbres & des Haies vives, ne sont-ils pas obligés de nettoyer & écheniller les Arbres qui sont dans leurs héritages ainsi que les Haies ?*

Nous avons vû en 1731 & 1732. une calamité si grande par rapport à la multitude infinie des chenilles, qu'elles mangerent les feuilles, les fleurs & les boutons des Arbres à mesure qu'ils repoussoient, ensorte qu'au mois d'Août les Bois & Forêts étoient comme au mois de Janvier, ce qui donna lieu à M. M. du Parlement de Paris, de rendre un Arrêt le 4. Février 1732. qu'il est à propos de rapporter ici.

ARREST DE LA COUR DU PARLEMENT,

Du 4. Février 1732.

VEU par la Cour la Requête par le Procureur Général du Roi, &c. La Cour Ordonne que dans huitaine, à compter du jour de la Publication du présent Arrêt, tous Propriétaires, Fermiers, Locataires, ou autres, faisant valoir leurs propres Héritages, ou exploitant ceux d'autrui, seront tenus, chacun en droit soi, d'écheniller ou faire écheniller les Arbres étant sur lesdits Héritages, à peine de trente livres d'amende, ou autres plus grandes s'il y échet, & d'être en outre responsables des dommages intérêts des Parties; ordonne pareillement que les bourses & toiles qui seront tirées des Arbres, Haies ou Buissons seront sur le champ brûlées dans un lieu de la Campagne, où il n'y aura aucun danger de communication de feu, soit pour les Forêts, Bois, Landes & Bruyeres, soit pour les maisons ou bâtimens, arbres fruitiers ou autres, en quelque maniere que ce soit, le tout sous les mêmes peines, à quoi faire seront tenus tous les Officiers, tant Royaux que Subalternes, de tenir la main; & pareillement les Syndics des Paroisses tenus d'y veiller sous les peines ci-dessus; ordonne que les Ordonnances & Jugemens qui seront rendus à cet effet seront exécutés par provision, nonobstant oppositions ou appellations quelconques. Fait en Parlement le quatre Février mil sept cent trente-deux. Signé, DUFRANC.

M. M. Les Intendans eurent ordre de rendre de pareilles Ordonnances chacun dans sa Généralité, ce qu'ils firent, en ordonnant premierement, que toutes personnes de quelque qualité & condition quelles soient dans l'étendue de cette Généralité, Propriétaires, Fermiers, Métayers, Louagers, Vignerons & autres Possesseurs & Cultivateurs seront tenus d'extirper ou faire extirper & détruire dans quinzaine du jour de la publication de la présente Ordonnance, tous les pelotons de Chenilles qui sont sur les Arbres, Haies, & Buissons, dans les Jardins, Cours, Vignes, Prés, & Terres labourables ou Champarts, dont ils jouissent ou qu'ils cultivent à quelques titres que ce soit à peine de 50 livres d'amende contre chacun de ceux ou celles qui auront négligé la destruction desdits insectes, ladite amende applicable moitié au dénonciateur, & l'autre moitié à l'Hôpital le plus prochain du lieu.

II. Les Syndics seront tenus de veiller à ce que ladite extirpation soit faite, chacun dans toute l'étendue de sa Paroisse ou Collecte, & de nous donner avis de ceux ou celles qui auroient manqué dans ledit délai de quinzaine, à peine de pareille amende de 50 liv. applicable comme dessus & de demeurer responsables en leurs noms de toutes les amendes encourues à ce sujet, par les Particuliers, de la même de Paroisse ou Collecte.

III. Enjoignons aux Officiers ou Cavaliers de Maréchaussée d'observer dans leurs tournées, après l'expiration dudit délai de quinzaine, les endroits qui n'auront point été echenillée, & de nous en informer sur le champ; Mandons à nos Subdélégués chacun en droit soi de tenir exactement la main à l'exécution de la présente Ordonnance qui sera lue, publiée & affi-

chée

chée à l'issue de Messes Paroissiales à la diligence desdits Syndics dans toutes les Paroisses & lieux de cette Généralité, à ce que personne n'en ignore. Fait à Moulins le premier Février 1732. *Signé* DEVANOLLES. *Et plus bas*, Par Monseigneur LE BOUCHER.

Cette calamité s'étant manifestée du côté de Paris en 1738. M. le Lieutenant Général de Police rendit une Ordonnance le 16. Mai, laquelle en prescrivant l'exécution de l'Arrêt du Parlement du 4. Février 1732. ordonna que tous Propriétaires, Fermiers, Locataires, ou autres faisans valoir leurs propres héritages, ou exploitans ceux d'autrui, seront tenus chacun en droit soi d'écheniller ou faire écheniller les Arbres étant sur lesdits héritages, & que les nids & toiles de chenilles qui seront tirés des Arbres, Haies ou Buissons, seront sur le champ brûlés dans un lieu de la Campagne où il n'y aura aucun danger de communication de feu, à peine de trente livres d'amende pour chaque contravention, ou autre plus grande, s'il y échet : comme aussi les contrevenans seront en outre responsables des dommages intérêts des Parties; & pour la contravention commise par lesdits susnommés, les condamnons pour cette fois, par grace & sans tirer à conséquence, en quarante sols d'amende chacun, envers le Roi; leur défendons de récidiver sur les peines prescrites par les Reglemens; sur les premiers deniers provenans desquelles amendes avons adjugé audit Fournival Huissier vingt sols par chaque assignation qu'il a donnée. Enjoignons aux Syndics des Paroisses des environs de Paris de tenir exactement la main à l'exécution de notre présente Sentence, qui sera exécutée nonobstant oppositions ou appellations quelconques, & sans préjudice d'icelle imprimée, lue, publiée & affichée dans tous les Lieux & Carrefours ordinaires & accoûtumés de cette Ville, Fauxbourgs & Banlieue de Paris; ce fut fait & donné par Messire René Herault, Chevalier Seigneur de Fontaine-l'Abbé & de Vaucresson, Conseiller d'Etat, Lieutenant-Général de Police de la Ville, Prévôté & Vicomté de Paris, tenant le Siége de l'Audience de la Chambre de Police audit Châtelet, les jour & an que dessus. *Signé* HERAULT, MOREAU, MENARD, Greffier.

Ces insectes ayant continué M. M. les Intendans renouvellerent leurs Ordonnances, celle de M. l'Intendant de Paris du premier Mars 1744. est en ces termes.

ORDONNANCE DE M. L'INTENDANT DE LA GE'NE'RALITE' DE PARIS,

Pour faire écheniller les Arbres fruitiers & tous autres Arbres dans les jardins, terres, vignes, prés, haies, & sur les grands chemins.

Du premier Mars 1744.

PAUL-ESPRIT FEYDEAU, Chevalier, Seigneur DE BROU, Montereau-Faut-Yonne, Maison-Rouge & autres lieux, Conseiller d'Etat ordinaire, Intendant de la Généralité de Paris.

SUR ce qui nous a été représenté que nos Prédécesseurs auroient successivement rendu des Ordonnances pour obliger tous les habitans de cette Généralité à faire écheniller non-seulement leurs arbres fruitiers, mais encore tous les autres arbres, tant dans leurs jardins que dans les terres, les vignes, les prés, les haies & sur les chemins, Nous aurions, par notre Ordonnance du premier Mars de l'année derniere, renouvellé des dispositions si utiles : Et étant informé qu'elles ne sont pas moins nécessaires en la présente année, pour prévenir la multiplication de ces insectes, dont les nids sont prêts à éclore ; à quoi désirant pourvoir : NOUS ordonnons que tous les habitans de la Généralité de Paris seront tenus d'ôter ou faire ôter tous les nids de chenilles qui se trouveront attachés sur les arbres, de quelque nature & en quelque lieu qu'ils soient situés, même ceux qui seront sur les arbres & sur les haies des grands chemins, pour être ensuite tous lesdits nids de chenilles rassemblés & brûlés, & ce dans huitaine du jour de la publication de notre présente Ordonnance, à peine de cinquante livres d'amende pour chaque contravention. Enjoignons aux Syndics des paroisses, sous peine de cent livres d'amende, de tenir la main à son exécution, chacun à leur égard, & d'informer nos Subdélégués, de l'obéissance ou du refus des particuliers, pour que sur leur avis nous puissions prononcer les amendes qui auront été encourues par les contrevenans, selon l'exigence des cas. Et sera notredite Ordonnance imprimée, lûe, publiée & affichée dans toutes les paroisses de la Généralité, à ce que personne n'en ignore. FAIT à Paris, le premier Mars mil sept cent quarante-quatre. *Signé* FEYDEAU. *Et plus bas*, Par Monseigneur, MABILE.

QUEST. XXIII. *Jusqu'à quel tems les Saules sont-ils défensables ?*

Le Saule est un Arbre qui vient en peu de tems & produit beaucoup; nombre de Seigneurs qui ont des Marais, Prairies & Pâtureaux marécageux, en font des Plantations considérables, dont ils tirent beaucoup de profit sur tout dans les Pays de vignobles, pour les perches & les échalas que le Saule fournit; il se plante de bouture, & de trois à quatre ans on les tond; on appelle ces plans, *des Plançons*, c'est pourquoi la Coûtume de Bourbonnois art. 528. porte : *Plançons sont défensables jusqu'à quatre ans inclusivement des chevres moutons, brebis, ânes & autres bêtes, sur peine de l'amende & dommages & intérêts.*

Il n'est pas permis non plus de cueillir ni couper aucunes branches de ces arbres, & des Peupliers que l'on appelle en Bourbonnois des *Anberelles* à peine de l'amende ; c'eſt le texte de l'article 9. du chap. 53. de la *Coûtume de Mons en Haynault.*

QUEST. XXIV. *Quelles peines encourent ceux qui enlevent des fers, mines, charbons & autres choſes des Forges, prennent, cachent & recelent le bois flotté dans les Rivieres?*

Ces vols doivent d'autant mieux être punis, que les Propriétaires ſont obligés de les laiſſer ſur les places, enſorte que s'il n'y avoit pas de peines ſéveres contre ceux qui les enlevent, les Marchands ſeroient ruinés, & le commerce qui ſe fait de ces Marchandiſes tomberoit. Nous rapporterons un Jugement des Commiſſaires généraux du Conſeil du 7. Juillet 1744. qui fixent ces peines & en fait voir les conſéquences.

JUGEMENT DE NOSSEIGNEURS les Commiſſaires Généraux du Conſeil, députés par Sa Majeſté pour juger en dernier reſſort les affaires concernant la diſcuſſion des biens du ſieur Tremizard & Compagnie,

Portant défenſes à toutes perſonnes, de quelque qualité & condition qu'elles ſoient, de prendre & enlever aucuns fers, mines, charbons & autres uſtenſiles dépendans des forges de la Feuillade, Payſac & Choffailles; & à tous habitans riverains deſdites forêts de la Feuillade, bois de Forſat & Montal, ruiſſeau de la Villedieu & riviere de Vienne, & à tous autres, de retenir, enlever, cacher ou receler aucuns des bois de flottage & autres provenans des coupes deſdites forêts & bois, à peine de mille livres d'amende, de tous dépens, dommages & intérêts, & de plus grande peine s'il y échéoit.

Du 7. Juillet 1744.

LES COMMISSAIRES GE'NE'RAUX du Conſeil, députés par Sa Majeſté pour juger en dernier reſſort les affaires concernant la diſcuſſion des biens & le recouvrement des effets de la ſucceſſion du ſieur Gally de Turqueville, Louis Copin de Valaupuy, Simon Viaut, Jean Tremizard & autres aſſociés en l'exploitation des bois de Bourgogne & Champagne.

VU la Requête à nous préſentée par le ſieur Contrôleur général des reſtes de la Chambre des Comptes & bons d'états du Conſeil, chargé du recouvrement des ſommes dûes à Sa Majeſté par le ſieur Tremizard &

consors; Contenant que l'exploitation des forges & bois du Comté de la Feuillade & lieux circonvoisins, fait partie des effets dudit Tremizard; que cette exploitation est troublée & totalement dérangée par les vols continuels qui se font, tant des fers, mines, charbons & ustensiles dans les forges de la Feuillade, Paysac, Choffailles & autres, que des bois des forêts de la Feuillade, Forsat & Montal, & des bois de flottage qui sont conduits par le ruisseau de la Villedieu & la riviere de Vienne en la ville de Limoges, dont les riverains s'emparent journellement, même de ceux qui ont été empilés au moulin de Laiseau près le château de Brugnac, & au-dessous de Saint-Léonard, à trois à quatre lieues de Limoges, lesquels vols & dépradations causent un préjudice notable, tant au Roi qu'aux créanciers dudit Tremizard : a quoi étant nécessaire de pourvoir, il a recours à notre autorité; ladite requête signée Tartarin, Oüi le rapport du sieur de Masson de Bercy, Chevalier, Conseiller du Roi en ses Conseils, Maître des Requêtes ordinaire de son Hôtel, Commissaire à ce député, l'un de nous; oüi son rapport, & tout considéré :

NOUS COMMISSAIRES GÉNÉRAUX susdits, en vertu du pouvoir à Nous donné par Sa Majesté, faisant droit sur ladite Requête, faisons défenses à toutes personnes, de quelque qualité & condition qu'elles soient, de prendre & enlever aucuns fers, mines, charbons & autres ustensiles dépendans des forges de la Feuillade, Paysac & Choffailles, hors la présence & sans le consentement des commis & préposés auxdites forges, à peine de mille livres d'amende, de tous dépens, dommages & intérêts, & de plus grande peine s'il y échéoit. Faisons pareillement défenses à tous habitans riverains desdites forêts de la Feuillade, bois de Forsat & Montal, ruisseau de la Villedieu & riviere de Vienne, & à tous autres, de retenir, enlever, cacher ou receler aucuns des bois de flottage & autres provenans des coupes desdites forêts & bois, à peine de mille livres d'amende, de tous dépens, dommages & intérêts, & de plus grande peine s'il y échéoit. Autorisons les commis & préposés à la conduite desdites forges & bois, les gardes desdites forêts, de faire à la requête dudit sieur Contrôleur Général des restes, les visites dans les moulins, granges, habitations, maison, & autres lieux avoisinans lesdites forêts, bois, ruisseaux & rivieres, pour y faire la recherche des fers, charbons & autres ustensiles des forges & bois qui pourroient y être cachés, auxquelles visites & recherches ils se feront assister par le premier huissier ou sergent royal sur ce requis, lequel en dressera son procès-verbal; pour ledit procès-verbal fait & rapporté, être par nous ordonné ce qu'il appartiendra. Et sera notre présent jugement publié & affiché, tant en la ville de Limoges, qu'aux paroisses & lieux de la Villeneuve, Neide, Esmouliers, Lartige, Saint-Léonard, Thaurion, le Puis Mouliniers, la Feuillade & autres lieux avoisinans lesdites forêts, ruisseau de la Villedieu & riviere de Vienne, à l'issue de la Messe Paroissiale desdits lieux, & lesdites affiches mises dans les parcs, chantiers ou magasins dans lesquels lesdits fers & bois sont ou seront déposés Et sera notre présent jugement exécuté nonobstant oppositions ou autres empêchemens généralement quelconques, pour lesquels ne sera différé;

FAIT en l'assemblée desdits sieurs Commissaires Généraux, tenue à Paris le 7. juillet mil sept cent quarante-quatre. *Signé* CHASTRIOT *avec paraphe.*

Nous rapporterons aussi l'Arrêt du Parlement du 30. Juin 1729. qui condamne plusieurs Particuliers, pour avoir enlevé des Ormes & Bois de différens Particuliers.

ARREST DE LA COUR DU PARLEMENT,

Qui condamne Pierre Desplanches d'être appliqué au Carcan, & au bannissement pour un an, de la Ville & Ressort de Laon, & de cette Ville, Prévôté & Vicomté de Paris, en 50. liv. d'amende ; & Jean Desplanches son fils, d'être admonesté & en 3. liv. d'aumône, pour avoir enlevé & volé les Ormes & Bois de différens Particuliers.

Du 30. Juin 1729.

EXTRAIT DES REGISTRES DU PARLEMENT.

VEU par la Cour le Procès criminel fait par le Maître particulier des Eaux & Forêts de Laon, à la Requête du Substitut du Procureur Général du Roi, demandeur & accusateur, contre Pierre Desplanches pere, Laboureur & Vigneron, demeurant à Laval, Jean Desplanches, son fils, & Louis Berault, Défendeurs & accusés, lesdits Desplanches prisonniers ès Prisons de la Conciergerie du Palais à Paris ; & ledit Berault aux pieds de la Cour, appellans de la Sentence rendue sur ledit procès le 17. Février 1729. par laquelle ils auroient été déclarés, dûement atteints & convaincus d'avoir enlevé & volé des Ormeaux dans les Bois du sieur Bourgeois, Greffier du Bailliage de ladite Ville, situés au territoire de Nouvion & Laval, & violemment soupçonnés d'être aussi les auteurs des autres enlevemens faits dans les Bois de différens autres particuliers, désignés dans la plainte du Substitut du Procureur Général du Roi, & d'en avoir fait commerce ; pour réparation de quoi ledit Pierre Desplanches pere, auroit été condamné à être appliqué au Carcan de la Place publique de ladite Ville le premier jour de Marché, & d'y demeurer attaché par le col pendant deux heures, ayant deux écriteaux, l'un pardevant portant ces mots : *Voleur de Bois*, & l'autre par derriere portant ces autres mots : *Aracheur d'Orme* ; & ensuite à être banni du Ressort de ladite Maîtrise pendant l'espace d'une année, & lui enjoint de garder son ban à peine de la hart ; & quant audit Jean Desplanches fils, auroit été ordonné qu'il comparoîtroit en la Chambre du Conseil pour y être admonesté, avec défenses de récidiver sous plus grosses peines ; lesdits Jean & Pierre Desplanches pere & fils, condamnés solidairement en 300 livres d'amende envers le Roi ; & quant à Louis Berault, auroit été ordonné qu'il en seroit plus amplement informé à la requête du Substitut du Procureur Général du Roi, & que ladite Sentence seroit lue, publiée & affichée à Laon, Nouvion & Laval, où besoin seroit, la Requête présentée par lesdits Pierre & Jean Desplanches, Pere & fils, à ce qu'il leur fût donné acte de ce que pour moyens de nullité & d'atténuation contre ladite Sentence ils employoient le contenu en ladite Requête; ensemble les piéces y jointes, les renvoyer quittes & absous de l'accusation contre eux intentée, les décharger des peines contre eux prononcées par ladite Sentence; ordonner que le Substitut du Procureur Général du Roi seroit tenu de leur nommer ses dénonciateurs, pour se pourvoir contre eux par les voies de droit: Oüis & interrogés en la Cour lesdits Pierre & Jean Desplanches & Louis Berault sur leurs causes d'appel & cas à eux imposés. Tout consideré;

LADITE COUR, met l'appellation & Sentence de laquelle a été appellé au néant, émendant pour les cas résultans du Procès, condamne ledit Pierre Desplanches d'être appliqué au Carcan, à un poteau qui pour cet effet sera planté en la Place publique dudit Laon, & y demeurer pendant deux heures, ayant écriteaux devant & derriere portans ces mots: *Voleur de Bois*; ce fait le bannir pour un an de ladite Ville & Ressort de Laon, & de cette Ville, Prévôté & Vicomté de Paris, lui enjoint de garder son Ban, sous les peines portées par la Déclaration du Roi; le condamne en cinquante livres d'amende vers ledit Seigneur Roi; & après que ledit Desplanches fils, pour ce mandé en la Chambre de la Tournelle a été admonesté, le condamne aumôner au pain des Prisonniers de la Conciergerie du Palais la somme de trois livres; & à l'égard dudit Louis Berault, ordonne qu'à la requête du Procureur Général du Roi, poursuite & diligence de son Substitut en ladite Maîtrise de Laon, il sera plus amplement informé pour raison des cas mentionnés au Procès, circonstances & dépendances, pardevant le Maître particulier des Eaux & Forêts de Laon, dans trois mois, pour le fait rapporté, communiqué au Procureur Général du Roi, & vû par la Cour, être ordonné ce que de raison, & demeurera ledit Berault en liberté; ordonne que le présent Arrêt sera imprimé, lû, publié & affiché à Laon & par tout où besoin sera; & pour faire mettre le présent Arrêt à exécution, renvoie ledit Pierre Desplanches prisonnier pardevant ledit Maître particulier des Eaux & Forêts de Laon. FAIT en Parlement le trentiéme jour de Juin mil sept cent vingt-neuf. Collationné, DROUET. *Signé*, PINTEREL.

CHAPITRE XI.

DES COMMUNAUX QUI SERVENT POUR LE PATURAGE DES BESTIAUX DES COMMUNAUTÉS.

LOrs de la diſtribution des Fiefs, les Capitaines auxquels le Général d'une Province(qui en avoit le premier Fief,) en avoit concédé une partie auſſi à titre de Fief, & qui compoſoit une Seigneurie conſidérable, n'avoit ſouvent point, ou que très-peu d'Habitans, enſorte qu'il ne pouvoit mettre en culture tous les héritages qui en étoient ſuſceptibles; pour en profiter néanmoins autant qu'il le pouvoit, il faiſoit ſes efforts pour y établir des Habitans, il leur faiſoit bâtir une Egliſe, y établiſſoit un Curé, & pour y attirer des Habitans il accorda de grandes places en différens lieux, pour ſervir à la nourriture & au pâturage des beſtiaux; il affranchit les Habitans de corvées coûtumieres dans ſes terres, & il renfermoit ces exemptions & privileges dans un diſtrict ſuffiſant pour la formation du Bourg ou Ville de ſa Seigneurie; c'eſt par-là que les Seigneurs ſe ſont procuré des Habitans, leſquels inſenſiblement avec ſon ſecours bâtirent des Villes, Bourgs, Villages, Hameaux & Paroiſſes; & ſans ces avantages des Places, Communes, Communaux, Uſages dans les Bois de la Seigneurie, n'auroient ſouvent retiré aucuns fruits de leurs Fiefs & Seigneurie.

Telle eſt l'origine des Bois Communaux, des Uſages dans les Bois des Communes en prés, pâtureaux & autres natures d'héritages qui appartiennent aujourd'hui aux Communautés des Villes, Bourgs & Paroisses de ce Royaume, & aucunes d'elles n'en a qui n'aient pris commencement par la pure nécessité de l'établissement des Habitans.

Or il n'est pas douteux que les Communaux en bois, places en pâturages communs, assis & situés dans l'étendue de la Justice du Fief de la Seigneurie n'appartiennent en commun à la Généralité des Habitans, pour la nourriture & le pacage de leurs bestiaux, les arrangemens qui se sont faits & formés dans la suite entre le Seigneur & ces Habitans, ont été pour la seconde herbe de prés mis en nature de prairies; la vaine pâture des champs, terres hermes & vacantes & non cultivées, & de celles après l'enlevement des fruits, ainsi que l'établissement du droit de Parcours & d'Entrecours; mais toutes ces différentes sortes de pacages & pâturages ont pris leurs établissemens par des conventions particulieres qui se sont faites; 1°. Entre le Seigneur & les Habitans: 2°. Entre les seuls Habitans respectivement: 3°. Et entre les Habitans de deux ou trois Paroisses pour les Usages respectifs du Parcours & Entrecours.

V. Lamare p. 482. 493. Troyes 284. p.

Il s'agit de distinguer chaque nature de droit, ses usages & exercices, de détailler les peines imposées à ceux qui s'en écartent en troublant le bon ordre par les mésus qu'ils font de ces pâturages au détriment de la Communauté. Nous avons traité ci-devant des Bois Communaux, des Usages & des Triages entre le Seigneur Haut-Justicier & ses Habitans; nous traiterons ici des vaines pâtures & du parcours.

Il y a différentes espéces de Communaux, sçavoir des grandes places, marais, broussailles & d'autres genres,

res, qui ſont ſans cultures, & qui ne ſervent à autres uſages que pour le pâturage des beſtiaux des Habitans de la Communauté, où on les met dans tout le cours de l'année, quand ils peuvent y trouver de la nourriture; il y a peu de Communautés qui n'ait de ces ſortes d'héritages.

Et lorſqu'il y a des difficultés pour raiſon de ces Communaux, elles doivent être portées devant les Juges des Eaux & Forêts, & non devant les Juges ordinaires, ſuivant l'Ordonnance de 1669. art. 2. du titre de la Juriſdiction, & art. 4. & 20. du titre des Bois appartenans aux Communautés, à peine de nullité, ainſi qu'il réſulte de l'Arrêt du Conſeil du 19. Juin 1731. lequel caſſe deux Arrêts du Parlement de Rouen des 29. Avril & 4. Juin 1728. qui avoient confirmé la Sentence des Juges ordinaires du Vicomté de Dauge, renvoie les Parties devant les Officiers des Eaux & Forêts du Vicomté de Dauge, qui connoîtront à l'excluſion des Juges ordinaires, des prairies, ſecondes herbes, pâturages & dépendances; fait défenſes aux Juges ordinaires dudit Vicomté de connoître deſdites matiéres à peine de nullité, caſſation de procédures, & aux Parties de s'y pourvoir à péine de 500. livres d'amende, & de tous dépens, dommages & intérêts.

SECTION PREMIERE.

DE LA VAINE PASTURE DES CHAMPS.

La Vaine Pâture eſt entendue de tous les héritages dépouillés des fruits & non clos; c'eſt ce qui eſt expliqué par la Coûtume de *Sedan* art. 303. en ces termes : » Sont réputées vaines pâtures les terres & prés non

„ clos après la dépouille, comme aussi les terres va- „ cantes non labourées, terres en sanart & en friche, „ haies & buissons, excepté ce que les Laboureurs ré- „ servent à labourer de leurs terres, pour le pâturage de „ leurs chevaux, que l'on appelle épargne, dont les „ Pâtres & autres s'abstiendront, ainsi qu'il est accoû- „ tumé d'ancienneté ; excepté aussi les terres, prés & „ autres héritages prochains des Villes & Villages, que „ l'on voudroit appliquer & approprier en jardinages, „ logis & maisons, qui ne sont réputées vaines pâtu- „ res dès incontinent qu'ils seront clos de fossés, pa- „ lis, haie, muraille ou autre apparence de clôture & „ défense.

La Coûtume de *Nevers* ch. 3. art. 5. porte : » Vaine „ pâture doit être entendue en *chemins*, prés en prai- „ ries dépouillées, terres, bois, & autres héritages „ non clos, ne fermés ; excepté toutefois, où, & „ quand lesdits héritages sont de défenses par la Coû- „ tume.

Sur quoi il est important de remarquer que cette Coûtume comprend les *chemins* au nombre des vaines pâtures ; parce qu'effectivement ils sont nécessaires pour le pâturage des bestiaux, & c'est à cause de cette nécessité que les Ordonnances de nos Rois ont pres- crit avec tant d'exactitude de remettre les *chemins* dans leur ancienne largeur, & de poursuivre les Usurpateurs ; c'est ce que nous voyons par plusieurs Ordonnances, & entre autres par celle d'Henry III. en Janvier 1583. art. 14. qui porte : » Et d'autant qu'aucuns nos Sujets „ ont entrepris sur les *chemins* Royaux & *branches* d'i- „ ceux, au grand préjudice de Nous & de nos Sujets, „ auxquels par ce moyen ont ôté la commodité de „ charroyer, & induit à cette occasion les personnes à

„ traverser les terres labourées & ensemencées : *aussi a-t-„ on retranché aux Paysans le moyen de faire pâturer le bé-„ tail le long desdits chemins*, &c.

La Coûtume du *Bourbonnois* (a) pour signifier une terre vaine & vague se sert du terme *herme*, qui veut dire *terres non cultivées*; Pithou sur l'art. 170. de la Coûtumes de *Troyes*, dit *des Champs Hermes*, qui vient du mot Grec, qui signifie terres incultes. Voyez *Ducange*, *verbo eremus*. On prétend que c'est de-là qu'est venu le mot d'*Hermite*, qui habitoient les déserts. En Bresse ils appellent ces sortes de termes hermitures, *hermituras*; Ducange *verbo eremus* (b) explique en ces termes *incultas terras*; on appelle ces sortes de terres généralement *chaume*, *charmes & terres vagues*, par conséquent sont toutes vaines pâtures.

(a) Art. 331.

(b) Tome 3. col. 125.

La vaine pâture ne s'étend donc que dans les terres qui sont sans semence, sans fruits, & sans clôture de haies vives ou séches, chemins, chaumes, charmes, marais, bruyeres, pâtis, places, chemins, prés & prairies dépouillés, terres en friche, bois & autres héritages non clos; ce sont les dispositions textuelles des Coûtumes de *Vastang* ch. 8. art. 17. *Lamarche* art. 357. *Bayonne* tit. 2. art. 15. *Sedan* art. 301. d'*Auvergne* ch. 28. art. 4. & autres, dans lesquels héritages l'on ne peut faire aucunes prises de bêtes n'étant pas en culture.

Il faut cependant excepter de cette régle de clôture les héritages du Domaine du Seigneur, qui n'est tenu les faire clore suivant la Coûtume de *Meneton*, ch. 3. art. 8. mais pour cela il faut supposer le Domaine contigu & de grande étendue, comme le requiert la Coûtume de *Bretagne*, art. 395. car si les fonds en sont épars, séparés du manoir, ils doivent être clos, ainsi qu'il est prescrit par la Coûtume d'*Orléans* art. 144. & celle de *Montargis*, ch. 4. art. 1.

Les tems défendus sont depuis que les terres sont semées jusqu'après la récolte ou dépouille, & pour les prés depuis que l'herbe commence à pousser ou prendre, qui est environ l'Equinoxe ou quinze de Mars, jusqu'à la dépouille; & ès Forêts durant le tems de glandée, qui est depuis la Saint Michel jusqu'à la Saint André.

QUEST. I. *En quoi le Parcours differ-t-il du vain Pâturage?*

Ces droits sont expliqués par l'art. 5. du ch. 13. de la Coûtume du Duché de Bourgogne, en ces termes: » Les Habitans d'une Ville ou Village ne peuvent „ prétendre avoir vain pâturage sur aucune autre Ville „ ou Village d'autre Seigneurie, & parocheage, „ ne prétendre droit pétitoire ou possessoire, sinon *par* „ *Parcours*, ou qu'ils en aient titre, ou payé redevance „ au Seigneur.

Le droit de Parcours n'est que de convention entre deux Paroisses ou Justices, comme nous l'avons fait voir à la question premiére; & le droit de vain pâturage, n'est ordinairement que de convention entre le Seigneur & les Habitans, & n'a lieu que dans l'étendue de la Justice ou territoire, soit sur les héritages, places vagues & chemins, qui sont pâtures maigres, sur les prés pasquis & autres héritages de pâtures grasses. L'on peut voir les Coûtumes d'*Auvergne* chap. 28. art. 2. 3. *Lamarche* art. 359. 360. *Saint Sever* tit. 3. art. 1.

QUEST. II. *Peut-on acquérir par possession le droit de passer dans le fonds d'autrui pour conduire son bétail au pâturage?*

Ce droit ne peut s'acquérir sans titre dans la Coûtume de Paris, par aucun espace de tems, parce que c'est une servitude, c'est une régle générale du Droit François & Coûtumier ; la Coûtume de *Lorraine* tit. 14. art. 23. y est formelle, elle dit : » Qu'aucun pour aller, venir, passer, repasser, ou mener son bétail „ vain-pâturer en l'héritage d'autrui, lorsqu'il n'est en „ garde ni en défense, n'acquiert droit, ni possession de servitude de passage ; nombre de nos Coûtumes y sont conformes, telles sont *Orleans* (*a*), *Nevers*, (*b*) *Blois*, (*c*) *Romorantin* (*d*), *Lamarche* (*e*), *Sole*, (*f*), *la Ferté-Auray* (*g*), *la Ferté-Imbaut* (*h*), & autres, à moins qu'il n'y eût eû contradiction formelle, & que depuis icelle il n'y eût jouissance de trente ans, titre particulier, ou payement de quelques droits.

QUEST. III. *Ne peut-on pas acquérir vain Pâturage par prescription?*

Le droit de faire paître son bétail sur l'héritage d'autrui, dépouillé de ses fruits, est de droit commun, il ne faut point de titre, hors que l'héritage ne fût clos, & cette régle est si générale, qu'elle s'étend même sur les fonds du Domaine général.

QUEST. IV. *Les Terres vaines & vagues appartiennent-elles au Seigneur Haut-Justicier, ou à la Communauté des Habitans?*

Cette question s'est présentée au Parlement de Pro-

(*a*) Art. 155. (*b*) Chap. 10. art. 26. (*c*) Art. 214. (*d*) Ch. 7. art. 18. (*e*) Art. 362. (*f*) Tit. 28. art. 2. (*g*) Ch. 1. art. 5. (*h*) Ch. 4. art. 6.

vence entre un Conseiller de ce Parlement, & un Particulier de la Ville d'Aix, au sujet des terres gastes & incultes, & que nous appellons communément terres hermes, vacantes & incultes. Cette Cause fut évoquée au Parlement de Dijon, elle y fut jugée conformément au sentiment de Dumoulin sur la Coûtume de Paris tit. des *Fiefs* §. 68. *num.* 6. lequel décide que les biens incultes & stériles n'appartiennent pas au Seigneur de Fief, ni au Haut-Justicier, mais aux Propriétaires du fonds, *hujusmodi sterilia & inculta non spectant ad Dominum Jurisdictionis, sed ad Dominum Territorii*; & par conséquent aux Habitans qui ont le Domaine utile; l'on citoit encore *Craveta* en son *Cons.* 154. qui y est exprès, & en termes formels, qui décide que les biens incultes sont en propriété aux Habitans, non aux Seigneurs des lieux, *Terræ herbidæ & incultæ quæ à nemine reperiuntur occupatæ præsumuntur esse universitatis in cujus territorio sitæ sunt*, & cite *Paul. de Castre* en son Conf. 376.

L'Arrêt du Parlement de Dijon est du 22. Août 1672. rapporté par *Boniface* tome 4. l. 3. tit. 1. ch. 1. il porte, en réformant, que la Cour a fait & fait inhibitions & défenses audit Martin de *défricher aucunes terres gastes & incultes, conformément aux Arrêts dudit Parlement des* 20. *Décembre* 1616. 7. *Octobre* 1633. *&* 20. *Mai* 1659. ordonne que suivant iceux, *il les rétablira en l'état qu'elles étoient auparavant*; maintient par provision ledit Martin au *droit d'usage desdites terres, pour en jouir comme les autres Habitans dudit Sambuc*, & *en ce qui concerne la propriété desdites terres gastes enclavées dans le tennement & affar vendues par ledit Laugier audit Garcin le* 4. *Décembre* 1495. *ordonne avant faire droit que ledit Martin fera preuve qu'il est en possession immémoriale* *d'en jouir comme Propiétaire, & de vendre les herbages & pâturages provenans desdites terres, & ledit Deleydet du fait contraire, & ce pardevant le Lieutenant d'Aix.*

QUEST. V. *Les Places publiques & Communaux peuvent-elles être défrichées par les Usagers ?*

Tout ce qui est destiné pour la Commune, & regardé comme Communaux, ne peut être défriché, rompu, ni cultivé, & si quelqu'un les défriche on peut les obliger à réduire le tout en son premier état ; c'est ce qui a été ordonné par différens Arrêts, & entre autres par celui du Parlement de Provence du 4. Décembre 1561. rapporté par *Boniface* tom. 4. liv. 3. tit. 1. ch. 2. par lequel la Cour a maintenu, & maintient les Syndics de la Communauté, Manans & Habitans du lieu d'Agoult, Demandeurs en la possession & jouissance des Moulins à huile, casal, maison, *pâtis & cartier* du terroir d'Agoult, dont étoit question, pour en jouir, & faire tous exploits que bon leur semblera, sauf toutefois audit Défendeur, Seigneur dudit lieu d'Agoult, d'user desdits *pâtis & cartiers*, tout ainsi & comme l'un desdits Habitans & Manans dudit d'Agoult; ordonnant néanmoins *que tout ce qui a été donné & baillé par ladite Communauté, à rompre & défricher desdits pâtis & cartiers pour les cultures sera remis au premier état, & réduit en friche & terre herme, les bleds qui seront trouvés en la présente année semés esdits pâtis & cartiers, tant par ladite Communauté, Manans & Habitans, que par lesdits Seigneurs respectivement en la forme susdite, faisant inhibitions & défenses auxdits Pâtis de se troubler & empêcher l'un l'autre directement & indirectement en aucune maniere, à peine de* 1000. *liv.* &c.

Le même Auteur ch. 3. rapporte un autre Arrêt du

Parlement du 15. Mars 1561. par lequel en ce qui regarde les pâturages & herbages, tant seulement, le droit d'en jouir & user, vendre & affermer, a été déclaré appartenir auxdits Syndics & Communauté, Manans & Habitans du lieu d'Ongle, sans que les Seigneurs dudit lieu en puissent aucunement disposer pour aucun bétail étranger, & s'il n'est de leur Bergerie, gardant le propre bétail desdits Seigneurs, au nombre & quantité, & par la forme déclarée, &c.

Henry liv. 4. ch. 6. quest. 81. tom. sur cette question s'explique ainsi : » Que si semblables Communaux „ ne peuvent pas tomber dans la prescription, ils ne „ peuvent pas non plus recevoir *des changemens*; ils „ ne peuvent être vendus ni convertis à d'autres usa„ ges, & s'ils sont destinés pour le pacage des ani„ maux, on ne peut pas les rompre & y faire du bled : Parce que naturellement il n'est pas possible de déroger aux régles qui affectent également le Public & le particulier. *M. le Bret* dans ses Décisions liv. 2. Décis. 6. pag. 451. établit pareillement que l'on ne peut changer la nature des Pâturages communs : » Pour „ ce que (dit cet Auteur) *ab initio hæc fuit dicta lex* „ *agro compascuo, ut communiter pasceretur & sub uno* „ *ejusdem universitatis dominio*; étant une autre ma„ xime tirée de la Loi 2. *ff. quod cujusq. univer. nom.* „ qu'il n'est pas permis d'intervestir ni de changer l'u„ sage établi de tout tems, pour ce que ces Communes „ faisant part de la République, il importe qu'elles „ soient éternellement en même état. « C'est sur ces principes que M. le Bret fit juger sur ses Conclusions, par Arrêt du mois de Décembre 1608. donné en la Chambre de l'Edit, que les trois Communautés qui plaidroient, jouiroient en commun de tous les Pâtis & Communaux

Communaux dont il s'agissoit, ainsi qu'elles avoient fait par le passé, avec défenses à tous ces associés de *changer ni rien altérer*, en leurs Communes, qui pût empêcher ou restraindre l'usage du Pâturage à peine d'amende arbitraire, dommages & intérêts des Parties. Cette Jurisprudence est autorisée par l'Ordonnance d'Henry III. donnée à S. Maur le 27. Avril 1567. enregistrée au Parlement de Bretagne le 11. Août suivant, qui a été renouvellée par la Déclaration du Roi du 22. Juin 1659. par l'Ordonnance de 1669. par les Arrêts du Conseil des 8. Mai 1688. 16. Mai 1724. 22. Février 1729. & en dernier lieu par celui du 29 Mars 1735. par lequel Sa Majesté a ordonné que ladite Ordonnance de 1669. & Arrêt du 16. Mai 1724. seront exécutés selon leur forme & teneur; en conséquence fait Sa Majesté très-expresses inhibitions & défenses à toutes personnes, sans distinction de qualité, *Propriétaires de Seigneuries*, de défricher ni faire défricher, ni souffrir qu'il soit défriché aucuns Bois ni Pâtis communaux appartenans aux Habitans de leurs Seigneuries, à peine de 1000. liv. d'amende, confiscation des Terres défrichées au profit du Roi, & de prison contre les Habitans, outre le rétablissement des Bois & Pâtis à leurs frais & dépens.

Ensorte que le Seigneur d'une Paroisse où il y a des Communaux, non-seulement ne peut pas faire défricher des bois, pâtis & places communes de ses Habitans; mais il ne doit pas souffrir qu'aucuns particuliers les défrichent sous les peines portées par ces Ordonnances.

QUEST. VI. *Les Habitans qui ont des Communaux peuvent-ils les aliéner ?*

On peut croire qu'anciennement les Communautés avoient cette liberté, qui leur a été continuée jusqu'en 1620. mais les deux tiers en nombre des Habitans n'étoient pas suffisans pour consommer ces aliénations; ainsi que *Bouvot* tom. 2. V. *Communauté* question 37. en rapporte un Arrêt du Parlement de Dijon, qui a jugé qu'ils ne pouvoient être aliénés que par le consentement général & unanime de tous les Habitans sans exception, parce que *quod omnes tangit, ab omnibus approbari debet.*

Mais ces aliénations ont été expressément défendues depuis, & entr'autres par la Déclaration du Roi du 22. Juin 1659. enregistrée le 19. Décembre suivant, & par l'Edit du mois d'Avril 1667. article 11. qui ont permis à toutes les Communautés de rentrer dans tous leurs Communaux aliénés depuis l'année 1620. & de s'en mettre en possession, avec défenses aux Seigneurs de s'en emparer. Voyez cet Edit que nous avons rapporté ci-devant. L'Edit du mois d'Avril 1683. a réitéré ces défenses & annullé tous les Actes & Transactions & Contrats faits à cet égard, avec défenses aux Parties de s'en aider, & à tous Juges d'y avoir égard.

QUEST. VII. *Si le Seigneur s'est emparé de partie des Communaux, quel moyen y a-t-il d'en découvrir les usurpations ?*

Nous venons de faire voir que tous les Plans communs situés dans l'étendue de la Haute-Justice d'une Seigneurie ont fait partie du Fief dans son origine; & nous avons démontré dans le second volume page

428. question 7. que la plûpart des Seigneurs croyoient que toutes les Places communes dans l'étendue de leurs Justices leur appartenoient, & qu'à ce moyen ils se les approprioient autant qu'ils le pouvoient; mais nous pensons que c'est une erreur très-grande, car quoique ces Places aient fait partie de la Seigneurie, d'autres Seigneurs de Fiefs Laïque, ou Ecclésiastique avoient pû en donner quelqu'unes pour l'amélioration de son Fief, qu'ainsi rien n'étoit plus équivoque dans le fait, que croire qu'ils eussent réellement donné ces Plans, à moins qu'ils n'en rapportassent des preuves par titre, & au surplus que ces Plans fussent de leur concession, ou non, elles appartiennent à leurs Communautés à juste titre, soit qu'elles leur aient été données à titre gratuit, ou à titre onéreux, ainsi les Seigneurs ne peuvent en bonne justice s'en emparer.

Mais comme les usurpations que les Seigneurs ont faites sur ces Places n'ont pas toutes été pour se les approprier, & les mettre en leur Domaine, parce qu'elles n'étoient pas à leur portée, ils les ont données à cens à différens particuliers, & les ont annéxées à leur Directe. Il a été passé des actes & baux à cens pardevant Notaires, de ces concessions insérées dans les Terriers, & renouvellés par des déclarations postérieures à ces usurpations; les Communautés peuvent donc aisément découvrir ces usurpations chez les Notaires, en faisant rapporter au Seigneur son Terrier, qu'il ne peut refuser de répéter, étant un titre commun entre le Seigneur & les Habitans.

Indépendamment de ce moyen, il y a encore les anciennes reconnoissances faites aux Terriers, pour les héritages qui touchent & avoisinent les places communes des Habitans, en ce que ces reconnoissances rappelleront immanquablement ces places communes, & ainsi en rassemblant toutes les reconnoissances qui entoureront ces places, l'on en trouvera l'intégrité & la contenue.

QUEST. VIII. *Particuliers ne peuvent vendre le vain pâturage sur leurs héritages.*

La Coûtume de Lorraine détermine ceux qui peuvent vendre leur pâturage, & ceux qui ne peuvent le vendre. L'article 30. du tit. 15. porte : » Ceux qui ont droit „ de tenir troupeau à part ne peuvent vendre leur „ vain pâturage pour y mettre autre troupeau que le „ leur propre, le tout à peine de confiscation du Bé- „ tail au Seigneur, & de la satisfaction de l'intérêt aux „ Communautés.

L'article 31. est en ces termes : » Le Seigneur ayant „ droit de tenir troupeau, le peut amodier avec sa „ Terre; mais il ne peut vendre le vain pâturage pour „ y mettre autre troupeau que le sien propre, ou ce- „ lui de son Amodiateur, sous peine de la satis- „ faction de l'intérêt aux Communautés.

La raison de cela est que le vain pâturage sur les fonds du menu finage est de droit commun en faveur des Habitans pour la nourriture des bestiaux.

Le Propriétaire y profite, parce que le bétail laisse dans la terre un fumier qui la bonifie.

QUEST. IX. *Un Propriétaire ne peut-il pas clorre ses héritages?*

Si tous les Propriétaires des héritages qui composent une Seigneurie les faisoient clorre, il n'y auroit plus aucun vain pâturage commun que les Places communes & Communaux des Habitans, qui pourroient ne pas suffire, ce qui feroit une confusion & assujettiroit ces

Propriétaires à des dépenses annuelles qui ne leur produiroient que beaucoup de soins, dont ils sont délivrés en laissant tout en commun, & chacun d'eux en profite; ceux qui ont peu d'héritages ont peu de bestiaux, ceux qui en ont beaucoup en nourrissent à proportion; ensorte qu'il y a toujours égalité entr'eux.

Pour maintenir cette égalité, quelques Coûtumes ont fixé ce qui pouvoit être mis en clos; telle est la Coûtume de *Boullenois* art. 132. qui dit que *chacun peut licitement enclorre le quint de son Fief, & le tenir franc en tout tems; & quant aux Cottiers chacun peut enclorre jusqu'à une mesure ou cinq quarterons de terres cottieres, labourables ou autres, pour les tenir francs en tout tems.*

La Coûtume *de Saint Sever* tit. 3. art. 20. permet de mettre en défense la dixiéme partie de son héritage.

La Coûtume d'*Auvergne* chap. 28. art. 6. & celle de *Montmorin* art. 2. permettent partie des héritages en défend pour les bœufs arrans & labourans, sans qu'autre bétail puisse y entrer, à peine de clame & intérêts.

QUEST. X. *Propriétaire qui met ses terres en défend peut-il aller sur les voisins?*

La Coûtume de *Bretagne* en a fait un article qu'il convient de rapporter; c'est le 408. Il porte: » Gens „ de basse condition, s'ils sont clos en leurs terres, & „ icelles mises en défenses, ne doivent avoir *Guerp*, „ c'est-à-dire, avoir faculté de laisser leurs bêtes pâtu- „ rer ès terres d'autres voisins, sans payer amende, „ des dommage ou assise en tems de guerp, auquel „ tems, qui est depuis la mi-Septembre jusqu'à la mi- „ Février, si lesdites terres ne sont ensemencées, on „ ne peut leur demander amende, assise ou des dom-

„ mages ès terres de gens roturiers & de basse con-„ dition.

Poulain Duparc en son nouveau Commentaire sur cet article, dit que si les Paysans qui ont peu d'héritages les fermoient de clôture & qu'ils fissent encore pâturer leurs bestiaux sur les autres héritages de la vaine pâture, cela ne seroit pas juste; qu'ils peuvent bien à la vérité clorre une piéce ou deux pour leurs bêtes de charrue, en laissant terres suffisantes en vaine pâture, où les bestiaux des voisins puissent aller.

(a) Tit. 4. art. 16.

Par la Coûtume de *Xaintonge* (a) il est permis à chaque Laboureur de clorre & fermer un journal de terre par chacun de leurs bœufs pour faire pâtis.

QUEST. XI. *Les Propriétaires qui ont des héritages près des Villes ne doivent-ils pas les clorre ?*

Les héritages qui sont près des Villes, Bourgs, & Paroisses, sont ordinairement des jardins, vergers & autres, que les Propriétaires ont soin de clorre pour empêcher la dégradation des fruits, & se les conserver. La Coûtume de *Clermont en Auvergne*, article premier, porte, qûe les Habitans de cette Ville peuvent clorre à leur volonté & plaisir leurs héritages; celle de *Nivernois* ch. 15. art. 1. porte, qui veut tenir en garde & défense un héritage il doit le tenir clos & bouché. La Coûtume *de Lorraine* titre 14. art. 24. y est conforme pour les héritages joignant à cours & jardins, qui sont ordinairement ceux qui sont les plus utiles aux Propriétaires pour leur plaisir & récréations, & s'il n'est bouché n'est dissemblable, ainsi que l'explique la Coûtume de *Romorantin* ch. 7. art. 12. La Coûtume d'*Herly* art. 5. est semblable soit pour héritage en Fief ou roture.

QUEST. XII. *Les Haies des Jardins ne sont-elles pas défensables ?*

Les Jardins qui sont toujours près des maisons sont des héritages précieux que les Propriétaires conservent avec soin; par conséquent il est important que les haies n'en soient point dégradées par les animaux. La Coûtume de *Mons* chap. 53. article 3. porte : » Que nul „ ne laisse ses chevaux, jumens, bêtes à cornes, boucs, „ chévres ne autres aller brouter ès jardins & haies.

La Coûtume de *Bayonne* 646. s'explique, sur les personnes qui dégradent & volent les fruits des jardins & vergers, en ces termes (a) : » Si aucun, de l'âge de dix „ ans ou plus, entre de nuit en vignes, verger, jar- „ din ou autres héritages clos, en tems que les fruits y „ sont, ou de jour homme inconnu, ou de petite ré- „ putation, & rompt la porte ou clôture, & prend du „ fruit, contre la volonté du Seigneur, icelui Seigneur, „ ses Serviteurs & famille, ou autre voisin, peuvent pren- „ dre tel personnage de leur propre autorité & le mener „ prisonnier pardevers le Maire ou son Lieutenant, & ajoute l'article 22. » Et tient prison jusques à ce „ qu'il ait payé la somme de cent sols tournois, ap- „ plicable, la moitié à la réparation & affaires de la „ Ville, & l'autre moitié au Seigneur de l'héritage ; „ & davantage répare le dommage qu'il a inféré.

(a) Tit. 2. art. 21.

Les peres & meres sont responsables des fruits ou dégats causés dans les jardins par leurs enfans ; ils doivent les contenir.

QUEST. XIII. *Un particulier dont l'héritage est clos ne peut-il pas obliger son voisin de clorre le sien ?*

Comme il est permis de clorre les héritages près des Villes, & que ces héritages joignent à d'autres de même nature, c'est-à-dire, en jardins, vergers & d'autres genres, lesquels doivent pareillement être bouchés & clos, ces bouchures servent aux deux héritages, ce qui fait que celui qui néglige de clorre son jardin ou verger, peut être soué par le voisin à cette clôture ; c'est le texte de l'article 533. *de la Coûtume de Bourbonnois*, qui permet de sommer le Propriétaire de l'héritage voisin de le boucher dans quarante jours, sinon qu'il pourra le clorre à ses dépens ; ce qui ne paroît pas dans la droite équité, en ce qu'il y a de pauvres gens qui n'ont souvent pas le moyen d'avoir du bois, ou autres choses pour boucher leurs héritages, qu'ils sont contraints par leur indigence de laisser vaquer ; ils auroient en ce cas de la dureté de leur faire payer une clôture qui seroit pour la seule utilité du voisin, il seroit plus naturel qu'après cette sommation le voisin fit clorre cet héritage à ses frais, laquelle clôture & haie lui appartiendroit en ce cas.

D'ailleurs, c'est qu'il semble être loisible à chacun de laisser son champ ou son jardin inculte ; c'est même la disposition de l'article 102. de la Coûtume d'*Auxerre* qui porte : » Qu'aucun n'est contraint clorre „ & fermer son héritage s'il ne veut, ce qui s'entend des „ clôtures de haies vives ou séches ; car pour les murs „ cela est différent. Voyez *le nouveau Commentaire de cette Coûtume* sur cet article.

QUEST. XIV.

QUEST. XIV. *Ne peut-on pas mener pâturer les Beſtiaux le long des héritages enfruités ou de marchage?*

Les Pâtres & Bergers qui menent leurs Beſtiaux champoyer ne peuvent les faire pâturer le long & près des héritages enſemencés & enfruités, parce qu'il ne leur ſeroit pas poſſible d'en empêcher quelques-uns de s'échapper & de manger & gâter les fruits deſdits héritages; il ne leur eſt pas même permis de les mener par les chemins qui ſont ſemés des deux côtés, parce qu'un troupeau de bétail ne s'empêcheroit pas de s'écarter & de faire du dommage de côté & d'autre; il eſt preſcrit de les conduire aux Communaux par des terres vagues où ils ne puiſſent faire des dommages, le tout à peine de l'amende; c'eſt ce qui eſt porté par les Coûtumes de *Mons en Haynault*, chap. 53. art. 16. de *Sole* titre 36. art. 3. & autres.

QUEST. XV. *N'y a-t-il pas des héritages où il n'eſt pas permis aux Propriétaires même d'y mettre pacager des Beſtiaux?*

Tous les héritages de quelques natures qu'ils ſoient, lorſqu'ils ſont en culture & en fruits, appartiennent à l'Etat & ſont de droit Public, par conſéquent le Propriétaire d'un champ ſemé en froment ou autres fruits qui mettroit des beſtiaux pour en manger l'herbe & les fruits, ſeroit puni très-ſévérement par le fiſc; il en ſeroit de même ſi dans une vigne prête à vendanger, le Maître y mettoit des pourceaux, chiens & autre bétail qui en mangeroient les fruits; cela eſt prohibé, la Coûtume du Bourbonnois art. 526. porte: » Fruitiers, jardins, vergers, clos, & vignes, ſoit clo- „ ſes ou non, ſont défenſables en toutes ſaiſons de l'an,

„& de toutes bêtes, ſur peine de l'amende au Seigneur „Juſticier & intérêt de Partie : & ſi pluſieurs Particu- „liers avoient vignes, jardins, vergers & fruitiers, ſous „une même clôture, il n'eſt loiſible à aucun y mettre „pâturer ſon bétail, quand même il les voudroit faire „riere lui & en ſon propre héritage ; la Coûtume „d'Auvergne ch. 28. art. 7. a pareille diſpoſition.

Il eſt d'ailleurs ſi naturel de conſerver, & ne point détruire les fruits que la Providence veut bien nous donner qu'il y a de la férocité & de l'hinumanité de les anéantir ; auſſi doit-on punir rigoureuſement ceux qui par leurs mauvais ſoins contribuent à leur deſtruction.

QUEST. XVI. *Les héritages du Domaine du Seigneur, quoique non clos, ne ſont-ils pas toujours défenſables ?*

Nous avons quelques Coûtumes qui en ont fait une Loi générale, d'autres y ont mis de ſages modifications; *Normandie* art. 68. & *Bretagne* art. 395. ſont de ce premier ordre ; cette derniere Coûtume eſt en ces ter- » mes : Le Domaine du Seigneur où y a ſi grande éten- „due qu'autre n'a que quérir environ, combien qu'il „ſoit déclos, eſt toujours défenſable, & peut le „Seigneur pour le bétail qui y ſeroit trouvé deman- „der l'aſſiſe ou des dommages à ſon choix.

L'article ſuivant de la même Coûtume, dit que les Domaines nobles ſont en défenſes *s'ils ſont clos.*

Les Coûtumes du ſecond ordre ſont *Montargis* ch. 4. art. 1. & *Orléans* art. 144. Comme le texte eſt égal, nous rapporterons celui de la Coûtume d'*Orléans*, qui porte : » En quelque tems que ce ſoit on ne peut me- „ner pâturer ſes bêtes ès héritages tenus en Fiefs, qui ſont joignans au manoir tenu en fief dont ils sont Domaine : *mais s'ils sont séparés dudit manoir, & notamment à icelui, ils en suivent la nature des* Roturiers *quant au pâturage.*

Il ne faut point de Commentaire pour comprendre cet article, il fait clairement entendre que tout ce qui est autour du Château, & fait corps avec icelui, est privilégié ; mais que s'il se trouve des héritages qui en soient séparés, & qui soient épars ou mêlangés avec les héritages Roturiers, qu'ils doivent en suivre la condition *quant au pâturage* ; ce qui est équitable. D'*Argentré* sur l'ancienne Coûtume art. 378. a ajouté : de quelqu'étendue que soit le Domaine du Seigneur, il est impossible qu'il n'ait pas des bornes ; mais on doit clorre les champs voisins des extrémités.

QUEST. XVII. *Est-il permis à tous les Habitans d'une Communauté de faire pacager leurs bestiaux dans les Communes publiques ?*

Dès qu'il y a Communauté entre Habitans d'une même Justice, Paroisse ou Village, chacun d'eux a droit d'user de ce qui appartient en commun ; c'est la disposition de différentes Coûtumes, & même un droit général. La Coûtume d'*Orleans* en a fait un article particulier ; c'est le 149. il porte : » Et prairies, pâtis, pâturages & buissons, appartenans à une Communauté, ou étant au Public, l'usage sera libre à un chacun pour y mener pâturer son bétail. L'article 3. du titre 28. de la Coûtume d'Auvergne ajoute, *situés en ladite Justice, & en tous tems & saisons,* à quoi sont conformes les Coûtumes de *Saint Seres* (*a*), *Berry* (*b*), *Sole* (*c*), *Labourt* (*d*), *Acs* ; (*e*) & au-

(*a*) Tit. 3. art. 6. (*b*) Tit. 1. art. 15. (*c*) Tit. 13. art. 4. (*d*) Tit. 3. art. 2. (*e*) Tit. 11. art. 2. 3.

tres ; & si quelqu'unes de nos Coûtumes n'en ont pas fait des dispositions particulieres, c'est un droit commun que personne ne peut contredire.

QUEST. XVIII. *Est-il permis à un Particulier de mettre pacager autant de bêtes que bon lui semble dans les Communaux ?*

Il n'y auroit pas d'équité de souffrir qu'un particulier aisé mît dans les Pâturages Communs autant de bestiaux qu'il souhaiteroit au préjudice du pauvre qui n'a pas le moyen d'y en mettre pareille quantité ; l'intérêt public y seroit lézé, parce qu'il faut une juste distribution proportionnée à la quantité de terres & héritages que chacun posséde dans le territoire ; c'est par cette raison que nombre de Coûtumes éxigent que chaque particulier fasse déclaration du nombre des bestiaux, qu'il prétend mettre dans les pâturages ; telles sont celles de *Nevers* (*a*), de *Poitou* (*b*), d'*Hesdin* (*c*), *Acs* (*d*), & autres ; c'est aussi le sentiment de *Basnage* sur l'art. 82. de *Normandie*, & ce qui a été réglé par Arrêt du Parlement de Paris pour les Habitans d'Argenteuil près de Paris, du 7. Août 1638. par lequel il fut ordonné : » Que chaque Habitant seroit tenu de „ réduire leurs troupeaux de bêtes à laine à propor„ tion des terres labourables qu'ils exploiteroient & „ feroient valoir dans le territoite d'Argenteuil, à rai„ son d'une bête par arpent, & ordonne que toutes les „ terres seront labourées, cultivées & ensemencées par „ soles & saisons ordinaires, sçavoir un tiers en bled, un „ tiers en orge ou en avoine, & l'autre tiers laissé en ha-

(*a*) Chap. 15. art. 20. (*b*) Art. 193. (*c*) Tit. 14. art. 19. (*d*) Tit. XI. art. 29.

„ chere à la nourriture & pacage desdites bêtes à laine, „ avec défenses aux Habitans d'Argenteuil, qui n'ex-„ ploiteroient pas leurs héritages de cette maniere, de „ tenir aucunes bêtes à laine, & de les mener & faire „ pâturer dans les Prés & Usages communs de la-„ dite Paroisse d'Argenteuil; mais seulement sur les-„ dites jacheres, à peine d'amende & de confisca-„ tion.

Cet Arrêt fut confirmé au profit des mêmes Habitans en nom collectif contre quelques particuliers, par autre Arrêt du 26. Mai 1647. & les Habitans de Cormeilles en obtinrent un pareil le 13. Août 1661. contre quatre Particuliers dudit lieu, par lequel sur les Conclusions de M. le Procureur Général: » Ces Par-„ ticuliers ont été condamnés à réduire leurs troupeaux „ de bêtes à laine à proportion des terres labourables „ qu'ils tiennent & exploitent ès territoires de Cor-„ meille & Certrouville, *à raison d'une bête par chaque* „ *arpent*. Cet Arrêt se trouve dans le Code Rural tome 2. page 366. (*a*).

La Coûtume d'*Auvergne* en laquelle il y a une prodigieuse quantité de bétail, par rapport aux grands Communaux, décide cette question; elle s'explique à l'art. 11. du chap. 28. » On ne peut faire pâturer bétail ès „ Pâturages communs ou particuliers d'aucune Justi-„ ce à plus grand nombre que l'on a hyverné & nourri, „ des foins & pailles provenans des héritages que l'on „ tient en ladite Justice, soit leurs, ou par louage, „ ou autrement, & a lieu ladite Coûtume tant au pays „ coûtumier que de Droit Ecrit.

Cet article est conforme aux vingt-quatre Coûtu-

(*a*) Droits Seigneuriaux in-4°. tome II. p. 194. où cet Arrêt est en entier.

mes locales de cette Province, qui font toutes uniformes, & prefcrivent que l'on ne peut mettre en pacages commmuns plus de bétail que l'on n'en a hyverné, & que l'on n'en peut nourrir en fon fonds.

Celle de *Mons en Haynault* ch. 53. art. 13. ne permet pas de mettre paître fur les pacages communs autre bétail que celui qui eft au particulier, celui qu'il peut tenir d'autrui ne peut y être conduit à peine de l'amende, ce qui eft conforme à la Coûtume d'*Acs* titre 11. art. 29.

La Coûtume de *Poitou* art. 193. permet aux Laboureurs d'entretenir toutes bêtes convenables & profitables, tant qu'il leur eft befoin pour leur labourage feulement, felon la qualité d'iceux *& quantité de terres* qu'ils ont.

L'Article 359. de la Coûtume *de la Marche*, dit qu'on ne peut eftrier & tenir ès pâturages communs plus de bétail qu'on n'en a hyverné ou qu'on eût pû en hyverner, ce qui équipole à la quantité de terres & fourages que l'on poffede & peut recueillir, & cela a été introduit, dit le nouveau Commentateur de la *Coûtume d'Auvergne* fur l'article 11. du titre 28. afin que le général des Habitans ne fouffre pas de préjudice par le fait d'un Particulier qui pourroit furcharger les pâturages, par la quantité du bétail de fon trafic.

QUEST. XIX. *N'eft-il pas permis de faire pacager fes beftiaux la nuit?*

Non, il n'eft pas loifible à aucun Particulier de laiffer ou mener fes beftiaux la nuit, parce qu'ils peuvent s'écarter & caufer du dommage dans des champs en culture, ainfi que dans les taillis voifins; c'eft ce qui eft défendu très-expreffément par les Ordonnances, les Coûtumes & les Arrêts, entr'autres par ceux du Parlement des 8. Août 1638. 25. Mai 1647. & 13. Août 1667. (a) dont nous avons fait mention à la question....

(a) Droits Seigneuriaux in-4°. tome II. p. 194.

Lesquels font défenses aux Habitans de *Cormeilles, Argenteuil* & *Certrouville* de mener ou faire pâturer leurs bêtes à laine sur les Domaines, Prés & Héritages desdites Paroisses, autrement *que pendant le jour*, sans qu'elles y puissent demeurer la nuit, , à peine d'amende arbitraire ; leur permet néanmoins de *pasquer jour & nuit, chacun sur ses héritages.*

Et ce qui est porté à l'égard des bêtes à laine s'applique à tout autre bétail ; l'article 5. du titre 32. de l'Ordonnance de 1669. prononce l'amende double pour les délits commis par les Usagers, Pâtres, Paissonniers, &c. *depuis le coucher jusqu'au lever du Soleil.*

QUEST. XX. *Si les Etrangers mettent leurs Bestiaux dans les Pâturaux Communs, ne sont-ils pas amendables?*

Les Habitans d'une autre Paroisse & Seigneurie, n'ont aucun droit dans les pâturages communs de leurs voisins, & s'ils y sont trouvés, ils sont amendables ; c'est ce qui est décidé par la Coûtume de *Mons en Hénault*, ch. 53. art. 15. & par l'art. 17. du même chapitre, il est fait défenses d'héberger bêtes étrangeres, pour mettre sur les pâturages de la Seigneurie, à peine d'amende.

QUEST. XXI. *Le droit de Blairie peut-il appartenir à d'autre qu'au Seigneur Haut-Justicier?*

Non, c'est un droit de Haute-Justice, qui ne peut être éxercé & appartenir qu'au seul Seigneur Haut-

Justicier ; c'est ce qui est décidé par l'article 4. de la Coûtume de *Nivernois* ch. 3. qui dit : » Le droit de Blai- „ rie ne peut appartenir à aucun s'il n'a Justice & ti- „ tre particulier ou prescription suffisante.

QUEST. XXII. *Le Seigneur qui a droit de Blairie pour le pacage des Bestiaux qui sont dans la Justice, est-il censé donner la liberté de pacager dans les héritages des Particuliers qui sont de son territoire ?*

Quoiqu'il soit vrai que la redevance que l'on paye à un Seigneur, appellée *Blairie*, soit véritablement pour la permission que le Seigneur donne à ses Justiciables de faire pacager leurs bestiaux dans les places vagues ; cela ne doit s'entendre que des lieux sur lesquels le Seigneur a droit, tels que les places, & chemins grands & petits qui se trouvent en sa Justice, & qu'il a donnés à ses Habitans pour la commodité & la nourriture de leurs bestiaux, ce qui les a fait appeller *Places communes*, parce qu'elles appartiennent à cet effet à toute la Communauté ; mais le Seigneur n'a pas donné permission de pacager sur les terres qui appartiennent en propriété à des Particuliers, quoiqu'elles ne soient pas ensemencées ; s'ils les mettent en clôture & les enferment de haies séches ou vives, la vive-pâture s'étendant sur tous héritages, ainsi que l'explique la Coûtume de *Lorraine*, tit. 15. art. 3. qui dit que, *Vaine-Pature s'entend en chemins, prairies dépouillées après la premiere ou seconde faux, terres en friches, bois & autres héritages non ensemencés & ouverts.*

Bois de haute futaie hors le tems de la glandée est réputé de vaine pâture, ainsi qu'il a été jugé par Arrêt du 20. Février 1551. pour les Habitans de *Sevigny* rapporté par Sainction pag. 374. sur la Coûtume de *Nivernois.*

QUEST. XXIII.

QUEST. XXIII. *En payant le droit de Blairie au Seigneur Haut-Juſticier, tous les Sujets qui ont des Beſtiaux ont droit de les faire paître dans les places, chemins & vainesp âtures.*

C'eſt ce qui eſt porté par les articles 3. & 6. du ch. 3. de la *Coûtume de Nevers*, qui veulent qu'en payant la redevance commune pour la Blairie, au Seigneur Blayer par ſes Sujets, demeurans ès fins de ladite Juſtice, ils peuvent mener ou envoyer leurs bêtes pâturer dans toute l'étendue de ladite Juſtice ſans danger d'amende.

QUEST. XXIV. *Le Fermier d'une Seigneurie qui a des Pacages dans la Terre, pluſieurs Particuliers mettent ſur ces Pacages des gros beſtiaux, & même des troupeaux de moutons, le Seigneur qui n'eſt point payé de ſa Ferme, peut-il ſaiſir ces beſtiaux & les faire vendre malgré les offres que les Propriétaires des beſtiaux lui font de payer la nourriture & pâturage de leurs bêtes?*

Nous voyons ſouvent que des Fermiers laiſſent pâturer ſur leurs Fermes quantité de beſtiaux étrangers pour engraiſſer, moyennant certaines rétributions, ce qui leur eſt profitable, en ce qu'ils ne pouvoient pas faire conſommer ces herbages qui ne ſont pas ſuſceptibles d'être fauchés comme les prés, ou bien que ſi on les mettoit en fauchaiſon, ils ne tireroient preſque rien de ces ſoins, à cauſe de l'abondance ou autres cauſes; enſorte que ces Fermiers ſont dans la néceſſité d'affermer ces Pacages pour y mettre des beſtiaux étrangers. Il paroît d'abord que le Seigneur ne pouvoit prétendre, faute de payement du prix de sa Ferme, que les seuls émolumens, du prix fait avec le Fermier pour la nourriture de ces animaux ; cependant le Parlement de Rouen en a pensé autrement, car sur l'appel d'une Sentence du Juge des lieux, qui avoit ordonné que des moutons trouvés dans sa Ferme seroient vendus, sans avoir égard aux oppositions, ce qui fut exécuté en présence des Propriétaires, qui appellerent après cette vente de la Sentence ; *Durant* leur Avocat soûtenoit qu'il avoit été mal jugé, & s'appuyoit de l'exemple du sous-Locataire, dont les meubles ne pouvoient pas être vendus pour le loyer entier de la maison ; mais seulement à proportion de l'occupation. Il offroit de prouver l'association que deux Laboureurs avoient faite avec le Fermier de l'Intimé, que l'année précédente ils y avoient mis des moutons, & qu'après avoir été engraissés, ils les avoient vendus, & avoient mis en la place ceux que l'on avoit saisis.

Berteaume pour le Seigneur *Intimé* répondoit que tout ce qu'il trouvoit sur sa Ferme lui étoit affecté par privilége, que c'étoit une Jurisprudence certaine que l'on ne pouvoit mettre des bestiaux sur la Ferme d'un Propriétaire, par autre congé que le sien, & que quelque promesse ou cédule que l'on en eût par écrit d'un Fermier, cela ne pouvoit préjudicier au Maître du fonds ; parce qu'autrement il seroit aisé de frauder les Propriétaires ; un Fermier mettroit tous les bestiaux sous le nom d'autrui, & quoiqu'ils fussent nourris & élevés sur les terres, le Maître les verroit enlever par d'autres, & seroit frustré de son fermage par cette fraude & par cette collusion ; sur ces raisons intervint un Arrêt en la Grand'Chambre le 3. Juin 1683. par lequel la Sentence fut confirmée. *Basnage Traité des Hypothéques.*

SECTION II.

Des Prés & Prairies en vaines pâtures.

Les Prés sont distingués des Prairies, les Prés gardent leur seconde herbe, *Revivre* ou *Regain*, & personne n'a droit d'y mettre des Bestiaux que les Propriétaires : ces Prés s'appellent *Prés de Revivre, Prés de Regain, Prés Gaigneaux* ou *Prés à deux herbes.*

Les autres qui ne gardent Revivre, sont ordinairement des grandes Prairies appartenantes à différens Particuliers où toute la Communauté d'une Paroisse ou Village a droit de mettre son Bétail paître & pacager après que la premiere herbe est enlevée.

QUEST. I. *Quand les Prés sont-ils réputés vaines pâtures?*

Dumoulin dans son Apostille sur l'art. 122. de la Coûtume *de Vitry*, prétend que les Prés ne sont réputés vaines pâtures, qu'après que l'on a enlevé la seconde herbe appellée communément *Regain*; mais son opinion ne peut être suivie comme générale, y ayant plus d'endroits où elle commence après la premiere herbe, qu'après la seconde; nous voyons même souvent dans les reconnoissances de la plûpart des Prés qui y sont confinés, que les Propriétaires y prennent la précaution d'énoncer que ces Prés gardent Revivre, c'est-à-dire la seconde herbe, & cela leur sert de titre pour qu'ils ne soient pas confondus avec ceux qui sont livrés à la vaine pâture immédiatement après la premiere herbe levée.

Delaistre sur l'article 104. de *Chaumont* rapporte l'Apostille de Dumoulin, & dit quelle n'est pas suivie en cette Coûtume, où les Prés ne sont censés être de Regain, *s'ils ne sont clos & fermés d'haies vives ou de murailles :* il ajoûte que *Salligny* sur le même article dit que lorsqu'un Pré a été tenu fermé & clos pendant trois ans, il est réputé pré de regain, pour toujours, & qu'il appuie d'un Arrêt du 16. Mars 1616. qui l'a jugé ainsi dans la Coûtume de Chaumont; si-tôt qu'un Pré cesse d'être clos il devient comme les autres, sujet au droit de Parcours, suivant le Texte de la Coûtume, *héritage non clos, & non fermé.*

QUEST. II. *Dans quel tems les Prés sont-ils défensables de toutes vaines pâtures?*

Nos Coûtumes different peu entr'elles du jour que les Prairies sont défensables.

Celles, *de Poitou* art. 196. *de Montargis* chap. 4. art. 3. *du Lodunois* ch. 19. art. 1. *de Bourdeaux* art. 110. de *Berry* tit. 10. art. 6. *de Vitry* art. 122. *d'Auxonne* art. 263. *de Melun* art. 304. & *de Chaumont* art. 109. le fixent toutes au premier de Mars.

La Coûtume de Tours art. 202. au 8. Mars.

Celles *de Blois* art. 224. *de la Marche* art. 354. *de Châlons* art. 266. *de Sens* art. 149. *de Dourdan* art. 91. déterminent ce jour au 15. de Mars.

Et celles *d'Orleans* art. 147. *de Lorraine* tit. 15. art. 5. *des Tever* tit. 3. art. 12. *de Bourbonnois* art. 525. *de Troyes* art. 170. & *de Nevers* ch. 14. art. 1. les fixent toutes au jour de Notre-Dame de Mars.

Ensorte que dans ces Coûtumes à ce jour précis, il est permis à tous les Propriétaires de clore & boucher leurs Prés, qu'ils portent revivre ou non.

QUEST. III. *De quel jour commence la vaine pâture dans les Prés, & quand ils doivent être ouverts.*

Il faut distinguer les Prés en Prairies qui ne portent point ordinairement *Revivre*, de ceux qui en porte ; à l'égard des premiers la vaine pâture commence si-tôt que la récolte du foin est faite & enlevée, comme nous venons de le dire, ce qui est ordinairement vers la Saint Jean-Baptiste.

Quant aux derniers, les Coûtumes *d'Orleans* art. 147. *d'Auxerre* art. 263. *de Melun* art. 304. *de Sens* art. 149. & *de Dourdan* art. 91. fixent les commencemens *de la vaine pâture* au premier jour d'Octobre qui est la Saint Remy, toutes les autres ne spécifient autres choses, sinon lorsque la seconde herbe est enlevée, qu'ils sont censés ouverts, ensorte que tous ceux qui ont droit à la vaine pâture, peuvent dès-lors y mettre leurs Bestiaux.

QUEST. IV. *N'y-a-t'il pas d'autres Prés qui ne sont pas sujets à ces régles?*

Oui, il y en a, & l'article 147. de la Coûtume *d'Orleans* le spécifie ; ce sont ceux qui sont clos de haies vives, murs ou fossés, en tout tems, dans lesquels aucun autre que le Propriétaire ne peut mener paître Bétail en aucune saison.

QUEST. V. *Un pré qui ne seroit pas clos, seroit-il toujours en défend?*

Le Propriétaire d'un Pré qui garde Revivre & Regain doit le tenir clos, sans quoi il doit imputer à sa négligence le tort qui lui seroit fait par des Bestiaux, faute de clôture suffisante. La Coûtume *de la Marche* art. 354. en a fait une disposition précise ; elle est en ces termes : » Tous Prés clos sont défensables en tout „ tems, tant & si longuement *que l'on les tient clos ;* „ mais quand ils ne sont clos, ne sont défensables „ depuis la Saint Martin d'hyver jusqu'à mi-Mars „ ensuivant, toutefois pource qu'en plusieurs lieux „ l'on a accoûtumé faire paître les Prés incontinent „ après que le foin en est hors, l'on usera comme l'on „ a accoûtumé. « A cette disposition sont conformes la Coûtume *de Nevers* ch. 14. art. 2. & *de Mons* ch. 53. article 12.

QUEST. VI. *En quel cas peut-on ôter un Pré du Pâturage commun & le mettre en Revivre ?*

La Coûtume *de Nivernois* ch. 14. art. 3. décide cette question : Elle porte, » *En prairie*, l'on ne peut de „ nouveau mettre Pré en Revivre, sinon que le Seigneur fasse une maison audit Pré, & qu'il y tienne „ feu & lieu continuellement ; & s'il se départ de ladite maison, ledit Pré retourne en son même état.

QUEST. VII. *Un Seigneur ayant un Pré dans une Prairie où la vaine Pâture a lieu, peut-il le clorre ?*

Cette question s'est présentée au Parlement de Dijon, sur laquelle est intervenu Arrêt le 12. Août 1737. qui a décidé pour l'affirmative contre Bernard Belin, & les Habitans de Salmaise, en faveur de Jacques Lestrade, Seigneur Engagiste de Boux, qui avoit enclos un Pré de dix-huit soitures, & privé les Habitans de la vaine pâture de la seconde herbe.

J'observe au sujet de cet Arrêt, que l'Instance commença par action en complainte possessoire, & comme le sieur de Lestrade étoit en possession d'an & jour, il fut maintenu par l'Arrêt.

L'Inſtance repriſe au pétitoire, le ſieur de Leſtrade a depuis été condamné de déboucher le Pré de la Seigneurie, pour y laiſſer jouir les Habitans de la vaine pâture.

QUEST. VIII. *Eſt-il permis au Seigneur de faire paître ſes Beſtiaux dans les héritages en défend de ſes Habitans?*

Boniface dans ſes Arrêts *de Provence* l. 3. tit. 1. ch. 4. rapporte un Arrêt notable du 3. Juin 1684. par lequel, » ſans avoir égard à l'oppoſition du ſieur de Villeneuve, Coſeigneur de la Seigneurie de Caillau, „ aux Procès-verbaux, & priſes de ſes Beſtiaux faites „ ſur ledit de Villeneuve, dans les biens défenſables des Habitans dudit Caillau, dont il demeure „ débouté, ordonne que les Rapports & liquidation de „ dommages faits en conſéquence des dénonces, „ ſeront exécutés ſelon leur forme & teneur, & „ les exécutions continuées pour le payement de la » peine & dommages, ainſi qu'il appartient, « *a fait inhibitions & défenſes audit de Villeneuve, & autres qu'il appartiendra, de faire entrer, ni paître aucun Bétail de quelle qualité qu'il ſoit dans les terres cultivées & enſemencées, prés, jardins, chenevieres, vignes & vergers, agrégés d'oliviers & autres arbres devandudes, & autres propriétés naturellement défenſables, ſuivant le ſtatut & uſage de la Province, appartenantes auxdits habitans, ſous la peine du Ban & dommage*, &c.

QUEST. IX. *Un Particulier ayant un Pré en Prairie, peut-il l'enclorre pour jouir de la ſeconde herbe au préjudice de la Communauté?*

Par Arrêt du Parlement de Bourgogne du 7. Décembre 1739. il fut dit que *les Habitans de Thil-la-Ville continueront de faire paître leur gros bétail dans toute la Prairie dudit lieu, depuis la premiere herbe levée jusqu'à la Notre-Dame de Mars, à la charge néanmoins que ce sera sous la garde d'un seul Pâtre; fait défenses au Sieur Joly* (qui avoit enclos un Pré dans la Prairie des Habitans) *de boucher, ni tenir clos son Pré, après la premiere herbe levée, & les condamne aux dépens.*

QUEST. X. *S'il y avoit des chevaux morveux, les Propriétaires ne seroient-ils pas amendables de les envoyer dans les Pacages?*

La maladie de la Morve des chevaux est très-contagieuse, parce qu'elle est mortelle, & se communique aux animaux de cette espéce qui approchent les malades, ce qui fait qu'il est très-essentiel de veiller & empêcher cette communication, & de faire tuer aussi-tôt le cheval morveux, pour empêcher le progrès de cette maladie.

En 1737. cette maladie se répandit dans plusieurs endroits; il y en eut au Perray près de Rambouillet, & dans la Généralité de Lyon, ce qui donna lieu à une Ordonnance du Roi, pour prévenir la contagion; M. Pouletier, Intendant de Lyon, rendit le 5. Janvier 1737. une Ordonnance en conséquence des Ordres du Roi à ce sujet, & comme il y avoit des chevaux morveux qui étoient venus d'Arles jusqu'à Lyon, ce Magistrat commit le nommé Bonnet, & ordonna par son Jugement du 16. Mars 1739. qu'à la diligence dudit Bonnet, toutes les Ecuries de la route d'Arles en Provence jusqu'à Lyon, seroient blanchies à neuf & parfumées pour prévenir les progrès de la maladie de la Morve, que pourroient avoir occasionné les chevaux

chevaux de l'Equipage des Voituriers Propriétaires desdits chevaux morveux, lesquels Propriétaires furent condamnés en 200. livres d'amende au profit de l'Hôpital.

En 1745. cette Maladie se manifesta dans la Généralité de Paris, ce qui donna lieu à Monsieur l'Intendant de Paris, de rendre une Ordonnance le 8. Juin de la même année, que nous rapporterons ici en son entier, comme très-instructive, sur ce qu'il convient pratiquer en ces sortes d'occasion, & sur les peines qu'encourent ceux qui y contreviennent.

ORDONNANCE DE M. L'INTENDANT de la Généralité de Paris,

Pour prévenir la communication & les progrès de la Maladie de la Morve parmi les Chevaux.

Du 8. Juin 1745.

DE PAR LE ROI.

LOUIS-JEAN BERTIER DE SAUVIGNY, *Chevalier, Conseiller du Roi en ses Conseils, Maître des Requêtes ordinaires de son Hôtel, Intendant de la Généralité de Paris.*

VEU l'Ordonnance rendue le premier Juillet 1730. par M. de Harlay, lors Intendant de la Généralité de Paris, contenant les dispositions nécessaires pour prévenir la communication & les progrès de la Maladie de la Morve parmi les Chevaux : Veu aussi les Ordres du Roi à nous adressés par la Lettre de M. le Comte d'Argenson, Ministre & Secrétaire d'Etat de la Guerre, en date du premier du présent mois, à l'occasion du renouvellement de ladite Maladie, tant dans la Ville & Election de Senlis, que dans plusieurs autres Paroisses de ladite Généralité, Nous avons ordonné & ordonnons ce qui suit :

ARTICLE PREMIER.

Tous particuliers, de quelqu'état & condition qu'ils soient, qui auront des chevaux atteints ou soupçonnés de Morve, seront tenus, à peine de cinq cens livres d'amende, d'en faire leur déclaration incontinent après la publication de la présente Ordonnance, à nos Subdélégués, ou Officiers des Villes & Paroisses où ils font leur demeure ordinaire, pour être lesdits chevaux vûs & visités par des Maréchaux ou gens connoisseurs, & tués sur le champ, à la diligence desdits Officiers ; & si le mal se trouve avéré, ladite amende applicable, moitié au profit des Dénonciateurs, & l'autre moitié au profit des pauvres de la Paroisse.

II. Ceux qui au lieu de déclarer les chevaux atteints ou suspects de Morve, les vendront ou détourneront, sous quelque prétexte & de quelque maniere que ce soit, seront condamnés en pareille amende, payable & applicable comme dessus, sur la simple dénonciation qui en sera faite devant nos Subdélégués, ou devant le premier Officier Public.

III. Les Maréchaux qui ayant quelque connoissance de quelques chevaux attaqués dudit mal dans les Villes & lieux de leur résidence, ou aux environs, négligeront de les déclarer à nos Subdélégués, ou auxdits Officiers publics, ou refuseront leur ministére pour examiner ceux qui en seront soupçonnés, ou qui en feront de faux rapports, seront condamnés en trois cens livres d'amende au profit des pauvres de la Paroisse, & à fermer boutique pendant six mois, sur le Procès-verbal qui nous en sera adressé.

IV. Faisons défenses sur les mêmes peines, à tous Hôteliers, Cabaretiers, Laboureurs & autres, de recevoir dans leurs écuries aucuns chevaux gâtés ou soupçonnés de Morve ; & enjoignons aussi sous les mêmes peines, de déclarer ceux qui se présenteront & pourront en être suspects, pour être visités & tués s'ils s'en trouvent atteints.

V. Enjoignons très-expressément aux Maires, Echevins, Syndics, Marguilliers & autres Officiers des Villes & Paroisses, de faire faire à la réception de la présente Ordonnance, & successivement lorsqu'ils le jugeront nécessaire, une visite éxacte, tant des chevaux des Habitans, que de ceux appartenans aux Charretiers ou Voituriers qui passeront dans lesdits lieux, & de faire tuer sans différer ceux qui auront la Morve, à peine d'être traités comme réfractaires aux Ordres de Sa Majesté.

VI. Ordonnons pareillement aux Officiers & Cavaliers de Maréchaussée, en faisant leurs rondes & tournées dans les Villes & Villages de leur district, de faire des recherches éxactes des chevaux morveux, & de les tuer après que la maladie aura été constatée, & d'en dresser des Procès-verbaux qu'ils nous envoyeront.

VII. Les écuries des Villes & Paroisses où il y aura eu des chevaux atteints ou soupçonnés de Morve, seront incontinent, à la diligence des Maires, Echevins, Syndics ou autres Officiers desdites Villes & Paroisses, purifiées & lavées aux frais des Détempteurs, avec de la chaux vive, ainsi que les auges & rateliers, même le pavé & le sol desdites écuries, & tout le pourtour d'icelles jusqu'à la hauteur où les chevaux peuvent atteindre avec leur langue ; & après les avoir laissées un tems suffisant à l'air pour en ôter l'infection, les auges & rateliers seront relavés avec de l'eau chaude pour enlever l'impression de la chaux.

Et sera la présente Ordonnance lue & publiée aux Prônes de toutes les Paroisses de ladite Généralité, & affichée par-tout où besoin sera, afin que personne n'en ignore, pour être exécutée selon sa forme & teneur ; Enjoignons à nos Subdélégués d'y tenir la main, & de nous informer des contraventions qui pourroient y être faites, pour y être par nous pourvû. Fait à Paris le huit Juin mil sept cent quarante-cinq. *Signé*, BERTIER DE SAUVIGNY. *Et plus bas*, MABILE.

QUEST. XI. *Les Communautés d'Habitans peuvent-ils affermer leurs Communaux ?*

L'Ordonnance de 1669. y a pourvû en l'art. 7. qui porte : „ Si dans les pâtures, marais, prés & pâtis „ échus au triage des Habitans, ou tenus en commun „ sans partage, il se trouvoit quelques endroits inutiles, „ ou superflus, dont la Communauté pût profiter, sans „ incommoder le pâturage, *ils pourront être donnés à ferme* „ après un résultat *d'assemblée faite dans les formes*, pour „ une, deux ou trois années, „ par adjudication *des* „ *Officiers des lieux*, sans frais, & le prix employé aux „ réparations des Paroisses, dont les Habitans sont „ tenus, ou autres urgentes affaires de la Communauté.

Ensorte que les Habitans qui ont des pâturages de superflus, peuvent les donner à ferme du consentement de tous les Habitans assemblés, & pardevant le Juge des lieux, qui peuvent en faire les Baux dans les formes prescrites par cet article.

QUEST. XII. *Une Communauté d'Habitans qui a des Prés Communaux au-delà de ses besoins, en afferme le surplus ; le Fermier du Seigneur prétend avoir le droit de demander son tiers dans les Communaux des Habitans, peut-il prétendre le tiers du prix de ce Bail pendant sa durée, comme représentant le Seigneur & ayant tous ses droits ?*

Il n'est guéres possible d'imaginer qu'une pareille demande puisse se former, parce que rien n'est moins certain qu'un Seigneur Haut-Justicier ait un droit réel & effectif sur les prés, terres & pâturages des Habitans de sa Seigneurie ; il y a tant d'obstacles qui peuvent contrarier & même éteindre cette idée que l'on ne peut raisonnablement penser qu'elle puisse se faire par des personnes de bon sens ; j'ai cependant été consulté sur cette question.

Mais une raison contre laquelle il n'y a nulle objection à faire, c'est qu'à supposer que le Seigneur croye être fondé à faire cette demande, il faut qu'il la forme contre cette Communauté, il faut qu'il produise ses titres, & qu'il établisse solidement son droit ; il faut que cette Communauté contredise cette demande, & il est absolument nécessaire qu'elle lui soit adjugée, avant que le Fermier puisse avoir droit de demander les droits du Seigneur.

Il ne peut même pas dépendre de cette Communauté d'aquiescer à une pareille demande, & de traiter avec son Seigneur, en lui abandonnant ce qu'il pourroit prétendre ; il y a des formalités à observer qui sont de rigueur, qu'il faut que le Seigneur observe également comme les Habitans.

Un Seigneur dans quelque Tribunal que ce soit sera toujours présumé vouloir prendre le bien de ses Habitans ; (*a*) c'est le motif d'un nombre d'Ordonnances faites pour réprimer leur avidité (*b*) ; il n'y a qu'à parcourir celles qui sont sur les *Péages*, *Stellages*, *Couponnages* & autres de cette espéce, & entr'autres l'*Edit du mois d'Avril* 1667. ensorte qu'il n'y a point de Juges qui ne doivent éxaminer si le Seigneur est fondé dans sa demande, parce que les intérêts d'une Communauté sont infiniment favorables, & méritent les considérations particuliéres. Le Seigneur ne peut rien préten-

(*a*) Fillau, Salvaing.

(*b*) 1560. 1566. 1579. 1629. & autres.

dre dans ces ſortes de biens qu'il ne lui ſoit adjugé en Juſtice ; d'ailleurs c'eſt qu'après cette adjudication, il faut que le partage en ſoit fait conformément à l'Ordonnance, & par le Grand-Maître des Eaux & Forêts, ainſi qu'il eſt preſcrit par l'article 19. du tit. 25. de l'Ordonnance, comme nous l'avons enſeigné ci-devant.

Ainſi la cauſe d'un Fermier contre une Communauté mériteroit toute l'animadverſion des Juges devant leſquels une pareille demande ſeroit portée.

QUEST. XIII. *Quels Beſtiaux peuvent pacager en prés communs.*

Tous les Beſtiaux qui paiſſent ſont reçus dans les prés à l'exception des *Pourceaux*, parce qu'ils fouiſſent avec leur groin, & fougent de façon qu'ils ouvrent la ſole des prés, la renverſent, par conſéquent la racine des herbes, font des excavations & des troux conſidérables, ce qui cauſe des inégalités qui empêchent de faucher le foin aiſément, pourquoi ils ſont pernicieux dans les prés.

QUEST. XIV. *N'y a-t-il pas des cas où les Officiers des lieux peuvent ordonner une réſerve des Prés Communaux en regain ou revivre, ou un canton de pacage pour les Beſtiaux?*

Il arrive ſouvent que par l'intempérie des tems, l'herbe des prés eſt gâtée par la gelée ou l'extrême ſéchereſſe, ce qui l'empêche de croître, enſorte qu'il y a des années où il y a très-peu de foin, auxquels cas les Officiers de la Juſtice des lieux, pour obvier à la rareté & chereté de cette nourriture des beſtiaux, ordonnent ſouvent pour les prés qui ne portent pas ordinairement regain

& revivre, que les Propriétaires les clorront & les entretiendront jusqu'à la récolte du regain & revivre pour ladite année seulement, & procureront par cet endroit l'abondance du fourrage; c'est ce que nous voyons avoir été ordonné par un Réglement du Parlement de Besançon du 9. Juin 1750. pour cette Province, par lequel sur les Réquisitions de Monsieur le Procureur Général, pour de pareilles causes, cette Cour or-,, donna que les deux tiers des prés & landes si-,, tués en Franche-Comté, propres à porter regain, ,, seroient mis en Ban pour la présente année, depuis ,, la récolte des foins jusqu'au tems auquel devra se fai-,, re celle des regains; fait défenses à tous de faucher ,, leurs prés & landes, de même que les regains qui y ,, croîtront, avant qu'il y ait eu une Délibération de ,, la Communauté à ce sujet, ou permission des Offi-,, ciers des Seigneurs fondés en titre ou possession pour ,, accorder semblables permissions, & de faire pâ-,, turer leur bétail dans la portion qui sera réservée ,, pour les regains, à peine de 50. livres d'amende & de ,, tous dépens, dommages & intérêts.

,, A déclaré & déclare que chaque Communauté ,, pourra destiner une autre portion desdits prés pour le ,, pâturage du bétail, que cette charge sera commune, & ,, que l'on ne prendra pas toujours d'année à autre dans ,, le même endroit le canton de réserve, à moins ,, qu'il ne se trouve quelques Communautés qui ,, n'aient dans leur territoire qu'un seul canton de ,, peu d'étendue qui ne soit pas suffisant pour en met-,, tre une partie en ban & réserver l'autre pour le pâ-,, turage; auquel cas celui ou ceux qui posséderont ce ,, canton, pourront convenir avec la Communauté, ,, pour leur dédommagement, ou se pourvoir à ce su-,, jet comme ils trouveront convenir.

„ Déclare de plus, que lesdits regains céderont au „ profit des Propriétaires, s'il n'y a convention entr'eux „ & leurs Fermiers, & en ce qui concerne les Com- „ munautés, si elles n'ont un droit acquis sur les prés „ des particuliers pour lesdits regains.

„ Ordonne ladite Cour aux Substituts du Procureur „ Général dans les Bailliages & aux Procureurs d'Office „ dans les Justices des Seigneurs de tenir la main à l'e- „ xécution du présent Arrêt, à peine d'en répondre, & „ de tous dépens, dommages & intérêts. Fait en Parle- „ ment à Besançon le 9. Juin 1750. *Signé*, CHALON.

Taisand sur la Coûtume du Duché de Bourgogne, article 4. titre 13. n. 4. rapporte un Arrêt du Parlement de Dijon du 5. Juillet 1657. par lequel, il est enjoint aux Communautés de cette Province de s'assembler pour aviser quelle portion de leurs Prés peut être plus commodément mise en regain & réserve de ladite année, après la premiere herbe levée, & en faire publier la Délibération aux Prônes des Eglises Paroissiales: Fait inhibitions & défenses auxdits Habitans chacun en droit soi, & à tous autres, d'envoyer pâturer leur bétail esdits Prés qui seront mis en regain & réserve, que la seconde herbe n'ait aussi été enlevée, à peine de 100. livres d'amende, moitié au Roi, & aux Propriétaires, outre l'amende ordinaire, au profit du Seigneur, & de tous dépens, dommages & intérêts, desquels les peres, meres, maîtres & maîtresses de ceux qui se trouveront à l'égard du bétail mésusans, demeureront responsables en leurs propres & privés noms, à faute de par lesdits Habitans & Communautés pourvoir audit regain & réserve, dans huit jours après la publication du présent Arrêt; permet aux Propriétaires desdits Prés d'y mettre la moitié d'iceux, & de le faire déclarer auxdits Prônes : Enjoint aux Messiers de faire bonne & soigneuse garde desdits Prés mis en regain, & rapporter leurs prises du bétail qu'ils trouveront mésusant, sans connivence ni dissimulation, se faire assister pour icelles prises, ensorte que la Justice soit obéie ; & assigner les Propriétaires ou Chetailliers dudit bétail mésusant, pardevant le Juge des lieux, pour voir adjuger lesdites amendes & intérêts, à peine de répondre d'iceux en leurs propres & privés noms ; & sera le présent Arrêt lu & publié, &c.

Le 27. Juin 1741. ce Parlement rendit un pareil Arrêt, avec mêmes défenses ; & la Communauté & les Habitans d'Aignay-le-Duc prétendirent que la seconde herbe des prés que la Veuve de Jean Chauveau avoit mise en regain & réserve lui appartenoit ; sur cette contestation Sentence intervint en la Justice des lieux, qui adjuge à la Communauté cette seconde herbe ou regain ; sur l'Appel Sentence au Bailliage qui réforme au profit de la Propriétaire ; la Cause portée au Parlement, la Cour par Arrêt du 22. Avril 1744. a ordonné que la Sentence du premier Juge sortiroit effet, & a condamné la Veuve Chauveau aux dépens.

Il y a beaucoup de réflexions à faire sur les dispositions de ces différens Arrêts, qui paroissent se contrarier entr'eux. Le Parlement de Besançon laisse aux Propriétaires des Prés la récolte du regain que leurs soins & attentions y font croître, tant pour réparer la perte que ces Propriétaires avoient faite dans la premiere herbe, que pour procurer l'abondance du fourrage.

Et le Parlement de Dijon attribue cette seconde herbe à toute la Communauté ; ensorte qu'un Particulier

lier qui a affermé la ſeconde herbe de ſon pré la ſomme de 20. livres, ce prix doit tourner au profit de tous les Habitans en général.

Cette diſpoſition paroît ſouffrir pluſieurs difficultés, dans ſon exécution; la premiere, qui fauchera ces herbes ? ſera-ce les Propriétaires des prés, qui la feront faire, ou la Communauté entiére ? Comment ſe fera le rembourſement de ces frais à l'égard des premiers, & les fonds pour les ſeconds, qui ne ſoient à charge aux Habitans qui n'ont point de bétail ?

La ſeconde, en ce que les ſommes que peuvent produire ces ſecondes herbes, tournant au profit de tous les Habitans de cette Communauté, auxquels ceux de ces Habitans qui n'ont aucuns beſtiaux, & qui par conſéquent n'ont nul intérêt aux Pâturages communs, en profitent également, & de même que ceux qui y ont le plus d'intérêt, ce qui répugne à la plus droite équité.

Une troiſiéme raiſon, eſt qu'en cas que l'on faſſe le partage de toutes ces différentes ſecondes herbes, entre tous les Habitans qui auroient pû & dû profiter de la vaine-pâture, comment ſe fera ce partage ? toutes ces herbes ſeront-elles ſerrées dans une même grange, & diſtribuées également à ceux qui ont plus ou moins de bétail ? Cette déciſion paroît de difficile éxécution, & il ſemble que le parti de laiſſer ces ſecondes herbes aux Propriétaires, ainſi qu'il eſt ordonné & ſe pratique dans le Parlement de Beſançon, eſt le plus convenable & le plus réfléchi ; il produit de l'abondance dans toute la Paroiſſe, profite inſenſiblement & ne fait aucun tort à la Communauté.

Ce furent ſans doute ces raiſons qui occaſionnerent le partage des avis lors du Jugement du Procès entre la Veuve Chauveau & les Habitans d'Aigny-le-Duc, qui ayant été renvoyé à la Tournelle y intervint l'Arrêt du 22. Avril 1744. que nous venons de citer, qui nous paroît bien peu propre à former un Réglement général convenable.

Il résulte donc de ces différens Arrêts sur la question présentée, que lorsque la disette des foins & fourrages arrive, que les Habitans d'une Communauté, où la vaine pâture a lieu pour la seconde herbe des Prés, & après la récolte de la premiere, doivent s'assembler devant le Juge des lieux, ainsi qu'il est prescrit par le même Arrêt de Réglement du Parlement de Dijon du 13. Juin 1731. pour aviser entr'eux, aux Cantons & Prairies les plus propres à renfermer pour produire la seconde herbe, afin d'occasionner de l'abondance dans le fourrage; & ces Officiers Locaux sont autorisés par ces Arrêts de statuer sur le Délibérations qui auront été prises, la Cour déclarant les Jugemens qu'ils rendront sur cette matiere éxécutoires par provision, nonobstant l'Appel, de même que les condamnations qu'ils prononceront sur les contraventions à leurs Ordonnances.

C'est ce qui est décidé par les Arrêts & les Usages des Duché & Comté de Bourgogne, que nous avons rapportés, & qui est conforme à différentes autres Coûtumes, & entr'autres à celle d'*Auvergne* chap. 28. art. 6. qui porte: » Les Habitans en même Justice ou „ Village audit Pays, peuvent destiner partie de leurs „ faux & pâturages, & aussi de leurs prés en tems non „ défensable pour leur bétail arrant (*a*) & labourant, „ sans qu'autre bétail y puisse entrer, sur peine de „ clame envers ledit Seigneur, & intérêt envers Par- „ tie.

(*a*) C'est-à dire, propre au labourage.

La Coûtume de *Montmorin* locale d'*Auvergne* art. 2. est en ces termes: » Les Habitans du quartier de la Li-

„ magne peuvent élire partie de leurs Pâturages com-
„ muns pour les bêtes & bœufs arrans (*a*), où n'est
„ permis mettre, ne faire pâturer autre bétail jusqu'à
„ la Fête Sainte Croix de Septembre.

(a) Qui labouront.

La Coûtume de *Bar* tit. 4. art. 50. a même disposition, ce qui prouve que les Communautés dans des manque de récolte & disette de fourrage sont fondés à s'assembler pour prendre des précautions qui puissent leur rendre l'année moins défavorable, par la réserve qu'ils peuvent faire de partie des Communaux & des Prés pour leurs bêtes arrables & trayables, & en les mettant en regain pour augmenter les fourrages.

Quant à la question de sçavoir à qui doit appartenir la seconde herbe des prés mis en regain & revivre, elle est controversée ; l'Arrêt du Parlement de Besançon de 1750. les adjuge aux Propriétaires, & le Parlement de Dijon aux Communautés ; cela dépend de l'Usage & de la Jurisprudence, si c'est aux Propriétaires des Prés, ou aux Communautés d'Habitans.

Voici le dernier Arrêt rendu sur cette matiere par le Parlement de Dijon.

ARREST DU PARLEMENT DE DIJON,

Qui ordonne la réserve de la seconde Herbe, dans une portion des Prairies de la Province.

Du 16. Juillet 1751.

Extrait des Registres de Parlement.

VU la Requête de Me. Pierre-André de la Poix, Avocat en la Cour, & Syndic des Etats du Duché de Bourgogne, Comté & Pays adjacens, contenant que la continuité des pluies pendant les saisons de l'Hyver & du Printems, jointe aux débordemens des Rivieres, avoit été un obstacle perpétuel à l'écoulement des eaux, qui n'avoient pas cessé de croupir, & séjourner dans les Prés & Prairies, de façon que l'herbe n'avoit pû y croître ; que dans la plus considérable partie du Ressort de la

Cour, la récolte des Foins avoit presque totalement manqué, & que l'herbe qu'on pouvoit avoir amassé ne pouvant suffire, à beaucoup près, pour la nourriture des chevaux & bestiaux, cette disette qui mettroit les peuples de la Campagne hors d'état de cultiver leurs héritages, & par conséquent de supporter les charges publiques & particuliéres, exigeoit dès-lors qu'il y fût pourvû par un remede convenable; & comme la Cour, en pareil cas, par son attention au bien public, par ses Arrêts de Réglemens des 30. Juin 1567. 15. Juin 1679. 13. Juin 1685. 10. Juillet 1705. 14. Juin 1714. 11. Juillet 1716. 13. Juin 1731. 28. Juillet 1734. 27. Juin & 4. Juillet 1741. avoit ordonné que la seconde herbe des prés & prairies seroit conservée pour suffire au manquement de la premiere: & que par le dernier Elle avoit prohibé le transport des Foins hors du Ressort, il plût à la Cour, ce que dessus considéré, & attendu que la situation actuelle demandoit les mêmes précautions, ordonner aux Habitans des Villes, Bourgs & Communautés de ce Ressort de s'assembler le premier Dimanche après la réception de l'Arrêt qui interviendroit, pour aviser & régler quelle portion de prés pouvoit être plus commodément mise en réserve pendant la présente année, laquelle portion seroit de la moitié ou au moins du tiers des prés de leur Finage, & dans les meilleurs cantons, auquel effet il seroit enjoint auxd. Communautés d'élire & nommer entr'eux des Messiers solvables pour la garde & conservation de la seconde herbe, à peine par icelles Communautés d'être responsables des mésus qui pourroient s'y commettre; permettre auxdits Messiers, Propriétaires, & à tous autres, conformément aux Arrêts de Réglement des 9. Juin 1711. & 13. Février 1742. de se saisir des bestiaux qu'ils trouveront mésusans, & de se faire assister pour les prises, ensorte que Justice soit obéie; desquelles prises les Rapports seront faits aux Greffes des Justices, & à la maniere accoûtumée: faire défenses à tous Habitans d'envoyer ni faire paître aucuns bestiaux dans les prés mis en regain jusqu'après la seconde herbe levée, à peine de confiscation, amende, dépens, dommages & intérêts applicables au profit des Communautés.

Déclarer les peres, meres, tuteurs, curateurs, maîtres & maîtresses responsables en leurs propres & privés noms, pour leurs enfans mineurs, domestiques & autres personnes à leur charge, desdits délits & peines encourues, & pour la reconnoissance desdits mésus, ordonner que les Propriétaires, Chételiers des bestiaux ou autres pris en mésus, seront assignés pardevant les Juges ordinaires des lieux, pour y pourvoir sur le champ & sans délai; faire très-expresses inhibitions & défenses à toutes personnes étrangeres & non domiciliées dans le Ressort de la Cour, d'acheter aucune herbe sur pied & avant la récolte, comme encore de transporter aucunes herbes de Prés hors du Ressort de ladite Cour, le tout à peine de nullité des ventes & marchés, perte des deniers fournis d'avance par les étrangers pour lesdits achats, de confiscation des herbes, de mille livres d'amende contre lesdits acheteurs étrangers, & pareille amende contre le vendeur, le tout par corps, & conformément à l'Arrêt de Réglement du quatriéme Juillet mil sept cent quarante-un: dire que l'Arrêt qui interviendroit, & les Déliberations qui seroient formées en exécution, seroient publiées à l'issue des Messes Paroissiales & au-devant des Eglises, à la diligence des Procureurs ou Syndics des Communautés, à peine d'en répondre en leurs propres & privés noms, même des amendes, dépens, dommages & intérêts; ordonner que l'Arrêt qui interviendroit seroit exécuté nonobstant & sans préjudice de toutes oppositions & les Jugemens rendus en conséquence par les Officiers des lieux, nonobstant & sans préjudice de toutes appellations, auquel effet ledit Arrêt seroit affiché par tout où il appartiendoit, à la diligence des Maires, & Echevins, Syndics & Procureurs des Communautés, & à eux envoyés à celle du Suppliant: ladite Requête signée André de la Poix, & Roger Procureur: Conclusions du Procureur Général du Roi, & oüi le Rapport de Messire Jacques Virte, plus ancien Conseiller.

LA COUR a ordonné & ordonne aux Habitans des Villes, Bourgs & Communautés de ce Ressort de s'assembler le premier Dimanche après la réception du présent Arrêt, pour aviser & régler quelle portion de Prés de leurs finages & territoires pourra plus commodément être mise en regain & réservée à la présente année, après la premiere herbe levée, laquelle portion sera de la moitié, ou au moins du tiers desdits prés, & dans les meilleurs cantons, & d'en faire publier à l'issue des Messes Paroissiales les Délibérations, de l'autorité des Juges des lieux, qui les feront enrégistrer dans leurs Greffes: Enjoint aux Echevins des Bourgs, Villages, Paroisses & Communautés d'avertir les Fermiers & Procureurs d'Office des Seigneurs de se trouver auxdites Assemblées.

Enjoint auxdites Communautés d'élire & nommer des Messiers solvables pour la garde & conservation desdits Prés mis en regain, à peine par elles de répondre des mésus qui pourront y être commis: Permet auxdits Messiers, Propriétaires & à tous autres, conformément aux Arrêts de Réglement des neuf Juin mil sept cent onze, & treize Février mil sept cens quarante-deux, de se saisir des bestiaux qu'ils y trouveront mésusans, & de se faire assister, si besoin est, pour les prises; ensorte que la Justice soit obéie, desquelles prises les Rapports seront faits aux Greffes des Justices dans le tems, & à la maniere accoûtumée.

Fait défenses à tous Habitans d'envoyer ni faire paître aucuns bestiaux dans les Prés jusqu'après la seconde herbe levée, à peine de confiscation desdits bestiaux, vingt livres d'amende pour chacune contravention, applicable par tiers au Seigneur, aux Communautés & au Dénonciateur, & de tous dépens, dommages & intérêts, desquels les peres, meres, tuteurs, curateurs, maîtres & maîtresses demeureront civilement responsables en leurs propres & privés noms, pour leurs enfans mineurs, domestiques & autres personnes à leur charge, trouvés à la conduite & garde des bestiaux mésusans.

Ordonne que les Propriétaires ou Cheteliers desdits bestiaux pris en mésus, seront assignés pardevant le Juge des lieux, chacun en droit soi, pour y être par eux pourvû incessamment ainsi que de raison.

A fait & fait très-expresses inhibitions & défenses à toutes personnes étrangeres, & non domiciliées dans le Ressort de la Cour, d'enharrer ou acheter aucune herbe sur le pied & avant la récolte, à peine de mille livres d'amende, applicable comme dessus.

Ordonne que la seconde herbe des Prés mis en regain, appartiendra aux Communautés, & sera vendue à leur profit pardevant les Juges locaux, au plus offrant & dernier enchérisseur, & les deniers déposés entre les mains, soit du Greffier, soit d'une personne solvable qui sera préposée par lesdits Officiers, pour être la somme provenue de la vente, distribuée à chacun des Habitans ayant du bétail, au sol la livre, & à proportion de ce que chacun desdits Habitans aura de têtes de gros bétail.

Ordonne que le présent Arrêt & tout ce qui sera ordonné en conséquence par les Juges des lieux, sera exécuté nonobstant & sans préjudice de toutes oppositions & appellations quelconques : qu'à cet effet ledit Arrêt sera publié au-devant des Eglises, & à l'issue des Messes Paroissiales des lieux de la situation desdits prés, à la diligence des Maires & Echevins, Syndics & Procureurs desdites Communautés, & affiché par tout où il appartiendra, à peine de répondre en leurs propres & privés noms, de tous les dépens, dommages & intérêts. Fait en Parlement à Dijon le septiéme Juillet mil sept cent cinquante-un, *Signé*, CHANCELIER. Collationné.

QUEST. XV. *Ne peut-on pas vendre l'herbe des Prés en verd, & avant qu'elle ait été fauchée?*

La grande sécheresse & autres intempéries de l'air causent souvent une grande disette de foin & de fourrages, ce qui fait que les Parlemens font dans de pareils cas des Réglemens nécessaires pour diminuer le mal causé par ces sortes d'accidens.

Celui de Dijon pour remédier au mal causé sur les foins en 1741. fit un Réglement le 4. Juillet sur les Réquisitions de Monsieur le Procureur Général, par lequel » La Cour fit très-expresses inhibitions & dé„ fenses à toutes personnes étrangeres & non do„ miciliées dans le Ressort de la Cour, d'acheter „ aucunes herbes de Prés sur pied & avant la ré» colte.

Fait même défenses à toutes personnes, sans exception, » de transporter aucunes herbes des Prés, „ hors le Ressort de ladite Cour ; le tout à peine de

„ nullité des ventes, perte des deniers fournis d'a-„ vance par lesdits étrangers pour lesdits achats, con-„ fiscation des herbes, 1000 liv. d'amende contre le „ vendeur, applicable par moitié aux Hôpitaux & au „ dénonciateur, même de punition corporelle, en cas „ dudit transport; a cassé, révoqué & annullé tous en-„ harremens, achats, marchés & conventions qui „ pourroient avoir été faits en ce qui seroit contraire „ au présent Arrêt, &c.

Par celui du 16. Juillet 1751. porté sous la question précédente, le Parlement de Dijon a réitéré les mêmes défenses.

QUEST. XVI. *Qu'est-ce que c'est que Pâtures grasses, qui ne sont pas vaines Pâtures?*

Ce sont des Pâtureaux, Pâquiers & Pâquis que les Particuliers conservent pour engraisser & mettre en état leurs Bestiaux; ils sont ordinairement bien clos & bouchés, ne servent que pour le Propriétaire, & ne sont jamais assujettis au Parcour.

Les Coûtumes de *Vitry* art. 122. & de *Châlons*, art. 266. sont uniformes à ce sujet; elles s'expliquent, „ & par mêmes Coûtumes tels habitans contigus & „ joignans ne peuvent mener leurs bêtes l'un sur „ l'autre en Pâquis & grosses Pâtures, mais *en vaines* „ *Pâtures*, comme dit est, & sont lesdites grasses Pâ-„ tures aux Habitans & demeurans aux finages où „ elles sont assises, ne soit que leurs voisins y eussent „ acquis usage par 40. ans & possession immémoriale „ équipollente à titre, ou en eussent titre valable.

QUEST. XVII. *Quand Pâtureaux sont défensables.*

Les Laboureurs & Propriétaires ont ordinairement

des Pâtureaux qui sont destinés pour le Pâturage des Bœufs & Bêtes de Labour, dans le tems que tous les prés sont clos & fermés, & qu'il n'y a plus de foin dans les granges, ces Pâtureaux qui sont ordinairement clos sont défensables depuis la clôture des Prés jusqu'au 15. ou 20. Juillet, quel'on trouve ailleurs des lieux suffisans pour la pâture de ces Bestiaux tant aux Prés non portans Revivre, qu'aux champs & autres endroits non défensables. C'est ce qui est porté par l'article 8. du Titre 10. de la Coûtume *de Berry*, qui est en ces termes : » Tous Pâtureaux (*a*) sont aussi défensables de- » puis le 15. Mars jusqu'au 15. Juillet.

(*a*) Ceux destinés pour le pâcurage des Bœufs au tems où il n'y a plus de foin ès Granges. Sainctyon sur cet article.

QUEST. XVIII. *Est-il permis de prendre & emporter des herbes, feuilles & glands dans les Bois, Prés & autres héritages d'autrui ?*

Il n'est permis à personne de prendre le bien d'autrui ; c'est une régle générale ; & c'est prendre que s'approprier les herbes, feuilles, glands, quoique tombés, & autres fruits dans les héritages d'autrui, sans le vouloir du Propriétaire ; c'est ce qui est expressément défendu par plusieurs Coûtumes, & entr'autres par celles de *Mons* chap. 53. art. 2. *Sole* tit. 13. art. 8. *Estampes* art. 184. *Orléans* 152. & autres, à peine d'amende.

Ces sortes de licence se font sous prétexte que ces fruits, herbes & feuilles se perdent & qu'il convient mieux les rendre utiles, mais il faut les demander au Propriétaire qui en est le maître.

L'Ordonnance de 1669. contient deux dispositions précises sur cette question, c'est aux art. 18. du tit. 3. & 27. du titre 27.

QUEST.

QUEST. XIX. *Deux Propriétaires par indivis d'un Pré & Pâturage, peuvent-ils y mettre plus de Bestiaux l'un que l'autre?*

Quoique ce ne soit point une question que celle-là, néanmoins la Coûtume d'*Orléans* en a fait un article qui est le 150. par lequel il est dit : » L'un des „ Seigneurs d'un Pré & Pâturage commun entre au„ cuns particuliers, & indivisé, ne peut faire fossoyer, „ boucher, ni clorre au préjudice de son Coseigneur, „ *y mener ou faire mener plus grande quantité de bêtes* „ *qu'en pourra porter la portion & droit qu'il a audit Pâ*„ *turage*; c'est-à-dire, si ce Pré est par moitié entr'eux, „ ils pourront mettre autant de bétail l'un que l'autre; „ si l'un a les deux tiers & l'autre le tiers, à propor„ tion; c'est ce qui est décidé par la Loi *Servus com*» *munis* 5. *ff. de stipulat. servor. L. imperatores* 17. *ff. de servitutib. rusticor. prædior.*

SECTION III.

Du Droit de Parcours.

Il y a deux sortes de Parcours & d'Entrecours; le premier est entre les Hommes pour les Villes & Villages, & l'autre est pour les Bestiaux entre deux Seigneuries voisines.

Le Parcours d'hommes consistoit dans la faculté qu'avoit l'homme de l'un des Seigneurs d'aller résider sous l'autre, *facultas concessa hominibus utriusque feudi percurrendi seu migrandi ad utrumlibet feudum;* Ducange *Glossaire* tome v. col. 373. V. De Lauriere. *Gloss.* verb. *Parcours*, suivant une Chartre d'*Hugues III. Duc de Bourgogne, Comte d'Albon*, de l'an 1189. il portoit qu'il y eût un Parcours d'hommes entre ceux de ce Prince & ceux de l'Abbaye de Pothieres; la condition de ce Parcours étoit que si l'homme du Duc sortoit de ses Etats pour transmigrer, & s'aller établir sur les Terres de l'Abbaye de Pothieres, le Duc n'avoit plus de suite sur cet homme, dès qu'il avoit passé *le Pont d'Etrochey* (sur Seine près Châtillon) & respectivement si l'homme de la Terre de l'Abbé venoit résider en celle du Duc *en deçà le Pont*, l'Abbé ne pouvoit pareillement le réclamer; voici les termes de cette Chartre. *Nos Hugo Dux Burgundiæ & Albonii Comes*, notum facimus quòd *quædam communitas est, & percussus inter nos & Ecclesiam Pultheriacensem de hominibus meis, vel de hominibus de feodo meo, & hominibus dictæ Ecclesiæ :* tali conditione, *quòd si aliquis de hominibus meis, vel de feodo meo exire voluerit, & intra sancti Petri Pultheriensis ad communitatem vel ad percursum pervenerit ultrà Pontem de Estrichiaco, in villis scilicet ubi Ecclesia habet homines, justitiam, &c. liberè & pacificè ad Ecclesiam Pultheriensem remanebit in Dominio & justitiâ dictæ Ecclesiæ, &c.*

On peut aisément connoître par *ce Fragment* le fonds du droit de Parcours d'hommes : *Brussel* (*a*) nous apprend que ce Parcours d'hommes étoit établi entre certaines Villes de la Bourgogne & de la Champagne qui étoient contigues, mais qu'en l'année 1204. ce parcours fut suspendu pour cinq ans, du consentement réciproque du *Duc de Bourgogne* & de la *Comtesse Blanche de Champagne*, qui renouvellerent cette suspension par autre Chartre du mois de Décembre 1215.

(*a*) Usage des Fiefs, tom. 2. pag. 1010. n. 4.

Ce droit ne subsiste plus, j'observerai seulement

que la Chartre de 1189. ayant été produite par *l'Abbé de Pothieres*, dans un Procès contre les *Religieux de Molesme*, pour la limite de la Dixme d'Etrochey, dans laquelle l'Abbé de Pothieres avoit cinq portions de six & les Religieux de Molesme un sixiéme ; il a été dit par Arrêt du Parlement de Dijon du 27. du mois dernier, au rapport de M. *de Beneuvre*, que le Pont d'Etrochey faisoit la limite des Territoires des Provinces de *Bourgogne & Champagne*.

Le Parcours pour la Paisson des Bestiaux, dont l'usage est en exercice dans plusieurs Provinces, est celui que nous traiterons ici, & qui ne consiste qu'en la société faite entre les Habitans d'une Paroisse, avec ceux d'une autre sa voisine, par laquelle ils se sont respectivement donnés la liberté de laisser paître & pâturer leurs Bestiaux en vaine pâture sur leur finage & territoire, sans pour ce encourir aucunes amendes. Tel est le droit de Parcours, nommé en latin *Percursus*; voyez Ducange & la Note (*e*) de Me *Secousse* sur la Chartre d'*Hugues de Bourgogne pour Tergi*, quatriéme volume des Ordonnances du Louvre pag. 221.

QUEST. I. *Les Habitans qui s'associent ainsi peuvent-ils le faire sans l'autorité & consentement de leur Seigneur?*

Non, il faut de nécessité ce consentement, par deux raisons; la premiere, en ce que comme Seigneur Haut-Justicier & de directe, il a toujours droit sur & dans la chose, au moyen de quoi ses Habitans & Justiciables n'ont seuls aucun droit d'assujettir les héritages de sa Justice à une servitude qui pourroit dans la suite lui être onéreuse.

2°. C'est que le Seigneur est toujours censé le premier Habitant de sa Paroisse, & en cette seule qualité doit avoir la meilleure part à la chose, ce qui fait que son consentement est absolument nécessaire.

QUEST. II. *Quels titres sont nécessaires pour avoir droit de Parcours.*

Le Parcours est une servitude sur les héritages d'autrui, par conséquent il est nécessaire d'un titre précis à ce sujet, ou qu'à défaut de titre les Habitans qui le prétendent payent un droit ou redevance pour cet objet; de ces deux choses l'une au moins est nécessaire.

La Loi 1. §. 1. & la Loi 3. *ff. de servitut. rustic. præd.* disent expressément que le droit de faire paître son bétail sur les héritages d'autrui est une servitude, *in rusticis servitutibus computanda sunt pecoris ad aquam apulsus; jus pascendi: Item sic possunt servitutes imponi, ut & boves per quos fundus colitur in vicino agro pascantur;* par conséquent dans les Coûtumes où *nulle servitude sans titre*, il est nécessaire d'en avoir pour jouir du droit de Parcours.

Mais comme les Titres primitifs sont difficiles à conserver, il s'en trouve toujours quelqu'uns qui suppléent au défaut des premiers. La Dame de Chazelle dénioit à ses Habitans du même lieu qu'ils eussent droit de vains Pâturages dans le Pâquier appellé de la Vesvre; les habitans alléguoient un titre ancien, mais ne le rapportoient pas; ils n'avoient pour eux qu'une Sentence qui énonçoit ce titre, laquelle avoit plus de 80 ans; ils prouvoient avec cela leur possession immémoriale, qui soûtenoit ce titre: sur cette difficulté intervint Arrêt au mois de Décembre 1560. du Parlement de Dijon, rapporté par *Taisand* sur l'article cinquiéme du titre 23. note 3. qui maintient les Habitans de Chazelle dans le droit de vain Pâturage sur le Pâquier dont il s'agissoit, *in antiquis enunciativa probant*; c'étoit le cas d'appliquer la maxime : A défaut de Titres, plusieurs Coûtumes (*a*) admettent la prestation d'une redevance au Seigneur Haut-Justicier, & cela fondé sur ce qu'anciennement & du tems des Romains on payoit un tribut pour le droit de faire paître son bétail dans les héritages d'autrui ; il y en a un Titre exprès, *de pascuis publicis & privatis. cod. lib.* 11. *tit.* 60. & la Loi premiere de ce Titre porte : Que nul ne peut augmenter l'ancien tribut sans la permission du Prince. V. la *L. venditor.* §. *Si constat. D. commun. præd.*

(*a*) Troyes art. 168. Bourg. art. 103. Nivern. ch. 10. art. 26.

Mais en fait de Parcours, plusieurs Coûtumes l'admettent pour les Seigneuries & Paroisses voisines les unes des autres, ce qui fait un Titre suffisant pour autoriser cet usage qui est respectif & réciproque.

QUEST. III. *La possession immémoriale suffiroit-elle pour acquérir le droit d'usage ?*

La possession des Usages par un tems immémorial sans interruption équipolle à titre ; c'est ce qui est décidé par la Coûtume de *Nevers* ch. 17. art. 10. qui porte : » Toutefois Jouissance dudit droit de servitude, ,, ou usage par tems immémorial *etiam* sans Titre, ou ,, payement de redevance, équipolle à Titre, & vain ,, en pétitoire & possessoire.

Mais l'on doit observer que cette possession ne doit point être ordinaire, ainsi qu'il a été jugé par trois Arrêts du Parlement de Dijon des 4. Août 1673, 23. Août 1677. & 30. Décembre 1688. rapportés par *Taisand* sur la Coûtume du Duché de Bourgogne à l'art. 5. du titre. 23. Il faut, dit cet Auteur, que cette possession soit immémoriale; celle de 30. ans, admise en cette Coûtume, n'est point suffisante, & n'a point été reçue.

Ces Arrêts ont jugé que la possession immémoriale qu'ils requierent, doit être respective *&* *réciproque* entre les deux Communautés, & que la simple possession immémoriale de l'une d'elles, c'est-à-dire, d'un Village seulement sur un autre, est insuffisante; c'est la remarque du même Auteur Note premiere.

QUEST. IV. *Le Parcours est-il de Coûtume générale?*

Le droit de Parcours sort d'une convention faite entre deux Paroisses & Villages, par laquelle les Habitans se sont donnés mutuellement la liberté de faire pacager leurs bestiaux, sur chacun de leurs Territoires & respectivement pour leurs aisances; ce qui donne lieu à ces conventions, sont la proximité & souvent les mêlanges de ces Territoires qui se croisent, & s'étendent les uns dans les autres, souvent même par parties séparées; ensorte qu'ils ne peuvent quelquefois profiter seuls des herbages qui leur appartiennent, sans passer les uns sur les autres; & comme toutes les Justices & Paroisses n'ont pas même difficulté, & qu'à ce moyen ils jouissent tranquillement de ce qui est à eux, il n'y a dans ces endroits aucun droit de Parcours, ce qui fait qu'il n'est point de Régles générales; nous en avons un exemple dans la Coûtume du *Comté de Bourgogne*, l'article 103. du chapitre 16. qui porte: » Sur ce qu'aucuns ont voulu prétendre par Coûtume » générale pouvoir usager de vain pâturage, de Clo- » cher à autre, s'il n'y a empêchement de Rivieres, » grandes Forêts, ou Montagnes, ladite Coûtume de » Parcours n'est point tenue ni réputée générale, &

„ n'entend-t'on pour ce aucunement préjudicier au Par„ cours qu'aucuns Particuliers dudit Comté de Bourgo„ gne ont accoûtumé d'avoir les uns sur les Territoi„ res des autres.

Il y a des Provinces & Cantons où ces usages sont plus ordinaires que dans d'autres ; nous voyons dans la Coûtume de *Sedan* une disposition plus étendue ; l'article 302. du titre 15. porte : » Les Habitans de deux „ Villages voisins, tant en général que particuliere„ ment, peuvent mener ou faire mener leur Bétail en „ vaine pâture les uns sur les autres.

QUEST. V. *Quels sont les Limites du Parcours ?*

Les Limites du Parcours sont ordinairement d'un Clocher à autre ; c'est ce qui est porté par l'article 179. de la Coûtume *de Meaux* qui est en ces termes : » Ha„ bitans de Villes ou Villages peuvent champoyer „ & mener leur Bétail pour leur nourriture, & sans „ fraude, en Pâturages vains, de Clocher à autre, sans „ danger d'amende depuis les Prés, avoines & autres „ gagnages levés, & ne peuvent les Seigneurs Hauts„ Justiciers empêcher ne faire prendre leur Bétail.

Les Coûtumes *de Melun* art. 303. *Sens* 146. *Auxerre* 260. *Troyes* 169. *Chaumont* 103. *Vitry* 122. *Châlons* 266. *Montargis* ch. 4. art. 2. *Orléans* 145. *Lorraine* tit. 15. art. 1. & autres y sont conformes ; & s'il n'y a au Village point d'Eglise, les peuvent mener jusqu'à la moitié & milieu desdits Villages.

La Coûtume du *Duché de Bourgogne* se sert du mot de *Parochiage*.

La Coûtume *de Lorraine* tit. 15. art. 1. s'explique en ces termes : » D'usage commun les Habitans en divers „ Villages, desquels les Bans & finages sont joignans,

„ soient de même ou diverses Justices, peuvent par „ droit *de Parcours*, régulierement envoyer les trou- „ peaux de leurs Bêtes pâturer & champoyer ès lieux „ de vaine pâture, à l'écarte *de Clocher* à *autre*, s'il y „ a Eglise ; & s'il n'y en a, jusqu'à l'écarte du milieu „ des Villages, si ce n'est qu'en aucuns lieux il y ait „ des Titres, ou d'usage particulier, autres bornes ou „ arrêts que lesdits Clochers & milieu de Village.

Cette Coûtume est conforne à celle *du Comté de Bourgogne*, (*a*) *de Bar*, (*b*) *de Troyes*, (*c*) *de Meaux*, (*d*) *de Melun*, (*e*) *Chaumont*, (*f*) *Sens*, (*g*) *Auxerre*, (*h*) & nombre dans lesquelles en s'accordant avec les Coûtumes ci-devant rapportées, étendent le Parcours de Clocher à autre, & s'il n'y a point de Clocher, du milieu du Village à l'autre : *Loisel* en a fait la régle 20. de ses Instituts, & l'on a étendu ce droit aux deux Clochers dans les Coûtumes qui ne le fixent pas précisément.

QUEST. VI. *Peut-on faire pâturer autre Bétail dans le Parcours que celui qui est à soi?*

Les Habitans qui sont dans le Parcours, c'est-à-dire, demeurans dans la Justice où ce droit est commun & établi, ne peuvent tenir Bétail d'autrui pour l'élever & le nourrir à la faveur des Pacages du Parcours ; ils peuvent bien tenir à titre de chetel les Bestiaux qui leur sont nécessaires pour la culture de leurs héritages mais non d'autres ; c'est la disposition de plusieurs Coûtumes ; celle de *Mons en Haynaut*, ch. 53. art. 13. y est précise ; elle porte : » Nul ne nulle Manans de la-

(*a*) Ch. 16. art. 103. (*b*) Tit. 15. art. 206. (*c*) Art. 169. (*d*) Art. 179. (*e*) art. 303. (*f*) Tit. 9. art. 103. (*g*) Tit. 11. art. 146. (*h*) Tit. 15. art. 260.

„dite Seigneurie ne peut avoir ne tenir bêtes qui à
„ lui ne ſoient, allant ſur les Pâtures communes d'i-
„ celle Seigneurie & Jugement, ſe ils ne tiennent
„ icelles bêtes de leur vie, ou de léal nourechon : s'ainſi
„ n'eſt que icelles bêtes ils mettent ſur leur propre hé-
„ ritage, & ſur deux ſols blancs d'amende pour cha-
„ cun jour & pour chacune bête.

Les Coûtumes de *Corval*, *Chabanne*, *Radomat*, locales du pays *d'Auvergne* art. 2. portent : » peuvent les
„ habitans deſdits Villages & chacun d'iceux en droit
„ ſoi, faire pâturer leur Bétail ès Pâturages d'iceux Vil-
„ lages tant ſeulement, & non le Bétail qu'ils ont prins
„ d'autrui.

QUEST. VII. *N'y a-t'il pas des Paroiſſes où le* Parcours *a lieu, qui conviennent qu'ils n'envoieront point de Beſtiaux en de certains cantons pendant un tems pour laiſſer croître l'herbe?*

Oui, il y a des tems de ſéchereſſe où les Habitans de certaines Paroiſſes conviennent entr'eux, que certain canton demeurera en défenſes pendant un tems limité, pendant lequel aucuns Beſtiaux n'iront paître, & qu'ils appellent mettre ce canton en *Bannie* ou défenſes, ce qu'ils font afin de trouver un bon Pacage pour leurs Beſtiaux à l'entrée de l'hyver; ils en dreſſent un acte qu'ils font publier dans les Paroiſſes du *Parcours*, & ſi aucuns Beſtiaux y ſont trouvés pendant le tems de la *Bannie*, qui eſt ordinairement juſqu'au premier Octobre, les Propriétaires encourent l'amende & payent le dommage.

Si la *Bannie* n'avoit point été publiée dans une Paroiſſe de *Parcours* & que les Beſtiaux de cette Paroiſſe y fuſſent paître, ils n'encoureroient aucune amende;

il n'en est pas de même de la Paroisse où se trouve le canton de la *Bannie*, parce que tous les Habitans sont censés en être informés.

Delaistre sur l'article 104. de la Coûtume de *Chaumont* assure que cela se pratique ainsi dans cette Coûtume.

QUEST. VIII. *Pour le droit de* Parcours *faut-il que les Villages ou Paroisses soient sujets du même Seigneur?*

Je crois qu'il est indifférent aux Habitans de deux Communautés qui se donnent respectivement le Parcours sur leurs héritages, qu'ils soient sujets ou non d'un même Seigneur, parce que ce sont leurs propres biens & avantages, mais que sur les limites du Royaume le fait est différent; c'est ce qui est remarqué par Pithou, Bailli de Tonnerre, sur l'article 169. de la Coûtume de Troyes, lequel rapporte un Arrêt du 13. Décembre 1575. rendu par les Commissaires de la réformation des Eaux & Forêts, entre les Habitans de Gibommel & les Habitans de Chalumes, qui a jugé que ce droit n'a lieu entre les Habitans qui ne sont pas tous deux de la Souveraineté du Roi, & que les Sujets du Duc de Lorraine ne pouvoient prétendre droit de vain pâturage sur les Terres de France, aujourd'hui que ce Duché est remis à la France; cela peut changer. L'on doit inférer de cet Arrêt, comme le dit *Legrand* sur le même article, (a) que les sujets de deux différens Parlemens de la Souveraineté de ce Royaume, peuvent s'associer pour le *Parcours* respectif de deux Communautés.

(a) Glos. 2. n. 3.

QUEST. IX. *Est-il nécessaire que les Finages & Territoires soient contigus?*

Il faut dans la régle que les Territoires des deux Communautés se touchent, sans quoi les Habitans ne pourroient user de leurs droits; *Gousset* sur l'art. 102. de la Coûtume *de Chaumont*, rapporte un Arrêt qu'il ne date pas, rendu en cette Coûtume, entre les Habitans de Cuneffey & ceux de Villiers en Auzay, qui a jugé: *Que pour que deux Villages puissent user du Parcours sur un Territoire voisin, il faut que leur Finage soit contigu au Territoire de tout un côté, & qu'il ne suffit pas qu'il le touche par un petit endroit.*

QUEST. X. *Le droit de* Parcours *peut-il empêcher un Particulier d'enfermer ses héritages?*

Cette question a été décidée pour l'affirmative, par plusieurs Arrêts au Parlement de Dijon, ainsi que le rapporte *Taisand* sur l'article 5. du titre 13. note 2. Les Habitans de Cormaillon & de Lantilly dans le Bailliage d'Auxois ayant droit de *Parcours* sur leurs Finages respectifs, le Seigneur de Cormaillon voulut clorre un Pré qui joignoit ses héritages, les Habitans de Lantilly s'y opposerent par une complainte possessoire, comme troublés en leur droit de *Parcours* dont ils alléguoient une possession immémoriale, ajoutoient que le Finage de Cormaillon étoit fort petit, & enfin que le Pré en question contenoit 15. ou 18. soitures de Pré (*a*) faisant partie du même Finage, ce qui diminuoit trop leur *Parcours.*

Le Seigneur de Cormaillon répondoit que ce droit de Parcours ne pouvoit empêcher que chacun n'usât de ses héritages à son gré & selon ses intérêts, qu'il pou-

(*a*) La soiture de Pré en Bourgogne contient 360. perches quarrées, de 9. pieds & demi chaque perche.

voit mettre ſes Terres en Pré & ſon Pré en nature de vignes, & qu'en le faiſant le Parcours ceſſeroit également, qu'il ſévreroit le Décimateur de ſa dixme étant en Pré, dont le Décimateur ne pourroit ſe plaindre ; qu'ainſi il lui avoit été loiſible de clorre ſon pré & appuyoit ſes raiſons & autres tirées des eſpeces des Loix 24. & 26. *ff. de damno infecto*.

Le Seigneur de Cormaillon joignoit à ces autorités deux Arrêts du même Parlement rendus ſur le même fait, à l'avantage de ceux qui vouloient changer la nature de leurs héritages, & les fermer de murailles ou de haies, pour empêcher le Bétail d'y pâturer ; le premier donné à Semur en Auxois, (le Parlement de Dijon y ayant été transféré) le premier Février 1595. contre les Habitans de S. André, le ſecond du 26. Avril 1613. entre Jacob d'Argilly & conſors, Appellans, contre Odot Tribollet, & Jean Gueniot, Intimés.

Et ſur ces raiſons intervint Arrêt, qui débouta les Habitans de Lantilly de leur prétention, au rapport de M. Lenet le 13. Mai 1615.

Cette queſtion vient pour ainſi dire d'être jugée au même Parlement, par Arrêt du 30. Janvier 1738. entre les Habitans de Magny-ſur-Tille, & ceux de Corcelles-en-Monvaux, leſquels ont reſpectivement droit de *Parcours* ſur leurs Finages, & auxquels ils ont été maintenus par cet Arrêt ; la difficulté étoit que les Habitans de Magny avoient mis leur Pré en réſerves, à quoi s'étoient oppoſés les Habitans de Corcelles, qui en ont été déboutés avec dépens.

QUEST. XI. *Un particulier d'une Paroisse où il y a* Parcours, *peut-il clorre ses héritages & empêcher les Bestiaux d'y entrer?*

Cela ne peut se pratiquer que dans le voisinage des Villes & Villages où les Habitans peuvent se servir des héritages qui leur sont d'une utilité plus considérable que ceux du milieu de la campagne: c'est ce que nous voyons écrit dans l'article 132. de la Coûtume de *Boullonnois* en ces termes: » Chacun peut licitement enclorre *le quint de son Fief*, & au moyen „ de ce le tenir franc en tout tems de l'an, & en jouir, „ franchement par lui, ses Censiers & Rentiers. Et „ quant aux Cottiers chacun peut licitement, & va„ lablement enclorre jusqu'à une mesure ou cinq quar„ terons de terre cottiere, soit labourable ou autres sur „ chemin flégard ou en bouts & issues des Villes, & „ au moyen de ladite clôture le tenir franc tout tems „ de l'an, pourvû qu'il fasse dans ledit enclos jardiner, „ planter & édifier une maison manable; sans pré„ judice toutefois des anciens enclos, lesquels de „ leur nature sont francs, & dont les Propriétaires „ ont d'ancienneté accoûtumé de joüir franchement, „ qui demeureront en leur franchise accoûtumée, sans „ que personne y ait droit d'y pâturer en quelque „ tems de l'année que ce soit.

La Coûtume de *Clermont en Auvergne* article premier, porte: » Les Habitans en la Ville peuvent „ clorre à leur volonté & plaisir leurs héritages, & por„ tant lesdits héritages clos, défenses en toutes sai„ sons de l'an.

Les Coûtumes de *Herly* art. premier, *Lorraine* tit. 14. art. 24. *Nivernois* ch. 15. art. premier, *Acs* tit. 11. art. 5. 6. & 7. *Billon Local d'Auvergne* art. premier, &c.

nombre d'autres Coûtumes y ſont conformes.

Mais il faut pour cela que les héritages ſoient clos; c'eſt la diſpoſition de l'article 12. du chap. 7. de la Coûtume de *Romorantin*, qui porte : » Terre en iſſue „ de Ville, ſi elle n'eſt bouchée, n'eſt déſenſable.

QUEST. XII. *Une des Communautés qui a droit de* Parcours *ſur l'autre, peut-elle mettre des Paſquiers en réſerve pour avoir ſeule la vive pâture* ?

Cette propoſition doit ſe décider par le principe de la Société : droit de *Parcours* n'eſt autre choſe qu'une aſſociation qu'ont fait entr'elles deux ou trois Paroiſſes ou Communautés, par où elles ſont convenues qu'elles envoieroient dans toute l'étendue de leurs finages & territoires ſur tous les héritages qui les compoſent, excepté ceux qui ſont en défend, reſpectivement paître leurs Beſtiaux les uns ſur les autres ; cette Société s'eſt faite par un contrat dans l'état où ſe trouvoit pour lors ces Communautés, à l'entretennement duquel chacune de ces Communautés s'eſt obligée, & dès-lors toute la vaine pâture du Parcours eſt devenue dès ce moment commune entr'elles, & il n'a plus été permis à l'une d'y déroger ſans le conſentement de l'autre : *Percurſus eſt ſocietas quædam inita inter duos dominos pro utriuſque tenentibus ſeu hominibus, gallis.* Parcours, Entrecours *; percurſus verò, aut homines ſpectabat, aut paſtionem animalium . . . . . . percurſus in paſtionibus erat facultas ponendi pecudes ſuas & eas paſcendi in alterius dominio quorum percurſus erat paſcuis ;* c'eſt la définition qu'en donne *Ducange* dans ſon Gloſſaire de la baſſe latinité.

C'eſt le ſentiment uniforme de tous les Auteurs. *Mourgues* ſur les *Statuts* des *Provinces* ; Edition de

1658. page 300. s'en explique en ces termes : » Les „ fréquentes contentions qui arriveroient entre les Ha- „ bitans des Villages & Bourgs voisins à l'occasion des „ herbages, ou des forêts commodes pour y engrais- „ ser les pourceaux, & y prendre du bois pour le chauf- „ fage, ont donné sujet aux Seigneurs & Communau- „ tés desdits Bourgs d'établir ou convenir en plusieurs „ lieux qu'il y auroit compascuité & communion, tant „ des herbages que des glandages, & du bois pour les „ chauffages, & en conséquence de cette entrecom- „ munication de facultés, les Habitans desdits Bourgs, „ entre lesquels cette compascuité & communion est „ établie, usent réciproquement des droits & facultés „ les uns des autres, *& les uns ne peuvent faire aucu- „ ne disposition ou réglement au préjudice des autres*, si par „ transaction il n'en est autrement disposé, ou si par une „ longue possession lesdites facultés réciproques ne sont „ restraintes & limitées, & ne peut cette compascuité „ & communion introduite pour le bien & utilité des- „ dits Bourgs & Paroisses, être résolue & anéantie, „ sinon du commun consentement de tous les inté- „ ressés.

M. de la Marre sur la Coûtume de *Bourgogne*, Edition de 1736. page 559. n. 2. dit à cette occasion, *que l'une des Communautés ne peut rien faire au préjudice du* PARCOURS, *ni le résoudre sans le gré de l'autre.*

Nous voyons que *le Grand* sur l'article 168. de la Coûtume de *Troyes* Gl. 2. n. 1. 2. & 3. fait l'observation que » les Usages appellés *Communes, Pascages & „ Communaux*, comme étant également nécessaires „ pour paître les Bestiaux. . . . ne sont pas mis au nom- „ bre des biens qui appartiennent à tous les Habi- „ tans ou à la Communauté des Habitans en général,„

„ *ut universis*, desquels biens communs, lesdits Habi-
„ tans font une bourse commune .... mais les usages
„ leur appartiennent *ut singulis*, & chacun Habitant
„ en particulier, pour en jouir sans que la Commu-
„ nauté y puisse rien prétendre, *ni les vendre, bailler*
„ *à ferme & louage*, ni appliquer les deniers au profit
„ de leur Communauté ; car en ce faisant, chaque
„ Habitant en particulier seroit frustré de son droit
„ d'usage, ce qui ne doit pas être. « Si l'on ne peut pas bailler à ferme les usages & pacages d'une Communauté, au préjudice d'un Habitant : & si cela est de principe, comme il n'en faut pas douter, combien à plus forte raison doit-il être défendu à une Communauté de s'approprier la premiere herbe des pasquiers & pacages, qui sont non-seulement communs aux Habitans du lieu, mais encore à ceux d'une Communauté voisine qui y a à juste titre droit de Parcours, & par conséquent a un intérêt réel à s'opposer à une nouvelle destination.

L'Ordonnance de 1669. tit. 25. art. 7. semble cependant donner une liberté aux Habitans de tirer des avantages de leurs pâturages, quand ils en ont au-delà de leur nécessité; cet article est en ces termes : Si dans les Pâtures ....

Mais loin que cette Ordonnance autorise l'usurpation que feroit une Communauté sur l'autre, en s'appropriant, en affermant la premiere herbe, ou pacages-vifs de leurs pasquiers au préjudice de la Communauté du *Parcours*, elle est au contraire une nouvelle preuve de la nécessité de laisser les pasquiers en nature de pâturage commun pour le *Parcours*.

D'autant mieux que cet article de l'Ordonnance ne s'entend que des Bois appartenans en propre à une Communauté

Communauté ſans charge de *Parcours* envers aucune autre.

Gallon à cet effet dans ſa *Conférence ſur l'Ordonnance* de 1669. à cet article rappelle la Coûtume d'*Acs* titre 11. art. 27. qui eſt en ces termes : » Les „ Habitans d'une Paroiſſe où il y a Bois commun, quant „ au droit de pâturage, avec autres Habitans d'autres „ Paroiſſes voiſines, & quant à la propriété deſdits „ Bois ſeulement entre les Habitans de ladite Paroiſſe „ où il eſt aſſis, *ne peuvent rien ſeuls*, ſans les autres „ qui ont ledit droit de paître, ou autre ſtatut, en ce „ que concerne ledit droit de pâturage, ſur quoi l'Auteur a obſervé, *que les Habitans d'une Paroiſſe, Propriétaires d'Uſages communs, ne peuvent faire ſtatut au préjudice d'autres Paroiſſes voiſines y ayant droit de pâturages;* ce qui fait une preuve entiere qu'une Communauté aſſociée avec une autre, pour le *Parcours*, ne peut changer, altérer ni diminuer les pacages ordinaires du *Parcours*, au préjudice de l'autre ; c'eſt la diſpoſition de la Loi 1. ff. *quod cujuſque univerſ.* nom. Covarruvias *pract. qu. cap.* 37. *n.* 6. s'explique ſur cette queſtion, en ces termes : *Supereſt ergo ex his tractare, quid reſpondendum ſit, ubi duarum urbium vel oppidorum agri ſunt compaſcui, & quoad paſtum communes, licèt quoad Juriſdictionem & alia ſint omnino diſtincti : an poſſit altera ex his civitatibus, agros hactenus incultos tollere, ac in eis novellare invitis ſociis, aut ſanè culturam mutare in præjudicium & læſionem Juris paſcendi ; quâ in re obſervanda eſt diſtinctio illa, ſi expreſſim conſtet quid, preſcriptum aut actum ſit jure conſtitutionis, ſervitutis, pacti, ſocietatis, vel alio quocunque, quibus ceſſantibus videtur quòd non poſſit agrorum cultura paſtus communis impediri . . . . . . quia nihil poteſt fieri in præjudicium ſer-*

vitutis quæ debetur ad paſcendum, nec ſocietatis quæ ex jure paſcendi conſtat..... *impeditur autem* communis uſus ad quem agri illi ſunt deſtinati, *per ipſarum culturam : quia jure communionis, ac ſocietatis, agri hactenus inculti ; quos baldios dicimus, ad paſtum communem, & ad alios communes uſus fuêre deſtinati.*

C'eſt ſur ces principes qu'intervint Arrêt au Parlement de Dijon le 2. Mars 1747. au Rapport de M. de Lamarre, entre les Habitans & Communauté de Saint Symphorien, d'une part, & ceux de Chaugey, Maiſon-Dieu & Lône, d'autre part, par lequel » la Cour a maintenu les Habitans de S. Symphorien au droit de *Parcours* ,, ſur tout le finage & territoire de Chaugey, Maiſon-Dieu & Lône, notamment ſur les Communaux appellés les grands & petits Paſquiers de Lône (*a*), & » réciproquement a maintenu & maintient les Habitans de Chaugey, Maiſon-Dieu & Lône au droit de » *Parcours* ſur tout le finage & territoire de Saint Symphorien ; a fait & fait défenſes tant aux Habitans de » Chaugey, &c. qu'à ceux de Saint Symphorien de » mettre en réſerve en aucun tems, leurs Paſquiers en » tout ou en partie, ſi ce n'eſt du conſentement réciproque deſdites deux Communautés, ſans s'arrêter à » la demande en homologation de Rapport du 4. Octobre 1745. ayant aucunement égard à la demande en » dommages & intérêts, formée par les Habitans de » Saint Symphorien, dans leur Requête du 31. Janvier, au ſujet de la privation de leurs droits de *Parcours* ſur le Paſquier de Lône ; a condamné & condamne leſdits Habitans de Chaugey, &c. à payer » auxdits Habitans de Saint Symphorien, la ſomme de » 1800. livres, à laquelle la Cour a liquidé d'office les » dommages & intérêts réſultans auxdits Habitans de

(*a*) Les Habitans de Chaugey s'étoient aviſés depuis 1716. de clorre & mettre en défenſe & de les affermer à leur ſeul profit.

» Saint Symphorien, &c. condamne lesdits Habitans » de Chaugey en tous les dépens.

QUEST. XIII. *Quelle portion de son héritage un particulier peut-il mettre en défenses ?*

La Coûtume de *Saint Severt* en a fait une disposition précise, l'article 20. du titre 3. porte : » Chacun Habitant des Villes d'Acre & Dumas, peu- „ vent défendre la dixiéme partie de son héritage & „ prohiber d'y mettre le bétail des autes Habitans „ en aucun tems.

La Coûtume de *Xaintonge* donne un journal de terre par bœuf, mais il faut toujours que ce soit auprès des Villes, pour jardins, vergers, & autres.

QUEST. XIV. *Tous héritages ne doivent-ils pas être clos & bouchés, & pour-lors ils sont défensables ?*

La Coûtume de *Vastang* en a fait une Loi précise, qui est adoptée dans toutes les autres Coûtumes ; elle porte à l'article 20. chap. 8. » Sont tenus ceux qui ont „ leurs héritages, près & contigus les Villages, Pâ- „ tureaux, & Abbreuvoirs communs, tenir lesdits héri- „ tages bouchés, autrement & si par échappée les bêtes „ y entroient, ne seroient amendables les personnes à „ qui seroient lesdites bêtes.

L'on entend bien qu'il s'agit ici d'héritages qui exigent clôture.

QUEST. XV. *Si les Bestiaux passent les limites des* Parcours *ne sont-ils pas amendables ?*

Il est sans contredit qu'ils sont amendables ; *Delaistre* sur l'article 102. de la Coûtume de *Chaumont*, a fait une description de la limite des Clochers de la ligne droite qu'il convient tirer de l'un à l'autre, & la perpendiculaire de ces lignes, à mon avis très-inutillement, en ce qu'il n'est pas toujours possible d'alligner & de voir ces deux Clochers ne s'agissant dans ces sortes de limites que de l'usage & de la bonne foi qui s'est pratiquée depuis plusieurs siécles, suivant lequel on a suivi les limites primitives, ce qui est toujours à supposer, & doit passer pour constant, ainsi si les Pâtres & Bergers laissent passer leurs bestiaux au-delà des limites anciennes & usageres, ils doivent être condamnés à l'amende.

QUEST. XVI. *Pâtre passant les limites est amendable.*

La Coûtume de *Troyes* article 169. a fait une Loi précise à ce sujet ; elle porte : » On garde audit Bailliage, que les Habitans, dont les Villes, Villages ou „ Territoires sont voisins, ou tenans l'un à l'autre, peuvent mener champoyer & vain-pâturer leurs bêtes, „ grosses & menues, les uns sur les autres de Clocher „ à autre ; & s'ils passent, & y sont pris par Justice du lieu, y a amende de 60. sols tournois contre chacune garde ou paroie entiere étant sous un „ bâton, ou garde par la Communauté, avec la restitution du dommage, & s'il y a bêtes de gens particuliers, & ils y passent, & sont prins comme dessus, „ y a seulement 5. sols tournois d'amende ; & néanmoins bêtes blanches peuvent être menées si loin „ que l'on veut, pourvu qu'elles retournent ou puissent „ retourner en leur finage, & si autres bêtes demeurent „ au gîte outre lesdits Clochers à garde faite, en ce „ cas auroit l'amende arbitraire.

La Coûtume de *Chaumont* article 103. est entiérement conforme à celle de Troyes. Celle de *Boulenois* tit. 27. art. 134. porte : » Ne peut une Paroiſſe ni un „ Village entreprendre ſur le territoire d'un autre „ Village ni paſſer les limites.

QUEST. XVII. *Si le Bétail de pluſieurs Etrangers eſt trouvé ayant paſſé les limites du Parcours, y aura-t-il autant d'amende que de Propriétaires de Beſtiaux ?*

Delaiſtre ſur l'article 102. de *Chaumont* forme cette queſtion, & après avoir dit que *Mazuer* eſt de ſentiment qu'il doit y avoir autant d'amende que de différens Propriétaires de Beſtiaux, il réſout cette queſtion par l'article 8. du titre 28. de la Coûtume d'*Auvergne*, qui porte : » Si le bétail de pluſieurs Etrangers, eſt „ trouvé pâturant en autrui Juſtice, & ſous une garde, „ tous les Seigneurs dudit bétail, poſé qu'ils ſoient pluſieurs, ne doivent payer qu'une amende de 6. ſols, „ ſi la priſe eſt faite de jour.

Il ſeroit à mon ſens difficile en cas de *Parcours* où les beſtiaux auroient enfraint les limites, que l'on pût y infliger pluſieurs amendes, en ce qu'ordinairement c'eſt un ſeul Pâtre ou Berger de la Commune qui mene toutes les bêtes champoyer, & ce bétail n'eſt nullement étranger que pour avoir excédé les limites, par conſéquent ne compoſe qu'un ſeul troupeau dont le Pâtre ne peut être tenu que d'une ſeule amende.

Il eſt même défendu à tous Bourgeois & Particuliers de faire troupeau à part, pour tenir en vaine-pâture ſur le Ban des Villes ou Villages ; cela n'eſt permis qu'au Seigneur Haut-Juſticier, à moins qu'il n'y ait privilége, ou qu'ils réſident en une Cenſe ou Métairie éloignée de la Ville ou Village ; c'eſt le texte de l'article 11. du titre 13. de la Coûtume de *Saint Michel*. Salligny sur l'article 122. de *Vitry* en rapporte un Arrêt rendu en sa Coûtume du 8. Janvier 1671. qui l'a jugé ainsi.

QUEST. XVIII. *Pour les Bêtes étrangeres il y a amende lorsqu'elles sont trouvées dans les Pacages communs.*

Nul Forain ne peut faire paître ses Bestiaux dans les Pacages des *Parcours*, à peine de l'amende ; c'est la disposition de plusieurs Coûtumes, & entr'autres de celle de *Mons en Haynault* ch. 53. art. 16. & 17.

Il n'est même pas permis à aucune personne de la Commune de tenir des bêtes étrangeres plus d'une nuit chez lui, à peine de l'amende : c'est la disposition de la Coûtume de *Perronne* tit. 1. art. 10. qui porte : » Celui „ qui tient en sa maison plus haut d'une nuit bêtes étran- „ ges, & qui ne lui appartiennent, & les met paître au „ Pâturage public, sans le congé du Seigneur, ou de „ ses Officiers, il échoit en amende de 60. sols pa- „ risis.

QUEST. XIX *N'est-il pas défendu de laisser aller le Bétail en autre Justice ?*

Cela est expressément défendu, la Coûtume d'*Auvergne* ch. 28. art. 1. porte : » Les Pâturages sont li- „ mités en la Limagne & bas Pays d'Auvergne par „ Justice, en maniere qu'il n'est leu, ne permis à au- „ cun faire pâturer en autre Justice ; s'il le fait, & le „ bétail y est trouvé & prins pâturant, l'on est tenu en- „ vers le Seigneur Justicier en l'amende de 60. sols, ou „ laisser le bétail pour le meffait, sinon que le bétail „ fût trouvé pâturant par cas fortuit ou d'échappée & „ qu'il eût fuite.

Cette régle n'eſt cependant pas générale, comme il ſe voit par la Coûtume de *Nivernois* ch. 3. art. 1. & 2. qui s'explique ainſi : » Gens d'une Juſtice peuvent mener ou envoyer les bêtes de toutes eſpéces pâturer „ en vaines pâtures & *Juſtice d'autrui*, en quelque ſaiſon „ de l'année que ce ſoit, ſans danger d'amende, *ſinon* „ *qu'en ladite Juſtice y ait Blairie*. Auquel cas quand le „ Seigneur Juſticier a droit de Blairie, leſdits Gens d'u„ne Juſtice ne peuvent en ſaiſon que ce ſoit, mener „ ou envoyer leurſdites bêtes vain-pâturer en la Blai„rie d'autrui, & ſi leſdites bêtes y ſont priſes, ledit „ Seigneur Blayer a droit de prendre pour chacune „ priſe ſur chacun Maître deſdites bêtes 6. deniers tour„nois ; ſinon que leſdits Forains aient compoſé avec „ ledit Seigneur Blayer, ou qu'ils aient *parcours*, ou „ droit de mener ou envoyer pâturer leurs bêtes, les „ uns ſur les autres, lequel *parcours* ou droit, s'ac„quiert par titre ou jouiſſance ſuffiſante à preſcription, „ avec payement de redevance.

Et même la Coûtume d'*Auvergne* à l'article 2. qui ſuit celui que nous venons de rapporter, prouve que cette régle ne s'étend pas dans toute la Province; il eſt conçu en ces termes : » Toutefois en pluſieurs lieux les „ Habitans en une Juſtice peuvent pâturer par droit de „ *Marchage* en autrui Juſtice.

Marchage en cet article eſt pour *Parcours*, & donne même droit aux Communautés voiſines de faire pacager l'un ſur l'autre ; l'on peut voir à ce ſujet l'article 5. du même chapitre, l'art. 11. de la Coûtume locale de *Montpenſier*, l'article 1. & 2. de celle de *Brioude*, celle de *Pinhols* art. 1. & autres Coûtumes locales dudit Pays d'*Auvergne*, où le terme de *marchage* eſt pris pour *Parcours*, ce qui prouve différens usages des pâturages qu'il convient suivre, suivant qu'il est expliqué par les Coûtumes.

QUEST. XX. *Si de deux Communautés qui ont droit de Parcours l'une sur l'autre, l'une avoit mis partie des Communautés en réserves, & les eût affermées pendant trente ans de jouissance, auroit-elle prescrit contre l'autre ?*

Cette question s'est présentée au Parlement de Dijon, & y a été décidée par Arrêt du 30. Juin 1738. Le fait étoit que les Habitans de Corcelles & ceux de Magny jouissoient respectivement du droit de *Parcours* sur leurs Finages, au préjudice duquel les Habitans de Magny mirent en défenses un Pasquier de leur Communauté, & après longue jouissance les Habitans de Corcelles s'en plaignirent; différentes procédures ayant été faites devant les premiers Juges, la Cour par son Arrêt permit auxdits Habitans de Magny, de continuer à l'avenir d'amodier les Pasquiers communaux par eux mis en défenses, ou par eux affermés sans interruption *pendant* 30. *ans avant la présente Instance*, à la charge néanmoins que les Habitans de Corcelles pourront pareillement amodier à l'avenir les Pasquiers communaux dudit Corcelles, par eux tenus en défenses, ou par eux amodiés sans interruption pendant 30. ans aussi avant ladite Instance.

QUEST. XXI. *Le droit de Parcours cesse dans les tems de Maladies Epidémiques.*

Dans la Maladie Epidémique que l'on vient d'éprouver depuis plusieurs années, les défenses de la communication des Bestiaux a toujours été très-expressément ordonnée, & entr'autres par l'article 2. du Réglement

Réglement du Parlement du 24. Mars 1745. qui porte : » Fait defenses aux Communautés qui ont des droits „ de *Parcours* ou d'usages sur les territoires voisins, de les „ exercer dès le moment qu'il y aura dans ladite Com„ munauté des Bêtes atteintes de Maladie, à peine par „ les Habitans des Communautés contrevenantes, de „ répondre solidairement de tous dommages & inté„ rêts, & civilement du fait de leur Pâtre.

L'Article 2. de l'Arrêt du Conseil du 19. Juillet 1746. à ce sujet, porte: » Ne pourront lesdits Pro„ priétaires, sous quelques prétextes que ce soit, faire „ conduire dans les pâturages, ni aux abbreuvoirs, lesdits „ bestiaux attaqués ou soupçonnnés de Maladies, & se„ ront tenus de les nourrir dans les lieux où ils auront „ été renfermés sous les peines de 100. liv. d'amende.

QUEST. XXII. *Deux Communautés s'étant limitées & ayant fait planter bornes entr'elles, l'une de ces Communautés peut-elle 30. ans après demander à l'autre Communauté un autre Bornage?*

Cette question s'est élevée entre la Communauté de la Garde & celle de Sainte Marguerite en Provence; la premiere demandoit à l'autre un nouveau Bornage, de laquelle demande cette Communauté fut déboutée par Sentence du Sénéchal de Toulon du premier Juillet 1664. fondé sur la prescription plus que trentenaire d'un premier Bornage entre ces Communautés, ainsi qu'il paroissoit par un Arrêt de la Chambre des Comptes du 11. Novembre 1624. & par Arrêt du dernier Février 1666. la Sentence fut confirmée. *Boniface* tom. 4. l. 10. tit. 3. ch. 26.

QUEST. XXIII. *Un Communal dans lequel deux Communautés d'Habitans ont droit de faire pacager leurs bestiaux peut-il se partager?*

Cette question a été décidée & jugée pour la négative, par Arrêt du mois de Décembre 1655. rapporté par *Boniface*, en ses Arrêts du Parlement tom. 4. l. 10. tit. 3. chap. 25. par lequel la Cour dénia tout partage, & conserva la communion & l'indivis du terroir entre les Habitans d'Arles & ceux du Baron.

SECTION IV.

Des Messiers & Gardes *préposés pour la conservation des fruits du Finage & Territoire.*

Dans presque toutes les Provinces, les Communautés commettent des personnes pour veiller à la conservation des fruits & biens de la terre, à empêcher que les personnes & les Bestiaux n'y fassent du dommage; ils sont confirmés par les Juges des Lieux.

Ces sortes de préposés s'appellent de différens noms; ils se nomment dans les deux Bourgognes *Messiers*, en d'autres Provinces, *Gardes*, *Sergens*, *Gastiers*, *Bannars*, *Bandiers*, *Banavarts*, & d'autres noms; mais leurs fonctions sont toutes uniformes & n'ont pour objet que de prendre les Bestiaux qu'ils trouvent en mésus faisant dégât, & les amener dans la Prison du Seigneur, & en faire rapport à Justice.

Ceux qui nomment les *Messiers*, doivent choisir des personnes idoines, capables, & suffisantes & solvables, pour faire cet exercice, parce qu'ils en sont responsables civilement, en cas de délit de leur part, tout ainsi qu'un Maître répond de son domestique *qui agit in officio* ; c'est ce qui est prescrit dans les Arrêts généraux du Parlement de Bourgogne, rapportés par *Taisand* sur l'article 6. du titre premier de *la Coûtume de cette Province* nomb. 1. & 9. des 2. Mai 1608. & 22. Avril 1622.

Il devroit y avoir des *Messiers* dans chaque Paroisse du Royaume ; c'est ce qui a été prescrit par la déclaration du Roi du 11 Juin 1709. pour la conservation des grains & fruits des récoltes.

Ces *Messiers* doivent prêter serment devant le Juge du lieu, & sont tenus de faire leurs fonctions nonobstant appel ou oppositions & sans y préjudicier.

Leurs fonctions sont annales, elles finissent après la récolte ; celles des *Sergens* durent trois années, pendant lesquelles ils ne peuvent demander leur décharge ; c'est ce qui est prescrit tant par le Réglement de 1608. que par autre du 16. Février 1677. aussi rapporté au même lieu, suivant lesquels ils sont garans jusqu'après la récolte.

La seconde différence d'entre ces Sergens & les *Messiers*, est qu'à défaut d'indiquer par ces derniers, & de prouver les mésus qui se sont commis dans le cours de leur exercice, ils en sont responsables solidairement entr'eux ; même Arrêt de 1608.

Les *Sergens* au contraire n'en sont garans que dans le cas de dissimulation & de fraude affectée, parce qu'ils ont encore d'autres fonctions qui les partagent, au lieu que l'unique devoir des *Messiers* est la seule conservation des fruits.

Les *Messiers* & *Sergens* doivent déclarer & faire rapport au Greffe de la Justice dans les dix jours, les prises qu'ils auront faites, qu'ils seront en état de prouver en cas de dénégation de la part des méſuſans, à peine de nullité, 100 liv. d'amende & punition corporelle; Arrêt du 3. Avril 1658. rapporté par le même Auteur n. 11. Réglement du 9. Juin 1711. & Arrêt du même Parlement 1722.

Faute par les *Meſſiers* de faire leurs déclarations & preuves, s'il y échoit, dans les dix jours, ils ſont reſponſables envers les Propriétaires des méſus cauſés dans leurs héritages, & ce ſolidairement, & en cas d'inſolvabilité, la Communauté en eſt reſponſable; c'eſt ce qui eſt porté par l'Arrêt de Réglement du 2. Mai 1608. & Arrêt du 16. Février 1636. auſſi rapporté par Taiſand n. 1. La Coûtume de *Cappel* article premier en a fait une Loi, en ces termes: » Le *Gâtier* » préſenté en Juſtice par les Habitans en la Châtelle- » nie de Cappel, eſt tenu garder les héritages ſitués » dans icelle, & répondre du dommage donné, ou » dénoncer la Partie qui a fait icelui dommage.

Il eſt fait défenſes par ces Arrêts aux *Meſſiers* & *Sergens* de faire compoſition deſdits méſus, amendes & intérêts, ni donner permiſſion aux Particuliers, de faire pâturer leur Bétail à peine du fouet.

Comme dans les Provinces de Bourgogne & quelqu'autres il y a des Paſteurs & Paſtres qui conduiſent tous les Beſtiaux des Particuliers qui compoſent la Communauté, il eſt ordonné par ce Réglement de 1608. à tous ces Habitans d'en élire & de les choiſir idoines & capables de faire bonne garde de leurs Beſtiaux, de toutes eſpéces, du fait deſquels leſdites Communautés ſeront reſponſables.

Ces Habitans doivent leur livrer leur Bétail tous les matins à l'ordinaire, ſans pouvoir uſer & garder de Paſteurs particuliers, à peine de 20. liv. d'amende contre le contrevenant.

Il eſt de plus défendu auxdits habitans & particuliers d'établir aucun nouveau chemin ou ſentier par où le Bétail puiſſe paſſer & faire dommage ; c'eſt ce qui eſt porté par la *Coûtume de Heſdin*, titre premier article 32. qui eſt en ces termes : » Et auſſi quand aucun eſt » trouvé menant & chaſſant Bêtes par voies ou ſen» tiers non accoûtumés à chaſſer Bêtes, commet pa» reillement amende de 3. ſ.

Les *Meſſiers* & *Gâtiers* doivent ſçavoir qu'aucun ne peut mener pâturer Bêtes à cornes, le long des héritages en fruits de Bleds & grains, parce qu'il eſt toujours dangereux qu'elles n'y faſſent du dommage. L'article 16. du chapitre 53. de la Coûtume de *Hainault* en contient une diſpoſition préciſe.

Ils auront attention qu'il eſt défendu de mener des Bêtes pâturer aux champs avant le ſoleil levé, & de les y tenir après le ſoleil couché ; cela eſt preſcrit par les Ordonnances & Réglemens ; la *Coûtume d'Orléans* en a fait une Loi en l'art. 146. en ces termes : » En la ,, ſaiſon que les Bleds ou autres grains ſont en terre, ,, ou coupés & non ſerrés, eſt défendu à toutes per,, ſonnes de mener avant jour pâturer ſes Bêtes, ès ,, chemins & voies publiques, environ d'icelle ter,, re, & les y tenir après jour failli, ſur peine d'amen,, de arbitraire. « La *Coûtume de Bourbonnois* art. 534. celle de *Dunois* ch. 5. article 53. & nombre d'autres y ſont conformes.

QUEST. I. *Peut-on nommer un Bourgeois pour être Meſſier ?*

Non, tous Bourgeois comme ceux qui exercent une profeſſion honnête, & les bons Marchands ne peuvent être nommés Meſſiers ; jugé ainſi par Arrêt du Parlement de Bourgogne du 9. Février 1706. au profit de Nicolas Beguin, qui étoit Fermier d'Argilly, contre les Habitans dudit lieu, *Davot* pag. 111.

C'eſt ce qui a encore été décidé par autre Arrêt du même Parlement du 27. Novembre 1744. contre *le Sieur de Clugny*, Seigneur de l'Eperviere, en *faveur de Pierre Patuel, Marchand* du même lieu, qui avoit été nommé par ce Seigneur ; il en fut déchargé avec dépens.

QUEST. II. *Le Sergent ou Meſſier eſt-il crû des priſes qu'il fait ſeul & ſans témoins ?*

Naturellement il devroit être crû, d'autant qu'il eſt choiſi & prépoſé pour prévenir & empêcher les dégâts & dommages que les perſonnes & les Beſtiaux peuvent faire dans les héritages d'une Juſtice ou Paroiſſe ; les Foreſtiers ont ſerment en Juſtice, & leurs rapports font foi ; c'eſt ce qui eſt porté par les Ordonnances de 1318. articles 26. & 32. du mois de Septembre 1402. article 56. du mois de Mars 1515. art. 17. de Février 1554. art. 26. & l'article 8. du titre 10. de l'Ordonnance de 1669. qui y ſont toutes préciſes : nous avons pluſieurs Coûtumes qui donnent le même pouvoir aux Meſſiers, celle de *Mons en Haynault* chap. 50. art. 18. porte : » Un Meſſier ſoit » élû, créé & fermenté par le Majeur & Echevins, & la » plus ſaine partie des bonnes gens laboureurs du lieu, » eſt crû de ſes rapports, mais qu'il le faſſe en dedans tiers » jours. L'article premier du chap. 53. en parlant du Foreſtier, eſt en mêmes termes.

La Coûtume de *Boulonnois* tit. 29. article 143. de Lens art. 8. *Artois* art. 65. *de St. Pol en Artois*, art.

9. de *Ponthieu* tit. 4. art. 76. de *la Rochelle* ch. 5. art. 11. *d'Amiens* art. 205. *d'Auvergne* ch. 28. art. 19. & *Nevers* ch. 15. art. 3. Nombre d'autres y ſont conformes.

Mais dans les Coûtumes qui n'en diſpoſent point les Meſſiers ne ſont pas crû ſans témoins. Voyez *la Coûtume de Bourgogne* & la Queſtion 8. *ci-après.*

QUEST. III. *Le Seigneur Haut-Juſticier ne doit-il pas avoir des Priſons pour les Beſtiaux?*

Celui qui a la Haute Juſtice & qui en perçoit les profits, doit avoir non-ſeulement Priſons civiles & criminelles comme nous l'avons fait voir dans notre ſecond vol. pag. 148. mais encore une Priſon pour les Beſtiaux qui ſont amenés pris en dommage; c'eſt ce que porte l'article 66. de la Coûtume de *Normandie,* en ces termes: » Et auront les Seigneurs un Parc pour gar- » der les Nams, (*a*) quand il ſera queſtion des droits » de leur Seigneurie.

(*a*) Beſtiaux.

Cela eſt d'autant plus équitable, que la priſe des Beſtiaux ou Nams, en méſus, produit toujours une amende au Seigneur, enſorte qu'il convient qu'il ait & fourniſſe une Priſon pour les Beſtiaux qui ne peuvent en ſortir qu'ils ne lui payent l'amende. On dit en certains lieux, *mettre en fourriére* pour les Beſtiaux qu'on empriſonne.

QUEST. IV. *Qu'eſt-ce qu'une Bête en dommage?*

Méſus ou dommage que fait une bête dans un champ de grains eſt de le manger, détériorer, le fouler & l'anéantir avec ſes pieds, de manger l'herbe d'un pré, brouter un Bois, rompre & caſſer des Arbres dans un Jardin, dans des Haies, & autres deſtructions, dégradations & dépériſſemens qui cauſent du dommage.

QUEST. V. *Que doit faire le* Sergent *qui trouve des Bêtes en mésus?*

Il doit les prendre & amener à la Prison du Seigneur Haut-Justicier, ou s'il n'y en a point les mettre en pâture au Cabaret du Lieu, dont il rend responsable le Maître du logis, qui le doit nourrir & faire penser selon la nature du Bétail, pour le remettre à qui & ainsi que la Justice en ordonnera.

QUEST. VI. *Le* Sergent-Garde, Messier & Gâtier, *ne peut-il pas demander aide, secours & main-forte pour saisir les Personnes & Bestiaux qu'il trouve en mésus, & qu'il ne peut pas saisir & amener seul?*

Il n'est pas douteux que le *Sergent* ou *Messier* préposé pour la conservation des fruits de la Communauté lorsqu'il se trouve seul & non suffisant pour arrêter ceux qu'il trouve faisans dommage dans les Bleds, vignes & autres héritages, & pariculiérement quelquefois nombre de Bestiaux difficiles à rassembler, qu'il ne soit en droit de demander de l'aide & du secours à ceux qui peuvent se trouver présens à sa prise, & lesquels sont tenus de lui prêter secours; c'est ce qui se voit par l'Arrêt du Parlement de Besançon du 21. Juin 1694. par lequel en enjoignant aux Communautés de Paroisses de son ressort » d'établir des *Messiers* & Habi-» tans capables de veiller à la conservation des grains & » fruits de leurs Paroisses, leur enjoint d'empêcher „ qu'il n'y soit fait aucun dégât à peine de 500 livres „ d'amende contre lesdites Communautés, & de tous „ dommages & intérêts contre lesdits *Messiers* & *gar*„ *des* des fruits, ordonnant aux *Juges* & *Officiers des* „ *Lieux* de leur donner, en cas de besoin, l'aide & le secours

„ secours néceſſaire, & auxdits Juges de punir ſévé-
„ rement, ſuivant la qualité du délit, ceux qui pren-
„ dront leſdits fruits : enjoint auſſi aux Prévôts des
„ Maréchaux, leurs Lieutenans & tous Officiers du Roi
„ en faiſant leurs chevauchées par la campagne, de veil-
„ ler à la conſervation deſdits fruits, & de donner aux-
„ dits *Meſſiers* l'aide & le ſecours dont ils auront be-
„ ſoin pour l'exécution du préſent Arrêt, &c.

C'eſt l'eſprit de l'Arrêt de Réglement du Parlement de Dijon du 5. Juillet 1657. rapporté par Taiſand ſur l'art. 4. du titre 13. de la Coûtume de Bourgogne, nomb. 4. & ce qui eſt preſcrit par l'article 16. de la Déclaration du Roi du 11. Juin 1709.

QUEST. VII. *Peut-on arrêter des perſonnes trouvées en flagrant délit?*

La Coûtume *de Normandie* chap. 1. art. 36. s'explique ſur cette Queſtion en ces termes : » En forfait de
„ Bois de Garennes, & d'Eanes défendues, dégats de
„ Bleds ou de Prés, ou pour telles maniéres de for-
„ faits, peuvent être les malfaicteurs tenus & arrêtés
„ par les Seigneurs aux Fiefs deſquels ils font tels for-
„ faits, pourtant qu'ils ſoient prins en préſent méfait,
„ par le tems de 24. heures juſqu'à ce qu'ils aient bail-
„ lé plege ou nams, (*a*) de payer le dommage &
„ amende, & ledit tems de 24. heures paſſé doi-
„ vent renvoyer les Priſonniers ès Priſons Royales ou
„ du Haut-Juſticier, comme en Priſon empruntée.

(*a*) Ce ſont les Beſtiaux méſuſans.

Les Coûtumes de *Vaſtang* ch. 8. art. 13. *de S. Aignan* ch. 1. art. 5. *de Selles* ch. 1. art. 2. *de Tremblai*, ch. 2. art. 7. *& de Vitry* tit. 11. art. 120. ſont conformes à celle de Normandie.

La Coûtume de *Bayonne* tit. 2. art. 25. fait une différence des personnes hors du commun ; elle porte: » Si celui qui est trouvé de jour en l'héritage en tems „ de fruits, avec brisure de porte ou clôture, est hom„ me cognu ou d'apparence, celui qui l'a pris ne le „ peut mener que jusqu'à quelque lieu où il puisse trou„ ver témoins pour justifier qu'ils l'ont vû prins, & „ vû la brisure & rompure, & là le laisser.

L'article 26. s'explique pour le dommage, en ces termes : » Et après le Seigneur de l'héritage doit dresser „ contre lui, & est cru celui qui l'a prins en la ma„ niere que dessus.

Cette Coûtume en l'article 9. permet d'arrêter le Garde du Bétail, en ces termes : » Si ledit Bétail ne „ peut être pris ou tué respectivement, le Garde du „ Bétail peut être pris & détenu jusqu'à satisfaction de „ ce que dessus.

QUEST. VIII. *A prise de Personnes ou de Bêtes faut-il des témoins ?*

Plusieurs Coûtumes différent l'une de l'autre en cette Question ; la Coûtume *de S. Omer en Artois* (*a*) dit que le Sergent qui a serment à Justice est cru en la prise qu'il fait des Personnes ou Bêtes étant en dommage, si l'amende n'est que de 7. s. 6. d. mais que si elle est plus grande il lui faut un témoin avec lui.

(*a*) Tit. 1. art. 10.

Celle *de Peronne* (*b*) s'explique ainsi : » Tous Ser„ gens de Hauts-Justiciers sont crus à leur relation „ des prises de Gens & Bêtes qu'ils trouvent en dom„ mages, ès Bois, Prés, Vignes, Jardins, & Ablais „ d'autrui, jusques à 32. s. parisis, ayant avec eux un „ records, & sans records jusqu'à huit sols parisis.

(*b*) Tit. 1. art. 13.

Celle *d'Amiens* ne fait aucune distinction, elle borne leur serment à 7. s. 6. d. & n'exige point de recours non plus que les Coûtumes *de Bourgogne, Duché* (*a*), *S. Pol en Artois* (*b*), *Ponthieu* (*c*), *la Rochelle* (*d*) Voyez la Queſt. 27. *ci-devant.*

QUEST. IX. *Un Particulier ne peut-il pas lui-même arrêter les Beſtiaux qu'il trouve en méſus dans ſes héritages?*

Ordinairement ce ſont les *Sergens*, *Meſſiers* & *Gâtiers* qui font les priſes des Beſtiaux qu'ils trouvent en méſus & en dégâts dans les héritages de la Juſtice & Communauté qui les a chargés d'y veiller pour la conſervation des fruits; cependant un Propriétaire qui trouve du Bétail dans ſon héritage le peut prendre, arrêter & le conduire en priſon pour avoir payement de ſon dommage; la Coûtume de *Vaſtang*, chap. 8. art. 13. en a fait une Loi préciſe en ces termes: » Il » eſt permis à chacun prendre toutes perſonnes, ou » bêtes d'autrui qu'il trouve en ſon héritage lui faiſant » dommage, & faire prendre par les Sergens deſdites » Juſtices, ou leurs Commis, pour les mener à Juſti- » ce, pour être payé de ſes intérêts & dommages, ou » icelles les bêtes bailler à partie.

La Coûtume de *Boulenois* titre 8. article 38. a même diſpoſition; elle porte: » A faute de Sergent peut un » chacun faire priſe de bêtes, & les mettant par forme » de garde ès priſons du lieu.

Celles de *Mons en Haynault* chap. 50. art. 13. de *Saint Agnan*, chap. 1. art. 1. & 5. de *Selles* chap. 1. art. 1. & 2. & de *Chabris* chap. 1. art. 1. ont pareille diſpoſition, ainſi que celles de *Tremblay* chap. 2. art. 7. d'*Acs* titre 11. art. 31. *Bayonne* titre 2. article 1. de *Saint Sever*, tit. 3. art. 13 & 14. de *Saint Sever*

(*a*) art. 165. (*b*) Tit. 1. art. 9. (*c*) Tit. 4. art. 76. (*d*) chap. 5. art. 11.

locale de Tours article 2. *Montfort* art. 158.

Il eſt donc conſtant que toutes perſonnes qui trouvent des Beſtiaux dans leurs héritages, cauſant du dommage, peuvent les arrêter & les conduire en priſon, & qu'ils ſont crus par leur ſerment de leur priſe, mais non du dommage, parce qu'ils ſeroient les Juges de leurs cauſes.

Les Coûtumes de Saint Bonnet art. 1. *Maiſſat* art. 2. *la Chaiſe-Dieu* 2. *Citriere* 2. *Viverols* 2. *Rocheſavine* 3. *Rioux* 2. *Auvergne* chap. 28. art. 14. 15. & 16. *Sole* tit. 15. art. 1. *Saint Omer* tit. 2. art. 12. *Saint Omer en Artois* tit. 1. art. 7. *Auxerre* 271. 272. *Montargis* ch. 4. art. 10. & 11.

Par Arrêt du Parlement de Bourdeaux en forme de Réglement du 6. Juillet 1740. il eſt fait très-expreſſes inhibitions & défenſes à toutes ſortes de perſonnes, de faire ou laiſſer pacager, ſoit de jour ou de nuit, en quelque tems & ſaiſon de l'année que ce ſoit, leurs Beſtiaux dans le fonds d'autrui; & au cas que leſdits Beſtiaux ſe trouvent y faire dommage, il permet aux Propriétaires du fonds de s'en ſaiſir, & de les faire conduire au Parc de Juſtice, pour être par les Juges des lieux inceſſamment procédé à l'eſtimation du dommage, &c.

QUEST. X. *Peut-on prendre Bêtes en dommage en héritage d'autrui ?*

Comme les Beſtiaux trouvés dans des prés, des champs de bleds & autres fruits, n'y peuvent que faire du dommage, il eſt auſſi permis à toutes perſonnes de les prendre & de les amener à Juſtice, quoique le particulier qui les arrête ne les ait pas trouvés dans ſes héritages, par la raiſon que chacun doit empêcher la deſtruction des fruits, ſouvent infiniment précieux; c'est ce qui est porté par les Statuts du Comté de Provence : *In capitulis pacis*, où il est dit, *quòd omnis persona fide digna possit petere, & accusare Bannum, tam de suo quàm de alieno, & sibì credatur suo juramento, & habeat medietatem banni, quod accusabit.*

La Coûtume de *Saint Sever locale de Tours* art. 2. a semblable disposition ; elle porte : » Chacun Habi-
„ tant de ladite Ville, peut prendre le Bétail qu'il trou-
„ ve faisant dommage, non-seulement en son hérita-
„ ge, mais d'autrui.

C'est l'esprit de l'article 16. de la Déclaration du Roi du 11. Juin 1709. qui enjoint aux Cavaliers des Maréchaussées d'y veiller en faisant leurs courses, & de prêter tout secours à ce sujet.

QUEST. XI. *N'est-il pas défendu de maltraiter les Bestiaux que l'on trouve en dommage ?*

Le Commentateur de la Coûtume de *Lorris* sur l'article 9. du chapitre 4. dit qu'il est permis au Propriétaire de l'héritage, ou autre, de chasser les Bêtes faisant dommage ; mais qu'il n'est pas licite de les surmener ou offenser, qu'on les doit traiter comme les siennes; *Eustatius lib. 6. legum rustic. & l. Quintus-Mutius. D. ad leg. aquil.* & tit. 10. *ch.* 1. *legum sal.*

QUEST. XII. *Le Propriétaire de l'héritage qui prend Bêtes en dommage est-il cru de la prise, & du dommage ?*

C'est une chose constante, que celui qui a pris des Bestiaux dans son héritage doit être cru, s'il est de bonne renommée ; c'est la disposition de plusieurs Coûtumes, & entr'autres de celle de *Bayonne* (*a*), qui porte : » Si le Seigneur du Bétail nie que ledit

(*a*) Tit. 2. art. 6.

„ Bétail ait été trouvés ès héritages, le Seigneur ou Da-
„ me de l'héritage, ou son serviteur, ou autre qui l'a trou-
„ vé, est cru par son serment, pourvu qu'il soit hom-
„ me de bonne & honnête conversation, & tel tenu
„ & réputé; celles *de Saint Sever* (*a*), de *Saint Sever*
„ *locale* (*b*) de *Labourt* (*c*), d'*Acs* (*d*), *Sole* (*e*), *Auvergne* (*f*), *Vastang* (*g*), *Saint Omer* (*h*), *Saint Omer en Artois* (*i*), *Auxerre* (*l*), *Estampes*, (*m*), *Grand-Perche* (*n*), y sont conformes.

Celle de *Bretagne* (*o*) porte : » Et demander de
„ l'assister & dédommager; le Seigneur ou son servi-
„ teur qui ont pris les Bêtes en leurs terres défensa-
„ bles seront crus par leurs sermens, du lieu où le
„ Bétail a été pris, & ne sera partie adverse reçue à
„ prouver le contraire, pourvu que ledit Seigneur ou
„ son serviteur soient personnes qui puissent faire ser-
„ ment *.

* Voyez la note de l'art. 58. des Ordonnances de Sainctyon, p. 140.

La Coûtume de *Saint Ponts* art. 1. s'explique de même en ces termes : » Les Habitans ès lieux de Saint
„ Ponts, Bornes, Lemayet, Eserle, Epinaye, Cou-
„ hat & Elionne le grand peuvent faire plainte de la
„ prise du Bétail dedans la premiere assise, qui seront
„ communément de quinze jours en quinze jours, &
„ d'icelles prises sont crus par leurs sermens.

Il y a de l'égalité à croire le Propriétaire de la prise des Bestiaux qu'il a faite dans son héritage; mais il n'est pas naturel de le croire du dommage qu'ils peuvent y avoir fait, parce que le dommage git dans un

(*a*) Tit. 3. art. 15. (*b*) Tit. 2. art. 1. (*c*) Tit. 3 art. 14. & 15. (*d*) Tit. 11. art. 32. (*e*) Art. 398. (*f*) Tit. 15. art. 1. (*g*) Ch. 28. art. 14. (*h*) Ch. 19. art. 13. (*i*) Tit. 2. art. 12. (*l*) Tit. 1. art. 7. (*m*) Tit. 15. art. 271. (*n*) Ch. 15. art. 184. 188. (*o*) Tit. 14. art. 219.

examen qui doit être vérifié entre les Parties, ou par des Experts.

QUEST. XIII. *Un Particulier a des héritages dans une autre Justice que celle où il demeure, il y trouve des Bestiaux en mésus, en quelle prison conduira-t-il ces Bestiaux ?*

Il ne peut pas les conduire dans d'autre prison que dans celle de la Justice de l'héritage où les Bestiaux faisoient dommage, parce qu'il ne peut se plaindre & avoir Justice que dans celle-là, par la réalité de l'action.

QUEST. XIV. *Un Propriétaire peut-il garder en sa maison les Bêtes par lui prises en ses héritages, & combien de tems ?*

La Loi permet à tout Particulier de prendre & se saisir des Bestiaux qu'il trouve mésusans dans ses héritages; ses valets & domestiques peuvent les arrêter également comme le Propriétaire, & il a la faculté de les garder jusqu'à ce que le Maître des Bestiaux les vienne reconnoître & réclamer; & s'ils ne sont reconnus & réclamés dans les vingt-quatre heures, ce Propriétaire est tenu de les remettre à Justice, c'est-à-dire, aux prisons du Seigneur; c'est ce qui est prescrit par l'article 403. de la Coûtume de *Reims*, en ces termes: » Si Bêtes trouvées en dommage ou méfait par ceux auxquels appartiendront les héritages, ,, & ils n'avoient Sergens ou Messiers présens, les pour- ,, ront prendre, ou faire prendre, & les pourront dé- ,, tenir par un jour & une nuit, & après les mener aux ,, prisons, pour après recouvrer leurs dommages & in- ,, térêts.

La Coûtume d'*Auvergne* chap. 28. art. 12. s'explique ainsi : » Si le Bétail d'autrui est trouvé en même „ Justice donnant dommage, le Seigneur de l'héritage „ le peut prendre de son autorité, & le mener „ en sa maison, & icelui détenir 24. heures, pendant „ lesquelles il peut composer avec partie de son intérêt, „ & rendre ledit Bétail, si bon lui semble, sans „ amendes ni blâmes.

La Coûtume d'*Orléans* art. 158. celle de *Montargis* ch. 4. art. 9. & 12. celle *de la Marche* art. 349. celle de *Bourdeaux* chap. 11. art. 108. *de Blois* art. 218. 221. *la Ferté-Imbault* ch. 5. art. 7. *Nevers* ch. 15. art. 4. *Billon* art. 3. *Montmorin* art. 3. & autres, y sont conformes.

L'Article 350. de la Coûtume de la Marche ne permet au Preneur desdites Bêtes de les remettre à Justice, avant les 24. heures, à peine d'amende.

La Coûtume d'*Auvergne* même titre art. 13. veut qu'après lesdites 24. heures le Preneur ne puisse garder ledit Bétail, & qu'il soit contraint le rendre au Maître d'icelui, ou le bailler au Seigneur de la Justice.

L'article premier du titre 15. de la Coûtume de *Sole* a même disposition.

La Coûtume de *Nivernois* fixe l'amende encourue par celui qui garde le Bétail plus de vingt-quatre heures sans le remettre au Maître des Bestiaux, ou à la Justice, & la porte à 60 sols ; c'est l'art. 4. du ch. 15.

Les Coûtumes de *Saint Agnan* ch. 1. art. 2. de *Chabris* ch. 1. art. 4. & de *Berry* tit. 10. art. 1. fixent pareillement les amendes de 60 sols.

Enfin il y a d'autres Coûtumes qui permettent à celui qui a pris les Bêtes en mésus dans son héritage de les garder & retenir jusqu'à ce qu'il ait caution du dommage à lui fait ; telles sont les Coûtumes d'*Acs*

tit.

tit. II. art. 34. de *Lambourt* tit. 3. art. 29. auxquelles celle de *Bretagne* eſt en partie conforme, l'article 419. de laquelle eſt en ces termes : » Quand on prend Bête chevaline, on ne la doit mettre ſous fermure ou calier, ſans faire à ſçavoir à celui à qui elle eſt, fors la nuit, pour la garder ; & néanmoins les Bêtes prinſes ſont en la garde de *ceux* qui *les prennent*, *leſquels* ne les doivent mener loin des lieux où elles ont été priſes; mais les doivent mettre en leurs demeurances s'ils en ont près, ou s'ils n'en ont, au voiſiné & au fief, s'il y a maiſon en celui fief, & s'il n'y en a, au prochain voiſiné, & celui qui les prend eſt tenu prendre les *gages morts* (*a*) de celui qui les voudroit délivrer.

(*a*) *Gages morts* ſelon l'ancienne Coûtume ſont cautions.

Il devient donc néceſſaire, que le Maître des Beſtiaux donne caution pour les retirer des mains de celui qui les a priſes dans ſes héritages en méſus, juſqu'à ce que le dommage ſoit eſtimé ; & il ne peut refuſer ce gage à peine de l'amende ; c'eſt ce qui eſt porté par l'article 160. de la Coûtume d'*Orléans*, en ces termes : » Le Pâtre ou Berger, qui refuſe bailler gage ou pan eſt amendable de 10. ſols tournois envers le Seigneur de l'héritage où il aura mené & laiſſé aller ſes Bêtes, ſous l'affirmation dudit Preneur, & preuve qu'il en fera par un témoin ; & par celle de *Montargis* art. 17. du tit. 4. qui porte : » Qui refuſe de bailler gage le refuſant eſt amendable de cinq ſols.

QUEST. XV. *Gage pris doit être remis à la Juſtice dans huit jours.*

Suivant la Coûtume d'*Antroche* ch. 3. art. 3. » Il eſt loiſible & permis à chacun de prendre en ſon héritage gens & bêtes lui faiſant dommage, ſoit qu'il

„ ſoit clos ou non, & requérir & demander gage, & „ en tenu celui qui fera ladite priſe l'accuſer au Pré„ vôt, Fermier ou Sergent de la Juſtice au dedans la „ huitaine.

Celle de *Valencey* ch. 4. art. 8. s'explique ainſi : » Quand aucun a fait prinſe d'aucun gage ſur aucun, „ il eſt tenu de le mettre en Juſtice dans huit jours ; & „ eſt défaut de ce faire leſdits huit jours paſſés eſt le „ détempteur dudit gage amendable de 60 ſols pour le „ recelement d'icelui.

QUEST. XVI. *Peut-on garder le Bétail juſqu'à tems qu'il ſoit avoué ?*

Par la Coûtume de *Xaintonge* titre 4. art. 11. les Bêtes priſes en dommage peuvent être retenues juſqu'à ce qu'elles aient trouvé Advouateur, auquel on les doit délivrer en baillant caution ou dégagement de l'amende coûtumiere s'il eſt étranger, & outre ce l'Advouateur tenu de reſarcir le dommage que le Bétail aura donné.

QUEST. XVII. *Quand on ne peut amener Bêtes priſes en dommage, que doit-on faire ?*

Il arrive ſouvent qu'un Propriétaire ou ſon domeſtique trouvant des Beſtiaux dans ſes héritages qui y font dommage, ne peut les amener en priſon, & qu'elles lui échappent : la Coûtume de *Tours* art. 205. en a prévu le cas ; elle porte : S'il advient que celui „ qui a prins les Bêtes en ſon danger, par lui, ou par „ autre de ſa famille, ne les puiſſe amener à Juſtice, „ en venant vers la Juſtice du lieu vingt-quatre heures „ après que leſdites Bêtes lui feront échappées, il ſe„ ra cru par ſon ſerment, tant de la priſe que de ſon dommage, jusqu'à 3. sols 4. den. tournois, & envers la Justice y aura 20. deniers tournois d'amende.

La Coûtume de *Berry* titre 10. art. 3. y est conforme, & dit qu'ils seront crus jusqu'à 5. sols, & l'amende du Seigneur de 5. sols.

Il faut observer que la Coûtume de *Tours* exige pour-lors que le rapport soit fait dans les vingt-quatre heures.

La Coûtume de *Montargis* veut que si on ne peut saisir & emmener les Bêtes en dommage, elles soient laissées aux Pâtres qui en demeurent chargés, pour les présenter toutes fois & quantes; l'art. 19. du ch. 4. s'explique ainsi: » Bêtes qui sont vues faisant dommage, „ ou que l'on chasse, & qui s'enfuient, peuvent par ce- „ lui auquel est ledit dommage fait, ou ses gens, être „ baillées prisonnieres au Pâtre ou Maître desdites Bêtes, „ & seront crus de la vue, bail de prison & domma- „ ge jusqu'à 5. sols; mais ne sera l'amende que de 5. sols.

C'est ce qui est expliqué plus distinctement en la Coûtume de *Lorraine* art. 12. du titre 15. qui dit: » Et par- „ ce qu'il advient souvent que ceux qui sont en domma- „ ge découvrant qu'ils sont apperçus prennent la fui- „ te, s'ils sont suivis promptement ou rencontrés, „ le repreneur est semblablement cru de sa fuite & „ rencontre, & en vaut le rapport comme si la repri- „ se avoit été exploitée réellement & de fait.

La Coûtume d'*Acs* tit. 11. art. 29. a semblable disposition, en ces termes: » Où le Seigneur desdits hérita- „ ges & possessions n'a pu prendre ledit Bétail, peut „ faire estimer le dommage, & le faire payer par Jus- „ tice.

Il faut observer néanmoins que si l'on n'a pas pu prendre les Bestiaux en dommage & les amener, il est néceſſaire que le particulier qui ſe plaint ait au moins un témoin qui puiſſe dépoſer que les Beſtiaux dont eſt queſtion aient été dans l'héritage du plaignant ; c'eſt ce qui eſt porté par différentes Coûtumes & entr'autres par celle de *Mirefleur* art. 1. *S. Babel* art. 1. de *Soeſme* ch. 3. art. 4. de *Saint Martin* art. 1. *Langoumois* art. 34. *Labourt* tit. 3. art. 20.

Il ſemble qu'il ne ſuffit pas de voir des Bêtes dans un héritage, ou de les en voir ſortir, il faut les y prendre & les en faire ſortir, autrement il ſeroit à craindre que l'on ne connût pas aſſez les Beſtiaux, & que l'on pût ſe méprendre d'un Maître pour un autre; c'eſt l'avis de *Legrand* ſur l'art. 171. de la Coûtume de *Troyes* gloſe 1. *d'autant plus rigide*, dit l'Auteur, *que l'article* 17. *de l'ancienne Coûtume le porte préciſément.*

Delaiſtre ſur l'art. 105. de celle de *Chaumont* eſt de même ſentiment, à cauſe du texte qui dit, *trouvées & priſes*, d'où il conclut qu'il ne *ſuffit pas de les trouver en méſus, mais qu'il faut les prendre ;* quelques Coûtumes ont de ſemblables diſpoſitions.

QUEST. XVIII. *S'il y a recouſſe forcée des Bêtes priſes en dommage quelle peine y aura-t-il ?*

Lorſque des Bêtes ſont priſes en dommage, ſoit par les Sergens, Gardes du Seigneur, Sergens, Meſſiers & Gâtiers, ou même par le Propriétaire de l'héritage, quelqu'un de ſa famille, ou ſon ſerviteur même, par un Habitant des lieux, ou Etranger, ils ſont réputés être entre les mains de la Juſtice, parce qu'ils ne ſont emmenées que pour être ſaiſies & conduites en priſon, par conſéquent c'eſt un quaſi délit que d'enfreindre la main de Juſtice. Pluſieurs de nos Coûtumes en ont déclaré la peine arbitraire ; c'eſt ce qui eſt porté par celle de *Montargis* ch. 4. art. 16. en ces termes : » Qui reçoit

„ bêtes, gages, ou pan, des mains de celui qui a fait „ la prise, est amendable d'amende arbitraire; *la Coû-* „ *tume d'Orléans* art. 161. celle de *Bourdonnois* art. „ 163. y sont conformes.

Celle de *Suresne* art. 5. fixe l'amende à 28. livres parisis, qui font 35. livres tournois; *les Coûtumes de Boulenois* tit. 7. art. 30. de *Tours* art. 204. de *Lodunois* ch. 19. art. 3. de *Saint Agnan* ch. 1. art. 5. & 6. de *Valençay* ch. 4. art. 9. & 11. de *Moulins en Berry* ch. 3. *de la Marche* art. 353. du *Comté de Bourgogne* art. 58. portant toutes une amende de 60. sols tournois; celle du Duché prononce la peine de 65. sols en l'art. 7. du titre des Justices.

QUEST. XIX. *Le Particulier dont les Bêtes ont été prises en mésus ne peut-il pas les nourrir dans la prison?*

Il arrive souvent que les Bestiaux pris en mésus, mis dans les prisons du Seigneur, n'y sont pas exactement nourris, & que des incidens les y font rester quelques jours; en ce cas le Propriétaire des Bestiaux peut leur porter à manger afin qu'ils ne dépérissent; c'est ce qui est permis par l'article 65. de la Coûtume de *Normandie;* en ces termes: » Les Nams (*a*) saisis „ doivent être mis en garde *sur le Fief*, & *en lieu con-* „ *venable qu'ils n'empirent*, & où celui à qui ils appar- „ tiennent puisse aller une fois le jour *pour leur donner à* „ *manger*, ce qui aura lieu pour tous les autres Nams saisis, par quelque Sergent ou à quelque requête que ce soit.

(*a*) Ce sont les Bestiaux.

QUEST. XX. *A qui appartient la connoissance du dommage & qui a l'amende?*

Il n'est pas douteux que tout dommage qui se fait dans l'étendue de la Haute Justice ne soit de la connoissance du premier Juge; c'est ce qui est décidé par les Ordonnances & les Coûtumes, dont la plûpart en ont fait des Loix expresses; telles sont celle de *Troyes* „ art. 121. qui porte: » Au Haut-Justicier appartient „ l'amende & connoissance des Bêtes prises & trouvées „ en dommage; « auxquelles sont conformes celles de *Reims* art. 402. *Amiens* 204. *Senlis* tit. 11. art. 118. *Anjou* art. 12. *Maine* 12. *Nivernois* ch. 1. art. 13. & ch. 15. art. 13. *Poitou* art. 75 & 81. *Xaintonge* tit. 4. art. 11. & 11. *Normandie* art. 30. *Bretagne* art. 416. & autres.

A l'égard de l'amende lorsqu'elle est adjugée elle appartient au Seigneur Haut-Justicier & se régle suivant le délai, ce qui est fixé par les Coûtumes; sur quoi il faut observer toutefois que si les Parties se sont accordées, & que les bestiaux aient été rendus dans les 24. heures, il n'est dû aucune amende au Seigneur; c'est ce qui est porté par les Coûtumes de *Nevers* ch. 15. art. 7. de *Montargis* ch. 4. art. 15. d'*Orléans* 159. & autres.

QUEST. XXI. *Quand le Rapport des prises & mésus doit-il être fait au Greffe?*

Le Messier ayant pris des Bêtes en mésus & mis icelles dans les prisons, peut bien ne pas faire le rapport de sa prise dans l'instant, parce que la Partie qui a souffert le dommage peut s'accommoder avec le Propriétaire des Bêtes prises en mésus, & éviter par cet endroit des frais toujours à charge à de pauvres Habitans; c'est sans doute par ces considérations que nombre de Coûtumes donnent aux Messiers le tems de trois jours pour faire leur rapport, ainsi qu'il se voit dans la Coûtume de *Mons en Hainault*, aux articles 18. du chap. 50. & premier du chap. 53. où il est dit que les Messiers feront leur rapport dans le tiers jours.

Il y a d'autres Coûtumes qui ne donnent que vingt-quatre heures, comme celle de *Dourdan* art. 60. & celle de *Tours* art. 205.

QUEST. XXII. *Ne peut-on pas faire preuve contraire au rapport des Sergens & Messiers?*

Sainctyon, Liv. I. tit. 9. page 140. lig. derniere pose cette question, & la résout pour la négative, lorsque l'affirmation du Sergent a été faite, *Quia quoties leges jubent ut stetur alterius juramento, præstitum, contrariâ probatione non irritatur, cum de modico est quæstio.* Il dit que c'est l'opinion de Barth. *In l. si quando C. unde vi Zazius* §. *Sed istæ. Instit. de Act.* & qu'ainsi doit être entendue la Coûtume de *Bretagne* art. 398. qui porte : » Et demande de l'assise & des dommages, „ le Seigneur ou son serviteur qui ont pris les Bêtes „ en leurs Terres défensables seront crus par leurs sermens du lieu où le Bétail a été pris, & ne sera partie adverse reçue à prouver le contraire; pourvu „ que ledit Seigneur ou son serviteur soient personnes „ qui puissent faire serment.

Il ajoûte que si c'est avant l'affirmation du Sergent, il convient considérer si le délit est rapporté avoir été fait en tems & lieu où on aye pû avoir des témoins, & qu'en ce cas la preuve contraire au rapport est recevable. Que c'est la résolution de Pan : *In C. proposuisti in princ. extra, de probatio, Salic. l. contra negantem. C. ad l. Aquil. Zazius d.* §. *sed iste nu.* 23. *Instit. de Act.* Lesquels tiennent tous que la disposition qui veut qu'on soit crû par serment pour dommage, n'a lieu si on veut prouver le contraire, ou si prétendant qu'il n'y a aucun dommage, ou qu'il n'est pas si grand, on requiert qu'il soit visité, & qu'en cas qu'il convienne entrer en preuve, elle doit se faire sommairement en faisant comparoir les témoins en Jugement.

C'est ce qui est prescrit par les Ordonnances d'Orléans art. 57. *Blois* art. 152. & celle de 1667. tit. 17. art. 8.

La Coûtume de *Nevers* ch. 15. art. 3. s'explique sur cette preuve en ces termes : » Le Sergent est cru par „ serment de la prise des Bêtes qu'il dit avoir trouvées „ en dommage d'autrui, dedans les fins & limites de „ la Justice de laquelle il est Sergent, en déclarant par „ lui la quantité des Bêtes qu'il dit avoir prises, l'heure „ & le lieu de la prise, ensemble la façon & maniére „ du dommage ; autrement à son rapport ne doit être „ ajoûté foi, & encore en ce faisant, comme dit est, „ la partie sera reçue à montrer du contraire, en décla- „ rant par elle promptement les moyens.

Suivant la Coûtume d'*Acs* tit. 11. art. 36. l'on ne peut être reçu à faire preuve contraire au rapport qu'en la demandant avant l'estimation d'icelui; elle porte : » Si » auparavant le serment la partie veut être admise à » prouver le contraire, elle y est reçue, & pour ce faire » lui est donné un seul délai, autrement celui qui dit » avoir fait la prise en est cru par serment.

QUEST. XXIII. *Si les Bêtes prises en dommage appartiennent à des gens d'autorité, & que les prud'hommes refusent d'estimer le dommage, comment se comportera le Plaignant ?*

La Coûtume de *Sole* a prévu ce cas à l'art. 5. du tit. 15. » Si le Bétail appartient à Gentilhomme ou autre „ homme puissant, & les voisins qui sont requis refusent „ de visiter le dommage, en ce cas il peut recourir au „ Seigneur & dénoncer le refus, & audit cas le Sei- „ gneur leur doit faire mander qu'un chacun desdits re- „ belles soit mené au Seigneur, & condamné à 6. sols „ morlans d'amende.

Dans

Dans nos usages actuels il faut se pourvoir au Juge qui ordonne une convention d'Experts à l'amiable, sinon il en nommera d'office, & en cas que ce Juge refuse de rendre justice, en ce cas il faut se pourvoir comme en toutes autres affaires *en déni de Justice* par une appellation au Juge supérieur, après les sommations prescrites par l'Ordonnance civile.

QUEST. XXIV. *Si le Rapport n'étoit pas affirmé ne seroit-il pas nul ?*

Nous avons fait voir, que les Sergens, Gardes & Messiers étoient crus dans les prises qu'ils faisoient; mais ce ne peut être cependant qu'après que le Sergent, Garde & Messier l'a affirmé devant le Juge de la Haute-Justice; c'est ce qui est prescrit par les Ordonnances & les Coûtumes; *Chassancus* sur celle de *Bourgogne-Duché*, Zabrif premiére des *Justices* §. 6. in verbo, *par leurs sermens*, soûtient que quand les Ordonnances & les Coûtumes ne prescriroient pas que le Rapport fût affirmé, il doit être ainsi entendu; & que la Sentence qui interviendroit sur un Rapport non affirmé seroit déclaré nul; c'est aussi le sentiment de *Sainctyon* liv. 1. tit. 9. nomb. 58. pag. 140. note 2e.

QUEST. XXV. *Comment se doit faire le serment pour la prise des Bêtes & estimation du danger ?*

Le Rapport fait au Greffe par le Messier, des Bêtes par lui prises en mésus, le Propriétaire du Pré ou du Champ dans lequel elles ont été trouvées faisant dommage, doit faire assigner le Maître des Bêtes prises, à trois fois; la premiére pour reconnoître ses Bestiaux; la seconde pour voir affirmer par le Sergent le Rapport qu'il en a fait au Greffe, & la troisiéme pour convenir d'Experts pour l'estimation du dommage.

C'est ce qui est prescrit par l'article 13. du chapitre 9. de la Coûtume de *Vastang*, en ces termes : » Celui ou „ celle qui prend les Bêtes, ou personnes, est cru par „ son serment de la prise, & baillées aux Parties, le- „ quel serment se fera en Justice présent la Partie à qui „ sont lesdites Bêtes, ou appellées.

La Coûtume d'*Acs* tit. 11. art. 33. porte : » Quant „ à l'intérêt particulier est tenu le Seigneur de l'hérita- „ ge faire estimer le dommage, Partie appellée ou assi- „ gnée.

Celle de *Labourt* tit. 3. art. 30. est en ces termes : » A „ faire l'estimation d'icelui dommage, le Seigneur du „ Bétail doit être appellé (si trouvé peut être) & s'il „ n'y est appellé, lui-même le peut faire estimer par „ lesdits Experts ou autres.

La Coûtume de *Saint Severt* titre 3. art. 13. porte : „ Doit être le dommage qui aura été fait par ledit Bé- „ tail estimé par les gens Experts qui sont commis par „ Justice.

Celle de Lamarche 349. & nombre d'autres y sont conformes.

Delaistre sur l'article 105. de la Coûtume de *Chaumont*, après avoir dit que cette matiére est des plus sommaire & se doit vuider promptement suivant l'art. 3. du titre 17. de ladite Ordonnance de 1667. il enseigne ce que l'on pratique au Bailliage de Chaumont ; que quand les Messelliers font une prise ils doivent s'emparer des Bêtes trouvées en mésus, les amener à Justice & les crier à pâture, afin d'être mises au rabais à celui qui en fait la condition meilleure ; que si le Propriétaire des Bêtes se présente, qu'il soit Habitant du lieu, qu'il reconnoisse les Bêtes pour lui appartenir, qu'on doit lui rendre à sa caution juratoire ; que s'il est Forain on ne doit lui rendre qu'en donnant caution dans le lieu où la prise a été faite.

Qu'aussi-tôt la prise & dans les 24. heures les Messelliers doivent faire leur Rapport au Greffe, qui doit être écrit par le Greffier sur un Registre particulier fait exprès pour les prises, qu'en conséquence le Procureur Fiscal fait assigner le Propriétaire des Bêtes trouvées en mésus pour être condamné à l'amende plus ou moins grande suivant les cas & le dommage.

Ces Régles sont bonnes & méritent d'être suivies ; mais comme le Propriétaire de l'héritage où le dommage s'est fait est plus intéressé que tout autre à cette prise il est naturel qu'il fasse assigner à sa requête de Maître des Bêtes prises en mésus, devant le Juge du lieu, à la premiére Audience ; & si l'on est en férie, on le fait assigner à l'Hôtel, parce que la matiere est sommaire, & requiert célérité : & comme le fisc est intéressé à la punition du mésus, le Procureur Fiscal conclud à ce que le Délinquant soit condamné à l'amende.

QUEST. XXVI. *Si les Bêtes ne sont réclamées ni reconnues, quelle procédure tiendra-t-on?*

La Coûtume de *Reims* tit. 16. art. 404. s'explique en ces termes : » Si celui à qui sont les Bêtes ne les requiert & délivre par pleige ou gage, le Seigneur „ ou son Procureur fera à sçavoir à celui à qui elles sont „ qu'il les fera exposer & mettre en vente à certain „ jour qui sera déclaré, auquel jour le fera publier ; & „ si elles sont mises à prix les pourra délivrer à la huitaine suivante au dernier enchérisseur qui en fera fait „ Seigneur ; & si elles ne sont mises à prix, le Sei-

„ gneur les pourra retenir pour le méfait.

Celle de *Poitou* art. 77. eſt à peu près en mêmes termes ; & porte : » Si celui à qui ſont les Bêtes priſes en „ méfait, & pour ce miſes en priſon ne les requiert pour „ lui en être fait délivrance en pleige ſuffiſant, le Sei- „ gneur Juſticier ès priſons duquel ſont leſdits Bêtes „ *pourra* faire ſçavoir à celui à qui elles ſont, qu'il les „ fera expoſer & mettre en vente au marché plus pro- „ chain à certain jour ou à un jour de Fête ſolemnelle à „ l'Egliſe Paroiſſiale, à l'iſſue de la grand-Meſſe, s'il n'y „ a marché en la Juriſdiction dudit Seigneur ou là près, „ & audit jour aſſigné fera à ſçavoir par cri public audit „ marché, ou en ladite Egliſe Paroiſſiale, audit jour & „ Fête, la vente deſdites Bêtes, & ſi elles ſont miſes à „ prix, il les pourra livrer à huitaine enſuivant, & en „ ſera Seigneur celui à qui les Bêtes ſeront livrées, ou „ ſi elles ne ſont miſes à prix le Seigneur les pourra re- „ tenir pour le méfait.

Boucheuil ſur cet article nomb. 3. dit que quoiqu'il paroiſſe que le terme *pourra* faire ſçavoir au Propriétaire des Bêtes la vente d'icelles, ſemble un terme de faculté, qu'il ne doit point être conſidéré tel ; mais que l'on doit l'entendre de néceſſité abſolue, parce que perſonne ne peut & ne doit être privé de ſon bien ſans être appellé, ce qui eſt des plus équitable; s'il en étoit autrement ce Propriétaire ſeroit en droit de former oppoſition à cette vente, ce qui eſt décidé par l'article 405. de la Coûtume de *Reims*, qui dit : » S'il y „ a oppoſition (*a*) par celui à qui ſont les Bêtes, lui „ ſeront rendues ſans gage ni caution, au cas qu'il ſoit „ Habitant du lieu, y ayant & poſſédant bien pour en „ répondre.

(*a*) A cette vente.

Si au contraire ces Bêtes n'ont point de Maître & ne

ſont réclamées ni avouées d'aucun, le Seigneur Haut-Juſticier s'en emparera comme *Epaves*; c'eſt ce qui eſt rapporté par l'article 348. de la Coûtume *de la Marche*. » Et s'il n'y a aveu (dit cet article) leſdites Bêtes „ ſont au Seigneur Juſticier comme *Epaves*, ſur leſquelles ſera priſe la méfaite & intérêt du Preneur & „ frais de pâtures.

QUEST. XXVII. *En quel cas l'on eſt quitte du dommage en abandonnant la Bête.*

La Coûtume de *Melun* art. 309. décide cette queſtion; elle porte : » Si une Bête eſt trouvée en dommage le Seigneur de la Bête ſera quitte en délaiſſant „ ladite Bête pour le dommage, pourvu que ce ne „ ſoit garde faite, auquel cas ſont tenus payer le dom- „ mage.

Les Coûtumes d'*Acs* art. 40. & de *Bayonne* tit. 2. art. 9. y ſont conformes. *Jure civili aut id quod nocuit, id eſt animal quod noxam commiſit, aut æſtimationem offerre tenetur. l. 1. in princ. & l. penult. D. ſi quadr. paup. fec. dic.*

Ces Coûtumes ſont fondées ſur la Loi 1. §. 1. & 2. *Si quadrupes :* Les Juriſconſultes propoſent cette Loi en ces termes : *Si quadrupes pauperiem faxit Dominus noxiæ æſtimiam offerto, ſi nolit quod noxit dato.* Godefroy a paraphraſé ce texte : *Si quadrupes damnum dederit, Dominus quadrupedis damni æſtimationem offerto; vel ſi malit, quadrupedem ipſam noxæ dato.* Mais cette Loi n'a lieu que dans le cas où la Bête agiſſoit par ſon ſeul inſtinct, ſans être conduite & menée dans l'héritage où elle a fait du dommage, auquel dernier cas le Propriétaire de la Bête doit être puni plus ſévérement; tout ainſi que ſi elle étoit priſe à garde faite, pour lequel méſus le Propriétaire de la Bête ne ſeroit pas quitte en l'abandonnant pour le dommage parce que la garde faite, *lata culpa quæ dolo equiparatur præceſſit caſum;* dans lequel cas le Maître n'a pas la liberté d'abandonner la Bête pour être quitte du dommage, *cap. ult. extrà de injur. l. 1. §. quòd ſi propter. ſi quadrup. paup. feciſſe dic.*

C'eſt le ſentiment de *Delaiſtre* ſur l'art. 105. de *Chaumont* nomb. 7. où il dit que la Bête peut être abandonnée quand le méſus eſt par échappée; mais dit cet Auteur; *Autre choſe eſt ſi elle eſt priſe à garde faite le Maître n'en ſera pas quitte pour l'abandonner.*

Il faut donc diſtinguer; lorſque le Maître d'une Bête l'abandonne pour le dommage & l'amende, il ne le peut faire que lorſque la Bête s'eſt échappée & qu'on n'a pû la retenir; mais ſi elle a été conduite & miſe dans le champ ou le pré, ou qu'on la gardoit dedans à garde faite, pour-lors il ne dépend plus du Maître de l'abandonner pour être quitte du dommage; c'eſt un dol qui lui eſt perſonnel, qui le rend reſponſable & de l'amende & du dommage.

QUEST. XXVIII. *Dans quel eſpace doit ſe faire l'eſtimation du dommage.*

Le Propriétaire de l'héritage où a été fait du dommage par des Beſtiaux eſt intéreſſé à en faire faire l'eſtimation promptement, parce que ces ſortes de méſus peuvent s'effacer & n'être plus reconnoiſſables; d'ailleurs, pluſieurs de nos Coûtumes déterminent l'eſpace de tems dans lequel il doit être fait, paſſé lequel le plaignant n'a plus d'action.

La Coûtume *d'Auvergne* ch. 28. art. 13. preſcrit au

Propriétaire plaintif du mésus de faire estimer le dommage *dans quatre jours, autrement ne sera plus reçu à le demander*; la Coûtume *de Sole* tit. 15. art. 1. & 2. celle *d'Acs* tit. 11. art. 35. & celle de *Lamarche* art. 351, & 352. y sont conformes, ensorte que c'est une Loi précise de ces Provinces, de se pourvoir en Justice dans cet intervalle pour avoir ses dommages & intérêts.

Les Coûtumes *de Monfort* art. 158. *de Mante* art. 191. *de Reims* art. 401. & *de Preux* ch. 8. art. 41. fixent pour cette estimation un terme bien plus court; elles ne donnent que 24. heures, passé lequel tems le Propriétaire de l'héritage n'y sera plus reçu.

Celle d'*Estampes*, art. 189. *de Menetou* ch. 3. art. 9. *Valences* art. 3. portent que l'action pour les » dégâts, ,, prises, dommages & intérêts se doit intenter dedans ,, huitaine; la Coûtume *de Dunois* ch. 5. art. 52. & celle ,, de *la rue d'Indre* ch. 6. art. 20. donnent quinze jours. Celle *d'Orleans* art. 151. partage cette action jusqu'à 20. *jours après le dommage fait*. Celle *de Blois* art. 217. 219. & 220. & celle *d'Antroche* ch. 3. art. 3. donnent 30. jours, celle *d'Anjou* art. 183. donne trois mois; enfin celle de *Normandie* art. 531. & de *Bretagne* art. 292. fixent la prescription de cette action à un an & jour, *à compter du jour que l'action compéte*, s'il n'y a cédule, obligation par écrit ou interruption.

QUEST. XXIX. *Comment se fait l'estimation du dommage fait dans des bleds en verd.*

Il y a des personnes qui prétendent que cette estimation ne peut être portée qu'à peu de chose, parce qu'il est incertain, si le produit de ce bled gâté feroit venu dans une production avantageuse; d'autres prétendent que cette estimation se doit faire, eu égard à toute l'abondance que ce bled eût pû produire en sa totale maturité.

Il semble qu'il est naturel d'en faire l'estimation comme dans le tems de la maturité, c'est ce qui est dicté par la L. *Et hæc distinctio* §. *qui fundum ff. locat. gl. in l. in usufructu ff. de usufr. leg. Bal. l. si Pater C. de usufr. vers. sed hic ponamus.* Dumoulin sur la Coûtume de Paris §. 1. *gl.* 8. *quæst.* 6.

Tous ceux qui cultivent leurs champs quoiqu'ils n'aient en vue que leur intérêt particulier concourent néanmoins au bien général & commun de l'Etat; c'est pourquoi les Loix qui ne sont faites que pour la conservation de l'utilité publique ont imposé des peines sévéres contre ceux qui détruisent les grains; nous voyons dans la Loi de Dieu (*a*) de laquelle toutes les autres ont pris leur source: » Que si un homme fait „ quelques dégâts dans un champ, ou dans une vigne, „ en y laissant aller sa bête pour manger ce qui n'est „ pas à lui, il donnera ce qu'il aura de meilleur dans „ son champ ou dans sa vigne pour payer le dommage „ suivant l'estimation qui en sera faite.

(*a*) Exod. 22. 5. & 6.

Les Romains avoient une telle horreur de ceux qui loin de conserver les biens de la terre les détruisoient, qu'ils firent une Loi entre celle des douze Tables, (*b*) par laquelle: » Si quelqu'un coupoit de nuit du „ Bled dans une Terre d'autrui, ou qu'il y menât „ en ce tems paître son Bétail, s'il étoit âgé de 14. „ ans il seroit pendu & étranglé, & au-dessous de cet „ âge, fustigé à discrétion, & ensuite livré au Propriétaire „ du Bled, pour lui servir d'esclave, jusqu'à ce „ qu'il eût réparé au double le dommage, suivant la „ taxe du Préteur.

(*b*) Pline l. 18. c. 3. Gaij lib. 4. ad leg. duodec. Tabular.

Il

Il ne s'agit donc point dans la queſtion préſente, de venger ſimplement le Propriétaire du champ de Bled du dommage qui lui a été fait, mais il s'agit de venger la République de la deſtruction de la choſe la plus précieuſe à la vie.

QUEST. XXX. *Si le dommage n'avoit pas été entiérement fait par les Bêtes priſes, le Maître ſeroit-il toujours obligé de le payer?*

Les Coûtumes de *Heſdin* & *de S. Sever locale* décident parfaitement cette queſtion. Celle de *Heſdin* tit. 2. art. 38. s'explique en ces termes: » Loiſt à un chacun intéreſſé, ſoit Seigneur ou autres, faire regarder, viſiter & juger ſon intérêt & dommage par les Hommes & Officiers de la Juſtice des Lieux où leſdits intérêts auront été faits, & ſelon leſdites viſitations, les pourſuivre, & demander ſur les Bêtes prinſes, ou empêchées, ou ſur celui, ou ceux à qui elles appartiendront; en faiſant leſquelles viſitations, l'on n'a point regard, ſi autres Bêtes non prinſes ni vues, ont été cauſe dudit dommage, mais s'arrête l'on, à la derniere prinſe, ſur laquelle viſitation s'eſt enſuivie.

La Coûtume *de S. Sever locale* tit. 2. art. 2. porte: „ La Bête atteinte en l'héritage d'autrui doit payer le dommage qui aura été fait audit héritage par elle ou autres qui y auront été, & que le Seigneur ignore, & eſt audit atteint action réſervée contre les autres.

Collonde *Sole* tit. 15 art. 3. a mis une modification à cette régle; elle porte: » Et ſi le Seigneur du Bétail peut faire apparoir que aucun Bétail y euſſe été à faire le dommage, le Seigneur auquel le dommage aura été fait, s'il veut être payé du dommage, eſt tenu

„ de jurer, si la partie le requiert, qu'il ne sçait „ point qu'autre Bétail ait été à faire le dommage : « La Coûtume *de Labourt* tit. 3. art. 31. a même disposition; elle dit : » S'il peut montrer, (le Maître du Bé- „ tail) que autre Bétail y eût aussi été à faire le dom- „ mage, sera déduire & rabbatre dudit dommage se- „ lon le nombre & quantité du Bétail qui a été à „ faire tel dommage avec ledit Bétail.

La Coûtume *de Lorraine* tit. 15. art. 14. a une disposition toute contraire; elle veut que le Maître du Bétail ne soit recevable à exciper » que cela n'ait été „ fait par son Bétail, mais par autres non reprins rap- „ portés auparavant ou depuis, sauf à lui d'en faire „ séparément la poursuite & la preuve.

Dans la régle le dernier mésusant paye le dommage entier qui se trouve fait dans l'héritage, sauf son recours contre qui il avisera, s'il prétend qu'il y ait eû des mésus faits par d'autres Bestiaux que les siens.

QUEST. XXXI. *Est-il nécessaire de prouver que les Bêtes aient été en dommage, pour faire condamner le Propriétaire à le payer, & à l'amende ?*

Il arrive souvent que le Propriétaire ou le Garde d'un Bois ne peut pas arrêter les bestiaux qui y font dommage, tels que les cochons en tems de glandée, ou autres bestiaux en différens tems, ensorte que n'étant pas moins vrai qu'ils ont été en mésus & causé du dommage le Seigneur du Bois n'a pas moins de droit de faire payer ce dommage. Que si ces bestiaux avoient été arrêtés & pris dans le Bois, en ce cas il devient nécessaire au Seigneur du Bois d'avoir des preuves que lesdits bestiaux ont été dans ledit Bois, sans quoi il ne lui seroit pas possible d'avoir action contre le Maître; c'est ce qui est porté par l'article 20. du titre 3. de la

Coûtume de *Labourt*, en ces termes : » Où le Sei-
„ gneur du Bois ne trouve tel bétail dedans ſondit
„ Bois, & peut prouver qu'ils y ont été, peut faire
„ payer le dommage que par leſdits deux gens de
„ bien eſt eſtimé.

QUEST. XXXII. *Si le Propriétaire d'un Pré ou Patural, par malice débouchoit ſon Pré & Héritage clos, pour donner lieu à des Beſtiaux étrangers d'y entrer, & les prendre en méſus pour leur faire payer l'amende, ne mériteroit-il pas punition ?*

Toute malice mérite punition, & il n'y peut avoir que de la malice à déboucher ſon Pré & ſon héritage, dans un tems où il devroit être clos ; la Coûtume de *Bourbonnois* après avoir expliqué ce qu'on entend par Garde faite dans l'art. 531. Ajoute : „ Et au con-
„ traire ſi aucun avoit déclos ſon héritage, pour
„ donner occaſion que le bétail d'autrui y entre, il
„ eſt tenu en l'amende de 60. ſ. 13. d. envers le Sei-
„ gneur Juſticier, & ne peut prétendre intérêt du bé-
„ tail qui eſt entré en ſon héritage.

Voyez la *L. opera ff. de his qui accuſ. non poſſ.*

QUEST. XXXIII. *Peut-on informer pour dommages cauſés par des Beſtiaux ?*

Baſſet en ſon Recueil d'Arrêts du Parlement de *Grenoble* tom. 2. L. 9. tit. 2. ch. 1. en rapporte un Arrêt du 15. Juillet 1610. par lequel, le nommé Charverie fut reçu Appellant, & faiſant droit ſur ſon appel, l'Appellant & ce dont étoit appel furent mis au néant, & par nouveau Jugement la procédure par information du Juge fut caſſée ; Anne Boulon partie civile condamnée à rendre tout ce qui avoit été payé par Charverie, lequel fut auſſi condamné ſuivant ſes offres à payer le dommage des beſtiaux, dépens compenſés, avec inhibitions & défenſes à tous Juges d'entreprendre Procès criminel pour dommage de Bétail.

QUEST. XXXIV. *Lorſque les bêtes de pluſieurs Particuliers ſous un ſeul Pâtre font dommage, eſt-il dû pluſieurs amendes ?*

La *Coûtume d'Auvergne* réſout cette Queſtion en l'article 8. du chap. 28. qui porte : „ Si le bétail de „ pluſieurs étrangers eſt trouvé pâturant en autrui Juſ„ tice, & ſous une même garde, tous les Seigneurs „ dudit bétail, poſé qu'ils ſoient pluſieurs, ne doivent „ payer qu'une amende de 60. ſ. ſi la priſe eſt faite de „ jour.

Si la priſe eſt faite de nuit *ou à Garde* faite, voyez l'art. neuf.

SECTION V.

DES PORCS OU COCHONS.

Les Pourceaux ſont des animaux mal-faiſans, ſurtout dans les prés, jardins, vignes & autres héritages clos ; en fougeant avec leur boutoir, ils déracinent les vignes, les arbres, labourent la ſole des prés, renverſent les jardins, les vergers & autres héritages, ce qui eſt cauſe qu'il eſt étroitement défendu de les laiſſer entrer dans aucun héritage clos ; les Maîtres de ces animaux les doivent garder & faire garder en ſorte qu'ils ne puiſſent faire dommage.

Voyez les Coûtumes de *Dourdan* art. 162. de *Mons* ch. 53. art. 10. de *Sole* tit. 15. art. 15. On doit à cet effet mettre aux Cochons, en tems des fruits une barre qui les empêche de déboucher les héritages, sans quoi il est permis de les tuer quand on ne peut les saisir ; c'est la disposition de la Coûtume d'*Acs* tit. 11. art. 17. de *Bayonne* tit. 2. art. 16. de *Blois* art. 226. de *Sole* tit. 15. art. 14. & 15. de *Béarn* tit. 51. art. 4. & autres.

Presque toutes nos Coûtumes défendent de laisser entrer des Pourceaux dans les Parcs & Jardins, telles sont celles de *Bar* (*a*), *Métutou* (*b*), de *Melun* (*c*), de *Sens* (*d*), de *Troyes* (*e*), de *Chaumont* (*f*) de *Chaalons* (*g*) de *Nevers* (*h*), de *Berry* (*i*), de *Saint Sever* (*l*), d'*Acs* (*m*), de *Normandie* (*n*), *Chabris* (*o*), elles prohibent de leur donner l'entrée dans les fonds où ils peuvent faire du dommage, aux peines des amendes & des intérêts des Parties, & même de confiscation en de certains cas.

Il est pareillement défendu aux Maîtres des Porcs & Cochons de les laisser entrer dans les vignes en tout tems, mais particuliérement pendant le tems des fruits : C'est ce qui est pareillement porté par la Coûtume du *Bourbonnois* (*p*), sous la peine de confiscation, moitié au Seigneur Haut-Justicier, moitié au Propriétaire, de *Troyes* (*q*) *Auxerre* (*r*), d'*Orléans* (*ſ*), *Montargis* (*t*), *Tours* (*u*), *Lodunois* (*x*), *Blois* (*y*), de *Sole* (*z*), &c.

Il est pareillement très-défendu de laisser aller des Pourceaux dans des Etangs vuides, parce qu'ils y

(*a*) Art. 208. (*b*) Ch. 3. art. 6. & 7. (*c*) Art. 306. (*d*) Art. 150. (*e*) Art. 170. (*f*) Art. 104. (*g*) Art. 266. (*h*) Ch. 15. art. 8. (*i*) Tit. 10. art. 10. (*l*) Tit. 3. art. 11. (*m*) Tit. 11. art. 14. & 15. (*n*) Ch. 7. art. 84. (*o*) Ch. 1. art. 7. (*p*) Art. 527. (*q*) Art. 172. (*r*) Art. 264. (*ſ*) art. 153. (*t*) Ch. 4. art. 7. (*u*) Art. 207. (*x*) Ch. 19. art. 5. (*y*) Art. 226. (*z*) Tit. 15. art. 13. 14. & 15.

font beaucoup de dommage ; ils détruifent l'alvin, qui eft la femence du poiffon; Coûtume de *Nivernois* chap. 15. art. 6.

Dans le tems de la glandée il eft de même bien défendu de laiffer aller les Cochons dans les bois d'autrui, & celui qui en trouve dans fon bois en peut carnaler un de chaque troupeau chacun jour, articles 12. 13. & 21. du titre 11. de la Coûtume d'*Acs*, & celle de *Saint Sever* tit. 3. art. 17. & 18.

Dans les Ufages de Parcours, il eft expreffément défendu à ceux qui n'y ont aucun droit d'y envoyer des Pourceaux, & s'il y en eft trouvé, les Habitans qui ont droit peuvent tuer le meilleur, un de jour & un de nuit, toutefois qu'ils les y trouvent, & les emporter ; c'eft le texte de l'article 12. du titre 3. de la Coûtume de *Lambourt*, qui ajoûte à l'article 13. que „ celui qui a occis les Pourceaux, avant les emporter „ & chaffer l'autre bétail dehors, ou emmener ceux „ qu'il pignorera, doit crier par trois fois à haute voix, „ en appellant le Porche ou Garde.

La Coûtume de *Bourbonnois* art. 527. prononce la confifcation des Pourceaux trouvés dans les vignes depuis le premier Août jufqu'après vendange, moitié au Seigneur Jufticier, & moitié au Poffeffeur de la vigne.

Celle de *Troyes* art. 172. en fixe la peine à une amende arbitraire.

QUEST. I. *Quelle différence y a-t-il entre carnaler ou tuer un Pourceau?*

La Coûtume d'*Acs* art. 42. & 43. l'explique difertement ; elle dit : » Carnaler eft tuer le bétail, & le „ convertir en fes ufages (c'eft-à-dire à fon profit ;)

„ mais tuer est l'occire sans en faire son profit, & demeure ledit bétail à celui à qui il étoit auparavant," ce qui veut dire le tuer & laisser sur la place où il étoit en dommage.

La Coûtume de *Saint Sever* titre 3. art. 2. porte: » Si aucun bétail est trouvé pâturant esdites Jurisdictions, si ledit Seigneur dudit bétail n'a droit de „ pariage ou possession d'y pâturer, peut être carnalé „ ou tué, & appliqué au Seigneur.

Bœufs & Chevaux domptés n'ont point de carnalage, mais doivent amende. Voyez l'article 4. du titre 3. de la Coûtume de *Saint Sever*, & même *si c'est une bête échappée qui ait suite, elle ne peut être carnalée*, article 5. de la même Coûtume.

QUEST. II. *Quelles Bêtes peut-on tuer en dommage, quand on ne peut les prendre?*

Il n'est guéres permis de tuer les Bestiaux qui font dommage dans un héritage; il y en a cependant qui sont tellement préjudiciables, & qui sont de nature à faire plus de dommage lorsqu'on les poursuit pour les prendre, qu'ils n'en feroient en les laissant faire, tels sont les *Porcs*, ensorte que nombre de Coûtumes permettent de les tuer dans l'héritage, c'est ce que décide la Coûtume de *Bayonne* tit. 2. art. 7. en ces termes: » Si le „ Sr *Dance*, serviteur ou voisin, ne peut prendre le bétail ès héritages, pour icelui retenir, parce que ledit bétail se seroit mis en fuite, est permis au Sieur „ ou Dame de l'héritage, à sa famille ou autre voisin „ de ladite Ville, si c'est bétail bon à manger, le tuer, „ & si le bétail appartient à homme de la Jurisdiction, pareillement le peut tuer audit cas, s'il ne connoît le Sieur du bétail. Paye néanmoins (dit l'arti-

„ cle 9.) le Sieur du bétail l'amende & dommage en la „ maniere que dessus, si mieux il n'aime laisser le bétail „ pour le dommage & amende, &c.

La Coûtume d'*Acs* tit. 11. art. 14. permet à celui qui trouve plusieurs Pourceaux dans son pré, vigne ou jardin, d'en tuer à son choix; mais à l'article 15. elle dit que celui qui l'occit n'a aucune réparation du dommage, & que néanmoins le Pourceau appartient à son Maître.

QUEST. III. *Usagers qui ont droit dans les Bois de glandée, pour leurs Porcs, peuvent-ils y en mettre d'autres que ceux qu'ils ont nourris & élevés ?*

La Coûtume de *Nivernois* ch. 15. art. 19. en a fait une disposition; elle porte : » Quand les Usagers ont „ droit de mettre leurs Pourceaux pacager en tems de „ paisson & de garde, ils ne peuvent mettre autres „ Pourceaux que de leur nourriture, & de l'auge „ de Mars, qui est à dire ceux qui étoient à eux „ à la Notre-Dame de Mars précédente la paisson, & qui depuis sont procréés d'iceux ; & s'ils „ font le contraire, ils sont amendables envers le „ Seigneur Justicier de 60. sols tournois, & tenus „ aux dommages & intérêts du Seigneur foncier & „ Propriétaire dudit Bois, pour chacune fois, s'il n'y „ a convenance au contraire.

Et l'article 20. veut que » le Seigneur Propriétaire „ & Fermier puisse s'enquérir ou faire enquérir par autorité de Justice, environ le tems de l'ouverture de „ son Bois, quel nombre de Pourceaux, de la condition sus-déclarée a chacun Usager, ayant tel „ droit que dessus, à ce que lesdits Usagers ne l'excédent en nombre ou autrement à son préjudice.

Cette

Cette régle est bonne pour le Territoire de la Coûtume, mais on ne pourroit l'étendre à d'autres lieux qui n'ont pas de pareilles dispositions ; j'ai vu beaucoup de titres de ces sortes d'Usages, où ces clauses ne sont point insérées ; ils portent seulement sur le nombre de Porcs que l'Usager a droit d'y mettre pour le nécessaire & les besoins de sa maison ; il doit même être indifférent au Propriétaire de la Forêt que ces Porcs soient nourris & élevés en la maison de l'Usager ou ailleurs, il suffit qu'il n'en fasse pas trafic en les vendant; c'est ce que porte la Coûtume de *Lorraine* titre 16. art. 27. en ces termes: » Réguliérement Usagers „ ayant faculté de mettre nombre de Porcs à la vaine „ pâture d'aucuns Bois, n'y en peuvent mettre d'au- „ tres que pour la nourriture de leurs maisons, à pei- „ ne d'amende & de confiscation de ceux qui se „ trouveront n'être pour leur nourriture au profit du „ Seigneur Justicier, & des dommages & intérêts au „ Propriétaire desdits Bois, s'il n'y a autre peine à ce „ particuliérement établie, ou que lesdits Usagers aient „ titres, possessions, jouissance ou usages valables au „ contraire, d'y en pouvoir mettre indifféremment.

QUEST. IV. *Quelles peines y a-t-il pour Porcs trouvés en Bois de futaie lors de la glandée à garde faite ?*

Les Coûtumes de *Sens* art. 152. & d'*Auxerre* article 266. disent qu'elle est arbitraire, par conséquent c'est au Juge ou aux Experts à déterminer la conséquence du dommage & celle du *fust* pour garde faite.

QUEST. V. *Le Seigneur qui a des Bois en glandée où ses Habitans ont ſauge, peut-il vendre ſa portion de glandée ?*

Il n'eſt pas douteux qu'il ne le puiſſe, pourvu que ce ſoit à la charge de laiſſer jouir les Uſagers des droits qu'ils ont d'y mettre le nombre de Porcs fixé par leurs titres, c'eſt ce qui eſt porté par l'article 21. du ch. 15. de la Coûtume de *Nivernois* : » Le Seigneur Proprié- „ taire peut vendre la paiſſon de ſon Bois uſager en „ la maniere ſuſdite à la charge dudit uſage.

DES CHEVRES.

QUEST. VI. *Eſt-il permis de tuer les Chévres dans tous les héritages où elles ſe trouvent ?*

Les Chévres & Boucs ont la dent extrêmement venimeuſe, & leur haleine eſt très-mauvaiſe, ce qui fait que les arbres & haies qu'elles broutent ne repouſſent point & ſouvent meurent lorſqu'elles les ont touchés ; ces bêtes ſont dautant plus dangereuſes qu'elles ſont extrêmement légeres & ſe dreſſent ſur leurs pieds de derriere pour atteindre les branches des arbres qu'elle coupent avec leurs dents, & qu'elles empoiſonnent d'une façon que l'arbre dépérit inſenſiblement : *Morſus earum arboribus exitialis eſt, olivam lambendo ſterilem faciunt, eâque ex cauſâ Minervæ non immolantur.* &Var. de re ruſt. l. 1. *Plantis*, inquit, *omnibus capra non vulnere tantum, ſed etiam veneno dentium peſtifera eſt.* C'eſt à cauſe de ces mauvaiſes qualités qu'elles ſont à craindre, & qu'il eſt défendu par toutes les Ordonnances de les laiſſer aller dans les Bois, ſur-tout dans les taillis, dans les prés, à cauſe des haies vives, dans les vignes, le long des jardins, & de tous héritages clos & bouchés de plans vifs.

Elles ſont de difficile garde, ne pouvant jamais être abandonnées de l'œil, en ce qu'elles grimpent ſur les rochers les plus eſcarpés; auſſi ne ſont-elles propres que dans des Pays de montagnes, rochers, précipices & lieux incultes, où elles ne peuvent faire de mal.

Les mauvaiſes qualités de cet animal ont donné lieu aux Ordonnances qui permettent de les tuer, quand elles ſont trouvées faiſant dommage; c'eſt ce que porte l'article 17. du titre 11. de la Coûtume d'*Acs*, qui permet de tuer une chévre de chaque troupeau; la Coûtume de *Tours* art. 207. & celle de *Lodunois* ch. 19. art. 5. *Sole* tit. 15. art. 9. *Béarn* tit. 51. art. 4. y ſont conformes.

Le Parlement de Grenoble dans lequel ſont différens cantons de montagnes & de rochers eſcarpés, a fait par pluſieurs Arrêts des défenſes d'avoir & nourrir Boucs, Menons & Chévres ès lieux, Paroiſſes, & Mandemens où il y a des vignes, vergers, jardins, ſauſſaies & bois taillis, ſur peine de confiſcation : entr'autres par trois Arrêts des 14. Août 1543. 4. Novembre 1565. & 19. Novembre 1605. le dernier ſur le Plaidoyer de Mr. d'Expilly, Avocat Général. Ils ſont rapporté par *Sainctyon* l. 1. tit. 33. art. 3.

Ce même Auteur rapporte au l. 3. tit. 28. art. 1. un *Arrêt du Conſeil d'Etat* du 18. Mars 1585. qui ordonne que *les Chévres qui ſeront trouvées dans les Forêts, outre la confiſcation & amende portée par les Réglemens, auront un des jarrets découpé pour la premiere fois; & pour la ſeconde, ſi elles y ſont trouvées, elles ſeront tuées pour être publiquement vendues.*

Par Arrêt du Conſeil d'Etat du 29. Mai 1725. il a

été défendu à toutes ſortes de perſonnes de tenir des Chévres dans la Province de Languedoc, à cauſe du grand dégât que ces animaux ont accoûtumé de faire dans la campagne.

Le Parlement de Dijon a fait à ce ſujet un Réglement général qui eſt obſervé dans ſon Reſſort, & l'Ordonnance de 1669. art. 13. du titre 19. a mis la Chévre au nombre des animaux nuiſibles, que les Uſagers ne peuvent conduire dans les bois ou autres lieux de leur Uſage.

Les Intendans dans les Provinces pour contenir les Propriétaires & les obliger à garder leurs Chévres, pour éviter le dégât que ces animaux peuvent faire, y ont rendu de tems à autres des Ordonnances. Celle de Mr. l'Intendant de la Généralité de *Moulins* du 17. Octobre 1733. mérite d'être ici rapportée.

DE PAR LE ROI,

BARTHELEMY DE VANOLLES CHEVALIER, Conſeiller du Roi en tous ſes Conſeils, Maître des Requêtes ordinaire de ſon Hôtel, Conſeiller honoraire au grand Conſeil, Intendant de Juſtice, Police & Finances en la Généralite de Moulins.

LE dommage que la quantité exhorbitante des Boucs, Chévres & Chevreaux qu'on éleve en pluſieurs endroits de cette Généralité, cauſe journellement aux vignes, prairies, vergers, bois, arbres, arbriſſeaux, & généralement à toutes ſortes de plantes, a donné lieu à des repréſentations qui Nous ont été faites par les Syndics, Conſuls & Propriétaires des lieux qui ſont le plus expoſés aux ravages que font ces animaux; il eſt de notoriété publique, que l'habitude dans laquelle on eſt contre la prohibition de pluſieurs Ordonnances & Coûtumes, de les laiſſer vaguer & ſe répandre dans les campagnes ſans aucune garde, donne lieu à des pertes qui l'emportent de beaucoup ſur la valeur de cette eſpéce de bétail, & ſur le produit qu'on peut en tirer. Ces conſidérations ont porté en différens tems les Particuliers les plus verſés dans l'œconomie ruſtique, à en propoſer l'entiere deſtruction; mais ayant jugé qu'il y auroit de l'inconvénient à priver totalement le public & le commerce des différens secours que la nourriture des boucs, chévres & chevreaux peuvent procurer, & étant instruit qu'ils servent aussi à faire subsister beaucoup de pauvres familles, Nous avons cru qu'il suffisoit de prendre des mesures dont le juste tempérament puisse en même tems prévenir les désordres qu'une trop grande tolérance a occasionné, & conserver une espéce, dont l'usage bien réglé peut être aussi utile, qu'il a été nuisible jusqu'à présent; par ces motifs Nous nous sommes déterminés à ordonner ce qui suit.

ARTICLE PREMIER.

Faisons très-expresses inhibitions & défenses à tous Propriétaires, Fermiers, Colons, Locataires, Journaliers de l'un & de l'autre sexe, & généralement à toutes sortes de personnes qui élevent & nourrissent des boucs, chévres & chevreaux dans leurs domaines, locateries ou autres fonds de campagne, de les laisser sortir des étableries & basse-cours, où ils sont enfermés, vaguer & se répandre au dehors, soit dans les campagnes, champs, jardins, prairies, vergers, soit dans les bois, buissons, taillis, colines, valons, & autres lieux hors desdites étableries & basse-cours, si lesdits boucs, chévres & chevreaux ne sont gardés, & chacun desdits animaux attachés & conduits par une corde qui sera tenue par une personne preposée à leur garde; ensorte qu'ils ne puissent causer aucun dommage, à peine contre chacun des contrevenans de trois livres d'amende, applicable, moitié à l'Hôpital le plus prochain, & moitié aux Cavaliers de Maréchaussée, que Nous chargeons par l'Article suivant de l'exécution de notre présente Ordonnance.

II. Ordonnons que les boucs, chévres & chevreaux, qui seront trouvés hors desdites étableries & basse-cours non attachés, & conduits comme il a été prescrit ci-dessus, seront tués sur le champ par les Cavaliers de Maréchaussée des Brigades voisines, à qui Nous enjoignons de faire des tournées à cet effet dans l'étendue de leur district, & de mettre notre présente Ordonnance à entiere exécution. Seront aussi lesdits Cavaliers de Maréchaussée tenus de nous informer des contraventions à la présente Ordonnance, & des boucs, chévres & chevreaux qu'ils auront tués.

III. Défendons à toutes personnes de quelque état & condition qu'elles soient, de troubler les Cavaliers de Maréchaussée dans ladite exécution, à peine d'être contr'elles procédé extraordinairement.

IV. N'entendons par la disposition des précédens Articles exclure les Particuliers qui auront souffert dans leurs héritages, du dommage desdits boucs, chévres, & chevreaux, de se pourvoir en Justice pour raison des dommages-intérêts à eux dûs, suivant les différentes Coûtumes des lieux, où le dommage aura été causé.

Et afin que personne n'en puisse prétendre cause d'ignorance, notre présente Ordonnance sera lue, publiée & affichée dans toutes les Paroisses de cette Généralité, issue de Messe Paroissiale, à la diligence des Syndics. FAIT à Moulins le dix-sept Octobre mil sept cens trente-trois. Signé, DE VANOLLES. Et plus bas, LE BOUCHER.

QUEST. VII. *S'il y a des Bois de vaines Pâtures, est-il permis d'y mener des Chévres & des Brebis?*

Les Chévres, Brebis & Moutons sont bêtes pernicieuses dans les Bois : Il a été défendu *dans tous les tems* de les mener paître dans les Bois, cela est porté dans le chap. 150. *des Etablissemens de Saint Louis de* 1270. les Ordonnances de 1541. *de François premier*, & autres Ordonnances & Réglemens le défendent très-expressément ; *Chauffour* dans son Instruction fait mention de ces défenses à cause du grand dégât & dommage que ces bêtes peuvent faire ès Forêts, taillis & buissons, plus que nulles autres, parce que, dit-il, *Ovis lana & anhelitu, & capra non vulnere tantùm, sed veneno dentium pestifera est.*

Voyez l'art. 13. du titre 19. de l'Ordonnance de 1669. ci-devant cité.

DES OIES ET VOLAILLES.

Les Oies sont des animaux dangereux & malfaisans, particuliérement dans les prés & les bleds, par leurs fientes qui brûlent la sole de l'héritage, ce qui fait qu'il est très-défendu de les y laisser aller. Nous avons à ce sujet une infinité d'Ordonnances & de Coûtumes qui font ces défenses & permettent de les tuer; telles sont les Coûtumes d'*Auvergne* ch. 28. art. 24. de *Sole* tit. 15. art. 6. & 8. de *Montargis* ch. 4. art. 18. d'*Orléans* art. 162. de *Blois* art. 222. de *Vastang* ch. 8. art. 16. de *Lodunois* ch. 19. art. 5. d'*Acs* tit. 11. art. 17. de *Tours* art. 207. La plûpart permettent d'en tuer une au-dessous d'un troupeau de vingt, & deux au-dessus, & s'il n'y en a qu'une de la tuer, en la laissant sur la place. Le Maître est tenu en outre de payer le dommage au Propriétaire ou Fermier de l'héritage.

SECTION VI.

Des peines & amendes pour les différens mésus de Bestiaux.

Il y a plusieurs objets à considérer en fait de mésus; Sçavoir, 1°. Ceux faits par bêtes sans garde ; 2°. Par celles qui s'échappent par épouvante ou autrement; 3°. Par les Bestiaux qui sont mis dans des héritages d'autrui, & qui y sont gardés de jour par un Berger ou Pâtre, ce que l'on appelle *garde faite*; 4°. Par les Bestiaux qui sont gardés de même pendant la nuit.

Ces différentes contraventions produisent des peines très-différentes qui sont plus ou moins grandes. Outre ces objets il y a des considérations à faire sur la nature & le genre de Bestiaux, ce qui est plus ou moins condamnable, comme nous le détaillerons ci-après.

QUEST. I. *Qu'est-ce que Bétail* sans garde, *qui est trouvé en mésus?*

C'est quand le Maître du Bétail le lâche & l'abandonne à lui-même, le laisse vaguer çà & là sans lui donner aucune garde pour l'empêcher de faire du dommage dans les Bleds, Prés, Vignes, Bois & autres héritages en défend, parce que comme dit *Coquille sur Nivernois* tit. 15. art. 8. *Le Bétail sans garde ira en dommage de son mouvement naturel, pour ce qu'il y a toujours meilleur Pacage dans les héritages qui sont en défend que dans d'autres;* & ajoûte cet Auteur, *tenir son Bétail sans garde est coulpe grossiere, que les Latins disent* lata culpa, *qui eſt toute prochaine du dol.*

C'eſt ſans doute par cette raiſon que la Coûtume de *Meaux* art. 179. ne fait point de diſtinction de *la garde faite*, d'avec l'abandon ſans garde; car elle prononce indiſtinctement l'amende de 60 ſ. pour l'une comme pour l'autre, ce qui eſt conforme à celles de *Montargis* ch. 4. art. 13. *d'Orléans* art. 156. Voyez *Lodunois* ch. 19. art. 2. *Boulenois* tit. 8. art. 38. *Meaux* 178.

Dans le fait l'on ne doit pas faire de diſtinction entre la garde faite & l'abandon, parce qu'abandonner des Beſtiaux que l'on eſt tenu de garder, c'eſt leur donner lieu d'aller en dommage; il y a peu de différence entre faire le mal ou donner occaſion à le faire, comme ledit *Lalande* ſur ledit art. 156. d'Orleans; *Qui occaſionem præſtat, id feciſſe videtur. L. qui occidit. 30. §. in hac quoque actione, ff. ad leg. aquil. Cap. de cætero xj. extr. de homicid.*

QUEST. II. *Qu'eſt-ce qu'*échappée *de Bétail?*

Il ſemble qu'il y faut diſtinguer deux choſes; la premiere ſi les Bêtes dans une grande chaleur par la piqure des mouches & inſectes s'effarouchent, s'enfuient, & ſe jettent dans des Bleds & autres héritages en défend.

La ſeconde, Si ces Beſtiaux ſe trouvent attaqués & pourſuivis par des Loups ou par des chiens; une chaſſe extraordinaire, des coups de fuſils qui les obligent par la peur à parcourir des héritages emblavés.

Ces deux ſortes d'échappées ſont différentes; *Coquille* ſur l'art. 8. du titre 15. de *Nivernois*, dit à l'égard de la premiere, que ſi le Maître ou ſes valets courent après les Beſtiaux pour les ramener & empêcher de faire dommage, il n'échoit aucune amende; mais que le Maître eſt ſeulement tenu du dommage, ce

qui

qui paroît équitable ; c'eſt auſſi ce qui eſt décidé par l'art. 106. de la Coûtume *de Chaumont*, qui accorde, par l'art. 105. précédent, l'amende de 5. ſ. en cas que perſonne ne ſuive la bête pour l'empêcher de faire dommage.

Quant à la ſeconde ſorte d'échappée, on ne peut la regarder que comme un cas fortuit & imprévu, dont perſonne n'eſt garant ; les *Coûtumes de Montargis* & d'*Orléans* en ont fait une Loi préciſe; celle *de Montargis* ch. 4. art. 14. porte : » Quand il avient que les Bêtes » fuient par mouches, épouvantement, pourſuite de » loup, chaleur & chaſſes de Bêtes ou autres incon- » véniens, ſi le Pâtre fait diligence de les ſuivre il n'y » a point d'amende ; celle d'*Orléans* tit. 5. art. 17. eſt en mêmes termes, & ajoûte .... » Pourſuite de loup » ou autres accidens, & le Berger ou Pâtre faſſe dili- » gence, les ſuivre & chaſſer hors l'héritage d'autrui, » en ce cas n'y échoira dommage ni amende, parce » que ce n'eſt pas la faute du Berger.

Mais dans tout autre cas le Maître des bêtes qui ont fait dommage en eſt tenu ; c'eſt l'eſprit & la régle de toutes nos Coûtumes ; on peut voir celles d'*Acs* tit. 13. art. 14. de *S. Sever* tit. 18. art. 26. de *Sole* tit. 15. art. 6. *de Labourt* tit. 3. art. 33. & *Meaux* art. 178.

QUEST. III. *Qu'eſt-ce que* garde faite de jour, *& la peine qu'elle entraîne*?

L'article 531. *de la Coûtume de Bourbonnois* explique préciſément ce que c'eſt que *garde faite.* Il porte : » Et » eſt dite garde faite ; 1°. Quand celui qui eſt commis » à la garde du bétail eſt trouvé gardant le bétail en » l'héritage auquel le dommage eſt fait ; 2°. Ou que » ledit gardien eſt près dudit bétail, en maniere qu'il

» le puisse voir, & ne fait diligence de le mettre de-» hors ; 3°. Ou qu'il mene & conduit ledit bétail au-» dit héritage ; 4°. Ou qu'il l'a déclos & débouché, » en maniére que fondit bétail y puisse entrer, & après, » au moyen de ladite ouverture, ledit bétail y entre.

Voilà quatre cas de la garde faite des Bestiaux en mésus, & qui sont réputés dol & fraude, *L. cum servis ff. de condict. causa data*, qui méritent une peine griéve, ainsi que le décide d'*Argentré* sur l'art. 391. de *Bretagne*.

La peine de cette garde est presque uniforme dans toutes nos Coûtumes ; celles de *Sens* art. 152. d'*Auxerre*, art. 266. la mettent arbitraire. Les Coûtumes de *Meaux* art. 178. de *Tours* art. 203. de *Bourbonnois* art. 529. d'*Auvergne* tit. 28. art. 8. de *Troyes* art. 176. de *Chaumont* art. 105, 107. *Montargis* ch. 4. art. 13. de la *Marche* art. 358. & autres fixent toutes ces amendes à 60. s. *tournois*, celle d'*Amiens* art. 202. & de *Berry* tit. 10. art. 4. la fixe à 60. sols *parisis*.

QUEST. IV. *Bêtes en mésus* de nuit, à garde faite, *quelle peine* ?

La garde faite de nuit est un délit punissable; *Sainctyon* sur l'article 11. du chap. 3. de *la Coûtume* de *Menetou*, dit, que dommage donné par bêtes à *garde faite*, est larcin, & que comme le larcin fait *nuitamment* est bien plus qualifié, de même en est-il des bêtes gardées de nuit en dommage. *Quorum fidem male ambulantium obscuritas temporis tegeret est major doli præsumptio*, *l.* fin. ff. de ritu nupt. *qui palam delinquit leviùs punitur, si clàm severiùs*.

Mazuer tit. 34. n. 19. dit : Si quelqu'un en tems prohibé & défendu trouve & prend de *nuit* du bétail paissant en sa Terre avec *garde* ou à garde feinte, & qu'il les mette ès mains de la Justice, ledit bétail tombe en commise, & doit être confisqué : sçavoir est, la moitié à la Partie intéressée qui a reçu le dommage, & l'autre moitié au Seigneur Justicier. Et en ce cas on ajoûtera foi à la rélation de la Partie, pour la caution & prinse dudit bétail faite en son fonds ; *pro hoc facit cap. sacro, in princ. de sent. excom. cap. ex literis, de in integ. restit. singul. c. de accus.* mais continue cet Auteur, il a le choix de demander le dommage ou partie de la bête, & semblablement le Seigneur, si mieux il n'aime avoir l'amende.

C'est par ces raisons que la plûpart de nos Coûtumes prononcent la peine de confiscation des bêtes trouvées en dommage, moitié au Seigneur, & moitié au Propriétaire de l'héritage ; telles sont les Coûtumes d'*Auvergne* chap. 28. art. 9. & 18. de *Bourbonnois* art. 530. de *la Marche* art. 358. *de Bretagne* art. 636. Les Coûtumes d'*Orleans* art. 146. celle de *Nevers* ch. 15. art. 9. & celle de *Dunois* ch. 5. art. 53. y prononcent seulement une peine arbitraire.

CHAPITRE DOUZIE'ME.
DES ÉPAVES EN BESTIAUX.

QUESTION PREMIERE.

Qu'est-ce qu'une épave?

BEstiaux égarés & perdus par cas fortuit, dont on ignore le Maître, & que le Propriétaire ne réclame point, sont épaves ; l'origine de ce mot vient delà, *expavefacta animalia ;* c'est la définition qu'en donnent les *Coûtumes de Laon*, *de Reims* & de *la Marche*.

L'épave s'applique aussi à toutes choses mobiliaires

trouvées après des ravages d'eau, débordemens des Rivieres qui entraînent les meubles, bois & autres matériaux ou débris de Maisons submergées, à des marchandises qui sont dans des bateaux, vaisseaux, bacs & autres vaisseaux sur des Rivieres, dont les glaces & débordemens des eaux font casser les cordes qui les attachent, & les entraînent au gré des flots; les bois trouvés sur les Ports, sur les marchepieds & bords des Rivieres, & chantiers; dans les grands chemins, routes & par tout ailleurs dont on ne connoît point le Maître & le Propriétaire.

QUEST. II. *A qui appartiennent les épaves?*

Suivant toutes les Coûtumes de France les épaves appartiennent au Seigneur Haut-Justicier; *Hoc verum est in Regno Franciæ, ubi Domini terrarum occupant & vocant hespana*, dit Fabor sur le § *Examen.* & §. *Apum instit. de rer. divis.* Deuteran. 22. *Non videbis bovem fratris tui, aut ovem errantem & præteribis, sed reduces fratri tuo.* Joseph. Liv. 4. *ch.* 8.

Nos Coûtumes sont presque toutes uniformes en faveur du Seigneur Haut-Justicier; telles sont *Reims* art. 343. *la Salle de Lille* tit. 1. art. 25. *Artois* tit. 1. art 7. *Beauquesne* art. 1. *Chabris* ch. 7. art. 26. *Guesque* art. 4. *Laon* tit. 1. art. 3. *Bourbonnois* 332. *Châlons* tit. 4. art. 15. *Sens* art. 10. *Auxerre* 13. *Montfort* 187. *Mante* 189. *Bourgogne* art. 1. *Comté de Bourg.* ch. 11. art. 59. *Grand-Perche* tit. 1. art. 15. *Bretagne* art. 48. *Senlis* art. 97. *Nivernois* ch. 1. art. 1. *Poitou* art. 302. *Blois* ch. 3. art. 26. *Amiens* art. 190, &c.

Tous nos Auteurs, sur les Coûtumes qui n'en ont point fait mention, sont tous de même sentiment pour le Seigneur Haut-Justicier; *Ferriere sur Paris* art. 167.

Coquille sur Nivernois & en ses *Instituts*; & quest. 7. *Pithou, Delhomeau, Baquet, Ragueau sur Berry, Chasseneux sur Bourgogne.*

QUEST. III. *Auquel Seigneur appartient l'épave d'une bête trouvée dans un Finage, poursuivie & prise dans le Territoire d'un autre Seigneur?*

Il paroît qu'elle appartient au Seigneur sur le Territoire duquel elle a été premiérement trouvée, c'est le sentiment des Docteurs *in l. 3. §. inde Neratius ff. de aquir. possess.* & c'est la décision de *Chasseneus* sur la Coûtume *de Bourgogne.* Rub. 1. verb. *avenues & trouvées*, par la présomption que celui ou ceux qui ont tâché de prendre & mettre en sûreté la bête, l'ont moins fait pour l'intérêt du Seigneur que pour la rendre au Propriétaire auquel elle pouvoit appartenir, & que par un droit de suite, s'étant échappée d'eux, n'étant point réclamée, elle doit revenir & appartenir au Seigneur dans le territoire duquel elle s'est trouvée en premier lieu, *fiunt occupanti*, selon le droit Romain que nous suivons en cela; c'est le sentiment de *Legrand sur la Coûtume de Troyes* art. 118. du titre 7. nomb. 19.

QUEST. IV. *Celui qui trouve une Bête épave, dans quel tems la doit-il dénoncer?*

Si un Garde ou autre Officier trouve une Bête épave, il doit la conduire ou faire conduire au Château du Seigneur, où l'on doit avoir soin de l'héberger & de la nourrir.

Si c'est un particulier, habitant du lieu, qui la trouve, il doit dans les 24. heures la dénoncer au Procureur Fiscal qui la fera conduire au Château, ou la mettra dans un Cabaret pour y être nourrie & pansée, & la fera publier, ainsi qu'il est des régles.

Et si le Particulier la garde plus long-tems, il est amendable envers le Seigneur Haut-Justicier, par trois raisons; 1°. Parce qu'il s'attribue un droit qui ne lui appartient pas, en se rendant dépositaire d'une chose qui doit être entre les mains de la Justice; 2°. En ce qu'il entreprend sur les droits du Seigneur Haut-Justicier, qui est établi par la Loi, le Garde & Conservateur des épaves; & 3°. En ce qu'il commet un larcin, que son silence fait présumer qu'il veut mettre à son profit la bête épave qu'il a trouvée.

Comme il y a dans quelques-unes de nos Coûtumes quelques différences des unes aux autres, soit pour le tems de recel, soit pour l'amende, nous mettrons ici toutes les Coûtumes qui en ont des dispositions spéciales.

QUEST. V. *Que doit faire le Seigneur ou ses Officiers lorsque la Bête épave est au Château?*

Sitôt qu'une épave est trouvée, le Procureur Fiscal doit en être averti, afin de faire faire les publications qui sont de son ministere; il y a des attentions à faire pour ces publications, en ce que l'exactitude doit distinguer le genre des épaves.

Par exemple, si ce sont des grosses bêtes, comme chevaux, jumens, bœufs, vaches & pourceaux, la Coûtume de *Nevers* dit qu'on les doit garder 20. jours, pendant lesquels le Procureur Fiscal doit les faire publier & proclamer par trois diverses fois, distantes l'une de l'autre de trois jours entiers, dont deux d'icelles seront faites à l'issue de la Messe Paroissiale de deux Dimanches, & l'autre au lieu du Marché public, s'il y en a un.

Que si ce sont chévres, moutons, cochons, veaux & autres menues bêtes, on les doit garder dix jours, pendant lesquels elles seront publiées pendant deux fois, distantes l'une de l'autre de trois jours entiers, l'une d'icelle à l'issue de la Messe Paroissiale d'un Dimanche, & l'autre à un jour de Marché ; par la raison que si on les gardoit plus long-tems, leur nourriture consommeroit la valeur.

Nous ne rapportons pas toutes les Coûtumes qui prescrivent ces formalités, avant que le Seigneur Haut-Justicier puisse s'approprier l'épave, parce qu'il y en a qui different les unes des autres ; nous nous contentons de les indiquer & leurs articles.

QUEST. VI. *Combien de tems doit être gardée une Bête épave avant que le Seigneur puisse la faire vendre ou se l'approprier ?*

Le Seigneur Haut-Justicier ne pouvant s'approprier l'épave qu'après la publication faite à la Requête de son Procureur Fiscal, il faut examiner les Coûtumes qui fixent le tems de ces publications & leur formalité.

Celles de *Bourbonnois* art. 336. d'*Auvergne* ch. 26. art. 1. 2. & 3. & *de la Marche* 321. 322. sont uniformes entr'elles ; le texte de celle *de Bourbonnois* porte : » Bêtes prises pour épaves, avant que pouvoir être » vendues par Justice, doivent êtes gardées, c'est à » sçavoir, chévres, brebis, & autre menu bétail, les- » pace de trois jours & trois nuits ; & les grosses bêtes, » comme bœufs, vaches, jumens, pourceaux & leurs » semblables ; l'espace de huit jours & huit nuits ; pen- » dant lequel temps sera fait notification au lieu ac- » coûtumé à faire proclamation du lieu auquel elles » ont été prises, afin que les Maîtres ou Seigneurs des- » dites bêtes les puissent recouvrer ; & si dans ledit » tems il n'appert qu'aucun fasse poursuite desdites bê- » tes, elles peuvent être vendues audit lieu public,

» après ledit tems de trois ou huit jours passés respecti-
» vement au plus Offrant & dernier Encherisseur ; & si
» dedans 40. jours après ladite vente, le Seigneur des-
» dites bêtes revient, & les veut recouvrer, faire le
» pourra, en payant les pâtures & frais de ladite vente,
» autrement les deniers appartiennent au Seigneur.

La Coûtume de *Berry* art. 8. du titre 2. défend de vendre les *menues bêtes*, comme chévres, brebis, moutons, cochons, veaux, & semblables, avant quinze jours, & l'article 9. pour *les grosses bêtes*, telles que bœufs, vaches, jumens, chevaux, poulains & autres semblables, veut qu'ils restent 30. jours avant la vente, pendant lesquels ils seront proclamés trois fois.

La Coûtume *de Dunois* fixe la vente après la publication de trois jours de Marché, chap. 6. art. 55.

Celles de *Nevers* chap. 1. art. 4. & 5. *Peronne* art. 17. & 18. *Bourgogne* ch. 1. art. 2. *Bourgogne-Comté*, *ch.* 11. art. 60. *Montargis* chap. 5. art. 1. *Orléans* art. 163. prescrivent que les bêtes épaves doivent être gardées pendant 40. jours.

Celles de *Boulonnois*, titre 6. art. 23. & de *Montreuil*, veulent que l'épave soit gardée un an & un jour, ce qui ne peut être naturellement entendu que pour d'autres effets que des bestiaux qu'il faut nourrir, & qu'il s'en trouve de telles especes que la nourriture de 15. jours payeroient leur valeur, ce qui deviendroit à charge, & forceroit même le Maître de la Bête épave à la laisser pour sa nourriture, ce qui ne seroit point juste; en effet les Coûtumes de *Melun* art. 8. & de *Bar* titre 2. art. 32. portent : » Toutefois si l'épave est de
» petite valeur & qu'elle ne puisse payer les gardes &
» nourritures, le Seigneur la peut, après la premiere hui-
» taine & deux criées, faire vendre & garder l'argent
au

» au profit de qui il appartiendra. *Le Paige* ſur cet article dit que la Coûtume de Sens art. 11. demande trois publications de quinzaine à quinzaine ; *ce qui doit s'entendre*, dit cet Auteur, *ſi l'Epave eſt de grande valeur, enſorte que les frais de la garde n'abſorbent pas le principal.*

QUEST. VII. *Juſqu'à quel tems le Propriétaire de la Bête épave la peut-il réclamer ?*

Si-tôt que les Publications ſont faites dans les formes ſuſdites, & que perſonne n'a réclamé l'Epave, elle peut être vendue au prochain marché, comme nous venons de l'expliquer ; ſi le Propriétaire vient avant ce tems-là, qu'il donne des preuves & enſeignemens néceſſaires & ſuffiſans pour aſſurer que l'Epave lui appartient, en ce cas elle doit lui être rendue en payant les frais de nourriture, de géolage & de Juſtice, ſi aucuns ſont faits.

QUEST. VIII. *Bêtes égarées doivent être rendues.*

Toutes les Bêtes égarées ne ſont pas des Epaves ; il y en a, comme nous l'avons dit, qui dans l'été s'effarouchent par les mouches, en s'enfuyant ſur d'autres finages & territoires ; un Poulain ſuivra pendant pluſieurs lieues la Jument ſur laquelle ſera monté un Cavalier, qui ne pourra le chaſſer ; un Ane ſuivra de même une Bourique ; enſorte que ces animaux ſe trouvant éloignés du territoire où ils paiſſoient ſont très-étrangers ; ſouvent ils ſont reconnus pour être de quelques Paroiſſes voiſines, auquel cas chacun peut les retirer pour attendre qu'on les réclame ; pour-lors ils doivent être rendus à ceux qui prouvent & donnent des marques de la propriété.

QUEST. IX. *Que fera le Procurenr Fiscal après la vente de l'Epave ?*

Les Bêtes d'épaves vendues le Procureur Fiscal fera remettre l'argent du prix ès mains d'une personne tierce & solvable, ou le déposera au Greffe ; il ne peut le garder lui-même suivant la disposition de la Coûtume *de la Marche* art. 321. & de celle d'*Auvergne* titre 26. art. 4.

La Coûtume de *Nivernois* ch. 1. art. 4. au contraire veut que la consignation soit faite ès mains du Procureur Fiscal, ce qui ne paroît pas régulier, parce que la consignation ès mains du Procureur Fiscal, est comme censée en celles du Seigneur, lequel n'a rien à la chose tant qu'elle est entre les mains de la Justice de qui il doit la recevoir, & qui ne peut lui être délivrée qu'après les formalités observées selon la Coûtume.

QUEST. X. *Combien l'argent doit-il être gardé en main tierce avant qu'il soit en propriété au Seigneur Haut-Justicier ?*

Les mêmes Coûtumes d'*Auvergne & de la Marche* veulent que l'argent du prix de ladite Bête épave soit publié ; sçavoir celle d'Auvergne art. 5. & 6. *pendant quatre assises*, & celle de la Marche art. 321. 322. n'en exige que *trois*, après lesquelles publications les deniers sont adjugés au Seigneur.

Ces Questions sont de coûtumes & dépendent de leurs dispositions.

QUEST. XI. *L'Inventeur de l'Epave a-t'il droit de prétendre portion dans le prix de la vente ?*

Les Coûtumes de *Bretagne* art. 47. & d'*Orléans* art. 164. accordent le tiers de l'Epave à celui qui l'a trouvée, fondé ſur ce qu'il peut avoir eû beaucoup de peines & de ſoins pour avoir pris & rangé une bête épave, deſquels il eſt juſte qu'il ſoit récompenſé.

Mais toutes les Coûtumes n'en diſpoſent pas de même, car la plûpart accordent toute l'Epave au Seigneur Haut-Juſticier; mais je penſe qu'il eſt tenu de payer les peines de l'Inventeur, *qui ſalvam fecit rei cauſam :* c'eſt une eſpéce de ſalaire qu'on doit comprendre avec les frais de garde, de nourriture & de Juſtice, qui doivent être premiérement prélevés.

QUEST. XII. *N'y a-t-il pas des Epaves d'Abeilles ?*

Les Abeilles que l'on appelle *Mouches à miel*, produiſent beaucoup, & par leur multiplication il ſe fait un Eſſaim de jeunes Mouches qui s'envolent & cherchent à ſe placer ; elles vont même fort loin, ſe jettent ſouvent ſur des arbres creux où elles ſe logent ; cette troupe eſt appellée *Eſſaim* ou *Abeillon ;* enſorte que ſi le Maître des Ruches où ſont les Mouches à miel ſuit cet Eſſaim & fait enſorte de le ramener aux Ruches qui ſont dans ſon fonds, ou s'il ne les fait revenir, les prend & les remporte, il ne quitte point la propriété de ſes mouches, il peut les enlever ſans aucune permiſſion des Officiers de la Juſtice en laquelle elles pourroient avoir été, quoique ce fût autre que celle de ſa demeure.

Mais ſi elles n'ont été ſuivies, & que comme bêtes égarées elles ſoient dans une Juſtice étrangere, elles deviennent épaves au Seigneur Haut-Justicier, & à cet effet lui en appartient moitié, & l'autre moitié à celui qui les a trouvées ; c'est ce que porte la Coûtume d'Amiens art. 191. celle de *S. Omer* en Artois, tit. 2. art. 10. qui veut encore que si celui qui les a trouvées les élevoit sans avertir le Seigneur il perde son droit, & encore l'amende de 60. sols parisis, ce qui est conforme à la Coûtume d'*Hesdin* tit. 2. art. 6.

Voyez les Coûtumes de la *Sale de Lisle* art. 21. de *Lodunois* ch. 1. art. 13. & ch. 3. art. 3. *Tours* art. 17. & 54. *Bourbonnois* art. 337. *Cambray* tit. 24. art. 4. *Auvergne* ch. 26. art. 7. & 8. *la Marche* 325. 326. *Anjou* 13. 14. le *Maine* 13. *Preuilly* article 1. *Sole* titre 15. art. 22.

DIFFERENTES QUESTIONS RURALES.

DE LA CULTURE DES TERRES.

LA culture des Terres & des Champs pour l'abondance des Grains, si nécessaires à la vie humaine, a été dès les premiers tems regardée comme si précieuse que toutes les Nations n'ont rien négligé à cet égard, suivant qu'on le voit par les Loix des Athéniens (*a*), des Phrigiens (*b*), & des Romains (*c*) ; Constantin le Grand en fit une du 3. Juin 312. par laquelle » il fit défenses à tous Créanciers de saisir pour dettes Civiles les Esclaves, les bœufs ou les instrumens » qui servent au labourage, de s'en mettre en possession & d'en déposséder leurs Débiteurs, quoiqu'ils » en eussent obtenu la permission des Juges, à pei-

(*a*) *Diodor. lib. 2. Stobeus ser. 42.*

(*b*) *Ælian. l. 12. de animal. c. 34.*

(*c*) *Plin. l. 11. c. 45.*

L. 7. *Executores C. Quæ res pignori obligari possunt vel non.*

„ ne d'être punis d'une peine arbitraire par le Juge „ ſupérieur.

Le 2. Juin 315. il fit pareilles défenſes aux Receveurs de ſon Domaine » de faire ſaiſir les Eſclaves & „ les bœufs ſervans au labourage & voulut que quiconque y contreviendroit fût puni *de mort*, en ajoûtant *que* „ *ce trouble que l'on apporteroit à l'Agriculture, en diminuant l'abondance des vivres & du commerce, ſeroit* „ *plutôt un obſtacle qu'une facilité à la perception de ſes* „ *droits.* L. 1. Interceſſ. C. Th. de pignorib.

En la même année 315. ce Prince fit défenſes de prendre pour l'uſage des Poſtes, Couriers & Voitures publiques, les bœufs ſervans au labour. Il enjoignit aux Magiſtrats des Poſtes, & aux Officiers qui avoient l'inſpection ſur eux de corriger ſévérement eux-mêmes ceux qui contreviendroient à cette Loi. L. Si quis C. Th. de curſu publico.

Nos Rois n'ont pas moins que les Empereurs favoriſé les Laboureurs & les Cultivateurs des Terres; ils ont fait différens Réglemens, entr'autres ceux du Conſeil faits les 4. Février 1567. 8. Octobre 1571. & 21. Novembre 1577. rapportés par *Fontanon*. Henry IV. en rendit un du 3. Novembre 1590. rapporté dans *Guenois* tom. 3. titre 12. page 497. qui eſt digne de ce grand Roi, qui aimoit les Laboureurs, comme le ſujet ſans lequel il ſeroit difficile de vivre aiſément.

Ce Grand Prince qui avoit fait le précédent dans un tems de trouble, le renouvella par ſes Lettres-Patentes du 16. Mars 1595. par leſquelles il ordonna qu'il *ne ſeroit ci-après fait aux Laboureurs aucun arrêt, ſaiſie, decret ou main miſe, ſur les chevaux, bœufs & autres bêtes & uſtenſiles des Laboureurs, Vignerons, Manœuvres ſervans à labourer & cultiver les terres, vignobles & autres*, même pour les propres deniers & affaires de Sa Majesté ; *fit défenses très-expresses à tous Lieutenans Généraux, Gouverneurs de Provinces, Villes & Places du Royaume, & autres Chefs de les permettre ; leur enjoint de tenir exactement la main à ce que les chevaux, bœufs, bétail & ustensiles soient conservés auxdits Laboureurs, Vignerons & Manœuvres, sans permettre qu'ils soient employés aux corvées & autres ouvrages, &c.*

Mêmes défenses d'éxécuter les Laboureurs, furent encore faites par Arrêt du Conseil du 17. Décembre 1643.

Enfin par l'Ordonnance de 1667. tit. 33. art. 16. le Roi a fait défenses *de saisir les chevaux, bœufs & ustensiles servans au Labour*, ce qui a été renouvellé par différentes Ordonnances & Arrêts du Conseil d'Etat.

L. 8. Pignorum C. quæ res pignori.

Les Loix anciennes vouloient que les Laboureurs fissent valoir toutes leurs terres, & que chacun d'eux remplît ses devoirs, sans laisser aucuns de leurs champs incultes.

Ælian. de varia hist. l. 5. ch. 14. Cuspinian. de Consul. Cæsar. & Imper.

L'Empereur *Pertinax* fit une Loi expresse pour punir ceux qui laisseroient leurs héritages sans culture. Elle porte : » Que toutes les terres dont la culture seroit négligée appartiendroient au premier qui s'en mettroit » en possession pour les faire valoir, & que ceux qui entreprendront ce travail fussent exempts de toutes charges & de toutes les impositions pendant dix ans ; & » que si ce sont des Esclaves ils demeuroient affranchis.

L. 1. cum div. Aurelian. C. de omni agro deserto.

Aurélien ordonna aux Décurions ou Magistrats des Villes de faire valoir les terres abandonnées dans leur territoire.

L. 8. Qui agro C. eod. titulo.

Par une Loi de *Valentinien*, de *Théodose* & d'*Arcade*, il fut permis à un chacun de se mettre en possession, de sa propre autorité, des terres abandonnées,

& de les faire valoir ; elle veut néanmoins que ſi le Propriétaire ſe préſente dans deux ans pour les retirer, qu'il y ſoit reçu en rembourſant ce qu'il en aura coûté pour les mettre en valeur, paſſé lequel tems il n'y ſera plus reçu.

Cette Loi introduite pour le bien public, eſt ſuivie en France en faveur des Seigneurs Hauts-Juſticiers ; elle eſt conſignée dans pluſieurs Coûtumes ; & dans toutes les Lettres-Patentes que le Roi accorde aux Seigneurs pour la rénovation de leurs Terriers, il y eſt toujours dit : „ Permettons en outre à l'Expoſant de s'approprier toutes & chacunes les Terres, Prés, Bois, Vignes & autres héritages, hermes & vacans dans toute l'étendue deſdites Terres, Juſtices, Fiefs & Seigneuries, d'où ne lui apparoîtra aucuns Détempteurs, ou dont les Propriétaires & Détempteurs ne paroîtront & ne voudront ſe déclarer les Maîtres & les reconnoître de nouveau ; permet à l'Expoſant de les faire cultiver, ſi bon lui ſemble, pendant trois années, durant leſquelles tous légitimes Propriétaires pourront réclamer en payant les cultures, améliorations & arrérages deſdits droits auxdits Terriers, ſinon & après leſdites trois années en demeurer plein & paiſible poſſeſſeur & Propriétaire. « Voyez l'*Ordonnance de Charles IX.* du mois de Février 1566. au ſujet de ſon *Domaine* pour les Terres vacantes.

Cette clauſe eſt d'autant plus licite qu'elle ne tend qu'au bien public, pour la culture des Terres qui ne produiſent rien, dont les Seigneurs n'ont droit de s'emparer que pour les rendre utiles.

Dans tous les tems nos Rois ont excité la culture *Lamare tom. II. p. 306.*

des terres ; cela paroît par l'Arrêt du Conseil, du 13. Octobre 1693. qui est si intéressant que nous le rapporterons ici dans son entier.

Nous disons dans la Déclaration du Roi du 11. Juin 1709. articles 2. & 3. qu'il fut permis aux Créanciers des Propriétaires des Terres labourables de les faire cultiver & ensemencer, au moyen de quoi ils jouiroient du privilége du Propriétaire ; & faute par lesdits Créanciers, les Propriétaires & leurs Fermiers de faire lesdites cultures, il fut permis à toutes sortes de personnes de les semer & cultiver en saison convenable.

Il est certaines Provinces dans lesquelles les Laboureurs, & Vignerons ont plus d'émulation que dans d'autres. En Bourbonnois les Laboureurs sont indolens, paresseux, & négligent beaucoup leurs cultures ; ce mal a deux causes également fâcheuses : la *premiere* vient de l'affranchissement qu'ont fait les Seigneurs des biens taillables, par la réduction en simple cens ; les Propriétaires qui étoient en nombre, & composoient une grosse Communauté, se sont séparés & divisés, ont vendu leurs portions qui ont passé à des Bourgeois, qui n'ont qu'un mauvais Métayer avec un valet, ce qui ne fait que deux hommes, tandis qu'il y en avoit en cette Communauté jusqu'à 20 & 30. qui cultivoient bien leurs fonds ; au lieu qu'il est impossible qu'un Bourgeois puisse maintenant en faire cultiver la moitié.

Nous en avons parlé dans notre premier volume, seconde Edition, page 712.

La seconde cause se tire de la fréquentation des cabarets par les Laboureurs & gens de campagne qui perdent leur tems, & ruinent la fortune de leurs familles

familles, par les excès auxquels ils se livrent.

La gélée de l'année 1719. ayant détruit les semailles, & occasionné la perte de la plus grande partie des Arbres, il parut une Brochure in-4°. de 12. pages imprimée *chez Charles Huguier, rue de la Huchette*, intitulée : *Moyens faciles pour rétablir en peu de tems l'abondance de toutes sortes de Grains & de Fruits dans le Royaume*; l'Auteur enseigne tout ce qui convient non seulement pour la culture des Grains, mais encore pour le rétablissement des Arbres fruitiers de toutes espéces ; il seroit à désirer que l'on la mît en pratique.

L'Auteur du *Journal Œconomique* dans celui de *Janvier* dernier 1752. à la page 70. a donné les moyens de rendre les bruyeres fertiles, par conséquent utiles aux Propriétaires. Il propose ce qui a été éxécuté en *Angleterre*, & dans l'Electorat d'*Hanovre*, par le moyen des *Turnipes* d'*Angleterre*, qui sont une espéce de Navets qui viennent parfaitement dans les plus mauvaises terres, & font un grand profit par la nourriture des Bestiaux Bouvins & des Moutons ; il seroit à souhaiter que l'on édifiât en France de ces *Turnipes*, cela enrichiroit bien des gens qui ont des campagnes de bruyeres dont ils ne tirent ni pâturage ni aucuns fruits.

DES VIGNES.

Les Romains mettoient les Vignes au nombre des Arbres, suivant ce qu'en rapporte Pline liv. 14. ch. 1. *Vites jure apud priscos, magnitudine quoque inter Arbores numerabantur*. Elles ne sont pas considérées telles en France ; on les met dans la classe des Plantes ordinaires ; mais au nombre des plus précieux héritages, puisqu'elles fournissent aux humains une des choses les plus nécessaires à leurs subsistances. Elles sont défensables de toutes bêtes quelconques, & en toutes saisons, à peine d'amende ; c'est ce qui est porté par les Coûtumes de *Melun* art. 306. *Montargis* ch. 4. art. 5. *Lodunois* ch. 19. art. 6. *Meneton* ch. 3. art. 8. *Berry* tit. 10. art. 9. *Poitou* 194. *Xaintonge* tit. 4. art. 14. *Lorraine* tit. 15. art. 4. *Blois* art. 226. & *autres*, par conséquent elles méritent les attentions des Officiers de Justice pour leur conservation & en empêcher la dégradation qui se fait par les Bestiaux que l'on y laisse entrer de toutes espéces, surtout dans l'hyver, & après la récolte, tels que les *chevaux*, les *ânes*, & autres gros bétail, lesquels en y marchant brisent & cassent les seps de vignes, & même les échalats; les *chévres* surtout y font un dommage des plus extrême, *les moutons & les brebis* rongent les rejets qui font l'espérance de la récolte prochaine, *les porcs & les cochons* déracinent les seps & les provins; les dégâts proviennent presque toujours de la faute des Propriétaires & Vignerons, qui négligent de reboucher leurs vignes, après en avoir enlevé les fruits, la plûpart y laissent même errer leur propre bétail pendant tout l'hyver, ce qui est très-préjudiciable.

Dans la Bourgogne où ces héritages font la fortune d'une grande partie des Habitans, les Officiers de Police tiennent soigneusement la main à empêcher ces dégradations ; & de tems à autre Monsieur le Procureur Général de ce Parlement, a soin d'en faire renouveller les défenses ; c'est ce qui est arrivé par l'Arrêt du 12. Août 1749. qui porte :

LA COUR, faisant droit sur les Réquisitions du

Procureur Général du Roi, a fait & fait expresses inhibitions & défenses, à toutes personnes, même aux Propriétaires ou Cultivateurs des Vignes, d'y laisser entrer *des chevaux, ni quelque espéce de Bétail que ce soit, en aucune saison de l'année, à peine de saisie & de confiscation au profit de la Communauté, du bétail & des chevaux du Propriétaire qui seroient dans sa propre vigne, du bétail étranger, & de celui du Cultivateur, au profit du Propriétaire de la Vigne, & de dix livres d'amende pour chaque tête de bétail; dans lesquelles confiscations un tiers appartiendra aux Dénonciateurs.*

A permis & permet à toutes personnes de tuer les pourceaux qui seront trouvés dans les Vignes; & ce sans préjudice des dommages & intérêts dûs aux Propriétaires desdites Vignes, & de l'amende que leurs Pâtres ou autres Préposés à la garde du Bétail auront encourue.

Ordonne que les Communautés demeureront responsables du fait desdits Pâtres, & les Maîtres de celui des Gardes particuliers.

Enjoint aux Officiers Locaux de poursuivre les Contrevenans sur la dénonciation qui en sera faite par quelques personnes que ce soit, même autres que les Messiers & Propriétaires des Vignes où le Bétail sera trouvé; & ordonne que les Jugemens qui seront par eux rendus à ce sujet, seront éxécutoires, par provision, nonobstant l'Appel.

Ordonne que le présent Arrêt sera envoyé à la diligence du Procureur Général du Roi, à ses Substituts, dans tous les Bailliages & Siéges de ce Ressort, pour y être lu, registré, publié, & à la diligence desdits Substituts, aux Officiers des Justices inférieures, pour y être pareillement registré, lu & publié au moins une fois l'année, à l'issue des Messes Paroissiales, & à la tenue des jours. Fait en

Parlement à Dijon le 11. *Août mil sept cent quarante-neuf.* Signé, CHANCELIER.

Les Vignes sont de défenses dans tous les tems de l'année, soit qu'il y ait des Fruits on non, & il n'est permis qu'aux Propriétaires d'y entrer; mais la prohibition d'y mettre des bestiaux est générale même entre les Maîtres & les Vignerons. L'Article 526. de la Coûtume de Bourbonnois est d'une disposition précise; » Fruitiers, jardins, vergers, clos & vignes, soient closes ou non, sont défensables en toutes saisons de l'an, & de toutes bêtes sur peine de l'amende au Seigneur Justicier, & intérêt de Partie; & si plusieurs particuliers avoient vignes, jardins, vergers & fruitiers sous une même clôture, il n'est loisible à aucun y mettre pâturer son bétail, quand ores il le voudroit faire riere lui & en son propre héritage. *La Coûtume d'Auvergne* est dans les mêmes termes chap. 28. art. 7.

L'article 527. de la Coûtume de Bourbonnois veut que » si le premier jour d'Août jusques après vendanges faites sont trouvés aucuns pourceaux & chévres ès vignes, lesdits pourceaux & chévres soient confisqués, moitié au Seigneur Justicier, & moitié au Possesseur & jouissant desdites vignes; & si lesdits pourceaux & chévres ne peuvent être prises, il est loisible de les tuer, & en ce cas se partiront comme dessus.

La Coûtume de Nevers fait une distinction des tems qui est essentielle; l'article 10. du chap. 15. porte: » Si aucunes bêtes sont prinses ès vignes depuis la Notre-Dame de Mars, jusqu'à la Saint Laurent, & rendues à Justice, chacun ayant bêtes prinses, sera amendable de 20. sols tournois au Seigneur Justicier, &

„ payera les intétêts de partie ; & si lesdites bêtes sont „ prinses depuis la Saint Laurent jusques en vendange, *inclusivè*, l'on les doit garder séparément & „ distinctement l'une de l'autre par vingt-quatre heures ; & si elles grument, c'est-à-dire, qu'il paroisse par la fiente qu'elles aient mangé raisins, lesdites „ bêtes sont confisquées à Justice, & celui à qui „ sont lesdites bêtes paye les dommages de partie, & „ sur ladite confiscation prendra Prévôt son amende „ de 60. sols tournois.

L'article 11. porte : » Et où lesdites bêtes ne gru„ment, celui à qui elles appartiennent est amendable „ envers Justice, de 30. sols tournois, & tenu aux „ dommages de ladite Partie.

Quelque avantageuse que soit la plantation & la culture des vignes on a été obligé de réprimer ceux qui mettent leurs meilleurs champs en vignes, ce qui causoit un dommage considérable par la diminution que cela faisoit sur le produit des grains ; ce fut l'objet du Réglement fait au Conseil d'Etat le 4. Février 1567. dont l'article 4. du chap. 4. est en ces termes.

» Il sera pourvu par les Officiers, qu'en leur terri„toire le labour des semences des terres ne soit dé„laissé pour faire plan excessif de vignes ; ains soient „ toujours les deux tiers des terres pour le moins te„nues en Blairie, & ce qui est propre & commode „ pour Prairie ne soit appliqué à vignoble.

Louis XIII. fit une défense générale de planter & édifier davantage de vignes par sa Déclaration du 16. Novembre 1627.

Le Parlement de Dijon par son Arrêt du 10. Janvier 1660. fit défenses d'en planter dans les terres à froment.

Depuis ce tems est intervenu l'Arrêt du Conseil d'Etat du 5. Juin 1731. qui ordonne qu'à commencer du jour de sa publication, *il ne sera fait aucune nouvelle plantation de Vignes dans les Provinces & Généralités du Royaume; & que celles qui auront été deux ans sans être cultivées, ne pourront même être rétablies sans une permission expresse de Sa Majesté, à peine de* 3000. *livres d'amende.* Nous le rapporterons ici dans son entier.

Extrait des Registres du Conseil d'Etat.

SUR les représentations qui avoient été faites au Roi depuis longtems que la trop grande abondance des Plans de Vignes dans le Royaume occupoit une grande quantité de terres propres à porter des grains, ou à former des pâturages, causoit la cherté des Bois, par rapport à ceux qui sont annuellement nécessaires pour cette espéce de fruits, & multiplioit tellement la quantité des vins qu'ils en détruisoient la valeur & la réputation dans beaucoup d'endroits, il auroit été rendu différens Arrêts du Conseil, par lesquels toutes nouvelles plantations de Vignes ont été défendues sans une permission expresse de Sa Majesté, dans les Généralités de Tours, Bourdeaux, Auvergne, Châlons, Montauban, & dans la Province d'Alsace; depuis ces défenses plusieurs des Sieurs Intendans & Commissaires départis dans les autres Provinces & Généralités, ayant par les mêmes raisons demandé de semblables défenses, & représenté que si l'on ne prenoit pas les mêmes précautions dans les Généralités & Provinces voisines, le remede ne procureroit qu'un bien médiocre, parce que dans quelques années les Provinces & Généralités de leurs Départemens se trouveroient surchargées des Vins de celles limitrophes qui ne se trouveroient pas comprises dans les défenses: Sa Majesté voulant faire cesser ces nouvelles Plantations de Vignes, & rémedier aux inconvéniens qui en résultent: Vu l'Avis des Sieurs Intendans & Commissaires départis dans les Provinces & Généralités du Royaume: Oüi le Rapport du Sieur Orry, Conseiller d'Etat, & au Conseil Royal, Contrôleur Général des Finances. LE ROI EN SON CONSEIL, a ordonné qu'à commencer du jour de la publication du présent Arrêt il ne sera fait aucune nouvelle Plantation de Vignes dans l'étendue des Provinces, & Généralités du Royaume; & que celles qui auront été deux ans sans être cultivées, ne pourront être rétablies sans une permission expresse de Sa Majesté, à peine de trois mille livres d'amende, & de plus grande s'il y échoit, contre les propriétaires & tous autres particuliers qui contreviendront à la présente disposition; laquelle permission ne sera néanmois accordée, qu'au préalable le Sieur Intendant & Commisſaire dépari dans les Provinces ou Généralités, n'ait fait vérifier le Terrein, pour connoître s'il n'eſt pas plutôt propre à autre culture qu'à être planté en vignes: Ordonne en outre Sa Majeſté aux Syndics de chaque Paroiſſe de veiller aux contraventions qui pourroient être faites à l'éxécution du préſent Arrêt, & de dénoncer auxdits Sieurs Intendans les Contrevenans, à peine de deux cens liv. d'amende pour chacune des contraventions qui ſeront découvertes, dont ils n'auront pas donné avis; enjoint auxdits Sieurs Intendans & Commiſſaires départis dans les Provinces & Généralités du Royaume, de tenir la main à l'éxécution audit Arrêt. Fait au Conſeil d'Etat du Roi, tenu à Fontainebleau le cinq Juin mil ſept cent trente-un. Collationné. *Signé*, DE VOUGNY.

QUEST. I. *Ne doit-il pas y avoir des Ecoles dans chaque Paroiſſe pour apprendre à la Jeuneſſe, à lire & les inſtructions néceſſaires?*

Anciennement les Curés enſeignoient la Jeuneſſe, & tenoient Ecole publique dans leur Paroiſſe, c'eſt ce qui paroît par le Capitulaire d'un Evêque d'Orléans en 797. qui commence, *Preſbyterii per Villas & Vicos Scholas habeant*. tom. 7. des Conciles. col. 1140.

Théodulphe dans ſon Capitulaire chap. 20. de l'an 820. exhorte les Curés, d'avoir des Ecoles dans les Villes & Villages. » Que ſi quelques-uns des Fidéles „ les prient de faire étudier leurs Enfans qu'ils ne re„ fuſent point de les recevoir & de les admettre à „ l'étude“. Ce précepte a été éxécuté long-tems en tous les endroits; mais la charité des Curés s'eſt refroidie, ce ſoin eſt tombé, ce ſont aujourd'hui aux Laïcs, cependant l'Inſtruction des Enfans conviendroit mieux à des perſonnes caractériſées, tant parce qu'ils ſont pleins de leur Religion, que parce qu'ils impriment toujours plus de reſpect que d'autres; d'ailleurs une des principales attentions de l'Egliſe eſt l'éducation des Enfans, parce que les vices ou les vertus qui ſe manifeſtent dans la ſuite de l'âge viennent ordinairement de ces premieres impressions.

Dans le tems de *Silvestre I.* qui vivoit en 314. il y avoit parmi les Chrétiens des Ecoles pour instruire & enseigner la Jeunesse, les Maîtres & Regens étoient Salariés aux dépens des revenus de l'Eglise suivant la Loi *cod. de Prof. & med.*

Dans la seconde Race de nos Rois, il y avoit des Ecoles dans les Abbayes; *Charlemagne* y en établit par une Lettre Circulaire, *De Scholis per singulas Episcopia & Monasteria instituendis;* ce fut lui qui établit des Précepteurs dans les Eglises Cathédrales & Collégiales.

Les Curés étoient, comme nous venons de le dire, chargés d'enseigner la Jeunesse, si vrai qu'ils étoient tenus en venant aux Synodes & Conciles d'amener avec eux leurs Ecoliers pour sçavoir le progrès qu'ils avoient fait dans les Lettres, *Scholasticos suos Conciliis adesse faciat.* vid. le *Canon* 30. du *Concile de Paris* de l'an 829. tom. 7. des Conciles col. 1620.

L'article 9. de l'*Ordonnance d'Orléans*, veut » qu'il „ soit établi une Prébande en chacune Eglise Cathé„ drale & Collégiale qui sera tenue, moyennant ce, „ d'instruire les jeunes Enfans de la Ville gratuite„ ment & sans salaire, lequel sera élu par l'Archevê„ que, ou Evêque du lieu, avec les Chanoines de leur „ Eglise, & les Maire, Echevins, Conseillers ou Ca„ pitouls de la Ville, & destituable, par ledit Arche„ vêque ou Evêque par l'avis des dessusdits.

L'article 33. de *l'Ordonnance de Blois* en ordonne l'éxécution : Cet Etablissement dans la Cathédrale, étoit fait dès le tems d'Aléxandre III. qui vivoit en 1100. puisque le Concile de Latran, tenu sous ce Pape

Pape, fait reproche à l'Eglise Gallicanne de ne donner ces Places qu'à la faveur & non au mérite, & anathématise les Chanoines qui ne donneront pas leurs suffrages aux personnes les plus capables d'instruire la Jeunesse.

La même *Ordonnance d'Orleans* art. 20. & celle de *Blois* art. 25. veulent qu'il soit établi dans chaque Abbaye & Monastére un Précepteur pour instruire la Jeunesse.

Théveneau Liv. 1. tit. 7. art. 2. rapporte différens Arrêts du Parlement & du Conseil d'Etat, qui ont ordonné l'éxécution de ces Ordonnances contre les *Evêques d'Amiens, de Senlis, de Beauvais & de Soissons*, ce qui est conforme au *Concile de Trente*.

Dufresne dans le *Journal des Audiences* tom. 4. l. 3. ch. 4. rapporte un Arrêt du 23. Janvier 1680. qui régle la Discipline des petites Ecoles pour la Ville d'Amiens; cet Arrêt fait défenses aux Maîtres d'enseigner les filles, & aux Maitresses d'enseigner les garçons.

Par l'Edit de 1695. concernant la *Jurisdiction Ecclésiastique* art. 25. il est dit que les Curés approuveront les Maîtres & Maîtresses d'Ecoles, Régens & Précepteurs qui enseignent dans leurs Paroisses, & les Archevêques & Evêques ou leurs Archidiacres dans le cours de leurs Visites, pourront les interroger sur leurs Doctrines, & ordonner que l'on en mette d'autres s'ils ne sont pas contens de leurs mœurs.

Enfin Sa Majesté a donné une Déclaration du 14. Mai 1724. par l'article 5. de laquelle, Elle a ordonné » Qu'il sera établi, autant qu'il sera possible, des Maîtres „ & des Maîtresses d'Ecoles dans toutes les Paroisses „ où il n'y en a point pour instruire tous les Enfans „ de l'un & l'autre sexe, des principaux Mystéres „ & devoirs de la Religion Catholique, Apostolique

„ & Romaine, les conduire à la Messe tous les jours „ ouvriers, autant qu'il sera possible, avoir soin qu'ils „ assistent au Service Divin les Dimanches & les Fêtes, „ y apprendre à lire & à écrire, le tout en conformité „ de l'Edit de 1675. article 25.

Veut Sa Majesté que dans les lieux où il n'y aura „ pas d'autres fonds, il puisse être imposé sur tous les „ Habitans, la somme qui manquera pour l'établisse- „ ment desdits Maîtres & Maîtresses jusqu'à celle de „ 150. livres pour les Maîtres, & 100. livres pour les „ Maîtresses, & que les Lettres sur ce nécessaires soient „ expédiées sans frais sur les avis que les Archevê- „ ques & Evêques Diocésains Commissaires départis „ dans les Provinces lui en donneront.

Par l'article 7. de cette Déclaration, » Sa Majesté veut „ que ses Procureurs, & ceux des Sieurs Hauts-Justi- „ ciers se fassent remettre tous les mois par les Curés, „ Vicaires, Maîtres & Maîtresses d'Ecoles un état „ éxact de tous les Enfans qui n'iront pas aux Eco- „ les ou aux Catéchismes & Instructions, de leurs „ noms, âges, sexes, & des noms de leurs peres & „ meres, tuteurs & curateurs, ou autres chargés de „ leurs éducations, & qu'ils aient soin d'en rendre „ compte tous les six mois à nos Procureurs Généraux, „ chacun dans leur Ressort, des diligences qu'ils au- „ ront faites à cet égard pour recevoir d'eux les ordres „ & instructions nécessaires.

Le Roi a porté ses vues sur tout ce qui peut aggrandir & maintenir la Religion dans sa pureté ; il a considéré que quoique ce soient de petites Ecoles il ne laisse pas d'en sortir souvent de grands Personnages, & qu'enfin il ne s'agit pas moins en celle-ci comme en de plus grandes, de former un Chrétien, de donner des enfans à l'Eglise, des sujets à l'Etat, & de préparer un Chef de famille, motifs qui devroient engager tous les Seigneurs dans leurs Paroisses à y établir des Maîtres & Maîtresses d'Ecoles, & à seconder les vues salutaires de Sa Majesté, parce que l'on peut dire à la honte de la plûpart des Seigneurs, que non-seulement dans les Paroisses & Villages; mais même dans la plûpart des petites Villes, à peine y peut-on trouver une personne qui sçache écrire & qui soit capable d'éxercer le moindre Office tendant à l'utilité publique; le défaut d'Instructions y fait une disette de sujets d'autant plus déplorable que l'ignorance, l'oisiveté & le libertinage en sont le fruit, & il n'en sort que de mauvais sujets à l'Etat. M. *le Comte de Chabanne, Seigneur de la Palisse,* a donné 100. livres de rente aux Habitans de sa Terre pour contribuër aux gages d'un Maître d'Ecole; cette donation est du 8. Septembre 1736. il seroit à désirer que tous les Seigneurs en fissent de même.

Il est vrai qu'il conviendroit soulager le Peuple de cette charge, & à cet effet faire revivre les anciennes Loix, qui vouloient que les fonds nécessaires à ces Etablissemens fussent pris sur l'Eglise, comme nous l'avons dit, ce qui pourroit être réparti sur les Abbayes & Monastéres, & à ce défaut sur les Curés, dont beaucoup ont au-dessus de ce qui leur est nécessaire.

Au surplus il y a des peres & des meres si idolâtres de leurs enfans, qu'ils sont fâchés que les Maîtres d'Ecoles les châtient, ils s'échappent souvent en plainte contre eux; cela se voit fréquemment; nous en avons la preuve par deux Sentences de M. le Lieutenant Général de Police des 11. Juillet 1731. & 5. Février 1734. par la derniere desquelles il est dit: » Que celle

„ du 11. Juillet 1731. sera éxécutée selon sa forme & „ teneur: En conséquence faisons très-expresses & „ itératives défenses aux peres & meres, & à tous au- „ tres qui envoient des enfans de l'un & de l'autre „ sexe aux Ecoles de la Charité établies dans les Pa- „ roisses de cette Ville & Fauxbourgs de Paris, de te- „ nir aucuns discours offençans & scandaleux contre „ les Maîtres & Maîtresses commis à leur instruction, „ à peine de 50. livres d'amende; leur défendons en „ outre de les frapper & maltraiter, ni leur faire au- „ cunes insultes en quelque sorte & maniere que ce „ soit, à peine d'être procédé contre eux extraordinai- „ rement. Enjoignons, &c.

QUEST. II. *De quelle Paroisse est réputée la Maison assise sur l'extremité de deux Paroisses.*

Il y a des personnes qui se plaisent à bâtir des Maisons sur les limites des Paroisses, Justices, ou Provinces qui forment deux habitations, l'une sur une Paroisse, Justice ou Province, & l'autre sur la voisine; leur objet est de se soustraire aux impositions, & acquérir des franchises, en ce que si le Propriétaire se trouve surchargé aux Tailles & impositions d'un côté, il compose avec l'autre Paroisse & change de demeure; & s'il y a imposition de sel d'un côté, & que de l'autre il soit de vente libre, comme en *Auvergne*, il change à sa fantaisie, de même que d'une Seigneurie où il y a franchise pour les corvées & autres droits personnels, & que dans l'autre Seigneurie ces droits n'étoient pas établis, en ce cas ce Propriétaire se sert du domicile voisin, pour s'affranchir en tout ou en partie de ces droits onéreux; cette supercherie ne se fait que trop ordinairement; la régle ne veut pas qu'on ait un domicile ambulant. Mais lorſqu'une Maiſon eſt bâtie ſur deux Paroiſſes, qu'elle n'a qu'une cheminée & une porte d'entrée, l'embarras eſt plus grand pour ſçavoir ce qui doit l'attribuer plutôt à l'une des Paroiſſes qu'à l'autre ; cette queſtion a été décidée par Arrêt du 5. Mars 1650. rapporté au Journal de Audiences à ſa date, par lequel il a été jugé qu'une pareille Maiſon, eſt de la Paroiſſe où eſt la principale entrée, & ce entre les Marguilliers des Paroiſſes de S. Landry & de S. Pierre aux Bœufs à Paris. (*a*)

(*a*) Edit des Curés, Tom. I. page 440. n. 41.

QUEST. III. *Que doit faire un Particulier qui a ſa Maiſon attenant celle de ſon voiſin qui menace ruine?*

Il doit aller devant le Juge du lieu lui expoſer les faits de péril imminent où ſe trouve la Maiſon de ſon voiſin, dont la chute peut entraîner la ſienne, & requérir que le Miniſtere public faſſe viſiter & mettre en ſûreté ladite Maiſon, ce qui ſera ordonné, & pour-lors le Procureur Fiſcal ſe comportera comme il eſt preſcrit par la Déclaration du Roi du 18. Juillet 1729. concernant les Maiſons & Bâtimens de la Ville de Paris, étant en péril imminent, laquelle nous rapporterons en ſon entier pour ſervir de régle à ce qui doit ſe pratiquer en pareil cas.

DECLARATION DU ROI,

CONCERNANT les Maiſons & Bâtimens de la Ville de Paris, étant en péril imminent.

Donnée à Verſailles le 18. Juillet 1729.

LOUIS par la grace de Dieu Roi de France & de Navarre : A tous ceux qui ces préſentes Letrres verront, SALUT. La ſûreté des Habitans de notre bonne Ville de Paris, & l'attention néceſſaire pour prévenir les accidens qui n'arrivent que trop fréquemment par la négligence que l'on apporte à réparer les Maisons & les Bâtimens de ladite Ville, devant être un des principaux objets de la vigilance des Officiers de notre Châtelet de Paris, auxquels les soins de la Police sont confiés; & la longueur des Procédures formant souvent des prétextes aux Propriétaires pour éloigner des réparations dont le moindre retardement entraîne quelquefois des suites si funestes, Nous avons cru dans cette partie importante de la Police de notre bonne Ville de Paris, devoir établir une procédure fixe & certaine qui pût par sa régularité & par sa simplicité donner en même tems aux Juges une connoissance exacte de l'état des Maisons, & aux Parties un moyen facile pour se faire entendre; mais qui pût aussi, en cas de refus ou de délai de la part des Propriétaires, ouvrir une voie réguliere pour faire cesser promptement le péril, & pour mettre nos Sujets dans une pleine & entiere sûreté. A CES CAUSES, de notre certaine science, pleine puissance & autorité Royale, Nous avons dit & déclaré, disons & déclarons par ces Présentes signées de notre main, voulons & Nous plaît qu'en cas de péril imminent des Maisons & Bâtimens de notre bonne Ville de Paris, il en soit usé par les Officiers du Châtelet en la forme & maniére qui s'ensuit.

ARTICLE I. Les Commissaires auront une attention particuliere chacun dans leur quartier, pour être instruits des Maisons & Bâtimens où il y auroit quelque péril.

II. Aussi-tôt qu'ils en auront avis, ils se transporteront sur le lieu & dresseront Procès verbal de ce qu'ils y auront remarqué, & qui pourroit être contraire à la sûreté publique.

III. Ils feront assigner sans retardement, à la requête de notre Procureur au Châtelet, les Propriétaires au premier jour d'Audience de la Police de notre Châtelet de Paris.

IV. Les assignations seront données au domicile du Propriétaire s'il est connu, & s'il est dans l'étendue de notre bonne Ville de Paris ou Fauxbourgs d'icelle, sinon les assignations pourront être données à la maison même où se trouvera le péril, en parlant au principal Locataire, ou à quelqu'un des Locataires en cas qu'il n'y en ait point de principal, & vaudront lesdites assignations comme si elles avoient été données au Propriétaire.

V. Au jour marqué par l'assignation, le Commissaire fera son rapport à l'Audience; & si la Partie ne compare pas, le Lieutenant Général de Police, sur les conclusions d'un de nos Avocats, ordonnera, s'il y échoit, que les lieux seront visités par un Expert qui sera par lui nommé d'office.

VI. Si la partie compare, & qu'elle ne dénie point le péril, le Lieutenant Général de Police ordonnera, sur lesdites conclusions, que la Partie sera tenue de faire cesser le péril dans le tems qui sera par lui prescrit, & sera enjoint audit Commissaire d'y veiller.

VII. Au cas que la Partie soûtienne qu'il n'y ait aucun danger, elle aura la faculté de nommer un Expert de sa part pour faire la visite conjointement avec l'Expert qui sera nommé par notre Procureur au Châtelet; ce qu'elle sera tenue de faire sur le champ sinon sera passé outre à la visite par l'Expert seul qui aura été nommé par notredit Procureur.

VIII. La visite sera faite dans le tems qui aura été prescrit par la Sentence, en présence de la Partie, ou elle dûement appellée au domicile de son Procureur, si elle a comparu, sinon au domicile prescrit par l'article IV. ci-dessus, & ce, soit que la Sentence ait été donnée contradictoirement ou par défaut, sans qu'il soit nécessaire, même dans le cas de la Sentence rendue par défaut, d'attendre l'expiration de la huitaine; & en cas qu'il y ait deux Experts, & qu'ils se trouvent de différens avis, il en sera nommé un tiers par le Lieutenant Général de Police à la premiere Audience, Partie pareillement présente ou dûement appellée au domicile de son Procureur.

IX. Sur le vu du rapport de l'Expert ou des Experts, la Partie oüie à l'Audience, ou elle dûement appellée au domicile de son Procureur, s'il y en a, ou s'il n'y en a point, en la forme prescrite par l'article IV. ci-dessus, & oüi le Commissaire en son rapport, ensemble notre Avocat en ses conclusions, le Lieutenant Général de Police ordonnera, s'il y a lieu, que dans le tems qui sera par lui prescrit, le Propriétaire de la maison sera tenu de faire cesser le péril, & d'y mettre à cet effet des Ouvriers; à faute dequoi ledit tems passé, & sans qu'il soit besoin d'autre Jugement, *sur le simple rapport du Commissaire, portant qu'il n'y a été mis d'Ouvriers, il en sera mis de l'Ordonnance dudit Commissaire aux frais de la Partie, à la diligence du Receveur des Amendes*, qui en avancera les deniers, dont il lui sera délivré par le Lieutenant Général de Police, executoire sur la Partie, pour en être remboursé par privilége & préférence à tous autres, sur le prix des matériaux provenans des démolitions, & subsidiairement sur le fonds & superficie des Bâtimens desdites Maisons.

X. Dans les occasions où le péril seroit si urgent que l'on ne pourroit attendre le jour d'Audience, ni observer les formalités ci-dessus prescrites sans risquer quelque accident fâcheux, en ce cas les Commissaires du Châtelet pourront en faire leur rapport au Lieutenant Général de Police en son Hôtel, & y faire appeller les Parties en la forme prescrite par l'article IV. ci-dessus, lequel pourra ordonner par provision ce qu'il jugera absolument nécessaire pour la sûreté publique.

XI. Seront les Sentences & Ordonnances rendues à ce sujet éxécutées par provision nonobstant & sans préjudice de l'appel. SI DONNONS EN MANDEMENT à nos amés & féaux Conseillers, les Gens tenans notre Cour de Parlement à Paris, que ces Présentes ils aient à faire lire, publier & registrer, & le contenu en icelles garder, observer & éxécuter selon leur forme & teneur, nonobstant tous Edits, Déclarations & autres choses à ce contraires, auxquelles Nous avons dérogé & dérogeons en tant que besoin seroit pour l'exécution des Présentes : CAR tel est notre plaisir. En témoin de quoi Nous avons fait mettre notre Scel à cesdites Présentes. DONNÉ à Versailles le dix-huitiéme jour de Juillet, l'an de grace mil sept cent vingt-neuf, & de notre Regne le quatorziéme. Signé, LOUIS; Et plus bas, Par le Roi, PHELYPEAUX. Et scellée du grand Sceau de cire jaune.

Registrée, oüi ce requérant le Procureur Général du Roi, pour être éxécutée selon sa forme & teneur, suivant l'Arrêt de ce jour. A Paris en Parlement le cinq Septembre mil sept cent trente. Signé, DUFRANC.

QUEST. IV. *Le premier pavé doit-il être fourni par le Seigneur Haut-Justicier, le Seigneur direct, ou le Propriétaire des Maisons voisines?*

De *Lamarre* dans son *Traité de Police* tom. 4. page 196. a traité cette Question, & après avoir rapporté quelques Arrêts qui ont ordonné que ce premier Pavé seroit payé par moitié entre le Seigneur & les Propriétaires des Maisons, il en a rapporté plusieurs autres postérieurs, qui ont rendu & fixé la Jurisprudence à ce sujet, en jugeant que c'étoit au Seigneur Haut-Justicier à fournir le premier Pavé d'une Ville, & aux Propriétaires de l'entretenir au-devant de leurs Maisons, c'est ce qui a été jugé par les Arrêts des 17. Juin 1588, 19. Mai 1590, 7. Mars 1610, 24. Février 1612. ce qui est infiniment équitable, comme l'a remarqué *M. Le Prêtre* sur l'Arrêt du 24. Février 1612. qu'il a rapporté *Centurie* 3. *ch.* 4. parce que le Seigneur Haut-Justicier est le Seigneur des rues; c'est lui qui les a fournies de son domaine, c'est lui qui reçoit les droits d'Etalage, Echopes, Bancs & aisances, qui y reçoit les Marchands qui viennent vendre, & qui étalent dans les rues les jours de Foires & de Marchés; c'est lui qui défend comme *Voyer* qu'aucun Propriétaire ne mette un seuil de porte devant sa Maison, une borne, une encoignure, une enseigne & autres avances dans les rues, sans sa permission; il est donc Seigneur & Propriétaire des rues & chemins; c'est donc à lui à fournir le premier Pavé de la Ville qui fait le Chef-Lieu de sa Seigneurie?

A l'égard des Pavés des rues de la Ville de Paris, c'est un objet entiérement différent de celui des Villes Seigneuriales, & petites Villes des Provinces.

QUEST. V.

QUEST. V. *Eſt-il permis de mettre des Bains en pierres devant ſa Porte dans les Villes, y faire des Balcons, poſer des Eſcaliers, & ſeuils de Portes, pris dans l'Emplacement des rues.*

Nous ne pouvons mieux réſoudre cette Queſtion que par l'Ordonnance de M.M. du Bureau des Finances de la Généralité de Paris du 12. Mars 1748. Elle remplit tout ce que l'on peut déſirer à ce ſujet, tant pour ce qui regarde les Seigneurs que les Habitans.

ORDONNANCE DU BUREAU DES FINANCES DE LA GÉNÉRALITÉ DE PARIS,

Qui défend, à peine de vingt livres d'amende, &, en cas de récidive, de cinquante livres, à toutes perſonnes de quelque rang ou condition quelles ſoient, de poſer aucunes choſes en ſaillie ſur la voie publique, ni d'encombrer & embarraſſer les rues; & qui ordonne que tous les Marchands, Artiſans & Ouvriers y dénommés, ſeront tenus, chacun en droit ſoi, de ſatisfaire aux diſpoſitions de ladite Ordonnance, & ce dans huitaine du jour de la publication ou affiche d'icelle.

Du 12. Mars 1748.

DE PAR LE ROI.

SUR ce qui nous a été remontré par Leleu Avocat du Roi, pour le Procureur du Roi, que par Edit de Sa Majeſté du mois de Décembre 1607. dûement regiſtré au Parlement, Chambre des Comptes, & Chambre du Tréſor, il eſt expreſſément fait défenſes à tous particuliers d'encombrer & embarraſſer la voie publique ſous peine d'amende, & telle autre qu'il appartiendra, notamment de faire préaux, jardins en ſaillie aux hautes fenêtres, tenir fiens, terreaux, bois, ni autres choſes dans les rues & voies publiques, faire éviers plus haut que le raiz de chauſſée, s'ils ne ſont recouverts juſqu'audit raiz de chauſſée; il eſt ordonné aux ſculpteurs, charrons, marchands de bois, & tous autres, de retirer & mettre à couvert, ſoit dans leur maiſon ou ailleurs, ce qu'ils tiennent ordinairement dans la rue, comme pierres, coches, charrettes, chariots, troncs, pièces de bois & autres choſes qui peuvent incommoder ou empêcher le libre paſſage des rues; fait défenſes aux teinturiers, foulons, frippiers & tous autres, de mettre ſécher ſur perches, ſoit ès fenêtres de leurs greniers, ou autrement ſur rues & voies, aucuns draps, toiles & autres choſes qui peuvent incommoder ou offuſquer la vue deſdites rues: Que cet Edit a été ſuivi de différentes Ordonnances, Arrêts & Réglemens, portant mêmes défenses, entre autres l'Ordonnance du 4. Février 1683. qui, en rappellant ces Edits, Arrêts & Réglemens, & les Ordonnances rendues en conséquence, notamment celles des 25. Janvier 1658. 5, 21, & dernier Juin 1665. & celle du 26. Octobre 1666. ensemble l'Arrêt confirmatif d'icelles, du 19. Novembre audit an, fait défenses sous peine de dix, vingt & trente livres d'amende, aux rôtisseurs qui vendent à la main, de laisser hâtres faisant saillie sur rue; aux boulangers & pâtissiers d'y fendre leurs bois; aux maréchaux, charrons, embatteurs de roues, sculpteurs, menuisiers & charpentiers, de tenir au-devant de leur boutique aucune piéce de bois, marbre, pierres, trains de carrosses, chariots & charrettes dans les rues, ains leur enjoint les rentrer dans leurs boutiques & cours, à peine de confiscation & d'amende; aux embatteurs de roues de faire aucuns trous dans le pavé; à toutes fruitières, regratières, harengeres, revendeuses & toutes autres, de vendre aucunes choses dans le passage & entrée des rues; aux marchands de fer, épiciers, cabaretiers & tous autres, de laisser leurs tonnes, tonneaux, muids & emballages esdites rues; & aux propriétaires, maçons, charpentiers & autres, d'embarrasser les rues par leurs matériaux & décombres: Que quelque précises que soient ces loix, & quelque clairs que soient ces Réglemens, confirmés & renouvellés par Ordonnance du Roi du 22. Mars 1720. & autres rendues depuis, & de tems à autre, sur le même sujet, dont personne, attendu leur authenticité, ne pense prétendre cause d'ignorance, il a été informé qu'il se commettoit journellement différentes contraventions dans tous les genres ci-dessus spécifiés: Que c'est pour parer à ces inconvéniens qu'il avoit pris le parti de faire assigner différens particuliers coupables de ces contraventions, mais que ce moyen lui paroît insuffisant par l'impossibilité de suivre tous les délinquans, de constater les délits, & les empêcher de récidiver. A CES CAUSES, requéroit qu'il nous plût pourvoir d'une façon sûre à un objet si intéressant pour le public; en conséquence, ordonner que les Edits, Arrêts, Ordonnances & Réglemens de la voirie, notamment l'Edit du mois de Décembre 1607, nos Ordonnances des 25. Janvier 1658, 5, 21, & dernier Juin 1665, 26. Octobre 1666. ensemble l'Arrêt confirmatif d'icelles, du 19. Novembre même année, celle du 4. Février 1683. l'Ordonnance du Roi du 22. Mars 1720. & autres Réglemens subséquens, émanés tant de l'autorité du Roi que de celle du Bureau, seroient exécutés selon leur forme & teneur, conformément à leurs dispositions; faire défenses à peine de confiscation, vingt livres d'amende, &, en cas de récidive, cinquante livres, à tous particuliers de quelque rang & condition qu'ils soient ou puissent être, de poser aucunes choses en saillie sur la voie publique, que suivant & conformément aux permissions qui leur en seront accordées, suivant les espéces, par le Bureau ou les Commissaires de la voirie; d'encombrer ou embarrasser les rues par quelque chose que ce soit; faire éviers plus haut que le raiz de chaussée, faire préaux & jardins en saillie aux hautes fenêtres, aux rôtisseurs de laisser des hâtres sur rue, aux boulangers & pâtissiers y fendre leur bois, & tonneliers y battre & raccommoder leurs tonneaux, aux ferrailleurs d'y exposer leur ferraille & autres marchandises de leur commerce, aux selliers, bourreliers & autres, de travailler ou faire travailler dans les rues leurs enfans & apprentifs, y exposer & établir aucuns bancs, selles, établis, billots; aux carrossiers, charrons, menuisiers, sculpteurs, charpentiers, marbriers, marchands de planches & autres, de laisser séjourner sur la voie publique aucuns trains de carrosses, chariots, charrettes, chaises, aucune piéce de bois de quelque nature qu'elle soit, marbres, pierres, planches ni aucuns tréteaux pour les scier; aux loueurs de carrosses de laisser leurs carrosses sur la rue, ou à demi-sortis sous leur porte; aux serruriers, embatteurs de roues, & autres, de travailler dans les rues, & y exposer étaux ou autres ustensiles & matériaux, roues ni autres choses, & faire aucuns trous dans le pavé; aux marchands de fer, épiciers, tonneliers, marchands de vin, cabaretiers & autres, d'y laisser leurs tonnes, tonneaux & emballages; à toutes fruitières, harengères, regratières, revendeuses & toutes autres personnes de telle espèce, d'étaler sur la voie publique aucunes marchandises, paniers ou autres choses; aux foulons, tanneurs, peaussiers & teinturiers de mettre sécher sur perches, soit aux fenêtres de leurs greniers, ou autrement sur rues & voies, aucuns draps, toiles & autres choses; mettre en étalage leurs cuirs, peaux, &c. qui peuvent incommoder & offusquer la vue desdites rues; aux frippiers, tapissiers, & autres marchands & artisans, d'étaler à plus de huit pouces de saillie, conformément aux réglemens & aux permissions qu'ils sont tenus de prendre des Commissaires de la voirie; & enfin aux propriétaires, maçons, charpentiers, & tous autres, d'embarrasser ou encombrer les rues, ou souffrir qu'elles le soient par leurs matériaux, décombres ou autrement: Ordonner que chaque particulier seroit tenu dans huitaine de la publication de l'Ordonnance qui interviendroit, d'y satisfaire, sinon qu'il seroit assigné à sa requête, pour se voir condamner aux peines ci-dessus déclarées, en cas de récidive: Enjoindre aux Commissaires de la voirie, pour constater la contravention, de se transporter sur le lieu, en tant que besoin seroit, assistés d'un huissier, à l'effet de dresser son procès-verbal. Requéroit en outre que l'Ordonnance qui interviendroit, seroit lue, publiée & affichée par-tout où besoin seroit, même signifiée aux corps des marchands, artisans & ouvriers y dénommés, afin que personne n'en puisse prétendre cause d'ignorance. Oüi le rapport de Me Tauxier en ce Bureau, NOUS, ayant égard au réquisitoire du Procureur du Roi, ordonnons que les Edits, Arrêts, Ordonnances & Réglemens de la voirie, notamment l'Edit du mois de Décembre 1607. les Ordonnances du Bureau, des 25. Janvier 1658. 5, 21. & dernier Juin 1665. 26. Octobre 1666. ensemble l'Arrêt confirmatif d'icelles, du 19. Novembre même année, celle du 4. Février 1683. l'Ordonnance du Roi du 22. Mars 1720. & autres Réglemens subséquens, émanés tant de l'autorité du Roi que de celle du Bureau, seront exécutés selon leur forme & teneur, conformément à leurs dispositions: en conséquence faisons défenses, à peine de confiscation, vingt livres d'amende, & en cas de récidive, cinquante livres, à tous particuliers, de quelque rang & condition qu'ils soient ou puissent être, de faire poser ou poser aucune chose en saillie sur la voie publique, que suivant & conformément aux permissions qui leur en seront accordées, suivant les espèces, par le Bureau ou les Commissaires de la voirie, d'encombrer ou embarrasser les rues par quelque chose que ce soit, faire éviers plus haut que le raiz de chaussée, s'ils ne sont couverts jusqu'audit raiz de chaussée ; faire préaux & jardins en saillie aux hautes fenêtres ; aux rôtisseurs de laisser des hâtres sur rues ; aux boulangers & pâtissiers y fendre leur bois, & tonneliers y battre & raccommoder leurs tonneaux ; aux ferrailleurs d'y exposer leur ferraille & autres marchandises de leur commerce ; aux selliers, bourreliers & autres, de travailler ou faire travailler dans les rues leurs enfans & apprentifs, y exposer & établir aucuns bancs, selles, établis, billots ; aux carrossiers, charrons, menuisiers, sculpteurs, charpentiers, marbriers, marchands de planches, & autres, de laisser séjourner sur la voie publique aucuns trains de carrosses, chariots, charrettes, chaises, aucune pièce de bois, de quelque nature qu'elle soit, marbres, pierres, planches, ni aucuns treteaux pour les scier ; aux loueurs de carrosses de laisser leurs carosses sur la rue, ou à demi sortis sous leur porte ; aux serruriers, embatteurs de roues, & autres, de travailler dans les rues, & y exposer étaux ou autres ustensiles & matériaux, roues ni autres choses, & faire aucuns trous dans le pavé ; aux marchands de fer, épiciers, tonnelliers, marchands de vin, cabaretiers & autres, d'y laisser leurs tonnes tonneaux & emballages ; à toutes fruitières, harengères, regrattières, revendeuses, & toutes autres personnes de telle espèce, d'étaler sur la voie publique aucunes marchandises, paniers ou autres choses : aux foulons, tanneurs, peaussiers & teinturiers, de mettre sécher sur perches, soit aux fenêtres de leurs greniers, ou autrement sur rues & voies aucuns draps, toiles & autres choses ; mettre en étalage leurs cuirs, peaux, &c. qui peuvent incommoder & offusquer la vue desdites rues ; aux fripiers, tapissiers & autres marchands & artisans, d'étaler à plus de huit pouces de saillie, conformément aux Réglemens & aux permissions qui leur en sont données par les Commissaires de la voirie ; comme aussi aux Propriétaires, maçons, charpentiers & tous autres, d'embarrasser & encombrer les rues, ou souffrir qu'elles le soient par leurs matériaux, décombres ou autrement. Ordonnons que chaque particulier sera tenu dans huitaine du jour de la publication de la présente Ordonnance, d'y satisfaire, sinon & à faute de ce faire dans ledit tems, permettons au Procureur du Roi de les faire assigner pardevant nous, pour se voir condamner aux peines ci-dessus dites, en cas de récidive. Enjoignons aux Commissaires de la voirie, pour constater la contravention, de se transporter sur le lieu, en se faisant assister, en tant que de besoin, d'un Huissier, à l'effet de dresser son Procès-verbal. Et sera notre présente Ordonnance lue, publiée & affichée par-tout où le besoin, & signifiée aux corps des marchands, artisans, & ouvriers y dénommés, afin que personne n'en puisse prétendre cause d'ignorance. FAIT au Bureau des Finances à Paris, le douze Mars mil sept cent quarante-huit. Collationné. *Signé* MERAULT, MIGNOT, DE MONTIGNY, TAUXIER, COUSIN, DENISET, DESMOULINS, COSTAR, JACOBÉ DE NAUROIS, POIRIER D'ARIGNY. *Et plus bas*, Par mesdits sieurs, *ISSALT*.

QUEST. VI. *Est-il permis d'aller en pélerinage hors du Royaume sans la permission du Roi ?*

Par une Déclaration du 27. Février 1399. le Roi Charles VI. fit défenses à tous ses Sujets d'aller en Pélerinage à Rome, à peine d'encourir son indignation, (a) ce n'est pas que ce ne soit une chose très-sainte en elle-même, que de visiter les Saints Lieux, qui ont été honorés de quelques-uns des Mystéres de notre Réligion, ou des Tombeaux des Martyrs; aussi les Loix ont-elles approuvé les Pélerinages, & ont accordé dès les premiers tems les Priviléges les plus favorables aux Pélerins; mais comme les meilleures choses dégénérent, il s'y est glissé tant d'abus, & de libertinage que la sagesse de Louis XIV. y a donné des Régles par différentes Ordonnances, & entre autres par celle du 25. Juillet 1665. l'Edit du mois d'Août 1671., & la Déclaration du 7. Janvier 1686. Enfin Sa Majesté Régnante a renouvellé ces Ordonnances par celles des 15. Janvier, 15. Novembre 1717. & en dernier lieu par sa Déclaration du premier Août 1738. par laquelle il veut: » Qu'aucuns „ de nos Sujets ne puissent aller en Pélerinage à Saint „ Jacques en Galice, Notre-Dame de Lorette, & au„ tres lieux hors de notre Royaume, sans une permis„ sion expresse de Nous, signée par l'un des Secrétai„ res d'Etat & de nos Commandemens, sur l'approba„ tion de l'Evêque Diocésain, à peine de Galéres à „ perpétuité contre les hommes, & de telle peine af„ flictive contre les femmes qu'il sera estimée conve„ nable par nos Juges : enjoignons pour cet effet à „ tous Juges, Magistrats, Prévôts des Maréchaux, „ Vice-Sénéchaux, leurs Lieutenans, Exempts, & au-

(a) Ordonnance du Louvre tom. 8. p. 363.

„ tres Officiers, Maires, Consuls, Echevins, Jurats,
„ Capitouls & Syndics des Villes & Bourgs de nos
„ Frontieres, dans lesquelles passeroient lesdits Péle-
„ rins, un mois après la publication des Présentes, de
„ les arrêter & conduire dans les Prisons desdites Villes
„ & Bourgs; ou s'ils sont arrêtés à la campagne, dans
„ celle de la Ville la plus prochaine, pour leur être
„ leur Procès fait & parfait comme à gens vagabons
„ & sans aveu, par les Juges des lieux où ils auront
„ été pris en premiere Instance & par Appel en nos
„ Cours de Parlement.

Voyez la Déclaration du Roi contre les Mendians & Vagabons du 18. Juillet 1724. & l'Arrêt du Parlement du 9. Juillet 1740. au même sujet.

QUEST. VII. *Dans un tems de Peste & Contagion les Ecclésiastiques ne sont-ils pas obligés comme tous les Particuliers de monter en personnes la Garde aux Portes?*

Dans le tems de la Contagion de mil sept cent vingt-un, l'on commanda à Dijon les Ecclésiastiques & autres Habitans, pour faire la Garde aux Portes de cette Ville chacun à son tour; Mr. l'Evêque de Langres rendit à ce sujet une Ordonnance le 3. Décembre 1721. par laquelle il défendit à tous Ecclésiastiques d'aller à la garde des portes, sous peine de suspense encourue par le seul fait, pour ceux qui sont constitués aux Ordres sacrés. Cette Ordonnance étant venue à la connoissance de Mr. le Procureur Général, il s'éleva contre cette nouveauté; rapporta à la Cour le murmure que la publication de cette Ordonnance avoit faite dans les Eglises, de la confusion qu'elle répandoit dans la Ville, & l'étonnement qui en avoit passé jusqu'aux Ecclésiastiques mêmes ; qu'il y avoit un abus d'autant plus marqué qu'il employoit les Censures Ecclésiastiques dans un cas pour lequel l'Eglise ne les a point permises ; & en conséquence requis d'être reçu Appellant comme d'abus de ladite Ordonnance,&c. sur lesquelles la Cour faisant droit sur ledit Appel de l'Ordonnance dudit Révérend Evêque de Langres, du 3. de ce mois, publiée le 14. aux Prônes des Eglises Paroissiales de cette Ville de Dijon : Dit qu'il a été mal, nullement & abusivement ordonné par ledit Révérend Evêque ; casse, révoque & annulle tout ce qui a été fait ; ordonne qu'à la diligence dudit Procureur Général du Roi, le présent Arrêt sera lû, publié, affiché & séquestré, partout & à qui il appartiendra. Fait en Parlement le 30. Décembre 1721.

QUEST. VIII. *A qui appartiennent les Herbes des Cimetieres, & les Fruits des arbres qui s'y trouvent ?*

Ces Fruits appartiennent à la Fabrique, c'est aux Marguilliers d'en prendre soin, de les vendre ; ils en doivent rapporter le prix dans leurs Comptes, il y en a plusieurs Constitutions, ainsi que le dit *Duperray* en ses *Observations*, sur l'art. 22. de l'*Edit de* 1695. & entr'autres celle de Guillaume, Archevêque d'Yorck, de l'an 1153. rapportée au tome 10. des *Conciles*, colomne 1131.

La clôture des Cimetieres est à la charge des Habitans, elle comprend aussi celle de l'Eglise.

QUEST. IX. *Les Marchands peuvent-ils vendre des denrées & marchandises sur les Cimetieres ?*

Les Cimetieres sont consacrés à Dieu, & destinés à la Sépulture des Fidéles ; ce sont des lieux saints, qui ne doivent pas être profanés par aucunes choses temporelles, telles que le commerce de différentes marchandises & denrées, que les Prêtres & les Officiers ont tort de tolérer. Nombre d'Arrêts défendent ces sortes de libertés, & il est de la Police de ne pas souffrir de pareilles contraventions.

Le Parlement de *Besançon* rendit Arrêt à ce sujet, sur les Conclusions de Mr. le Procureur Général le 20. Décembre 1684. par lequel la *Cour défend à tous Marchands Merciers & autres gens de négoce, d'exposer en vente leurs marchandises & denrées sur les Cimetieres & proche les Eglises, à peine de cent livres d'amende & de confiscation.*

C'est au Procureur Fiscal, lorsque cela arrive, de faire enlever les marchandises pour être confisquées au profit de l'Hôpital & des Pauvres.

Il ne doit pas souffrir que l'on y fasse aucuns jeux, ni danses, ou des assemblées illicites.

Un Concile de *Bude* rapporte le sentiment de Saint Augustin, qui dit qu'il *seroit plus tolérable de travailler les jours de Fêtes que d'employer le tems dans ces excès, parce que ces lieux ne sont destinés que pour le repos des morts, par conséquent ne doivent pas servir aux vivans pour des assemblées, dans lesquelles il y a toujours lieu de craindre les désordres.* Can. 43. ann. 1279. tom. 11. des *Conciles* col. 1089.

QUEST. X.

QUEST. X. *Le rétabliſſement des Croix qui ſont ſur les chemins eſt-il à la charge des Communautés ?*

La piété porte ſouvent les Fidéles à faire élever des Croix ſur les chemins & dans les places où ils aboutiſſent, afin que la préſence de ce ſigne de notre Religion empêche quelquefois les malfaiteurs d'éxécuter leurs mauvais deſſeins ſur les paſſans.

Ces Croix auxquelles on donnne un nom deviennent par la ſuite des tems d'une grande utilité, par les limites qu'elles font quelquefois des Territoires, des Juſtices, des Fiefs & Dixmeries, & elles y ſont ſouvent plantées & élevées dans cette vue, ce qui les rend de grande conſéquence ; outre cela, leur ſituation ſert beaucoup à déterminer des articles de directe & de conceſſion, en ce que lorſqu'une Croix ſe trouve le long des chemins, & que ces articles ou héritages ſont rappellés aboutiſſans ſur ce chemin allant d'un lieu à cette Croix, & de cette Croix à un autre endroit ; ſi cette Croix eſt détruite cela jette beaucoup d'incertitude ſur le placement des articles de cenſives, & engendre des diſcuſſions toujours ruineuſes par les procédures d'enquêtes & d'expériences ſouvent fautives & incertaines.

C'eſt ſans doute par cette double raiſon que le Parlement de Beſançon par Arrêt du 20. Décembre 1674. ordonne *à tous Maires, Echevins, & Habitans des Villes, Bourgs, Villages & Communautés de la Province du Comté de Bourgogne, dedans ſix mois après, de faire poſer & redreſſer en chaque Communauté les Croix, où elles étoient d'ancienneté, à peine d'amende arbitraire.*

QUEST. XI. *Si les parens ou amis peuvent reconnoître sans péril d'amende ou de frais les Cadavres des gens noyés ou assassinés, ou trouvés morts dans les rues, chemins, &c.?*

Il y a long-tems que l'on donne crédit à un discours singulier, soit à Paris ou à la campagne, ce qui cause & peut causer des troubles considérables à des familles, & ces bruits ont été à un tel degré, que pour en désabuser le Public, Mr. le Procureur du Roi du Châtelet de Paris fit rendre Sentence par Mr. le Lieutenant Criminel le 6. Décembre 1736. sur ses Conclusions & Réquisition; qui porte: » Que le ,, Public sera instruit qu'il n'en a jamais coûté & n'en ,, coûte rien pour reconnoître les Cadavres qui sont ,, apportés à la basse Géole du Châtelet, que les peres, ,, meres, enfans, freres, sœurs, parens, amis, & ,, voisins, qui pourront reconnoître lesdits Cadavres ,, seront tenus d'en faire sur le champ leur déclara- ,, tion au Commissaire du Châtelet, qui aura levé les- ,, dits Cadavres, au Greffe dudit Châtelet, &c. lesquelles déclarations seront reçues gratuitement & sans aucuns frais. Cette Sentence fut publiée & affichée dans tous les lieux ordinaires, ce qui étoit nécessaire pour détromper le Public, qui étoit abusé de ces discours qui n'ont jamais eu de fondement, non plus à Paris qu'en la Province.

A l'égard des Cadavres que l'on trouve en quelque lieu que ce puisse être, soit qu'on le reconnoisse ou non, l'on est obligé de les aller déclarer & dénoncer au principal Officier de la Justice, suivant les Déclarations du Roi des 5. Septembre 1712. & 9. Avril 1736.

Il y a quelques années, qu'il fut distribué par otdre

de la Cour un Avis pour donner du secours à ceux que l'on croit noyés, imprimé à Lyon, chez Valfray, parce que dans le fait, une personne est très-longtems à mourir dans l'eau; cet Avis contient une instruction essentielle & bien intéressante pour faire revivre ceux que l'on croit noyés.

QUEST. XII. *Est-il permis de coure le galop à cheval dans les rues ?*

Par Arrêt du Parlement du 5. Décembre 1731. confirmatif d'une Sentence du Châtelet du 26. Octobre précédent, le nommé Antoine Janto, Gagne-denier, a été atteint & convaincu d'avoir en courant à cheval avec violence renversé un homme & une femme dans les rues de Paris, pour réparation de quoi a été condamné à être attaché au Carcan, au Carrefour de la rue de saint Germain de l'Auxerrois, & y demeurer depuis midi jusqu'à deux heures, avec Ecriteau devant & derriere, portant ces mots : *Gagne-denier courant à cheval avec violence dans les rues de Paris, & qui a renversé un homme & une femme en revenant de l'abbreuvoir & blessé la femme*

Par Ordonnance de. M. le Prévôt de Paris des 28. Novembre 1718. 23. Avril 1729. & 21. Juin 1732. il a été défendu aux Loüeurs de Carrosses & de Chevaux, Aubergistes, Hôteliers & Cabaretiers d'envoyer leurs chevaux & mulets à l'abbreuvoir par des jeunes gens au-dessous de dix-sept ans, & de conduire plus de trois chevaux, à peine de 50. livres d'amende, de punition exemplaire, & demeurer civilement responsables en leurs propres & privés noms des accidens causés par lesdits chevaux & mulets.

QUEST. XIII. *Les Puits publics & particuliers, ne doivent-ils pas être revêtus de mardelles ?*

Non-seulement les Puits, & Citernes publiques, mais même les particuliers doivent être garnis & revêtus d'un murger & mardelle ; mais encore il n'est permis à aucun particulier, sous prétexte de conserver de l'eau pour les plantes de leurs jardins, d'y enterrer des tonneaux à cet effet sans y mettre des défenses pour empêcher que quelqu'enfant n'y tombe ; c'est aux Officiers de Police à empêcher ces abus qui dégénérent souvent en des accidens très-fâcheux.

C'est ce que nous voyons par plusieurs Sentences de Police de la Ville de Paris, & entre autres celles des 18. Novembre 1701. 4. Septembre 1716. 20. Janvier 1727. 15. Mai 1734. 10. Février 1735. & 28. Janvier 1741. qui énoncent plusieurs événemens d'enfans noyés par ces endroits ; les Contrevenans sont condamnés en 30. livres d'amende ; & il est enjoint de mettre des mardelles aux Puits, & des pieux, piquets & palissades aux tonneaux qui sont dans les jardins des marais sous plus grande peine, même de punition corporelle.

QUEST. XIV. *Est-il permis d'élever & garder des Chiens sans les nourrir, & les laisser vaguer parmi les rues ?*

Il n'arrive que trop souvent que bien des personnes curieuses d'élever de jeunes Chiens, les gardent, & devenus grands les nourrissent mal, & les abandonnent, ensorte qu'ils courrent les rues & entrent dans les maisons des particuliers où ils font du dégât & du désordre.

Or cela eſt très-défendu, en ce que l'on ne doit garder des Chiens dans une Ville, ainſi que partout ailleurs, que pour la néceſſité de la garde de la maiſon & celle des beſtiaux à la campagne ; cette licence a donné lieu à différentes Ordonnances de Police, pour réprimer ce déſordre, & entr'autres par deux Sentences de Police de la Ville de Paris des 20. Avril 1725. & 11. Février 1741. par leſquelles il eſt dit : » Que „ les Ordonnances, Sentences & Réglemens de Police „ seront éxécutés ſelon leur forme & teneur ; en con- „ ſéquence faiſons très-expreſſes inhibitions & défen- „ ſes à tous Marchands, Artiſans, Compagnons, „ gens de journée, & autres perſonnes, généralement „ quelconques, de laiſſer vaguer dans les rues de „ cette Ville & Fauxbourgs de Paris, ſoit de jour ou „ de nuit, les Chiens qui leur appartiennent : leur en- „ joignons de les tenir enfermés & attachés dans leurs „ maiſons, ſans qu'ils puiſſent, ſous quelque pré- „ texte que ce puiſſe être, ſe faire ſuivre par leſdits „ Chiens, les mener avec eux pendant la nuit ; „ & quand ils les meneront de jour leur enjoignons de „ les tenir attachés eu leſſe : comme auſſi leur faiſons „ défenſes d'exciter & d'agacer leſdits Chiens dans les „ rues pour les faire battre les uns contre les autres, à „ peine de 200. livres d'amende contre chacun des „ contrevenans, même d'être procédé extraordinaire- „ ment contre eux s'il y échoit, & d'être civilement, „ reſponſables des torts & dommages que leſdits „ Chiens pourroient cauſer.

QUEST. XV. *Qu'eſt-ce que l'on appelle Tour d'Echelle entre chaque maiſon dans les Villes ?*

Jacques Godefroy a paraphraſé la Loi qui preſcrit de

laisser un espace entre chaque maison, en ces termes : *Inter vicinorum ædificia ad circumeundi facultatem, spatium vacuum duorum pedum & semis relinquitor.* FESTUS, sur le mot *ambitus* a dit : *ambitus propriè dicitur inter vicinorum ædificia, locus duorum pedum & semi-pedis ad circumeundi facultatem relicti,* & il ajoûte, *ambitus propriè dicitur circumitus ædificiorum patens in latitudinem pedes duos & semissem, in longitudinem idem quod ædificium.*

Ambitus est mis pour *circuitus.*

QUEST. XVI. *Les Particuliers qui ont des héritages qui touchent les murs du Parc de leur Seigneur ont-ils droit de labourer jusques contre ce mur & planter le long d'icelui des arbres ?*

Plusieurs Seigneuries ont de grands & vastes Parcs entourés & clos de murs, qui renferment des Bois, Forêts & autres héritages utiles & agréables, & n'ont été construits au moins qu'à une toise de pourtour & distance des héritages qui entourent lesdits Parcs, lequel espace s'appelle la *ceinture* de ces Parcs, or ces six pieds n'ont été laissés que pour la voie d'une charrette, pour la conduite & transport des matériaux nécessaires aux réparations qui y surviennent de tems à autre ; ensorte que cet intervalle ne peut & ne doit être occupé par personne, par conséquent labourée ; on peut encore moins y planter aucun arbre qui puisse nuire aux réconstructions & aux voitures pour les matériaux qu'il convient y conduire pour la réparation & réfection de ces murs, & si dans cet intervalle il y croît des arbres & buissons ils appartiennent au Seigneur du Parc, qui peut les faire exploiter comme crûs dans son fonds ; cependant bien des personnes qui ont des héritages joignans ces Parcs croient être en droit d'en étendre la culture, & le labour jusqu'aux pieds de ces murs, ce qui ne leur est pas permis; aussi le Roi a-t-il voulu mettre une Régle pour les *Ceintures* des Parcs des Maisons Royales par un Arrêt de son Conseil d'Etat du 6. Mai 1745. que nous rapporterons ici comme une Régle que nous croyons partir du principe général.

ARREST DU CONSEIL D'ESTAT DU ROI,

Qui ordonne que les Propriétaires des Héritages qui aboutissent au pourtour des Ceintures des Parcs de Versailles & de Marly, seront tenus de remplir les fossés, arracher les haies & bois plantés sur lesdites Ceintures, pour les retirer sur leur terein.

Du 6. Mai 1745.

Extrait des Registres du Conseil d'Etat.

LE ROI étant informé que plusieurs Particuliers qui possedent des héritages aux environs des Parcs de ses Maisons Royales de Versailles & Marly, se seroient depuis long-tems aggrandis aux dépens des ceintures des terres qui bordent le pourtour des dehors desdits Parcs, nonobstant les bornes & limites tracées hors de leurs établissemens; ensorte que le passage établi sur ces ceintures pour la facilité du transport des matériaux nécessaires à la réparation des murs desdits Parcs, est interrompu en beaucoup d'endroits par les fossés, haies d'épines & bois que lesdits particuliers y ont plantés, & que les voituriers sont obligés de se détourner considérablement, ce qui non-seulement est d'une très-grande incommodité pour le service, mais est encore contraire aux Réglemens; à quoi étant nécessaire de pourvoir. Oüi le rapport, & tout considéré, SA MAJESTE' ETANT EN SON CONSEIL, a ordonné & ordonne que les Propriétaires, de quelque qualité & condition qu'ils soient, dont les héritages aboutissent au pourtour des ceintures des Parcs de ses Maisons Royales de Versailles & Marly, seront tenus de remplir les fossés, arracher les haies & bois qu'ils ont plantés sur lesdites ceintures, pour les retirer sur leur terrein. Veut que faute par lesdits Propriétaires de se conformer aux dispositions du présent Arrêt, il soit procédé au rétablissement desdites ceintures, à leurs frais & dépens. Enjoint Sa Majesté au sieur Orry,

Directeur & Ordonnateur général de ses Bâtimens, de tenir la main à l'exécution du présent Arrêt, lequel Sa Majesté veut être publié & affiché dans toutes les Paroisses circonvoisines desdits Parcs, & partout où besoin sera, à ce que personne n'en ignore. FAIT au Conseil d'Etat du Roi, Sa Majesté y étant, tenu à Versailles le sixiéme jour du mois de Mai mil sept cent quarante-cinq. *Signé*, PHELYPEAUX.

QUEST. XVII. *Si quelqu'un par malice met le feu au Gerbier ou à la Grange de son voisin pour brûler sa récolte, quelle peine encourera-t-il?*

Le Jurisconsulte Ulpien dans la Loi 12. au digeste *De Incend. ruin. naufrag.* nous apprend que si quelqu'un de dessein prémédité avoit causé un Incendie, il doit être puni de mort *, dont les Jurisconsultes proposent le texte en ces termes: *Qui ædes acervumve frumenti ad ædes positum, dolo sciens prudensque combusserit* (seu) *incensit victus verberatus igni necator; ast si casu noxiam sarcito si nec idoneus escit levius castigator.* Quoique ce texte n'ait pas besoin d'autre explication, il a cependant été paraphrasé par Jaques Godefroy : *Qui ædes aut acervum frumenti juxta domum positum, sciens prudens, dolo Incenderit vinctus verberatus igni necator: Si verò casu, id est negligentiâ, damnum datum sarcito: aut si minus idoneus sit, levius castigator.*

* Elle est tirée de la Loi des 12. Tables.

Cette Loi est précise pour le cas de cette question, puisqu'elle ordonne: » Que si quelqu'un volontairement & de propos délibéré met le feu à un tas de „ bled, le coupable de ces crimes sera fustigé & ensuite brûlé vif; que si le feu a pris au bled par sa faute „ ou négligence, mais sans malice & par un pur accident, il sera condamné d'en rapporter le dommage, sinon fustigé à la discrétion du Préteur,

QUEST. XVIII.

QUEST. XVIII. *Les cas Rédhibitoires pour les Chevaux s'appliquent-ils aux Vaches ?*

Cela paroît ſans difficulté depuis l'Arrêt de Réglement du 14. Juin 1721. rendu entre Claude Bruneau & Jean Janſé, Aſſociés, Marchands de Beſtiaux & de Vaches demeurans à Poiſſy, contre Jacques Leroy, & autres.

La Cour faiſant droit ſur le Réquiſitoire de M. le Procureur Général, a ordonné : » Que le tems de l'ac-„ tion en garentie des cas Rédhibitoires des Vaches „ laitieres, & amoüillantes, demeurera fixé à quaran-„ te jours ; & que les cas Rédhibitoires ſeront le mal „ caduc & la poumeliere.

QUEST. XIX. *Eſt-il permis aux Gens de campagne de travailler les Dimanches & les Fêtes pour lever la récolte des Bleds & Grains,* &c.

Généralement parlant le Dimanche eſt un jour de repos aux œuvres ſerviles; il eſt deſtiné aux Actes ſaints & religieux, & à la célébration de nos ſaints Myſtéres. Par les Commandemens de l'Egliſe, nombre de Conciles & Ordonnances de nos Rois, & de pluſieurs Empereurs Chrétiens, il eſt enjoint à tous les Fidéles de ſanctifier ce jour; mais il s'agit dans cette queſtion d'éxaminer ſi cette régle, quoique préciſe, n'a aucune exception, & ſi les ouvrages qu'il convient de faire pour la levée des Bleds, Grains, & biens néceſſaires à la vie, ſont abſolument compris dans cette déſenſe générale.

Nous voyons que l'Empereur Conſtantin conſidérant que la diſpoſition des tems n'eſt pas au pouvoir des hommes, que c'eſt Dieu ſeul qui l'accorde à nos priéres ; enforte qu'il eſt de la prudence humaine de profiter des momens favorables qu'il nous envoie pour ſauver ce que ſa providence nous diſtribue, fit une Loi qui fut publiée le 6. Mars 321. où après avoir donné des marques de ſon zéle & de ſon amour pour la Religion, il ordonna de ceſſer le jour de Dimanche tous Actes de Juſtice, les métiers, ouvrages, & toutes occupations ordinaires des Villes; mais cette Loi porte une modification : » A „ l'exception néanmoins des gens de la campagne, „ auxquels il eſt permis de travailler en ce ſaint Jour „ à la culture de la terre ; l'Empereur a rendu raiſon „ de ſes motifs, c'eſt que, dit-il, ſouvent la perte d'un » jour de ce travail ne pouvoit être réparée par le jour » ſuivant, qui s'y trouvoit moins propre, & qu'ainſi » l'on coureroit le riſque de laiſſer périr les biens qu'il » plaît au Ciel de nous envoyer pour notre ſubſiſtance.

L'expérience de quelques Provinces plus ſujettes aux orages que les autres, nous apprend que l'on ne doit rien négliger pour ſerrer & mettre à couvert les biens de la terre, ſur tout les grains ; il ne faut ſouvent qu'une journée, comme il eſt arrivé de nos jours, qu'un orage de grêle emporta dans 50 à 60 Paroiſſes tous les fruits, en moins d'une heure ; j'ai vu pluſieurs fois, & entr'autres à Paris, un ſimple orage de vent, qui battit ſi bien les bleds ſur pied, qu'il ne reſta rien dans les épis ; tout le grain tomba par terre, on laboura par-deſſus, mais cela ne vint point à profit parce que cela étoit trop épais.

Dans ces cas d'orages imprévus, il eſt de la prudence de prendre quelques précautions : on demande la permiſſion au Curé de la Paroiſſe, qui ne la refuſe jamais, ſur tout après la célébration de la Meſſe Paroiſſiale.

Jesus-Christ en a donné le premier exemple par sa réponse aux Pharisiens, qui lui reprochoient d'avoir guéri un malade le jour du Sabbat; *si votre bœuf*, dit le Sauveur, *étoit tombé dans un puits ne le tireriez-vous pas*? Toute nécessité est une exception à la Régle, *exceptio firmat regulam in casibus non exceptis*. L'Eglise se prête toujours avec bonté aux besoins pressans des fidéles: nous en avons une preuve dans un Mandement de M. *l'Archevêque de Paris* du 20. Octobre 1666. par lequel en retranchant quelques Fêtes dans son Diocèse, il réserve celles qui doivent être chomées, & ajoûte dans ce Mandement, » Que s'il arrivoit que quelqu'une » de ces Fêtes réservées tombassent dans un tems où ,, il y auroit grande nécessité de travailler; en ce cas-,, là nous permettons de le faire après qu'on aura ,, entendu la Messe, & demandé permission au Curé ,, ou au Vicaire de la Paroisse.

L'homme ne dispose point, à ses souhaits, des tems; ses connoissances sont trop bornées pour qu'il puisse s'assûrer sur la sérénité de l'air, il doit donc être actif pour serrer & mettre à couvert les biens que la Providence a mis dans ses champs, & après avoir entendu la Messe & fait son devoir de Chrétien, un jour de Dimanche ou de Fête, il doit s'employer avec tous ses Ouvriers à faire tout ce qu'il convient pour mettre à couvert ses grains, & par-là les délivrer des injures de l'air.

QUEST. XX. *Suffit-il de demander permission au Curé de la Paroisse, pour travailler à lever la récolte les Dimanthes ou Fêtes*?

Nous voyons par le Mandement de M. l'Archevêque de Paris du 20. Octobre 1666. rapporté par *La-*

(a) Tom. 1. p. 371. *marre* en son *Traité de Police* (a), que ce Prélat permet à ses Diocésains, *en cas de nécessité*, de travailler les jours de Fêtes, *après avoir entendu la Messe & en avoir demandé permission à leur Curé ou Vicaire*; dès-lors il semble que cela devroit être suffisant, d'autant que ce Mandement est autorisé par une Lettre de Cachet du Roi adressée au Parlement de Paris du 27. Novembre suivant (b), & par l'*Arrêt de la Cour du premier Décembre* 1666. qui ordonne l'enregistrement de ce Mandement, & de la Lettre du Roi, pour être exécutés selon leur forme & teneur.

(b) *Idem.* p. 372.

Cependant quoiqu'il paroisse qu'un particulier qui auroit demandé simplement au Curé ou Vicaire la permission de travailler un jour de Fête ou de Dimanche seroit dans les régles & ne devroit être sujet à répréhension, néanmoins le Juge & Magistrat du lieu seroit en droit de le reprendre, & lui faire supporter les peines ordonnées par les Loix & les Ordonnances, pour avoir transgressé les Commandemens de Dieu & les Loix du Prince, qui en ordonnent rigidement l'éxécution.

Il est donc outre cette permission encore nécessaire de s'adresser au Magistrat qui a la Police des lieux, pour avoir la confirmation de cette permission de travailler à serrer les grains & autres choses nécessaires à la vie, & qui peuvent dépérir de moment à autre, & c'est à ces Officiers à examiner; 1°. Si la nécessité est grande & urgente; 2°. Si ce particulier a obtenu du Curé ou Vicaire cette permission; 3°. Il est de son devoir de maintenir l'ordre, & à ce que les Paroissiens & Justiciables n'en abusent point; voilà sa fonction du Magistrat absolument nécessaire pour mettre le particulier à couvert des recherches & peines de Justice dont le Pasteur seul ne l'exempteroit pas.

Il faut en cela considérer particuliérement la nécessité qui ne peut être pour travaux ordinaires, qui peuvent se faire en tout tems, & dont le retard d'une journée ne peut causer un grand préjudice ; ce que nous regardons comme travaux ordinaires est décrit dans le troisiéme Concile d'Orléans tenu en l'an 538. au sujet des scrupules que se faisoient les François du jour du Sabbat pour les œuvres serviles, au Canon 28. qui s'explique en ces termes : » Et d'autant que cette conduite sent plus l'observation Judaïque du Sabbat, que celle du Christianisme, nous „ ordonnnons que ce qui a été ci-devant permis le „ jour du Dimanche le soit encore : Voulons néanmoins „ que l'on s'abstienne de travailler aux champs, c'est-„ à-dire, à labourer la terre, façonner les vignes, „ faucher les foins, moissonner ou battre le bled, „ essacler ou faire des haïes ; ce sont donc ces sortes „ d'ouvrages que les Pasteurs non plus que les Ma-„ gistrats ne peuvent permettre de faire les jours de „ Dimanches & Fêtes.

QUEST. XXI. *Est-il permis aux Manœuvres & Gens de journées de marcher armés de longs bâtons ?*

Nous ne pouvons mieux instruire le Public sur cette question qu'en rapportant l'Ordonnance de Mr. *l'Intendant de la Généralité de Paris*, du 17. Juillet 1737.

ORDONNANCE DE M. L'INTENDANT DE LA GENERALITÉ DE PARIS,

Qui fait défenses à toutes personnes qui iront d'un lieu à un autre dans la campagne, sous prétexte de chercher de l'ouvrage pour la Moisson, de porter aucuns bâtons ni autres instrumens capables de faire mal, sous aucun prétexte que ce puisse être.

Du 17. Juillet 1737.

DE PAR LE ROI,

LOUIS-AUGUSTE-ACHILLE DE HARLAY, Chevalier, Comte de Cely & de Compans, Conseiller d'Etat ordinaire, Intendant de Justice, Police & Finance de la Généralité de Paris.

ETANT informé que depuis plusieurs années, dans le tems des moissons, il se répand dans les campagnes de l'Isle de France, des troupes de bandits & vagabonds, se disant moissonneurs, qui, sous prétexte de chercher de l'ouvrage, rodent dans la campagne, armés de bâtons & autres instrumens capables de nuire & même de causer la mort, vont dans les grains sans aucun ménagement, & empêchent les moissonneurs occupés à faire les moissons, d'y travailler; les menacent, & même les frappent de leurs bâtons, lorsqu'ils ne se rendent pas aussi-tôt, ou les obligent d'abandonner leur travail, en leur enlevant leurs faucilles & outils; ensorte que les années précédentes, il est arrivé que plusieurs moissonneurs ont été griévement blessés, même des Fermiers ou Laboureurs étant avec eux, lorsqu'ils ont voulu faire quelques représentations à ces bandits, sur leurs brigandages : Qu'ils s'ingerent de fixer eux-mêmes le prix du soyage, & menacent les Fermiers & Laboureurs, que s'ils ne donnent pas le prix qu'ils ont fixé, ils ne laisseront travailler personne : ce qu'ils ont quelquefois effectué : Que plusieurs fois ces Fermiers & Laboureurs ont eu recours aux Maréchaussées, sans avoir pû, jusqu'à présent, venir à bout d'arrêter ces désordres. Et attendu qu'il est également nécessaire de procurer à ceux qui travaillent dans la campagne, la tranquillité dont ils ont besoin pour faire les moissons, & de punir sévérement ceux qui y causent le trouble; Nous faisons défenses à toutes personnes qui iront d'un lieu à un autre dans la campagne, sous prétexte de chercher de l'ouvrage pour la moisson, de porter aucuns bâtons, ni autres instrumens capables de faire mal, sous aucun prétexte que ce puisse être. Ordonnons qu'incontinent après que les Laboureurs se seront assemblés, en la maniere accoûtumée, dans les Villages, & y auront arrêté un prix convenable pour le soyage par chaque arpent de grain, les ouvriers qui se destineront pour travailler audit soyage, seront tenus d'aller aussi-tôt à l'ouvrage : enjoignons aux autres de se retirer sans aucunes armes ou bâtons. Ordonnons que ceux qui, après avoir refusé de travailler au prix convenu pour le soyage, seront trouvés sur les chemins avec bâtons, ou autres instrumens & armes capables de faire mal, seront pris & arrêtés, & conduits en prison, pour leur procès leur être fait comme à des séditieux & perturbateurs de la tranquillité & du bien public, & comme tels, être punis suivant la rigueur des Loix. Enjoignons aux Officiers & Cavaliers de Maréchaussée, de tenir la main à l'éxécution de notre présente Ordonnance, & à cet effet de faire exactement leurs rondes & tournées dans les campagnes, pendant tout le tems de la moisson, & d'y arrêter ceux qu'ils trouveront dans le cas ci-dessus marqué. Et sera notre présente Ordonnance lûe & publiée dans les Villages à l'issue des Messes Paroissiales, & affichée partout où besoin sera. Fait à Paris, le dix-sept Juillet mil sept cent trente-sept. *Signé*, DE HARLAY. *Et plus bas*, par Monseigneur, MABILE.

QUEST. XXII. *Les Propriétaires peuvent-ils empêcher de glaner les Epis de bled qui restent dans leurs champs ?*

Il étoit de précepte dans la Loi Divine de laisser glaner les pauvres dans les champs; (*a*) il s'est perpétué dans la Loi de Grace, *Que nul ne souffre mettre bêtes en esteulles en autrui bled, jusqu'au tiers jour que la vuarison sera amenée, & est le tiers jour entendu si comme le bled étoit porté hors le Lundi, les bêtes y peuvent aller le Mercredi après*; cette Ordonnance fut faite par Saint Louis, *afin*, comme le dit ce Saint Roi, *que les pauvres membres de Dieu y pussent avoir glanaison*; (*b*) Par l'article 10. de l'*Ordonnance de Novembre* 1554. il est défendu aux Glaneurs de glaner, *que les grains, champarts & dixmes d'iceux n'aient été enlevés*, *à peine d'être punis comme larrons*.

Au reste il n'est permis de glaner qu'*aux vieilles per-*

(*a*) Levit. 19, & 24.

(*b*) Bouthillier Somme rurale titre des Bans d'Août.

sonnes & aux enfans qui ne sont point en état de moissonner les bleds par leur foiblesse.

La Coûtume de *Dourdan* article 151. » Défend de „ se transporter sur les terres d'autrui pour y glaner „ dans le tems de la moisson, jusqu'à ce que les grains „ en soient enlevés & portés hors le champ, à peine „ d'amende arbitraire. *Celle de Melun* art. 344. & d'*Estampes* art. 190. le défendent à peine de prison & de punition exemplaire.

C'est en conformité de ces Loix qu'est intervenu l'Arrêt du Parlement du 23. Janvier 1731. par lequel plusieurs femmes & filles pour être entrées dans le champ *avant que les gerbes & grains aient été enlevés, & avoir pris & volé desdits grains aux javelles, gerbes & sur les andrains*, ont été condamnées à être battues & fustigées nues de verges par l'Exécuteur de la Haute-Justice, aux carrefours & lieux accoûtumés de la Ville d'*Estampes*, avec écriteaux devant & derriere, où seront écrits : *Voleuses de Grains pendant la Moisson, sous prétexte de glaner:* ce fait bannies à perpétuité du ressort de ladite Ville & Prévôté, &c.

QUEST. XXIII. *Peut-on mettre des Bestiaux pâturer que la dixme & les gerbes n'aient été levés ?*

Par une suite de la question précédente il n'est pas permis d'entrer dans les champs & vignes, que les fruits, champarts & dixmes n'en aient été enlevés, ni d'y faire entrer aucun Bétail que vingt-quatre heures après que lesdits grains & fruits seront enlevés ; c'est ce qui est ordonné par les Coûtumes de *Melun*, d'*Estampes* & de *Dourdan*, que nous avons rapportées, parce qu'il faut laisser aux Pauvres le tems de glaner & de ramasser ce qui est échappé au Propriétaire, au-

que-

quel Dieu a dit (*a*) : » Lorsque vous aurez coupé ,, vos grains dans votre champ, & que vous aurez laissé une javelle par oubli, vous n'y retournerez point ,, pour l'emporter, mais vous la laisserez prendre à l'é- » tranger, à l'orphelin, & à la veuve, afin que le ,, Seigneur votre Dieu vous bénisse dans toutes les œu- ,, vres de vos mains. Leçon bien satisfaisante pour ceux ,, qui aiment les Pauvres, & qui se confient à la Pro- ,, vidence.

(*a*) Deuter. c. 24. v. 19.

D'autres Coûtumes ont envisagé l'intérêt des Décimateurs, en ce que souvent les Dixmeurs ne peuvent se trouver dans tous les endroits ; le Propriétaire ou Cultivateur laisse en leur absence la dixme dans le champ, laquelle ne s'enleve pas aussi promptement que le gros des gerbes ; cela a donné lieu à ces Coûtumes de fixer le tems nécessaire, tant pour le glanage pour les Pauvres, que pour l'enlevement de la dixme, *à trois jours*, au lieu de 24 heures : telle est la Coûtume de *Boullenois* article 37. du titre 8. qui porte : » Ne pourront les Seigneurs ni leurs Sujets, ,, faire pâturer leur Bétail dedans les terres sujettes à ,, la dixme, jusqu'à ce que ceux auxquels appartient ,, ladite dixme les aient fait enlever & emmener ; ,, & où aucuns feront le contraire seront condamnés ,, à la restitution du dommage fait à ladite dixme ainsi ,, délaissée sur le champ, & en amende telle que de ,, raison, laquelle restitution se fera à celui à qui ap- ,, partient ladite dixme, & l'amende sera baillée au ,, Seigneur du Délinquant ; pourvu toutefois que ceux ,, auxquels appartient ladite dixme seront tenus de- ,, dans trois jours, à compter du jour que les Seigneurs ,, & Propriétaires desdites Terres ou leurs Fermiers ,, auront fait lier & mener en leurs maisons les gerbes

„ à eux appartenans, aller ou envoyer querir leurſ-
„ dites dixmes ; autrement edit tems paſſé un chacun
„ pourra mener pâturer ſon bétail dedans leſdites Ter-
„ res, ſans péril d'amende, ni reſtitution de dommage.

Les Coûtumes de *Péronne* art. 106. d'*Artois* tit. 1. art. 49. & 50. de *Saint Pol* tit. 2. art. 22. de *Ponthieu* art. 105. 106. de l'*Iſlers* art. 2. ſont uniformes, & portent défenſes de mettre aucuns beſtiaux dans les champs que trois jours après que la moiſſon ſera enlevée.

QUEST. XXIV. *N'y a-t-il pas des endroits où les Propriétaires enlevent le chaume, & en ce cas les Beſtiaux peuvent-ils être mis dans ces héritages avant qu'il ſoit ôté?*

Il y a différens lieux, où la rareté du Bois & d'autres beſoins obligent les Propriétaires d'enlever le chaume, appellé dans certains Pays *Eteulles* ou *Retroubles*, pour-lors le Particulier peut empêcher les Beſtiaux allans en vaine pâture d'entrer ſur ſa Terre jusqu'à ce qu'il ait enlevé ce chaume ; c'eſt même ce qui eſt porté par l'article 145. de la Coûtume d'*Orleans*, qui dit : » Qu'en Terres vaines, les Habitans
„ d'une Paroiſſe peuvent mener pâturer leurs bêtes, &
„ de leur crû, & de leur uſage, juſqu'aux clouſeaux des
„ Paroiſſes joignantes & voiſines tenantes à eux, ſinon
„ que les terres ſoient cloſes ou foſſoyées, & ſont
„ dites terres vaines, où il n'y a aucunes ſemen-
„ ces ou fruits : *Toutefois peut défendre le Seigneur ou*
„ *Laboureur de la Terre, où il a chaume, d'y aller, juſqu'à*
„ *ce qu'il ait eu eſpace d'enlever ledit chaume, ſans fraude.*

Les Coûtumes d'*Amiens* art. 245. de *Ponthieu* art. 105. & d'*Artois* art. 50. fixent ce délai à trois jours, pour donner le tems au Propriétaire d'enlever le chaume de son champ. Pendant ce délai il est défendu d'y mettre pâturer aucuns bestiaux à peine de l'amende.

Il y a peu de pays où cette sorte d'esteulles soit utile, il n'y a que ceux qui ont peu de bois qui s'en servent pour se chauffer, en faire litiere aux bestiaux; dans d'autres ils en couvrent leurs maisons & étables.

QUEST. XXV. *Ceux qui débouchent un héritage, ne sont-ils pas obligés de le reboucher?*

Tout héritage qui est clos, soit prés, vignes ou autres, que quelqu'un débouche pour aller en ses fonds & autres héritages, est tenu de le reboucher, ensorte qu'il n'y arrive de la dégradation ou de la perte des fruits; & s'il le laisse débouché il est tenu du dommage, & en outre amendable envers le Seigneur Haut-Justicier, suivant la disposition de l'article 4. du chapitre 4. de la *Coûtume de Montargis*.

QUEST. XXVI. *A quelle distance peut-on planter les Haies vives?*

Les bons ménagers & Propriétaires qui ont soin de leurs héritages, les entourent autant qu'ils le peuvent de haies vives, qu'ils édifient pour empêcher que le bétail n'entre dans leurs champs, & n'en mange les fruits & la récolte, sur-tout ceux qui sont le long des chemins & des rivieres; ces haies sont composées d'épines noires, ou épines blanches, ronces & autres arbustes que l'on plante tout le long de son héritage; mais il faut avoir l'attention d'entretenir cette haie, la repeupler & regarnir lorsqu'elle manque ou que les bestiaux y font des trous; comme ces haies sont composées de bois vivant, on les appelle *haies vives*, à la différence des autres clôtures d'héritages qui se font avec du bois sec lié ensemble, qui sert au même usage, mais qu'il faut renouveller chaque année, c'est pourquoi on l'appelle haie séche & morte.

A l'égard de la plantation de la haie vive, *la Coûtume d'Orléans* art. 259. fixe sa distance à un pied & demi de la limite de l'héritage voisin, & elle veut que cette haie soit d'épine blanche que l'on appelle de l'*aube-épine*, parce que cet arbrisseau ne s'étend point, au lieu que l'épine noire s'étend extrêmement & nuit au voisin.

La Coûtume de *Boulenois* le prescrit à l'art. 169. & à l'art. 174. » Si aucunes divisions sont entre bois & » terres ahavables sans bornes, les terres doivent se » labourer jusqu'à pied & demi près des vraies sou- « ches, & se doit fonder sur les anciennes épines » & haîtres ou autres bois portant ligne l'un à l'autre. » *Celle de Hesdin* art. 39. y est conforme, ainsi que celle *de Montreuil* art. 13. & *S. Omer en Artois* titre 2. art. 2.

QUEST. XXVII. *Comment se plantent les haies séches ou mortes ?*

L'article 169. de la *Coûtume de Boulenois* titre 30. dit, que les haies mortes se plantent de borne à autre. Celle de *Hesdin* titre 2. art. 37. porte : » Clôture de » haies mortes, par ladite Coûtume, se doit faire de » haie à autre & entre deux limites, c'est-à-dire sans laisser aucun investison.

QUEST. XXVIII. *Un Arbre commun & mitoyen entre deux héritages, peut-il être coupé par l'un des Propriétaires ſans participation de l'autre?*

Il arrive quelquefois que des Arbres tiennent de graine, ou ſortant de quelques racines d'autres arbres du voiſinage, ſe trouvent préciſément entre deux héritages, au moyen de quoi un Arbre en cette poſition appartient par moitié à chacun des Propriétaires d'iceux; c'eſt la diſpoſition textuelle du §. *Si Titius* 31. *in fine inſtitut. de rerum diviſione*, dont voici les termes, *prope confinium* Arbor *poſita, ſi etiam in vicini fundum radices egerit*, communis fit. Ce qui eſt répété dans la Loi *Adeo* §. *fin. ff. de adquir. rerum domin.* Borcolten interprétant ces mots, *prope confinium*, en rend l'explication ſuivante, *cùm Cajus dixit prope confinium, ſubintelligit Marcianus in lege ſequenti*, ſed etſi in confinio: Indè *confines fundi*, id eſt vicini, *& eiſdem finibus in vicem ſe attingentes.*

La Loi 19. ff. *Communi dividendo*, n'eſt pas moins préciſe: *Arbor quæ in confinio nata eſt, item lapis, qui per utrumque fundum extenditur, quamdiù cohæret fundo, è regione cujuſque, finium utriuſque ſunt*, & la loi derniere *pro ſocio*, donne dans le cas du partage de l'arbre voiſinal, la propriété du bois, eu égard & proportionnellement au terrein que cet arbre occupoit; *tantam partem utrumque habere in arbore* in confinio natâ, *quantam & in terra habebat.*

C'eſt ſur ce principe que tous les Juriſconſultes ont raiſonné du cas où un arbre naît dans le confin de deux héritages contigus. *Arbor quæ naſcitur in medio dicitur eſſe communis pro diviſo, ſecundùm regionem cujuſque fundi, & dicitur diviſa juris intellectu.* Hieronim.

de monte Brixiano. *Tractat. de finibus regundis.* cap. 26. n. 4. p. 57.

Chopin dans son Traité *de privileg. rusticorum* L. 2. part. 1. ch. 11. n. 11. pag. 45. est du même sentiment, & se proposant la question, la décide non-seulement d'après les Loix ci-dessus citées, mais il soûtient que quand même un des voisins auroit perçû seul les fruits de l'arbre voisinal, il pourroit être contraint à en rendre la portion à son voisin. *Duobus, confines agros habentibus; quæro utriùs sit arbor prope confinium posita?* Commune esse, respondit Cajus, *etiamsi vicinum in fundum radices egisset .... indè est quòd si unus ex confinio* solus *perceperit fructus*, communi dividundo actione cum vicino fructus perceptos cogitur communicare, *sin confinii locum & terminum ad se pertinere contenderit nec adprobârit, judicio finium regundorum est condemnandus.*

C'est sur ces principes qu'en la cause d'entre Philippe Bernard & Guillaume Gertel intervint Arrêt au Parlement de Dijon le 5. Décembre 1748. qui renvoya Bernard de la demande à lui formée de faire couper un Cerisier qui se trouva mitoyen entre les vignes des Parties.

Dans le cas de mitoyenneté, les fruits de l'arbre doivent être partagés par moitié suivant de *Lhomeau*, *maxime* 444. *L. ideo ff. de aquir. rer. dominio.*

QUEST. XXIX. *Tertre, Terme, ou Tusal entre deux héritages à qui appartient?*

L'on entend par Tertre ou Tusal, une hauteur ou élévation descendant de l'héritage supérieur à l'inférieur: *Collis, Clivus, locus editior, Tertrum.* Ducange tom. 6. col. 1094. *in fine.*

La Coûtume de *S. Clement* locale d'Auvergne, art. I. porte : *Au Seigneur supérieur de l'héritage appartient le Terme étant entre deux héritages, tant que les pieds du Seigneur de l'héritage se peuvent étendre quand il est assis sur ledit Terme, & le résidu appartient au Seigneur de la propriété qui est au-dessous.*

L'article I. de la Coûtume de *Beyren*, locale *idem*, est en ces termes : *Quand il y a un Terme entre deux Terres, le Terme est à la Terre supérieure.*

QUEST. XXX. *A qui appartient le Fossé qui est entre deux Terres, ou un Pré ?*

M. Loisel a fait une regle de cette Question en ces termes : *Le fossé appartient à celui sur lequel est le rejet ; car qui douve a, si a fossé.* (a)

(a) Liv. 2. Tit. 3. Regl. 7

La douve est ici prise pour le rejet ; la raison de décider est très-simple ; c'est qu'il n'est pas permis de faire un fossé dans la terre de son voisin, ni d'y jetter la terre qui en est sortie, ainsi cette douve se trouvant sur la terre du particulier, il est censé que le fossé lui appartient.

Généralement parlant dans le doute de la propriété d'un fossé ou d'une haie ils sont présumés appartenir au Propriétaire du fonds qui exige clôture, si les fonds voisins l'éxigent également, alors les fossés ou haies sont mitoyens.

S'il y a haie vive & buisson sur le jet du fossé elle appartient au Propriétaire du fossé par les raisons susdites. Voyez *Coquille*, Question 298.

Mais si la haie vive, buisson, terme ou borne, sont entre pré & terre, vigne ou bois, ils seront réputés être du pré, & non de la terre, vigne & bois, ce qui est conforme à la 8e. Regle de Loisel ;

à l'art. 22. du titre 10. de la *Coûtume de Berry*, & à l'art. 330. de celle de la *Marche*.

S'il n'y a aucun jet de fossé, ou qu'il y en ait des deux côtés, d'héritages de même qualité, le fossé ou la haie seront aussi réputés être mitoyens entre les deux Propriétaires. C'est ainsi qu'on doit entendre les Coûtumes de *Montfort*, art. 82. de *Mante*, art. 106. de *Reims*, art. 369. de *Boulenois*, art 174. de *Montargis*, ch. 10. art. 12. d'*Orleans*, 252. de *Lorraine*, titre 14. art. 13. de *Berry*, tit. 11. art. 14. de *Sedan*, art. 296. de *Tremblery*, art. 10. d'*Auxerre*, art. 115.

Suivant la Coûtume de *Deyren* locale d'*Auvergne*, le *terme*, le *tertre* & *gorse*, qui est entre un pré & une terre, appartient au Propriétaire du Pré ; s'il en appert du contraire, par cette Coûtume & celle de *S. Clement en Auvergne*, le terme qui est entre deux terres ou héritages appartient au Propriétaire de l'héritage supérieur.

QUEST. XXXI. *Comment doit se faire le fossé de séparation de deux héritages ?*

Celui qui veut faire un fossé à son héritage doit le prendre dans son fonds, & comme il ne doit point nuire à son voisin, & qu'il lui nuiroit si le bord de son fossé commençoit précisément à la limite de sa terre, parce qu'insensiblement la terre de l'héritage voisin s'ébouleroit dans le fossé & l'altéreroit, ce qui n'est pas permis, & il faut que celui qui fait le fossé laisse entre le fossé & le fonds voisin autant d'espace que son fossé aura de profondeur, c'est-à-dire que si le fossé a deux pieds de profondeur qu'il laisse deux pieds de terrein entre le fossé & la terre voisine, c'est ce qui est décidé par *Coquille* en sa *question* 298.

QUEST. XXXII. *Est-il permis au Laboureur après avoir semé sa terre d'y faire une raie pour en écouler les eaux sur l'héritage de son voisin?*

Cette proposition semble faire douter de la liberté qu'a le Propriétaire d'un héritage d'en user comme bon lui semble. La raie que le Laboureur fait à travers son champ dans la seule vue de faire écouler les eaux qui peuvent y survenir, pour empêcher qu'elles n'y séjournent, & ne pourrissent la semence qu'il y met, est toute naturelle, chacun pouvant faire son bien & ce qu'il convient pour l'améliorer, *salvo tamen jure tertii.*

Or, pour pouvoir décider si la raie est praticable malgré l'opposition du voisin, il faut sçavoir par la situation du terrein si sa terre est supérieure & plus élevée que celle sur laquelle doivent s'écouler les eaux; dans ce cas le Propriétaire est obligé de suivre la pente du lieu; car en supposant que les eaux descendent du côté d'Occident, l'élévation se trouve du côté d'Orient, doù il ne peut donner l'écoulement; il n'est gueres possible qu'il le puisse prendre des côtés de midi & de Septentrion, à cause de la même disposition de terrein qui n'a pas de pente; dès-lors ce Propriétaire est gêné & contraint de faire la raie ou rigole à l'endroit qui peut mieux dessécher son champ, *& in hoc jure suo utitur.*

Le voisin qui se trouve dans cette pente est obligé d'essuyer cet écoulement, quoique nuisible; il ne peut s'en plaindre, son champ se trouvant assujetti aux écoulemens du terrein supérieur; tant pis pour lui, si sa terre creuse dans le milieu, sans écoulemens, lui forme une mare d'eau dormante ; c'est l'esprit de la loi 2. §. *idem Varus* ff. de aquâ & aqu. pluv. *Nemo enim tenetur ex eo quod quis jure suo facit, licèt per consequentiam alteri noceat : quia nec debet videri damnum facere is qui eo veluti licere quo adhuc utebatur, prohibetur l.Proculus 26. ff. de damn. infect.adde l. flaminum 24. §. ult. cod. l. damnum 25. ff. de regul. jur.*

Voyez *Dumoulin*, sur la *Coûtume de Paris* §. 52. *Gloss.* 2. *num.* 7.

QUEST. XXXIII. *Le Propriétaire ayant affermé son héritage, ou icelui donné à rente, a-t-il un privilege sur la moisson, exclusif à celui qui a prêté ou fourni la semence ?*

Cette Question s'est présentée au Parlement de Dijon & y a été décidée par Arrêt du 21. Avril 1741. en faveur du Propriétaire. *Voici le fait.* Par Acte du 30. Octobre 1735. Gabriel Belin, de la Ville d'Autun, donna son Domaine de Barnay à ferme à Pierre & Jean Trenay, avec bétail, & sous les réserves d'hypothéque & de *privilege* sur les fruits.

Au mois de Juillet 1740. Pierre Trenay disparut ; le 10. Belin compta avec Jean Trenay, son Associé : ces Fermiers se trouverent devoir 80. livres du dernier terme, 587. livres pour bétail, 15. boisseaux de froment & seigle, outre des intérêts de mauvaise culture.

Pour être payé le sieur Belin obtint permission de saisie le 12. Juillet, qu'il fit exécuter le lendemain par une saisie des fruits pendans par racines dans les terres du domaine affermé.

Le 18. Etienne Pernot, Jean Carrion, & Nicolas

de la Vesvre formerent opposition sur le fondement qu'ils avoient labouré, fourni les semences & cultivé les terres ; & sur ce prétexte ils concluoient en cause principale, *à ce que sous le bénéfice du consentement qu'ils donnoient que le sieur Belin prît le droit du propriétaire, main-levée leur fut faite du surplus des fruits saisis.*

Sentence de la Chancellerie d'Autun le 22. Juillet 1740. qui les déboute de leur opposition avec dépens.

Le 9. Août suivant, ces Particuliers réduisirent leurs prétentions aux frais de culture, labour & semences, avec sommation de les leur payer, & appel en cas de refus.

L'Avocat des Appellans disoit : *salvam meliorem, & pinguiorem fecerunt pignoris causam :* les impenses sont dûes même au possesseur de mauvaise foi, l. 36. §. *ult. de hæreditatis petitione.* La Loi 6. ff. *qui proh. in pig.* La Loi *Privilegia* 32. *ff. de privil. credit.*

L'Intimé opposoit le fait, la convention, le danger & la cause commune, que les Fermiers devoient cultiver par eux-mêmes, qu'ils devoient fournir leurs semences : que ces Particuliers n'avoient fait que ce que les Fermiers s'étoient obligés de faire ; qu'il étoit indifférent au Propriétaire par qui cela fût fait, que tout ce qui se trouvoit dans ses héritages étoit son gage exclusif, soit par la force de la loi, soit par la force de la stipulation.

Par l'Arrêt l'appellation a été mise au néant avec dépens.

Pareille décision avoit été faite par Arrêt du Parlement de Paris de l'année 1608. rapporté par Mornac sur la loi 25. *ff. de usur.*

Cormis dans son Recueil tom. 2. chap. 84. rapporte

un Arrêt du mois de Mai 1715. qui est conforme à celui de Dijon, par la raison que tout ce que trouve le Propriétaire dans ses fonds, terres & maisons, lui est spécialement obligé.

La Peirere Lettre f. n. 24. cite un Arrêt du Parlement de *Bourdeaux* du 17. Mars 1663. qui a jugé que le Propriétaire de la Ferme étoit préféré à celui qui avoit prêté au Fermier pour la culture desdits biens.

Louet Lettre F. n. 4. en rapporte un du dernier Décembre 1594. qui a jugé la préférence au profit du Propriétaire. *Brodeau* au même lieu en donne un autre du 9. Février 1630.

Brillon v. *Bail*, n. 65. cite aussi plusieurs Arrêts qui ont tous adjugé la préférence aux Propriétaires des Domaines & Héritages donnés à ferme pour le prix de leurs fermages.

Enfin *Taisand* sur l'art. 4. du titre 5. de la Coûtume de *Bourgogne* nomb. 12. fait mention de trois autres Arrêts qui ont adjugé cette préférence au Propriétaire sous les dates des 17. Décembre 1680. 15. Mars 1693. & 6. Juillet 1695.

Suivant ces décisions, les Seigneurs & tous les Particuliers qui donnent leurs biens à ferme, sont préférés non-seulement sur les fruits qui sont & proviennent de leurs héritages, mais encore sur tous les meubles & effets des Fermiers, chevaux, bestiaux & sur tout ce qui est destiné à l'exploitation ; c'est même ce qui est précisément réservé aux Propriétaires *pour leurs fermages* par l'art. 16. du titre 33. de l'Ordonnance de 1667.

QUEST. XXXIV. *Si un cas fortuit qui empêche le Fermier de jouir de la chose affermée donne lieu à la résolution du bail ?*

Les obligations d'un Bailleur & d'un Preneur sont respectives ; celles du Propriétaire sont de faire jouir le Locataire de tout ce qu'il lui a affermé.

S'il arrive des cas fortuits & imprévus par force majeure, ce que l'on appelle *vimaires*, comme qui diroit *vis major*, & que par ces accidens le Propriétaire ne puisse procurer à son Fermier une prompte & exacte jouissance, le bail doit être résolu ; c'est ce qui a été décidé par Arrêt du Parlement de Dijon du 2. Janvier 1751. *Le fait étoit* que Jacques Renaud avoit affermé à Charles Grillard, Boulanger, Cabaretier de Nuys, un logis qui avoit été inondé *par un cas fortuit* le 18. Août 1747. ensorte qu'il y avoit eu de l'eau dans la cour jusqu'à 20. pieds d'hauteur, par conséquent tout le basrez de chaussée, & par conséquent les caves furent submergées & remplies de boues de plus de 10 pieds ; le Locataire demanda la résolution de son bail, fondé sur ce que le Propriétaire ne faisoit aucunes réparations, quoique sommé dans le tems ; la cause portée au Parlement, la Cour déclara le Bail résolu, le Propriétaire condamné aux dépens.

QUEST. XXXV. *Un Particulier qui a affermé une Maison pour 9. années, & qui a stipulé qu'elle seroit hipothéquée à la garantie du Bail, peut-il en être expulsé ?*

Cette question fut jugée par Arrêt du Parlement de Paris du 24. Fevrier 1632. pour la négative ; Jacques

Daymand Orfévre, Propriétaire d'une Maiſon, l'afferma à Chriſtophe Daymand ſon frere, pour 9. ans, à commencer à la Saint Jean 1632. avec clauſe expreſſe que *le fonds & la propriété de la Maiſon louée demeureroient ſpécialement affectés & hipothéqués pour l'entretien & obſervation du Bail, & ſans que pendant le tems & tenue d'icelui ledit Jacques Daymand Bailleur en pût diſpoſer.*

Au mois de Novembre 1631. Jacques Daymand fait ſignifier qu'il veut lui-même occuper la Maiſon louée, & qu'à cet effet il ſe départ du Bail paſſé entr'eux; aſſignation s'étant enſuivie au Châtelet, le Bail fut déclaré nul; ſur l'appel, la Cour mit l'appellation & ladite Sentence au néant, émendant, *ayant égard à la clauſe apposée au Bail, ordonna qu'il ſubſiſteroit, & ſeroit tenu pour le tems & terme porté par icelui*, M. le Premier Préſident prononçant; cet Arrêt eſt rapporté par *Bardet* tom. 2. l. 1. ch. 10.

(a) Tome II. l. 8. ch. 23.

Le même Auteur (*a*) rapporte un pareil Arrêt du dernier Mai 1639. conforme à celui ci-deſſus. Un Propriétaire en affermant ſa Maiſon à un Orfévre de Paris avoit renoncé expreſſément au bénéfice que la Loi donne pour habiter en perſonne ſa Maiſon; il vend enſuite cette Maiſon, à la charge d'entretenir le Bail; l'Acquéreur prétendit pouvoir l'occuper lui-même, & obtint Sentence au Châtelet, qui ordonne au Locataire de vuider; ſur l'appel *la Cour ordonna que le Bail à loyer de ladite Maiſon ſeroit exécuté ſelon ſa forme & teneur*, M. le Préſident de Bellievre prononçant *à la relevée.*

QUEST. XXXVI. *Le Fermier qui pendant ſon Bail a élevé une Pepiniere, peut-il après ſon Bail expiré enlever les arbres de cette Pepiniere ?*

Si l'on conſulte la Coûtume de *Normandie* aux articles 516. & 517. on trouvera qu'elle décide que les Fermiers ayant planté des *Pepinieres, Chenoſtieres, Haiſtrieres, Oulmieres* & autres *nourritures de ſemblable qualité* les peuvent enlever après leur Bail expiré, en laiſſant moitié aux Propriétaires, *pourvu*, dit cette Coûtume, *qu'elles aient été faites du conſentement du Propriétaire, ou ſix ans avant la fin du Bail.*

QUEST. XXXVII. *Un Procureur du Roi peut-il prendre une Ferme ?*

Cette queſtion a été jugée pour la négative par Arrêt rapporté par *Boniface* tome premier l. 1. titre 25. entre les Conſuls de S. Remy & le Procureur du Roi du même lieu, le 25. Février 1658. il lui fut fait déſenſes de prendre des Fermes publiques.

Cet Arrêt eſt fondé ſur les Ordonnances *de Blois* art. 48. & de *Melun* art. 31. auxquelles ſeroit conforme l'Arrêt du Conſeil d'Etat du 18. Juillet 1646.

QUEST. XXXVIII. *Les Gentilshommes peuvent-ils prendre des Fermes ?*

Par Arrêt du Conſeil d'Etat du 25. Février 1720. Sa Majeſté *a permis & permet à toutes perſonnes Nobles, de tenir & prendre à Ferme les Terres & Seigneuries appartenantes aux Princes & Princeſſes de ſon Sang, ſans que ſous prétexte de l'exploitation deſdites Fermes, tant pour le passé que pour l'avenir lesdits Nobles puissent être inquiétés ni recherchés pour cause de dérogeance à leur Noblesse & privilége.*

Les Ordonnances de *Blois* art. 48. & de *Melun* art. 31. y ont apporté une modification au sujet des Biens d'Eglise, en faisant d'expresses défenses à *tous Gentilshommes*, à peine d'être déclarés Roturiers, *de s'entremettre directement ou indirectement des Baux à ferme, des dixmes, champarts & autres revenus des Ecclésiastiques, par eux ou personnes interposées, encore que ce fût du consentement des Bénéficiers*, ce qui a été confirmé sous des peines rigoureuses par Arrêt du Conseil d'Etat du 18. Juillet 1646. rapporté au Code des Curés tom. 1. page 41.

QUESTION DERNIERE.

Comment doit-on faire l'estimation des Héritages, tant en Maisons, Châteaux, Bâtimens, Terres, Prés, Vignes, Bois, Eaux & Forêts, & tous autres Fonds; ensemble les Droits Seigneuriaux, Cens, Directe, Rentes foncieres & toutes Redevances, pour les Partages, Divisions, Licitations, Pereguement & Ventilations, à cause des Lods & ventes, Retrait féodal & censuel, Retrait lignager, Rescision de contrats & restitution des fruits?

Rien n'est plus intéressant pour un Seigneur, & son Fermier que de sçavoir comment l'on doit procéder à l'estimation des Immeubles de toutes natures, & des droits Seigneuriaux, réels & personnels; les Particuliers avec lesquels elle se fait n'y sont pas moins intéressés, & les Experts même qui n'ont aucunes régles là-dessus, ont un intérêt bien sensible de sçavoir les principes sur lesquels ils doivent se déterminer,

terminer ; quelque prudence qu'ils puiſſent avoir, li y a toujours des objets ſinguliers ſur leſquels leurs connoiſſances peuvent être incertaines, c'eſt ce qui nous a déterminé à ramaſſer tout ce qui peut être ſujet à eſtimation, afin que les perſonnes prépoſées pour la faire puiſſent plus aiſément ſur ces objets différens en fixer la valeur, ſoit intrinſeque, ſoit eu égard au prix des ventes. Cette eſtimation eſt ce que nous appellons ventilation, *ventilatio, bonorum æſtimatio.*

Preſque tous nos Auteurs ont parlé de la *ventilation*, & enſeigné les cas où elle eſt indiſpenſable, mais aucun d'eux n'a dit la maniere d'y procéder, comme elle doit ſe faire, & les régles que des Experts doivent ſuivre dans leurs opérations ; ce ſont cependant des choſes extrêmement intéreſſantes, attendu qu'il s'agit ſouvent, non-ſeulement de tous les héritages d'une Seigneurie, mais encore de tous les droits Seigneuriaux, tant perſonnels que réels, tous différens les uns des autres, & dont les principes ne ſont pas les mêmes : que d'ailleurs il y a bien des objets qui paroiſſent immeubles, & ne le ſont pas, & d'autres que l'on regarde comme *Meubles*, & qui ſont réellement *Immeubles*. Il devient donc bien eſſentiel d'en donner une inſtruction qui puiſſe aider des Experts dans un pareil ouvrage, & inſtruire en même tems les Parties de tous leurs droits.

Aucun Auteur n'a expliqué les régles pour faire une ventilation.

Nous ſuppoſerons donc pour cette *Ventilation*, une Seigneurie qui puiſſe avoir tous les droits Seigneuriaux, honorifiques, réels, & perſonnels, enſemble des meubles & héritages de toutes natures, afin que ces objets différens entr'eux puiſſent être conſidérés par les Experts dans le point de vue effectif de leurs franchises, libertés, ou de leurs charges personnelles, réelles & foncieres.

Il est nécessaire de choisir d'habiles Experts.

L'attention principale que les Seigneurs & Parties doivent avoir dans ces estimations est de choisir chacun de leur côté d'habiles Experts, qui joignent à leur probité, la science des droits Seigneuriaux ; sur tout s'il s'agit de ventiler une Seigneurie, ou des Fiefs particuliers, afin qu'ils puissent décider sur ces droits, & les mettre à un juste prix, ce qui ne seroit pas facile à des personnes qui ne seroient pas au fait de ces droits.

Il faut trois Experts en Bretagne, à peine de nullité.

En Bretagne il est des régles, que les prisages ou estimations se fassent par trois Experts ; c'est le texte de l'article 243. sans quoi l'apprétiation ne seroit pas valable, ce qui n'est point pratiqué dans le reste de la France, que dans le cas où les deux Experts sont de différens sentimens, & ne peuvent convenir entr'eux, auquel cas les Parties s'accordent entr'elles pour nommer un tiers, ou le Juge le nomme d'office.

Les Parties doivent donner des Mémoires aux Experts.

Ordinairement les Experts sont nommés & choisis par les Parties. Il est nécessaire que chacune d'elles leur donne des Mémoires sur les différens objets de l'expérience, afin de les instruire de leurs intérêts. Il convient qu'elles les accompagnent sur les lieux contentieux, & soient présentes lorsqu'ils visitent les objets, afin de leur faire faire les observations nécessaires, dont les Experts font des notes sur chaque chose.

Les Experts ne doivent pas faire le prisage sur les lieux à chaque héritage, mais en prendre des notes.

Ces Experts ne doivent pas s'assujettir à ce qui est prescrit par l'article 265. de la Coûtume de Bretagne, qui prescrit aux Arpenteurs & Priseurs d'arrêter sur le lieu & par *chacune piece de Terre*, qu'ils priseront, *la contenue & estimation* d'icelle ; cela ne s'éxécute point, & n'est plus en usage, même en cette Coûtume ; cette Juriſprudence a été abrogée, comme le dit Me *Poulain du Parc* dans ſes Notes au nouveau Commentaire ſur cet article, par Arrêt du 17. Mai 1740. qui a jugé que les Experts ne ſont pas tenus d'arrêter leur priſage ſur le lieu, & à chaque piéce de terre, qu'il leur ſuffit d'en faire des notes, ſur leſquelles ils rédigent enſuite leur rapport, ils ſont ſeulement obligés, même tenus à la rigueur, d'employer dans la ventilation chaque piéce de terre & héritage par détail, avec ſon étendue & ſa valeur.

Doivent ſeulement faire mention de chaque héritage en détail, & ſa valeur.

Hévin, ſur l'article 238. de la même Coûtume de Bretagne, ſommaire 3. n'autoriſe pas l'uſage de la préſence des Parties avec les Experts, parce que (dit cet Auteur,) les Priſeurs & Experts peuvent être divertis d'une ſaine eſtimation, par autorité, par complaiſance, par menaces, & par clameurs; on a donc coûtume, dit-il, d'éloigner les Parties après qu'elles ont fait leur montrée & indications; en effet les Experts, après leur viſite, ſe retirent en particulier pour rédiger leur rapport hors de la préſence des Parties.

La préſence des Parties n'eſt néceſſaire que pour indiquer & inſtruire les Experts.

Ce que preſcrit cette Coûtume ſur les priſages mérite d'être obſervé bien réguliérement; l'article 245. eſt en ces termes: » Tous priſages & évaluations de » fonds ſe feront ſelon la valeur des fruits que leſdits » fonds rendent par chacun an, faiſant des dix années » une commune, commençant à compter du tems des » dix ans précédents le tems convenu pour faire l'aſſiette, laquelle valeur de fruits ſe doit prendre de l'eſtimation commune de chaque eſpece deſdits fruits, » qui ſe vérifie par le rapport des Greffes des Juriſdictions eſquelles ſe font leſdites aſſiettes; & au regard » des eſpeces dont ne ſe font rapports, l'eſtimation s'en » fera par fermes, lettres, témoins & déclarations des » Laboureurs & Métayers.

Comment ſe doivent faire les priſages & eſtimations des héritages.

L'article 246. de la même Coûtume porte : » Toutes lesquelles estimations de dix ans accumulées & » comptées ensemble, la *dixiéme* partie est le juste revenu de chacun an.

Boucheul sur l'article 199. de la *Coûtume de Poitou*, Sommaire 8. dit : » Qu'ayant fait l'estimation de tous » fruits par chacun an à part, réduite en deniers, » on compte toutes les estimations de dix ans conti- » nuels ; & ce qui revient pour le dixiéme de telle som- » me accumulée, fait & rend la valeur de chacun an, » qui est ce qu'on appelle faire de dix ans une com- » mune ; ensorte que si toutes les années se trouvent » réduites à une somme de 2000 liv. l'héritage sera » estimé 100 liv. de revenu ; & qu'ainsi son juste prix » sera à raison de 100 liv. par an ; que c'est la remar- » que de *Lélet* sur l'article 190.

Erreur de Lélet & de Boucheul sur le calcul des prisages.

Nous sommes obligés de dire ici que Boucheul n'a pas fait attention que Lélet sur l'article 190. qui a bien dit ce qu'il rapporte, a fait une erreur grossiere ; l'idée du calcul qu'il donne des dix années pour les accumuler, & en faire une commune, qui doit être de la dixiéme partie, est conforme non-seulement au texte de la Coûtume de Bretagne, rapporté ci-dessus ; mais à l'art. 15. du chap. 37. de celle de Nevers, & art. 492. de celle d'Anjou, qu'au lieu de tirer le dixiéme des 2000 liv. qui sont selon lui la totalité des fruits de dix années, il ne fixe cette dixiéme année qu'au vingtiéme qui est 100 liv. au lieu quelle doit être de 200 l. cette erreur qui n'est peut-être qu'une faute d'impression, est si visible qu'elle n'a pas besoin d'être plus éclaircie, & nous ne la rapportons que parce que des Experts sans y faire réflexion pourroient s'y arrêter ; cette estimation des dix années pour en faire une commune eſt ſi triviale & ſi en uſage par toute la France, qu'elle ne peut être contredite, chacun ſçachant que quand un fonds rapporte année commune 200 liv. de revenu on doit l'eſtimer 4000 liv. en principal, ſi ſur les 200 liv. les charges ont été diminuées.

Obſervation ſur commodités, ou incommodités des voiſins.

Dans l'eſtimation que doivent faire des Experts, ils ne doivent pas conſidérer ce qui eſt plus utile à une perſonne qu'à une autre, non plus que ſi l'héritage procure à celui qui l'a donné ou vendu, l'éloignement d'un voiſin chicanneur & inquiet, la commodité de ſe préparer un paſſage, l'avantage d'avoir un Pré près de ſa maiſon, & autres aiſances & circonſtances particulieres & perſonnelles, qui ne doivent jamais entrer dans l'eſtimation réelle; en un mot des Experts ne doivent porter leurs vues que ſur les commodités générales qui rendent en ſoi l'héritage plus utile & plus fructueux, ſans avoir égard, à l'étendue, mais ſelon la qualité & bonté des choſes qu'on doit eſtimer, & ſelon les fruits que les fonds bien cultivés rapportent.

Les Experts doivent diminuer les charges & ſervitudes.

Ils doivent avoir une ſinguliere attention, en fixant leur eſtimation, d'en diminuer les charges, entretiens, réparations, ſervitudes & cultures, afin que le produit & la valeur ſe trouve net.

Obſervations ſur les devoirs des Experts.

La nomination faite de la perſonne des Experts, & leur ſerment, les engagent à faire le priſage & la ventilation avec tout le ſcrupule qu'exige d'eux la plus droite équité, n'y ayant point de legeres fautes dans leurs fonctions; s'il arrive qu'ils aient été conſultés par l'une ou l'autre des Parties, & qu'ils aient été ſur les lieux, avant leur nomination, ils doivent le déclarer lors de la preſtation de ſerment; c'eſt ce qui eſt preſcrit par un Arrêt de réglement du 7. Septembre 1717. qui porte : » Les Experts ſont obligés ſous peine *d'a-* » *mende arbitraire*, même de *punition corporelle*, de

» déclarer, *encore qu'ils n'en ſoient requis*, s'ils ont eu » auparavant communication des Piéces des Parties » qui leur ſeront repréſentées, & s'ils ont donné leur » avis. Cet Arrêt eſt rapporté dans le Recueil des Arrêts de Réglemens imprimés chez *Durand* en 1752. au *mot Expert* page 193.

La Coûtume de Bretagne a un Texte précis contre les Experts qui prévariquent dans leurs fonctions, c'eſt l'article 264. du Titre des Priſages; il porte : » Et où » les Arpenteurs & Gauleurs ſeroient trouvés avoir » fait défaut en l'arpentage & meſurage, & les Pri- » ſeurs fait faute notable en l'eſtimation & évaluation » deſdites terres & autres choſes, leſdits Arpenteurs » ſeront condamnés en amendes arbitraires pour la pre- » miere fois, & pour la ſeconde privés de leurs états; » & les *Priſeurs*, de refaire à leurs dépens les priſages, » & porter les dommages & intérêts des Parties. *Si* » *memor falſum modum dixerit.* D. 11. 6.

Au ſurplus les Experts qui voudront s'inſtruire de leurs fonctions, & de ce qui leur eſt preſcrit, peuvent voir ce que nous avons dit dans l'obſervation ſur la queſtion 50. du chapitre 5. du premier tome de cet Ouvrage, ſeconde édition, page 518. ils y trouveront, ainſi que les Parties intéreſſées, tout ce qu'il convient ſçavoir, pour s'acquitter d'une expérience ordonnée en Juſtice ſur quelque matiere que ce ſoit.

En Bretagne les héritages nobles ne peuvent être eſtimés que par des Nobles.

On obſervera qu'en Bretagne pour les Fiefs & Héritages nobles, poſſédés par des Nobles, ils ne peuvent être eſtimés que par des Experts nobles, ſuivant le texte de la Coûtume de cette Province, article 244. ce qui n'a lieu que dans cette Coûtume.

Il faut commencer par fixer le prix de la vente.

Les Experts commenceront leur premiere opération par fixer *le prix de la vente*, porté par le Contrat volontaire, ou par l'adjudication par décret ou vente judicielle (*a*).

Quelques Auteurs ont prétendu que les frais pour l'interposition, expédition & délivrance du décret devoient être regardés comme faisant partie de l'acquisition, & que le montant d'iceux étoit sujet aux lods & ventes; & entr'autres *Coquille* sur l'article 44. du chapitre 32. de la *Coûtume de Nivernois*, mais ce sentiment est opposé à la Jurisprudence générale, & à celui de tous les Auteurs, & entr'autres de Dumoulin sur celle de Paris article 55. glos. 5. nomb. 4. & sur l'article 78. aussi glos. 5. nomb. 4. c'est le texte de l'article 395. de la Coûtume de Bourbonnois & le sentiment de Potier & d'Auroux des Pommiers sur le même article, & sur le 150. de ladite Coûtume, ce qui est conforme à la maxime 208. de *Delhomeau* liv. 3. de *Despeisses* des Droits Seigneuriaux sect. 5. part 4. nomb. 3. *de Ferriere* sur la Coûtume de Paris art. 76. nomb. 16. 17. & de *Brodeau* sur le même article 76. nomb. 27.

Les frais des criées & adjudication par décret ne sont pas sujets aux lods & ventes.

Auzanet dans ses Arrêts du Parlement liv. 1. ch. 84. en rapporte un du Mardi 25. Février 1614. qui a jugé qu'il n'étoit pas dû de lods pour les frais ordinaires d'un décret, mais simplement du prix porté par l'adjudication, ce qui à la vérité n'avoit pas lieu anciennement, & qui n'a été en usage dans tous les Tribunaux que depuis l'Ordonnance des Criées de 1551. article 12. qui a prescrit que les Adjudications se feroient à l'avenir à la charge des frais des criées; depuis lequel tems l'usage & la Jurisprudence ont établi de ne payer les lods & ventes que du prix principal de l'adjudication, sans y comprendre les frais de criées, comme étant hors le prix.

Duplessis sur la Coûtume de Paris tom. 1. liv. 2. du Droit de Ventes ch. 1. dit que dans les adjudica-

(*a*) Coûtume de Bretag. art. 239.

tions par décret, les ventes ne se paient point des frais ordinaires de criées, quoiqu'elles fassent partie du prix, que c'est un usage général en toute la France. L'Auteur du *Droit Commun de la France* titre 4. des Censives, section 1. nomb. 4. & 5. assûre que les lods & ventes ne se prennent pas sur les frais d'un décret forcé, quoique ce soit une charge imposée à l'Adjudicataire.

Lélet & Braud sur l'article 21. de la Coûtume de Poitou en rapportent différens Arrêts, qui l'ont jugé ainsi; & celui du 25. Février 1614. cité ci-dessus, avec un autre de 1642. confirmatifs d'une Sentence de Poitiers du 5. Février 1639. *Bouchard* dernier Commentateur de cette Coûtume titre 1. art. 23 nomb. 80. appuie ce sentiment, rapporte ces Arrêts & cite Gandillaut sur l'art. 13. de *la Coûtume d'Angoumois*; *Urevin* sur l'art. 141. de la *Coûtume de Chaulny*; *Lhoste* sur la *Coûtume de Montargis*, tit. des Cens art. 5. dit avoir été présent lors de la prononciation de l'Arrêt du 25. Février 1614. & en rapporte un second qui l'a jugé de même, du 22. Mars 1622. qui est sans doute celui rapporté par *le Prestre* sous les dates du 19. Mars 1622. dont fait mention Boucheul *loco citato*.

Fixation des prix du Château au dixiéme du prix de la vente.

Ensorte qu'il est d'une Jurisprudence constante que les lods & ventes ne doivent point se prendre sur le prix des frais ordinaires de criées & adjudications par décret, par conséquent les Experts en pareil cas feront distraction de ces frais, & ne feront la ventilation que sur la somme principale portée par l'Adjudication.

Ce prix ainsi fixé, on commence par en défalquer l'estimation du château, forteresse ou maison du Seigneur, pour servir à son logement, s'il y en a un, & cette ventilation ne doit pas être portée au prix qu'ont pu coûter

coûter ces bâtimens, non plus que sur celui qu'ils coûteroient s'il falloit les construire, parce que ce château pourroit être si considérable par sa grandeur, ses ornemens & embellissemens, chapelle & autres décorations, que si on l'estimoit la valeur qu'il coûteroit, le montant de cette estimation absorberoit peut-être le prix entier de la Terre ; ainsi plusieurs Coûtumes y ont apporté un tempérament judicieux, telles sont la *Coûtume de Nevers* chap. 37. art. 7. qui porte : » La forteresse, ou châtel, maison forte en état suffisant „ est estimée en assiette la dixiéme partie du revenu „ de la Terre, « ce qui est conforme à celle de *Bourbonnois* tit. 36. qui est en ces termes : » Châteaux, „ Maisons & autres édifices dont dépendent aucunes „ Seigneuries se baillent en assiette pour la dixiéme „ partie de ce que valent lesdites Seigneuries. «

La Coûtume de Bourgone Duché, au titre des Assiettes, celle d'*Auvergne* titre 31. art. 43. ont mêmes dispositions, à quoi sont conformes plusieurs autres Coûtumes ; ensorte qu'à supposer qu'une Seigneurie ait été vendue par contrat volontaire ou adjudication par decret pour le prix de 150. mille livres, il en faudra ôter le dixiéme pour la ventilation du Château, qui montera à 15000. livres, ce fait il ne restera plus en principal que 135000. livres, qui doivent être reparties sur tout le reste des objets de la Seigneurie, tant meubles qu'immeubles.

La Coûtume de Bretagne art. 253. veut que l'estimation de la Maison Seigneuriale soit prisée la moitié de ce qu'elle peut avoir coûté au tems de sa construction, ce qui seroit fort difficile à fixer, ainsi qu'*Hévin* l'a démontré sur le même article ; aussi *Devalant*, dit-il, dans son Commentaire, qu'il n'est point éxécuté.

Devoir des Experts sur les meubles.

Pour parvenir ensuite à une Ventilation équitable ; les Experts feront un état de tous les *meubles*, & des objets réputés *meubles*, parce que ces parties ne sont point sujettes aux lods & ventes, & qu'il faudra, comme nous l'enseignerons ci-après, distraire le montant de tous les effets sur le principal restant.

Mais comme il y a beaucoup de choses que l'on croit *immeubles*, & qui sont cependant réputées *meubles*, suivant différentes Coûtumes, nous rapporterons ici à cet effet tout ce qui est réputé *meubles*, & considéré comme tel, afin que les Experts & les Parties intéressées en soient suffisamment éclaircies.

Ce que c'est que meubles, & réputé meubles.

Les meubles meublans qui se trouvent dans un château, tels que des tables, coffres, armoires, &c. n'ont pas besoin d'explication, parce qu'il n'en peut naître aucune difficulté.

Il faut observer que les *meubles* ne sont réputés *meubles*, que quand ils peuvent se transporter sans fraction, ni détérioration ; que s'ils sont attachés à fer & à clous, & scellés en plâtre, & mis pour perpétuelle demeure, *ad perpetuum usum*, ne peuvent être transportés sans dommage, ils sont censés & réputés *immeubles*, comme incorporés à la maison ; c'est le texte de l'art. 90. de la Coûtume de Paris, les dispositions de toutes celles de France, l'usage généralement observé.

Arrêts qui ont jugé que ce qui est attaché à fer & à clous n'est point meubles.

Boniface en ses Arrêts du *Parlement de Provence*, en rapporte un du 14. Avril 1671. tome 4. liv. 8. tit. 2. ch. 1. *Charondas* sur l'art. 90. de la Coûtume de Paris en rapporte un autre du 6. Juillet 1567. qui juge que les tableaux attachés à fer & à clous & scellés en plâtre étoient *immeubles*, & que ceux qui étoient non attachés à fer & à clous & non scellés étoient *meubles* ; Ferriere sur le même article som. 3.

Mais lorsque ces *immeubles* sont ôtés & séparés,

cette qualité en demeure éteinte, ils reprennent pour-lors leur premiere nature *de meubles, & in prestinam causam revertuntur.*

Distinctions pour les Usufruitiers, Fermiers & Locataires.

Les Experts doivent cependant observer que ce qui est dit ici des *meubles* & ustensiles attachés à fer & à clous & scellés en plâtre, ne se doit entendre que de ceux qui ont été mis par les *Propriétaires* de la maison ou du château, & non de ceux qui ont été mis par un *Usufruitier*, *Locataire* ou *Fermier*, parce que leur droit est momentané, & non perpétuel, qu'ainsi ils ne sont pas sujets aux régles ci-dessus, parce qu'il est présumé qu'ils ne les ont fait mettre & poser que pour en avoir l'usage pendant la durée de leur usufruit; c'est la décision expresse de la Loi *Habitator.* 59. *ff. de rei vindicat.* & le sentiment de Duplessis sur ce titre.

La raison que l'on en rend, est que, *quæ alienis ædificiis connexa sunt, ea quamdiù juncta manent, eorumdem ædificiorum esse : simul atque indè dempta sunt, continuò in pristinam causam revertuntur;* c'est même la disposition de la *Coûtume de Touraine* art. 226. & de celle de *Normandie* art. 503.

Les Arbres qu'un Fermier édifie sont meubles qu'il peut emporter.

Chopin sur la *Coûtume de Paris* livre & titre premier, nomb. 16. remarque un Arrêt du Parlement de Bretagne du 17. Octobre 1575. qui est rapporté par *Dufail* liv. premier chap. 372. qui a jugé que les arbres plantés par un Fermier & Colon, dans un jardin qu'il tenoit de ferme, n'appartenoit à l'acquéreur du fonds vendu, mais que le Colon les pouvoit arracher & emporter; néanmoins l'Acheteur du fonds pouvoit retenir tels arbres en payant au Fermier le prix d'iceux.

Il en est de même des Pépinieres édifiées par un Fermier, qu'il peut lever & emporter, si bon lui semble, sa ferme finie, comme *meubles.*

L'Artillerie qui se trouve dans un château, tels que canons, arquebuses, arbalêtes & autres armes destinées pour la défense du château, sont réputés *immeubles*.

Les ornemens, paremens, croix, chandeliers, livres, reliques, tableaux, nappes, linges, cloches, & autres ustensiles servans à la Chapelle sont réputés *immeubles*, à cause de leur destination, ce qui a été jugé tel par Arrêt du sept Juin 1585. pour M. le Duc de Montpensier, contre Me Catherine de Lorraine, veuve de M. le Duc de Montpensier; *Ferriere* sur l'article 90. de la *Coûtume de Paris* som. 4. *Nivernois* art. 10. du tit. 26.

Une Horloge & sa cloche placées dans une des tours du Château sont réputées *immeubles*.

Effigies & Statues séparées du corps des murs sont immeubles.

Les Effigies & Statues posées sur des bases séparés du corps des murs ne sont point partie du fonds, elles sont réputées *meubles*, parce qu'elles peuvent être transportées sans fraction; *Ferriere* sur le même article 90. som. 6. *Nivernois* tit. 26. art. 12. *Edifice sur seuil qui n'a fondement en terre* est immeuble.

Si au contraire elles se trouvent posées en des niches ou sur des piédestaux incorporés dans les murs du Château ou bâtiment, elles sont regardées comme *immeubles*, faisant partie de l'Edifice & du fonds pour perpétuelle demeure; *Ferrierre*, idem.

Un Chanoine de l'Eglise Cathédrale de Mâcon avoit fait mettre dans la maison de son Canonicat, qu'il occupoit, deux Statues sur des bases aux deux côtés de son escalier dans sa galerie, il fut jugé qu'elles resteroient en la maison comme *immeubles*, par Arrêt du 9. Juillet 1629.

Et par autre Arrêt du 13. Mars 1610. il fut jugé

qu'une Statue du Roi Henri IV. de valeur considérable, posée dans une maison sur une base que l'on pouvoit changer de place étoit *meuble* ; c'est donc la maniere de placer les choses qui les caractérisent *meubles* ou *immeubles*.

Il se trouve encore dans des Châteaux des moulins qui se tournent à la main, appellés *molæ manuartæ*, lesquels sont *meubles*, parce qu'il est facile de les transporter sans fraction ; *Ferriere* sur le même article 90. sommaire 10.

Moulins à bras sont meubles.

Les Pressoirs qui sont dans les Châteaux ou ailleurs, sont réputés *meubles* lorsqu'ils se démontent & peuvent être transportés sans fraction ; c'est ce qui est décidé par ledit article 90. de la Coûtume de Paris.

Pressoirs qui peuvent se démonter, *idem*.

Quant aux Cuves, les Coûtumes d'Auvergne titre 26. art. 12. & de Bourbonnois art. 288. les déclarent *meubles* ; Ferriere sur le même article 90. sommaire 13. les met au même rang des Pressoirs, c'est-à-dire, que s'ils peuvent se démonter & transporter sans fraction ils sont *meubles*.

Cuves réputées meubles.

Les Pigeons du colombier, s'il est à pied, sont réputés *immeubles*, parce qu'ils ne sont que pour produire un revenu continuel & perpétuel, de sorte qu'ils semblent faire partie du fonds.

Mais les Pigeons qui sont dans des volieres sont considérés comme *meubles*, leur destination n'étant que pour l'usage de la maison.

Pigeons en voliere réputés meubles.

Les Lapins de la garenne & les mouches à miel sont regardés comme *immeubles*, suivant, *Chopin*, *Brodeau* & *Tournet*, sur le même article 90. de la Coûtume de Paris.

Les Volailles, Poules, Oies, Canards, & autres

Volailles & bêtes élevées à la maison sont meubles.

volailles, & bêtes nourries à la maison & basse-cour sont *meubles* sujets à ventilation.

Les Bestiaux, *idem.*

Les Bestiaux gros & menus de toutes espéces, qui composent les Baux à chestel sont *meubles*; mais il n'en est pas de même des Bestiaux destinés pour la culture des fonds, *sunt pars fundi*, comme les instrumens d'agriculture.

Foins, pailles & fourages, *idem.*

Les Foins, pailles & fourages qui se trouvent ameublis, sont des *meubles* qui doivent être ventilés suivant l'article 92. de la Coûtume de Paris.

Fumiers, *idem.*

S'il y a des fumiers & engrais réservés pour les chenevieres, vignes, bleds de Mars, & autres héritages, ils doivent être ventilés comme *meubles*; ils sont censés immeubles pour appartenir à l'Adjudicataire, comme le dit *Ferriere* sur l'article 90. de la Coûtume de Paris, parce que le Propriétaire ne peut les vendre ni emporter, ils appartiennent au fonds, comme compris dans la vente; mais lorsqu'il s'agit de la ventilation, ils doivent être regardés comme *meubles*, ainsi que la semence, parce qu'ils peuvent se vendre & se transporter ailleurs que dans les fonds.

Les semences des héritages sont meubles.

Les semences qui sont dans les terres, domaines & métairies doivent être ventilées comme *meubles*; c'est le texte de l'article 284. de la Coûtume de Bourbonnois : celui de la Coûtume de Meaux art. 70. celui de l'article 252. de celle de Bretagne est en ces termes: » Les grains qui sont ensemencés & en herbes jusqu'au premier jour du mois de Mai seront prisés comme semences & labourages; & ledit jour passé qu'ils commencent à être en tuyau seront prisés pour ce qu'ils peuvent apporter de grain & paille à l'Août, selon ce qu'ils peuvent rendre par journal, les frais de semence & labourage déduits & rabattus. Le Paige sur l'article 85. de la Coûtume de Bar-le-Duc, rapporte deux Sentences, l'une du 3. Juillet 1694. & l'autre du .... Septembre 1706. du Bailliage de Bar, qui ont jugé que les emblaves des terres étoient meubles.

Empoissonnement des étangs réputés meubles.

Il en est de même des étangs, canaux, pêcheries, fossés du château & autres eaux, dont l'empoissonnement doit être laissé au Maître ou à l'Acquéreur, parce qu'ils sont *meubles*, & tiennent le même lieu que la semence dans les terres.

Poisson prêt à pêcher réputé meuble.

Si la vente ou adjudication étoit faite pour entrer en jouissance au jour de S. Martin, & que les poissons des étangs eussent deux ans, & dussent se pêcher, suivant l'usage, dans ce même tems, la pêche de ces étangs en entier seroit réputée *meuble*; c'est ce qui est décidé par les *Coûtumes de Bourbonnois* art. 285. *de Nivernois* chap. 26. art. 5. & autres.

Moulins sur bateaux, *idem*.

Les moulins posés sur bateaux, sont réputés *meubles*, parce qu'ils peuvent se transporter, & ne sont point attachés au fonds; c'est le texte de l'article 221. de la *Coûtume de Tours*, & de la *Coûtume de Bourbonnois* art. 282. mais à ce dernier article elle dit que les moulins à vent sont *meubles*, ce qui est conforme à celle de *Nivernois* chap. 26. art. 8. qui a même disposition, & contraire à celle de *Paris* art. 90. d'*Orléans* art. 352. de *Laon* art. 102. & de *Reims* art. 23. qui regardent les moulins à vent comme *immeubles*.

Moulins à vent, meubles & immeubles.

Le Bac servant au passage d'une riviere est réputé *immeuble* à cause de sa destination & de son usage qui est perpétuel & public; *voyez Ferriere* sur l'art. 90. de Paris, sommaire 11.

Tous Bateaux réputés meubles.

Les bateaux, chaloupes, barques & navires, de quelque prix & valeur qu'ils soient, sont réputés meubles,

Ferriere sur le même article sommaire 14. c'est le texte des Coûtumes de *Calais* art. 3. & de *Normandie* art. 519. *Catalan* liv. 5. chap. 33. en rapporte un Arrêt du 14. Janvier 1677.

Presses d'Imprimerie sont meubles.

Les Presses d'Imprimerie sont *meubles*; jugé par Arrêt du 30. Juillet 1598. pour celle de Robert Etienne, rapporté par *Tronson* sur *Paris*.

Matériaux meubles & immeubles.

Les Matériaux apportés nouvellement sur le lieu pour bâtir, sont *meubles* jusqu'à ce qu'ils soient employés ; mais ceux qui proviennent de la démolition d'une maison, demeurés sur le lieu pour le rétablissement d'icelle, sont réputés *immeubles*.

Il en est de même des Tuiles & autres choses semblables préparées pour la couverture d'un bâtiment, avant qu'elles y soient employées, & de celles qui en sont ôtées dans l'intention de les y remettre suivant la Loi *Grenaria* §. *Tegulæ. ff. de actio. empt.*

Echalats, *idem*.

Suivant la Loi *Fundi*, in fine *ff. de actio. empt. & vend.* Les Echalats préparés pour employer à une vigne sont regardés comme *meubles*, ne faisant point partie du fonds, mais ceux qui sont arrachés de la vigne & disposés pour les y remettre sont censés, *immeubles* comme faisant partie du fonds.

Les Experts ayant donc fait les distinctions de tout ce qui est *meuble*, & en ayant fait les estimations convenables & dans toute la valeur intrinseque actuelle des choses, parce qu'il est absolument nécessaire qu'elles y soient portées pour les causes que nous dirons ci-après, passeront aux Droits Seigneuriaux attachés au Château.

Justice.

La Justice haute, moyenne & basse est le premier Droit Seigneurial, les Coûtumes de Bourgogne, & celle de Nivernois, chap. 37. art. 3. en portent l'estimation

mation au dixiéme du revenu de toute la Terre, ce qui nous paroît exhorbitant, & c'eſt le ſentiment de Coquille qui l'a juridiquement obſervé; il trouve qu'elle eſt portée trop haut, que cette eſtimation n'a été bonne que dans ces tems éloignés lors de la rédaction des Coûtumes, où les Seigneurs exerçoient nombre de droits, qui ne ſubſiſtent plus, tels que les Sergenteries, les Mairies & autres Offices qu'ils donnoient à ferme, comme les profits de la Juſtice qui étoient conſidérables par les amendes & caſualités qui n'arrivent plus à préſent, à cauſe de la bon Police établie depuis ces tems éloignés ; enſorte que les profits des Juſtices ſont très-modiques dans les tems préſens, y ayant peu d'amendes & de confiſcations, les délits étant moins fréquens. Il en eſt de même des épaves, par conſéquent nous croyons, avec Coquille, que les Experts ne doivent pas aſſujettir à cette eſtimation qui ne peut être portée qu'au vingtiéme au plus.

Le Greffe produit à la vérité quelque choſe de fixe, avec les amendes & épaves; mais cela eſt ſouvent bien abſorbé par les frais qu'il convient faire, pour punir les coupables des crimes & délits, joint à l'expoſition des enfans qui ſont toujours des charges bien onéreuſes.

Toutes les Seigneuries du Royaume ne ſont pas à la vérité uniformes : il y en a où les profits & le caſuel ſont bien différens ; en ce cas c'eſt aux Experts à ſe faire inſtruire par mémoires & témoignages des perſonnes qui peuvent le ſçavoir, des dix années précédentes, pour en compoſer une année commune de ſon produit.

Les droits honorifiques d'une Seigneurie ſont preſque toujours émanés de la Haute-Juſtice, & quoiqu'ils ſoient infructueux ils doivent être mis en

Droits honorifiques.

considération ; on les regarde comme des biens inestimables, sur-tout quand ils sont accompagnés de droits de nominations & présentations de Curés, de Canonicats, de Chapelains & d'Officiers avec toutes les prééminences dans les Eglises, pour les places, honneurs jusqu'à la sépulture; mais quoique ces prérogatives ne produisent aucuns fruits réels, ils doivent néanmoins être estimés par les Experts proportionnellement à la grandeur & au titre de la Seigneurie, à la dignité du Seigneur ; leur prudence doit les porter à y mettre un prix modique, & cependant raisonnable. On peut voir dans le second tome de cet Ouvrage en quoi consistent les droits honorifiques des Seigneurs.

Fiefs.

Les Fiefs qui relevent d'une Seigneurie ne sont souvent qu'honorifiques & sans profit ; d'autres sont de profits très-utiles ; c'est selon les Coûtumes & les Provinces qu'ils sont réglés ; il faut donc faire une grande attention à la différence de ces Fiefs.

En la Coûtume de Paris, & dans un grand nombre d'autres, les Fiefs sont assujettis aux droits de quint, requint, relief, rachat & autres droits & devoirs envers leur Seigneur dominant ; d'autres doivent outre ces droits un droit de Chambellage, d'autres un cheval de service, ou d'autres redevances qui diminuent considérablement la valeur du Fief.

Fiefs qui ne doivent que la bouche & les mains.

Il y a d'autres Provinces où les Fiefs ne doivent que la bouche & les mains, & qui sont à l'égard du Seigneur dominant sans profits ; tels sont ceux des Pays de Droit Ecrit, ceux de la Province de Bourbonnois, Auvergne, Bourgogne & autres, les Experts auront égard en les estimant de faire la considération, que quoiqu'on les regarde sans profits, le Seigneur dominant ne laisse pas d'avoir le droit de retenue en cas de vente du Fief, lequel droit il peut céder & tirer profit de la cession ; que ces Fiefs peuvent tomber en commise par désaveu, par crime qui emporte confiscation, & les fruits des saisies féodales. Enfin par la seule prise de possession réelle qu'en peut faire un nouvel Acquéreur dans la Coûtume de Bourgogne, avant d'avoir fait foi & hommage au Dominant, parce que les Fiefs de cette Province sont de danger, & l'on ne les appelle Fiefs de danger, que parce qu'il est dangereux d'en prendre possession avant d'avoir reconnu son Seigneur par la foi & hommage que le nouveau Vassal lui doit. Toutes ces choses méritent quelques considérations.

Cette Coûtume de Bourgogne, comme celle de Nivernois ch. 37. art. 9. & 10. fixent l'élévation des Fiefs au dixiéme du revenu, & l'arriere-Fief au vingtiéme, ce qui n'est nullement proportionné entre ces deux Coûtumes, les Fiefs de Bourgogne n'étant que de danger sans profit, excepté le casuel de la retenue & du danger, ce qui est bien incertain.

Au lieu qu'en Nivernois les Fiefs doivent lors des ventes le quint denier, & l'on doit observer que ce quint denier ne se prend pas comme dans la Coûtume de Paris hors du prix, mais qu'il se prend dans le prix même en Nivernois ; ensorte qu'un Fief vendu 400. livres le quint est de 100. livres art. 21. du chap. 4. au lieu que dans la Coûtume de Paris, où ce droit se prend hors de la chose, un Fief vendu 500. livres le quint n'est que de 100. livres, ce qui n'est point conforme, & fait une différence. C'est donc aux Experts à faire ces distinctions, pour lors de l'estimation des ces Fiefs en approfondir les devoirs qui en font les charges, afin de les diminuer fur la valeur du Fief.

Coquille fur ces articles 9. & 10. fe récrie que l'eftimation du dixiéme du revenu eft trop forte, & en cela il eft fondé, le tems préfent étant totalement différent de celui où cette eftimation a été faite; pourlors les Fiefs étoient confidérés comme très-utiles aux Seigneurs, les Vaffaux étoient obligés d'affifter leur Dominant dans les Guerres, particuliérement dans celles qu'il avoit la liberté de faire à fes voifins, & devoit être accompagné d'autant d'hommes de Guerre que le revenu du Fief pouvoit en nourrir; il en étoit de même quand il étoit attaqué, & qu'il falloit le défendre, ce qui faifoit des avantages d'une eftimation avantageufe, dans ces tems fauvages pour le Seigneur Dominant; de maniere que par de bonnes confidérations les Experts doivent proportionner l'eftimation aux Prérogatives du Fief, & à fes revenus, charges déduites.

Arrieres-Fiefs.

Quant aux arriéres-Fiefs, ils diftingueront ceux qui font fujets aux devoirs de quint, requint, relief, rachat, chambellage, cheval de fervice & autres redevances qui font un produit au Vaffal du Fief fervant, pour les employer à ce qu'ils peuvent produire.

Les Experts pafferont enfuite à l'eftimation des droits Seigneuriaux, attachés au Château & à la Haute-Juftice.

Bannalités de Four & de Moulins.

Les droits de Bannalités de Four & de Moulins feront eftimés par année commune des dix dernieres fur les Baux affermés, enforte que fi ces dix années montent à 1000. livres réparations & charges déduites, l'année commune fera de 100. livres, ce qui fera un principal de 1000. livres pour l'eftimation nette.

Si ces droits sont affermés en grains, comme cela arrive souvent, l'on prendra le prix qu'auront valu ces grains, sur le mercurial du marché du lieu, s'il y en a un, ou du plus près marché, des dix dernieres années, dont on fera un capital, duquel on prendra le dixiéme, qui sera l'année commune, en observant de prendre cette valeur de grains aux marchés les plus près de l'échéance des termes de payement.

Le Banvin est un droit attaché à quelques Seigneuries qui ne peut être affermé; le Seigneur étant obligé de faire vendre son vin par domestiques pendant le tems d'un mois ou de quarante jours de l'année, les Experts se feront informer du produit de ce droit, dans le goût de ceux ci-dessus pour en fixer l'estimation de même. Banvin.

Le droit de Layde ou Minage, qui est celui qui se paye sur les grains qui se vendent au marché sous les Halles, les Fermiers des Seigneuries levent ordinairement ces droits eux-mêmes, & ne les afferment guéres; il y en a quelquefois cependant des Baux; les Experts se feront donner des mémoires sur le produit annuel, s'il n'y a point de fermes, & s'enquerreront à quoi ce droit peut monter année commune, & en feront l'estimation sur ce qui leur sera le mieux rapporté. Layde ou Minage.

Ce droit s'appelle Cartelage à Lyon, & en d'autres lieux Eminage & Festerage; il est domanial, ayant été accordé par le Souverain, en faveur du Seigneur; c'est un impôt sur le Public, pour favoriser le commerce; les droits que le Seigneur leve ne sont que pour l'indemniser des places qu'il a données, des halles qu'il a fait construire, & pour leur entretien, pour la sûreté des Marchands qui y viennent vendre. L'origine & le détail de ces droits seront dans le quatriéme tome de cet Ouvrage : on y trouvera comment ils doivent être perçus.

Corvées & manœuvres.

Le droit de corvées & manœuvres. On suppose que tous les Justiciables de la Seigneurie doivent trois corvées par an de leurs bœufs & charrettes, pour ceux qui en ont, & ceux qui n'en ont point doivent trois manœuvres; pour former cette estimation, des Experts se feront remettre les Rolles de ces droits, s'il y en a de faits, comme cela doit être, sinon un état de toutes ces corvées, qu'ils peuvent fixer pour celles à bœufs à 20. f. & les manœuvres à 5. sols, dont ils feront un total; ces corvées devroient naturellement être portées à un plus haut prix ; mais comme le Seigneur est chargé de nourrir, en faisant ces corvées & manœuvres, les corvéables & les bestiaux, je crois que cette estimation est portée à sa valeur.

Observation pour les Experts.

Mais il y a une observation très-essentielle à faire à ce sujet ; c'est qu'il peut arriver que tous les Justiciables qui doivent des corvées à bœufs en puissent faire 700 par an & qu'il y ait 800 manœuvres, il ne s'agira pas d'en faire l'estimation sur la totalité quoiqu'elle y soit réellement & de fait assujettie, il faut sçavoir si le Seigneur ou son Fermier ont des ouvrages soit pour réparation, soit pour l'ameublissement des fruits & nécessités du Seigneur pour consommer toutes ces corvées ; car j'ai vu des Seigneuries qui ont le droit d'avoir plus de 800 corvées & plus de 1200. manœuvres qui ne peuvent pas en consommer le tiers ; en ce cas il seroit contre l'équité de porter l'estimation des corvées à un plus grand nombre que le Seigneur n'a coûtume d'en user pour ses besoins ordinaires & annuels.

Quelques-uns critiqueront peut-être cette restriction ; mais s'ils réfléchissent que cette estimation n'est que pour le tems présent de la ventilation, qui doit être de la valeur intrinseque, & qu'elle n'ôte rien au Seigneur, ni ne diminue le nombre de corvées & de manœuvres qui lui sont dûes, ils penseront que cela ne peut lui nuire ni préjudicier, cette restriction n'étant que de pure équité.

S'il y a Péages par eau & par terre attachés à la Seigneurie, les Experts feront attention que ces droits sont domaniaux, que ce sont des impositions sur le Public que le Roi seul a établi, qu'ils ne sont attachés à la Seigneurie que par les concessions que les Souverains en ont faites aux anciens Seigneurs, & que ce n'a été qu'à la charge de l'entretien des Ponts, Chaussées, balisages de Rivieres, bords d'icelle pour la navigation & grands chemins, & pour cet entretien & réparations leur ont permis de percevoir les droits spécifiés dans la Pancarte du Péage ; l'estimation desquels droits ne doit pas être portée à la rigueur, par deux raisons ; la premiere, parce que ces droits sont casuels & peuvent diminuer par le commerce ; s'ils sont cependant affermés depuis dix ans, les Experts en useront comme nous l'avons enseigné ci-devant, en modération & après avoir déduit toutes les charges & réparations annuelles. Péages.

La seconde raison qui doit porter les Experts à ne pas fixer cet objet à une estimation rigoureuse, est que ce droit étant purement domanial, le Seigneur acquéreur n'en est pas propriétaire incommutable, n'ayant été accordé que pour l'entretien des ponts, chaussées & chemins, & que cet entretien, étant actuellement à la charge du Roi & des Provinces, il peut être supprimé par Sa Majesté d'un jour à autre : l'on verra dans le quatriéme Tome de cet ouvrage l'origine des Péages, & la façon d'en percevoir les droits.

Bac & Pontonage.

Le droit de Bac & Pontonage pour passer une Riviere, est domanial comme celui du Péage, avec cette différence, que tous les Péages sont devenus entiérement inutiles, puisqu'il n'y en a presque plus qui servent aux réparations & entretiens des chemins & rivieres ; mais pour les Bacs, Ports & Passages ils sont utiles & le seront toujours puisqu'ils servent de Pont, ils ne courent pas le risque d'être supprimés comme les Péages ; les Experts se gouverneront quant à cette estimation sur les Baux à fermes, comme nous l'avons enseigné, en déduisant les réparations de l'entretien du Port, des Chemins & du Bac.

Blaisie.

Le droit de Blairie est un droit dont plusieurs Seigneurs jouissent pour les Places communes, communaux, patis, usages dans les Bois que les anciens Seigneurs des Lieux ont concédés anciennement aux Habitans de leurs Justices, pour le pâturage de leurs bestiaux, pour laquelle liberté chaque Habitant paye au Seigneur Blayer certaine quantité d'avoine, ce qui fait que ce droit est appellé en plusieurs endroits droit d'avenage ; les Habitans qui n'ont point de gros bétail sont chargés de payer une geline, au moyen de quoi ils nourrissent & font paître leurs brebis, porcs & chévres dans les places communes.

La plûpart des Seigneurs font faire chaque année un Rôle de tous les redevables de ces droits devant leurs Juges, qu'ils donnent à leur Fermier ou Régisseur pour en faire la perception, ensorte qu'il sera aisé à des Experts, à la représentation de ces Rôles des dix dernieres années, de former une année commune, en en obſervant ce que nous avons enſeigné à l'article de la Bannalité des Moulins pour la liquidation des grains ſur les mercuriales du Marché de la Seigneurie, ou du plus près Marché du lieu.

Si cette perception ſe fait ſans Rôle, elle ſera écrite dans le Livre du Terrier, Recette ou Cueilloir de la Seigneurie, où les Experts en trouveront le détail, ſur lequel ils pourront former aiſément un capital pour en compoſer l'année commune du produit.

Ceux qui voudront s'inſtruire de l'origine du droit de Blairie, & comment doit s'en faire la perception, peuvent voir le ſecond Tome de cet Ouvrage page 414.

Guet & Garde.

Nous ne parlerons point du droit de Guet & garde qui étoit attaché anciennement à pluſieurs Seigneuries, qui avoient des Châteaux & Fortereſſes, pour retirer les effets de leurs ſujets, parce que ces droits n'exiſtent plus, au moins dans tout l'intérieur du Royaume, comme nous l'avons démontré dans le ſecond Tome de cet ouvrage page 220. que l'on peut voir pour s'inſtruire de ce droit, de ſon origine & de ſon extinction : c'eſt à quoi les Experts ne doivent pas ſe laiſſer ſurprendre.

Si ce droit eſt abonné en argent, l'eſtimation en devient aiſée.

Taille ès quatre cas.

Le droit de Chevalerie ou de la Taille ès quatre cas dont jouiſſent différens Seigneurs, ne doit pas être mis en eſtimation, il eſt trop caſuel & trop incertain, n'arrivant pas quelquefois dans le cours d'un ſiécle ; il conſiſte quand il arrive au payement du double des Cens des Emphiteotes & Cenſitaires ; les Experts n'en faiſant point d'eſtimation particuliere, à cauſe de l'incertitude de l'événement, le doivent porter avec les droits honorifiques, & y avoir tel égard que de raison.

Usages dans les Bois du Roi.

S'il y a des droits d'usages dans les Bois du Roi, ou autre Seigneur, pour y prendre du Bois à bâtir, ou pour le chauffage, pacages de bestiaux, engrais de porcs, attachés à la Seigneurie, les Experts estimeront ces droits pour le produit de ce qu'ils peuvent valoir année commune.

La Pêche.

Le droit de Pêche dans une Riviere, est un droit Seigneurial & utile; le Seigneur peut l'affermer; mais qu'il l'afferme ou non, son usage & son droit doit être estimé; on en verra le détail dans la suite de cet Ouvrage.

A l'égard du droit de Chasse on ne doit pas le comprendre, c'est un droit purement personnel au Seigneur, qui n'est que de pur plaisir, & ne peut être mis au rang des droits utiles, le Seigneur ne le pouvant affermer: c'est de quoi l'on sera instruit à la fin de cet Ouvrage.

Il peut y avoir d'autres droits Seigneuriaux attachés à une Seigneurie, il seroit ennuieux de les tous décrire, mais des Experts intelligens, trouveront dans les exemples de ceux détaillés ci-devant, suffisamment de quoi former une ventilation équitable des autres droits non dénommés.

On ne doit ventiler que les droits en exercice.

Les Experts doivent essentiellement observer de ne faire ventilation que des droits qui sont en bon & des exercices, & ne doivent pas se laisser surprendre par des Mémoires qui pourroient leur être donnés, parce que, quoiqu'ils ne soient pas Juges de ces droits, ils ne doivent comprendre dans leur ventilation que ceux qui existent, qui se perçoivent réellement, & sont servis sans contestation.

Au surplus, lorsque quelqu'un fait ventiler une Seigneurie pour être payé des Lods, ou des droits de Quint ou autres, celui qui conteste est obligé de donner aux Experts un état bien circonstancié des objets de la terre sans omission, lequel état ou mémoire doit être signifié à la Partie & par lui contredit s'il y échoit.

Etat des objets de la Terre doit être donné aux Experts.

La ventilation des droits généraux Seigneuriaux ainsi faite, des Experts feront celle de la Directe & Terrier, c'est-à-dire des cens & devoirs dûs à la Seigneurie; & comme ces devoirs sont différens il convient d'expliquer leurs prérogatives & leurs servitudes.

Directe.

Les cens simples & ordinaires portans lods & ventes & directe Seigneurie suivant la *Coûtume de Nevers* chap. 37. article 12. & celle *de Bourgogne*, s'estiment seulement pour le double de la valeur d'iceux; mais cette estimation n'est point proportionnée; aussi nombre de Coûtumes ne l'adoptent-elles pas; telles sont celles de *Bourbonnois* au titre des assiettes, *du Perche* art. 39. *de la Marche* art. 414. d'*Auvergne* art. 32. du titre 31, d'*Anjou* art. 492. *de Châteauneuf-en-Thymerais* art. 13. *de Chartres* art. 12. *de Dreux* art. 9. & quelqu'autres qui toutes fixent cette estimation au denier 30. à cause des casualités, ce qui est établi & suivi par la Jurisprudence.

Les Cens, s'estiment au denier 30.

Les devoirs de Bordelage, ainsi qu'ils sont établis dans la *Coûtume de Nivernois*, par l'article 12. du titre 31. se doivent estimer un quart de moins que le cens, ainsi en fixant le cens au trentiéme denier les devoirs des Bordelages ne peuvent être évalués qu'aux trois quarts, ce qui nous paroît beaucoup trop fort.

Bordelages au denier vingt-deux & demi.

La raison de cette différence est que ces devoirs emportent une servitude bien plus dure que celle de la

Censive, qui de soi est libre, au lieu que le Bordelage asservit l'héritage d'une maniere que celui qui les possede & qui en jouit n'en est pas Propriétaire incommutable, puisqu'il ne lui est pas libre de le vendre, l'engager, l'échanger ni le partager sans le consentement exprès du Seigneur ; que si le Seigneur consent à la vente l'acquéreur paye les Lods au tiers du prix; si le Propriétaire cesse de payer la redevance Bordeliére qui est toûjours très-forte en grains, argent & gelines, pendant trois années, le Seigneur rentre de plein droit dans son héritage.

Ces charges & servitudes doivent donner aux Experts les attentions qu'il convient dans une ventilation pour ne les pas faire aller de pair avec les cens.

Tailles réelles. *Idem* pour l'estimation.

Les devoirs de Taille en la Coûtume de Bourbonnois doivent se considérer en la même classe que les Bordelages, les redevances en sont aussi fortes les unes que les autres, & les servitudes & défenses les mêmes ; ils ne different l'un de l'autre que dans le taillable ; si le Propriétaire cesse de payer la redevance il n'encourt pas la commise de l'héritage, comme dans le Bordelage, ainsi les Experts dans une ventilation ne feront aucune distinction de ces deux différens devoirs, en observant toutefois que lorsque le Seigneur permet la vente de ces sortes de biens il a droit d'exiger moitié du prix pour les lods & ventes ; ensorte que si le bien taillable est vendu 3000 liv. le Seigneur a droit de se faire payer 1500 livres pour son droit de lods, ce qui diminue considérablement la valeur de ces biens, sur tout quand ils se trouvent estimés avec des héritages à simple cens, qui ne payent ordinairement que le sixiéme ou douziéme de la valeur du prix de la vente pour les droits de lods, d'où l'on peut juger de la différence.

Par exemple deux Métairies ſont à liciter, l'une eſt à ſimple cens & a été acquiſe pour 3600 liv. dont les lods ne ſont qu'au douziéme denier, qui ſe montent à 300 liv. & l'autre a été acquiſe au même prix de 3600 liv. & eſt taillable en Bourbonnois, dont les lods ſont de 1800 liv.

Pour juger de la différence, il faut joindre les lods de la premiere au prix principal, cela fera 3900 liv. & en joignant les lods de la ſeconde au prix principal, cela montera à 5400 liv. & en ſuppoſant que les fonds & héritages ſoient de la même égalité en bonté, il ſe trouvera néanmoins que cette Métairie taillable coûtera 1500 liv. de plus que celle qui eſt eſt à ſimple cens, qui eſt preſque moitié du prix principal de la premiere.

Cet exemple joint aux dures ſervitudes qui ſe trouvent ſur ces Biens taillables doit faire ſentir qu'un Bien de cette eſpece eſtimé 1500 liv. un Bien libre, en pareille quantité d'héritages & en même nature de bonté à ſimple cens, doit être porté à 3000 liv. c'eſt-à-dire doit doubler le prix de l'autre.

On remarquera auſſi que les droits de tailles qui emportent *commiſe* n'exiſtent plus que pour les laïques, ayant été ſupprimé à tout le Clergé par l'Edit du mois d'Août 1749. qu'ainſi ceux qui poſſédent de ces ſortes de biens dans la mouvance des *Eccléſiaſtiques* & autres gens de *main-morte* ont la liberté d'en diſpoſer, ſans le conſentement de leurs Seigneurs, qui ne peuvent plus ni les *retraire* ni les *commettre*.

Il ſe trouve dans différentes Provinces des devoirs en main-morte, telles que *les deux Bourgognes, la Champagne, l'Auvergne, le Bourbonnois, & quelqu'autres*; ces droits doivent être ventilés au denier le plus

Mainmortes au vingtiéme.

bas, attendu l'aſſujettiſſement dans ces ſortes de biens, qui aſſerviſſent ſouvent & preſque toujours les perſonnes, qui par ces endroits ne produiſent que très-peu de caſualités ; nous croyons qu'en les mettant au vingtiéme, c'eſt leur juſte eſtimation.

Maniere de faire l'eſtimation des grains.

Pour faire l'eſtimation de ces différens devoirs qui conſiſtent ordinairement en argent, grains, & gelines, l'on fait un total de tous les grains de chacune eſpéce ; l'on prend enſuite les mercuriales du marché pour fixer les prix de chacune des dix années précédentes ſur les marchés des jours les plus près de l'échéance des termes des payemens, dont on fera un total de chaque eſpece, (*a*) & puis l'on prendra le dixiéme qui ſera l'année commune, auquel total l'on ajoûtera l'argent & le montant des gelines qui ne ſont pas ſujettes à variation, & de ces trois eſpeces ayant fait un total pour année commune, s'il ſe monte à 40 liv. pour les cens, l'on ajoûtera 20 liv. pour faire le denier 30. qui ſe montant au total à 60 liv. de revenu annuel, fixera la partie du Terrier portée à ſimple cens à 1200 liv. de principal.

Quant aux Tailles & Bordelages, on ſe conportera pour la fixation des preſtations annuelles, qui ſont de la même nature que celles des cens, ainſi que nous venons de l'enſeigner ; & ſi le total ſe monte pareillement à 40 liv. au lieu d'y ajoûter une moitié en ſus, qui fait un tiers d'augmentation, l'on n'y ajoûtera que

(*a*) En la Coûtume de Poitou art. 190. le ſeigle eſt eſtimés $\frac{3}{4}$ du froment, l'avoine & l'orge moitié.

En celle de Tours art. 354, 355. même eſtimation, excepté l'avoine, au tiers.

En Nivernois à la fin du Texte de la Coûtume, le ſeigle eſt eſtimé les 5. portions de 6. Il ſera aiſé d'en faire un Réglement juſte ſur le prix des mercuriales.

5 liv. pour le quart des 20 liv. ajoûtées pour le total des cens, pour faire celui des trois quarts du trentiéme, conformément audit article 12. de la Coûtume de Nivernois titre 37. au moyen de quoi le principal desdites 45 liv. sera de 900 liv.

Et à l'égard des redevances de la main-morte, nous croyons qu'on les peut fixer au vingtiéme, en considération des dures servitudes, & à cet effet en pratiquant même calcul & faisant pareille supposition d'un total de 40 liv. il n'y aura rien à ajoûter, le principal sera fixé à 800 liv.

Il y a encore des cens, qui outre les lods & ventes, sont encore chargés de droits qui se perçoivent à la mort du Propriétaire utile, & à celle du Seigneur direct, ainsi qu'il se trouve en Bourbonnois où il y a dix-sept Châtellenies Royales qui composent cette Province, du nombre desquelles il y en a deux où il est dû des droits de cette espece qui sont appellés *Marciages* & qui sont tous les deux différens entr'eux; dans l'une, qui est celle de *Billy*, ce droit ny consiste que dans le double des cens; mais dans l'autre qui est celle de *Verneuil*, ce droit consiste dans les fruits de l'héritage porté à cens, ensorte qu'il est loisible, le cas arrivé au Seigneur, de faire faucher les Prés, moissonner les bleds, &c. & d'en prendre les fruits, ainsi que le Propriétaire eût pû faire, ce qui est très-onéreux. Cens avec marciages.

Ce dernier droit de Marciage se perçoit en Dauphiné sous le nom de *Plait Seigneurial*, dont *Salvaing* dans son *usage des Fiefs* nous a laissé un traité. Or ces droits diminuent considérablement la valeur des héritages, ce qui fait que les ventes de ces fonds se font rarement à cause de cette grande charge qui en diminue le revenu, & que lorsqu'elles se font le prix en eſt bien moins conſidérable; ainſi ces ſortes de cens ne doivent pas être eſtimés ſur le pied du denier 30. comme nous les avons fixés pour les cens ſimples & ordinaires, & nous penſons que ſon eſtimation au denier 25. eſt la juſte proportion que les Experts puiſſent leur donner, ce faiſant, en ſuppoſant comme nous avons fait, qu'il y ait des cens pour 40 liv. de revenu, il faudra y ajouter 10 liv. qui feront 50 liv. qui formeront un principal de 1000 liv.

Dixmes. Les dixmes inféodées ne peuvent s'eſtimer moins qu'au même denier 25. par la raiſon que cette eſpéce de Biens eſt ſans ſoin, ſans culture, & ſans dépenſe; enfin c'eſt un bien ſolide des revenus deſquels les Experts ſe feront repréſenter les Baux des dix dernieres années, pour en compoſer une année commune, à laquelle ils ajoûteront un quart en ſus pour faire le denier 25. enſorte que ſi les dix années communes ſe montent à 40 liv. que l'on y ait ajoûté 10 liv. pour le quart qui formera le total de 50 liv. le principal ou valeur de la dixme ſera fixé à 1000 liv.

Il faut obſerver que les grains de dixmes ne ſont pas tant eſtimés que les autres, à cauſe du grand mélange qui ſe trouve des différens héritages, bien ou mal ſemés & cultivés, les uns rapportans des grains bien nets & d'autres qui ſont remplis de mauvaiſes graines mélangées avec le bon grain, enſorte qu'il s'en faut bien un dixiéme que les grains des dixmes ne valent les autres grains dans cet état.

Le boiſſeau de froment en beau grain, s'il vaut 25. ſols année commune, de dix il faudra mettre celui de dixme à 13 ſ. 6 d. ce qui formera un principal au denier 20. de 13 liv. 10. ſ.

Le boiſſeau ſeigle beau grain valant 12 ſ. commune

ne année celui de dixme doit être réglé à 9 ſ. 3. d. qui formera un principal de neuf livres cinq ſols au denier 20.

Le boiſſeau d'orge à 8 ſ. celui de la dixme doit être réglé à 6 ſ. 9 d. dont le principal ſera de 6 liv. 15 ſ.

Le boiſſeau d'avoine à 7 ſ. année commune peut être fixé pour la dixme à 4 ſ. 3 d. qui formera un principal de 4 l. 15 ſ.

Enſorte qu'il ſera aiſé en multipliant les boiſſeaux de trouver le prix de telle quantité où peut ſe monter les dixmes.

Péreieres ou Champart.

Les Péreieres & droits de Champart s'ils emportent lods & ventes avec directe Seigneurie doivent s'eſtimer comme les ſimples cens au denier 30. s'ils ne ſont point en directe, ils doivent s'évaluer comme la dixme au denier 25.

Rentes foncieres.

Il ſe trouve ſouvent des Rentes foncieres dûes à des Seigneuries leſquelles ne produiſent aucuns droits caſuels; j'en ai vu nombre de reconnoiſſances dans différens Terriers; en ce cas les Experts ne doivent les eſtimer qu'au denier 20. c'eſt le Texte de l'art. 14. du chap. 37. de la Coûtume de Nivernois, qui porte rentes qui ne croiſſent ni décroiſſent ſont baillées pour autant qu'elles montent, conforme à celle de Bourbonnois tit. 36.

Ces opérations faites ſur tous ces différens droits incorporels il ne reſtera plus que les immeubles, ſur leſquels les Experts feront nombre d'attentions.

1°. Sur les différens degrés de bonté de ces héritages, les véritablement bons valans un quart plus que les médiocres, & les médiocres emportans un cinquiéme en valeur ſur les mauvais.

2°. Ils doivent diſtinguer les héritages qui ſont en

Fief, de ceux qui sont portés en franc-aleu, & les deniers de ceux qui sont en roture, chargés de redevances.

Héritages en Fiefs.

Des héritages qui se trouveront en Fief il en sera fait une évaluation sur leur produit annuel ainsi que nous l'avons enseigné ; les Experts examineront la situation, la nature du Fief, & la Coûtume qui le régit, parce qu'un héritage situé en la Coûtume de Paris, quoique noble, est de moindre valeur qu'un fonds à simple cens, en ce que pour les héritages féodaux en cette Coûtume de Paris, après l'acquisition qu'en a faite un particulier, il est obligé de faire la foi & hommage à son Seigneur dominant, de lui en donner l'Acte en forme, que s'il ne le fait pas, le Seigneur peut saisir le Fief & faire les fruits siens, jusqu'à ce qu'il y ait satisfait.

Il doit outre cela faire & donner au Roi, si c'est son Seigneur dominant, son aveu & dénombrement dans les 40 jours de sa foi & hommage, duquel Acte il faut trois Expéditions en parchemin, le faire publier dans les Paroisses, & le faire recevoir, ce qui entraîne des formalités très-dispendieuses, & avec cela être assujetti aux droits de relief & rachat, qui sont une année des fruits du Fief lors de la mort du Propriétaire, & lors des ventes payer les droits de quint & requint au Seigneur dominant, ce qui doit faire sentir que ces héritages nobles sont très-onéreux au Propriétaire, & qu'il y a une notable différence d'une Métairie en Fief sujette à ces droits, d'une autre qui seroit seulement portée à simple censive, & dont les cens, très-modiques en cette Coûtume, se réduiroient à une petite prestation annuelle, qui ne charge le nouvel acquéreur que des Lods à 20 deniers pour livre, ce qui fait un douziéme du prix.

Il y a des Provinces où les Fiefs sont assujettis non-seulement à tous les droits ci-dessus, mais encore aux droits de chambellage & d'un cheval de service.

La Coûtume d'Anjou qui a de pareils droits que celle de Paris sur les Fiefs, n'en porte l'estimation qu'au denier 20. à cause de ces grandes charges; c'est le Texte de l'article 494.

Dans le Pays de Droit Ecrit & dans nombre d'autres Provinces les Fiefs sont affranchis de tous ces droits, & ne doivent à leur Seigneur dominant que la bouche & les mains, c'est-à-dire qu'ils ne sont sujets simplement qu'à la foi & hommage, & à l'aveu & dénombrement.

En Bourgogne, ils ne doivent de même que la bouche & les mains; mais le nouveau Propriétaire n'en peut prendre possession réelle, sans avoir préalablement fait la foi & hommage au Seigneur dominant; & s'il le fait, le Fief est commis au profit du Seigneur, comme nous l'avons dit ci-devant.

Ce sont ces sortes & différentes charges ou franchises que doivent peser les Experts, dans une ventilation, pour en porter l'estimation à une juste valeur.

Il y a des cens & redevances qui ne paroissent avoir aucun objet, & qui cependant doivent recevoir estimation; par exemple, il y en a des cens sur des héritages d'apporter au Seigneur deux œufs sur une charrette attelée de quatre bœufs; d'autres doivent donner un chapeau ou une couronne de roses. Il y en a un dans le Terrier de la Seigneurie des Noix, en la Paroisse de Cressange en Bourbonnois près de Moulins où nombre d'héritages sont chargés d'une Muse, qui n'a en apparence point d'objet comme nous l'expliquerons ci-après.

Franc-aleu.

Les héritages en *franc-aleu*, ſont ceux qui doivent être portés à la plus haute eſtimation, parce qu'ils ſont dégagés de toutes charges & ſervitudes.

La *Coûtume de Nivernois* art. 11. du titre 37. veut que le franc-aleu ſoit eſtimé & priſé le dixiéme plus que le Fief, enſorte que qui doit 100 liv. de rente en franc-aleu, ſera tenu pour y ſatisfaire de bailler 110 liv. en Fief.

Celle d'*Auvergne* art. 67. du titre 31. en porte l'eſtimation au denier 40.

La *Coûtume de Bourbonnois* au tit. 36. a même diſpoſition & porte ces héritages au denier 40. de l'eſtimation.

Premiere Claſſe, héritage à cens.

Quant aux héritages qui ſont en roture & qui ſont portés de différens Seigneurs, les Experts mettront à la premiere claſſe, ceux qui ſeront à ſimple cens, & après les avoir évalués ſuivant le produit annuel de l'année commune formée des dix années précédentes, ils déduiront ſur leur eſtimation, les cens annuels & les droits de lods & ventes qu'ils entraînent par une juſte évaluation, & ce qui reſtera fera l'exacte ventilation.

Seconde Claſſe, cens avec marciage.

La ſeconde claſſe ſera formée des Fonds, leſquels, outre la charge du cens & de ſes attributs, ſont encore aſſujettis à des droits ſinguliers, tels que le marciage, ſelon la Coûtume de Verneuil, droit de plait, de reconnoiſſance ou autre genre de ſervitude, ainſi que nous les avons expliqués ci-devant, & où les Experts feront les attentions qu'il convient pour diminuer ſur le produit annuel & valeur intrinſéque, celle de ces charges & ſervitudes.

La troiſiéme claſſe ſera compoſée des héritages portés en main-morte, à taille & en bordelage, ou à autre droit équipollent, en obſervant que les Propriétaires de ces ſortes d'héritages, n'en ſont, à proprement parler, que les uſufruitiers & non les Propriétaires incommutables, ainſi que nous l'avons démontré, ne pouvant les vendre, engager, échanger ni partager, ſans la permiſſion expreſſe du Seigneur, à peine de commiſes, enſorte qu'après l'eſtimation de leur valeur intrinſeque, il faut défalquer les charges & ſervitudes dont ils ſont chargés, pour les redevances annuelles & caſuelles, comme nous les avons ci-devant expliquées.

Troiſiéme Claſſe, Mainmorte, Tailles. Bordelages.

S'il y a des Domaines ou Métairies, ils ſeront diſtingués les uns des autres, & les héritages ſéparés par chaque nature de fonds & chaque condition d'héritage, ſoit en Fief, en aleu ou en roture, ce qui eſt eſſentiel, les Experts ne devant pas faire une eſtimation en bloc, quand même tous les héritages qui compoſent une Métairie ſeroient d'une ſeule condition, telle qu'en Fief, en aleu ou en roture, par la raiſon comme nous l'avons remarqué, qu'il y a des héritages de différens degrés de bonté qu'il faut diſtinguer, parce qu'ils ſont & doivent être de valeur toute différente ; les Experts exacts ſont obligés de rendre compte dans leur rapport de chaque héritage ſuſceptible de différente eſtimation ; cette régle a été canoniſée par un Arrêt du Parlement de Provence du 19. Juin 1661. rapporté par *Boniface* Partie 2. Livre 3. titre 13. chap. 4. lequel caſſe un partage pour l'eſtimation des biens qui avoit été faite en bloc, & ordonne qu'il ſeroit refait en détail de chaque piéce, ce qui eſt conforme à la Loi *ad Officium, Comm. divid.*

Domaines & Métairies.

Il est donc du devoir des Experts de faire les distinctions des différens fonds dont se trouve composée une Métairie ou Domaine, en commençant l'estimation par les bâtimens qu'ils spécifieront en détail des différens corps, pour en former la ventilation.

Et comme les bâtimens d'un Domaine sont absolument nécessaires pour l'exploitation des fruits & logemens des Métayers & bestiaux, l'estimation de ces bâtimens doit être portée à une juste valeur ; c'est le texte de la *Coûtume de Bretagne* art. 253. qui est en ces termes : Et au regard des granges & logis du Métayer, & „ autres nécessaires pour la cueillette & conservation „ des fruits, seront prisés en entier selon leur valeur, „ lorsque l'assiette sera faite, ou au cas de vendition „ au tems du contrat.

Devolant sur cet article assûre que cela est réguliérement observé ; c'est aussi l'attention de *Poulain du Parc* sur cet article dans son nouveau Commentaire de cette Coûtume.

L'Article 7. du titre 37. de *la Coûtume de Nivernois* fixe l'estimation de ces bâtimens au principal du dixiéme du revenu des biens à quoi ces bâtimens sont utiles, ce qui n'est point proportionné, en ce qu'en supposant un Domaine qui sera vendu 9000. livres qui ne produira que 400. livres de rente, si l'on n'estime tous les bâtimens qu'au dixiéme, ils ne monteront qu'à 40. livres de rente, & 900. livres en capital : or ces bâtimens n'étant pas faits pour la somptuosité, comme peuvent être faits ceux du Château, & n'ayant été construits que pour l'emmeublement des fruits, ils doivent être estimés à leur juste valeur, comme nécessaires, sans quoi les fruits pourriroient, & se perdroient dans les champs ; l'estimation de la Coûtume de Nivernois n'eſt donc point portée à une exacte valeur, ce ſont pour ainſi dire les bâtimens & les beſtiaux qui occaſionnent le produit d'un Domaine, & lorſqu'il y en a quelqu'un dont les bâtimens ſont tombés, ceux qui les achetent en cet état ſçavent bien diminuer du prix des héritages ce que peuvent coûter les bâtimens à conſtruire; il en eſt de même d'un Domaine ſans beſtiaux.

Chaque Domaine ou Métairie doit être ventilé dans ce même détail & avec la même préciſion.

S'il y a des locateries, louageries & vigneronnages particuliers l'eſtimation doit toujours s'en faire ſéparément & avec un pareil détail. Locateries.

A l'égard des maiſons ſituées dans les Villes elles ne doivent être portées en eſtimation que ſuivant le produit du loyer, ou ſi elles ne ſont pas occupées, ſur ce qu'elles pourroient être affermées, eu égard à leur ſituation & aux maiſons voiſines; c'eſt la régle de l'équité. Maiſons des Villes.

L'Article 244. de la *Coûtume de Bretagne* en a fait une Loi, en diſant qu'elles ſeront eſtimées ſelon leur valeur en entier, qui ne peut être tirée que ſuivant le prix du bétail qui fixe le revenu annuel de l'héritage; c'eſt l'explication qu'en a fait *Devolant*, autre Commentateur ſur ledit article.

S'il y a des Bois de haute-futaie ils doivent s'eſtimer ſuivant la Coûtume *du Bourbonnois* au titre 36. à la valeur du denier 30. ſur lequel il faudra déduire les cens, charges & ſervitudes annuelles & caſuelles comme aux autres héritages ſelon leur condition. Bois.

Par Arrêts des 19. Mars 1632. & 23. Avril 1637. rapportés ſur l'article 255. de la *Coûtume de Bretagne*, & dans les *Plaidoyers de Frain* art. 108, il a été jugé que l'estimation des Bois de haute-futaie devoit se faire à leur juste valeur.

La *Coûtume d'Auvergne* article 38. & 40. du titre 31. en porte l'estimation au denier 40.

Poisson & glandée.

Quant aux fruits & paisson de la glandée desdits Bois la même Coûtume d'Auvergne au susdit titre art. 39. dit qu'il faut regarder ce qu'ils ont produit les neuf dernieres années, en faire trois communes ; & de ces trois dernieres en prendre le tiers qui sera les fruits communs desdites neuf années.

Bois taillis.

A l'égard des Bois taillis les Experts feront plusieurs observations, toutes essentielles ; 1°. Si ces Bois sont situés en bon fonds, ou en mauvais ; 2°. S'ils sont bien revenans ; 3°. Si les Bois sont communs ou rares dans le pays & sur les lieux ; 4°. S'ils sont éloignés de la Ville ou Bourg de la Seigneurie ; 5°. S'ils sont en pays de commerce & de traite aisée ; 6°. S'ils sont en coupes réglées ou non, & de combien d'années sont les coupes ; toutes ces choses sont importantes à sçavoir, pour asseoir une juste estimation, parce que ce sont des considérations qui peuvent en augmenter ou diminuer le prix.

Ordinairement & suivant ce qui est prescrit par les Ordonnances, la coupe des Taillis est réglée de dix en dix ans, & les ventes s'en font par nombre d'arpens; par cette raison si les Taillis n'étoient pas arpentés, & que le mesurage n'en fût pas fait, il conviendroit aux Experts d'en faire l'arpentage, si la quantité étoit considérable, & méritoit d'être approfondie, afin d'avoir une certitude exacte de la contenue & nombre d'arpens que contiennent ces Bois taillis.

La Coûtume de Nivervois titre 37. art. 20. fixe le prix de l'arpent de Bois taillis à ce qu'il a pu produire, & être

être vendu en quinze ans ; celle d'*Auvergne* titre 31. art. 37. les estime à la douziéme année.

Saussaies ou Sauldoy.

Les Saussaies ou cantons le long des ruisseaux & rivieres où l'on édifie quantité de saules, méritent les attentions des Experts, si ces sortes de Pépinieres sont édifiées dans un Pays de vignoble, parce que ce bois est propre pour faire des perches & échalas pour les vignes, dont les Propriétaires retirent un re venu considérable.

Aulnoie Vernieres.

Il en est de même des Aulnoies *Alnetum*, que l'on appelle en plusieurs endroits Vernieres, où l'on édifie des Vernes ; voyez ce que nous en avons dit en ce Volume au premier chap. des Bois, page 9. afin d'en faire une juste estimation.

Etangs.

Les Etangs ; le fonds en doit être estimé également comme de tous les immeubles par évaluation de ce qu'il peut rapporter annuellement par commune année, sur quoi il faut déduire l'empoissonnement, les charges réelles & les réparations, où souvent il y en a de considérables pour l'entretien des Chaussées.

Il y a des Etangs où passent de petites rivieres, ruisseaux ou fontaines qui s'empoissonnement d'eux-mêmes, ce qui doit faire une estimation différente & bien avantageuse.

Moulins.

Les Moulins s'estiment de même ; les Experts dans cette ventilation doivent faire attention aux grandes réparations où ces sortes de biens sont exposés, qu'il faut déduire du produit annuel ainsi que les charges.

La *Coûtume de Bretagne* prescrit qu'on doit faire prisée pour ceux qui sont sur ruisseaux & étangs du revenu annuel, ainsi que nous l'avons enseigné, & que l'on doit déduire le quart pour réparations. C'est ce qui est porté par l'article 256. pourvû qu'il n'y ait point d'héritages affermés avec le Moulin. Ce même article veut qu'il soit rabattu le tiers pour les réparations des autres Moulins, comme plus exposés à de grandes dépenses.

Forges, Fourneaux, &c.

Il en est de même des Forges, Fourneaux, Mortinets, Foulons, Moulins à Papier, & autres Usines, sur l'estimation desquels il faut au moins défalquer un quart pour les charges & les réparations; *voyez l'Edit de l'Etablissement du vingtiéme Article 5.*

Prés.

Les Prés sont les fonds les plus précieux & les plus estimés; ils sont comme les Bois, ils produisent sans autres soins que les attentions qu'il convient à un pere de famille pour les empêcher d'être mangés par les bestiaux. Il y en a de bien différens entr'eux, outre qu'il y en a de très-bons, parce que le fonds est excellent, & qu'ils poussent beaucoup d'herbes.

Il y en a de médiocres qui ne peuvent être estimés même valeur, parce qu'ils rapportent un quart de moins; ainsi que des plus mauvais, où il ne croît que peu de foin, & où l'herbe est mauvaise & nullement franche, ce qui les diminue des médiocres quelquefois d'un quart & plus.

Il y en a qui gardent la seconde herbe, ce qui fait un produit qui dédommage ordinairement le Propriétaire des frais de fauchaison; & il y en a d'autres où la seconde herbe n'appartient pas au Propriétaire, mais à la Communauté des Habitans; ensorte qu'il n'y a que la premiere herbe qui appartienne au Propriétaire (*a*). Toutes ces différences doivent faire différens prix, sur lesquels il convient de déduire les charges & servitudes.

(*a*) Voyez ci-devant au chap. des Communaux ce que nous avons dit sur ces sortes de prés.

La *Coûtume de Nevers* titre 37. art. 18. dit que la ſole d'une charretée de foin eſt eſtimée la dixiéme de ce qu'elle peut valoir en dix ans, qui eſt notre régle ordinaire, c'eſt-à-dire, que ſi l'emplacement à faire un char de foin, a valu année commune 10. liv. l'eſtimation du capital doit être à 200. livres l'œuvre ou le char; s'il n'a produit que 5. l. la ventilation ſera fixée à 100 l.

Les Chenevieres, Ouches, Vercheres & Safrenieres ſont ordinairement héritages près des Villes & Bourgs, en bons fonds, leſquels s'eſtiment comme la meilleure qualité de terre. Chenevieres.

Les Terres à froment vont enſuite. Terres à froment.

Les Terres à ſeigle ſont plus légeres; elles s'eſtiment ordinairement les 9e & 10e. parties de douze de celles du froment. Terres à ſeigle.

Les Vignes s'eſtiment ſelon la qualité du vin qu'elles rapportent: c'eſt aux Experts à éxaminer les lieux, le produit, & le prix ordinaire. Vignes.

Les Experts doivent obſerver dans leur eſtimation des différens héritages, ſoit prés, pâtureaux, terres & vignes, que s'il y a des arbres chênes, noyers & autres arbres fruitiers dans iceux & le long des haies, ils doivent en faire mention à chaque héritage, & joindre à l'eſtimation du fonds, celle de ces arbres & des haies vives, qui ſont des objets qui rendent les héritages de plus grande valeur.

Ils obſerveront encore eſſentiellement que la plûpart des Terriers des Seigneurs donnent des contenues exhorbitantes des meſures d'aujourd'hui, enſorte que ceux qui ne ſont pas faits par arpentages, mais qui déſignent ſeulement la contenue ou étendue de terrein par tant de boiſſelées coupées, ou ſeſterées ne ſe rencontre pas, avec la ſemaille des meſures actuelles, enſorte Obſervation ſur les contenues extrêmes qui ſe trouvent dans les Terriers.

que si un Terrier de l'année 1550. donne à une Terre cent boisselées de contenues il ne s'en trouve pas avoir 80 à la mesure qui est en usage, & quelquefois moins; si l'on en demande la raison, nous sommes bien fâchés d'être obligés de la mettre au jour; c'est que les Fermiers & gens d'affaires des Seigneurs ont insensiblement réellement augmenté les mesures; nous en avons vu tant d'expériences par l'application des Titres sur les Terreins, & par les Terriers de quantité de Seigneurs, que nous pouvons aisément le certifier, j'ai vû par exemple, nombre de Titres en forme, qui disent que six coupes de la mesure de *Chaveroche, Châtellenie Royale du Bourbonnois*, en valent dix d'une Seigneurie qui n'en est pas éloignée, & actuellement les six coupes de cette derniere Seigneurie sont presque égales à celles de Chaveroche; il est donc sensible que les mesures de cette Seigneurie sont augmentées de deux cinquiémes qui font près de moitié; plusieurs articles du Terrier de cette derniere Seigneurie le prouvent, & entr'autres un grand champ qui est déclaré contenir dix-huit quartelées, mesure de cette Seigneurie, où l'on ne seme tout au plus actuellement que onze quartes de grains, ce qui fait preuve de ce qui vient d'être dit; l'on ne peut pas dire que peut-être ce champ a été morcelé, que l'on en a vendu ou échangé partie, parce qu'il a tous confins immuables; ensorte que ce sont les mêmes confins & le même héritage qui est rapporté dans un Terrier de 1515. ce qui démontre sensiblement l'augmentation des mesures de cette Seigneurie, de laquelle augmentation les Seigneurs peuvent bien n'être aucunement coupables, & n'être provenue que du fait des Fermiers, ou d'un zéle outré de leurs Gens d'affaires. Il est cependant difficile que les Seigneurs n'aient connoiſſance de ces augmentations qui enflent conſidérablement leurs revenus.

Dans la confection d'un Terrier dont j'étois chargé, je voulus fixer la contenue de la meſure qui me paroiſſoit beaucoup augmentée ; je le communiquai au Seigneur, & lui démontrai l'augmentation ; mais il m'en empêcha, en me diſant, que je ne devois pas craindre que ſes Fermiers laiſſaſſent diminuer ſa meſure, & que cela lui ſuffiſoit.

Ce que doivent faire les Experts en pareil cas.

Si donc les Experts s'apperçoivent d'une augmentation pareille, ou qu'ils ſoupçonnent qu'il y a beaucoup de différence entre les contenues ſpécifiées au Terrier, & celles actuelles ; par exemple, un Seigneur produit différentes reconnoiſſances faites à ſon Terrier de l'année 1550. qui fixent différens héritages à 800. boiſſelées de terres, & que par la vérification que les Experts en feront avec les Métayers, Laboureurs, & gens connoiſſans, il ne s'en trouve que 600. ces Experts feroient un préjudice conſidérable à l'une des Parties, s'ils fixoient la boiſſelée à 4. livres ſur le nombre porté au Terrier qui feroit 3200. livres, au lieu que toutes ces terres ne doivent être comptées que ſur le pied de 600 boiſſelées de la meſure actuelle, deſquelles à 4. liv. ne monteront qu'à 2400. liv. ce qui fait une différence de 800. liv.

Bâtimens des fours, moulins, halles, & granges des dixmes.

Ce n'eſt point aſſez que les Experts aient eſtimé les *droits* de Bannalités de Fours, de Moulins, de Preſſoirs bannaux, ceux de la Layde ou Minage, & des Dixmes, il eſt néceſſaire qu'ils ventilent encore & ſéparément les bâtimens du Four, ceux du Moulin, les Halles & Greniers qui ſervent pour la Layde & le Minage, ainſi que la Grange pour les Dixmes ; ces eſtimations doivent même approcher de la valeur intrinséque actuelle, ainsi que nous l'avons fait voir à l'Article des Domaines & Métairies, conformément à l'article 253. de la *Coûtume de Bretagne*, parce que ce sont des bâtimens nécessaires, & sans lesquels il ne seroit pas possible que le Public fût servi, ni le Seigneur, pour percevoir ces droits & en jouir.

Colombiers & Fuies.

Les Colombiers & Fuies, dont les Pigeons sont réputés *immeubles*, ainsi qu'il est prouvé ci-devant, doivent être estimés avec les Pigeons à leur valeur & à celui du revenu annuel.

Bâtimens de la basse-cour.

Si les Métairies & Domaines de la Seigneurie, comme cela arrive souvent, n'avoient de granges & de bâtimens que pour leurs Métayers, Colons & leurs bestiaux, & pour mettre à couvert la portion des fruits qui revient à chaque Métayer dans la culture de son Domaine, & que le Seigneur eût une basse-cour séparée de son Château, garnie de bâtimens, tant pour le logement de son Fermier, que des Granges, Pressoirs, écuries, étables, greniers, colombiers & autres bâtimens, pour l'ameublissement des fruits de la Terre, & de ses Domaines, ces bâtimens ne doivent point être compris avec le Château, qui n'est fait & réputé que pour le logement du Seigneur seulement. Ces sortes de bâtimens sont d'une toute autre nature, & ont une destination absolument indispensablement nécessaire, & utile à la Seigneurie, par conséquent doivent être estimés selon leur valeur intrinséque; c'est la Loi écrite dans le texte de l'article 253. de la *Coûtume de Bretagne*.

Domaine Congéable en Bretagne.

En la même Province de Bretagne il y a des Domaines congéables, qui sont de la nature des autres biens; *Dévolant* dans son Commentaire sur l'article 256. de cette Coûtume assure que ces Domaines congéables doivent être eſtimés au denier 25. à cauſe du Congéément, & autres droits du Seigneur Foncier. Il en cite un Arrêt du 7. Décembre 1678.

L'eſtimation ainſi faite par les Experts au prix courant & valeur intrinſéque & actuelle, ils en feront un total que nous ſuppoſons monter à 200000 livres, & comme nous avons ſuppoſé de même que la Seigneurie ventilée avoit été acquiſe pour le prix de 150000 liv. il s'enſuivra de-là qu'il faudra diminuer chaque objet ventilé d'un quart par livre, ce qui reviendra juſte aux 150000 liv. de prix principal. Calcul des différentes eſtimations.

Si au lieu de 200000 liv. l'eſtimation intrinſéque ne ſe montoit qu'à 125000 livres il faudroit augmenter chaque objet d'un huitiéme par livre, pour trouver l'égalité du prix de 150000 livres.

Mais les Experts obſerveront que le Château ayant été fixé au dixiéme du prix de la vente, il ne doit plus ſouffrir de diminution, & que s'ils repartiſſoient ſur ce prix, comme ſur celui des autres objets, quelque diminution, il ſe trouveroit diminué de ſa fixation, enſorte qu'il faut défalquer ce prix des ſommes où il y a réduction à faire & ne faire tomber la diminution ou augmentation à faire que ſur tous les autres objets à ventiler; cette obſervation eſt eſſentielle pour conſerver l'égalité.

Par exemple, l'eſtimation de valeur intrinſéque eſt de 84000 liv. compris 5000 liv. pour le dixiéme du Château; il faut ôter ces 5000 liv. de cette eſtimation qui ne reſtera plus que pour 79000 liv. & enſuite l'ôter encore du prix principal qui eſt 50000 liv. qui à ce moyen ne reſtera plus que pour 45000 liv. après quoi il faudra diminuer au ſol par livre les 79000 liv. ſur tous les objets, enſorte qu'ils ſoient réduits à 45000 l. ce qui fera la ventilation juſte.

Ces opérations faites avec exactitude, il ne s'agira plus que de réduire tous les objets à la fixation des trois quarts de la premiere estimation, & d'en faire des classes séparées.

1°. *Des objets des meubles, & ceux réputés meubles, tels que*

Les meubles meublans à .
Les Bestiaux . .
Les volailles . .
Les semences en grains .
L'empoissonnement des étangs, fossés, canaux & percheries . .
Les foins, pailles & fumiers .
Les Cuves
Moulins à bras .
Moulins sur bateaux .
Bateaux, Barques & Chaloupes .
Statues .
Matériaux .
Echalats .

2°. *De l'estimation des droits Seigneuriaux, & meubles réputés immeubles.*

L'artillerie .
Statues, effigies .
La Justice . .
Les droits honorifiques . .
Les droits de Fiefs & arriere-Fiefs
Usages dans les Bois du Roi .
La Bannalité du Four .
Bannalité des Moulins .
Bannalité des Pressoirs .
Les corvées & manœuvres .
Le produit du Greffe .
Les amendes, confiscations, épaves
Les Droits de Péage .
Le Bac & Pontonnage .
La Blairie .
La Taille ès quatre cas .
Les Cens & directe simple .
Les Bordelages .
Les Taillables .
Les Main-mortes .
Les Cens avec marciages.
Les Rentes foncieres. .
Les Dixmes inféodées .
La Pêche .

La Troisiéme Classe sera composée des Immeubles réels.

Le Château au 10e du prix, 15000 l.
Les Maisons & Bâtimens de la Basse-Cour . .
Le Colombier . .
Maison & Four bannal .
Maison du Moulin bannal .
Maison du Pressoir .
Grange des Dixmes .
Les Forges & Fourneaux .
Les Moulins à Papier .
Les Foulons .
Bâtimens des Halles & Greniers .
Les Etangs .
Bois de haute-futaie .
Bois taillis .
Les Saudois .
Les Aulnois .

Le

La quatriéme Classe sera composée des Domaines & Locateries.

Premiérement le domaine du Château, auquel il y a,

La Maison du Métayer, composée de trois chambres, four, grenier dessus couverte à paille.

La Grange en Torchis avec deux tirans, aussi couverte à paille.

L'établerie des bœufs & vaches.

Autre établerie pour les brebis & moutons,

Et une petite étable à cochons, le tout joignant ensemble dans une même cour, & couverte à paille, ont été prisés en l'état où ils se trouvent avec le Jardin d'une boisselée à la somme de . . . . . . compris le Puits qui est dans la cour, déduction faite des réparations & entretiens ordinaires, lesquels Bâtimens font partie du *Fief* du Château, & contiennent au total huit boisselées.

Item. Une Chenevière près des Maisons du domaine en bonne Terre, de la contenue de dix boisselées, déclarée du même *Fief*, estimée sur le pied de 6 liv. la boisselée ce qui fait le total de . . 60 liv.

Item. Une Terre appellée la *grande Terre* entourée d'haies vives en laquelle il y a six noyers dont trois jeunes, contenant cent boisselées, aussi du *Fief* de la Seigneurie, estimée, eu égard aux haies vives & aux noyers à 5 liv. 10 s. la boisselée, faisant la somme totale de . 550 liv.

Plus une autre Terre appellée la Terre du *Petit champ* contenant environ 80 boisselées, laquelle se trouve en *franc-aleu*, non en bien bonne terre, mais en meilleure que la médiocre, en laquelle fut un verger autrefois & où il reste quinze poiriers ou pommiers & quelques cerisiers avec dix noyers, en considération desquels arbres & de la franchise de la terre, se trouve par nous estimée à 6 liv. la boisselée, fait le total de 480 livres.

Item. Deux Terres, l'une appellée *Champ de Lalouette* contenant soixante-cinq boisselées, appellée le *Champ du Verger*, joignant ensemble, lesquelles sont portées à condition de *Taille* du Seigneur de Beaurevoir, estimée, déduction des charges & redevances annuelles, & de la servitude, à 3 liv. 10 s. la boisselée, faisant le total de . . 665 liv.

Item. Autre Terre appellée *Laverchere* contenant soixante & dix boisselées, portée à *Cens* de la Commanderie du Palais, déduction des Cens annuels & droits casuels, a été estimée à 4 liv. 10 s. la boisselée faisant le total de . . . . 315 liv.

Item. Deux Terres joignant ensemble, appellées *les Condemines*, contenant au total 90 boisselées, déclarées en *Franc-aleu*, estimées à 5 liv. la boisselée fait la somme de . . . . 450 liv.

Item. Un Pré, appellé le *Grand pre du Château*, contenant 90 chars de foin, à raison de 12 quintaux par char, icelui pré en bon pré franc & faisant partie du *Fief* du Château estimé 120 liv. le char, faisant le total de . . . . . , . 3600 liv.

Item. Un autre Pré, appellé *Pré du Boulat*, contenant 45 chars de foin en médiocre terrein, porté à cens de la Commanderie du Palais, estimé, déduction des charges annelles & casuelles, à 80 liv. le char, fait la somme de . . . . 3600 liv.

Plus un Patural avec plusieurs arbres & buissons dedans, garni de ses haies vives, appellé le *Patural Jouin*, contenant 120 boisselées, porté en taille du Seigneur de Beaurevoir, déduction des prestations & devoirs annuels, & ayant égard à la servitude, estimé 3. l 10 s. la boisselée ce qui fait un total de . . . . 420 l.

Ledit domaine ventilé à la somme totale de . . .

Les Experts spécifieront chaque domaine, s'il y en a plusieurs, avec un pareil détail que ci-dessus; ils en useront de même pour les locateries, louageries, & vigneronnages, s'il y en a dans la Seigneurie.

Toutes ces estimations ainsi faites doivent se monter à la totalité de 150000 liv. prix de la vente; & comme la ventilation s'est faite, parce que le Seigneur de Beaurevoir a prétendu les Lods sur différens héritages qui sont portés de sa directe, & ne s'est pas voulu contenter des offres à lui faites par l'acquéreur, les Experts feront une récapitulation de toutes leurs estimations & les distingueront ainsi; Sçavoir,

Un total du montant des meubles de la premiere Classe.

Un de ceux réputés immeubles & droits Seigneuriaux, seconde Classe.

Un autre des immeubles réels, troisiéme Classe.

Ensuite les Experts distingueront des domaines & locateries & autres héritages, le montant de tous les fonds portés en Fief.

2°. Le montant de tous ceux qui sont portés en francaleu.

3°. La somme à quoi se monte les fonds de la directe, de la Commanderie du Palais.

Et 4°. La somme du montant de ceux de la directe de Beaurevoir, sur lesquels doivent se prendre les Lods & ventes prétendus, qui servira à déterminer le Juge, après l'homologation du rapport à déclarer les offres bonnes ou insuffisantes.

Fin du Tome Troisiéme.

TABLE

DES CHAPITRES, SECTIONS, PARAGRAPHES & Queſtions, contenus en ce Volume.

CHAPITRE PREMIER.

SECTION PREMIERE.

CHAPITRE II.

CHAPITRE III.

CHAPITRE IV.

CHAPITRE V.

CHAPITRE VI.

CHAPITRE VII.

CAAPITRE VIII.

CHAPITRE IX.

CHAPITRE X.

CHAPITRE. XI.

SECTION

CHAPITRE. XII.

Fin de la Table des Questions.

TABLE

TABLE GÉNÉRALE DES MATIERES

Contenues en ce Volume.

A

B

D

F

G

J

L

M

R

T

V

Personnel,

Fin de la Table des Matieres.

ERRATA.

PAge 133. ligne 8. *ôtez* un. P. 143. l. 17. ma, *lisez* n'a. P. 289. l. 4. la place, *lis.* à la place. P. 341. l. 22. faudra à sçavoir, *lis.* faudra sçavoir. P. 345. l. 32. ils courent, *lis.* ils recourent. P. 357. l. 30. posement *lis.* payement. P. 395. l. 16 & 17. au Seigneur, *mettez* un point & une virgule, & *ajoûtez* &, pour, *idem* l. 20. après l'amende *ajoûtez* appartiennent.

P. 401. signature * *E e e* italique, à la fin de la Question 4. *ajoûtez* : Nous voyons par l'Edit & Reglement du mois de Janvier 1583. combien Henri III. avoit réfléchi sur les conséquences qui peuvent naître de la coupe des arbres qui sont sur les chemins par les raisons ci-dessus, puisqu'il fit des défenses rigoureuses de les couper ; c'est ce qui est écrit dans l'article 17. de cette Ordonnance en ces termes : » Défendons à toutes personnes de quelqu'état & » condition qu'ils soient, de ne rompre, *couper* & *abbatre* lesdits arbres, ni » aussi prendre ou dérober les fruits d'iceux, sur peine de *vingt écus* d'amende » pour chacun pied, & par *prison*, le tiers aux Propriétaires, l'autre tiers » aux pauvres plus proches du lieu où la faute aura été commise, & l'autre » tiers aux Dénonciateurs, que voulons être jugés sur les délinquans & con- » trevenans, par les Juges des Eaux & Forêts le plus proche, sans préjudicier » toutes fois à la *Justice de nos sujets*, auxquels *enjoignons* de se faire promptement » & à ces fins pour l'exécution du contenu en ces Présentes : enjoignons, » à tous nos Huissiers & Sergens, sur ce premier requis, faire tous Exploits, » captures & exécutions nécessaires. «

Cette Ordonnance n'a d'autre rapport qu'aux arbres de nom, & qui servent souvent de bornes & de limites, comme les Croix sur les chemins.

P. 464. ligne 23. l'Article 7. du tit. 35. de l'Ordonnance de 1669. a été omis, le voici : Si dans les pâtures, marais, prés & pastis au triage des Habitans, ou tenus en commun sans partage, il se trouvoit quelques endroits inutiles & superflus dont la Communauté pût profiter sans incommoder le pâturage, *ils pourront être donnés à ferme*, après un résultat d'assemblée faite dans les formes pour une, deux ou trois années, par adjudication des Officiers des lieux, sant frais, & le prix employé aux réparations des Paroisses dont les Habitans sont tenus, ou autres urgentes affaires de la Communauté.

P. 482. l. 9. après dresser, *ajoûtez* ses actions. P. 497. l. 24. danger *lis.* dommage. P. 499. l. 14. de l *lis.* le. P. 537. l. 2. 1719. *lis.* 1709. P. 553. l. 1. Bains, *lis.* Bancs. P. 376. l. 22. & 23. pâturer, *ajoûtez* avant. P. 582. l. 27. & 29. Tusal, *lis.* Tural. P. 596. l. 11. après une, *ajoûtez* année. P. 600. l. 13. Bouchart, *lis.* Boucheuil. & l. 16. Urevin, *lis.* Vrevin. P. 601. l. 32. dévalant, *lis.* dévolant. P. 608. l. 3. Catalan, *lis.* Catelan. P. 613. l. 27. festerage, *lis.* sesterage. P. 615. l. 20 *lis.* deux. P. 618. l. 28. des, *lis.* dûs. & l. derniere, serivis, *lis.* servis. P. 621. l. 5. *ôtez* l'estimation, *mettez* celle.

AVIS AUX RELIEURS.

Il faut déchirer les pages 373. 374. 375. 376. pour y substituer les pages 373. 375. 374. 376. où l'on a mis *Tome III.* & la signature * *A a a ij* en italique, & faire suivre les signatures * *B b b* * *C c c* * *D d d* * *E e e*, qui sont en lettres italiques avec une étoile, & mettre ensuite les feuilles B b b. jusqu'à la fin.

APPROBATION.

J'Ai éxaminé par l'ordre de Monseigneur le Chancelier, un Livre intitulé : *La Pratique universelle pour la rénovation des Terriers & des Droits Seigneuriaux*, &c. & A Paris ce 24. Août 1752.

RASSICOD.

PRIVILEGE DU ROI.

LOUIS, PAR LA GRACE DE DIEU, ROI DE FRANCE ET DE NAVARRE, A nos Amés & Féaux Conseillers les Gens tenans nos Cours de Parlement, Maîtres des Requêtes ordinaires de notre Hôtel, Grand Conseil, Prevôt de Paris, Baillifs, Sénéchaux, leurs Lieutenans Civils, & autres nos Justiciers qu'il appartiendra ; SALUT. Notre amé HENRI-SIMON-PIERRE GISSEY, Imprimeur-Libraire à Paris, ancien Adjoint de sa Communauté, Nous a fait exposer qu'il désireroit imprimer & donner au Public un Ouvrage qui a pour titre : *La Pratique universelle pour la renovation des Terriers*, s'il Nous plaisoit lui accorder nos Lettres de Privilége pour ce nécessaires : A CES CAUSES, voulant favorablement traiter l'Exposant, Nous lui avons permis & permettons par ces Présentes de faire imprimer ledit Ouvrage en un ou plusieurs Volumes, & autant de fois que bon lui semblera, & de le vendre, faire vendre & débiter par tout notre Royaume, pendant le tems de neuf années consécutives, à compter du jour de la date desdites Présentes : Faisons défenses à tous Imprimeurs, Libraires, & autres personnes, de quelque qualité & condition qu'elles soient, d'en introduire d'impression étrangere dans aucun lieu de notre obéissance, comme aussi d'imprimer ou faire imprimer, vendre, faire vendre, débiter ni contrefaire ledit Ouvrage, ni d'en faire aucun Extrait, sous quelque prétexte que ce soit, d'augmentation, correction, changement, ou autres, sans la permission expresse & par écrit dudit Exposant, ou de ceux qui auront droit de lui, à peine de confiscation des Exemplaires contrefaits, de trois mille livres d'amende contre chacun des contrevenans, dont un tiers à Nous, un tiers à l'Hôtel-Dieu de Paris, & l'autre tiers audit Exposant, ou à celui qui aura droit de lui, & de tous dépens, dommages & intérêts ; à la charge que ces Présentes seront enrégistrées tout au long sur le Régistre de la Communauté des Imprimeurs & Libraires de Paris, dans trois mois de la date d'icelles ; que l'impression desdits Ouvrages sera faite dans notre Royaume, & non ailleurs, en bon papier & beaux caracteres, conformément à la feuille imprimée attachée pour modéle sous le contrescel des Présentes, que l'Impétrant se conformera en tout aux Réglemens de la Librairie, & notamment à celui du 10. Avril 1725. qu'avant de l'exposer en vente les Manuscrits qui auront servi de copie à l'impression dudit Ouvrage seront remis dans le même état où l'Approbation y aura été donnée, ès mains de notre très-cher & féal Chevalier, Chancelier de France, le sieur de la Moignon, & qu'il en sera ensuite remis deux Exemplaires dans notre Bibliotheque publique, un dans celle de notre Château du Louvre, un dans celle de notredit très-cher & féal Chevalier, Chancelier de France, le Sieur de la Moignon, un dans celle de notre très-cher & feal Chevalier, Garde des Sceaux de France, le sieur de Machault, Commandeur de nos Ordres; le tout à peine de nullité des Présentes, du contenu desquelles vous mandons & enjoignons de faire jouir ledit Exposant & ses ayans cause pleinement & paisiblement, sans souffrir qu'il leur soit fait aucun trouble ou empêchement. Voulons que la copie desdites Présentes qui sera imprimée tout au long au commencement ou à la fin dudit Ouvrage, soit tenue pour dûement signifiée; & qu'aux copies collationnées par l'un de nos Amés & féaux Conseillers Secrétaires, foi soit ajoutée comme à l'original. Commandons au premier notre Huissier ou Sergent sur ce requis, de faire pour l'exécution d'icelles tous actes requis & nécessaires, sans demander autre permission, & nonobstant clameur de Haro, Charte Normande, & Lettres à ce contraires. Car tel est notre plaisir. Donné à Paris le vingt-uniéme jour du mois de Fevrier, l'an de grace mil sept cent cinquante-deux, & de notre Regne le trente-septiéme. Par le Roi en son Conseil.

Signé, SAINSON.

Registré sur le Registre X I. de la Chambre Royale & Syndicale des Libraires & Imprimeurs de Paris, N°. 75. fol. 77. conformément aux anciens Reglemens, confirmés par celui du 28. Février 1723. A Paris le 9. Avril 1752.

Signé, COIGNARD, *Syndic.*

www.ingramcontent.com/pod-product-compliance
Lightning Source LLC
LaVergne TN
LVHW021040011026
849160LV00007BA/213